上海三联人文经典书库

国家出版基金项目
NATIONAL PUBLICATION FOUNDATION

上海三联人文经典书库

48

16世纪的不信教问题：拉伯雷的宗教

[法]吕西安·费弗尔 著 赖国栋 译

LE PROBLÈME DE L'INCROYANCE AU XVIe SIÈCLE: LA RELIGION DE RABELAIS

SJPC

上海三联书店

“十二五”国家重点图书出版规划项目

国家出版基金资助项目

总 序

陈 恒

自百余年前中国学术开始现代转型以来，我国人文社会科学研究历经几代学者不懈努力已取得了可观成就。学术翻译在其中功不可没，严复的开创之功自不必多说，民国时期译介的西方学术著作更大大促进了汉语学术的发展，有助于我国学人开眼看世界，知外域除坚船利器外尚有学问典章可资引进。20世纪80年代以来，中国学术界又开始了一轮至今势头不衰的引介国外学术著作之浪潮，这对中国知识界学术思想的积累和发展乃至对中国社会进步所起到的推动作用，可谓有目共睹。新一轮西学东渐的同时，中国学者在某些领域也进行了开创性研究，出版了不少重要的论著，发表了不少有价值的论文。借此如株苗之嫁接，已生成糅合东西学术精义的果实。我们有充分的理由企盼着，既有着自身深厚的民族传统为根基、呈现出鲜明的本土问题意识，又吸纳了国际学术界多方面成果的学术研究，将会日益滋长繁荣起来。

值得注意的是，20世纪80年代以降，西方学术界自身的转型也越来越改变了其传统的学术形态和研究方法，学术史、科学史、考古史、宗教史、性别史、哲学史、艺术史、人类学、语言学、社会学、民俗学等学科的研究日益繁荣。研究方法、手段、内容日新月异，这些领域的变化在很大程度上改变了整个人文社会科学的面貌，也极大地影响了近年来中国学术界的学术取向。不同学科的学者出于深化各自专业研究的需要，对其他学科知识的渴求也越来越迫切，以求能开阔视野，迸发出学术灵感、思想火花。近年来，我们与国外学术界的交往日渐增强，合格的学术翻译队伍也日益扩大，同时我们也深信，学术垃圾的泛滥只是当今学术生产面相之一隅，高质量、原创作的学术著作也在当今的学术中坚和默坐书斋的读书种子中不断产生。然囿于种种原因，人文社会科学各学科的发展并不平衡，学术出版方面也有畸轻畸重的情形（比如国内还鲜有把国人在海外获得博士学位的优秀论文系统地引介到学术界）。

有鉴于此，我们计划组织出版"上海三联人文经典书库"，将从译介西学成果、推出原创精品、整理已有典籍三方面展开。译介西学成果拟从西方近现代经典（自文艺复兴以来，但以二战前后的西学著作为主）、西方古代经典（文艺复兴前的西方原典）两方面着手；原创精品取"汉语思想系列"为范畴，不断向学术界推出汉语世界精品力作；整理已有典籍则以民国时期的翻译著作为主。现阶段我们拟从历史、考古、宗教、哲学、艺术等领域着手，在上述三个方面对学术宝库进行挖掘，从而为人文社会科学的发展作出一些贡献，以求为21世纪中国的学术大厦添一砖一瓦。

寄厚望于

费尔南·布罗代尔

目　录

下卷　信教还是不信教?

绪 论 11

优秀的教科书[1]总是好的。不过，“人类的演进”[2]并非诸教科书的汇编，尽管它们也很优秀。我接受了一项重任，那就是考察文艺复兴时期在人们生活中占有极其重要位置的宗教问题。只是就“信教”的反面即“不信教”(l'incroyance)问题献上厚厚的一册书时，我今天即使用了一种与众不同的推理方法，也请本丛书的支持者别对此表示不满。

读者诸君还是不要受本书标题的误导。拉伯雷是我喜爱的作家。拙作并不是好奇的读者献给他喜欢的作家的赞辞。换句话说，它并非专门讨论拉伯雷。拙作的目标并不宏伟，只是试图评论我们 16 世纪的感觉(le sens)与精神。

这难道又是一篇评论？在诠释文艺复兴的这些年头里，一切似乎都已经言说殆尽，彼此间只是相互模仿，了无新意。正是如此，我无意模仿我的先辈。这并非因为我无端地喜欢那些不合常理的新东西，仅仅因为我是一名史学工作者。作为历史学家，他不是要无所不知，而是要不断探索。因此，他会去质疑那些既定的答案，必要时还会对先前的那些案例加以重考。

“必要时”，难道它是说“经常”？回答是肯定的。我们不要以
为，史学家的结论就一定不会受偶然性的影响。在所有愚蠢的论断 12
中，一本书“决不会得到重写”这句话最为拙劣。确切地说，一本书“决不会得到重写”并非因为它臻于完美，而因为它是那个时代的产物。历

① Manuel(拉丁语 Enchiridion)，引申为“科学的”研究。(以下脚注若不特别注明，皆为中译者注。另，凡正文“[]”内的文字，均为中译者所加。)

② “人类的演进”(L'Evolution de l'Humanité)，法国史家亨利・贝尔(Henri Berr)在 1920 年创设的一套丛书。至贝尔谢世时，已刊 64 本(原计划 100 本)。《16 世纪的不信教问题》、《印刷书的诞生》以及布洛赫的《封建社会》均列于其中。

史是时间的产物[1]。我这样说并非要贬低历史。哲学也是时间的产物。物理学同样是其自身时间的产物:朗之万[2]的物理学不是伽利略的物理学,伽利略的物理学也不再是亚里士多德的。从一种物理学到另一种难道不是在进步吗?我想应该是的。然而作为历史学家,尤其注意要说符合时代的话。每个时代都从心性上构建其自身的宇宙。这种建构不仅经由手头所拥有的全部材料、传承下来或获得的一切(正确或错误的)事实,还经由其自身的天赋、特有的机敏、品性、资质以及兴趣爱好等,经由一切有别于先前时代的东西。

同样,每一个时代都从心性上构建它关于历史性过去的表象(représentation),构建它的罗马、雅典、中世纪、文艺复兴,等等。如何构建呢?通过它所掌握的材料。正因为如此,一种进步的要素逐渐转入到历史著作中。尽可能多地占有材料,占有可靠的材料,这对构建历史来说很重要。就施展同样的才能,一个好的建筑师用陈年碎石、两三根旧木梁造出的一栋房屋,与他用大量雕琢好的上等宝石、裁锯好的优质木材造出的房子是不可等量齐观的。这里面就不但涉及到材料,还有天赋(尽管各有差异)、精神品质、思维方法等。特别是引起人们的兴趣和关注的动机是不断变化的,它使人们关注长期被淹没于黑暗之中的过去的某个局部。而且,这些可能翌日又被黑暗淹没。我们不要说这是人类的,更确切地说,这是人类认知的法则。

我们的先辈构建了他们的文艺复兴。这种文艺复兴又有别于他们的先辈构造过的。我们从已有的文艺复兴中继承了很多。例如,15岁那年,我与同伴们阅读了泰纳[3]的《在意大利旅行》和《艺

---

① Histoire, fille du temps(历史,时间之女)。见拉伯雷《第五部》第四十七章,"真理,时间之女"(vérité, fille du temps)一句。

② 朗之万(Paul Langevin, 1872 - 1946),法国物理学家。

③ 泰纳(Hippolyte Adolphe Taine, 1828 - 1893),又译"丹纳",法国哲学家、历史学家。

术哲学》等。18 岁那年，我们又沉浸在布克哈特的书中。而长期以 13
来，我们的拉伯雷也还是格布哈[①]曾经刻画的那个形象。可是，1900—1941 年间已经发生了多少悲剧与令人震惊的事件！如果我自身还没有意识到这一点（我这里并没有奚落的意思，因为人对稳定性有一种巨大的渴求。稳定是如此美好，以至那些天生或后天训练得很敏捷的人也经常本能地排斥自己的洞察力。面对现实，他们宁愿熟视无睹，只关注那些以前注意到的事物），或者说我个人对此毫无察觉，那么这个问题之所以引起我的关注，乃是因为我在 1922 年读了阿贝尔·勒弗朗[②]所写的长篇导论，见《庞大固埃》（见修订版的《拉伯雷著作选集》）卷首。我为之震撼。拙作提出不信教这个棘手的问题，就是试图给以某种回应。

* * *

16 世纪许多重要的思想家呈现在我们面前，首先就是拉伯雷。从内心世界上看，他究竟是个什么样的人呢？嘲讽的都兰人，奥尔良让·德·默恩[③]家族粗俗的、反教会精神的继承者？思想深刻的哲学家？走在同代人的前列，在批评精神与不信教方面无人能望其项背的哲学家？抑或是质疑者？是向其所处时代所提出了“对人而言最不可或缺、最贴近其天性、最易于使人愉悦的信仰就是怀疑”的安纳托·法朗士所说的怀疑论者？或者与之相反，是阿贝尔·勒弗朗所谓的崇教狂，意在将人们引向自由科学的世俗层面？较之狂热地诠释庞大固埃的勒弗朗，冷静的我们是否会将拉伯雷

---

① 格布哈（Emile Gebhart，1839－1908），巴黎大学文学教授。著有《文艺复兴与宗教改革》等。

② 阿贝尔·勒弗朗（Abel Lefranc，1863－1952），法国文学家。1903 年法国成立了“拉伯雷研究协会”，同时由勒弗朗等人组成的社群创立了《拉伯雷研究评论》。这份刊物随着研究兴趣的扩展逐步更名为《16 世纪研究评论》（1913），以及《人文主义与文艺复兴》（1934）。这群学者在 1912—1932 年间，编辑出版了五卷本《拉伯雷著作选集》并附有大量评注。勒弗朗的导论为拉伯雷定调：他猛烈地攻击基督教信仰；他是先于他那个时代的自由思想家，是一个敌基督的无神论者。

③ 让·德·默恩（Jean de Meung，又名 Jean Clopinel 或 Jean Chopinel，约 1250？—约 1305？），法国文学家。1284 年用法语翻译了 Vegetius 的《罗马军制论》。

看作诸多普通的基督徒之一？他们在善良人的天主的祭坛上，安置了一个完全被剥夺了光环的基督。还是将拉伯雷看作激发了宗教改革的激情，却又因害怕遭到折磨使热情迅速得到抑制的人？我们在此就好比是巴奴日[1]，在如何取舍的问题上进退维谷。如果需要权威的话，这些截然对立的观点的持有者，每一个都受到十个以上的备受推崇的权威的支持。

拉伯雷，不错！还有谜一样的博纳旺迪尔·德佩里埃[2]呢！他是人文主义者，迷恋于柏拉图的思想。他是玛格丽特家族中享受
14 玛格丽特[3]恩泽的扈从，徘徊于得宠与失宠之间。他是有勇有谋的“好战分子”，在法国宗教改革中，首次译了一本“通俗语言”[法语]版《圣经》。他曾与艾蒂安·多莱[4]合作，而多莱是自由思想家[5]的集大成者、《拉丁语的评注》的作者。他是一些厌世诗篇的作者，也是一些生动、粗俗故事的假定作者。他同时又是《世界的钟声》——四个世纪以来该书的创作激情与缘起仍是个谜——的神秘作者。同一个人身上所表现出来的这些方面，我们该如何取舍呢？评论者轮番将他与宗教改革、思想自由、神秘主义甚或粗俗联系在一起的时候，德佩里埃究竟适合怎样的一副面孔？

不错，还要提到德佩里埃的支持者——纳伐尔的玛格丽特。她是基督徒，著有《罪恶灵魂之镜》。据说她是位世俗的女性，还著有

---

① 《巨人传》(第三部)中，巴奴日难以抉择是否应该结婚等问题。

② 德佩里埃(Bonaventure des Périers，约 1498/1510/1518 - 1544?)，法国文学家。著有《世界的钟声》(*Cymbalum Mundi*，1537)等。《世界的钟声》是一部对话录，弗朗索瓦一世认为有异教倾向，德佩里埃因得到玛格丽特的庇护才躲过了追查。

③ 这里指纳伐尔的玛格丽特(Marguerite de Navarre，或 Marguerite d'Alençon、Marguerite d'Angoulême，1492 - 1549)，法王弗朗索瓦一世的姐姐、纳伐尔国王的王后。她同情宗教改革，后来成为人文主义者的庇护人。著有《罪恶灵魂之镜》(*Miroir de l'ame pécheresse*，1531)、《七日谈》(*Heptaméron*，1858 - 1859)等。

④ 多莱(Étienne Dolet，1509 - 1546)，法国古典学家，出版商，诗人。

⑤ Libertin 一词语义较为模糊。它的本义为“自由思想家”，有时涵盖了形形色色的行为举止。

《七日谈》。她还给布里松内[①]写过神秘信笺。她信仰路德宗，曾用法语诗体翻译了马丁·路德的《对上主祷告的评注》。她还信奉加尔文教，早期支持过后来《基督教原理》的作者[加尔文]。她信奉圣灵主义，曾保护波凯与坎坦[②]，使他们免受皮卡尔（后来变成了日内瓦人）狂热思潮的影响。她还是渴求上主之爱的女性：

> 含情脉脉地注视中有甜甜爱意
> 还是用你那甜甜如蜜的螯针
> 刺进我心里……
> 哎！我忐忑不安
> 因为我的爱在心中眩晕……

我们该如何在拥有众多特征且不协调（试图依据历史时期来分类也是徒劳）的情况下，为她描绘一副鲜活、逻辑一致的肖像呢？

问题同样存在德佩里埃的幕后支持者多莱身上。多莱是文艺复兴时期的殉道者：参见科伯勒·克里斯蒂（Copley-Christie）。他是思想自由的捍卫者（参见重新关注[皮埃尔·]培尔的布尔梅）。他还信奉福音书中一切（这一点上，你如果相信纳塔莱·韦斯[③]——德梅塞[④]的继承人——的话）。这里有一些权威的论断，也有一些疑问。然而，所有的证人（不管是朋友还是敌人）都摆在那里。所有的文章都摆在那里，首先是多莱的作品——他那激动人心的《第二地狱》与令人悲伤的《感恩歌》（1546 年）。从无神论者多莱到作为宗教改革家的多莱之间存在着巨大的鸿沟。仅这一点上，要让专

---

① 布里松内（Guillaume Briçonnet，1470－1534），法国修道院院长。与纪尧姆·法雷尔、勒费弗尔·德·埃塔普尔等人文主义者过从甚密。

② 波凯（Antoine Pocques，？－？）、坎坦（Quintin Thierry，？－1546），均敌加尔文。两位均为主张"灵魂自由"的重要思想家，受纳伐尔的玛格丽特庇护。

③ 纳塔莱·韦斯（Nathanael Weiss，？－1938），法国新教历史协会秘书。

④ 德梅塞（Pierre des Maizeaux，有时作 Desmaizeaux，1673－1745），法国改革派文学家。与莱布尼茨过从甚密。

家们达成一致意见几乎不可能。

15 我们还可以给出更多例子，但是这些已经足够。它们足以说明，我们在面对 16 世纪的人，质疑他以及他的同时代人，试图界定他的信仰时，对他以及我们自己都还没有真正的把握。这里实际上就引出了方法论的问题，值得我们关注。

* * *

还是不要说“哎！要是文献材料再丰富一些，证人谈得再多一些，告白更详细些，那该多好！”因为从表面上看，我们今天难道不是已经拥有需要了解同代人的一切么？例如，要了解他们的隐情，就看所刻录的光盘；要想知晓他们的面部表情，就看所拍摄的照片。可是，有人说他是狡猾之徒，有人说他是谦谦君子，其实说的是同一人。

事实上，没有背景或铺陈，专题性著作就是一副半身像，会误导别人。再纯洁、再客观公正的宗教思想也不可能不烙上时代的印记。简言之，没有任何一种思想不会烙上时代的印记。或者也可以说，没有哪种宗教思想不会受生活条件之隐秘行为的牵制。这种隐秘行为在某个特定时期，为一切惯习、一切基于共同根基的表现所建。它还在这些表现上烙下了一种前所未有却绝不会重现其特定风格的印记。

说到这里，问题变得越来越清晰，问题的范围也受到了进一步的限定。至少对历史学家来说，问题的关键不在于要脱离他的同代人来理解 16 世纪的作家。要确定某些适合他的标题，他著作中的某些篇章就应该符合我们某种形式的特殊情感的趋向，而我们今天有别于那些与我们有相同或不同宗教思维的人。你在谈到 16 世纪的人和观念时，你在谈到他们的愿望、情感、思维等方式时，你在相信像加尔文所说的 16 世纪的人用武装战斗时，问题就要确定：应该采取什么样的预防措施，同时遵循什么样的规则来避免最严重和最不可饶恕的错误——时代错置(l’anachronisme)。

16 以今天的眼光看，拉伯雷、多莱、纳伐尔的玛格丽特在 1530 至

1550年间所写的书又意味着什么呢？这还不是问题的关键。关键要知道，人们在1532年如何听或者可能听，且如何理解《庞大固埃》与《世界的钟声》。还是倒过来说，我们甚至还要弄清楚这些人为什么不能完全听懂或理解它们。我们会本能地应用我们的观念、情感、科研成果、政治经历、社会成就去理解这些文章。这些新书在里昂的蒙特尔大街或巴黎的圣雅各大街的某个书商的包装下面世时，那些快速浏览的人又在精美印刷的字里行间读到了什么呢？正是因为这些延续的观念赋予了文本一种永恒的真理(至少我们认为是这样的)，我们是否可以认为，在所有的时代里，一切思想态度都是可能的，且具有同样的可能性呢？这对人类精神史来说是个大问题。它扩大了方法论问题，同时使方法论的范围变得异常宽泛。

* * *

“就像历史中的其他要素一样，人类的道德信仰在过去的每一个时期都有其可行的方面。因此，今天的道德真理，即使早有所料，当时也可能根本不具可行性。即使有人主张这样的真理，恐怕对同时代的人也没有说服力。”于是在1906年，弗雷德里希·劳赫①提出了道德领域中的先驱者这个大问题：人不可能称义，因为人会预测未来。谈到什么是今天的“道德真理”，他补充说：人们在过去不能认清它，甚至根本就没有这个必要认清它；“它只能在梦中得到认清。”顺便说一下，这是道德论者在历史学精神问题上的绝佳证据。

当前的首要目标就是把这些程式从道德层面转向信仰层面，这 17
个目标与我们时代某些深刻含义的倾向是一致的。不久前，我们的导师吕西安·列维—布留尔②考察了原始人的思维方式与文明人的不同之处及其缘由。不过，很大一部分文明人的思维方式在

① 弗雷德里希·劳赫(Frédéric Rauh，1861－1909)，法国哲学家、图卢兹大学教授。

② 吕西安·列维—布留尔(Lucien Lévy-Bruhl，1857－1939)，法国社会学家。

很长一段时期保持着原始人的特征。他们并非在任何时期都用同一种思维方式塑造他们的观念与信仰体系。真理大部分就是这样形成的，为什么历史学家不把它应用到他们自身领域时，就表现出这些细微的差异，而情愿让哲学家成为唯一表达者呢？难道是因为收效甚微？

就宗教问题而言，我们在试图重建先辈的精神状态时，往往"把理性放在一边，把启示放在另一边，但又必须从中作出选择。"——我们该作何种选择？理性与启示（实际上是整个抽象的讨论）对真正的人、有血有肉的人来说，又意味着什么呢？勒南[1]在他的《科学的未来》（*Avenir de la science*，第 41 页）中写道：我们在那些最虔诚的信徒中，常常遇到一些"对科学作出了突出贡献的人"。他还总结说：人类的本性"归根结蒂强于所有的宗教体系，并且已经找到了某种秘密的报复方式。"勒南还补充道——当然深知在心灵寻求信仰时隐藏了某些东西——"开普勒、牛顿、笛卡尔与近代科学的大多数奠基者都是宗教的笃信者。"现代世界的奠基者是这样的，那些先驱者又如何呢？笛卡尔是这样的，他之前的拉伯雷呢？

* * *

这个问题很重要。有些人以给那些巨人正名为托辞，煞有介事地将他们与现代世界的兴起联系在一起，结果反而是贬低巨人们。这种做法难道不让我们感到吃惊吗？他们要把这些巨人变成懦夫才满意，把他们变成英雄辈出的世纪里的唯一一群懦夫，而这些所
18 谓的英雄愉快地终身致力于那些充满悖论的真理。他们提出的"懦夫"假设，满足了他们本能地对智者以及智者之伟大的憎恨。为此，有些人的愉悦之情溢于言表，毫不掩饰。他们需要像勒费弗尔[2]那样的人，其鲁莽的异教倾向因一个胆小怕事的老头的警告就

① 勒南（Joseph Ernest Renan，1823－1892），法国宗教史家、思想家。

② 勒费弗尔·德·埃塔普尔（Jacques Lefèvre d'Etaples；拉丁名 Jacobus Faber Staplensis，约 1453－1536），法国神学家、人文主义者，法国宗教改革先驱之一。曾用法语翻译《圣经》，受过纳伐尔的玛格丽特的庇护。

得到了抑制。他们还需要像伊拉斯谟那样的人，拒绝仅仅因为他喜爱平静、渴望避免遭受残酷迫害，就把自己与那些同自己性情相反的人和教义联系起来。很多不熟悉这些智者的人，以高尚的姿态指责受玛格丽特庇护的人，同时指责托马斯·莫尔的朋友，且在较为宽容的情形下，将他们描述成"胆怯者"。在那个世纪的另一端，他们需要一个胆怯的蒙田①——喜欢逃避灾难与公共生活的危险。其间，他们还需要一个恰似巴奴日的拉伯雷——他是诡计多端的弄臣，是愤世嫉俗的食客，还是十足的不信教者，但又会掩饰，假装对教会崇敬万分。或者说（这是一种新的说法），他们需要一个狂热的拉伯雷，不仅强烈反对天主教教会，还敌基督教，然而有时又出于恐惧，伪装自己。恐惧似乎是人世间智识和理性与生俱来的（且是值得称颂的）伴侣。

以上便是对那些被"神秘"包围的人们所作的粗略但公平的描述，他们一生都在与"未知"作斗争。他们思考宇宙，却不像17世纪的人，将宇宙看成一种机械论、根据已知计划运作的体系，而是将它视作一个生命有机体，受某些神秘力量的控制。

人们对历史的兴趣，通常源于个人的关注，最后往往陷入无休止的细节描述，无法自拔。我们还是用真正更人性的概念代替那些英雄世纪的圣灵主义的概念吧。（因为恐惧是人的本性，却对战胜恐惧尤为恐惧）这就是拙作试图要达到的目标。这是一本关于拉伯雷的专著吗？拉伯雷确实很伟大，但我还是无意因此只写他一个人。相反，这是对方法的探求，更确切地说，是对一系列复杂问题的批判性研究。它们涉及到历史学、心理学和方法论，值得花十年的工夫思考。 19

* * *

职是之故，我在接下去的几页文字中，如果继续沿用前面的思想、推理方法，这样做是否妥当呢？或许我该抛弃先前为拉伯雷研究所构建的框架，舍弃前人著述中对此的讨论，而只保留第二部

① 蒙田（Michel de Montaigne，1533－1592），法国思想家。

分，甚至仅保留第三部分。这样做是不是又有点过于随意、脱节，且不切实际？拙作各部分的篇幅并不相等，从多到少依次递减：大部分篇幅在底部（第一部分），侧重于严肃的批评；中间的第二部分是轻松一点的文字；第三部分统领其他两部分。这样的结构安排正好体现了我的思想、推理方法。我很高兴在读者看来，拙作不是源于一种理论观点，也不是源自于先天的（a priori）信念——它有害于我们的研究。如果有人将它视作评论家的感悟、一篇杰出的纲要、一部应景之作，我对此深表遗憾。自从在斯特拉斯堡与亨利·皮朗[①]为伍，拙作就一直伴随着我。我首次如此卖力地投入到勒弗朗的雄辩理论中，直到答应亨利·贝尔[②]再三请求的那天，我才决定出版拙著。我将拙著视作一种源于信仰的行动，相信未来的思想自由；将它理解为对意愿的肯定，同时“使他人理解”（faire comprendre）。我喜欢用后者来界定历史学的功用与历史学家的创造力。

① 亨利·皮朗（Henri Pirenne，1862－1935），比利时史学家，专攻中世纪史。

② 亨利·贝尔（Henri Berr，1863－1954），法国史学家、哲学家。曾于 1900 年创办《历史综合评论》（*Revue de Synthèse Historique*）［1931 年始改名为《综合评论》（*Revue de Synthèse*）］，以反对实证主义史学，鼓励史学与其他学科，特别是心理学、社会学等合作，形成了所谓的“历史心理学”或“集体心理学”。

上卷　拉伯雷是无神论者？

21

卷首语　问题与方法 23

首先是方法问题。众所周知，要了解一个人、认清他的真面目，这很困难。尤其涉及到16世纪的作家以及其宗教观念，困难就更大了。人们经常随意依照自己的性情，一会把他们说成是激进的不信教者，一会又说成是最传统的信徒。他们的观点中，我们宣称无法解答的那些问题，可能是我们自己凭空捏造出来的？难道我们不是用我们的思想代替他们的，且无中生有地给那些词赋予新的含义？可见，原本并未明确地设定的问题，经我们的整理后就可能变成明确的问题。不过，作为人文主义的世纪，16世纪这个概念的全部需要得到重考。易言之，整个世纪需要得到重新反思。

这并非意味着研究应该以专业说教的方式展开。因为是涉及到内心世界的问题，而且是关系到不断产生的怀疑与不断发现的事实之间的矛盾冲突的良心之争。这样的做法可能会背道而驰。我们下面要运用的研究方法却是清楚的，那就是钻研一个人。之所以选择他不仅因为他声名卓著，而且因为现有的资料能使我们重建他的思想。他作品中所包含的一些见解，甚至作品本身的意义，也使得他特别适合这样一项研究。他就是弗朗索瓦·拉伯雷。

首先，拉伯雷在他的书中专门探讨了某些问题，它们将拉伯雷 24
与其同代人区分开来。比如灵魂以及灵魂不灭的问题，复活以及来世的问题，奇迹以及造物主的全知全能问题，自然秩序对神性之自由意志的抵制问题，等等。

这些都是根本性的问题。围绕这些问题，还有一些饶有趣味的争论，以及与之有关的数以百计的影射。所有这些都在一个与生俱来的作家,彼时最伟大的散文艺术家那里得到呈现。

其次,关于拉伯雷的个人档案。尽管现有的数量远不能满足我们强烈的好奇心,不过较之 16 世纪任何一个伟大作家所留下的最多的个人档案,这个数目也不相上下,蔚为大观。近代第一个伟大小说家的强烈个性在他有生之年就引起过巨大反响。自然,我们会带着强烈的好奇心去收集那些用拉丁文和法语写成的篇章,它们有些浅显易懂,有些则是用符码写成(这些符码已经遗失了)。值得警醒的是:一方面,我们很有可能会增加这些档案的数量,把某些不属于对拉伯雷的记录强加给他;另一方面,我们反过来可以从这些档案中看出什么?又该如何把握它们?我们是从字面上来解释它们,还是变换一下呢?这是个良知[①]问题,我们经常这样说。当然,我们也要小心翼翼,要同时考虑敌与友、个人偏好与仇恨等问题。必须强调的是,要以 1530 年或 1540 年的人的眼光重读这些文章,因为它们由 1530 年与 1540 年的人写成,由那个时代的人的头脑构思出来的,他们不像我们这样写作,也不像我们这样思考——这就是困难所在,不过对于史学家而言,这又是至关重要的。总的来说,之所以选择拉伯雷,是因为对拉伯雷小说与思想的任何一项细致研究,除了涉及作品本身,还涉及到整个世纪的变革。这个世纪见证了这些作品的产生,并且造就了它们。

* * *

25 长期以来,我们一直得到这样的告诫,说:如果你想重建高康大的先辈的精神演变过程而又不误入歧途,那么首先便要勾勒出他所处时代的趋势,且重读亨利·奥瑟[②]于 1897 年发表在《历史评

① 良知(bon sens; good sense):这是一种良好的官能,不同于那些如视觉、听觉、嗅觉等感觉。它指的是一种绝对正确的分辨能力。它不同于亚里士多德的 bon mens[良心]。

② 亨利·奥瑟(Henri Hauser, 1866－1946),法国历史学家、地理学家。文中提及的论文,可见《历史评论》(*Revue historique*)第 64 卷。

论》上的精彩文章。他在文中十分肯定地描述了人文主义与宗教改革之间平行的演变过程。

演变共分三个阶段。首先是革新力量的紧密联合,他们共同对抗中世纪的残存势力。这些通过接触古人思想而使自己的思想得到更新的人,天真地以为首批宗教改革者与他们有着共同愿望,且走在同一条道路上。这是错觉:从 1534 年或 1535 年起,许多"人文主义者"举棋不定。法国国内,在他们眼皮底下,国王弗朗索瓦朝令夕改,出现了第一次残酷的迫害运动,上层贵族则对他们持敌对态度,天主教教士也在祭司的鼓动下发起暴动;法国之外,激烈的神学论战持续不断,自由探索与文化遭到强烈谴责……当火刑柱为塞维特[①]与多莱而立,这些失望的悲观主义者就从论战中退却了,论战的输赢也变得与他们毫无瓜葛。人文主义与宗教改革的断裂也就应运而生。16 世纪是这样,拉伯雷也是。他的每本书都标志着一个发展阶段,他记录了这些阶段,也加速了它们的进程。《庞大固埃》(1532 年)与《高康大》(1534 年)是人文主义第一阶段的两部代表作。这一时期,人文主义自认为有利于第一阶段的宗教改革,反之也得益于宗教改革。到《第三部》,一切都发生了变化:1546 年的拉伯雷是位哲学家,教理书之间的冲突令他愤懑不已,不过他已经不再直接关心这些了;到了 1552 年,拉伯雷则成为了主张法国教会自主的民族主义者。《第四部》服务于法兰西国王反对罗马的事业;但这一事业并不捍卫任何信纲。这边是"癫汉普泰尔勃",那边是"疯狂的加尔文"[②]。拉伯雷反感于两者(两者相互对立,但有时又相一致)的狂热,于是从中悄然引退,却像个真正的柏拉图主义者,沉浸于思考美与和谐。

---

① 塞维特(Miguel Serveto;拉丁语名为 Michael Servetus;法语名为 Michel Servet, 1511 - 1553),西班牙医学家、神学家、人文主义者。先后在图卢兹、里昂与巴黎学习法学和医学,宗教改革运动的热情支持者。在加尔文的煽动下,于 1553 年 10 月 27 日以异端为名在日内瓦遭火刑处决。

② 见《第四部》第三十二章。

* * *

26 长期以来，我们一直得到这样的告诫。直到 1923 年[①]，《庞大固埃》中一篇引起轰动的导论打破了此种平静。

拉伯雷反映了他所处的时代吗？肯定没有。他是例外。他是无神论者与 18 世纪自由思想者的先驱，并且迥异于格布哈的拉伯雷。格布哈预示了安纳托·法朗士的拉伯雷的出现。拉伯雷是个对宗教持怀疑态度的教徒。他的著作将人们召集起来。自此，世界各地的勇敢之士都开始梦想宗教的完全解放。

拉伯雷写《庞大固埃》的真正目的是什么呢？是为了给他的同代人提供欢笑，抑或是为了追逐一些不可告人的目的？阿贝尔·勒弗朗在回答这个问题时毫不犹豫地说："该书作者在他文学生涯伊始，便遵循理性主义的信仰"；不仅如此，他还心怀"秘密思想"。在大师阿尔高弗里巴斯[②]那里，拉伯雷是位忠实的基督徒，只是像其他人一样，受宗教改革第一批宣言的一时蛊惑——因为那时宗教改革曾对人文主义有所助益。这是个严重错误的判断，它夺走了评论家对它的所有兴趣。评论家中没有人质疑"总之，拉伯雷不再是基督徒"这个问题(第 XLI 页)。对阿贝尔·勒弗朗来说，这一点也相当肯定。1532 年起，巴奴日的圣父就是基督的敌人，是位勇猛的无神论者。拉伯雷是宗教改革的大师，可多少还是有点胆小怕事？不大可能！作为卢奇安与卢克莱修的追随者，实际上"在反对哲学与宗教的这条道路上，他比任何一位同时代的作家都走得远。"(第 LI 页)因为"最微小的变化也可能会构成背叛他的供词"，所以他以少有的平静，维持着他那普罗米修斯式的讽喻，且从不触及它们。"这种隐约的、克制的反讽多有力量！作家在天资上的这些鲜为人知方面，不仅保留了那些遭到质疑的思想及它们的历史

---

① 原文如此，实为 1922 年。

② 阿尔高弗里巴斯(Alcofribas)以及后面出现的阿尔高弗里巴斯·那西埃(Alcofribas Nasier)都是拉伯雷本人。为了躲避教会的追查，拉伯雷把自己名字的字母拆散后重新组合，造出了这个名字。

意义，还给那些勤勉者保留了各式震惊。”（第 LIII 页）

格布哈在 1877 年总结说：拉伯雷完全是个怀疑论者。各种教义不断占据他的心灵，接受他的理智的检验。“他后来表面赞同天主教，其真实意义何在？这是个很大的可能性问题，至今人们还无法解答。”——一个很大的可能性？阿贝尔·勒弗朗答道：不是的。拉伯雷绝对不可能是怀疑论者。他是位对宗教持怀疑态度的教徒。他与那些自由思想家持同样的信纲，彻底地反对启示。他的新颖之处就在于，试图把所有新入教的教徒重新召集到他周围，而这些人趋向于自由思想，“世界各地的人都梦想宗教的完全解放”。除此之外，在他那个时代，不是有人理解他并像他那样清楚地道出 1537 年神秘的《世界的钟声》的神秘作者吗？在组成德佩里埃作品的第四则对话中，猎犬伊莱克多获得了说话的能力，但是他的言说不能为它的同类所理解，直到有一天遇到了它的老朋友——猎犬帕伐古斯[①]。难道这不正是说德佩里埃自己吗？他令拉伯雷一帕伐古斯张开双手，因为那双手上握有批判性的、致命性的真理，却徒劳无功。“这个伟大的讽刺家的笑声背后，隐藏了最为大胆的意图。这副‘疯狂’面具只是拉伯雷用来向世人宣扬真理、宣扬否定的工具，唯此，世人才能听到他的这些思想。”（第 LXVIII 页）

以上这些问题与拉伯雷有关。以下这些则关于他所处的时代。1532 年，里昂出现了一篇用法语写成的无神论宣言，但其受众不是指向拉丁语的精英们，而是为广大普通读者而写。像努内（Nourry）与阿诺勒特（Arnoullet）这样的出版家，就为这类读者出版了一系列读物，诸如用市民诗体写成的骑士小说、天文历书和粗俗的故事书。正是这些读物颠覆了 16 世纪的思想与宗教史——这些历史可是几代史学家与博学人士建立起来的。我们还是翻开法国文学中联系到理性主义的源头与发展历程的大量资料吧。这些

① 伊莱克多（Hylactor）与帕伐古斯（Pamphagus），希腊文分别意为“咆哮者、喧闹者”与“吞噬、贪婪”。这则故事是影射基督，同时是受到了奥维德《变形记》（第 3 卷，第 3 章）Acteon 神话的启发。

资料因亨利·布松[①]才得以在阿贝尔·勒弗朗出版《庞大固埃》导
28 论那年公之于世。不过，第一次印在封面上的日期不是《庞大固埃》出版的那年（1532 年），而是多莱在图卢兹第一次发表论说的那年（1533 年）。布松明确指出，从未听说哪个作者在 1533 年以前，想在宗教之外建立形而上学的体系或道德的体系。1533 年只是个起点。在接下来的几十年中，帕多瓦派的门徒们才慢慢地、小心谨慎地、偷偷地把他们的怀疑主义教义介绍到法国。“拉伯雷在写头两部书，德佩里埃在写《世界的钟声》时，两人似乎都不知道”这些教义。布松是这样指出（《绪论》，第 XIV 页）。阿贝尔·勒弗朗却指出，1532 年的《庞大固埃》是不信教者发起进攻的第一声号角……这里就出现了问题。

* * *

1532 年起，拉伯雷就在他默默的反抗意识中，怀着一项有意识的、危险的计划，企图彻底地与作为启示宗教的基督教展开斗争，这是真的吗？在剧烈的教派冲突将许多温和主义者抛向了充满新奇的怪异思想的怀疑主义之前；在檄文事件[②]之前，在到处都是福音派、伊拉斯谟派、“信仰派”的 1530 年至 1535 年间的法国，历史学家可以开创一个题为“自由思想”的专栏，记录果敢的拉伯雷背后那群与他有同感的人——他们带有强烈的、难以平息却又理性的情感，即憎恨基督，这是真的吗？

“这是真的吗？”这种问法带有审判的意味。这就像审查案件时，在斟酌证词。有些证词来自拉伯雷的朋友和敌人，有些则来自他自己，来自他的生活及作品。这就是我们将要重新审理的案件。
29 不过等审查完毕，我们是否可以用“是”或“不是”来结案呢？我们

---

① 亨利·布松（Henri Busson，1885－1970），法国文学家。

② 檄文事件（l'affaire des Placards），1534 年在巴黎、图尔以及布卢瓦的墙上张贴了一些布告，专门揭发“教皇弥撒的不能容忍之流弊”。这些布告流传颇广，甚至 1534 年 10 月 17 日，国王弗朗索瓦一世卧室的门上也出现了类似的“布告”。国王见后大为震怒，决定用最严厉的手段来对付这些准备反叛宗教的人。加尔文撰写《基督教原理》以反驳和抗议国王的镇压。法国的宗教改革运动自此展开。

对事实的批判性考察能否引导我们换一种提问方式，用史学家人性化的“我们该如何解释”来替代法官式的“这是真的吗”？这种问法由清楚每个发展时期、人类可能有哪些信仰的人提出的。因而，现在问题就不在于思考当读到拉伯雷的某些段落时，我们是否很想大叫：“这个拉伯雷，肯定是个自由思想家。”我们应该思考，当拉伯雷的同代人（我指的是那些最为敏锐的人）读到同样的段落，是否也感同身受？最后，拉伯雷本人以及任何一个与他有相同文化背景的人，是否可能在那个时代怀有“启示”教义的设想？有人向我们指出了该教义的消极方面，却因某种原因隐藏了根本性的内容。

总而言之，“这是真的吗”这种问法用于宗教史，难道不会使我们走入死胡同？相反，“这是可能的吗”这种提问法难道不会将史学家导向历史学[①]的最终目标，即它不在于知识（尽管我们经常使用这个词），而在于理解？我们正是在这种精神的指导下重新考察这个问题，首先要考察的就是证词和证人。

① Histoire，希腊语源为 Historia，意为探究、调查等。

第一部

同时代人的证词

第一章　一些好友

一桩指控拉伯雷的案件出现了。拉伯雷被指控具有无神论以及敌基督思想。这种思想倾向据说可以追溯到1532年，就是《庞大固埃》问世那一年。证人一一得到了列举。大量的证据业已记录在案。我们的要求不高，只要一篇文章就够了，但是要决定性的那篇。存在这样一篇文章吗？

有的，四十年前路易·杜萨纳(Louis Thuasne)——一位经验老到的“猎人”——曾如此回答。有的，二十年前阿贝尔·勒弗朗——拉伯雷研究的巨擘——重复了这个答案。1533年的这篇文章比《高康大》出现得稍早些，与《庞大固埃》同年出现。该文指责拉伯雷第一部书具有无神论思想。这个判断是有依据的：你不是反对让·加尔文吗？更重要的是，读读那些拉丁散文吧！它们的作者都认识拉伯雷，有时还会联系他，与拉伯雷待上一些时间。他们都是拉伯雷自由思想言说的听众。稍后，他们也像加尔文那样，谴责拉伯雷的敌基督思想。我们又怎么会怀疑呢？

我们还是再把材料摆出来，且用心去看！我们暂且撇开一份关键的证词。这份证词就是加尔文的，唯一一份与《庞大固埃》同时代的材料。我们稍后将把它与其他一些论战家和神学家的文章结合起来考察。我们还是先来听听他那些“小”同伴们、那些“诗人们”引以为傲的证据吧。这些证据还得到了两个著名的博学人士的认可。

一、学院的阿波罗们 32

我们还是粗略地考察一下，不过要如何展开呢？在此，我们仍然要忠实于我们的意图：拒绝那些孤立考察的档案材料，它们不综合分析这个奇怪骑士的小世界所特有的一些精神习惯、存在方式、行为方式与思维方式。让人喜忧参半的是，有关这个小世界的资料又都是用拉丁语二行诗与抑扬格诗写成的。

* * *

这是个并不出名的小宇宙，是历史学家还未涉足的领域[1]。可能是这个小宇宙不值得研究？在艰苦的条件下（选集极其罕见，要到各个图书馆去搜寻），费力地阅读那些古韵律学，其单调程度似乎超过了可能获得的利益。在人类精神史上还找不到一篇被遗漏的章节。不过，收集到一些历史心理学的证据还是可能的。

我们来回顾一下 1530 年至 1540 年间"诗意的高卢"（Gallia Poetica）的成员们，他们即使不是以天赋也是以热情来相互竞争的。这些成员包括洛顿的绍蒙·梅格尔（我们经常称他为萨尔蒙·麦克兰，这是他拉丁化的名字①）；老尼古拉·波旁②——香槟省的贺拉斯；艾蒂安·多莱，他在业余时间从事散文诗写作；吉尔贝·迪谢③——艾居佩斯（Aigueperse）的阿波罗；维尔蒂乌斯——其名字从贺拉斯那里借用过来，法语名为让·维萨日④。此外，还有一些所谓多数派诗人（majores），还有小众派诗人（minores）中的一些要人。诸如，热尔曼·德·布里⑤、丹皮尔⑥、纪尧姆·迪迈纳⑦、

---

① 萨尔蒙·麦克兰（Jean Salmon Macrin，Macrinus；法语名 Saumon Maigret，1490－1557），法国的新拉丁诗人。与马罗（Clément Marot）过从甚密。

② 尼古拉·波旁（Nicolas Bourbon；拉丁语名 Niclaus Borbonius；1503－1548？/1550？），拉丁诗人。

③ 吉尔贝·迪谢（Gilbert Ducher；法语名 Vulton，15 世纪末—1538？），拉丁诗人。

④ 让·维萨日（Jean Visagier，法语又名 Faciot/Voulté/Voûté 等；拉丁语名 Johannes Vulteius，1510？－1542），生于旺代的新拉丁诗人。著有四卷本《诗集》。

⑤ 热尔曼·德·布里（Germain de Brie，Germain Brice；拉丁语名 Germanius Brixius，15 世纪末—1538），古典学家、诗人。

⑥ 丹皮尔（Jean Dampierre；拉丁语名 Dampetrus，15 世纪末—1550），修道院院长。

⑦ 迪迈纳（Guillaume Du Maine；拉丁名 Maynus，？－1550），卢登（Loudun）出生的圣职者。

罗塞日①、里昂人纪尧姆·塞弗②、葡萄牙人安托尼奥·戈维亚③，于勒—塞扎尔·斯卡利吉④，后者被认为是维罗纳的德拉·斯卡拉家族的后裔，此外还有图卢兹的律师让·德·博伊松内⑤，我们差点忘了那个咄咄逼人的学究——苏瓦松省的于贝尔·苏珊诺或苏珊娜⑥。此外还有 Brixi，Dampetre，Borboni，Dolete-Vulteique operas recentis author[布里克西、丹皮特勒、波尔旁尼、多勒特——近来一些著作的作者维尔蒂克]。麦克兰赞美诗中的叠句使我们想起了他们，想起了他们的共同点与专业缺陷，当然首先是他们那 33
巨大、惊人与淳朴的虚荣心。

对他们来说，再怎么恭维都不过分。他们大方地奉承同僚——他们当然也期望能得到回报[2]。我们听听迪谢的说法，而且他还不是其中最不屑一顾的。谁是他的典范、他的楷模呢？是伟大的麦克兰——那个世纪的贺拉斯，在他面前，他的前辈昆图斯·弗拉库斯(Quintus Flaccus)都黯然失色。谁又是他的朋友和支持者呢？是里昂的纪尧姆·塞弗。他在诗学才能方面，大大超出卡杜尔⑦！超出了多少？迪谢知道，他说：超出的距离，就像布塞法勒⑧全速飞奔时把一只乌龟甩在身后的距离[3]："Ut testiduneos incessus Pegasus，atque-Bucephalus，domini clarus amore sui ...［因珀加索

① 罗塞日(Claude Rosselet，？－1523？)，拉丁诗人。

② 纪尧姆·塞弗(Guillaume Scève；拉丁语名 Scaeva，？－1545？)，人文主义者。与里昂诗派中心人物莫里斯·塞弗(Maurice Scève，1500—约 1560)为兄弟。

③ 安托尼奥·戈维亚(Antonio de Gouvea；拉丁名 Antonius Goveanus，1505－1566)，拉丁诗人。

④ 于勒—塞扎尔·斯卡利吉(Jules-César Scaliger；拉丁名 Julius-Caesar Scaliger；Giulio-Cesare Scaligero，1484－1558)，意大利(后定居于法国)医学家、语言学家。

⑤ 让·德·博伊松内(Jean de Boyssonné，1501？－1558)，图卢兹大学教授、人文主义者。1539 年曾任枢机大臣。

⑥ 于贝尔·苏珊诺(Hubert Sussanneau 或 Sussannée；拉丁名 Hubertus Sussanaeus，1512？－1550？)，医学博士、法学博士、拉丁诗人。

⑦ 卡杜尔(Gaius Valerius Catullus，法语 Catulle，约前 84－约前 54)，罗马抒情诗人。生于维罗纳，其父与恺撒过从甚密。

⑧ 布塞法勒(Bucéphale)，罗马帝国亚历山大大帝的坐骑的名字。

斯追随乌龟的脚步，布塞法勒也因其主人之爱而闻名……]”尼古拉·贝罗特①则喜欢与帕拉斯及文艺九女神为伴——谁要是对此有所怀疑就是疯子。夏尔·德·圣玛尔特②就相当于腓比斯③。要赶上他，就等于在追寻马斯亚斯④的命运(迪谢，同上书，第 117 页)：“Phoebus es, et Phoebo tibi si me confero, fiam-Protinus extracta Marsyas pelle tuus [你是阿波罗，如果你阿波罗和我较量，我立刻就成为被你活剥了皮的森林之神]。”诗人在回顾抒情诗人时以自己作结，他对自己毫不吝啬。他优雅地为自己辩白(同上书，第 154 页)，辩白也很有趣：“如你所知，”他向他的听众吐露，而这些听众只会听任诗人提供的语言而展开对话，“Nosti, famam tantum peti a poetis [如你所知，诗人只是要追逐名誉]。”不过，尼古拉·波旁要好一点。他为了鼓励年轻的同道，说：“去吧！去干活，发奋工作。你在这世上获得自己的地位之前，不要停下来，也不要喘息。这样，你才会成为真正的男人。Sic vir, sic eris alter ego [这样，你才会成为另一个我]！”精彩的说法！就像三个世纪后的居斯塔夫·库尔贝，他在自己的一块画布前踱来踱去，念叨道：“是的，很美……啊！提香、韦罗内塞⑤、拉斐尔、我自己——我们永远不能画出比这更美的！”[4] 的确如此。然而，库尔贝毕竟只是库尔贝。他带着心满意足的心情所欣赏的画确实“很美”。

* * *

自然，这些娇气十足的奥林匹亚人带着怀疑的眼光看对方。那些挫伤他们的虚荣心的人真是不幸！接下来便无休止地涌现最疯
34 狂的颂词与最狂热的抒情诗，残酷的侮辱与出于憎恨的叫嚷。

我们天真地以为，诗学之争必然牵涉到现实生活中的争论。无

---

① 尼古拉·贝罗特(Nicolas Bérault, 1473 – 1550)，意大利人文主义者。

② 夏尔·德·圣玛尔特(Charles de Sainte-Marthe, 1512? – 1555)，神学家、诗人。

③ 腓比斯，太阳神阿波罗的别名。

④ 马斯亚斯(Marsyas)，希腊神话中半人半兽的森林之神。

⑤ 韦罗内塞(Paolo Veronese, 1528 – 1588)，意大利画家。

疑，开始确实有一些冲突和争论。这些冲突首先是作为一系列诗文便捷的主题的。对于那些没什么可写的人来说，争论是意外的收获。起初，他们以悲剧的方式讲述这些事实。接着便是抨击：第一、第二、第三，一遍遍地重复。随后便是一些怀旧的对句，讲述那种随风消逝的友情；合理的解释；剧情突变（这是某某的错），最后是和解。

那些利用"诗人"所提供的传记文献的人，不应该忽视以下这些，尽管这些"诗人"有完美的记忆力。他们所提供的文献中无疑有证据，更多的则是专业性的灵活处理。可能还有真实性——但只有一些二行诗才有。另外，还有真正的愤慨，却又要受到时机的引导，这要依据能否再利用卡杜尔的半行诗或马尔提亚①的诙谐短诗。这些不满可能是真的，但是他们从不阻止这些愤怒之士借用贺拉斯或提布卢斯②的诗歌样式，尽管这种借用要以某种扭曲为代价。历史已经表明，这些博学雅士，正如奥颂纳③在诗歌选集中所描述的那样，可以在十行中同时表达出二十种典故。这是一种特技。看见这些，甚至连他的对手与抨击对象，都会像行家那样欣赏这些作品。

至于从未删减他们的作品，那是因为这样的"东方明珠是不会遭到损坏的！人们时而变换最初的教父（parrain）：起初献给尼古拉·波旁的一首诙谐短诗，后来却赠给了马罗④。时而又不加区分地印刷所有东西，诸如：表示赞赏的叫喊、出于仇恨的呐喊、爱情的誓言、愤怒的爆发，等等，算是应有尽有。如果瑟巴斯坦·格吕菲（Sébastien Gryphe）在预想的调和到来之前（调和这个主题足以让

① 马尔提亚（Marcus Valerius Martialis，40？－103？），讽刺诗人。著有12卷《箴言集》。

② 提布卢斯（Albius Tibullus，约前54—约前19），罗马诗人。

③ 奥颂纳（Decimius Magnus Ausonius，310？－393？），生于波尔多的拉丁诗人、修辞学家、政治家。

④ 马罗（Clément Marot，1496－1544），法国诗人。宫廷诗人让·马罗的儿子。同情宗教改革，赞同人文主义思想，因大胆嘲笑天主教的恶行多次被捕入狱。

他作成三首仪礼诗），不小心为那些过度激动的诗人出版了作品，那将很糟糕！读者在该诗集第 3 页看到某人得到如酒神般的颂扬，而同样的一个人在第 30 页却被描绘成鸡奸者、杀人犯，至少是
35 无神论者。接下来的诗集中（如果它能见天日），事情将会得到更正，账目也将会得到重新核对。

对史学家来说，批评所要遵循的首要规则就是：任何时候都不能把华丽的抨击当作悲剧加以解释。实际上，从争论中获益的不只是对手中的一方；敌友难辨，人人为己。第二条原则就是：评判任何指控，无论是别人指控他的，还是他指控别人的，都不能只读这个诗人的作品；应该到帕纳萨斯山那边转转，咨询一下那些起先反对他，后来却反过来支持他的人。

* * *

老缪斯的孩子，也是当时最出名的一个——尼古拉·波旁——有一天邂逅了一个恰当的词。那就是，他接连命名了两本诗集为《虚无》（*Nuage*）。1533 年，这本诗集共 248 页，1538 年则急剧地扩充到 504 页。可是，这个标题仍然引起了一位同僚的不安[5]：如果读者只是从字面上去理解它们呢？这是杞人忧天的，因为书写虚无并不令人震惊，关键是看表达的方式和诗的韵律。

一位诗人邂逅了一则“题材”。他便以钟表经营者的耐心，反复思考这个主题，两次、十次，用同样的词语谈论同样的东西，只是变换了词序而已。——请看下面的标题：《论同一男人》（*de eodem*）、《论同一女人》（*de eadem*）、《致同一男人》（*ad eumdem*）、《致同一女人》（*ad eamdem*）。那个于 1534 年在巴黎入狱，写了一本小作品《论着装的样式》（*De generibus vestium*）的拉比卢斯①，是维尔蒂乌斯的朋友。维尔蒂乌斯灵机一动，有了个绝妙的想法：“我的朋友拉比卢斯，你在服装上侃侃而谈，可你自己却甚至没有一件衣服可穿。Veste cares, intrat penetrabile frigus in artus;

① 拉比卢斯（Junius Rabirius，？-？），16 世纪上半叶法学家、评注家。著有《拉丁语法》。

-villosam cur non dat liber endromidem? [你无衣可穿,寒风刺骨,那本书为什么不能温暖你?]"(1536 年,第 I 卷,第 35 页)。这个想法看上去令人满意。他又说道:"Qui vestes, lanas, telas, aulaea, colores-intus habet, nudus stat sine veste liber ...[这本书里面有服装、毛线、布匹和涂料,你自己却赤裸裸、无衣遮羞……]"。重来一遍,《论同一男人》: vestimentorum rationem nosse laboras ...[你竭力探求服装理论……]"。1526 年,名叫拉扎尔·德·巴伊夫[①]的著名人士不是出版了一本《论着装》(*De re vestiaria*),且此后还多次重印吗?我们还是重新快速地拾起他惯用的那个主题,作一些 *36*
适合前任大使[德·巴伊夫]的调整:"Romanas vestes docuit qui serica fila/ vestitus liber est pellibus exiguis[教导罗马丝制服装的书,封面用的却是普通的皮革]。"(第 I 卷,第 45 页)。为了增加此类例子,人们不惜像穷人那样,自行清空头脑。

他们是如何彻夜顽强地保护那些无大多价值的宝藏呢?他们没有属于自己的东西。他们只有某种手法,却把一生都花在喊"抓贼"上去了。那些促使他们贫困潦倒的无聊争论也源于此。一位同僚抢掠他们,一位同僚偷盗他们的思想。噢!是那些魔鬼怪物在恬不知耻地劫掠他们的抑扬格与扬扬格。其中的维尔蒂乌斯,就在他的《十一音节诗集》(*Hendécasyllabes*)开篇写下了精彩的标题(1538 年,第 II 卷,第 52 页背面);他歌颂了被他称为科利尼亚(Clinia)的戴利[②],她死了或是他让她死了。我们在众多主题之中,发现这个死亡主题给了他巨大的意外:Scribendi materiam sibi morte Cliniae ablatam ...[天呐!天呐!写作的素材因为她的死而中断了……]。

稀罕的主题!头脑中盘旋的一些不带侮辱性的名字也是如此,

---

① 拉扎尔·德·巴伊夫(Lazare de Bayf,又 Baïf,1496 - 1547),法国人文主义者、外交家,曾就学于罗马,后来出任法国驻威尼斯大使(1529 年)和驻日耳曼大使。七星社(Pleïade)诗人 Jean-Antoine de Baïf (1532 - 1589)之父。

② 《戴利集》(*Délie*,1544)是莫里斯·塞弗的诗集名。诗人用 L'idée(理想)一词拆散后,重新组合构成另一个词 Délie(美德的最高对象),目的在于指示诗歌中的意象。

左易莱①是个最普通的名字。一旦送出去，立刻就被怒气冲天地物归原主——穷人意识到时间如白驹过隙。与马罗的成功相类似的那些胜利，在品都斯山巅以一种不可抗拒的戏弄推销他的“通俗法语”，在他们耳边敲响了六步韵诗的丧钟。他们顽固地坚守他们的行会。他们不久就会创造出一项新罪名：滥用萨福诗体与抑扬格[6]。

* * *

所有中世纪游吟诗人的后裔，继续生活在他们委托人（更确切地说是庇护人）的监视下：有必要用大段文字记录，我们为了获得这种意味深长的变迁花费了多少心思与辛劳！对我们而言，作者就是权威（maître），对他们而言，读者就是权威。我们应该想到他们谋生不易。当他们吟唱珠光宝气的公主们的美好爱情时，他们
37 由于偶然受时间的眷顾，远远地瞥见了：某座城堡中那个红颜不再的胖妇人——肥胖的、有时还有些不贞的泼妇，一个对提布卢斯或贺拉斯没有任何意义的妇女——在都兰或安茹的一所破屋中想方设法养活膝下儿女。这就是汉斯·荷尔拜因②的命运，为了躲避丑陋的家务与巴塞尔的烦扰，只身逃到了伦敦。

以下是导致他们整日紧张兮兮、忧心忡忡、脾气暴躁、动辄发怒的因素：他们整日担忧如何获取生存所需的面包，因情势所逼，几乎要四处行乞，这种妥协是生活所迫。他们的诗歌的显著特征在于：任何一本诗集都存在 10 篇、12 篇、20 篇关于食客的短诗，如《论食客》（*De parasito*）、《反对食客》（*In parasitum*），等等。这些诗反映了他们抑制情感、愿望以及萦绕心头的梦想：希望一生衣食无忧，勿需乞求任何人，勿需从早到晚对别人的施舍感恩戴德……“靠自己”致富是他们的另一梦想，这体现在他们对万事万物的执着追求上。尽管有些对手讥笑他们贫困潦倒——嘲笑他们是遭受命运摧残的“富人之子”。我们可以从上千个准确无误的迹象中猜

① 左易莱（Zoïle，公元前 4 世纪），希腊修辞学家。

② 小荷尔拜因（Hans Holbein，1497－1543），德国画家。

测出，他们暗自痛恨那些酒足饭饱的市侩们。这些市侩们不屑地朝桌底扔下一块骨头，作为他们吟唱赞美诗的薪酬[7]。然而“受惠者”心中的鄙视是多么的强烈：

怪异不断盘旋于我脑海；
没有看见它，就可以察觉出来。
常常入泥潭，就可察其污秽；
就算辨别它的颜色，也不是不敢……

这些肥硕的无教养者要求得到至高无上的奉承，最终得到的却是犀利的洞察。再引述一下让·德·博伊松内对图卢兹的富人所进行的哲学思考：

如果你想找达官贵人为友，
还是去找诺莱、朗克弗或贝奴；
如果你想找一毛不拔的人为友，
也非他们莫属了……[8]

同样，钱越多，得到的赞誉也就越热情。如果同一首诗在第二
版中用来赞扬另一人，第一个受赞者也无所抱怨。因为他的钱刚 38
好够支付原版与再版之间的那个时段的费用。迪谢更为慷慨，即为他诗集中的每一卷同时提供了两个庇护人；书简诗给一个，献呈诗则给另外一个。两篇书简诗、四个资助者就能保证这部诗集名垂青史。如果他们慷慨大方的话，这是不言而喻的。

另外，这些焦虑不安、瘦骨嶙峋、动辄发怒的家伙饱经风霜，有时却显出一副友人之间乐于互助的样子。这种一分为二的做法可以追溯到羊皮纸时代，只要读读迪谢的诗就可以看出这点。“是尼古拉·波旁”（《箴言录》第II卷，第150页），他告知口袋里装满响当当的银两的里昂大富人，“是尼古拉·波旁向我介绍了你，要不是他，你的名字将不会出现在这本诗集里。平心而论，你欠了他人

情！”他们受到威胁时，就会前嫌尽弃，联手对抗他们的共同敌人。首当其冲的是那些有固定收入的胖子，紧接着是那些忌妒他们、觊觎他们位置而此时又把他们当作挡箭牌的瘦者。这些穷困潦倒之人靠老布鲁盖尔①的版画度日，这些碑文上的诗句可能是萨瓦诗人安托尼·迪塞克斯②与拉伯雷的“行乞大师”之一的。

> 无论他如何亲近宙斯，
> 狗可以这样过活——
> 装扮成主人的侍从，
> 尽管马匹的配饰更精良。
> 像神甫那样忠心不二，
> 像阿尔戈斯那样机警，
> 注视学者那一小片庄园……[9]

* * *

同时，还有一些优良的品质。首先就是相信他们自己的所作所为、所思所想，他们拥有演员入戏般的专注与真诚。他们是第一批相信自我褒奖的人。若因穷困而时常遭到世人讥笑，他们就得自
39 视清高。也正是对自己使命的清高支撑了他们，赋予了他们虽处严冬且无半点火星的陋室，却仍能坚持写作，即使此时连墨汁也冻结了，他们还能自得其乐、泰然处之。

那么，他们对自己想象出的“美”以及对文学的崇高效用，抱有多天真的信仰呢？这也许有利害关系。他们正是靠他们所赋予高位的宗教生存。也可能不仅仅只是利害关系。他们以真正的热情崇拜自己的宗教，时刻准备像人文主义者那样为他们的宗教献身。

---

① 老布鲁盖尔（vieux Pieter Brueghel；Bruegel，1525/30－1569），尼德兰画家。

② 安托尼·迪塞克斯（Antoine Du Saix，1505－1579），出身于布昂佩斯（Bourg-en-Bresse）名门，曾是圣安东尼会（Saint-Antoine）的教士。《高康大》第十七章有其事迹见载。

这就是他们的可贵之处(尽管仍存在一些显著的缺陷),仍值得我们研究。

所有与《高康大》、《庞大固埃》处于同一时代的人都有他们所崇拜的人间"天主",即人文主义之"天主"——伊拉斯谟[10]。欧洲各地随处可见对伊拉斯谟的崇拜,法国则加上了一个民族圣人——雅克·勒费弗尔·德·埃塔普尔,那个善良的法布里人。甚至当勒费弗尔遭到怀疑,受到一位以进攻来进行自我辩护的巴黎大学神学院神职人员的追捕时,他们也没有和他反目成仇。大部分人都不怕违反逻辑,为那些改革者(我们还不能说已归正了的)的信仰摇旗呐喊。这包括1530年左右拉丁诗人在里昂或巴黎任圣职;重新呼吁人们读法文版《圣经》、唱法文版的《诗篇》、用法语执行礼拜。他们毫不在意,他们捍卫自己的思想。他们如此高呼基督,有时甚至连巴黎大学神学院或高等法院都听到了。他们拥有自己的小殉道士,终有一天也会有伟大的殉道士——艾蒂安·多莱。这是一个先前遭到大部分人遗弃,后来在那个世纪晚期还清了债务的殉道士——其实很多人都已在账本中成功地删去了这些债务。他仍是他们的殉道士——四卷本《歌唱》(*Carmina*)与《评注》(*Commentarii*)的作者[多莱]。他的缺陷属于他们的缺陷,只不过他夸大了这些缺陷。此外,他们的德行同样得到了夸大。

这是一幅速写,它无法自称可以替代一幅不在场的全图。就在这本书的这个地方,它也不无用处。这幅速写能让我们更好地按照人物出场的秩序给他们排个座次,并且掂量他们所提供的证词,包括拉伯雷的敌人与朋友。不过,按照我们确定的模式,朋友会反目成仇,又可以化敌为友。

40

二、杜萨纳的证人:让·维萨日

我们现在回到杜萨纳的新发现上。这种发现在阿贝尔·勒弗朗克那里得到重拾和完善。这些发现聚焦于1536—1538年间,里昂、巴黎的诗歌也在这期间出现了全盛的局面。大约1537年,杜萨纳在一本用当时流行的拉丁文写成的诗集中首先发现了一些证据，证明《高康大》与《庞大固埃》的作者拉伯雷在他的同时代人眼中，是彻底的无神论者。

维尔蒂乌斯——杜萨纳给他取了一个法国化的名字武尔蒂(Voulté)，它源于贺拉斯；有些过于聪明的人觉得应该叫他法夸(Faciot)；而他自己，应该有一些内幕[11]，却直陈自己叫维萨日——属于当时一名二流诗人，他的一生详细地再现了他同时代上百个文学家的生活。他出生于武济耶①附近的旺代(Vandy-sur-Aisne)，自己在诗集中却说来自兰斯(Remensis)。他似乎在巴黎获得文学硕士学位后便以教书为生。当波尔多政府决定在本市建立一所大学，且使它能与列日的圣哲罗姆学院或梅兰希顿②的维滕堡大学齐名时；当一整批巴黎的大学教员在加龙河畔定居时，这所新学校的首任校长让·德·塔尔塔(Jean de Tartas)便聘请维萨日为该校教员。一份契约约定要付给维萨日比其他教员更高的薪酬(每年 40 古斤③)。这是在褒奖古希腊文化吗？此后三年，编年开始显得模糊不清了，留下了许多待解的谜团。我们只知道维萨日后来发表了一些针对让·塔尔塔的诗，且有些不怀好意[12]。我们无法证实 1534 年 4 月老第欧根④——葡萄牙的诺埃尔·贝达⑤、圣巴比学院的反动校长——的侄子安德烈·德·戈维亚⑥(蒙田所说的法国最伟大的校长)接替了塔尔塔的职位，并带来了一班新人(两位布坎

---

① 武济耶(Vouziers)，位于法国东北部香槟－阿登大区阿登省。

② 梅兰希顿(Philipp Melanchthon，1497－1560)，德国宗教改革家、教育家、人文主义者。1518 年到维滕堡大学教授希腊文。与路德过从甚密。

③ 古斤(livre)，古代法国的记账货币，约相当于一古斤银的价格。不过，当时货币尚未统一，不同地区等值不同，整个法兰西大约有 268 种等值。在巴黎，每古斤为 490 多克。

④ 第欧根(Diogo de Goveia，1470？－1557？)，帕尔维亚出生的神学家。1510 年获神学博士。

⑤ 贝达(Noël Beda，1470？－1536)，巴黎大学神学院右翼的保守主义者。1502 年任蒙台居学院院长。

⑥ 安德烈(Andreas de Goveia，？－1548)，帕尔维亚出生的哲学家与文法学家。事迹见蒙田《随笔集》第 1 卷第 26 章。

南[1]、让·格利达[Juan Gelida]、维内[2]、安托尼奥·德·戈维亚）时，维萨日是否还留在安德烈·德·戈维亚领导下的吉耶讷(Guyenne)学院。维萨日在这所学院的第一阶段至少已经有了革新的虔诚氛围，能结交一些饶有趣味的人，例如罗贝尔·布列塔[3]。 41
布列塔忧郁、焦躁不安、情绪不稳定，对任何问题的回答都永远一样："Home sum miser, et peccator inanis; sum quod sum, grato munere caelicolum[我是个悲苦的人，无用的罪人，我之所以是我，那是天主的慷慨赐予]。"[13]又如，谁都无法借用他的剃刀的大胡子西庇太[4]，他爱慕虚荣、好争吵、固执，后来成了瑞士的一名牧师，并为加尔文受了一次难；再如，教育学界的巨擘马迪林·科尔蒂[5]，他有着老学究式的蹒跚步履，却独特新颖且有点固执，实际上就像个自学自修者[14]。

可以肯定，维萨日想学法律，同时进了图卢兹的让·德·博伊松内学院学习。他在那里认识了自由法学家，知道了图卢兹骚乱的局面，那里正在迫害"对信仰没有感觉的人"(mal sentans de la foy)，知道大学"同乡会"(nation)之间的争斗，以及被残酷镇压的大学生在造反。他是否在那时或此后在里昂认识了多莱呢？我们不得而知。不管怎样，维萨日的第一本诗集在1536年夏面世了，那就是《箴言录第二卷》(*Epigrammatum libri II*)。这部诗集由印刷界巨头格吕菲在里昂印刷出版：Castigat Stephanus, sculpit Colinaeus, utrumque Gryphius edocta manu menteque facit[艾蒂安修订，科兰装帧，具有聪慧的大脑与灵巧手脚的格吕菲同时参与了以上两

---

① 其中之一为布坎南(George Buchanan, 1506－1582)，苏格兰史学家、人文主义者。

② 维内(Elie Vinet, 1509－1587)，文艺复兴时期人文主义者，生于波尔多。

③ 罗贝尔·布列塔(Robert Breton; Robertus Britannus, ? －?)，拉丁语学者。

④ 西庇太(Zébédée)，《新约》中的人物。

⑤ 马迪林·科尔蒂(Mathurin Cordier, 1478－1564)，法国文献学家、教育家、人文主义者。

项]（第 I 卷，第 54 页）。一首献给洛林最著名的红衣主教[①]的诗，包含了对艾蒂安·多莱一分为二的赞美。juvenis de lingua latina optime meritus[比那些青年更能胜任拉丁语事业]的这位奇才准备献给法国一本上乘的、*ad publicam omnium linguae latinae amantium utilitatem*[为了热爱拉丁文的所有人的公共用途而写]的《评注》。

* * *

这时，维萨日置身于魅力四射的里昂城，初步了解了这个伟大城市的奥秘。商贾云集于里昂的四个集市，他们包括佛罗伦萨人与瑞典人、威尼斯人与热那亚人、施瓦本人与瑞士德语区的人、美第奇与富格尔两地的搬运工。加岱纳（Gadagne）以富甲一方而闻名，克莱贝格尔[②]则以慷慨大方、乐善好施而名扬四海。这是商贾与发明家之城。他们在里昂创建了丝织厂（确切地说，是 1536 年由意大利城市[Cherasco]的两个皮埃蒙特人即图尔克蒂[Turquetti]、纳林兹[Nariz]与一个法国人沃泽勒[Vauzelles]合办的），装备了一些织机，招收了些学徒工。里昂是一座皇家城市，宫
42 廷曾将政权移至这里，虽然为时只有几个礼拜。宫廷里有别致的皇家军队、一群骑马巡回的朝臣、坐在马车中高贵的妇人，还有一群仆人与弄臣，一群用来载人和运输的牲口。确切地说，是 1536 年 1 月，法国宫廷侵占了位于索恩省与罗纳省之间的半岛，并喧闹地在那里安营扎寨：

里昂，城中之城，
富商大贾云集于此，

---

① 洛林的红衣主教（Cardinal Jean de Lorraine，1498 - 1550），早年倾向于宗教改革，后期则积极地反改革。

② 克莱贝格尔（Jean Klegerger；Cléberger 或 Cléberg，1485 - 1546），拉伯雷时代的富商。生于纽伦堡，1526 年起居于里昂。

因为有东西可看。
王、妃、主教及枢机，
大领主外加三太子，
他们都能得到强权国王的信任[15]。

1536年春，所有人从科尔马尔(Crémieu)移到圣西弗与蒙特布林森(Montbrison)，同年秋，又从瓦朗斯移到阿维尼翁。议会则与当地的文人雅士一起留守里昂。里昂是个书香之城，拥有上百家印刷厂，印刷商则受其赞助商的严密监控。大量用法语印刷、准备批量出售的书籍从印刷厂中涌出，诸如有关宗教信仰的书、通俗读物，由骑士故事改编而成的市民文学，有关老妇人用药的以及医药宝库之类的书，有关植物雕刻展览的书。这些支撑了印刷商的小世界，它勇于接受新事物，具有强烈的世界主义，并且富有魅力、独特新颖、爱热闹。对文人雅士来说，里昂就像一块磁石，它明亮而温暖的灯火吸引着五湖四海的能人。他们在诸如维滕堡印刷商格吕菲的厂中，搜寻对方，后又相互爱慕或相互憎恨。来自图宾根①附近罗伊特林根(Reutlingen)的瑟巴斯坦·格雷菲(Sebastian Greif)使用了一种狮身鹫首的奇特技术，于1522年底在里昂定居，1528年开始自立门户，出版了阿图斯(Aldus)的通俗法语本，并且坚持不懈地推崇伊拉斯谟的作品[16]。他的住处是撰稿者与校对者的避难所，例如从阿尔齐亚蒂②与萨多莱托③到拉伯雷和多莱，他们都在那里避过难，更别提苏姗娜、巴迪埃尔(Baduel)、奥特曼④、博

① 图宾根：德国城市，以出版事业出名。
② 阿尔齐亚蒂(Andrea Alciato，或 Alciati，1492－1550)，意大利法学家。
③ 萨多莱托(Jacopo Sadoleto，1477－1547)，意大利人文主义者，枢机主教。
④ 弗朗索瓦·奥特曼(François Hotman，1524－1590)，法国法学家、早期民族主权论的诠释者。主张以民族主权抗衡王权。参与16世纪宗教改革运动，游历欧洲各国讲授民法与罗马法。

杜安①、吉利安德②与迪谢等人了。他的住所也是许多本地与外地文人雅士聚会的场所，从马罗到麦克兰，从两个塞弗[莫里斯和他兄弟纪尧姆]到让·德·博伊松内、尼古拉·波旁、阿诺③，同时还
43 有一些来自法国或帝国的人呢！经常出入格昌菲府上，就能进入围绕里昂的印刷厂不时组成以及重组的圈子；此外，他们还可以通过浏览最新出版的书及时了解到描写和思考法国、低地国家、德国及意大利的最新、最激烈的著作。这对那些埋没于故乡、出入于文坛的人来说是个梦！他们对雅典（不像我们今天所说的属于罗纳省，当时还是属于索恩省）、对“狮子”④的向往之情是何其复杂，犹如克莱芒·马罗所寓言般的歌颂[17]：

狮子和它的凶残，
如何评说都不为过。
较之其他千万兽。
我说“里昂”更高贵。

* * *

1536 年期间，让·维萨日紧跟其他人的步伐，初步了解到骚动文学界的奥秘。8 月，他的诗集刚刚出版。9 月，他就跟随博伊松内，回到了图卢兹。四个月后，突如其来的一场悲剧发生了。1536 年 12 月 31 日，多莱在里昂用匕首刺死了画家孔帕尼⑤。是否像多

① 博杜安（François Baudoin，1523 - 1573），法国法学家、神学家、历史学家。

② 吉利安德（Georges Guilland; Georgius Guillandus，生卒不详），1547 年有《论异端》刊行。

③ 阿诺（Barthélemi Aneau，Anneau；拉丁名 Annulus，？ - 1565），法国法学家、历史学家、诗人。

④ “狮子”（Lion）与“里昂”（Lyon）同音。以下的“里昂”或“残酷”或“高贵”，实指狮子。

⑤ 孔帕尼（Guillaume Compaing；一说本名 Henri Guillot，？ - 1536），画家。多莱的敌人。

莱宣称的那样，这是出于正当防卫呢？不管怎样，这都是一件不光彩的事。在罪犯翻山越岭、仓促逃往巴黎上诉期间，维萨日凭着往日的[illegible]番深情厚谊，匆匆赶往里昂，到达那里却发现多莱已逃之夭夭，于是又起身前往巴黎，恰好在一个重要日子的前一晚赶到巴黎。次日，多莱（已于 2 月 9 日被国王赦免）的师友就为多莱举行宴会，庆祝他重获自由。在回味这番情谊的宴会上，《评注》的作者［多莱］高度评价了这位出入文坛的诗人——Vulteius non parvam-De se spem praebens doctis［博学之士给自己提供了一些希望］——并安排他与一些名人同桌，他们包括伟大的比代、尼古拉·贝罗特、德尼①、雅克·图森②、萨尔蒙·麦克兰、尼古拉·波旁、丹皮尔、
克莱芒·马罗，以及弗朗索瓦·拉伯雷——医学之荣誉与光耀。 44
Franciscus Rabelaesus，honos et Gloria certa/ artis Paeoniae，qui vel de lumine ditis/ exstinctos revocare potest et reddere luci［弗朗索瓦·拉伯雷，医学之荣誉与光耀，他可以让人起死回生，重见天日］。其实，维萨日至少在到达里昂之后，就听说了拉伯雷的大名。我们可以从他 1536 年的《箴言录》中看到一首《致拉伯雷》（*Ad Rabelaesum*）的诗，它在 1537 年版的《箴言录》中得到了重刊。维萨日在诗中竭力为拉伯雷辩护，反对那些诽谤者。“有人声称，拉伯雷的心被愤怒所缠；你的缪斯却乐于火上浇油，谎称你的文章处处透出怒气。告诉我们，拉伯雷，你是否真为愤怒欢颂？不，不是，是那个左易莱，他运用了狂怒的抑扬格；你的文字饱含的不是愤怒，而是喜悦。”[18] 拉伯雷的名字有另一种更为明确的译法，即 Rabelaesu，它具有双关意思：Rabie laesus［愤怒缠身］。这类文字玩笑在当时非常流行，而且还流传得很久远。我们只要回忆一下“牟

---

① 德尼（Pierre Danès，1497－1577），古典学家，1530 年入选皇家学院（Collège Royal）教希腊语。

② 图森（Jacques Toussaint，15 世纪末—1547）。1532 年入选皇家学院教希腊语。著有《诗集》（1527 年）以及《希拉辞典》等。

城老鹰”①：Bos Suetus aratro［公牛习惯了犁］就可证明这一点，这个标签可是伴随了他一生。1536 年，维萨日卷入了一场反拉伯雷式的戏剧中，他支持“假冒为怒者”，但反对谁呢？据说是反对于勒—塞扎尔·斯卡利吉，我们在后面还要讨论这个人。不管怎样，1536 年的这本诗集中没有出现任何反对或怀疑拉伯雷的语词。这部诗集出自一个 1532 年便开始有空品读《庞大固埃》的人笔下。在他时常出入的圈子内，人们肯定都熟知这部诗集。可是，维萨日远没有把让·杜贝莱当作可疑的小丑，而是誉他为医学界以及研究罗马法的高人之一：Civili de jure rogas quid sentio, Scaeva? -Hoc verum noster quod Rabelaesus ait［你问我如何看待市民法？就如同我们的拉伯雷所说的］。（1536 年，第 II 卷，第 167 页）。

* * *

就像诗界的许多竞争对手那样，维萨日也是个虔诚的基督教徒（不久前，费尔德南·比松②还恰如其分地为他写了几页文字）[19]。“基督”一词经常出现在当时的诗集中。维萨日就经常援引它，不过是用大写字母打印的“基督”［CHRIST］，“像是对永恒与普世的
45 基督教怀有敬意”。1536 年版的《箴言录》（第 I 卷，第 72 页）中就有一系列类似祈祷文的二行诗：Christus promissus . . . , conceptus . . . , natus . . . , passus . . . , crucifixus . . . ［基督得到应许、受生、降生、受难、钉十字架］，完全是一条用抑扬格与扬扬格铺成的通往十字架的大道。有一首诗美妙地歌颂了勒费弗尔·德·埃塔普尔，基督的使者，以及基督本人，“基督，这位谦逊老人的快乐之源；基督，这位颤巍老人的避难所”：

---

① 指博絮埃（Jacques-Bénigne Bossuet，1627－1704），法国神学家、论辩家、政治理论家、历史哲学家。基督教正统神学史观的主要代表，鼓吹绝对君权制。因于 1681 年被任命为牟城（Meaux）主教，且强烈反对新教，故有“牟城老鹰”一说。

② 比松（Ferdinand Buisson，1841－1932），教育家、政治家、文学家。

基督,这位颤巍老人的避难所……

他心中所思所想化成口中之言:基督

另外一首诗(第II卷,第129页)则用两行述说了勒费弗尔的遗言:

我的躯壳留给大地,我的灵魂留给天主,我的财产留给穷人;

勒费弗尔奄奄一息时一言道尽。

作者在一首献给热拉尔·鲁塞尔①的赞美诗后面,妥协了(第I卷,第13页;第II卷,第113页;第II卷,第168页),又写了一首诗夸耀法兰西国王以及他那完美的机会主义(第I卷,第11页):"陛下建造了新庙宇;弗朗西斯,你保卫了前辈的业绩"("Tu nova sacra facis; servas, Francisce, priora")。奇怪的证据表明了那种著名的思想状态,这首诗出现于1536年8月或9月。这首诗纯粹为了求和:"您极力维护我们父辈的绩业,反对摧毁它们;您不许人们摒弃祖先的仪式,假使有人摒弃了它们,您会告知他们这是一种罪恶。您用圣火粉碎宗派领袖,参与到了净化高卢血统。"1536年8、9月,"檄文事件"(1534年10月)及其后续事件的余音还依稀响彻耳畔。

Nec pateris patrum facta priora mori,

Nec priscos veterum ritus contemnere vulgus

Permittis, tetrum sed scelus esse doces . . .

[不容许大众贬低祖辈先贤的行为

不容许大众轻视那些旧风俗

你告诉他们这是罪恶的]

---

① 鲁塞尔(Gérard Roussel,拉丁名 Ruffus,? -1550),早期福音主义布道士。

这是一些温和的观点。维萨日以同样的口吻既歌颂了保罗三
46 世[1]的登基，并把他奉为圣保罗的诠释者，interpres Pauli Paulus sensu abdita monstrat［保罗，圣保罗的诠释者，提供了隐含的意义］（第I卷，第45页）——又歌颂了皇家学院的建造，即歌颂了这座山万年石料做成的贵族学校（stant vivi lapides operis）（第I卷，第65页）。他如果攻击修道士，就能快速地分清善恶忠奸："整个宇宙中，没有什么比修道士更可恶，也没有什么比修道士更神圣！"（第II卷，第151页）甚至直面人文主义之公敌即凶残的贝达时，诗人也有所保留："贝达，你轻率地作出的判决，扰乱了正义。然而比正义更重要的是，你自己却受害于你的决断。"（第II卷，第149页）

> Dum tua, Beda, levis vexat sententia justos
> Plus tibi quam justis haec lingua nocet . . .
> ［贝达，你不负责的意见伤害了正义人士
> 较之正义人士，你自己受的害尤甚］

维萨日无意与邪恶妥协。他曾多次用陌生的称谓，毫不犹豫地让他们遭受烈焰之苦，攻击他们（第I卷，第46页）：Nonne times flamman, carnificisque manus? ［你就不害怕烈焰和刽子手的双手吗?］然而，维萨日又被证实为无神论者、行政长官布里昂·德·瓦莱[2]的挚友。同时，他还为另一位无神论者——飘零在愤怒海洋中又凄怜的阿格里帕[3]——写了墓志铭，它感伤但又恰如其分（《箴言录》，1537年，第IV卷，第257页）：

> 在饱经风霜，在经历了漂泊不定的人生梦想之后，

---

① 保罗三世（Paulus III, 1468－1549），罗马教皇，在位于1534—1549年。

② 布里昂·德·瓦莱（Briand de Vallée，?－1544），波尔多法院大法官，拉伯雷的朋友。

③ 阿格里帕（Heinrich Cornelius Agrippa von Nettesheim，1486－1535），文艺复兴时期有影响力的秘教作家。弗朗索瓦一世时期，曾作过太后的御医。

死神带走了阿格里帕，让他得到安宁。
这个凄惨的人，居无定所，
最终把家安在天堂。

然而，继1536年版的《箴言录》后两年，这位有节制的自由主义者、在自己的信仰中有些飘浮不定的审判者，出版了四卷本的《十一音节诗集》（这次在巴黎，科兰的印刷厂出版），它用高雅的八行诗（in-octavo）写成。正是在这本诗集中，杜萨纳在1904年发现了拉伯雷是个无可辩驳的无神论者[21]。阿贝尔·勒弗朗继续杜萨纳的论题，指出共有三首诗流露出了拉伯雷“确信无疑的、真正的宗教观”。“在基督徒维萨日复仇的笔下”，这三首诗构成了“一些强烈的指控”。诗人把《庞大固埃》的作者描绘成“指责了整个基督教信仰就是一种愚蠢的怀疑（不信教①）。没有什么比它们更有力 47
地揭露了拉伯雷的无神论与藐视宗教（注意这两个假设）的言论”。1536—1538年间，拉伯雷与维萨日决裂只可能是出于“宗教原因”②。

看了上述言论，我们便迫不及待地想去查阅1538年的这几卷带有报复性的《十一音节诗集》。我们激动地翻开这本包藏着“证据”的罕见诗集。让人大失所望！拉伯雷的名字居然从来没有出现在这本诗集中。

* * *

这也无大碍，因为拉伯雷在诗集中并非被称为拉伯雷。有人要我们去查看一首长长的讽刺诗（第10页），它反对无宗教信仰的卢奇安信徒，即《反对某个不信教的卢奇安主义者》（*In quemdam irreligiosum Luciani sectarorem*）；再看这首诗（第30页），它全面地、强烈地反对卢奇安的仿效者；最后再看《反对卢奇安派》（*In*

① 不信教（incrédulité）。照拉伯雷的意思，这里应为轻信（crédulité）。

② Abel Lefranc, “Etude sur Pantagruel”, in Rabelais, *Œuvres*, t. III (Paris, 1922), p. LVII.

Luciani sectatorem，第 71 页）中那段对一个粗俗的人的诅咒。毋庸置疑，卢奇安的狂热信徒、效仿者指的就是拉伯雷。这和印刷商科兰把拉伯雷的名字鲜明地印在高贵的纸张上的可信度是一样的。“不过？”巴奴日说道。

我们先看看一些无关紧要的事。杜萨纳只字未提《反对卢奇安派》这首诗，仅仅提到了另外两首短诗，阿贝尔·勒弗朗说共有三首。我却找到五首。我发现的另外两首，其中一首是讽刺诗《反对某个诗人》（*In quemdam poetam*），另一首是致纪尧姆·塞弗的奇怪的诗，分别见于 1538 年版诗集第 28、42 页。两首、三首、五首——我们还是祈愿天主保佑，不要让别人明天又找到两首，于是变成七首。不管怎样，我又反复阅读了那可怜的维萨日的枯燥“诗篇”。

* * *

为什么直至今日都无人记起致纪尧姆·塞弗的那首诗呢？这首诗还是解决所有谜团的关键！维萨日问：“谁是卢奇安的效仿者？谁是诗人托尔托纽斯（Tortonius）？谁是忘恩负义之徒？我的
48 《十一音节诗集》中提到的左易莱又是谁？塞弗，你可能会问我，但我是不会告诉你的。因为他们在自己的诗文中背叛自己。我先前的诗文也曾抨击过他们这些人的恶行。毋庸置疑，他们对待自己将比我更严厉。我饶恕了他们。我不指名道姓，只是谴责他们的错误而已。他们将自己公开他们的姓名和过错。”[21]

我们的消息比 1538 年时塞弗的更为灵通，知道维萨日只是用他来做幌子。如果诗人托尔托纽斯与左易莱指的是同一人，又假设这个人恰好就是诗人波旁奴斯（尼古拉·波旁），那么很可能忘恩负义之徒与卢奇安的信徒指的是同类人或同一人。他就是艾蒂安·多莱。

三、维萨日、波旁与多莱

波旁、多莱，这两个名字以及对这两人的赞誉在维萨日 1536 年版的《箴言录》中频繁出现。从致洛林红衣主教的前言——这个前言中,年轻有为的多莱的天才著作《拉丁语评注》一分为二地得到了高度赞扬:at quod opus ? quam minime a juvene exspectandum ? quantae diligentiae ? quanti laboris ? quanti exacti judicii ? [这是怎样的一部著作? 年轻人等待的是谁? 花了多大的功夫? 下了多大的力气? 一部完美的评注?]——到第一部诗集的末尾,共有二十多首长短不一的诗,它们立刻证实了维萨日对多莱这个年轻的人文主义者所怀有的敬仰之情[22]。不同他开始如同恋人般的用词(第8页)——"噢,去赢得他! huic uni placuisse, prima laus ... [迎合他,就是最高的褒奖……]",第2页就是那荒唐的誓愿:"O Deus, O similem me daretesse Deus! [噢! 愿天主给我同样的吧!]"。更别提那些一分为二的称呼:orator bonus et bonus poeta, si quisquam fuit, unus est Doletus[如果曾有出色的演说家兼诗人,那么多莱就是这样一位]。最后是心醉神迷(第II卷,第152页):"Tam pulchrum est corpus, mens est tam pulchra Doleti-Totus ut hoc possim dicere: pulcher homo est ! [啊,你的身体多么美丽,你的灵魂多么美丽! 啊,不得不说,这是一个完美至极的人!]"

波旁作为维萨日的同乡,如果说他在诗集中占的份额更少,他也不带任何抱怨。波旁于1503年生在香槟省的旺代,是一名铁匠 49
之子,比维萨日大几岁,很早就以他流畅的诗文出名。波旁曾执教于亚眠、特鲁瓦和朗格勒,于1529年受到了纳伐尔的玛格丽特的接纳。1533年,他在巴黎瓦斯科桑(Vascosan)印刷厂以及巴塞尔的克兰当德(Cratander)印刷厂,出版了一本名为《虚无》的诗集,然而这本诗集马上就让他陷入了僵局。

* * *

标明"特鲁瓦,1533年4月1日"的前言中暴露了他[波旁]的改宗倾向:他追问他的通信者——奥尔良的路易·德·莱斯托尔(Louis de l'Estoile),又称卢休斯·斯泰拉(Lucius Stella)——关于害怕死亡的问题。"我听到了什么?"他大声说,"你对基督的信仰是如此的脆弱,以至一想到死亡就会把你吓得浑身发抖? 那么,你如此刻苦地攻读圣书，也是一场空。”接下来，他详细展开了正统派与圣保罗派的主题：天主之子如何通过自己的死亡来拯救人类的死亡，又如何通过他的死亡换来万物与造物主的和解等。这些并没有异端的痕迹。同样，谁能指责他假借基督之口，说出这些浮夸之词（[对折纸]B^4 页），

> 空气、大地、海洋、高山、森林、火甚至奥林匹斯山上，
> 一切都将消逝，唯有我的言语永存。

甚至还说一位神甫就像猴子那样喃喃自语（C^3 页）——non aliter turpis simia labra movet[一只丑猴子用同样的方式呢呢喃喃]——这毕竟无需多大的新意。更让人不可接受的是他对修道士高傲的抨击（E^3 页）：“当时，不计其数的穿戴修道服的人自命不负天意，并自视为天主。”在受伟大的伊拉斯谟、虔诚的热拉尔·鲁塞尔以及嫌疑犯米歇尔·德·阿朗德①——他仍是嫌疑犯，尽管玛格丽特赐予了他圣保罗三城堡（Saint－Paul-Trois-Chateaux）主教的职位——的鼓舞并献给他们的赞誉面前（I^6 页），巴黎大学神学院的
50 神职人员眉头紧蹙：“哦！高级教士，征服肉体，征服世界与恶魔！告诉他们称义是源于活的信仰 vivae justitiam fidei[因活的信仰而称义]！向他们指出天国的样子，以及通向死亡之路和得救之路是如何吧。”这个劝诫与颂扬可能并不是完全没有私心的：“O mihi concedant unà isthic vivere tecum[主啊！让我与你一起，住你的教区吧！]”他稍后继续喊道（M^4 页）；不管怎样，我们可以指责他在一篇《天主颂》（*Ode à la louange du Très-Haut*，L^6 页与瓦斯科桑版 L^8 页）中，不仅粗俗地谩骂经院哲学逻辑：nil tenenamus，nisi syllogismos arte/ contortos variosque nodos[我们一无所有，有的只是巧妙地纠结在一起的三段论和各种各样的结]；他甚至还借路德

① 米歇尔·德·阿朗德（Miguel de Arranda，法语名 Michel d' Arande，？－1539），初期怀有改革派理念，后期信仰布道福音主义。曾用法语试译《圣经》。

的名义谩骂罗马母狼，即那只被染成紫红色的狼[1]，lupa purpurata，lerna malorum[身披紫袍的母狼，罪恶的老鸨子]；更有甚者，可能还用世俗的称谓严厉地批评修女："gens rapax，vecors et amica ventris-perdita luxu[贪婪、麻木不仁的种，肉欲之友，奢华无度]"。一切都受到相同的待遇：对图像的崇拜、对圣人的敬重，这些假神，saxeis stabant simulacra templis-sacra dis falsis et isdem deabus-unde diversis variis que festis-cuncta fremebant-in statis poni pietas diebus[石庙里敬奉着许多假男女神像，它们在祝祭日都要被抬出来加以展示，这在那时是虔诚的表现]。据说，神甫的禁欲使他们放弃了欲望：nuptiis mire vetitis，libido-fœda revixit[奇怪的是，倘若结婚成为了禁令，肮脏的欲望就会复活]。这些都在对国王、三语学院[2]以及基督信仰的颂扬下适时地结束了：Laus Deo Patri，Dominoque Christo，-spiritu cujus bona cuncta fiunt[赞扬我们的圣父天主，赞扬我们的救世主基督，是他们的圣灵使万物变得更美好！]不过他们只字未提圣母玛利亚。

这种胆大妄为没有激起任何反应实属不易，特别是最后一首"致钉死于十字架的基督"（瓦斯科桑版，m^2 页）的诗，它的第一部分以路德式的主题得到展开，说这个基督徒无力为善，一心想着他的天主替他受罪而绝望不已："虔诚的基督，我是您苦难的根源，我感到深深的内疚，我极不虔诚：我使自己变得令人厌恶，活着对我来说是令人厌恶的。然而，您的声音让我重获勇气，您说：堕落之人都到我这里来吧！我会用我的伤痛医治你们的伤……"不足为奇，波旁曾在国王的监狱里待过一段时间。尽管有玛格丽特介入以及洛林红衣主教的担保，巴黎最高法院释放这名罪犯仍然要一 51
段时间。他最终在国王的指示下于1534年5月得到释放。他认为去英国待一段时间是谨慎的、明智的（不要忘了这个重要的日

[1] 均指罗马教廷或枢机主教。

[2] 三语学院（Collège des Trois Langues），为了培养人才，伊拉斯谟于1517年创设的学校，以传授希腊语、拉丁语、希伯来语为主。

子，1534 年 10 月 17—18 日——檄文事件发生的日期）。波旁受雇于安妮·博林（Anne Boleyn）（很显然，他对克伦威尔[①]与克兰麦[②]评价颇高），成了几位著名贵族子弟的家庭教师。他由于经常出入于上层社会，再加上经历奇特，居然有了一些让人妒嫉的运气（因为我们希望拉伯雷有这样的运气），于是遇见了荷尔拜因，并且得到了一幅荷尔拜因给他画的绝妙肖像。这幅画惟妙惟肖地再现了他头戴桂冠时的自命不凡。

* * *

尼古拉·波旁、热尔曼·德·布里与萨尔蒙·麦克兰，他们被维萨日认定为时代的诗人、博学之士与虔诚之徒。维萨日把波旁选了进去，说明他的选择比较谨慎、公正的，因为这三人中只有波旁一人处于流放中："Borbinium expulsum Gallia tota dolet[所有高卢人都为波旁的放逐感到痛心疾首]"，又说："Anglia me lacerum retinet, vestique poetam; plus peregrina favet quam mea terra mihi[英格兰羁绊衣衫褴褛的我，异国却比己国待我更好]。"另外十首诗则证实了旺代的马尔提亚对旺德弗（Vendœuvre）的贺拉斯有某种忠诚。一切似乎都使这两个香槟省人紧紧地联系在一起——他们的趣味、才干与朋友。一切，然而还有别的什么吗？

只要有意细读 1533 年巴黎版《虚无》（瓦斯科桑印刷厂出版），你都可以在书中发现一首《致维萨日》（*Ad J. Visagerium remensem*，O5 页背面）的短诗。这首诗流露出模棱两可的情感："你想将我的《虚无》吹捧上天而压垮我，使我不堪重负？相信我，你比我更擅长制造虚无；从你自费出版了你的诗集，同时读了我的诗起，你一定比我更会制造虚无。"这是不是一种说的很明确的、对剽窃的惧怕呢？人们自然信以为真了。此外，1533 年的这本诗集

① 克伦威尔（Thomas Cromwell, 1485? - 1540），英国伯爵。亨利八世时英王宗教事务代理人。

② 克兰麦（Thomas Crammer, 1489 - 1556），英国宗教改革家、坎特布里大主教。

到处充满了对剽窃的忧虑。波旁极力地维护他的半行诗，让那个 52
趁夜接近他并偷走它们的人遭受不幸："Cum mihi surripias noctu mea carmina，Rufe……[因为你趁夜偷走了我的诗，鲁弗……]"（巴塞尔，克兰当德版，B4 页背面）。

不久，波旁从英国回来了，带给里昂一本《写给有关儿童风俗的》（*opusculum puerile ad pueros de moribus*）。书的前言上写着"1536 年 9 月 1 日，特鲁瓦"，这说明了两个问题，一是诗人的虔诚之心，二是一项最新发现：他刚遇到了一件罕有之物——一位精英人物的心。接着他以同样的笔墨，写了一封标明"里昂，1536 年 10 月罗马古历中的第五个初一"的信，分别抨击了无神论者和藐视宗教者；波旁作为狂热的基督徒还表达了他亲眼所见高贵、纯洁而优秀的多莱时的那种欣喜若狂：诚如他第一次拜访伟人比代——两种辩论之父——时一样难忘。波旁也许是知恩图报，因为多莱之前很可能把他介绍进了里昂的文学圈。不得不说，他是大大地回报了多莱。[23]

此后的一天，在格吕菲那……还是波旁自己来叙述吧！事情不是发生在诗集出版后的第二天，而是 1538 年——他的《虚无》开始大量发行之际："我从英国归来之后，去了里昂，拜访了著名的印刷商格吕菲的印刷厂：'嗯，有什么新鲜的书吗？'他递给我一本名为《箴言录》的书。我如饥似渴地读，快速地翻阅它。为什么要长篇大论，浪费笔墨呢？我发现这部诗集从我的诗集中抄了不计其数的诗，还滥用了一些句子同时还剽窃了大量主题。这些让一个庸才胡乱拼凑在一起！现在我还不会指名道姓，如果他继续这样，我会揭穿他，让他原形毕露的。他是个强盗，是厚颜无耻的盗贼。"[24]波旁在指出 1536 年那本诗集的标题和印刷商之后，没有用大字印出维萨日的名字，这就已经够宽宏大量了。随第一首诗《致同一个男人，致剽窃的蹩脚诗人》（*in eundem，in versificatorem furacem*）的是一大串讽刺诗与诙谐短诗："我就在这儿！你以为我已经与英国人一起死在海上了吗？然而，我现在来，是向你索取曾从我那里
偷走的东西。"波旁一遍又一遍，毫无休止地述说着。我们都想和 53

维萨日一起叫喊、嘲笑画像中他头戴桂冠时那副故意炫耀的尊容：Tu loqueris semper, semper at illa tacet[你喋喋不休，一直说个不停，好歹也该保持安静了！]

* * *

1537年起，维萨日开始回应他了。首先，他在里昂帕芒蒂埃(Parmentier)印刷厂出版了《箴言录》第二版(该版共四卷)。他删除了头两卷(这两卷还是按照1536年版的顺序来重印的)中所有赞美与奉承波旁的诗句。"Grata bonis sunt, grata malis tua carmina[你的诗能让好人与坏人得到愉悦]"，这种赞词1536年出现于《致诗人波旁的诗集》(*ad Borbonium Poetam*)，1537年却出现于《致诗人马罗的诗集》(*ad Marotum Poetam*)。维萨日对这种改变做了大量细致的工作。Ut nunquam tulerit Campania Belgica vastes[香槟省从未出现过这样一个游吟诗人]，维萨日于1536年针对香槟省的波旁说了这句话。Ut nunquam tulerit praeclara Gallia vastes[高卢从未产生过这样一个出色的游吟诗人]，维萨日于1537年针对整个民族的马罗说了这句。这样，在1536年—1537年间由波旁改为马罗的不下8首，其他一些则由波旁改为艾蒂安·多莱。古尔贝·迪谢发现了一个有趣的不幸[25]；就在第二年，维萨日与艾蒂安·多莱绝交了。维萨日万分懊恼地更改了1536年那首著名的赠诗(第Ⅰ卷，第67页)：Gallia tres habuit doctosque piosque poeta[高卢有三位知识渊博的、虔诚的诗人]。这三位诗人原来指的是波旁、热尔曼·德·布里与麦克兰。1537年，他通过修改两句诗，将它献给了多莱、热尔曼·德·布里与麦克兰。1536年，波旁流放于英格兰，维萨日为此事感到痛心疾首：Lingonis ora gemit, Charitesque, novemque sorores-Borbonium expulsum Gallia tota dolet[整个朗格勒地区都沉浸在悲痛中，不仅是美惠三女神与文艺九女神，而且是所有高卢人都在为波旁的背井离乡哀痛不已]。1537年，他为多莱在孔帕尼谋杀案后潜逃而感到悲痛：Hunc Genabum, Charitesque, novemque sorores-et Stephanum expulsum Gallia tota dolet[不仅奥尔良人、美惠三女神与文艺九女神，而且是所有高卢人都在为艾蒂安的背井离乡哀痛不已]。随后，潮水般的讽刺、谩骂接踵而至。新版诗集的第三、四卷中到处充斥着这类讽刺，其标题就一目了然：《反对一个无聊的诗人》(*In nugatorem poetam*)；《反对某个蹩脚诗人》(*in quemdam poetam malum*)，《反对某位滑稽诗人》(*in quemdam ridiculum poetam*)；《论同一位诗人及其形象》(*de eodem et suo imagine*)；《论一个贼喊捉贼的诗人》(*in eundem furacem qui alium furti accusabat*)；《反对一个讨厌画像却要别人给她作幅惟妙惟肖的画像的人》(*in eundem qui, simulachrorum osor, se sculpi jussit*)。这是公开的宣战。其他的讽刺短诗则更为简单：《反对格 54
古尼乌斯》(*In Gorgonium*)，其中就充满了嘲讽。

1538年，《十一音节诗集》又变换了语气。维萨日假装承认了他的剽窃行为："我从你著名的诗集中摘取了几首？嗯，就算如此吧！我承认。我坦白(Illud Confiteor)。然后呢？我对你造成了什么伤害？我只是帮你推广、普及你那些业已成名的诗歌而已……"接下来的反讽意味更为强烈："我有能力使一位著名的作家从宇宙中消失吗？"此后的攻击也更为直接："你说，有人剽窃了你的诗歌，你是说他人的诗歌吧？Tuas, inepte? Rides? Pelisso negat Perellus, negant scrinia nuda Pradiani, compilata tua rapacitate! [你自己的诗，你这个无能之人？你是在开玩笑吧？佩里索说它们不是你的，佩尔鲁也说不是，普拉达尼的空书箧被你强取了，你也说不是。]"这是最后一击。不过气氛有所缓和，当我们从第三卷翻到第四卷，我们会突然发现自己置身于田园诗歌之中："诗人波旁，我求你告诉我：是谁说我想伤害你？"这种疑问有点好笑，同时维萨日某种程度上又不失幽默。[26]然而，还是有必要找一只替罪羊，这是游戏的规则。Quis auctor dissidii fuit? [谁是不和的制造者？]——这是一个去除诅咒的好借口：

让那些咒你不顺的人痛苦吧！噢，诗人！
让那些说是我希望你不顺的人悲痛吧！

望你我一起寻找我们共同的敌人！

滑稽的是，维萨日就在那时在他的《献辞》（*Inscriptiones*）（29页背面）中向他的朋友提道："你对我发誓说，波旁有意像我对他那样对我友善吗？对此，我觉得难以置信……不过，我仍然愿意相信。但是你知道是为了什么独特的理由吗？实际上，他没有任何理由会对我好。"无独有偶，波旁在《虚无》中也演出了一场与维萨日在《十一音节诗集》中一样的把戏。诅咒之后，他又开始了祝福。或更确切地说，诅咒与祝福交替进行，并且是毫不拘束。第五卷的两首《反对偷窃的诗人》（*in Poetam furacem*）重拾了昔日的指控（第 288 与 289 页）。接着发生了一件让众人惊愕的事——和解（*Jo. Vulteio amico*［《致我的朋友维尔蒂乌斯》］，第 314 页）。第八
55 卷仍然如此：最后一首诗题名为《反对某个剽窃与伪造他人诗作的人》（*In quemdam alienorum carminum suppilatorem et corruptorem*，第 460 页）。此外，还有另外两首诗含有兰斯人维萨日的名字（第 451，474 页）："捐弃前嫌吧！有些卑鄙小人希望我们自相残杀。用我们诚挚的友谊，使那些卑鄙小人的阴谋无法得逞。at sceleratum hominem，stabili fallamus amore；ille potest falli non meliore dolo . . .［没有比这更好的方法挫败他们了……］。"这里出现了修饰词 sceleratum［失望］，又以 dolo［伪装］这个词结尾，是否让我们想起了一个熟悉的名字？然而第二首诗提到的不只是一个卑鄙小人；他们是一小撮无神论者，impii homunculi［一些不虔诚的人］，他们试图拆散两位诗人间的友谊：Vides，amice Vultei，quibus illi artibus/ nituntur impii homunculi cavellere/ amicitiam nostram?［你看到了吗？我的朋友维尔蒂乌斯，那些不虔诚之人多么卑鄙，试图奚落我们的友谊］。这里的不虔诚指的不是对宗教的神圣感情，而是对友谊。这出壮烈而滑稽的把戏，最终以他人为代价而告终。戏中主人公们的天真、率直以及担心苦心写出的力作会遗失，一直引导着我们从格吕菲的印刷厂到……（可以说）多莱的住所？不管怎样，如果对这点存有疑虑，那么对另外一点就毫无疑虑了：

维萨日对纪尧姆·塞弗所说的 l'ingratissimus sodalist["忘恩负义之徒"]指的就是多莱。那么，是不是杜萨纳和阿贝尔·勒弗朗苦心研究（后者研究的更为辛苦）所发现的 simius Luciani[卢奇安的模仿者]，也是指多莱而非拉伯雷呢？

四、艾蒂安·多莱——卢奇安的仿效者

维萨日在他的职业生涯开始时，确实怀着一股真挚的友谊追随多莱。这点可以通过他所说的话，以及多莱深陷困境时他是如何挺身而出中得知。维萨日并非孤军奋战，多莱的其他战友——已成名的，或正在追逐名利的对手——都一心想获得这位激进分子的恩惠。他们成功了。他们在胜利之后弹冠相庆。有人却打破了这种和谐，亲手驱散了许多人对多莱的敬仰与虔信——这些人只求能为他所用；有人热情地为仇恨的爆发奠定基础——这些仇恨蕴藏在1538 年出版的那部长篇诗集中；所有拉丁诗人都被激怒了，联合起来反对多莱：从天主教徒苏姗娜——在与他称为三斗（Medimnus）[27] 56
的人作斗争——到爱说笑打趣的戈维亚，后者嘲笑道[28]："我不该赞美多莱；我为什么要赞美他呢？这件事他自己做得已够好了……"吉尔贝·迪谢在此刻也指桑骂槐，以愤怒的西塞罗派人克洛库斯（Cloacus）为名，攻击多莱为伊拉斯谟的诋毁者[29]；可是，尼古拉·波旁于 1536 年在《写给有关儿童风俗的》中对多莱极力赞美，却在 1538 年版的《虚无》中对他只字不提。他们的描述组成了一个有关艾蒂安·多莱肖像的奇异画廊，对此，科伯勒－克里斯蒂毫不知情。所有人一致认为，不管是苏姗娜所描述的"三斗"——他表情生硬、骨瘦如柴、满眼怒气、说话语无伦次，身穿一套短小的西班牙服饰，让客人一见难忘——还是戈维亚所描述的多莱：同样也是表情呆滞，一副凶神恶煞的样子，脸上无半丝笑意与优雅；都是一具恐怖的躯体，这可能是古罗马西塞罗的灵魂投胎转世到了他身上，只是其灵魂在这副躯体上减弱了一些，丧失了它所有的优点和功效。[30]这是一系列栩栩如生的快照。还是回到 1535 年 10 月吧。此

时，一位反西塞罗派的年轻人致函孔泰的人文主义者吉尔贝·古尚①——伊拉斯谟晚年的秘书，说多莱才三十岁就看上去像四十岁了，因为他秃头，额头又布满皱纹，且易怒，脸色苍白，眉毛杂乱无章，短小的上衣只能遮住腰部[31]；他既粗俗又敏感，是个高傲的饮酒者，痴迷于音乐，在游泳上也身手不凡，极易动武，总之，他有一种无法驾驭的自然力量并且多变。这就是被科伯勒—克里斯蒂称作文艺复兴的殉道士与自由思想的布尔梅殉道士。最重要的是，艾蒂安·多莱可能是他自己的殉道士。

多莱在他事业的顶峰期思考的是什么？对他来说，顶峰期是如此地接近尾声，因为他英年早逝，死时年方三十七。如果我们认为他的拉丁文演说是反对图卢兹及图卢兹人(《两篇反对托罗萨的陈述》[*Orationes duae in Tholosam*]，1534 年夏在里昂的格吕菲那里
57 出版)，那么他就不属于任何一派。他珍视父辈们的宗教信仰和神圣的传统，警惕各种形式的“革新”。但是他自由的思想能使他高度评论人们及其行为。这里有一段取自《两篇反对托罗萨的陈述》的精彩片断。他选取了 1532 年 6 月被活活烧死的摄政者让·德·卡蒂斯②的文本。多莱大声疾呼自己憎恨迫害运动，认为迫害既毫无人性，也无济于事：“我请你们大家相信”，他开始说[32]：“我不属于这个不虔诚、固执的宗派(路德派)。我最反感那些标新立异的信条和体系，世界上没有其他东西比这些更让我强烈谴责的了。我只是尊崇那种信仰和那些古老的宗教仪式，这是接连几代虔诚与神圣的人们传下来的，且得到了祖先的认可……然而是什么理由(肯定是恶毒的理由)导致凶残变成了图卢兹的乐事？最近，你们看到一个人(我不愿指名道姓)在这个城市中被活活烧死……也许他有时说话莽撞无礼，甚至有些偏激；也许有时他的行为使他活

---

① 吉尔贝·古尚(Gilbert Cousin，拉丁名 Cognatus，1506－1567)，弗朗什—孔泰出生的法学家、古典学家。后因怀有改革思想，遭教会逮捕。

② 让·德·卡蒂斯(Jean de Caturce，？－1532)，法学家。因有异端思想遭教会当局以及世俗裁判所逮捕。

该受到像对待异教徒那样的处罚。当他想忏悔时，应该对他关闭通往肉体与灵魂拯救的道路吗？我们不是知道人皆有错吗？当他竭力想从深渊爬向安全的彼岸时，为什么当初答应帮忙的人现在却不愿扔下绳索，助他一臂之力？”

这是一段体现了真正自由精神的少有文本，它反对图卢兹的宗教裁判所和裁判官①迫害基督教信仰，而有了正义与仁慈、温和与和平的基督，人文主义者就试图与伟大的古代教义相协调；这是一段把作者置身于格斗之上，却背离了基督教情感的文本。这些评论是否刚好可以用来说另一封信？这封信标记为“巴黎，1534 年 58
11 月 9 日”——这天刚好是 12 年后三个异端被送往牟贝火刑场的前一天。我们在这封信中，可以发现他严厉地谴责了改革派，“一支愚蠢的宗派，一支受强烈的追名逐利的热情所驱动的教派”，而且其滑稽的举动引发了仇恨与迫害的复活。多莱总结道：“在这些悲剧中，我扮演了观众的角色，我为剧情痛心疾首，我为某些受害者的不幸感到惋惜。然而，我要嘲笑某些人的无知，他们在可笑的、让人难以忍受的顽固下使自己身处险境。”这里，他巧妙而快速地贬低了基督教信仰[33]。我们也谈谈与他《歌唱》中一首著名的诗有关的基督教信仰吧？这首诗附于 1534 年在格吕菲那里出版的《两篇反对托罗萨的陈述》中，里面讨论了死亡的话题——死亡并不可怕，相反它是人们所追求的，或至少是静心等待的：“Exspetandam esse mortem[死亡是意料之中的]。”多莱问道：谁会如此疯狂、愚蠢，不愿意以死换生呢？谁不愿意从恐怖的监狱——肉体中解放出来？这些都不奇怪，然而它的结尾是：“死亡？我们不要惧怕它的打击。它要么使我们丧失情感，要么让我们进入一个更好的世界和一种极乐状态。除非我们对极乐世界的向往是虚无的。”[34]

以上这些可能使我们不会过度强烈地反对不信教者。以下是

① 裁判官(Chats-Fourrés)，原意是“披着皮的猫”。拉伯雷在《第五部》多次使用了这个词。

引入了 nisi[如果不]那种富有争议的评注:“优雅”一词更多地出现在比艾蒂安·多莱更为真实的基督徒笔下。它们是逐个从他们的拉丁语笔记中挑选出来的。至于那种“要么,要么”——毕竟,我们可能会带几分好意,把它看作是帕斯卡赌注[①]的近似值,一种笨拙的预测……确实,这首诗并不带任何特别的基督教气息。值得我
59 们注意的是:1534 年版《歌唱》第一卷中的 40 首诗和第二卷的 19 首诗中,除了两首是献给圣母玛利亚的,我们找不到任何一首诗带有宗教或基督教的启示。两首《颂圣母玛丽亚》(*De laudibus Virginis Mariae*)的诗放在最后几首诗之前,好像这是偶然的事件。最后一首是《反对缪斯》(*Ad Musam*),同时最后一个词则留给了文艺复兴。

* * *

这就是《评注》的作者的立场,它微妙而又新颖,大部分文化人都可能难以把握它。这种立场肯定会招来四面八方的攻击,若要继续坚守阵地,他就需要保证有热情的支持以及狂热的虔诚。可是,因为不幸的思想转变,他选择了耗尽大家的耐性,在孔帕尼谋杀案之后,所有竭力帮助他脱离牢狱的人,都非常惊恐地在他的《评注》第二卷中,在一首献给比代的诗中,读到了这样的句子:“自从宇宙抛弃了多莱,多莱就没有得到任何人的帮助,于是只好自助。”

我们翻开 1538 年版《十一音节诗集》就可以看到维萨日的反应。这部诗集前几页就有一首《致某个忘恩负义之徒》(*In quemdam Ingratum*),表达了维萨日的愤怒。诗中虽然没有提及多莱,但谁会在这一点上弄错呢?“你的命都是你朋友的,而你却敢说在你身处险境时,没有人待你如朋友?你敢向大家抱怨你被抛弃了?你这个卑鄙小

① 帕斯卡认为:因为无法用理性证明上帝的存在,所以信上帝或不信上帝就像用人生来“作为赌注”。见帕斯卡:《思想录》,何兆武译,商务印书馆 1997 年,第 87 页及以下;戈德曼:《隐蔽的上帝》,蔡鸿滨译,百花文艺出版社 1998 年,第 417 页及以下。

人，这就是你回报大家对你的感情的方式吗？当你畏罪潜逃时，你忧心忡忡、六神无主，如果没有人帮助你，告诉我，可怜虫，你现在将身居何处？”如果我们把它和牟贝广场结合起来考虑的话，紧接着的是一个追忆，一个悲伤的回忆。不幸的多莱经常会预言，“狗和狼没有吞食你的肢体吗？倘若你还有亲戚幸存下来，看看这个恐怖的场景，看看你被执刑吧！你的刑罚与你父亲所熟知的是如此相似，你那恬不知耻的双眼难道没有看到他们站在你的周围吗？”[35] 60

上面是第一首，其他的接踵而至。维萨日在第二卷中就提到了纪尧姆·塞弗。多莱是否发誓说过真的喜欢他？算了吧！多莱只爱他自己，他并不喜欢一个理性的、正常的自我，而喜欢一个冲动、不幸的自我：hunc cui nemo placetque nulli ...［没有人取悦他，他也不会取悦任何人……］。

维萨日在第三卷中编了一个明白的字谜 Ledotus［莱多］用以暗示多莱。“你宣称我是你最伟大、最好的朋友……如今你说得与此恰恰相反。你突然不承认我们的友谊了。除了说你我迥异，除了当你不值得赞同时，我就没有认同你，你为什么不提供另外一些其他理由？……我需要一些我能认可的朋友！”第四卷中又有几首诗标明（91 页背面，92 页，96 页，96 页背面）《反对莱多》（*In Ledotum*），它们重提了那些熟悉的话题——多莱，那个最卑鄙的小人。有什么大惊小怪的？有其父必有其子[36]。这会经常让人想起一句话：“假使你尚在人间，那就得感谢你所诋毁的人……”

总而言之，《十一音节诗集》能激起读者兴趣的是维萨日反对波旁和多莱的两场争论。这部诗集并未提到其他知名人士。除了引起路易·杜萨纳和阿贝尔·勒弗朗注意的《反对卢奇安的模仿者》（*In Luciani Simium*）与《反对卢奇安派》（*In Luciani sectatorem*），没有什么也不会有什么与拉伯雷相关了。现在该是探讨这两首诗的时候了。

* * *

几首诗呢？二首还是三首？阿贝尔·勒弗朗说是三首。杜萨纳忽略了《十一音节诗集》第三卷中的一首讽刺诗《反对卢奇安派》。诗中充满了夸张、恶毒的诅咒，诅咒的是一个卑鄙小人："肮脏的灵魂，罪人，堕落的滋养者，邪恶的储藏室，天主的敌人，听听
61 我给你定的惩罚吧！"接下来是几页让人厌恶的分析，维萨日谴责它是卢奇安的信徒魔鬼般的喉舌。然而，没有典型的细节能让我们将该诗运用到拉伯雷身上。这首诗最后以愿望作结：望这个卑鄙小人的不死灵魂，就像他自己宣称的那样，会真正的毁灭，给那些被他误入歧途的人树立榜样。另外两首诗则更耐人寻味。

其中一首是《反对不信教的卢奇安主义者》，出现在《十一音节诗集》第一卷，紧接在两首《致某个忘恩负义之徒》之后（这是两首针对多莱的诗，我们前面已经评论过它们）：里面有一些重要的细节描写。这首诗提到了一个明确的特征，那就是这位被指责为卢奇安主义者的人，每每在维萨日的诗中遇到基督（Christus）这个词时，都要嘲笑一番："这是多么漂亮的拉丁文，这是多么纯正的拉丁文！就像每个罗马人嘴上都念着类似基督的名字。"维萨日对此愤愤不平："笑吧，卢奇安的仿效者！你无法让我相信你那一套。否认愿意让自己的儿子为拯救人类而死的天主；否认亚当犯下的罪，否认他把人类送入了死亡的魔爪；否认末日审判和地狱的痛苦，这些都是疯话！当心，当心，趁你还有时间，赶快忏悔吧……"接着又是一段长期以来伴随多莱的邪恶寓言："如果你不忏悔，你很快就会死的，一切都将结束，可怜虫！一切都结束了，你已死了，*ah miser peristi*[啊！你这个可怜的人，已经死了]！"[37]

遗憾的是，多莱的名字自然而然地从我的笔下流露出来了。杜萨纳认为这是在说拉伯雷，阿贝尔·勒弗朗也在这一点上追随杜萨纳？极端西塞罗派的拉丁文纯正主义，以及这种疯狂的人文主义情感不再提基督，因为它不是古典的……这是弗朗索瓦大师[拉伯雷]的主张吗？具有反讽意味的是，虔诚的伊拉斯谟主义者在1532 年写那封所谓给萨利尼亚克①的信是对西塞罗派即伊拉斯谟

① 萨利尼亚克（Jean de Sallignac；Salignac；Salinac，? －1563），神学家。1536 年获神学博士。

本人的献礼？他们和多莱一样，和《论对西塞罗的模仿者》(*De Imitatione Ciceroniana*)一样。多年以前，迈泰尔(Maittaire)在专注于"致扁斧"(à la doloire)时注意到：多莱的拉丁诗中并没有出现过 62
基督。他在诗中提到了天主(Deus)、丘比特(Jupiter)、神(Divi)、超能(Superi)，就是不提基督(Christus)。所以，在维萨日的诗集中，《反对不信教的卢奇安主义者》这首诗紧随两首《致某个忘恩负义之徒》是不无道理。忘恩负义之徒和卢奇安主义者都是指多莱。多莱属于极端的西塞罗派。多莱最终也注定会落入刽子手之手。

那么，《反对卢奇安的模仿者》(30页背面)又如何呢？这首诗说的是一个卑鄙小人(无赖[sceleste])。我们看看这个词的真正含义：1538年，多莱并非第一次得到"犯罪"(scelus)这个名号；据我们所知，拉伯雷并未谋杀过任何人。这个恶棍还不知悔改，不听那些关爱他的人的规劝，怒气冲天地奔向毁灭。正是这种匆忙和怒气，我们看到人们这样评论多莱：Ah, te-pergis perdere, et in dies furorem-exauges magis ac magis; reprensus-nec mutas, pudor, o sceleste, mentem！[啊，你快速奔向你的毁灭，你的怒气与日俱增；尽管你遭指责，你却不知悔改，你这个无耻之徒，真丢人！]更有甚者，这个无耻之徒称那些不愿与其为虎作伥的人为"最坏的人"：eos qui-nolunt criminibus tuis favere-nec laudare tuas opiniones ...[那些不愿赞同你的罪恶或颂扬你观点的人]。这种行为恰恰是多莱作的。多莱与维萨日的关系之所以破裂，就在于后者不愿走上前者给他引导的那条道路，nam amicos volo quos probare possim！[因为我需要我能够认可的朋友！]。多莱想让他的朋友相信：人终有一死，受命运的支配；世界上没有永恒，也没有灵魂不灭；也不存在天主，人与动物无异……这就是这只可怜虫的完美信条。你每天都向那些频繁出入你府上、向你讲话的可怜人灌输这些：Quae doces miseros, tuam domum qui-et colloquia qui in dies frequentant[38]。此外，卢奇安的这个仿效者还是个伪君子。如果 qui non de grege sit tuo [某个不属于那个圈子的人]问他，他就表现得像善良的基督徒，反对卢奇安，并且解释他为什么憎恶卢奇安，每天还会极力地使自己变得更加讨基督欢心：causas-dans cur oderis ipse Lucianum，-Christo cur studeas placere soli[解释你应该讨厌卢奇安、你要讨好上主基督的原因](30 页背面)[39]。不过如果同党到来，他们就会对此嘲笑一番。Belle te simulasse Christianum rides！[你嘲笑基督徒模
63 仿你太到位了！] 够了，维萨日总结道，这是一些卑鄙的诡计。要不是，天主就会惩罚你的，而且罚得很重，直至你忏悔："Vixi，non homo，sed canis[我曾生活的像只狗，而非人]。诗人维萨日准确地预测了这次灾难，而且他不下百次向我提到了这一点……现在为时已晚！"

这首激烈的诗篇没有提到拉伯雷，矛头都指向多莱。此外，还有第四首诗，出自《十一音节诗集》的第一卷(28 页)：标题很简单，即《反对某个诗人》。"你说，基督，我爱你，甚于爱我自己的双眼！你经常将他的十字架挂在嘴边。你在他的庇护下，能承受火刑、凌辱、十字架刑、车轮刑、毒药、嘲笑、辱骂和打击，你这样发誓。实际上，你只是个不虔诚的诗人，彻底了解你的人都知道你的想法，都了解你的毒舌、品行、非法意图和欺诈行为。简言之，你的一生是卑鄙的。因此结论就是在整个宇宙中，都没有谁比你更令人讨厌……"接下来是一些不满的意见："相信基督未曾降生过，相信基督未曾受过难，未曾被出卖，也未被埋入坟冢——这样就是爱基督胜过爱自己的双眼吗？"[40]讽刺并未到此为止。维萨日在紧接着的两首诗——《致同一个男人》中重述了这种讽刺，"能把你当人看吗？算了吧！Nam tu，nec hominem sapis，nec ipse es！[因为你既不了解人，也不是人！]"

反复吟诵这几首诗，显而易见，它们都指向同一个人。那些惯用语、凌辱、争议先出现于这部作品，后又出现于另一部作品。每一个词都在呼喊多莱，我能说，那就是多莱，就像他的敌人所描绘的那样；没有一个字说明它是指拉伯雷。

拉伯雷？这样一个粗暴之徒和宗派主义者，要是谁不信奉他那侵略性的和暴力性的唯物主义就凌辱谁，这样一个狂热的鼓吹者，向那些误入歧途的人灌输迷信思想，这还是拉伯雷吗？然而，这个

厚颜无耻的人、狂热者和众所周知的鼓吹家，同时也是《世界的钟声》中的小狗帕伐古斯，他为什么知道了事实的真相，却没有走漏半点风声呢？

为什么与他同时代的人都三缄其口？他们争先恐后地谈论多 64
莱与维萨日之间的不和：这种意外收获真是太多了。这些本质上的职业流言家，难道不知道多莱与维萨日之间的不和？我们还是重读这些文本，它们说的是一对亲密无间朋友之间的感情破裂。他们相互欣赏并时常会面，维萨日不止一次，而是上百次、“上百遍”地试图变换他的朋友。在里昂的人文主义小世界中，眼前两个各有敌友的人之间，产生了一条鸿沟。不过没有任何回音，没有一首讽刺短诗，没有试图和解吗？这种缄默无法向那些熟悉他们、熟悉他们的虚荣、熟悉他们天真的信仰——认为那些相异之处与宇宙相关——的人提供解释。拉伯雷的无神论于1537年还未曾惊动诗人维萨日，1538年却突然暴露在诗人面前；是只有他遭到了这种暴露的困扰？他的朋友苏姗娜、虔诚的苏姗娜，在里昂时经常出入他府上的苏姗娜，是否曾悄然地在他的诗集，确切地说是在1538年《赛会集》(*Ludi*)中，印刷了一首著名的小诗(第41页)？诗中说他在蒙彼利埃卧病于床，不指望有良方可医，除非至爱的拉伯雷出现？1537年9月至1538年4月间，拉伯雷曾在蒙彼利埃行医。这是大家一致认可的，也亲眼所见。还有谁注意到，维萨日在《卢奇安的效仿者》中，谴责那种疯狂的亵渎，那种鼓吹者的愤怒与那种可鄙的虚伪呢？说实在话，进入维萨日的情感世界还需要一些充分的理由。

五、拉伯雷、拉伯拉和谢斯诺

可是，人们不是通常且习惯性地将拉伯雷说成是法国的卢奇安吗？的确如此，人们很自然地就把那个萨摩斯特人[卢奇安]的名字用于那个施农人[拉伯雷]上。这是不是一种特权？

如果需要证据，加尔文就是例子。1550年，加尔文不是打开了那个安放伊壁鸠鲁派的卢奇安主义者的地狱之门吗？地狱之门不仅为拉伯雷而开，而且也为德佩里埃、安托尼奥·德·戈维亚，以及许多匿名人士而开。他明确地说，Paucos nomino[我只点出了几
65 个人的名]，当然还有其他人……1544 年的《为尼哥底母主义者[①]申辩》(*Excuse aux Nicodémites*)，像前面的安托尼·菲梅[②]信函一样，也是谈几个卢奇安主义者。伊拉斯谟被称为卢奇安，德佩里埃被称为卢奇安，所有一时或者好像有些不寻常想法的人都被称作卢奇安。卢奇安是姓，而非名。

为了将拉伯雷看成卢奇安的仿效者，杜萨纳还列举了其他理由。维萨日于 1538 年 12 月由科兰印刷出版的一本诗集《献辞》中，杜萨纳几乎在开头就看到一首名为《致拉伯拉姆》(*Ad Rabellam*，第 6 页)的诗。Rabella[拉伯拉]：当这位学者在国家图书馆读到他所参考的那本书时，我们可以想象他的心会如何怦怦直跳！因为这本书正是出自 16 世纪的一位作家之手，说的恰好是弗朗索瓦·拉伯雷的拉丁名。

维萨日以拉伯雷的名义，为我们描绘了一个好奇的人。这个人为其好奇心所累，让人难以接受。他可以被称作冒失与不识趣的首领。维萨日指责说，"你想知道我的一切，想知道我是谁，我怎样的生活，谁是我的生父，我的家乡和住所何在？你想知道我的名字，我情人的名字，我的生活方式，我的饮食起居以及我的仆从，你想知道我情场是否得意？你想知道……"此处，维萨日的思考过于超越诗行的长度了，以至我们无法追踪下去。不过，远离本题之后，他又马上回到了预料中的结尾："没有什么是你不想知道的。拉伯拉，在你欲尽知一切的愤怒中，这些还远远不够，也不多：non satis et nimium scire，Rabella，cupis[拉伯拉，你想知道太多而且不

---

① 尼哥底母(公元前 1 世纪—公元 1 世纪)，有声望、有地位的法利赛人，曾秘密拜会耶稣。加尔文于 1544 年创造了尼哥底母主义者(Nicodémite)这则术语。尼哥底母主义者专指 16 世纪这样一种人：他们赞成宗教改革学说，但又害怕遭到迫害而隐瞒自己的观点，并假装信仰天主教。关于尼哥底母的事迹，可参见《约翰福音》第三章第 1 节，第七章第 50 节。

② 安托尼·菲梅(Antoine Fumée，1511－1575)，1536 年巴黎高等法院的评判官。

满足]”。

拉伯雷、拉伯拉……杜萨纳的想象力在这里漫无边际地驰骋。拉伯雷好奇，非常好奇、过于好奇，这都是有可能的。这甚至还可能与我们的预想恰好呼应，同时还呼应了拉伯雷对知识的渴望。就在这时，又突然出现了另一首诗和另一位诗人，将问题复杂化了。

* * *

这是一位小诗人，是维萨日的朋友，甚至还可以说是他的同 66
乡，即雷德尔人尼古拉·谢斯诺[①]，拉丁名为 Querculus，生于香槟—亚丁省的图特农。他得到了洛林主教吉斯的庇护，成为了反宗教改革(Contre-Réforme)的天主教徒，在写完了几本拉丁著作后，成了兰斯的圣辛福里安(Saint-Symphorien)教堂的长老。他最出名的著作是两卷本《箴言录》和单卷本《十一音节诗集》，于 1553 年在巴黎里夏尔书店出版[41]。维萨日《十一音节诗集》上印着的日期是 1538 年，两者相差 15 年。这种差距可能只表现在出版日期上吗？不管怎样，谢斯诺的《十一音节诗集》中恰好也有一首类似的《反对拉伯拉姆》。于是杜萨纳便立刻断定(他有什么证据?)：“谢斯诺与武尔蒂一致，也写了一首小诗，而且是武尔蒂那首诗的扩展。比较这两首诗，你就会发现它们的作者似乎在写诗之前就切磋过了。”

更保守地说，谢斯诺的那首诗像是改编自维萨日的，只不过增加了一些篇幅而已。谢斯诺告诉我们，如果想知道城镇的喧闹，就请拉伯拉吃饭吧！任何地方发生的事情，不论发生在教堂，还是在广场、豪宅——国王的菜单、重大的商业交易、家庭纷争、通奸、妙龄女子的恋情、流产——这一切，他都知道！拉伯拉是一名食客！在这里，我试着翻译几句：“他吃、住都在隔壁的大领主家。这位领主喜欢捧腹大笑，同时尽可能地网罗一些拉伯拉式的人物。他允

① 尼古拉·谢斯诺(Nicolas Chesneau，1521? - 1581)，曾将一些拉丁著作翻译成法文。

许这些荣誉的偷盗者与他一起玩乐，一起嬉笑怒骂。如果他没有见到两三个拉伯拉坐在桌前，他就不能用膳。”最后接下来的是讽刺：“拉伯拉，你只不过是个饶舌者，一个小丑、无赖，是一切美好与圣洁美德的毒药和瘟疫。你的舌头涂满了蛇的毒液，你的舌头比世间最致命的毒药还危险。你的舌头伤害神与人。你的舌头已变成了铅、变黑了，你还恬不知耻。拉伯拉，相信我，除了你的舌头，你一点用处都没有。”

67 这是拉伯雷吗？我们还是关注一下几件令人困扰的事吧。这个寄宿在大人物家的食客、这个好奇之人经常低声细语，闲言碎语，同时造谣滋事。这个阴险的人很可能就是“癫汉普泰尔勃”拉伯雷。人们可能认为这是对维萨日诗作(1538 年)的自由模仿，同时它借助于《论肃清反书》①(1549 年)得到了修订与补正[42]。那么这首诗作于何时呢？杜萨纳的判断毫无根据。我们说谢斯诺是“与武尔蒂一同”创造了他的诗作并没有什么依据。相反，众所周知，当时的诗人精心地守护他们的财产！此外，我们对谢斯诺与维萨日的关系以及可能存在的关系一无所知。前者与后者曾在哪里见过呢？人们自然说在吉斯的住所。诸多忌妒也都是源于此……我倾向认为，这首诗是在维萨日死后(1542 年)以及《论肃清反书》(1549 年)出现的时候写的，至少也是与拉伯雷逝世的日期(1554 年 4 月？)相近，谢斯诺的《十一音节诗集》则是在 1553 年出版的。说到“近邻的大领主”，如果指的是红衣主教杜贝莱，那么我们应该注意，他的丑闻并不像我们所认为的那样，是始于亨利二世即位，即始于 1547 年 4 月。从 1549 年春(罗密尔确立了此说)，而且也只是从这一时期开始，人们对红衣主教的批判才变得更自由一些。

不管始于何时，必须注意的事实是，谢斯诺的拉伯拉不是个无神论者或者是个断然的渎神者，这与维萨日不同。那么，为什么杜萨纳(阿贝尔·勒弗朗后来也提到了这一点)断言维萨日的拉伯拉

① 《论肃清反书》(*Theotimus*)的作者是 Gabriel du[de] Puy-Herbaut，拉丁名 Gabiel Putherbaeus(？-1566)，神学博士。

与谢斯诺的拉伯拉是同一个人呢？就算是同一个人，又为什么把谢斯诺的拉伯拉等同于拉伯雷，同时将他认定为维萨日的“卢奇安的仿效者”呢？一方面，我们在一本诗集中看到三首匿名的讽刺诗，都是针对一个卢奇安主义者、基督的敌人、不信教的魔鬼；另一方面，在同一年出版的诗集中，我们看到一幅对一个饶舌者的速写，这幅速写又被另一位诗人提起，同时将他描述成食客和谗言者。怎么能说前后两者都是同一人，都是拉伯雷，就因为拉伯拉是拉伯雷吗？谢斯诺也为他的拉伯拉取了个 Rabula[不道德之人]的教名[43]：Dico te rabulam，Rabella，scurram[拉伯拉，我说你是一个多 68
嘴的人、无赖]；谢斯诺的拉伯拉有一条毒舌：Lingua es vipereo cruenta tabo[你像毒蛇一样，有血腥的舌头]；然而拉伯雷没有 Rabie laesus[被愤怒摧毁]，维萨日的“卢奇安的仿效者”(Simius Luciani)不是有一条怀有敌意的舌头，inimica lingua[不友好的舌头]么？这样，整个链条便连起来了，一切都像杜萨纳想象的那样。基于其他如此脆弱的基础，杜萨纳为他的《关于武尔蒂与拉伯雷决裂之注解》搭建了框架。没有人会费尽心思地质疑他的论断。就在 1906 年，有人提出了合理的反对：“诗篇《致拉伯拉姆》、《反对拉伯拉姆》、《反对不信教的卢奇安主义者》以及《反对卢奇安的模仿者》指的是同一人，我们不敢确定。”提出反对的不是别人，正是阿贝尔·勒弗朗，他在《论圣玛尔特家族及“癫汉普泰尔勃”》那篇新颖的文章中提出了这一点。阿贝尔可能已经步入正途，如果沿着这条路坚持下去的话，他也会得到同样的结论：维萨日的三首反对卢奇安派的诗，针对的是艾蒂安·多莱，而非弗朗索瓦·拉伯雷。如果这位卢奇安的仿效者和信徒，指的是带削刀的印刷商，而非大师阿尔高弗里巴斯，那么杜萨纳所搭建的框架留下了什么？不仅他的建构会自我消解，而且也不再有人从维萨日的《致拉伯拉姆》与谢斯诺的《反对拉伯拉姆》——想当然地把这两首诗套在拉伯雷的头上——中找到任何细微的托辞，说：“在知情的维萨日眼里，在赞同他的争论的谢斯诺眼中，拉伯雷首先是一个无神论者”。

一切都将自行消逝。如我们所知，没有人像 1538 年维萨日评说多莱那样清晰地评说拉伯雷：“他是基督的敌人，他否认基督的启示”。人们便开始寻思：倘若杜萨纳没有开启这场传奇，即一篇由加尔文编写的反拉伯雷的文章；假使他不曾自作主张，将维萨日 1538 年写的那首攻击多莱的不信教的短诗，套到拉伯雷头上；如果他没有犯下如此严重的错误，那么还会不会有人编造出一副在 1532 年鼓吹无神论的拉伯雷的形象呢？这个形象也许是新颖的，却不大真实。

69 六、从拉伯卢斯到沙里德姆

我们前面提到尼古拉·波旁，他是个高产的作家，写了《虚无》。杜萨纳没有考察波旁与弗朗索瓦·拉伯雷的关系，我们也一样。

乍一看，他们的联系不多，甚至还有点牵强。仅有一首通过旺德弗的阿波罗（Apollon de Vandœvre）献给一个诗人兼医生［拉伯雷］的诗。它首次出现于 1538 年版的《虚无》（第 247 页，第 LXVII 首）[44]，我们将它译成：“现在我很少碰见杜科斯特（Du Costé）即拉特拉奴斯①，也很少碰见迪迈纳、圣一热莱②。他们在朝中忙于各种要务，终日如此。mi Rabelaese［亲爱的拉伯雷］，既然我去意已决，将去意愿召唤我去的地方（更确切地说，是去命运安排好了的地方）。那就请代我向他们问好吧！”仅此而已，没有太多的言辞，这些话只是出于友情的托付，甚至都不是出于礼貌。诗中也没有赞扬受托人的话。任何清楚当时习惯的人都会发现他们的往来不是很密切。波旁或许有机会见到拉伯雷。他两度居住在里昂，那时恰好拉伯雷也在。两人在那时拥有共同的朋友和共同的活动圈子。他们在巴黎出席了多莱的宴会。令人诧异的是，波旁将对拉伯雷这位远近闻名的医生要讲的话写在名片上。是否有这样的可

① 纪尧姆·杜科斯特（Guillaume du Costé），其拉丁名为 Lateranus。其余不详。

② 圣一热莱（Mellin de Saint-Gelais，1491－1558），法国诗人。

能，他的一些诗作在针对《庞大固埃》的作者时用了假名呢？如果对学院的阿波罗们的文学风气稍有了解的话，这自然就成了一个问题。

* * *

1922年，德·桑蒂博士——朗格多克的一位知名学者（后面我们将会再谈到此人）——在《拉伯雷研究评论》（*Revue des Études rabelaisiennes*）的一篇文章中指出，1533年版的《虚无》中有一首非常奇特的诗即《反对拉伯卢姆》[45]："拉伯卢斯（Rabellus），你到底是怎么想的？你不停地让你的学生远离他们光荣的职业——研究既
人道又神圣的文学……你想用你的窘境、充满晦涩的玩笑、废话、 70
饮食文学、无耻粗俗、粪便与污秽来损害年轻人的健康吗？听我的：让学童们的精神保持健康吧！否则，你这个疯狂的煽动者，将会对那些你所追逐的缪斯们感到恐惧。也就是说，他们会横穿宇宙，追踪你，ac ne te in rabiem inferant，Rabelle[不要使你自己如患狂犬病，拉伯卢斯]！"

毫无疑问，德·桑蒂博士认为：这与拉伯雷有关，同时还关系到他用通俗语言[法语]写成的作品：《巨人高康大不可思议的伟大传记》（就我们所知，1532年是第一版）、《著名的庞大固埃骇人听闻的英勇言行录》（1532年），甚至还可能包括《庞大固埃的预言》（1532年底）。在道德训导家波旁眼里看来，这些书是有害于青年的，而且可能会干扰他们的学业。虔诚而暴力的波旁深信宗教改革的理念，必然深恶痛绝拉伯雷用通俗语言写出来的著作。作为一个醉心于希腊文与拉丁文的先知（Vates），他也应该拒绝承认这样骇人听闻的事：一名出色的人文主义者，一位真正的学者，有能力在格吕菲那里出版马纳蒂（[Giovanni] Manardi）的医学信函、《希波克拉底斯格言》（*Aphorismes d'Hippocrate*），甚至还出版了《库斯彼底乌斯圣约》（*Testament de* [*Lucius*] *Cuspidius*）……然而，这样一个人却突发奇想，完全不顾众人所望（in mentem tibi quid，Rabelle，venit[拉伯卢斯，他想起了你什么东西]），竟然想在以印刷

出版通俗书籍出名的努里(Nourry)那里出版一本像《庞大固埃》那样的书。这种著作在一个具有中等智力的人文主义者眼中是令人轻视的。很显然,这个人如此做是出于贪恋(libri quaestuosi)。我们还是回顾一下17、18、19世纪的评论家——从拉布耶尔(La Bruyère)到拉马丁([Alphonse de] Lamartine)——对拉伯雷的惊人评论,才发现是无法真正理解体现了它的真义、价值、重要性和(人们可以说)尊严的话。"只有几个具有奇嗜怪癖的人才炫耀自己能了解和钦佩这一全部著作,"伏尔泰写道,"全国的其余人民只不过欣赏他的笑话而已,但轻视他的涵义。"[①]至于拉马丁,拉伯雷在他
71 眼中就是"一顶又毒又臭的蘑菇,滋生于中世纪修道院的粪便堆;是还俗修道士养的一头猪,在自己肮脏的猪圈中自鸣得意,并喜欢把自己的粪便涂到同时代人的脸、风俗习惯以及语言上。"这实际上就是一首挽歌!1538年,诗人波旁绝对没有想到他还会有如此出色的后来者。

如果《反对拉伯卢姆》这首诗指的是拉伯雷(这种可能性好像越来越大了),那么我们就有了奇怪并且让人愤怒的证据,证明他用通俗语言出版的书很成功。注意一下这首诗的结尾,作者将"拉伯卢斯"与"患狂犬病"放在一起。我们前面引用过的、维萨日于1536年致拉伯雷的那首诗(1537年重印)的主题是什么?"有人说,你的心被愤怒所缠,他说谎了。"这里的"他"指谁?德·桑蒂博士认为,"他"是指我后面还会谈到的于勒-塞扎尔·斯卡利吉。尽管德·桑蒂注意到了《反对拉伯卢姆》,但没有想到的是在1533年,波旁与斯卡利吉有关。

* * *

现在该探究一下与波旁的诗集同时代的那些诗集了。1538年,巴黎的科兰印刷厂出版了一卷署名为于贝尔·苏姗娜或苏珊诺的《赛会集》。这个人我们在前面提过。这个于贝尔,看上去情

---

① 见伏尔泰:《哲学通信》,高达观等译,上海人民出版社1961年,第103页。

绪不稳定、易于暴躁，是半个学者半个教育家，他动荡的生涯鲜为人知。奇怪的是，作为人文主义者的他曾于1531年在皮埃尔·古斯蒂利① Sutor[苏托尔] 那里擦香炉。古斯蒂利是查尔特勒修会(Ordre des chartreux)的领导人，也是巴黎大学神学院中最富挑战性的“我们的大师”之一，他反对路德、勒费弗尔、伊拉斯谟及其追随者[46]。次年，苏珊诺极力奉承贝达；1534年，他为皮埃尔·罗赛②的《克里斯图斯》(*Christus*)作序，将它献给法王弗朗索瓦[一世]。序言中大量引用了《圣经》中的言语，分别出自于《列王记》、《诗篇》、《圣保罗书》、《圣约翰书》以及《箴言》。1536年，他在赠给科兰的《西塞罗辞典》的扉页向库唐斯③的主教菲利普·德·科塞讲述了他的经历；讲述了他如何在巴黎公开为维吉尔和西塞 72
罗辩解，如何结识了伟大的麦克兰——法国的贺拉斯，以及如何通过麦克兰结识了库唐斯的主教；如何跟随布列塔尼的绅士周游西方；此后，又如何回到布尔日，迁至里昂，被格吕菲聘为校对者同时结识了多莱。此后，他又经过阿洛布罗克斯地区④，到都灵为西塞罗辩解，并向一位校长宣传了他的思想，给帕维亚的年青人作演讲，同时在曼切华⑤作了一次维吉尔式的朝圣……上述所有这些都可能是真的，但多少有些美化。比如说，苏珊诺一笔带过他在阿洛布罗克斯的经历，据我们所知，他曾在格勒诺布尔担任过一些学校的校长助理，同时由于他的性格原因导致了一些暴力场面，他不得不于1536年8月潜逃。四年后，他又回到了格勒诺布尔，因为第一次停留发生了不愉快，所以又不得不再次被辞退。“他树立了一

---

① 皮埃尔·古斯蒂利(Pierre Cousturier，拉丁名 Sutor，又 Sator，? -1537)，1510年巴黎大学神学博士。

② 皮埃尔·罗赛(Pierre Rosset，拉丁名 Petrus Rossetus，? -?)，有3卷本《克里斯图斯》。

③ 库唐斯(Coutances)，法国西北部下诺曼底大区芒什(Manche)省城镇。

④ 阿洛布罗克斯(Allobroges)，今伊泽尔省格勒诺布尔、维埃纳一带及瑞士西端日内瓦附近地区。

⑤ 曼切华(Mantoue)，意大利伦巴第大区曼切华省省会。

个坏榜样，"记录簿是这样写的，"当他开始写一本书，他只写两三章就打住了，于是开始写另一本书。他亵渎上主，终日饮酒。他为那些佩剑的学生树立了一个坏榜样，因为他经常打架。"他会与于勒一塞扎尔·斯卡利吉交情不浅，并为这个暴躁的意大利人出版反对伊拉斯谟的演说的第二版，这也就不足为奇了。这本书在苏珊诺的极力关怀下杀青于 1535 年 9 月 25 日，在 1536 年底由维道印刷厂付梓，书上印的是 1537 年。伊拉斯谟此时已经驾鹤西去，但苏珊诺的暴躁丝毫不影响他谨慎下笔，于是在 1538 年的《赛会集》中写了一首由来已久的诗献给伊拉斯谟："在地上，乌云使你不能看全上天；现在乌云散去，你可以清楚地看全它了：divina in terries per nubem ex parte videbas；Omnia nunc clare，nunc sine nube vides（[你在地上可以透过云层看见那些圣物了]"。

73 这个人得到了法官让·莫兰[①]的极力庇护，同时又与多莱（甚至斯卡利吉）在西塞罗问题上持相同意见，并且还虔诚地引用圣母玛利亚，还尊崇拉伯雷高超的医术，经常援引这首《致在培苏兰山的拉伯拉苏斯》（*Ad Rablaesum cum esset in Monte Pessulano*）。他说他自己，"于贝尔在医生之城生了病，没有哪种药能缓解他的病痛。唯有你拉伯雷才有这个能耐。犹如他想的那样，他的唯一病痛就是不能见到你。你安宁的面色会让他得到安宁，并且一见到你，他周围的病痛就会消失的无影无踪。"这首礼貌的、亲切的短诗出自《赛会集》第 41 页。在第 8 页、第 8 页的背面和第 29 页的背面（更别提《反对拉伯拉姆》第 37 页），我们可以看到三首《反对鲁伯卢姆》或《致鲁伯卢姆》；在这里首先要引的是最后几行："Occurris nulla non potus luce，Rubelle；qui te non potum，te bene mane videt!"——我们还是不要将它翻译出来，因为已经有人做过了这项工作，他就是龙萨。龙萨在出版于 1554 年 11 月底的著名《弗朗索瓦·拉伯雷墓志铭》中改编道：

① 让·莫兰（Jean Morin，1591？—1659？），巴黎刑事副长官（lieutenant criminel）。

直到太阳升起
他还在痛饮……

这是指拉伯雷吗？如果苏珊诺的酒鬼拉伯卢斯另有其人而非那个施农人[拉伯雷]，那么这真是巧合。——另外两首诗即《反对鲁伯卢姆》和《致鲁伯卢姆》不带讽刺地传达了一个道德主义者的悲伤和不满，哀悼了嫌疑犯的行为："我知道得太多了，拉伯卢斯，你在你家中所犯下的那些罪孽——这些事情本该用黑盐擦干，用墨鱼汁涂抹……我知道应该这样做，但我不想玷污这张洁白的纸。"又如："严肃的加图和西庇阿，是你的同伴吗？不，拉伯卢斯。如果你的风格是奎里努斯的节庆①风格，那么你还是去那里吧。你将会在那里找到你真正的伙伴。一个还是两个？不是的。是三千亿个。"至于《反对拉伯拉姆》，它的风格也是一样的："我们今天批判你的著作，你会抗议。你说，我要后人来评判。你指控你生活的时代缺乏公平公正！提图斯(Tites)和维吉尔(Virgiles)不是这种态度。还有那个想向公众展示他所画的、伟大的阿佩莱斯(Apelles) 74
也不是这种态度。你拒绝这种解释，因为唯独你喜欢你自己的所作所为。"[47]

这里并没有讽刺的意思，只是略带悲伤，犹如一个对别人寄予厚望的人突然感到无望。斯卡利吉在他的几首《反对毕比奴姆》以及波旁在他《反对拉伯卢姆》中都采用了这种论调。

* * *

这就完了吗？当我细心地重读尼古拉·波旁的《虚无》(1538年版)，我发现了一首奇特的诗(第CXXXII篇，第417页)。就我所知，这首诗从未引起拉伯雷的朋友的注意。这首诗某种程度上是针对让·沙里德姆(Jean Chéradame)的：可以翻译成"致庶民"——可能接近于拉布吕耶尔的《恶棍的咒语》(*Charme de la Canaille*)。

---

① 奎里努斯，即第二战神。他的纪念日是2月17日。见《埃涅阿斯纪》第一卷第292行。

这里试译如下：

“许多最近见过你的人都说，沙里德姆，你想出一本新书。为什么不呢？以前，你是习惯出一些书的——你的声誉也很好。可是沙里德姆，这本新著的主题到现在都没有人能说清楚。一些人期盼知道耶稣的名字，期盼知道巫术、魔鬼的奥秘。另一些人则相信能从宝石的属性，星辰以及接近或避开维纳斯的日期中得到一些启示。这一群人谈论蘑菇、甜菜及其优点；另一群人则谈论蚕豆及其他蔬菜。有些人想让你治麻风病，或是治让人厌恶的疥癣——这是两种你得心应手的疾病。相信我，任何东西都比巨人可怕的战争或层峦叠嶂更值得歌颂。但要是与这些都不相干，那就听听我的猜测吧；我也请你为自己着想，让我告诉你：你去治理那些白鹤吧，你们的侏儒先祖以前英勇地控制住了它们！”[48]

巨人？可怕的战争？通过天文学、医学以及不知如何来的这种
75 贪食的好奇——它从魔法延伸到植物学，所有这些立刻让我们想到了拉伯雷。注意：波旁的那首诗并没有出现在 1533 年的《虚无》中，所以它有可能写于 1534—1538 年。拉伯雷自从出版了《高康大》（1534 年 10 月大概已上市）以后，就没有出书了。这时，他可能就在谋划另一本新书？

利用这一点，另外一些箭对准了《恶棍的咒语》。他是一个希腊主义者，是（或自称是）一个柏拉图主义者，自称是一个新的希波克拉底。因为在 1533 年的《虚无》中，三首诗告诉了我们这一点。其中一首劝诫道：“沙里德姆给自己取了一个教名为希波克拉底，他更应该把自己变成哈波克拉底①。”哈波克拉底将一个手指放在嘴上，意为“安静”。第二个揶揄：“沙里德姆创造了一项希腊语法。他在大庭广众之下极力炫耀它，逢人便拿出来给他们看，并念上一段。”第三个讽刺：“愚蠢的人，没文化的人，厚颜无耻之徒！和语法学家在一起，你的行为就像个柏拉图式的哲学家。人们若带来一个柏拉图式的哲学家，你又变成了一个语法学家。”混乱的诗文！

---

① 哈波克拉底（Harpocrate），希腊神话中的安静之神。

希波克拉底？

是拉伯雷！柏拉图？是拉伯雷！然而，希腊语法呢？确有其事！可是这些巨人、这些对魔法的好奇、这些植物学知识等等，都与拉伯雷有关吗？

* * *

不，不是拉伯雷，因为 1538 年的《虚无》中有两首诗是在 1533 年版中找不到的。这个诗人说，有人抱怨他在我们的诗中受到公开指摘。这个人的名字听起来有点像沙里德姆。如果他的品性和他的名字一样像沙里德姆，那他就自认倒霉吧！这不是波旁的错。这个人到底是谁呢？第二首诗点出了他的名字，让·沙里德姆。波旁这次也直接说出了他的名字："有些人说我以沙里德姆的名义败坏了你的声誉。如果他们成功地让你信以为真，那我还能做什么呢？如果你轻信这一点，那么我应为你的轻信负责吗？"[49]黑暗愈来愈深。 76

沙里德姆这个名字给了我们什么暗示吗？叫沙里德姆的这个人来自诺曼底，他有些神秘倾向，研究希伯来《圣经》。这个人在《宗教改革的起源》(第 III 卷，第 289 页)中引起了伊姆巴·德·拉图尔①的注意，因为他发表了一篇关于酒神式神秘主义的小文章，标题很朴实，为《希伯来文法初阶》(*Hebrew Alphabet*)。他不费吹灰之力就在宗教语言的语词以及组成这些语词的字母中找到了象征。万物皆有意义：一个字母指明了天主，另一个则指明了基督，等等。1514 年—1530 年，他在巴黎研究古希腊文化的源初时，同样引起了德拉吕尔(Delaruelle)的注意。他于 1521 年在古尔蒙(Gourmont)那里出版了一本希腊语法，接着于 1523 年出版了一本袖珍版的克拉斯通②的希腊小词典。在致特鲁瓦的主教以及国王[路易十二世和弗朗索瓦一世]的忏悔师纪尧姆·珀蒂③的题词中，

① 伊姆巴·德·拉图尔(Pierre Imbart de la Tour，1860－1925)，法国历史学家。

② 克拉斯通(Giovanni Crastoni)，加尔默罗修会的修道士。编有希—拉辞典。

③ 纪尧姆·珀蒂(Guillaume Petit，1470？－1536)，1502 年获神学博士。1507 年任法国异端审判官。

他告诉我们他在学希伯来文之前曾学过医，并取名为希波克拉底。同时，他还在词典的标题边标明了这一点，这部词典在纪尧姆·迪迈纳（迈奴斯），让·沙里德姆以及优秀语言教授[Hypocrates, Matheseos et Linguae Professor haud paenitendus]的关怀努力下才得以大幅度扩充。需要补充说明的是，他在 1528 年推出了阿里斯多芬的第一部法译本（在古尔蒙那里出版），以及同一年，还出版了卢奇安的《天主对话录》的译本。1527 年，他曾编订了《克拉底鲁斯》(*Cratylus*)。

那么，拉伯雷—沙里德姆斯？拉伯雷—希波克拉底？拉伯雷—柏拉图？这些全都烟消云散了。这里说的完全不是拉伯雷，而是来自阿让唐的舍兹(Séez)教区的沙里德姆，他还与特鲁瓦人和朗格勒人有交往，这种状况使得他与来自香槟省的波旁有了冲突[50]。那些巨人呢？同时那些巨人也消失了；就像本来可能的那样消失；毕竟，这个词可能只是箴言式的，仅仅会让人想到奥萨山(Ossa)上的贝利翁(Pélion)，他没有什么地方特别像高康大……事实就是这样：让·沙里德姆不是神话。这里还有一首《反对沙里德姆》将他栩栩如生地呈现在我们面前（第 VII 卷，第 CXLVII 篇，第 423 页）！之前，当他在追求一个高雅的年轻姑娘时，沙里德姆也表现的很讨
77 人喜欢，并且才华横溢。得到他垂涎已久的妻子之后，他就极力躲避人们的视线。例如，邻居习惯性地问起她对她夫君的看法，以及他是否端庄大方时，这个可怜人就回答说："我不知道！他满脑子都是星宿！"——拉伯雷，这位天文学的新信徒可能是拉伯雷吗？的确，他的《历书》和《预言》摆在那里……然而沙里德姆经过追求赢得了一个妻子(nunc uxore potitus expetita)。弗朗索瓦·拉伯雷则是一位神甫，是一个在 1527 年—1536 年间变节的修道士，接下来的日子都是圣莫尔(saint - Maur)的施农人（勒塞利耶[J. Lesellier]的研究确证了这些事实）；他只拥有妾——假使他做过这件事，那么只有天主知道那一小撮同伴给那个妾取了什么名字——他没有合法的配偶，uxor [妻子][51]。

拉丁语爱好者这小世界中发生了一连串奇怪的讽刺。1533 年

的《虚无》中，波旁首先在《反对沙里德姆》中开启了一连串刻意的造谣。翻开维萨日两卷本的《箴言录》（1536 年格吕菲印刷厂出版），我们在第 32 页发现了一首短诗《反对沙里达姆[*In Cheradaemum*]》（原文如此），犹如之前成功地概括了波旁后来的两首诗："肮脏、下流、致命、可耻、易怒、无知并一文不值：是的，沙里德姆恋爱了，这使众人大笑，他成了每个人的谈资。他在群氓面前糟蹋自己的声誉；是的，沙里德姆恋爱了……"它发生在维萨日还没有与波旁破裂之时。

* * *

然而，我们对《虚无》中的诗文还是不大满意。沙里德姆，确有其人。沙里德姆执笔写了一本古希腊语法书。沙里德姆对魔法十分好奇。那些巨人呢？那些关注植物学的哲学家呢？以及当可怜的沙里德姆抱怨时，那些缄默甚至否认呢？波旁是不是采用了微妙的手法做到了一箭双雕呢？1533 年以沙里德姆为代价得到了戏 78
谑后，他会不会在 1538 年以他为名，制造谣言中伤的托词，而实际上指的是另一个人呢？

不管怎样，我们必须指出：这几首诗只是提及了一些微不足道的事，而并没有指明一种宗教或否定宗教的态度。至于波旁，他同情宗教改革，天生易于狂热，问题便出来了。1533 年的《虚无》（巴黎，瓦斯科桑版，C6 页的背面）中，他描写了一名假冒为善的卢奇安主义者，这个人嘴上经常念着基督，心中和嘴上却想着卢奇安："我现在知道你是谁了，nunc, qui sis, scio; fers in ore Christum, fers in pectore et ore Lucianum[现在不管怎样，我知道了；你嘴上支持基督，骨子里和嘴上都支持卢奇安]。"——这是剽窃者维萨日在他 1531 年版的《箴言录》中的惯用语：然而他将之用到勒费弗尔身上（第 I 卷，第 70 页）："Quod fert pectore, fert in ore: Christum ... [他骨子里和嘴上支持的，是基督]"谁是卢奇安主义者呢？拉伯雷？没有证据表明是他，也没有证据表明不是他。也没有更多或更少的理由让我们想到是他，而不是我们所知的其他十几位与他同时代的人，或一群不为我们所知的、曾私下“卢奇安化”的人。什么是“卢奇安化”？这个词本身就有歧义，使用者各有其解，可以说争议从宗教辩论开始时就有了。像伊拉斯谟这样的基督徒，因为对路德般的基督徒和贝达般的基督徒的惧怕而得到“卢奇安化”。路德和贝达二人在仇恨中达到和解，用他们相互对立的观点向《手册》（自由虔诚者的每日祈祷书）的基督徒、向《新约》的编订者、向那些殚精竭虑地使当时的基督徒更富生气和活力的人，发起猛烈的攻击。尽管 1533 年《虚无》中的卢奇安主义者，像同一诗集中的拉伯卢斯，都是说我们的朋友拉伯雷，我们也无须修改人们（如格布哈）留给拉伯雷的传统形象。因为这位福音传教士从来就没有与狂热者为伍；也没有跟随法雷尔[1]加入到圣像破坏运动中。事实上，他一生都没有回避这个问题——他非常想将伊拉斯谟的虔诚与柏拉图高尚的人文主义思想和卢奇安的聪明才智、幽默结合起来。

79 七、于勒—塞扎尔·斯卡利吉和弗朗索瓦·拉伯雷

除了先由杜萨纳后来又由阿贝尔·勒弗朗指出的那些诗文外，还有其他一些。它们引发了同样的问题。在《拉伯雷研究评论》中的两篇文章里，我们前面提到过的学者德·桑蒂博士，注意到了一系列由文学斗士于勒—塞扎尔·斯卡利吉所作的诗（可惜没日期），针对巴里奥奴斯（Baryœnus）或巴里奴斯（Barœnus）。他是在一本庞大的诗集《斯卡利吉诗集》（*J.-C. Scaligeri Poemata*）中发现这些诗的。诗集出版于约瑟夫·斯卡利吉[2]的父亲逝世后的 1574 年。这些杂乱的诗中，针对多莱的地方不计其数：《法拉格》（*Farrago*）中九首，《希波那克斯》（*Hipponax*）中四首。比涉及到巴里奥奴斯或巴里奴斯的诗文要少：《法拉格》九首，《阿奇洛克思》

① 法雷尔（Guillaume Farel，1489－1565），法国宗教改革家。1521 年改信新教，由博伊松内任命为教区布道士。

② 约瑟夫·斯卡利吉（Joseph Juste Scaliger；拉丁名 Josephus Justus Scaliger，意大利名 Giuseppe Giusto Scaligero，1540－1609），意大利宗教改革家、古典学家。于勒—塞扎尔·斯卡利吉第十子。

(*Archilochus*)中两首,还未包括《阿塔》(*Ata*)中的一大段。此外,还有许多首诗与前面的交错在一起,都是指向毕比奴斯(假使有人想说,也可以说是同一个木桶的别名),《法拉格》中至少有四首,《阿奇洛克思》中有三首,《希波那克斯》中三首。如果毕比奴斯、巴里奥奴斯和巴里奴斯都指同一个人,那就意味着至少有25首诗(都是斯卡利吉那种激烈的风格)以不同名字针对同一个人。因此,这个人肯定是怀恨在心的斯卡利吉的几大仇人之一。

* * *

这个证人只是个无名小卒。这只骄傲自负、爱吵闹的“孔雀”,于1484年4月27日出生在加尔达湖滨市,他的父亲是维罗纳的细密画家伯努瓦·博尔多纳,后者长期居住在帕多瓦,后来又迁居到威尼斯的德拉斯卡拉区[52]。从此,于勒-塞扎尔就有了这个别号,并滑稽地自称是维罗纳的斯卡利吉的后代。这个冒险者也确实有些天赋,1524年左右,可能带着阿让主教罗韦雷①的所有著作来到法国。这个意大利人结婚成家了并定居在加龙河畔,马上表现的像个重要人物(好像谎言能传千里),为自己编造了一个英雄 80
式的过去,描述他在拉文纳市参加战役时的丰功伟绩,而他的父亲和一个兄弟在那里牺牲了。他编造祖父母、姻亲关系以及徽章,到处宣扬博尔多纳是封地的名字,把封地变成博登(Burden)。他很可能还为自己制造了一张所谓的帕多瓦大学的文学系硕士文凭。幸好1529年他终于成功地获得了文凭,上面华美地写着于勒-塞扎尔(Jules-César de Lescalle de Bourdonis lescalle de Bourdonis),医学博士、维罗纳人、在阿让定居已有四年之久[53]。

我们知道他为了使自己出名如何攻击伊拉斯谟,说他是婊子养的,是酒鬼等等,同时为他作了两篇激烈的文章。一篇于1529年送往巴黎,并于1531年9月1日由皮埃尔·维道印刷出版;另一篇于1535年9月25日完成,1537年在苏珊诺的关照下,同样由维

① 罗韦雷(Marco Antoino della Rovere,法语名 Antoine della Rovère,? - 1538),1518—1538年任阿让主教。

道印刷出版。当后面那篇面世时，伊拉斯谟已经去世了。同样以示公正，在1539年的《喜剧的韵律》(*De comicis dimensionibus*，第55页)中，斯卡利吉也为这位伟人的逝世假慈悲地哭了几声。同一年，他的《英雄》(*Heroes*，第23页)刊出了惊人的对句："伊拉斯谟……你在我们的情谊和解之前，为什么就离我而去了呢？[at quid me linquis, Erasme, -ante meus quam sit conciliatus amor ?]"——只要翻开谢尔宏(Schelhorn)的《文艺的魅力》(*Amoenitates litterariae*)中于勒—塞扎尔一小卷信函就可以了。这些信函逃过了警惕、谨慎的约瑟夫，并且为了公正地认识谢尔宏的行为，一位德国学者公开了这些信函[54]。人们在这里(第VI卷，第508页)发现了两封斯卡利吉揭发伊拉斯谟的信：一封是写给巴黎大学校长的，另一封(第522页)是私下里写给贝达的。贝达被定性为"博学的人"(vir doctissimus)，并被要求去反对一个不信教者——这个人不仅想熄灭我们宗教的火焰(religionis nostrae lumina extinguere[熄灭我们宗教的光芒])，还欺骗了许多普通民众，引诱他们成为异端(ejus fallaciis jam illecti sunt nonnulli qui, quam quod erant, aliud esse mallent)。

卑鄙无耻的行径，甚至都没有狂热作借口：这位帕多瓦的波蓬
81 纳齐的老弟子可能把他弄得像个不妥协的天主教徒吗？据他的儿子约瑟夫说，他在博洛尼亚通过邓斯·司各脱开了个很好的头：他想成为方济各会修士，然后成为教皇(原文如此)，不幸的是1538年在阿让，他作为异端受到迫害，并成为半路德主义者而死。我们看到的这些都使他有资格反对伊拉斯谟，从而成为最正统的天主教的出色挑战者。此外，这位于勒—塞扎尔是个别出心裁的人，一个有才干的"家伙"：他像巴奴日，会讲多种语言(至少认为他会)，热衷于稀有植物，曾为了能细致地刻画它们，从普罗旺斯将它们带回来。他还是一个迷恋自己医术的医生、一个疯狂的抗议者(réclamiste)，会疑神疑鬼，经常紧张、激动、心神不宁。对此，约瑟夫写道：在阿让，人们惧怕他而不是喜爱他，然而这个削发少年(好像在帕多瓦，人们也这样称呼他)却有风度、权威、庄严，有能给人

留下深刻印象的外表。“他很可怕，”他儿子天真地观察到，“他如此喊叫以至每个人都怕他！”事后，我们应该防止陷入他的魔力，特别是不能把这个维罗纳告密者的疯话当真[55]。

那么，他的诗到底涉及什么呢？涉及到一位修道士，更确切地说，是一个还俗的修道士，是两个修道会的叛徒，先后离开这两个修会；涉及到一名作家、人文主义者，回应斯卡利吉的抑扬格同时又用抑扬格作诗；涉及到一个造谣中伤者、诽谤者、骚动者。此外，自然，他还是无神论者。另外，他又是一个酗酒者：他的别名似乎说明了这一点。像德·桑蒂博士这样有想象力的人，还需要更多的东西来论证这个巴里奥奴斯、这个“酒囊”是拉伯雷吗？

* * *

乍一看，这种比照是扰乱人心的。这个“酒囊”、这个οἰνοβαής或这个巴里奥奴斯、这个修道士，作为斯卡利吉的取笑对象，在于勒一塞扎尔的事业之初，就已经去世了，就像拉伯雷。他是斯卡利吉，是1538年值得怀疑的人，是深恶痛绝的“臭修道士”之一：他们比尸体对世人的好处还少，他告诉我们；尸体至少还可以肥沃土 82
地，修道士却用他那无益的贪食使土地枯竭：mortuus impinguat steriles laetamine sulcos; at monachus, segetum munera rodit, iners。此外：巴里奥奴斯和拉伯雷一样，曾两度成为修道士。斯卡利吉说的如此明了，还有一些细节德·桑蒂也没有用上，也许是因为他识破了作者那几首诗要表达的意义。第五首诗（第194页）准确翻译的话，实际上给我们提供了如下细节：“变节的修道士巴里奥奴斯，穿棕衣服现在却换成了黑色的。这个坏蛋不可能会是一个好的方济各会修士。现在变成了一个黑修道士，仅仅是变换了颜色吗？不是的。他过去是并且将来还是一个黑心人。”[56]以下是一个扰乱人心的细节：大师弗朗索瓦开始也不是像个方济各会修士，佩戴圣方济各之子的细带及其棕色的修道士服装、phaios［宗教服装］；此后，他又穿本笃会的黑色衣服？

我们还是接下去看看吧。这个两度还俗的修道士变成了无神论者。因此对修道院来说,他只是离开了世俗生活;现在,他已经完全死去了:At nunc, cum est atheos, jam vero est mortuus orbi-atque orbi, atque Deo, corporeque atque anima[现在,当他失去信仰的时候,无论对这个世界还是天主而言,无论在肉体上还是心灵上,他就真正死去了]。

后来,斯卡利吉又说:"bis monachus tandemque atheos[两度成为修道士,并最终沦为一个不相信天主的人]。"当他在作葬礼词时,当他指责巴里奥奴斯的出生时(《诗集》,第 194 页),他同样影射这种邪恶的无神论。因为他最坏的特点就是恶言恶语。他从小到大再到老不仅是酒馆和妓院的常客,而且狂怒,rabies [愤怒]是他独有的特征。他用损人名誉的诗歌,以恶毒的抑扬格来发泄,攻击万物,他连天主和魔鬼都不放过(qui mundum atque Deum laceravit vocibus atris, -si bonus est, bonus et Cerberus esse potest [他通过忧郁的声音划破了世界与天主——如果他是善的,地狱犬也是善的])。简言之,他是讽刺和诽谤的行家。如果有人寄给他一些辛辣的诗文,他的第一反应就是自问:"这是我写的吗?"德·桑蒂博士马上让我们想到之前提到的维萨日的那首诗:"拉伯雷,那个说你的心被愤怒所缠的人……说了谎……"毫无疑问。左易莱就是斯卡利吉。如果德·桑蒂对学院的阿波罗这个小圈子更为
83 了解的话就会想到,他为了他自己有必要指出:尼古拉·波旁似乎与斯卡利吉的关系非常紧密。在 1533 年由瓦斯科桑出版的《箴言录》的扉页中,斯卡利吉极力颂扬他,同时亲手为夏尔·泽温(Charles Sevin)写了"角斗士"的诗,并为萨瓦的路易丝①写了墓志铭。人们经常发现波旁——维萨日的对手,1538 年诗集的"受害者"——出现于这个小世界中。[57]

我们基于一篇不容置疑的文章——一封"致萨利尼亚克"信——指出,拉伯雷在 1532 年之前就认识了斯卡利吉[58]。既然斯

① 萨瓦的路易丝(Louise de Savoie,拉丁名 Ludovica Sabaudia,1476-1531),弗朗索瓦一世的母亲。

卡利吉从 1524 年到他逝世的 1558 年都未离开阿让，那么应该就是拉伯雷路过阿让，时间大概是 1527 年—1531 年，当时就像他自己在他的《为变节者祈愿》(*Supplicatiopro Apostasia*)中说的："他有几年到各地行医时，都是寄宿在一个世俗神甫家中：presbyteri secularis habitu assumpto，medicinae praxim in multis locis per annos multos exercuit[他披着世俗神甫的外衣，多年到多地行医]。"(玛尔提—拉弗沃[Charles Marty-Laveaux]编[《拉伯雷著作选集》]，第 III 卷，第 337 页)一切都可以迎刃而解了，如果我们知道斯卡利吉，知道他强烈的妒忌心，他永无止境对当地医生的攻击，因为"医学在法国已经没有声誉了，从费内尔到阿让最无名的行医者，没有哪个医生没有被他痛骂过。"

作为医生的拉伯雷也没有逃脱他希波克拉底式的难兄难弟们的共同命运[59]。

* * *

我们必须承认，这些都给人以深刻印象。只不过还有一些难题……第一个就是，如果我没有说错的话，德·桑蒂提到并且研究过的十首《反对巴里奥奴姆》诗中，没有哪个词指出巴里奥奴斯是个医生。

据我所知，这位学者的想法恰恰相反。他在第一篇文章中评论斯卡利吉的一首诗时(《阿奇洛克思》，第 350 页)，总结道："不言而喻，拉伯雷在这里被认为是医生、庸医，而非文学家。"事实却不是这样的，我这样转译："巴里奥奴斯说：塞扎尔不顾名利，全身心投 84
入到文学中去。塞扎尔是个白痴：为了研究文学，他放弃功名，却在吸血、敛财，尽管血是附属的——如果这是主要的、唯一的目的，那么更是在吸血、敛财。"然而，塞扎尔傲慢地忽视了它：谁会认为一个埋头苦读而穷困潦倒的人的脑子是健全的呢？巴里奥奴斯还是鼓起腮帮，在两个兜售言行的庸医布卢库斯(Brucus)和希卢斯(Syrus)的陪同下，大街小巷地吹嘘。巴里奥奴斯破口大骂、兴高采烈，整个集会场都充满了他的笑声。不过，当他看到塞扎尔对他所发起的疯狂、蛮横的进攻无动于衷,反而像常人听赞扬般对待他的粗鲁行径时,可怜的巴里奥奴斯万分气恼!反复研读这首诗,可是里面却没有哪个词能说明巴里奥奴斯是医生。人们可以和两个庸医同行,却不是他们的同行。其他诗篇中就更加沉默了。变节的修道士、愤怒的造谣中伤者、无神论者:不过很难(至少不能确定地说)再在一个冗长的叙述中添上江湖郎中或庸医这样的称谓。

还有一件事。如果这两首诗与拉伯雷有关,那就很奇怪了。一首诗(《法拉格》,第 194 页)告诉我们一个关于巴里奥奴斯的起源的意外细节:这个两度变节的人是屠夫的儿子……(e lanio, inter grunnitusque boumque cruores -natus . . .)拉伯雷是屠夫的儿子?这倒是件新鲜的事。这让我想起了(如此熟悉这些蹩脚的作品我都有些愧疚)维萨日《献辞》中的一首诗——1538 年于巴黎的西蒙·德·科兰印刷出版(第 6 页)。这首诗针对一名叫鲁卢斯(Rullus)的医生:"你父母是屠夫,你与他无二致;只不过他献祭的是牲畜,你献祭的则是人……"这首能止痛的短诗恰好印刷在同一诗集中,印在那首反对虚伪的拉伯拉之前:Scire cupis qui sim . . .

无独有偶,斯卡利吉最后给他的巴里奥奴斯准备了一首用墓志铭形式写的诗:"巴里奥奴斯的尸骨在此安息,净化之火最终胜利了。清水不能消解这个黑色的无赖;一只狗用它的尖牙利齿生吞
85 了他……"一篇晦涩的诗文[60]。执著的德·桑蒂却告诉我们这首诗体现了"庞大固埃之父死后,在外省流传着一些传奇。"在外省①是个迷人的时代错置!任何解释都可以让我们明了这一点。在阿让,"斯卡利吉收集闲言碎语的地方",据说"拉伯雷被淹死后,愤怒的水也拒绝他的尸骨,最终被一条狗生吞。"很可能如此!然而,我们想通过另一种方式而非通过一篇打算用来解释它的诗文以了解阿让的闲言碎语……接下来该是展现重要异议的时候了。

* * *

德·桑蒂博士在读斯卡利吉枯燥乏味的诗文时,会在某些诗篇

① 在外省(En province)是相对于像巴黎这样的"大都市"而言。

驻足吗？为什么他要将它们与拉伯雷扯上关系呢？这是因为他将巴里奥奴斯译成“酒囊”（直译则为，酗酒），于是传说中的拉伯雷就立即出现在他的脑海中：直到太阳升起/他还在痛饮……但是拼写呢？

直到目前，我们都经常故意和德·桑蒂一样，写成巴里奥奴斯[61]。实际上，于勒－塞扎尔每次在他的笔下都印成巴里亚奴斯（Baryœnus）。我们还可以在他非常清晰的罗马体铅字的标题中读到它。我们在斜体写的诗文中看到的也是如此。如果有疑问，你可以参照《诗集》第 191 页第 11 行：Male pœnitere ... artis et operœ，你可以对比一下 pœnitere 中的“æ”和“operæ”中的“œ”。或者诗文（第 194 页，第 22 行）：“Quem Gangrœnarum fœtida prostibula”，比较一下“Gangrœnarum”中的“œ”和“fœtida”中的“œ”。那么，还是“酒囊”吗？在像古希腊语爱好者斯卡利吉的笔下，两个希腊词“barus”和“oinos”能组合成一个名字巴里亚奴斯吗？

事实上，德·桑蒂也注意到了这个词。他却在想：于勒－塞扎尔在他的手稿中，写的是拉比奥奴斯（Rabiœnus）而不是巴里奥奴斯，“很可能约瑟夫·斯卡利吉以同样的手法，虔诚地修订他父亲 86
的作品时，为了避免嫌疑，也把拉比奥奴斯改成了巴里奥奴斯。”这是个毫无根据的假设；如果这与激起拉伯雷的 rabies［愤怒］有关的话，为什么是拉比奥奴斯而不是 Rabienus 呢？

可是，还有“fit niger ex phaeo Baryœnus transfuga funis”：这是自视重要的于勒—塞扎尔不断回忆的诗句。我们再回到八开大卷本的《诗集》，遗憾地发现我们面临的文献居然没有标示日期，而且很晚（1574 年）才由一个不太确信的继承人杂乱无章地送往印刷厂……在此，我们发现了标题为《反对毕比奴姆》的一些诗。

* * *

谁是毕比奴斯呢？他是皮比奴斯（Pimpinus）的双胞胎兄弟，是安托尼奥·德·戈维亚在他 1539 年的《箴言录》（第 XLV）中歌颂的对象吗？或是一个真实的知名人士？德·桑蒂毫不迟疑地认为，是拉伯雷，又是拉伯雷！

实际上，《希波那克斯》第 445 和 446 页有两首反对这个酒鬼的讽刺诗，这似乎确立了他与巴里亚奴斯的一致性。像巴里亚奴斯，毕比奴斯——“Bibinus ille, factiosus et durus[那个叛乱性的，不屈的毕比奴斯]”——也是个丢弃他修道士服装的变节修道士。斯卡利吉说到他是修道士时，闪耀着灯火般的光辉。他弃教了：他“已恬不知耻地卸下了他那带头巾的长袍”(cuculla cum pudore deposita)，比一盏角灯的光还微弱。最后，他被描述成一头肥猪；“opimis porcus auctus in sacris”，狼吞虎咽地吞噬一些圣俸、肉类，同时还放纵不已。他仍然是一盏灯，不过火已经熄灭。我们还可以在后面看到同样的主题(第 455 页)：这首短诗甚至还有一句和前面的一首一样：diris monata cum lateret in claustris [他孤单时，就躲进可怕的修道院]。对比这个修道士，斯卡利吉在修道院时得到了自制，或更确切地说是受到了控制，能聆听文学家的声音和劝告，远离那些丑闻和争吵。他现在出了修道院，还俗了，就无休止地奔跑在臭名昭著的小路上，躺卧在污秽中，或像一个修道士那样喝到酩酊大醉为止。这同毕比奴斯一样，也可能与《希波那克斯》
87 第 456 页上的短诗《反对某个女人》(*In quemdam*)扯上关系。“你感到惊讶吗？”斯卡利吉问道，“那些学者前不久还对你赞不绝口，现在却对你百般凌辱。你以前心平气和、饮食有节、虔诚而温和，将很多人的心吸引到你身上；现在……”斯卡利吉向我们展示了这个坏蛋、还有他那恬不知耻的喉舌，经常饥渴、贪婪，时常追女孩子，玩骰子，时常出入酒馆，惹是生非，还有什么呢？“quos tu fugasti, te fugare miraris? [你为那些被你逼走的人离你而去感到惊讶吗？]”

这些诗中有一两首不乏思想。在此，毕比奴斯诚恳地将双手举向天空(《希波那克斯》，第 448 页)：“你创造了黄金时代、白银时代，青铜时代、黑铁时代。噢！天主！你何时将创造美酒时代呢？”——更多时候，斯卡利吉的激烈无任何乐趣可言。“毕比奴斯，你不认识他吗？以下是他的特征：说谎者、恶棍、厚颜无耻之徒、叛徒、酒鬼、不虔诚的人，他甚至用言行否定天主。”(《法拉格》，第 221 页)难道这些不正是巴里亚奴斯的特征，同时是传说中的拉伯雷的特征，有时还加上了恶言恶语吗？我们还发现了一种奇特的对称，看到杜萨纳把维萨日的几首诗套用到拉伯雷身上，接着又套用到谢斯诺针对一个好奇魔鬼的诗上。斯卡利吉的《反对毕比奴姆》中有首诗，标题为“好奇者”(《阿奇洛克思》，第 356 页)：“毕比奴斯评论全世界的人；他很少赞扬别人，大多数人都得到了他的辱骂。”斯卡利吉揭露他人的虚无，说他们整日忙于别人的事，而自己内心却永远得到放逐：regnans foris, sic intus est exul sibi。德·桑蒂进一步指出，斯卡利吉在一本科学评论即《公开讨论的书》(*Exotericarum exercitationum liber ... de subtilitate*)中，对一名庸医、半个修道士、quidam semimonachus[某个半修道士]展开了攻击。然而，这个修道士的书中找不到任何反对斯卡利吉的东西，修道士只是收集了一些别人用来说他自己的谣言，以对付医生斯卡利吉。斯卡利吉亲耳听到这些中伤是用来说这名庸医、半修道士的：这是有关医学上的敏感问题，它以软糖药剂的形式馈赠给病人金子般的美德。自然，斯卡利吉会用他一贯的尖酸刻薄对待他的同行，称他为江湖骗子、庸医。德·桑蒂博士认为，这可能就是一 *88*
个革新的医生，一个以不属于任何一派而自满的医生，对加伦主义的医生和保守者——拉伯雷——的抗议。那么，如果与卡尔达诺[①]有争议的“半修道士”是毕比奴斯；再假如毕比奴斯就是巴里亚奴斯，那么我们待会就必须反思我们的观点：巴里亚奴斯的确是一名医生？

* * *

德·桑蒂博士能在医学领域上展现他的优势。可是，他还有更多的事要做，因为《希波那克斯》(第 401 页)中有两首反对加伦主义的讽刺诗。一首名为《科苏斯》(*Cossus*)，另一首为《鲁伯留斯》

---

① 卡尔达诺(Girolamo Cardano, 1501－1576)，意大利医生、数学家、哲学家、占星学家。

(*Rubellius*)。《论鲁伯留,另一个加伦主义者》(*De Rubellio*, *altero galenista*)是这首诗的标题。鲁伯留斯是个古典的名字;人们可以从朱韦纳尔的书([《讽刺诗》]第 VIII 卷,第 39 行)中找到它,科苏斯的书([同上书],第 VII 卷,第 144 行)中也一样可以。——于勒—塞扎尔肯定熟悉他的朱韦纳尔。毕竟从鲁伯留斯到拉伯雷和巴里亚奴斯到拉伯雷之间的差距相差无几。这个鲁伯留斯——如果加伦说了:"两个偶数相加和为奇数",他就会把它当成福音书般的真理(sic atque si Deus mandet[如天主教导的那样])——为可怜的斯卡利吉感到惋惜:"Foves adhuc ne barbaros Avicennas,"他问斯卡利吉[62],"et sordidatos atque hirtos? [你不要迄今还对阿维森纳派,对这些肮脏的、多毛的蛮族人情有独钟。]"——如果稍微快速地阅读这些晦涩的诗文的话,甚至可能认为斯卡利吉指责加伦主义者赞同司各脱的错误,这刚好可以应用到像拉伯雷那样的前方济各会修士身上:nec excidere mente de tua, durus – fallacia argumenta quae Scotus fudit; — nigris et in recessibus lates stulte[如此顽固的你没有将司各脱灌输到你头脑中的错误论点驱逐出去;你愚蠢地藏在黑暗的角落里]。你重读一遍却发现,这些居然是加伦主义者的话语,斯卡利吉于是被指控为司各脱主义者。关于这一点,《斯卡利吉语录》的读者并不会感到惊讶[63]。

那么,这个 Rubellius 又是谁呢?是拉伯雷吗?或是拉伯雷时代那个被多莱[64]称作 Ruellius 的著名医生?也可能是维萨日的鲁留斯(Rullus),那个父亲是屠夫的鲁留斯?我们在这一点上都糊涂了。德·桑蒂记得斯卡利吉在他的《诗集》中,巧妙地处理了加尔乌斯(Calvus)。斯卡利吉指责他的一切,首先也是最重要的一点即不虔诚:Tartara dissidiis, coelum impietate lacessit[他用争吵打扰了阴曹地府,用不虔诚打扰了上天],《法拉格》(第 156 页)曾这样揭示他。不过,《斯卡利吉语录》(1695 年,第 364 页)中,约瑟夫·斯
89 卡利吉告诉我们:加尔乌斯就是让·埃斯屈隆,《第四部》(第四十三章)中的"尊贵的医生斯古隆"——他在长期作为纳伐尔的玛格丽特的医生之后,1556 年出任蒙彼利埃大学的摄政。约瑟夫写道:

"Scirrhonius ignarissimus vir[那个最无知的埃斯屈隆],遗传了他父亲的仇恨,Pharmacotriba, id est Pileur de Drogues, verius quam medicus[他是个药物的捣杵,而非医生]"。埃斯屈隆与斯卡利吉同时在阿让行医,inde iram[因此愤怒]。德·桑蒂写道,他开班讲学,"抢走了他的学生,或他的病人"[65]。——富有启发的地方!拉伯雷来到阿让,起初经常出入斯卡利吉府上,接着离开了他家并且成为了他的劲敌;埃斯屈隆 1528 年底去蒙彼利埃上任时,拉伯雷也跟随他的老师一同去了:这是德·桑蒂时常要我们相信的。1530 年 9 月 7 日,拉伯雷在这里注册求学,声明以"egregium dominum Joannem Scurronem, doctorem regentemque in hac alma Universitate"(著名的大师让·埃斯屈隆,这所仁慈大学的老师和摄政)为师。这可能同样也解释了这首《反对毕比奴姆》(《希波那克斯》,第 451 页):"毕比奴斯时常来我家,我们是同一声音、同一思想、同一条心。在友好的争论中,我们是兄弟。自从这个奇怪的恶棍离开以后,我们不再情同手足,不再是同一父母所生的儿子。我们之间有了激烈的争吵,他不想来,我也不想他来……"

我们必须承认这些组成了一小部分令人不安的小说,它充满了似合理的片段和似乎真实的文献。如果这些都是真的,那将是多么幸运!我是说:它们照亮了拉伯雷的黑夜。德·桑蒂是如此坚决和确信,以至我们觉得随时都有可能成功。这名还俗的医生、这半个修道士,这个好奇的造谣中伤者,以前是个受人尊敬的人文主义者,现在却变成了酒馆的常客,是拉伯雷……只可能是拉伯雷……然而,约瑟夫·斯卡利吉对此三缄其口。他给了我们通向别名加尔乌斯的钥匙,可是又对巴里亚奴斯缄默不语。接着《阿奇洛克思》(第 356 页)中,这首短诗为:"为什么毕比奴斯对所有的恶棍都笑脸相迎?这是巧合?他的叔伯、兄弟、父亲、姊妹、侄子都对那些恶棍,对杜拉、希农、菲居留斯、卢斯修斯……笑脸相迎。"我们 90
这里罗列了毕比奴斯的整个家族。我们已经在巴里亚奴斯的屠夫之父面前踌躇不定。然而,斯卡利吉在哪里以及又如何认识拉伯雷的叔伯、兄弟、父亲、姊妹和侄子呢?此外,那些施农人笑脸相迎的著名的无名氏又是谁呢？从加尔达湖滨市搬到加龙河的这位意大利人文主义者不可能每天都在阿让的大街拱廊上遇见他们吧？这段诗文引发了太多的问题，德·桑蒂甚至连提都不提？

末了，在那首《反对毕比奴姆》中，没有像那几首《反对巴里亚奴斯》一样影射了那么多医学的事情。如果《公开讨论的书》中的那个 semi-monachus[半修道士]是拉伯雷，那么他与斯卡利吉之间的差异就是属于科学范畴的、属于派别和理论上的争论。《反对毕比奴姆》中就没有一首影射到这些问题吗？这些诗和《反对巴里亚奴斯》的那些诗也没有影射到拉伯雷的通俗作品《高康大》与《庞大固埃》。毕比奴斯与巴里亚奴斯写道，甚至写得有些过多：Uno Baryaenus plus die facit scripti-quam bis trecentis a viris legi possunt ...[巴里亚奴斯一天写的东西，六百人都读不完……]。它可以套用在紧跟拉伯雷的讽刺之后的三句诗：nam dictionis fluctuantis insanae-si membra contempleris atque suturam-furiosa Orestae somnia esse jurabis ...[如果你检查他以疯狂的、不健康的风格所写的那部分，以及这些部分如何缝合在一起时，你就会发誓说这是俄瑞斯忒斯的恶梦……]。可是，我们很快就知道巴里亚奴斯写的是以下诗句：Quin，de seipso subdidit sibi versus-nomen suorum inscriptitans amicorum[确实，他作了许多关于他自己的诗，用的确实是他朋友的名字]——同时在《阿奇洛克思》(第 354 页)中，另一首关于巴里亚奴斯的诗《论那些相互赞扬的人》(*De mutuis laudatoribus*)，也同样说到了这些诗句。拉伯雷确实写过一些拉丁诗。我们知道 17 世纪丰特夫罗修道院①有一本诗集。末了，难道这些还不足以使他成为重要人物吗？

事实上，很难否认这样一种印象，即巴里亚奴斯和毕比奴斯属于斯卡利吉直接交际的人物。他们是一些阿让人：这也解释了他为什么要使用别名。斯卡利吉使用住在他乡的人的真名。他说伊拉斯谟，也说多莱。别名是留给那些他每天可能遇见的人……

---

① 丰特夫罗(Fontevrault)修道院位于靠近施农的安茹。于 1099 年由阿尔布利塞的罗贝尔(Robert d'Arbrissel)按照圣本笃的规则创建的。

＊　＊　＊

摆明了所有证据之后，我们感到非常不开心。它使我们如此诱惑 91
地用特别有表现力的、生动的篇章来填补拉伯雷生平传记的巨大空缺，同时在斯卡利吉的仇恨中给拉伯雷传奇提供可靠的来源？可是，我们必须在谨慎的观察面前驻足：蛊惑人心的假设与确证的真理是两回事。

拉伯雷去过阿让，这我相信。他在那里结识了斯卡利吉，著名的“致萨利尼亚克”的信函上也表明了这一点[66]。他的医学观点引起了阿让的希波克拉底的不悦——另一方面，还似乎引起了震惊。埃斯屈隆把这两个人带到一起，接着这两个人产生了的仇恨，这也是可能的。我留意了（我会再次回到这个问题）斯卡利吉对当时的新卢奇安派和厨房的迪亚哥罗①的影射。德·桑蒂曾在1554年的《公开讨论的书》中指明了这些影射，使用“普泰尔勃”这些词语也正是在《公开讨论的书》中。我同样留意了斯卡利吉在致审判官阿勒舍②《评注失眠的特征》③（*Commentaire sur le traité des insomnies*）中的论述：它针对那些人——他们手上、心中别无他物，只欣赏卢奇安和阿里斯多芬的著作，不是因为他们的文风优美，而是因为思想闪现光芒，“propter acerbitatem sententiarum, si modo sententiae eae, ac non venena sint vocanda[因为思想的严格性，如果这些思想是温和的，毒药也就不会得到激起]”。这位阿让的内斯特④费了九牛二虎之力才从牢靠的猫爪中逃脱[67]，这是一只呼吁要把那些不信教者绳之以法的猫，不过这种呼吁保护布里昂·德·瓦莱的声音是如此平淡、脆弱；他在这里应用约瑟夫·普多姆⑤的句子、一个近乎的白痴的句子：nimis secure vivimus hodie ... Hanc vocamus

---

① 迪亚哥罗（Diagoras，？-？），公元前5世纪希腊哲学家、诗人、诡辩家，无神论者。

② 阿勒舍（Jean d' Alesme，1488？-1569？），法学家、历史学家。

③ 原文如此。实为《〈论梦〉评注》。《论梦》是希波克拉底的著作。梦为somnium，失眠为insomnium。

④ 内斯特，特洛伊战争中希腊的贤明长老。

⑤ 约瑟夫·普多姆（Joseph Prudhomme），法国漫画家和作家莫尼埃（Henri Monnier，1799-1877）作品中的人物。

libertatem!［这些日子我们生活的太安逸了……我们称之为自由!］我也没有忘记，正是斯卡利吉的这段评论为其《第三部》第十三章《用做梦来测算凶吉》提供了素材（普拉塔尔在《拉伯雷著作集》指出了这一点）。说来说去，我仍然坚持那些反对的短诗、那些
92 需要证实的断言、那些需要解释的沉默。啊！如果有人能“证实”这些段落确实与拉伯雷无关，那么他将会赋予一个关于审慎批评的美好教训。

八、结论:拉伯雷的传奇

我们现在完成了一次长途旅行。可能有些过长了；既然做了一些冗长乏味的工作，我们就不想让人觉得以后还有必要重做一次。此外，我们在没有穷尽所知的资料之前，怎能妄下结论？是呀，我们该如何作结论呢？

不言而喻，那些“诗人”——我曾细心地梳理过他们的作品——为我们提供了一些不容置疑的证据，它与 1532 年之后的拉伯雷有关。它包括了那些用各种语词献给拉伯雷的诗，或者用他的真名献给他的。所有的证据都很有利，不管是维萨日在 1536 年愤怒地指控拉伯雷的；还是麦克兰在 1537 年的颂歌中的赞扬；还是多莱那首著名的、在里昂公开责难拉伯雷的诗，他在其中把拉伯雷列为当时最伟大的六位人文主义医生之一；还是同样著名的、关于多莱宴会的那首诗中奉承的评论。我们还可以加上苏珊诺溢于言表地评注蒙彼利埃的医生，这是绝望的病人的最后手段；1538 年吉尔贝·迪谢对哲学家拉伯雷至高无上的赞誉；甚至还可以加上波旁《虚无》(1538 年)中的评论——虽然没有热情，却相当正确。这些真正献给拉伯雷的诗中，没有任何一首提出了宗教的问题。

此外，还有几位诗人在一个别名下为我们提供了几首似乎指向拉伯雷的诗。比如，波旁 1533 年的《反对拉伯拉姆》:这首诗可能表达的是一个人文主义者对一位著名的同仁的愤慨——这位同仁忘却自我，为了那些“可怜的白痴”，用“通俗语言［法语］”来写小说。它肯定没有表达出一个虔信者的反抗，一个半路德主义者反

对一个无神论者:波旁于 1533 年拒绝将《庞大固埃》视作反巴黎大 93
学神学院福音主义。再如,苏珊诺《赛会集》(1538 年)中的三首《反对鲁伯卢姆》或那首《反对拉布拉姆》。又如,维萨日于 1538 年的《献辞》中对奇特的拉伯拉的描绘:他想知道一切,然而他不怀疑任何东西,无论何种情况,他都不怀疑基督教。此外,如果我们提出一些关于波旁 1533 年,特别是 1538 年的几首《反对沙里德姆斯》诗中无法解决的问题;如果我们提出一些关于斯卡利吉未标明日期的那几首《反对巴里奥奴姆》和《反对毕比奴姆》中无法解决的问题——我们应该类似地观察到沙里德姆被呼吁为他的宗教观点负责,不是一朝一夕的事。如果巴里奥奴姆和毕比奴斯三番五次地被称为无神论者,这仅仅是为了毫无重要性的语言的优雅,或者为了善的回报?

此外,还有为数不多的几首诗,针对的是一般被译成伪善的不信教者(他们被称为卢奇安主义者、卢奇安的信徒或无神论者):他们表面上恳求基督而内心只信卢奇安。波旁从 1533 年起就开始窥视这些怪物了。他用模棱两可的词语揭露了他们。当他于 1538 年的《虚无》中回应他们时,波旁才明确表示他的不满。这些恶棍说道,"天主根本就不存在;死后不存在任何东西(第 449 页);如果存在天主,那么恶魔怎么能存在(第 303 页)?最后也就不存在天意(Providence);此下的一切都受无常命运的摆布。"(第 477 页)——1536 年,维萨日从他的立场出发为一个名叫安托尼的不信教者作了一首《葬身之所》(第 I 卷,第 24 页),而质询的却是另有其人,如果攻击基督的卡内斯(Caneus)和卡诺苏斯(Canosus)是两个人的话(第 I 卷,第 46 页;第 II 卷,第 159 页)!最后,1538 年,在《十一音节诗集》中,他写了三首重要的讽刺诗:《反对不信教的卢奇安主义者》(10 页)、《反对卢奇安的效仿者》(30 页背面)、《反对卢奇安的追随者》(71 页背面)。一切都摆在这里。多莱的诗集中没有具体地针对哪个人,迪谢的诗集中也没有,戈维亚 1539 年和 1540 年的《箴言录》中也都没有。苏珊诺的诗集中也没有。不过,我们在拥有的几篇诗文中,只有维萨日《十一音节诗集》中存在几

94 首诗可能真正有些价值。可是所有这些又似乎指明这些诗中，至少有一首是针对艾蒂安·多莱的（如果这几首诗歌不是指同一人的话）。维萨日曾经很喜欢多莱，现在却强烈地憎恨他。这种憎恨要么让他睁开双眼，看清了他昔日朋友的真正思想状态，或促使他对这位新敌人发起特别严重的指控。——这些诗是针对拉伯雷的吗？如果是，为什么又是针对拉伯雷呢？如果他是维萨日《献辞》中的拉伯拉，这也无法表明拉伯拉是个不信教者或不虔诚者。为什么是他，而非别人？里昂的圈子中肯定也不乏卢奇安主义者！我们只要指出一位，但不会在他身上着墨过多，因为后面我们将会重谈他的情况。博纳旺蒂尔·德佩里埃的确很奇怪。他的《世界的钟声》从 1538 年起就成为了人们攻击的对象：博纳旺蒂尔被秘密的、真正反常的缄默包围了。我们现在只谈论他与维萨日之间可能的关系。维萨日钦羡多莱的《评注》，可以说就像一直以来都注视它们一样。维萨日其实是在赞美自己，翻来覆去地赞美个不停。博纳旺蒂尔从他的立场出发也作了同样的事情。然而，维萨日的长诗中并不针对哪个人，甚至没有一首二行诗是给博纳旺蒂尔的。马罗被放逐时，维萨日是他热情的支持者。博纳旺蒂尔完全卷入到他老师的漩涡中，恳求国王弗朗索瓦一世，为他祈祷、说情、鼓动——然而维萨日冗长的诗作中并不针对哪个人，甚至连献给博纳旺蒂尔的一首二行诗也没有。维萨日和博纳旺蒂尔一样，都是书商兼印刷商帕尔门蒂埃（Parmentier）家以及瑟巴斯坦·格吕菲印刷厂的常客；他们都为玛格丽特效劳，将《罪恶灵魂之镜》翻译成拉丁文；维萨日和博纳旺蒂尔一样，都与美丽的修女贝克托妮[1]过从甚密。维萨日……然而维萨日投机的诗作中并不针对哪个人，甚至连一首二行诗都没有献给或反对博纳旺蒂尔的。这真是一个奇怪的缄默！与其毫无根据地制造传奇故事，还不如将博纳旺蒂尔而非拉伯雷看作为旺代的阿波罗那未标明著作一篇或几

① 贝克托妮（Scolastica Bectonia，法语名 Claude Scholastique de Bectoz，？－1547），女子修道院院长。

篇的幕后人，甚至这样做还更合理。可是，这样也还是无根据的。[68]

* * *

现在，如果我们把这些诗作拼起来，联系到苏珊诺的几首《反 87
对鲁伯卢姆》或《反对拉布拉姆》，同时联系到波旁对拉伯拉的描绘，以及谢斯诺的夸张摹本，最后是由德·桑蒂发现的斯卡利吉的几首诗，我们就得到了一副足够连贯的形象。这个修道士起初过着值得称道的生活，受到 rara avis［众人瞩目］——后来却放任自流，还俗了，改变了他的信仰和生活方式，终日饮酒，放荡不羁，不是写博学著作，而是写作拉伯雷式的著作，并且放纵自己无法满足的好奇心，沉浸于狂热的仇恨、诽谤、嫉妒和恶意的愤怒。简言之，这幅滑稽漫画很像衣衫褴褛的拉伯雷，它和传说中的拉伯雷非常接近。然而，用一些陌生人的描绘拼凑出一幅画像之后，较之它的传统形象，这本身是否合理呢？——不错，完成了所有工作之后，拉伯雷的传奇就变成了溯源心理学（psychologie rétrospectives）上的一个奇特问题！

* * *

其实，我们还是先得有勇气承认：尽管有如此多的发现、天才般的假设、绝好的研究工作，我们还是无法清楚地看到拉伯雷，不管是用肉眼，还是"心"眼。拉伯雷的外貌如何呢？要么是一些异想天开却无甚才华的图画；要么就是"贴画年代记"①中那副悲伤的肖像：一位矮小的老人，骨瘦如柴，眉头紧锁，目光炯炯有神却有些狡猾。拉伯雷的内心又如何呢？像是一个塔巴林②，一位食客，靠喧闹的滑稽剧过活，此外还痛饮到酩酊大醉，晚上回到家中尽写些

① "贴画年代记"（Chronologie Collée），是按年代顺序排列的一系列肖像版画的总称。在这些版画中，有《旧约》的族长、罗马皇帝、欧洲诸国的国王，以及"1500年到'现在'活跃于法国的某些名人的肖像画。"不同的版本，书名页各异。如纽约公共图书馆所藏的标题就为 Chronologie et sommaire des souverains pontiffs, anciens pères, empereurs, rois, etc. jusqu'en l'an 1622。——据英译者

② 塔巴林（Tabarin；原名 Antoine Girard，1568？－1626），17 世纪初法国最有独创精神和最有风趣的诗人之一，法兰西学院最早的院士之一。

不登大雅之堂的作品；要么就是一名博学的医生、人文主义者，用古代优美的文章和强烈的好奇心滋养他惊人的记忆力；要么就是
96 伟大的哲学家，得到像泰奥多尔·德·贝札[1]，以及路易·勒卡龙[2]的颂扬：艾蒂安·迪谢[3]所说的哲人王：

> 确实，神圣与英明，你的研究前沿，
> 最受尊贵的王就是拉伯雷自己……

我们的前辈比我们幸运。他们不需要在这两种形象之间作出选择。他们同时一次性接受了可敬的两者。更幸运的是，他们没有把两者放在一起，将它们进行比较。

他们可能在德·埃斯蒂萨克家，或杜贝莱家，或在艾格—莫特[4]，在国王的随从中遇到了名为弗朗索瓦·拉伯雷的博学之士，他还曾经被克洛德·沙皮伊[5]纳入行政法院审查官之列：

> 拉伯雷，无人能比，
> 其医术和学识受万人敬仰，

在其他上百个他享有盛名的地方，我们发现自己站在一个希腊主义者，一名医生，一位著名的、受人称赞的诗人面前，他的诗、散文、希腊文、拉丁文都一样出色。这些称赞来自当时最伟大的文学家

---

[1] 泰奥多尔·德·贝札（Théodore de Bèze，1519－1605），维孜莱（Vézelay）出生的作家、翻译家、教育家和改革派神学家。加尔文的弟子。日内瓦学院首任院长。所编订的希腊文本《新约》以及翻译的拉丁文本《新约》是日内瓦文《圣经》和1611年英文钦定本《圣经》的依据。

[2] 勒卡龙（Louis Le Caron，拉丁名 Charondas，1534－1613），法国诗人、法学家、哲学家。

[3] 原文如此，实为吉尔贝·迪谢。

[4] 艾格—莫特（Aigues-Mortes），法国南方城市。1538年7月弗朗索瓦一世与神圣罗马帝国皇帝查理五世曾在此议和。

[5] 克洛德·沙皮伊（Claude Chappuys，？－1575），弗朗索瓦一世的随从、宫廷诗人。

和学者，从纪尧姆·比代[1]到若阿基姆·杜贝莱[2]，还有年轻的泰奥多尔·德·贝札，吵闹的多莱，还有其他二十来个同样出名的人——他们脱下帽子，恭敬地向“博士阁下”鞠躬致敬，并且期盼从他雄辩的嘴巴中出现高尚的警句。然而，如果他们连续地读《高康大》或《庞大固埃》：它使人发笑，他们也确实笑了，尽情地、不怀恶意地开怀大笑，就像在集市上，闲逛者被一个活跃的小摊小贩逗乐一样。他们尽情地欢笑，自然地从人们所从事的工作中揣测出这个人的人品：那个歌唱圣瓶的人，肯定酒量很大！我们应当指出，拉伯雷确实不停地引导那些天真的读者从书联想到作者，他不是经常说“我”吗？这不是巴奴日高尚行为的无人称叙述者；这是讽刺时事的滑稽剧的指挥者，诸世事现象的戏弄者：“善良的人，愿天主救护你们，保佑你们！你们在哪？我看不见！等我戴上眼 97
镜……哈，哈！封斋期可过去了！我看见你们了！……”[3]如果将拉伯雷说成是一个酒鬼和小丑，他们没有错。他们将真实的证据放入历史档案更没有错。他们所思考的拉伯雷确实是一个酒鬼、小丑，因为他体现了拉伯雷小说中所有的猥亵、粗俗的笑话和戏谑。“真正的”拉伯雷——不论他在酒馆抑或其他娱乐场所是适可而止的或放纵的——不为他们而存在。他们唯一认可的拉伯雷是他们自己创造出来的，供取悦的，并且与拉伯雷的作品以及主人公相似。拉伯雷孕育了高康大、庞大固埃和巴奴日。Genuit autem Gargantua[他孕育了高康大]，高康大也同样用他自己的形象孕育了拉伯雷：对这些读者，也就是那些还没有怎么麻木的读者，那么天真的大小孩，特别是那些对文学创作没有什么想法，也从未想过的人而言，——甚至他们就叫龙萨或杜贝莱，这是唯一真实的拉伯雷。

---

① 纪尧姆·比代(Guillaume Budé，拉丁名 Budaeus，1468－1540)，巴黎古典学家。

② 若阿基姆·杜贝莱(Joachim Du Bellay，1522－1560)，法国中世纪诗人，七星诗社成员。

③ 参见《第四部》“作者前言”开篇语。

* * *

我们从上两节中得到了一些证据。1533 年末或 1554 年初①，拉伯雷逝世了，龙萨随即为他写了一首墓志铭：

拉伯雷确实热爱葡萄
他无日无夜地饮酒

他用粗俗的言语将这个风流才子描绘成躺在众多酒杯间："在他喝过的众多脏酒杯间/散落着美酒的红色污点/他无羞无痛/就像淤泥中的青蛙一样自得其乐。"[69]我们认为这种描述有些真实：我们忘记了说他自己，龙萨在 1555 年《文集》的"致科里东的小颂歌"（Odelette à Corydon）里就把自己描绘成有类似处境的人，"仰卧"在：

酒壶与落花之间

98 至于杜贝莱，1549 年探讨那些"不轻视母语的法国学者"，他称赞"使得阿里斯多芬重生，完美地再现了卢奇安才智"的人。有人精细地区分了这位伟大作家无法效仿的风格和他低级的模仿者的风格，这些模仿者试图从他那"偷走树皮"去覆盖他们那些被虫蛀得不知有多严重的树干，它"如此倒人胃口，无需其他的处方来剥夺德谟克利特②笑的欲望"。有人把这个受到高度赞美的人与法国的两位智者——纪尧姆·比代与拉扎尔·德·巴伊夫——相提并论：伟大的思想，也是伟大的人物，出自上层社会[70]。次年，同一作者检查"诗童"团：

---

① 据说，拉伯雷死于 1553 年 3 月初。

② 德谟克利特（Δημόκριτος，公元前 460? -前 370?），古希腊自然派哲学家。有"笑哲人"的美誉。

他用歌声与赞美诗
他用悲惨的哭泣
使那些我们认为这些年已死的人
起死回生，

紧跟美惠三女神——卡尔①、埃罗埃②和圣热莱，“有益而优秀的”拉伯雷加入了他们的行列[71]。如果拉伯雷曾是一个无耻的小丑，一个公众鄙视和反感的对象，也没有什么迫使他要如此描绘的拉伯雷。他把拉伯雷当作这样一个人来赞美

他如此渊博地创作
让法兰西最终有人
对抗经院哲人的无知
使德谟克利特重生……

这时拉伯雷已经逝世了。拉伯雷一逝世，如此精细地赞美他的批评家，给他如此高尚的颂扬的诗人，就将满是讽刺的拉丁诗放入他的口中，并且使他说：“这是我，帕伐古斯，万事的吞噬者。看我躺在我巨大无比的肚腩下……睡觉、贪食、美酒、女人和戏谑：我还在世时，这些是我的天主、我唯一的天主。”[72]

这些不免让人惊讶。我们觉得它奇妙，因为我们不理解，并且开始想象仇恨与敌对的故事，好像这与“酒量大的人”的文学形象——在他执行义务中得到了现实的描写——无关，但与一位名为 99
弗朗索瓦·拉伯雷的职业医生失礼的卷宗有关。我还要补充的是，好像当时另一位优秀的嘲笑家——克莱芒·马罗（只举他一人）并没有获得类似的、以同样方式形成的殊荣。

我们回想一下弗朗索瓦·拉伯雷的那些同时代人，回想一下他

① 卡尔（Lancelot de Carle，1500－1568），诗人、翻译家。

② 埃罗埃（Antoine Héroët，1492－1568），宫廷诗人。受纳伐尔的玛格丽特庇护。

们的暴躁、变化无常、无法表现高雅、极易动情绪、惊人地易怒、侮辱对方、惊人地易于拔剑而后又相互亲热爱抚：这些都解释了频繁的无谓争吵，对偷盗与剽窃的残忍控告，向天主与人呼吁公平的哭诉，马上接着如潮水般可怕的奉承以及最疯狂的比喻，将他们比作荷马、品达、维吉尔与贺拉斯。这是一种充满对照的生命之自然产物。这种对照的显著性是我们无法想象的。这是日与夜的对照，而利用电来照明的我们是无法了解的；这是冬与夏的对照，在正常的气候里，通过上千种构造使我们缓和；他们缺乏一些必需品，就这样数星期、数月地经受四季的严酷，几乎没有任何缓和之物。在同等生活条件下，性情也趋于相同：两者相互依存、相互限制。我们的神经也麻木了。我们吃了太多我们要保护的果实，就像《圣经》所说的"牙齿受到了刺激"①。他们呢？他们没有麻木，天主知道；只举一例，就像他们在声音激烈、至高的进攻前无能为力一样！我们须时常想起《欧塔佩尔》(*Contes d'Eutrapel*)这一段落。在这个段落中，诺埃尔·迪法伊②描写了克莱芒·雅内坎③著名的描述性众赞歌——《玛里尼亚之役》(*la Bataille de Marignan*)[73]——对当时的人们的影响。任何人都被这种强大的、幼稚的以及伴有模仿的和声之"战争声响"感动了；没有人不被它的声音所激起，"不去
100 看他的剑是否还在剑鞘内，不企踵以使自己看起来更高大、勇猛……"

那些放任自己情绪的人是一些朴实的人。我们会抑制自己的情绪。

* * *

这就是拙作开始反思的问题。拙作旨在成为历史心理学的研

---

① 参《耶利米书记》第三十一章第 29—30 节。

② 诺埃尔·迪法伊(Noël Du Fail，1520？-1591)，法国法学家、作家。1571 年任高等法院评判官。

③ 克莱芒·雅内坎(Clément Janequin，1485-1558)，文艺复兴时期重要的音乐家、祭司，以《圣经》为题材创作了一些反映时局的作品。

究,同样也是作为一种博学的历史研究。这里,我们已警觉到一种事实,即16世纪人的感觉、思维与谈话方式和我们的之间,确实没有共同的衡量标准。我们受束缚,他们却放任自流。从17世纪和笛卡尔时代起,数代人为我们编造、分析并组织了空间。他们赋予了我们一个秩序井然的世界,万事万物都在这个世界里有它们自己显著的界限。也是从那个时期开始,数代人致力于时间的工作,时间的测量也越来越精确,这是我们严格的行动框架。所有这些伟大的工程都还不是从16世纪开始的。它的后果还未通过重要性生发出来,如我们对某种逻辑、连贯性与统一性的迫切需要:这个或那个,而非同时这个和那个。这里或那里,而非同时这里和那里。我们应该在这些评注中找到一种审慎的建议,以便运用到我们将要进行的观察里。

原注

1 D. MARARASU, *La Poésie néo-latine et la renaissance des letters antiques en France* (1500–1549),1928,只是一部纲要性的著作。

2 然而,我们仍然可以在一大批诗人中最杰出的Macrin那里找到一些真诚的理路。他对那年轻的竞争对手Vulteius说:"Nec minimus, nec es poeta-summus, sed medium tenes poetas-inter temporis huius ...［你既不是这个时代中最次的诗人,也不是最好的,只是位居中间而已……］"。说完这些,他劝慰道:"Brevi futurus maior-si pede quo soles eodem-pergas ludere ...［但是如果你继续以同样的方式进行创作的话,你将会变得更为伟大……］。"Visagier, *Jo. Vulteii Rhemensis hendecasyllaborum libri IV*, 1538, II, 60.

3 DUCHER, *Gilberti Ducherii Vultonis Aquapersani Epigrammaton libri duo*, II, p. 89.

4 BOURBON, *Nicolai Borbonii Vandoperani Lingonensis Nugarum libri coto*, 1538, p. 311, et L. Halévy, "Trois dîners avec Gambetta ; récit public par M. Daniel Halévy," *Revue des Deux Mondes*, 52(1929年7月1日), p. 88.［Ludovic Halévy, 1834–1908,剧作家、小说家。文中提到的历史学家Daniel Halévy(1872–1962),是他的儿子。Léon Gambetta(1838–1882),政治家、爱国主义者、共和主义者。普法战争时主张要彻底地进行抗战。——译者注］

5 GOURBON 嘲笑了这个标题:"*Ad nugivendulum*", *Antonii Goveani*

Lusitani Epigrammaton libri duo, p. 18; "*ad Borbonium*", p. 23; p. 30，等等。——Dolet 这样定义"虚无"（*Commentariorum Linguae Latinae Tomus primus*, II, 1276）：Nugae sunt sermones levium rerum, ac nullius ponderis, et plerumque scurriles joculatoriique[闲谈的对象都是些无足轻重的细微琐事，同时经常使用低俗但又不失诙谐语言]。

6 Gilbert DUCHER, *Gilberti Ducherii Vultonis Aquapersani Epigrainmaton libri duo*, p. 40：cuivis libere poetari licere[任何人都可以自由地作诗]。这是一个显而易见之主题的扩展：没有学过雕刻的人不懂如何雕琢大理石；attamen indocti doctique poemata pariunt[然而，那些博学的和不博学的，都可以作诗]。

7 *De miseria poetarum*（诗人的悲惨）是一个常见的主题。参见 *Nicolai Borbonii Vandoperani Lingonensis Nugarum libri octo*, "Ad. Paulum Ant. Gadagnium" (p. 394)：*quoties quisque est hodie hominum praedivitum-qui non bonum coquum aut equum aut tibicinem, aut-malum scortum bono poetae praeferet*？又见 BOYOSSONE, *Les Trois Centuries de Maistre Jehan de Boyssoné, d^r régent, à Tholoze*, XLV："Si le sçavant est pauvre et indigent-de quoy sert-il tant se rompre la teste-si l'on n'estime *à* présent que l'argent？[若学者穷困潦倒/钱才是最要紧的时候/还想让他做何种努力?]"这些悲叹并不排斥含有一些客观公正的内容："Les dons recuz par ton avare dextre-despriser font ton excellent sçavoir[你那贪婪的右手所获得的恩惠，让你的出色学问变得黯淡无光]."[Paulus Antonius Gadagnius，法语名 Paul-Antoine Gadagne(1509 - 1566)，里昂的富商。曾庇护过许多文人。——译者注]

8 BOYSSONÉ, *Les Trois Centuries*, I, xxvi, p. 105; II, L, p. 143.

9 Joseph Texte, *De Antonio Saxano*, p. 72.

10 例如可参见 DUCHER 对伊拉斯谟之敌人的愤怒：Musarum regem quicunque negarent Erasmum-Hoc saltem norint, se in solem meiere! [那些不承认伊拉斯谟为众缪斯之王的人，甚至还不知道他们是向着太阳尿尿!]（*Des. Erasmi Roterodami Opera Omnia*, II, "*Ad. Godofr. Beringium*"）。至于 Jacques Lefèvre，甚至很难选一个例子。例如，可参见 Salmon Macrin, "*De obitu Fabri Stap.*", *Salmonii Macrini Juliodunensis, Cubicularii Regii, hymnorum libri sex ad Jo. Bellaium...*, p. 119。

11 一首离合诗"*ad Maecenatem*"给了 Jehan Visagier de Vandé。参见 *R. H. L. F.*, I[1894], p. 530。[费弗尔的原文为第 350 页。——译者注]

12 关于 Tartas，参见 Paul COURTEAULT，*Le Premier principal du Collège de Guienne*，in *Mélanges offerts à M. Abel Lefranc*。在一些金钱问题上，Visagier 是反对他的。参见 Visagier，Joannis Vulteii Remensis Epigrammatum libri，I，39：Quod cunctos spoliet nummis Tartesius，illud miraris！［Tartas 可以卷走每一个人的钱，你还得惊奇吗?］——还有一些（ibid.，I，51）：Tu mihi qui imperitas，aliisque vicarius ipse es，si me vis servum，sis heras ipse prius . . .［你作为外行对我发号施令，但你自己也只是其他人的代理人；如果你想我做你的奴仆，你还是先成为主人吧……］——又见 Ernest Gaullieur，*Histoire du Collège de Guyenne*，1874，pp. 60－61。

13 VISAGIER，*op. cit.*，I，22. Britannus 是一个摇摆不定的人，很难镇定下来。我们有他的一些信件，不巧的是都没有标示日期（Britannus，*Roberti Britanni Epistulae*. — *Roberti Britanni Carmina*，以及 *Roberti Britanni Atrebatensis Epistol. libri II*）。参见 *ibid.*，I，pp. 11，19，35，81 ——以及 *Rob. Britanni Atrebatensis epistol. libri III*，1540，p. 138。

14 关于 Zébédée，见 GOUVEA，*Antonii Goveani Lusitani Epigrammaton libri duo*，LIX［英译本作第 49 篇］，p. 23：Nec voces hominum，ne te decreta Senatus-Ut barbam ponas，alla movere queunt.［没有人能说服你，甚至元老院的勒令都无法让你剃除你的胡须］——关于 Cordier 以及 Vulteius，见 Visagier，*op. cit.*，1536，I，p. 47：Cordatus linguae，morum vitaeque magister-Corderius censor crimina cuncta notat［科尔蒂言谈谨慎，生活习俗的导师，像一个检查官那样观测一切罪恶。］此外，同前引书，第 I 卷，第 48 页还有一则常引用的段落：Te docuit Christus spernere divitias［基督教导你要弃绝财富］，等等。

15 BOYSSONÉ，*op. cit.*，II，xx，p. 133.

16 Cf. Henri et Julien BAUDRIER，*Bibliographie lyonnaise*（Recherches…），8e série［第 11 页以下］.

17 BOYSSONÉ，*Lettres inédites Jean de Boyssoné et de ses amis*，1896，p. 361，Boyssoné 致 Britannus；*ibid.*，p. 365，致 Mopha；*ibid.*，1897，p. 181，Vulteius 致 Boyssoné；Visagier，*Joannis Vulteii Remensis Epigrammatum libri III. Ejusdem Xenia*［pp. 184－188］，Vulteius 致 J. de Pins，Lyon，IV d.，1537 年 5 月。［Mopha 原名 Matthieu Gripaldi，又记 Gribaldi，Gribaud，16 世纪初—1564，法学家；Jean de Pins（1470? －1537），古典学家。1511 年被任命为高等法院圣职评定官。——译者注］

18 Ad Rabelaesurn：Qui rabie asseruit laesum，Rabelaese，tuum cor-adjunxit veto cum tua Musa sales. -Hunc puto mentitum，rabiem tua scripta sonare -

qui dixit : rabiem, dic, Rabelaese, canis ? -Zoïlus ille fuit, rabidis armatus iambis ; -non spirant rabiem sed tua scripta jocos. -*Joannis Vulteii Remensis Epigrammatum libri II*, I, 59 et *ibid.*, *lib. III*, I, p. 61.

19 F. CASTELLION, *sa vie et son œuvre*, I, pp. 52 – 58. 及 Henri HAUSER, *Études sur la Réforme française*, p. 32.

20 Louis THUASNE, *Études sur Rabelais*, p. 315sqq.

21 Ad G. Scaevam : -Quis sit simius Luciani, -quis Tortonius ille sit poeta, -ingratissimus ille quis sodalis, -quis sit Zoïlus in meis libellis-undeno pede syllabaque factis, -undena, licet usque me roges, id-non dicam tibi, Scaeve : nam brevi se-prodent, carmine seque vindicabunt-quorum crimina carmine ante risi. -In se, non dubites, severiores-fient quam, fuero hactenus. Peperci-horum nominibus ; scelus notavi. -Nomen, crimine cum suo, docebunt (VISAGIER, *Jo. Vulteii Rhemensis hendecasyllaborum libri IV*, 42).

22 VISAGIER, *Joannis Vulteii Remensis Epigrammatum libri II*, 1. I, pp. 8,11,12,13,16,26,29,51,53,73; 1. II, pp. 1,102,106,110, 134,152,158,161,173.

23 他这样强调说:De Amicis Lugdunensibus, ad Steph. Doletum[论里昂人我的朋友们,致艾蒂安·多莱]: Quos mihi Lugduni tua conciliavit amicos-fides, Dolete, et gratia-efficiam ut chartis mandata fidelibus olim-aeterna vivant nomina (*Ibid.*, p. 40).

24 Poregre agebam Lugduni, a Britannia-reversus nuper, et officinam Gryphii, -typographi inclyti, ingressus, hominem rogo, -statim, novorum ecquid librorum excuderet? -Libellum tum profert, titulo Epigrammaton. -Lego, percurro avidissime : quid pluribus-verbis opus ? Invenio illic e nugis meis-surrepta carmina innumera, et sententias-alio tortas et argumenta pleraque-adsuta ineptiis nebulonis illius ! Nunc bomini parco, olim nominabitur-spergit ; et suis pictum coloribus-videbit se, improbum os, lavernio impudens ! – Bourbon, *Nicolai Borbonii Vandoperani Lingonensis Nugarum libri octo*, pièce LXXVII, p. 250. Autres pièces, *ibid.*, p. 251, LXXVIII et IX ; p. 252, LXXXV ; p. 288, XXXIII ; p. 289, XXXVI ; p. 460, LXII, etc.

25 Gilbert DUCHER, *Gilberti Ducherii Vultonis Aquapersani Epigrainmaton libri duo*, p. 101: *Dum laudare duos ille poeta poetas-Vulteius voluit, messuit antheriacum. -Illorum alter eum plagii condemnat, et alter-Scripta ejus gerrhas qualiacunque vocat ... -nunc, pasce lupos immites mitis ...*

26 Quaeso, dic mihi Borboni poeta, —quis dixit male velle me tibi ? —quis auctor dissidii fuit ? Visagier, *Jo. Vulteii Rhemensis hendecasyllaborum libri IV*, 89 v°.

27 我认为,尚没有人关注过 1538 年 *In Medimnum*[《反对希腊量度》]中的这些片断(Medimnus，计量单位，等于 5 蒲式耳[1 蒲式耳相当于 8 加仑。——译者注])。这是一些言辞激烈的作品(Hub. SUSSANÉE, *Huberti Sussannei, Legum et Medicinae doctoris, Ludorum libri nunc recens conditi atque aediti*, 16;16 v°;34)。——这本集子中,有很长一段是针对 Visagier 和修辞学家 Mevius 的(III, 25 vo;27 vo etc.),当然还包括 Bourbon。

28 *Quis te non laudem, credo, Dolete, requiris ? -Id me tu melius facias* (GOUVEA, *op. cit.*,16)。

29 我认为,到目前为止还没有人关注过 Ducher 的"*De Cloaco et Duro*"。为了与前面提到的法则一致,它在同一个主题上与一些片断相关,如毕达哥拉斯、灵魂转世、西塞罗的投胎转世以及作为 Dolet 的 Neufville。它可能与 1534 年 Dolet《歌唱集》(*Carmina*)中的第 29 首"*ad Villanovanum defunctum*"有关(*Stephani Doleti orationes duae in Tholosam. Ejusdem Epistolarum libri II. Ejusdem Carminum libri II. Ad eundem Epistolarum arnicorum liber*)。Ducher 1538 年那首诗紧接着有称为"*in Durum*"的片断(*Gilberti Ducherii Vultonis Aquapersani Epigrainmaton libri duo*, pp. 12,104,105)。紧接着 Gouvea 的两首诗则分别出现于 1539 年与 1540 年的选集中(*Antonii Goveani Lusitani Epigrammaton libri duo*, pp. 22 et 31; *Antonii Goveani Epigrammata. Ejusdem epistolae quatuor*, I, lv et II, xxiii)。Marot 通过一首初版于 1538 年的讽刺短诗[见 Georges Guiffrey (éd.), *Les Oeuvres de Cl. Marot*, IV, p. 117],也参与到了这场争论中:Le noble esprit de Cicéron romain-laissa le Ciel, en terre se vint rendre-au corps entra de Dolet ...[西塞罗,罗马人的高贵精神——离开天界,来到尘世——入多莱的躯壳。]——最后是拉伯雷,或者说是拉伯雷 1542 年的出版者:"Dont l'esperit de Villanovanus se indigna d'estre de ses labeurs frustré[Villanovanus 的精神就是对榨取他的劳动成果表示愤慨]",等等(Richard Copley-Christie, *Etienne Dolet, le Martyr de la Renaissance*, pp. 369 - 371)。——毋庸置疑,那个 Durus[粗野人]就是 Dolet。撇开文本分析,我们还是回想起他的版本记录(于 1538 年的):"*Durior* est spectatae virtutis ..."——读一读 Dolet 在他 1538 年《评注》第 2 卷中关于 Durus 的定义就很有趣(*Commentariorum Linguae Latinae Tomus primus*, II, col. 528[英译本作 col. 529]):"asper, vel agretis, vel crudelis，ferreus，inhumanus[恶劣的、野蛮的、残酷的、无情的、非人类的]”。——关于 *transmigrer* 在 16 世纪的表达，见本书，“高康大的家书及灵魂不灭”(第二部，第二章)。[“*Durior* est spectatae virtutis”这一句完整的表达应该是“*Durior* est spectatœ virtutis quam incognitœ condition.”——译者注]

30 SUSSANNAEUS，*Huberti Sussannei*，*Legum et Medicinae doctoris*，*Ludorum libri nunc recens conditi atque aediti*，f° 16. Quem buxueus vultus，macerque，et oculi truces-et proferentis tertiata vocabula-flagrare felle livido satis indicant.（In Medimnum）——还有，*ibid.*，16 v°：Extabet atra macie，et exili toga-tegitur Medimnus，etc. ——参见 Gouvea，*op. cit.*，I，p. 27 以及 *Epigrammata*，1540，II，x. Tuum os hic rigidum，minax，severum，-os dirum，os tetricum，os catonianum-romani fugiunt sales，jocique. ——又见 Gouvea，*Antonii Goveani ... epigrammaton*，p. 31，一则不失感人的片断：Pythagorae，Dolete，placet si dogma renati-non mirum est animam si Ciceronis habes. ——At tantam molem et tantos diffusa per artus，-virtutem certe perdidit ille suam [如果我们支持毕达哥拉斯、多莱的教义，如果你含有西塞罗重生的灵魂，这就不足为奇。但是散播到如此多人当中，以及散播到巨大的分支当中，他肯定要失去他的功效]。

31 Togulam gestabat hispanicam，vix nates contingentem，eamque crassam et attritam. Vultus adeo funesto quodam atroque pallore ac squalore ... ut dicas ultricem Furiam pectori adfixam. 同时他还预测了那些将来可能完成的：“Nam et hoc accidere solet atheis[因为他用此来弱化无神论]。”（Gilbert COUSIN，*Gilberti Cognati Nozereni Opera multfarii argumenti*，I，313；trad. dans Copley-Christie，*Étienne Dolet*，*le Martyr de la Renaissance*，p. 215）。——[Joannes Angelus] Odonus 写给 Hortensio Lando 的那些，并不应该加之于 Dolet：“至于其他的大师，我只认识基督与西塞罗；基督和西塞罗就够了……”这种混淆经常发生。

32 Trad. dans Copley-Christie，*op. cit.*，pp. 103-105.

33 *Ibid.*，198. 至于 Dolet 的真正思想，参见 *Stephani Doleti Galli Aurelii liber. De Imitatione Ciceroniana adversus Floridum Sabinum. Confutatio maledictorum*，*et varia Epigrammata*，p. 37，这是值得注意的一段：“不要议论教义！当你试图反驳它，它就消失了(Dum religionera vellunt，elimant，perpoliunt ...)这就是路德派研究后得出的结果……”——一种模棱两可的态度。[Franciscus Floridus Sabinus，? -1547，意大利作家。著有《拉丁语注解》等。——译者注]

34 "Ne mortis horre spicula, quae dabit-sensu carere, vel melioribus-locis tegi et statu esse lateo-Elysii est nisi spes inanis," *Stephani Doleti orations duae*, p. 225——Busson 注意到了这则片断总结了《对谈》(*Tusculanes*)第一部中的论证(Henri BUSSON, *Les sources et le développement du rationalisme dans la littérature française de la Renaissance*, p. 130, n. 4)。参见后面 Scaliger 的另一种推理。Scaliger 并没有把肉体当作外衣或监狱,而是把它当作美来考虑。

35 Tibi nemo si vaganti-incerto pede et anxio adfuisset-dic, o dic ubi nunc miser jaceres ? . . . -Canibus lupisque praeda-essent non tua membra ? -Et superstites si-parentes tibi forte qui adfuissent-dum spectacula talia exhiberes-et jussas lueres, misere, poenas-exemplo miseri tui parentis-nonne illos oculi tui impudici-vidissent tibi proximos ? VISAGIER, *Jo. Vulteii Rhemensis hendecasyllaborum libri IV*, f° 9.

36 Nam tuo parenti es-natus ipse simillimus ; sed esset-certe res nova si mali parentis-esses filius optimus virorum. VISAGIER, *op. cit.*, f° 91 v°. 这是否因此解释了 Dolet 对他家族成员的沉默?[其他 一些都是反 Ledotus 的,见 fols. 92r, 96r, 96v。——据英译本]

37 In libris quoties meis loquor de-Christo, hoc sit quasi nomen haud receptum-rides . . . -Dicis nec latio fuisse in ore-nomen . . . -Nec te, bellua caeca, poenitebit-in caelo, esse deum optimum negasse-qui natum voluit suum, mori, ne-humanum misere genus periret ? Ad Christum igitur miser recurre. -Hoc si non facias, brevi peristi. -Actum est, heu miser ! ah miser, peristi ! VISAGIER, *op. cit.*, f° 10-11.

38 读读《反对卢奇安的模仿者》中的这样几行:Adductus precibus meis, parentis-vel Christi potius cruce[受我的祷告劝导,或者更受我们圣父、基督十字架的劝导],一个草率的读者可能认为它与卢奇安主义者之父有关,同时他还把他的那些祷告加之于维萨日。不过 parentis[父亲]与 Christi[基督]有关联。

39 Omnia omnibus, omnia interire;-fato obnoxia cuncta; sempiternum et-immortalc nihil; Deum esse nullum;-nos nil dissimiles putasque brutis . . . -Sunt haec impia, belluina, vana-quae doces miseros, tuam domum qui-et colloquia qui, in dies, frequentant. VISAGIER, *op. cit.*, 30 v°[英译者作 31 v°].

40 "*Christum credere non fuisse natum, hoc ne plus oculis te amare Christum*?"[*Ibid.*, fol. 28r。——据英译本]

41 *R. É. R.*, IV, 1906, p. 338, n.2.

42 《论肃清反书》(*Theotimus*)的相关段落,见第二章第五节[第 123 页及以下]。

43 关于 Rabula[不道德的人;不诚实的人],参见 DOLET, *Commentariorum Linguae Latinae Tomus primus*, II, col. 561: Rabulam a rabie dici volunt, ut is sit rabula qui in negotiis agendis acer est, et rabiosus[Rabula 据说来源于怒〔rables〕,因为一个说话咆哮的人在他的商业行为上手段甚为凶残〔acer〕,像是乱了心〔rabiosus〕。]——这个词在人文主义笔下经常用到。伊拉斯谟称 Fare 是这样一种人,homo rabula, effreni tum lingua tum calamo[咆哮的人,就是一时口无遮拦,一时信笔由缰](*Opus Epistolarum Des. Erasmi denuo recognitum et auctum*, t. V, p. 537)。Guillaume Postel 则用这个词来形容那些不遵从圣母玛丽亚的新福音主义者(*Alcorani, seu legis Mahometi, et Evangelistarum Concordiae liber, in quo de calamitatibus orbi Christiano imminentibus tractatur. Addities est libellus de universalis conversionis judicio*, p. 35),等等。

44 *Nugae*(p. 247, p. LXVII)。

45 这一则见 BOURBON, *Nicolai Borbonii Vandoperani Nugae. Parisiis, apud Michaelem Vascosanum*, f° 17 v°; dans *Nicolai Borbonii Vandoperani Nugae. Eiusdem Ferraria. Basileae, per And. Cratandrum, mense Septembri*, cahier I, f° 7 v°; dans *ID.*, *Nicolai Borbonii Vandoperani Lingonensis Nugarum libri octo*. III, ix, p. 153. De Santi 因此误以为 Bourbon 在 1538 年版中用 *in Rabellum* 代替 *in Rabelaesum*;前者见第 247 页,后者见第 153 页。

46 Bourbon 在《虚无》中攻击了他(*Nugae, Nicolai Borbonii Vandoperani Nugae. Eiusdem Ferraria. Basileae, per And. Cratandrum, mense Septembri*, 1533, f° 12 and *ID.*, *Nicolai Borbonii Vandoperani Lingonensis Nugarum libri octo*, 1538, p. 143): *in Sutorem Erasmi obtrectatorem* [反 Sutor——伊拉斯谟的中伤者]. 他还出现于[《庞大固埃》第七章]中的圣维克多藏书楼:*Sutoris adversus quendam qui vocaverat eum friponnatorem, et quod friponnatores non sunt damnati ab Ecclesia*。

47 In Rubellum: "Plus satis scio quae domi, Rubelle,-patrasti, sale defricanda nigro-et loliginis allinenda succo.-Sed nolo niveani inquinare chartam." SUSSANÉE ..., *Huberti Sussannei, Legum et Medicinae doctoris, Ludorum libri nunc recens conditi atque aediti*, f° 8.-Ad Rubellum: Cum Catone gravi atque Scipione – non satis tibi convenit, Rubelle.-Quirinalia si sapis, requires.-Illic, reperies tuos sodales ... (8 v°)-In Rabulam.: Reprendi non vis hodie tua scripta, sed inquis: -judicium melius, postera secla ferent.-Et quasi judicio careant, tua saecula damnas. – Mens diversa-Titis Vergiliisque fuit, etc. (f° 37).

48 Multi qui nuper tecum, Charideme, fuerunt-edere velle novum te retulere librum. -Credibile est isthuc : quid ni ? Nam emittere libros-consuesti jam olim, magnaque fama tua est. -Set quo argumento ... -adhuc dicere nemo potest. -Arcana exspectant alii, de nomine Jesu, -de magica arte alii, de cacodaemonibus-de geniis alii gemmarum, etc ... -Crede mihi, hoc melius quam si horrida bella Gigantum-aut caneres montes montibus impositos ... (*Nicolai Borbonii ... nugarum* ..., 1538, n° 132, p. 417). ——参见接下来那首:Scribere te dicis, Charideme, immane volumen-qualeque viderunt secula nulla prius-Set tibi scribenti quum saucia mens sit in aegro-corpore, quod veluti putre cadaver babes, etc. -([同前引书,] n° 133, p. 418)。

49 In quempiam: Se queritur quidam perstringi carmine nostro-nomen habens ferme quod Charidemus habet. -Nomine si par est Charidemo et moribus, iste-ne mihi set vitio vertat uterque sibi (同前引书,第 VII 卷,第 Lx 篇,第 391 页)。参见接下来的那一首:Jam cedo tibi ; quid tum ? tu Charidemus fies-ipsissimus : sic cera est dignus cerite[好吧,我向你让步了——它是什么？你认为你是沙里德姆:你已经堕落到了低俗](同前引书,第 LXI 篇,第 391 页). ——那首《致沙里达姆》(*Ad J. Cheradamum*),载同前引书,第 VIII 卷,第 Lxi 篇,第 460 页:Qui tibi dixerunt Charidemi nomine ficto-carminibus famam me lacerare tuam-il fecisse fidem tibi si potuere, quid ad me ? -Credule, credulitas num tua culpa mea est ?

50 这些人之中,还有特鲁瓦的主教 Guillaume Petit——以及朗格勒主教 Michel Boudet。Chéradame 把他的作品逐个逐个献给他们。[Michel 〔de〕Boudet, 1479－1529,1511 年起担任朗格勒主教。与伊拉斯谟过从甚密。——译者注]

51 有胡子的 Charidemus (BOURBON, *Nicolai Borbonii Vandoperani Lingonensis Nugarum libri octo*, p. 383 ; 载 *Charidemum barbatulum*), Bourbon 毫不修饰地把他描写为这样一个人:Nihilque homo est Charidemus, et Scortillum habet, -dignum patella operculum[沙里德姆不像男人,他有一个荡妇,——什么盖对应什么瓶。](*ibid.*, 30).

52 关于 Jules-César Scaliger 的这些起源,特别注意 Paul Allut, *Étude biographique et bibliographique sur Symphorien Champier*。[Symphorien Champier, 1472－1539,里昂出生的医生、诗人、历史学家。——译者注]

53 François Ier, *Catalogue des Actes de François Ier*, I, p. 640, n° 3352. Cf. L. De Santi, *Rabelais et J. C. Scaliger*.

54 *J. Caesaris Scaligeri Epistolia duo ... nunc primum edita cura Joach.*

Morsi. [in Johann Georg Schelhorn (ed.), *Amoenitates literariae*, I, pp. 269 - 283; *op. cit.*, 'Epistolae nonnullae ex Msto Bibliothecae Zach. Conr. Ab Uffenbach,' VI, pp. 508 - 528, VIII, pp. 554 - 621. ——据英译本补]

55 Cf. Joseph Scaliger, *Scaligerana ou bons mots ..., de J. Scaliger* (Cologne, 1695): Scaliger 的野心和家庭,第 72 页;对宗教改革的同情,第 9 和 357 页;与伊拉斯谟的关系,第 140 页;通晓数种语言,第 239 页;他的老师 Pomponazzi,第 320 页;教会的那些野心,第 353 页;对植物的热情,第 359 页;Escuron 的怨恨,第 364 页。Henri Patry, *Les débuts de la Réforme protestants en Guyenne*, 1523 - 1559, p. XXXII, 这里有一幅 Scaliger 在阿让归正宗的生动描写。[Jean Escuron; Schyron; 拉丁名 Joannes Scurronus, ? - 1556,拉伯雷进蒙彼利埃大学时的担保人。——译者注]

56 Fit niger ex phaeo Baryaenus transfuga funis;-nequam homo non potuit chordiger esse bonus, Julii Caesaris Scaligeri ... *poemata in duas partes divisa* ... (n. p., 1574), part I, p. 194。——De Santi 这样奇怪地翻译道(*R. E. R.*, III, p. 24):"Baryaenus 穿着一件黑色的并且连有头巾的修道士服。"*Phaeus*,那是希腊语*φαιός*;Forcellini 赋予它 fuscus [拉丁文:忧郁的、晦暗的]等意思。——至于接下来那一首,De Santi 这样翻译道:"从来没有人说行乞修道士能成为老实人。"我担心他把 nequam[一文不值]错弄成 nunquam[决不]……

[Egidio Forcellini, 1688 - 1768,意大利文献学家。拉丁语词典编纂者。1771 年有四卷本《拉一意词典》出版。——译者注]

57 *Julii Caesaris Scaligeri Epistolae et orationes, nunquam ante hac excusae*, ép. 84, 265: Scaliger 致 Bourbon,阿让,1533 年 12 月 1 日,第一通书简。——参见 *Julii Caesaris Scaligeri novorum epigrammatum liber unicus. Ejusdem hymni duo. Ejusdem Diva Ludovica Sabaudia*,标题页的背面:Nic. Bordonii ... ad R. D. J. Salazarium. Archid. Senonen ...: En tibi, Scaligeri mitto nova carmina, Praesul-carmina quae mira dexteritate fluunt. -Et quae Nasoni tenero si lecta fuissent-Dixisset, Salve frater, et alter ego[尼古拉·波旁致尊敬的让·撒拉札公爵、桑斯的执事长:我奉上斯卡利吉的新诗——它是如此地流畅——如果他曾仔细读过奥维德,他会说,——我待你如兄长,犹如另一个自我](Paris, Collège de Beauvais, X Cal. April, MDXXXIII)。这些溢美之词并没有阻止约瑟夫说出这样一番话(*Scaligerana ou bons mots* ..., 127):"Doletus et Borbonius, poetae nullius nominis. [多莱和波旁都是藉藉无名的诗人。]"Bourbon 可能第一次在这里向 Dolet 颂赞辞么?

58 因为他向伊拉斯谟谴责拉伯雷为无神论者。见本书,第二章,第 6 节。

59 Scaliger 有这种胆量写信给一位医生 Nicolaus Boustius,说明他与他那些行内人士的关系是非常密切的,这绝对是一种例外! *Julii Caesaris Scaligeri Epistolae et orationes* . . . , ép. 50,171.

60 “De Baryacho monacho: Hic domita ossa plis Baryachi sunt ulta flammis. Tetrum non potuit diluere unda nefas ; omnia dente canis rosit. ”*Pomata*, part I, 194.

61 参见 GOUVEA, *Antonii Goveani Lusitani Epigrammaton libri duo*, 10, 一首诗的标题为 *Ad Barenum Ciceronianum*,De Santi 尚不知有这样一首,否则他不会提供这个名字的另外一种写法。

62 Julius Scaliger, Avicennae lectionem medicis omnibus tanquam pernecessariam commendabat, nec quenquam in magnum medicum evadere posse existimabat, qui tam doctum opus non legisset [斯卡利吉推荐所有的医生都应该读阿维森纳的著作,但他不认为任何读过这些著作的,都能成为伟大的医生,除非他也曾读过这本优秀的著作。]” *Scaligerana* . . . , 41.

63 “Scaliger 能在逻辑和经院神学方面如此优秀,那是因为他希望成为教皇,所以他用各种手段发动战争以抵制威尼斯人,并且从那些人手中夺取维罗纳的主权。因为他试图成为一位方济各会士,同时希望从方济各会士,然后再成为红衣主教,并且从红衣主教,最终成为教皇。结果,他滞留于博洛尼亚时,专心地念司各脱的那些著作。” *Scaligerana* . . . , 353.

64 *Commentarii*, t. I, col. 1158: Ex medicorum Scholis ad certamen concurrunt Symphorianus Campegius; Jacobus Sylvius; Joannes Ruellius; Jo. Copus ; Franc. Rabelaesus; Carolus Paludanus[那些来自医学院的聚集在一起讨论,包括以下一些人:Symphorianus Campegius . . .]。[Jean Ruel, 1479 - 1537,医生、植物学家。——译者注]

65 关于 Calvus, *Julii Caesaris Scaligeri Poematia*, 309,311,317,319,320,325,327,334. ——关于 Escuron, *Scaligerana*, 364: Scirrhonius ignarissimus vir . . . Is est Calvus, ille carminibus patris decantatissimus. ——Escuron 的拼法来自于 *Catalogue des Actes de François Ier*, t. V, p. 8, nº 15 079. ——Vulteius 有一首赞美诗 ad Jo. Ischyronium : *De Henrico Rege Navarrae Lutetiae febricitante*[论纳伐尔的亨利国王在巴黎得了风寒]。VISAGIER, *Joan. Vulteii Rhemi Inscriptionum libri duo. Xeniorum libellus*, 4 vº. 两年前,在他初版《讽刺诗集》中,他向 Scaliger 放了一枪(*Joannis Vulteii Remensis Epigrammatum libri II*, II, 163):“射手利用他弓中放出的箭,射中了他的目标;斯卡利吉利用他口中发出的镖,暗杀了整个宇宙……”

[关于 Calvus,英译者指出的页码来源于《诗集》(*Poemata*),与费弗尔所指有异。又,关于 Escuron,费弗尔原作:参考 Sussannée, *Quantitates Alexandri Galli, vulgo de Villa Dei, correctione adhibita ab Huberto Sussannaeo locupletatae*,依上下文改。Henricus Rex Navarrae,法语名 Henri de Navarre(? -1555),1526 年与弗朗索瓦一世的姐姐(其时为寡妇)玛格丽特结婚。——译者注]

66 关于这通信札,见本书第二章,第 6 节(第 128 页[边页码])。

67 关于这些追踪,见 H. Patry, *Les Débuts de la Réforme protestants en Guyenne*, p. xxxix。

68 关于这些,参见 Lucien Febvre, *Origène et Des Périers, ou l'énigme du Cymbalum Mundi*。

69 详情请参见 Margaret de Schweinitz, *Les épitaphes de Ronsard, étude historique et littéraire*; Hugues Vaganay, *La mort de Rabelais et Ronsard*,以及 Paul Laumonier, *L'épitaphe de Rabelais par Ronsard*。该墓志铭首次见于 1554 年 11 月 27 日出版的《小树林诗集》(*Bocage*),并且于 1560 年再次收入龙萨《诗集》(*Poèmes*)第 1 卷,只是文字上稍微有些变动。摹写载于 H. Vaganay, *op. cit.*, p. 145。[Bocage,是法国西部特有的用树篱和林带围隔的田地或草地。——译者注]

70 Joachim Du Bellay, *Deffence et illustration de la langue française*, éd. Chamard, 331.

71 Joachim Du Bellay, *La Musagnoeomachie*,载 *L'Olive*,第 2 版,1550 年,以及 Du Bellay, *Discours à Macrin sur la louange de vertu et sur les divers erreurs des hommes*, 1552. Cf. Marty-Laveaux, *Les Œuvres de Rabelais*, t. II, 35.

72 *Joachimi Bellali Poematum libri IV*, 56 v°. 这首诗接下来这样写道:“谁不知道其余的?我关心治疗之术;此外,我还关心笑的艺术。不要流下任何泪水,尽情地远足吧。笑吧,如果你渴望在我这里尽情地喜悦。”——那么我们有必要说,很难窥测 Léonard Gaultier 置于“异乎寻常腹部”之上而向我们描写的那个瘦小的老人的容颜?当然,我们越来越老,也越来越瘦小……[出现拉伯雷肖像的“贴画年代记”(*Chronologie Collée*)部分的雕版画都是出自 Gaultier 之手。——据英译者]

72 Noël Du Fail, *Œuvres facétieuses*, II, pp. 124-126. 见本书,下卷第二部,第四章,第 3 节,“音乐”(第 399 页[边页码])。

第二章　诸神学家与论辩家 101

我们就此打住。这样可能有些令人失望，因为我们的好奇心非但没得到满足，反而大大地被激起了。这个拉丁语诗人的小圈子——这些学院的阿波罗们——给我们带的不是信息，而是一些巨大的谜团。我们现在还是上门去求助那些神学家和辩论家吧。尽管他们之中有些人也时常爱逗弄那些拉丁诗的缪斯们，但他们与诗人差异颇大，具有不同的秉性与习性。如果想要理解他们、正确地评价他们的证词，我们就必须提防其他陷阱。当接触他们时，我们就可能更好地警惕他们职业精神所致的那种对事实的歪曲。我们还需如同本书开始时那样提醒大家：正如他们同时代的诗人一样，这些神学家与辩论家是16世纪的人。他们属于那个与我们大不相同的世纪，尽管表面现象相似，但是他们的心性构造却与我们大为不同。

一、一封加尔文的书信

1533年那个多事之秋，人们开始注意到，巴黎信奉福音主义的圈子中有一位年轻人。他刚从奥尔良大学与布尔日大学毕业，名叫让·加尔文，来自法国北部靠近巴黎的小镇努瓦营。他最近刚把自己的拉丁名 Calvinus 签在他那本评注塞涅卡的《仁慈论》(*De Clementia*)上。

这不再是一个促使神学观点和解的时代。巴黎大学神学院正动员它的支持者反对那些“没有感觉的人”。我们在大学区可以闻 102
到这股战斗的火药味。5月，贝达与其他几个类似的学者都在国王的敕令下仓皇出逃。加尔文经常出入富商[出版商]、后又因被视为异端而遭火刑处死的艾蒂安·德·拉福热府上。加尔文还经常出入于那些主张大学应自由的教员的府上。这些教员围绕国王的御医、巴塞尔人纪尧姆·科伯①形成了一个圈子。纪尧姆之子尼古拉·科伯，刚遴选为当年度巴黎大学的总长，被怀疑有新思想。置身于这样一个活跃的、消息灵通的圈子内，加尔文在 10 月底给他奥尔良的朋友弗朗索瓦·达尼埃尔(François Daniel)写了一封详尽的书信[1]。这封信记述了 24 号那难忘的一天。那天，遭到国王查封的大学，强烈地谴责它的神学家们。因为国王说这些神学家有罪，指责他们把一本业已出版两年的书《罪恶灵魂之镜》列为嫌疑之书，而这本书的作者正是国王弗朗索瓦一世的亲姐姐纳伐尔的玛格丽特[2]。就在这封信中，杜萨纳坚定地认为(勒弗朗也同样明确指出)他已经找到了证据，证明早自 1533 年，敏锐的加尔文就洞悉到了拉伯雷那不可告人的意图。杜萨纳还揭露了拉伯雷是当时基督最可恶的敌人。

1533 年，加尔文年方二十四，尚未与他少时信奉的天主教会决裂。这一问题当时也还没有暴露出来。不过，他的头脑中可能已存有他的朋友——大学区总长科伯——在不久的万圣节上所作的庄重的演说。这场演说会激起神学家的愤怒，当然并不是因为其中的异端思想——因为其中并没有任何的异端——而是因为他们激烈地攻击经院哲学。此外，这位年轻人(加尔文)既不乏干劲，也不乏热情。最近，人们在哈瑙的瓦隆尼教堂看到一副教堂珍藏的酷似加尔文年轻时的画像或莱奥纳尔·利穆赞②著名的搪瓷版画[3]，甚至还可以说画像上的人极富魅力。至于这个日后宗教改革者[加尔文]的通信者——奥尔良的弗朗索瓦·达尼埃尔，他既不

---

① 纪尧姆·科伯(Guillaume Cop，? - 1532)，医学家、物理学家。曾翻译加伦的著作。

② 利穆赞(Léonard Limousin，约 1505 - 1577)，法国画家。是当时利摩日最有名的搪瓷画家。

是崇教狂，也不是一个狂热者和禁欲者。他没有随着加尔文的成长而发生改变。他仍留在奥尔良，信奉天主教，与另一位弗朗索瓦（这个名字不带悲伤的含意）——弗朗索瓦·拉伯雷本人——结为友人。因此，人们可能会寻思：拉伯雷与加尔文在这一时期有没有 103
可能通过达尼埃尔而邂逅于奥尔良，至少是相互听过一些对方的友善之词……

不管人们如何理解这些晦暗不清的细节，1533 年 10 月，加尔文确实给达尼埃尔写了一封致达尼埃尔及其朋友的信。这是一封既稚嫩而又不失火药味的信。据杜萨纳说，这封信指责《庞大固埃》为淫秽、为亵渎宗教。然而，这是一个学术错误，因为有人过快地认为这些话是加尔文的。实际上，加尔文在一段文章中间接地总结尼古拉·勒克莱尔①的论点。尼古拉·勒克莱尔是圣一安德烈(Saint-André des Arts)的本堂神甫、新思想难以对付的反对者、埃尔·贝达不在期间(贝达从 5 月 18 日开始流亡，直到 12 月底才回到巴黎)强硬派的头目[4]。加尔文通过他间接地说出了，在他所列的有害书籍名单中肯定没有包括一本由一位无可厚非的女性所著的书②，书单中所包含的都是一批猥亵之作。这些禁书为《庞大固埃》、《森林》，等等(se pro damnatis libris habuisse obscaenos illos Pantagruelem, Sylvam Cunnorum, et ejusdem monetae)。对此，加尔文评论道："Omnes tamen fremebant obtendere ignorantiae speciem"。这句话必须翻译成"所有人都为他假装无知而感到愤怒"。

意思非常明晰。与勒弗朗(不幸地紧随了杜萨纳)宣称的恰恰相反[5]，不是加尔文而是加尔文所嘲笑的勒克莱尔攻击了《庞大固埃》。诚然，我们无权断定，这个努瓦营人加尔文，对阿尔高弗里巴斯是否本能地抱有某种同情，——尽管当时许多幻想的存在还是可

① 尼古拉·勒克莱尔(Nicolas Le Clerc，1474? - 1557/1558)，神学博士。1529—1540 年任 Saint-André des Arts 的本堂神甫。

② "一位无可厚非的女性"，原文为"d'une femme irréprochable"，英文本作"by a woman of irreproachable character"。我们认为"她"是指纳伐尔的玛格丽特。

能的。在庆幸找到了一位既是博学的医生又是造诣颇深的古希腊语研究者与他为伍，以共同反对经院哲学的滥用时，加尔文，如果他读过《庞大固埃》的话，可能有时尝试过对自己说“Du bist nicht fromm[德语：你不虔诚]！”，就像路德把自己跟伊拉斯谟较量时所说的一样。要把他归为勒克莱尔——一个在他致那些愤怒的年轻奥尔良人的信中就极具攻击性以及极具非难能力的人——的同党，我们必须承认这还有一定的距离。至于《庞大固埃》，勒克莱尔不是把它说成为不虔诚（impie），而是攻击它为猥亵（abscaenus：
104 obscène）。这对那个时代的人来说，就显得特别拘泥于细节、太过敏感的审慎，就算是巴黎大学神学院的教员也一样[6]。确切地说，可能正因为是巴黎大学神学院的教员才使得这位圣-安德烈的神甫如此严厉。勒克莱尔在《庞大固埃》中并未嗅到无神论的气息。他的鼻子只闻到了那些令人生畏的敌手对圣维克多藏书楼那些不受神职的神甫们的仇恨，以及闻到了那些自由人对福音教派的同情。那本报复性的书籍[《庞大固埃》]自刊行之日起，就得到了后者（尽管他们未被特别地视作淫秽的煽动者）的支持。他们鼓吹、宣扬这本书，并把它放进他们的藏书楼珍藏起来。

* * *

努瓦营人奥利维坦①——加尔文的朋友外加亲戚——于 1535 年在[瑞士]纳沙泰尔的皮埃尔·德·维戈尔（Pierre de Vingle）那里出版了第一本法语译文的改革派《圣经》。当他 1539 年逝世时，他在他的藏书楼留下了六本用“通俗法语”写的著作[7]。这六本书中就包含了一本《庞大固埃》。不过早在 1533 年 8 月就以“致科林斯”（*à* Corinthe）的形式出现了（加尔文 10 月写信给奥尔良的朋友时，可能在艾蒂安·德·拉福热家里或其他地方看过这本书）一本反天主教的小册子。这本册子将会被纳沙泰尔的那些出版家大量

---

① 皮埃尔·奥利维坦（Pierre Robert Olivétan，约 1506－1538），宗教改革家、勒费弗尔·德·埃塔普尔的学生。依希伯来文与希腊文译成法语《圣经》。另，该《圣经》由加尔文作序。

地印刷出版，不久前它还被杜弗尔（Théophile Dufour）归入著名的《注释》（*Notice*[1537 年]）中。这部作品是安托尼·马尔库①的，他是位著名的牧师，也是 1534 年“檄文”的作者。这本书的书名是什么？《商人之书，对任何人都有益，庞大波勒老爷的最新力作，这位先生系商业方面的行家，庞大固埃老爷的近邻》[8]。

“庞大固埃老爷的近邻”——这个短语具有象征意义。这一时期的改革者、革新者与反天主教者自己感觉并声称他们是拉伯雷及其巨大主人公们的近邻。尽管加尔文后来被逐出了教门，但是让他们为此而放弃自己的言辞也不容易。在《拉伯雷研究评论》中
（第 IV 卷，第 224 页）的一个注释上，亨利·皮朗有理由让人想起 105
拉伯雷的作品当年在荷兰的风靡情形。《庞大固埃》的作者将在这个盗贼横行②的世界中发现一个模仿者，几乎是一个剽窃者——圣-阿尔德贡德的马尼斯③。马尼斯，这个半孔泰人，我曾说过有几件勃艮第的事不止一次与 par-delà[那边]的事有瓜葛。继马塞尔·巴塔龙④之后[9]，我们还可以在西班牙 1550 年那些非正统的信仰者中找到其他一些类似的联系。这些都是本篇论文的支撑，以证明拉伯雷并非敌基督，但他对宗教改革，至少对法国福音主义运动的发起人是有好意的并且怀有同情感。

人们过早地下结论了。加尔文并未谴责拉伯雷，至少在 1533 年没有。指责拉伯雷的是巴黎大学神学院的神学家——我们的大师勒克莱尔。勒克莱尔以此公开承认了自己的无知与虚伪：omnes fremebant eum obtendere ignorentiae suae speciem。大家都愤怒了，也包括加尔文。

先撇开这份文本不谈。最早证明拉伯雷的无神论的证据出现于 1538 年。现在我们并非要证明拉伯雷是理性主义者，不信教言

---

① 安托尼·马尔库（Antoine Marcourt，？－1561），改革派神学家、牧师。

② “盗贼横行”（荷兰语：Geuzen），来源于法语 gueux（乞丐），是尼德兰独立战争初期，对叛乱贵族的称呼。

③ 马尼斯（Marnix van Sint-Aldegonde，1538－1598），荷兰籍政治家、军人、作家。

④ 马塞尔·巴塔龙（Marcel Bataillon，1895－1977），文学教授、法兰西学院院士。

论的宣传者，敌基督联盟的领导者。我们旨在证明：通过《庞大固埃》，他从1532年起是以上三者。1538年及其后的一些文本，如果有的话，我们稍后再作讨论。可是1532—1538年间，世界在发展变化，而且速度非常之快。1533年10月：马赛[法国国王与教皇的]会晤。1534年3月：[英国国王]亨利八世被革除教籍；同年10月：檄文事件。1535年1月：废除印刷厂的敕令；同年6月：奥利维坦所译《圣经》出版。1536年3月：《基督教原理》在巴塞尔出版；同年7月：伊拉斯谟逝世……我们没必要继续列举下去。更别提1538年1月或2月《世界的钟声》已经在巴黎莫兰出版社面世；或说到另一个极端：同年底，加尔文在斯特拉斯堡组织法国改革派教会。上述事件已经足够了。这些事件提醒我们，在16世纪那个动荡的年代，当人们以二重面目生活，各种思想迫使事物以异常的速度发展时，就没有理由把不同的环境混淆起来了。

106 二、纪尧姆·波斯特的想象

既然我们把加尔文的书信撇在一边，那么1532—1543年间，所有的神学家、哲学家与辩论家都对拉伯雷的作品及其亵渎宗教问题三缄其口。附带说一下，如果杜萨纳与阿贝尔·勒弗朗援引的那几首拉丁诗确实是针对阿尔高弗里巴斯及其小说的话，——那些世俗之人和不敬诚之徒似乎还远远地走在所有忠实的神学博士与圣职者之前。这样毕竟还是不可思议的。我们前面讨论过的维萨日、波旁与苏珊诺三人的诗文都出现于1536—1538年间。在这期间，学者一片沉寂、默然。只是在1543这伟大的一年有人说话了，这一年同时出现了哥白尼的《天体运行论》与维萨尔[①]的《人体的构造》。纪尧姆·波斯特揭露了几个宗教改革运动中的变节者，这些人最近变成了坚定的无神论者。在所揭露的变节者中，其中之一就是维拉诺瓦奴斯——那篇糟糕的、题名为《三位先知》论文

① 维萨尔(Andreas Vesalius，1514-1564)，布鲁塞尔医生、解剖学家。著有《人体的构造》(*De humani corporis fabrica*，1543年，共7卷)。

的可恶作者；其二是《世界的钟声》的作者，还有《庞大固埃》的作者及《新岛》的作者。他们是四个不信教者，同时也是迷途的羔羊[10]。

维拉诺瓦奴斯：我们想指的是米歇尔·德·维尔纳夫，也就是米歇尔·塞维特。1542年，他刚在里昂的于盖·德·拉波特那里出版了一本校订版《圣经》。这版《圣经》附有帕格尼尼①的拉丁文版本以及一些注解。正是这些注解使得他的书后来遭到查封。可怜的塞维特，他坚持不承认自己这个名字，或者与另外一个维拉诺瓦斯②混淆了。后者系多莱在帕多瓦的老师西蒙·德·纳夫维尔——此人的资料我们掌握的甚少。但是那篇神秘的《论三个假冒为善者》(*Traité des Trois Imposteurs*)的著者不是他，而是塞维特。甚至也不仅是塞维特，还有其他一些人：从阿威罗伊③与腓特烈二世到乔丹诺·布鲁诺④、康帕内拉和弥尔顿，中间还有薄伽丘、马基雅维里、彼特罗·阿莱蒂诺、蓬波纳齐、奥其诺⑤、拉伯雷——这些熟悉本篇神秘论文众多的始作俑者。饶有兴趣的是，这本书的著者还包括波斯特[11]，而此人于1543年并无任何此番倾向……

我们熟知《世界钟声》及其作者。至于那篇神秘的论文《新岛》，是不是《乌托邦》(*Libellus vere aureus de optimo reipublicae* 107
statu, deque nova insula Utopia)的(不熟悉的)法文改编本呢？或

---

① 帕格尼尼(Sanctus Pagninus; Sante Pagnino, 1470? - 1536)，意大利东方学家。著《新译新旧约圣经》以及《神圣语言辞典》。

② 维拉诺瓦奴斯(Simone de Nova Villa; Simon Villanovanus 或 de Villeneuve, 1495 - 1530)，人文主义者、帕多瓦大学教师、西塞罗派。较大地影响了艾蒂安·多莱。

③ 阿威罗伊(Averroës; Ibn Ruschd, 1126 - 1198)，波斯医生、哲学家。

④ 布鲁诺(Giordano Bruno 拉丁名 Jordanus Brunus, 1511 - 1600)，意大利哲学家、天文学家。

⑤ 彼特罗·阿莱蒂诺(Pietro Aretino, 1492 - 1556)，意大利讽刺作家、喜剧作家、诗人。

蓬波纳齐(Pietro Pomponazzi, 1462 - 1525)，意大利哲学家、帕多瓦学派代表之一。力倡亚里士多德学说，主张"灵魂不灭"。

奥其诺(Bernardino Ochino, 1487 - 1564)，意大利宗教改革家。原为天主教徒，约1504年入方济各会。有《对话》(30卷)等。

者应该联想到《庞大固埃的信徒》,此书至少于 1538 年就出现了,并于其后继续出版,标题为"巴奴日——庞大固埃的信徒至那些不知名与遥远的岛屿之游记"。然而,我们却找不到一本《乌托邦》的法文改编本。《庞大固埃的信徒》是一本平淡无奇的狂想曲[12],里面似乎没有什么能够激起波斯特的热情?在吉尔贝·希纳尔《16 世纪美洲异国风情》①的书中,附带提到了一本 1533 年在巴黎由科兰出版的书——《汪洋大海新发现的岛屿之摘要或汇编》(*Extraict ou recueil des Isles nouvellement trouvées en la grand mer océane*)。这是由安托尼·法布尔(Antoine Fabre)编辑过的法文本,即昂热拉的皮埃尔·玛尔提②作的《海洋记十卷》(*Décades*)的头三卷,并附带第四卷的概要,以及依照科尔特斯的来信而撰写出的两份关于墨西哥的叙述。该书总的是献给安格雷姆公爵的,而那两份关于墨西哥的叙述是献给法兰西的玛格丽特③女史的[13]……然而,该书中的许多片段引起了希纳尔的注意。他特别指出了一个非常奇特的主题,它联系到生活在西班牙的土著人(第 23 页):安托尼·法布尔居然把这些土著人提升到一条长世系的祖先、"高尚的野蛮人"之尊位。这个伟大岛屿上的土著人生活在"黄金时代"。他们天性善良,不知道什么是坏人,他们"不埋藏财产,不设藩篱"。恰恰相反,他们"园门大开,没有法律、书籍与法官。可是,他们根据自己的天性来追求正义,来判断那些邪恶与不公道之人、这些损人利己的人。"

是不是以上这些片段引起了波斯特的注意?我们至少在必要的时候可以这么认为。在他攻击那些不信教者的文字之后的两

---

① 完整的标题应为 Gilbert Chinard, *Exotisme américain dans la littérature française au XVIe siècle d'après Rabelais, Ronsard, Montaigne, etc.* Paris: Hachette, 1911。

② 皮埃尔·玛尔提(Pierre Martyr d'Anghiera, 1455 - 1526),意大利史学家、地理学家。

③ 法兰西的玛格丽特(Marguerite de France 或 Marguerite de Valois, 1523 - 1574),贝里、后为萨瓦的公妃,弗朗索瓦一世之女。

贝，他在同一章又明确地揭露了那些自由思想家引用福音书，“要是没有福音，就能够完全放荡地生活，不丧失任何的享受”。他用这几个字母表达出来了，针对的就是特来美修道院[14]：“ut interpretatus est Christomastix in Abbatia Thelemeton ludoque pillae palmariae”。不过，难以理解的是，信奉天主教的皮埃尔·玛尔提之著作的法译本怎么会被归类到宗教改革者的书籍中，而这些改革 108
者最近转变成了不信教的煽动者。显而易见，与波斯特相比，几乎没有什么是令人惊讶的。如果人们想估量阿贝尔·勒弗朗找出的这些文字之价值所在，我们首先应该把它重新放回它所出现的社会环境中去。

因此，我们得从头到尾地重读那本奇特的著作。标题为《穆罕默德律法与福音史家的协同书》(*l'Alcorani seu legis Mahometi et Evangeligtarum Concordiae liber*)。这并不是一件饶有兴味的事。波斯特的拉丁文令人扫兴。在开始的几页中，这位东方学者讲述了他是如何在两个月这样出奇短的时间内写出他的大作《地球的调和》的[15]：在一个极其可怕的冬天，要不是时不时地对羽毛笔吹口热气，墨汁都会冻结，以至不能用来书写。在那个艰难时代，多么可怜而又伟大的勤勉者！我们能感觉到有些冰块仍散落在《协同书》的手稿上。此外，这本书又是由波斯特自费在一家二流的印刷厂出版的，所以看起来很一般：在这些挤满斜体字的小页书中，没有分段，没有任何行间距，甚至连标点符号都没有。不过这是一本重要的著作。它没有在16世纪思想史中获得应有的位置。可是，今天谁会对这些晦涩难懂的思想感兴趣，谁会花心思来读这位新奇的、具有独创思想和理解力的波斯特呢？

＊＊＊

要达到全世界道德的统一；要让地球上各个州、各个国家、各个角落的人们都感觉像是兄弟一样生活在完全普世的“教会”怀中；要单独通过劝服的力量，通过不明自喻的理性——“明白的理性”(ratione evidentiae)，这是路德的说法——让人们知道[16]：来自美洲新大陆、非洲新世界的，以及东方神秘的诸多帝国的新教徒与天主教徒，犹太教教徒与伊斯兰教教徒，异教徒与偶像崇拜者，——所有这些人都备有相同的器官，都应该毫无保留、毫无敌意地在天
109 主教义下生活，这种天主教如此宽广，能与自然的、天生的宗教混同，而后者正是一个公正的天主将它放进人类的心田的；要超越各种不同教义间的对立，呼唤人类最基本的情感与天性，诸如对造物主的感激，以及(比死亡还强烈的)渴望：渴望得到天主最高的奖赏——永生；最后是不诅咒，不开除教籍，不排斥任何人，重造一个新的“黄金时代”。在这个时代里，新生的天主教徒与摆脱错误的新教徒、仁慈和宽容的穆斯林，特别是与掌握多种自然法的犹太教徒联合起来。简言之，就是和解“理性”统治下的所有分歧。这种“理性”与基督的律法相似，且经常给宗教的创立者、先知、占星家、哲学家以灵感，给历史上的每个世纪、地球上的所有人种和那个世纪所有宗教以灵感。这就是纪尧姆·波斯特的美好愿望(如果我们不说这是一种单纯的天启论的幻想)。波斯特这个普世主义者，通过由地理大发现、基督教传教事业的发展以及各种异端教派的迅速大量繁衍所证实的宗教生活的复苏，并由此而引发的大胆设想，丰富了中世纪古老的一位论派的梦。

他迈向了这个幻想，相信终有一日在叙利亚，在亚当的坟冢(后来变成了罗马教廷的基地)，人们将听到一颗心的跳动，这颗心属于所有民族，融合在一个教会、国家中，同在王中之王——耶稣的统治下。他因劳作、旅行和上门兜售自己的思想而身衰力竭。这位农民之子，12 岁就成了孤儿，后又在博斯成为乡村学校教师和农业雇工；1525 年，他 15 岁，成了圣巴比的侍从。他从弗朗索瓦一世那里跑到[神圣罗马帝国]斐迪南一世那里，从玛格丽特跑到罗耀拉那里，东奔西跑，居无定所，拖着一个凄惨的青年期的负担，饥肠辘辘，没有任何舒适与休息可言。他会神经失常也不足为怪，因为这对具有孤独思想的不幸英雄来说是很正常的[17]……在威尼斯，他被当作疯子得到了宽恕；在罗马，他被宗教裁判所的法官监禁 4
110 年；在里昂，他遭到许多祭司的控诉；最后在巴黎，由于最高法院的

宽仁，他被软禁在乡间的圣马丁(Saint-Martin des Champs)修道院。他是那个时代少有的作家，知道如何生动地描绘一个人的侧影。雷蒙①向我们展示了他所处的背景：拖着长长的白胡子，表情庄严，眼睛冒着红宝石似的火光，当他举行宗教仪式时(因为他是个教士)，祝圣的那一刻一股烟从他那花白的头上升起——“他对这种神秘的祭礼是如此殚精竭虑”[18]。

易言之，他是一个失衡的天才，部分上是具有宗教幻想的人，部分上是狂人——他相信自己能永生，并且经常宣称自己是基督的代言人——但是谁知道在他那丰富多产的、模糊不清的脑子里提前萌发了何种圣西蒙②的梦想，混合着一种隐隐约约的基督教社会主义的预感。后来，他被举荐给国王弗朗索瓦一世。1535 年，国王派他与特使让·德·拉福海③出使东方。他跑遍了希腊、小亚细亚，到过叙利亚的部分地区。他学会了近代的希腊语、土耳其语、阿拉伯语、科普特语以及亚美尼亚语。他千辛万苦去寻找保留在修道院的手稿。1538 年 3 月 6 日，当他出使归来时，弗朗索瓦一世指派他为法兰西学院希腊语、希伯来语及阿拉伯语讲师。同年，他以十二字母表研究的形式，出版了的第一本关于比较语法学的论著，这是一次处于初始阶段的尝试。他著述了一本阿拉伯语文法书。他无可厚非地成为了研究东方的大师、巴黎东方学之泰斗。

时间没有多久。自他从东方归来后，他不是为语言学与东方学困扰，而是为宗教问题所烦忧。和他同时代的人一样，他不仅承受着基督教分裂成众多宗派的痛苦，而这些宗派还日渐不安地彼此以邻为壑。自从他游历东方归来，他扩大视野后猛然发现：这个世界正在被占少数派的基督教以及(尽管缺乏统计数据)比基督教拥有更多信徒、涵盖更广的宗教所分裂。因此，问题就是不仅仅要在 111

① 雷蒙(Florimond de Raemond，1540？-1602)，波尔多的行政官、辩论家、律师。

② 圣西蒙(Claude Henri de Rouvroy de Saint-Simon，1760-1825)，法国空想社会主义者。

③ 德·拉福海(Jean de la Forest，？-1537)，法国第一位出使奥斯曼帝国的使节。

各种宗教信条的竞合关系下恳求基督来调和以达到某种一致。问题还在于要调和整个人类。

这样，很快而且自然而然，波斯特就成了“普遍”探究者中的一名先驱者，让·波丹①则将成为这些探究者中一个世俗世界的典型[19]。波丹致力于政治制度(见其《共和国论》)、比较法学(见其《普遍法分配论》[*Juris Universi Distributio*])和宗教(见其《七贤士对话录》[*Heptaplomeres*])领域。他希望能以基于科学知识和事实的比较研究，简而言之，就是基于人文主义的普救论，以替代似乎已遭到毁坏的基督教。他因此铸造了一条长链条上的一环。这一链条首先把他与莱布尼茨(梦想建立一个全世界范围的政治宗教组织)，接着与昂方坦②及圣西蒙主义者联系起来，因为他们的脑海也萦绕着一个东方的伟大之梦。波斯特走在所有这些人之前。1540年以来，就像泰弗③诗集中一首平淡无奇的十四行诗中漂亮的一行所写的那样：

他整日寻思世界的协同

* * *

于是，1543 年的《协同书》直接与波斯特的宏伟蓝图密切相关。这本书严厉地控诉了宗教改革者，控诉他们煽动宗教分裂，是不信教者的先驱者。波斯特在标题上称这些人为福音主义者(Évangélistes)，文中却称他们为新福音主义者(Cénévangélistes)。对此，他在给克洛德·多德④主教的“题献书简”中解释道：“我依照

① 让·波丹(Jean Bodin, 1530? - 1596)，法国哲学家、历史学家和政治思想家。

② 昂方坦(Barthélemy Prosper Enfantin, 1796 - 1864)，法国经济、政治理论家。圣西蒙运动的主要领导者。

③ 泰弗(André Thevet, 约 1502 - 1590)，法国航海家、方济各会修士、宇宙学家。著有《寰宇通志》等。

④ 多德(Claude Dodieu, ? - 1558)，法国外交家，1541—1558 年任兰斯主教。费弗尔记为 Claude Dodée。

德国人的方式使用‘福音主义者’；新教派正是这样给他们的讲道者行洗礼的。我同样也说‘新福音主义者’。按照我采用这种或那种拼写法，我可以把‘去福音主义者’(Cenevangelistas)翻成 id est vanos[空虚之人]或把‘新福音主义者’(Caenevangelistas)翻成 id est novos[新人]。”[20]这种文字游戏与当时那种学究式的趣味很合拍。

《协同书》成为波斯特的鸿篇巨著《地球的调和》中的一部分。112
他指望靠这部巨著实现他工程的第一部分。他在“题献书简”《宇宙志概要》(*Cosmographiae disciplinae Compendium*)中说明了此项工程，就是要为基督教的基本教义提供合理、清晰的、一目了然的论证[21]。第一卷用来证明几个难以处理的事实：三位一体论；无的创造；复活与灵魂不灭等。第二卷系统地批驳了穆罕默德——基督最危险的敌人——的谬误。第三卷引出了所有民族与宗教所共通的原理。第四卷提出了途径与方法的问题。怎样使伊斯兰教那些顽固的信徒走向真理呢？还有那些异教徒、印度人、犹太人，同样还有那些分立派教徒，以及新福音主义者这个新基督教派，后者因与真基督教如此相近而那么令人生畏。《协同书》单独组成了第四卷的最后一部分。波斯特把它与正文分开，是因为这部分在巴黎由于受到巴黎大学神学院的压力而遭严重损害。对此，他在论著第 8—9 页做了详细说明。最后，让·奥普兰①愿意帮忙出版这部著作。波斯特却在第 12 页指出，要把一本系统攻击宗教改革的书交给巴塞尔的新教徒好像不大合适。因此，他冒险在巴黎自费出版自己的书。

这些细节并非无关紧要。这不仅是为了理解波斯特或拉伯雷，更是为了理解那个世纪整个思想发展的情况。知道以下这一点也很重要：《协同书》不是针对“帕多瓦学派”(我们最近习惯这么称这些人)，不是针对亚里士多德派所说的无神论者，特别是蓬波纳齐及其拥护者。因为这些人，自从一本宝贵的书[《理性主义的源泉

① 让·奥普兰(Jean Oporin)，瑞士巴塞尔印刷商、大学希腊语教师、路德主义者。

与发展》，1922 年］成功后，我们都开始尝试概括与吸收那个时代所有的非宗教思想运动。波斯特稍后专注于这些亚里士多德派的信徒，特别是 1552 年的《反对无神论……诸原因之书》（*Liber de Causis . . . contra Atheos*）以及《粉碎亚里士多德的谬说》（*Eversio*
113 *falsorum Aristotelis dogmatum*）；但是 1543 年，当他指控庞大固埃时，那是宗教改革，或是像他所说的福音主义者——新福音主义者——在困扰着他。这一点现在应该铭记于心[22]。

因此，波斯特首先着手指出他所察觉《古兰经》——所有那些应该受到指责的书的原型——与新福音主义之间不可思议的一致性。对这位东方学者来说，路德的精神之子与穆罕默德的那些小杂种并无二致。我们在多种文献的帮助下认识到所有不信教者都是相互联系的：quid inter Mahumetanos et Cenevangelistas intersit［伊斯兰教徒与新福音主义者之间存在联系］。波斯特给出（第 21 页）了一份混乱的、摘自《古兰经》的 28 条命题的清单，任何一条都能被新福音主义者效仿："non valent aut prosunt ulli aliena opera; patroni et intercessores non valent apud deum"；有些命题更有趣，波斯特对它们的解释也不无意思：我立刻想起了第十命题[23]：nullis miraculis opus esse ad confirmationem religionis，第二十七命题：Hominem frequenter destitutum libero arbitrio dicit et fatum non raro fortunamque cum Deo confundit［Muhamedes］. . .

* * *

如果那些新福音主义者像伊斯兰教徒一样公开表示亵渎宗教的话，人们就能理解被他们称为基督教的教义会多么轻易地转变成最典型的不信教主义。波斯特揭露了这一趋向。他宣称，新福音主义者不仅公开告白了其异端，还告白了不信教。它甚至还成了第二部的标题。也正是在这部分，他指明了这支新教派最终要走向何种秘密目的，还把拉伯雷和维拉诺瓦奴斯（塞维特）、德佩里埃以及《新岛》的作者联系到了一起。这些人都是宗教改革者的知名祖先：quorum authores olim erant Cenevangelistarum antesignani。

对波斯特来说，拉伯雷的不信教不是什么新颖的、异常的事。受福音主义滋养的拉伯雷只不过是转化的明证而已，这个转化就是他 114 所揭露的趋向，即从福音主义转向不信教。

可是对波斯特来说，不信教包括什么？阅读他的论证，我们感到有些惊讶。或者，如果不知道当时人们的思考和推理的方式，我们也会感到惊讶。我们特别要清楚[24]：像福音主义者一样宣称“基督教徒必须只相信教典《圣经》”，与像不信教者那样藐视地说“你们不该相信福音书”是没两样的。诚然，波斯特在这一点上的论证具有独创性，更不用说具有洞察力了。我将再现这一点，因为它可能再现了那个时代自由思想家所秘密反对的。“所有的都在《新约》中吗？就算是吧。但是《新约》中没有什么地方说这就是福音书，而不是其他的文本……因此？结论是：信仰‘教会’应该摆在信仰福音之前”。可是，这样的推理会让我们以为：波斯特所揭露的《庞大固埃》不信教的结论是推断出来的，而非显而易见的。从遥远的地方推断出来的，从那些反对经院哲学的人那里推断出来的，然而就像我们看到的那样，这些人熟知最精妙的逻辑推理资源，并经常巧妙地运用这些逻辑推理以增加直觉的分量。这就是波斯特惯用的手法，在接下去的地方我们将看到：他继续指控那些改革派，列举出这些穆罕默德的效仿者最明显的可恶之处[25]。诸如，他们抛弃教会的传统；把天主当作罪恶的创始人；宣称教会中有些东西需要纠正（波斯特认为这是对天主最可恶的否定，因为万事万物都是相互关联的）；最后，否定自由意志，剥夺人类所有的优点，阻止人们做好事。以上这些都是真正的“敌基督徒”的丑恶教义。因此，《庞大固埃》是公然而又明显的不信教的表现。路德《奴隶意志论》也不相上下。可能正是因为此，才限制了波斯特指控拉伯雷的自由度。不管如何，这使我们相信拉伯雷和他那个时代的人一样——拥有大胆精神、坚定的好见解、没有对神学流露出神秘的感情或倾向神学的微妙；同时也坚定地依靠一些他所批判的人并且 115 帮助他来批评他人的共有思想。在整个世纪的否定道路上，他并非走在他人前面的革命者？确切地说，他不是一个闻所未闻的人？

这并不是波斯特看到的拉伯雷，尽管他洞察力非凡。他的攻击并没有使阿尔高弗里巴斯孤立出来，反而把拉伯雷重新放回到他应在的行列。

* * *

不必为强调这一点而感到恐慌。波斯特把它当作指责拉伯雷是个活跃的敌基督的证据。这种分量的证据应该尽量弄清楚。波斯特告诉我们：《庞大固埃》的作者已经完全相信福音主义，并且是那个教派的领袖（antesignani）。这可能不大精确，或者说不大清晰。这至少支持了那篇认为自 1532 年以来拉伯雷是个无神论者的论文。波斯特甚至在继《庞大固埃》之后的《高康大》中补充说：拉伯雷倚仗福音书，并且自由地加以阐释。确实如此，这就是我们试图在一个稍微不同的模式下要建构的。最后，波斯特指责他宣称“自然本身就是和善的”，向那些“自由与出生好”的人传授“随心所欲，各行其是”这样的丑恶道德。我知道从这些前提中可以推断出无数的结果，波斯特正是如此做的。不过他们授权给我们用一个具有自由思想且咄咄逼人的拉伯雷来替代格布哈的拉伯雷（并未自夸是一个革命者），或是斯塔普尔的拉伯雷（表现得像个宗教改革者）了吗？

应该补充的是，波斯特很晚才意识到拉伯雷处于危险之中。《协同书》的出版日期是 1543 年。五年前的 1538 年，当他把他的《诸起源》献给杜贝莱主教时，波斯特颂扬了他的资助者对他那个
116 时代的所有高尚之人的慷慨举动。“作为阁下关切的见证者”，波斯特告诉他，“我只提到在人类知识各个领域中最为著名的人，当他们遭受不幸时都向阁下求救……为什么要在这里重提阁下的杰出举动呢？阁下的好意有如此多的有效见证人，即保罗·乔维奥①，拉伯雷和比戈②以及其他渊博学识之人都曾获得阁下的好意帮助！”这是饶有兴味的一段[26]。这至少表明了拉伯雷在 1538

---

① 保罗·乔维奥（Paolo Giovio，1483－1552），意大利历史学家、医生。

② 比戈（Guillaume Bigot，1502－1549?），意大利哲学家、法语诗人。

年——《庞大固埃》与《高康大》中的拉伯雷——不是纪尧姆·波斯特愤怒的对象。否则，他就会把拉伯雷列入杜贝莱众多的匿名主顾的名单中。1538—1543 年间，波斯特改变了对拉伯雷的态度，更确切地说，是对他的书的态度。因为他没有指出这些书作者的名字。我们能找出他这个改变的个中缘由么？

我们在《阿拉伯语文法》(*Grammatica Arabica*)那篇饶有趣味的前言中发现了一则奇怪的片段。《阿拉伯语文法》这本书在巴黎由出版《协同书》的同一个出版商刊出，可能也是发行于同一年[27]。波斯特，以他经常表现出的大胆思想(其分量很难准确估计)向我们展示出了伊斯兰教无限的、“普遍的”(catholique)的广延。

他说，伊斯兰教在这个宇宙中如此广泛地传播，以至当我们环视世界的三部分[因为新大陆还没有被发现]时，发现几乎无人能逃脱于此。它拥有除约翰修士的努比亚的整个非洲；整个亚洲，从这头到那头；瞧，还在吞噬东欧与地中海沿岸地区，并已经拥有了希腊。这是一种准全球的宗教。伊斯兰教用来表达自身的阿拉伯语也因此是全球化的语言。了解这门语言不仅对去那么多国家旅行是不可或缺的，而且对与那些人交流来说也是不可或缺的；学者们也不能漠视一种可以让他们通向东方科学的钥匙的语言。我们受到了阿拉伯人的恩惠。首先是占星术与医学实践。波斯特在此有力地攻击了加伦主义者[28]：“他们爱怎么嘲笑就怎么嘲笑吧。这些近代主义者(néotéristes)自称是伟大的学者，以诋毁他人为乐。 117
依我看，我们这个时代没有任何一个关注科学及其应用的人。他们在加伦那里汲取了理论后，在医学实践方面也不会感激阿拉伯人。”就我们所知，拉伯雷极其崇拜加伦。于是，我们会寻思：这段话是不是影射在巴黎或圣莫尔的杜贝莱的门客[拉伯雷]和大法官波耶特①的庇护者[波斯特]之间存在争论，至少是对话[29]？我们想起了高康大在写给庞大固埃的家书中，嘱咐其子要再读希腊、阿拉伯与拉丁医生的书；在法国还没有人学阿拉伯语的时代，高康大勉

① 波耶特(Guillaume Poyet，约 1473 - 1548)，巴黎高等法院的律师。

励庞大固埃在学古巴比伦语时，也要学阿拉伯语。拉伯雷还在某个地方[《第四部》第三十四章]曾提到卡拉米特的主教"在罗马时做他的阿拉伯语的家庭教师"。

不管怎样，我们应该防范承认波斯特关于拉伯雷基督教问题的判断——一个天主教徒严格观察后的权威论断，这是我们最后的意见。如果我们不从这位康帕内拉的先驱者与自然宗教的宣传者的特殊立场出发，波斯特所写的任何东西就都很难得到理解。这种自然宗教将会在统一与扩大的基督教下，包容所有犹太教、伊斯兰教与基督教中的美好东西（基本上是相同的）。这个讽刺——庞大固埃的"卢奇安主义"——会冒犯具有像波斯特这样的先知和使徒般性情的哲学家。他可能反对拉伯雷没有把他所拥有的思想力量用到正途，没有把身心用到重建宗教这件正事上。首先，他尤其反对拉伯雷秘密地支持宗教改革。波斯特、稍后的康帕内拉及众多的其他人则打心底憎恶这场运动。因为它使得旧基督教世界可怕地变得四分五裂，从而使得这位奇怪的使徒终生所致力的统一任务变得愈加困难。不过把拉伯雷说成"基督的鞭打者"(Christomastix)是否有些严重呢？对他来说，路德是"敌基督之王"。

* * *

118 另一方面，我们也不能推断出波斯特的判断是不合理的。也可能是他所揭露的这种变化——许多宗教改革者倾向越来越自由的教义——因为加尔文的成就而得到了隐藏。这也不太实在。有个人也像波斯特一样知道并看出了这点，同时以他自己的方式揭露了它。他不是以波斯特的方式是因为人们不期待他能质疑宗教改革。这个人便是让·加尔文。

《为尼哥底母主义者辩白》在《协同书》之后一年便出版了。我不会上当认为加尔文会不清楚波斯特对改革运动的强烈反对及其危险的论断。波斯特是教会议事会司铎詹森[①]的遥远又直接的先

① 詹森(Johannes Janssen，1829－1891)，德国历史学家、天主教教士。

驱者。他所持的论点字字句句与詹森的相同。他在《协同书》中颂扬了德国人在宗教改革前的纯洁与天真，并把它与其运动后的道德堕落以及大量鲜为人知的恶行和罪恶相对照。法国雇用的德国步兵的变化就是明显的例子。他们以前是正直并虔诚的，后来受这些新教义的熏陶便变得像咆哮的野兽[30]。——因为精明地意识到对手的弱点，波斯特于是强调宗教改革者的道德伦理。在他所说的关于那些宫廷的新福音主义者的话中（这些人通过唯一信仰，利用称义这种理论以益于他们的罪恶），有一些英明的描写却混杂着大量不公正的指控[31]。这些描写使我们能以一种尚合情理的方式重建一个在当时很常见的宗教变化，特别是还可能修正旧理论——这种理论认为从基督教教义而不是从福音派教义很容易走向冷淡的理性主义。我不禁认为：波斯特的 Aulici Cenevengelistae[宫廷的新福音主义]在一年前已完全表现了“敏锐的教皇首席书记官”的特质，而后者则被加尔文粗暴地加以摒弃，认为他们受到了尼哥底母主义的污染。说 119
实在话，如果《协同书》不是《加尔文先生的辩白》的资料来源及缘起（通过引起反映）之一，我将感到万分惊讶[32]。

三、巴黎大学神学院的判决（1543 年）

1543 年，波斯特及其同道都觉得不适合把《庞大固埃》和《高康大》当作可靠以及无可指责的教理问答书。我们对这点也应天真地感到惊奇。有一本著名的权威性著作担负起教导所有巴黎大学神学院教员的责任。因此，如果波斯特（现在仅以他为例）在《协同书》中描绘出了一系列与这本著名文集界线分明的、并且对其进行了辛辣而又放肆的攻击，那么他似乎忙于展示以及夸耀他的那些正统的交往。他不仅颂扬那些虔诚的主教，诸如拉沃尔（Lavaur）主教乔治·德·塞尔夫①或阿夫朗什（Avranches）主教罗贝尔·桑诺②，更别提这本书应题献给的人罗贝尔·多德（Robert Dodée）。

① 德·塞尔夫（George de Selve，1506－1541），法国博学家、外交家。

② 桑诺（Robert Ceneau，1483－1560），法国历史学家、主教。

另外,他还说了他与一些人的友好关系,如与马拉留斯(M. 梅拉德①)医生、那个著名的多明我会修士奥留(即异端审判官马迪厄·奥里②)以及另外一个著名的天主教神学博士、insigni vir pictate[一个以虔诚闻名的人]、戈多弗里杜斯·蒂特马奴斯[33]……他与巴黎大学神学院泾渭分明,这使他经常忙于接触那些天主教神学家。所以,当他看到自己出现在神学院拟定的有害书目的名单中时,他可能一点都不感到惊奇。根据我们的计算方法,1542 年圣诞节至 1543 年 3 月 2 日[新历]间,他写了一篇文章:《64. 十分真实的大年代记》(64. *Grandes Annales très véritables des gestes merveilleux du Grand Gargantua, et Pantagruel Roy des Dipsodes*)。

* * *

是谁引起了当时的巴黎大学神学院对拉伯雷那些年代久远的著作的注意?一个假设随之而来。1542 年 7 月底或 8 月初,多莱在里昂被捕,受法官的指示,被投入总主教府的监狱。他的
120 诉讼案件得到提审,10 月 2 日,他被处以火刑。这桩案子上诉到巴黎最高法院,并受到法院的审理;又获得了国王的赦免函:这位人文主义的印刷商不久就获救,只是他要改邪归正,并亲眼目睹他所印刷的或收藏的有害书籍得到烧毁[34]。事实上,达让特莱③于 1543 年 2 月 14 日公布了一则最高法院的有罪判决。鉴于法官的请求与赦免函上达成的判决,最高法院命令:他所印刷的 11 本书(书名也给出了),加上梅兰希顿的著作,一本日内瓦版的《圣经》和一本加尔文的《基督教原理》正式在巴黎圣母院广场上得到烧毁[35]。

不管是多莱 1542 年印刷的《高康大》还是《庞大固埃》,都没有出现在这些书中,调查者很显然已在里昂麦西尔大街多莱的店中

---

① 梅拉德(Olivier Maillard, 1430? - 1503),布列塔尼出生的方济各会士。

② 奥里(Matthieu Ory, 1492 - 1557),法国多明我会修道士、宗教裁判所法官。

③ 达让特莱(Charles du Plessis d'Argentré, 1673 - 1740),法国神学家。

找到了其样本。但是多莱的案件引起了巴黎大学神学院对这两本书的注意[36]，这两本书没有被最高法院列为有害书籍，这对巴黎大学神学院来说却只有如此？不管怎样，巴黎大学神学院并不是根据多莱所出版的书来定有罪判决的。达让特莱的标题就是证明。这正和那个 1542 年在里昂发行却无出版地点的版本相同，改订本出现在普隆《拉伯雷书目》(*Bibliographie*)第 98 页第 42 上[37]。恰好改订本包含了多莱如此严厉批评的“出版商告读者书”。令人惊奇的是，多莱的版本(我们被告知该书因抄袭了一份得到删除的文本而激起拉伯雷的愤怒)遭查封时，没有激起强烈的反应，相反，巴黎大学神学院的法官们却把他们的有罪判决建立于 1542 年在里昂改编并缩减过的版本上。此外，为什么巴黎大学神学院在那时重新宣告那个有罪判决？根据当时流行的观点，它已于 1533 年反对《庞大固埃》了。我承认，根据呈现的材料，阿贝尔·勒弗朗接受了 1533 年那个判决的故事，我却觉得它非常值得怀疑[38]。勒克莱尔的头脑中或许已经决定，但是让我一直迷惑的是：怎么能通过一份无人见过的有罪判决使它变得现实和正式呢？为什么一本在 121
1533 年遭到查禁的书可以毫无困难地在不同地方多次得到重印呢？我宁愿追随皮埃尔·德梅塞在关于培尔《〈批评〉的注释》(“纳伐尔”条目，第 IV 卷，961 页，第 6 栏)中所表达的观点。当勒克莱尔被指派去调查那些书店时，他把从店里重新找到的那些新刊书的目录进行了分类。“他把这些书分成两类，一类是坏书，另一类是因为匿名和未获得当局批准而印刷(无视最高法院的勒令)的有嫌疑之书……他把《罪恶灵魂之镜》列入其中，将它归入第二类。”有必要补充的是：《庞大固埃》也一样，这本书可能从《罪恶灵魂之镜》事件中受益了。

最后发现：所有出现于 1542 年，由巴黎大学神学院拟定的“清点书一览”名下的那些书之著者都是宗教改革家，或至少是同情改革运动的人。《高康大》和《庞大固埃》两本书与阿维尼翁的弗朗索瓦·朗贝尔[①]、加尔文、伊拉斯谟、马罗、奥科兰帕迪乌斯[②]、布塞尔[③]、布伦兹[④]、布根哈根[⑤]、茨温利、梅兰希顿的著作，以及众多神圣之书的法语翻译本同时出现。再次多亏了巴黎大学神学院的好意，拉伯雷又不属于自由思想家中的一员，而是普通的宗教改革家——新福音主义者的领袖。多来也一样。他不是 1540 年就遭到追捕的“无神论”的煽动者，很显然是宗教改革异端学说的煽动者。

四、拉伯雷是尼哥底母主义者？

然而，加尔文的论战书《辩白》(*Excuse à Messieurs les Nicodémites sur la complainte qu'ilz font de sa trop grand'rigueur*)在接下来的 1544 年便出现了。书中有一则著名的片段，阿贝尔·勒弗朗将之运用到了拉伯雷身上。

《辩白》(从第 600 栏开始，在《加尔文著作残篇》[*Opera Calvini*]第五卷中共占了 15 页)一书主要批判性地描述了那些尼
122 哥底母主义者——背信弃义之人。有些布道者只是想浑水摸鱼。有些“敏锐的教皇首席书记官”乐于在贵妇人前讲授福音书，只要她们的热情“不阻碍她们寻欢作乐”——顺便说一下，这几乎是对波斯特在《协同书》中恶意攻击不虔诚者的文本回应。与贵妇人讨论福音书，这种措辞不是说成“特来美修道院的”？——还有一些书呆子，他们把“基督教部分上变成了哲学”；他们在壁炉前驻足等待改革运动的到来，却“小心翼翼地避免积极地参与其中”。这里(第 602 栏)突然爆发的愤怒揭示了加尔文的内心情感：“这帮人几乎包括了所有文人；并不是所有文人都是；因为我宁愿所有的人类

---

① 朗贝尔(François Lambert; Joannes Serranus, 1487 - 1530)，法国教会改革家。

② 奥科兰帕迪乌斯(Œcolampadius; Johann Hauschein, 1482 - 1531)，德国人文主义者、布道士、教父著作研究者。

③ 布塞尔(Martin Bucer, 1491 - 1551)，宗教改革家。早年入多明我修会，后接受了路德的信仰。

④ 布伦兹(Johann Brentius; Jean Brentz, 1499 - 1570)，德国神学家、宗教改革家。路德的合作者之一。

⑤ 布根哈根(Johannes Bugenhagen, 1485 - 1558)，德国改革派神学家。

知识都从地球上消失，也不愿让它们成为冷却基督徒热情的缘由并使他们远离天主！”最后，有些“商贾和平民安居乐业，不喜欢受到任何人打扰”。评论完了在尼哥底母的麾下招入的那些书之后，加尔文仅仅影射了“卢奇安主义者或伊壁鸠鲁派，他们看上去遵守言语，内心里却嘲讽它，认为它最多不过是寓言故事。”

毫无疑问，阿贝尔·勒弗朗告诉我们：加尔文针对的就是拉伯雷。他不是二十次、上百次地被说成是“法国的卢奇安”？——也许是吧。不过加尔文的这几段文字与稍前的维萨日的短诗的情况是一样。我不该把卢奇安主义当成是拉伯雷的专利。首先，我们应该警惕不要写加尔文在《辩白》中的“一系列的段落”“很明显针对”①的是拉伯雷。哪些段落？要么就是加尔文说卢奇安主义者时所想的是拉伯雷；因此，去寻找几个针对《庞大固埃》著者的段落是毫无意义的，因为加尔文只在一个地方提到了卢奇安主义者，并且说今后不再提他们了；要么就是加尔文在《辩白》的其他部分提到了拉伯雷。他于是将拉伯雷看成尼哥底母主义者而不是卢奇安主义者？再次，他在《辩白》中没有指名道姓地提到拉伯雷。加尔文 123
1544 年的那本论战书并不是针对哪个人的，它仍是留给普罗大众的。

我们再次回到这个老生常谈的问题上。我们姑且认为加尔文于 1544 年揭露“天主的藐视者”时所想的正是拉伯雷。1544 年，也就是说《庞大固埃》出现的 12 年后。一本 1532 年出版的书在 1544 年时与它面世时并不是一样的。这 12 年间，人文主义者的思想观念发生了非常重要的变化。在某些圈子中，在伊壁鸠鲁派当中（他们肤浅的口号就是“吃喝玩乐”。亨利·奥瑟指出，没人知道安托尼·菲梅[39]把他们说成πανοῦργοι［犯罪］时是否有意把他们当成“恶棍”或“巴奴日”），因为敌基督的理性主义发生了巨大变化。叫加尔文的人意识到了这一点，且反应剧烈，这表现在他对他以前欣赏的著作的回顾性评论上。这不是不可能的。确切地说，整个

---

① Lefranc，第 LX 页。——据英译者

问题就是加尔文处于 1533 年和 1535 年时，是否在用 1544 年或 1550 年的“眼光”看《高康大》与《庞大固埃》？

五．“癫汉普泰尔勃”与《论流言蜚语》(1549 年)

五年过去了，1549 年出现了《论肃清反书》。在波斯特和巴黎大学神学院之后，加布里埃尔·德·普一埃尔鲍修士控诉拉伯雷极端的不虔敬，同时把他遣回日内瓦——他真正的家乡，却没有费心地了解让·加尔文大师是否欢迎这位浪子回乡。这一点将会以各种武器打击拉伯雷，尽管袭击来自不同的方向。无神论者与路德者——在 16 世纪，性情中人会毫不犹豫地把这两个相互对立的修饰词与他们想毁灭的敌人联系起来。这个急躁的修士[普一埃尔鲍]在丰特夫罗修道院中强烈地抨击前方济各会士[拉伯雷]的丑恶之书。他没有指责拉伯雷的弃教；他谴责的只是他的哲学。
124 “有什么比迪亚哥罗更误解天主的？比蒂孟[①]更诋毁人类的？”不过迪亚哥罗对普泰尔勃并不怎么感兴趣。他更喜欢的话题是恶意中伤。拉伯雷是个卑贱的小册子作者，虔信之人的诽谤者，更是一位犬儒主义者。“他是好话的编造者，靠舌头生存，是食客。如果确实迫于生计的话，人们也还可以容忍。但他自我谴责。他每天满足于酒足饭饱，过着希腊人般的生活。他在各个厨房里闻来闻去，拖着一条长尾巴假装猴子，更有甚者，还以他的无耻行径玷污纸张，吐出毒气，一点一点沾染到别的地方。他还不加区分地诽谤与辱骂所有修会。他攻击虔敬之人、虔诚的学问和荣誉。他恬不知耻、不知荣辱地嘲讽。人们能容忍他么？这简直是前所未闻的：我们宗派上的主教，品第与学识都是第一的人却庇护、供养并且承认他是饭桌上的常客，同时承认他与一个遭到公众道德和礼貌所藐视的人谈话；我可以说，他是他们最可恶的敌人，一个肮脏、腐坏之人，油嘴滑舌，却没什么理性！”[40]

这段控诉给人印象深刻。但是“癫汉普泰尔勃”极力贬斥的是

① 蒂孟(Timon，公元前 320—前 230 年)，古希腊怀疑主义大师。著有《讽刺诗》等。

拉伯雷的道德以及他在嘲讽方面的厚颜无耻。他连顺便提一下不虔诚都没有。不是"天主"而是"虔敬之人"不知羞耻地遭到讽刺的攻击，这种讽刺正是加布里埃尔修士最想攻击的。事实上，在界定这种攻击的真正意义时，有人却已经把它的分量明显降低了。阿贝尔·勒弗朗只确立了一种事实：那个丰特夫罗修道院的修士是私人怨恨的工具——圣玛尔特家族的怨恨，这个家族总部就在丰特夫罗，高谢·德·圣－玛尔特[①]是当地修道院的医生。这个1551年葬在修道院祭坛内的人，似乎生前就非常憎恨安托尼·拉伯雷——弗朗索瓦的父亲。也许他就是暴躁的毕克罗寿肖像的原型。不管怎样，"癫汉普泰尔勃"抨击拉伯雷时，他不是担负有教理的史学家的角色。在整本关于他所列出的或暗示的坏书中，只有一位 125
作者——拉伯雷。毫无疑问，这应归之于私人恩怨[41]。

《论肃清反书》的激烈文本稍早于一个指控，它与《论肃清反书》一样激烈，不过更无私心地出现在加尔文1550年的《论流言蜚语》(*De Scandalis*)中。这一次，拉伯雷的名字写成了"日内瓦的伪君子"[《第四部》第三十二章]。后者告诉我们拉伯雷不是顽固之人。它经常向我们述说(第VIII卷，第44栏)，这些人诸如阿格里帕、西蒙·德·纳夫维尔和多莱，经常高傲地藐视福音书，经常对天主之子发表亵渎之词，并且认为人与猪、狗无异。与德佩里埃、戈维亚一样，拉伯雷开始是欣赏福音书的。只是后来，他和他的同道中人被蒙蔽了双眼。是他们猥亵的笑声把他们引向了无神论与唯物主义的道路。

我们还是不要扯远了。我们所呈现的文本是完整的，就是它。接下去的段落并未增加任何东西，只是在重复前面的话而已。这些不是更有而是更没有说服力。加尔文的公正态度——把拉伯雷过去同情宗教改革的历史也考虑进去——使得这个控诉最后变得更令人生畏。这些文本多么明确！拉伯雷、戈维亚与德佩里埃的

---

① 高谢(Gaucher de Sainte-Marthe，1536－1623)，法国诗人、行政官。1579年任普瓦图市长。

最后目标是“消除对天主的所有敬畏”；他们毫不犹豫地说“所有宗教都在人脑中形成；我们认为天主存在是因为我们喜欢这么考虑；永生的希望是用来欺骗白痴的；关于地狱的说法是用来吓唬小孩子的。”这个指责是完整的，检查官对自己很确信[42]。此后，共有两人或十人重复了加尔文的话，这并不重要；埃蒂安纳一族①和卡斯特隆②及其他人并没有增加 1550 年宗教改革者无比强烈、肯定而又带有力度地列举出的东西[43]。

所有的都说了；为谁而说呢？至今为止，我们已经掌握了所提
126 出的那些证据。我们已经衡量了这些话的分量，也熟知这些证词的刊行状况，熟知那些作者的个性和精神状态。1533 年与 1538 年的证据，以及其他一些证据被我们斥为是无足轻重的。我们该如何对待 1550 年那个“重要的文本”呢？再次指出它标示的时间晚？再次指出加尔文，就像波斯特一样，认为拉伯雷开始是“欣赏福音书”的？这是次要的问题。加尔文的文本提出了另外一个问题：一个原则上也可以说是方法论上的问题。

六、指控“无神论”在 16 世纪意味着什么？

1936 年左右的巴黎，如果一个小资产阶级喜欢夸夸其谈且经常出入政治集会，那些长舌妇就会说他是个“危险的人”。在 1900 年，她们会压低嗓门，以同样的口吻说他是个“无政府主义者”，宣称他是“共产主义分子，先生！”——这是属于我们时代的话语，这个时代首先充满了各种社会问题。16 世纪的世界笼罩着宗教气息。如果有人宣称自己的想法与众不同，如果他说话过于耿直且容易批评他人，人们就会说他“不虔诚，亵渎宗教”，最终说他是个“无神论者！”

于是那时就有一个、两个、十个作者肯定地说：“这个人？是个

① 指 16 世纪—17 世纪那些数代从事印刷行业的家族。

② 卡斯特隆（Sébastien Castellion，1515—1563），改革派神学家。对《圣经》所作的努力为近代批评奠定了基础。主张“宽容论”（l'idée de la tolérance）、思想自由等。

无神论者！他的著作纯粹就表现了无神论！”我们会心平气和地下结论：“他们这么说了。他们应该知道。因此这个人便是无神论者?”

我们还是听听一位威严之士，即洛桑的宗教改革者皮埃尔·维雷的看法吧。他是位审慎的、沉着的牧师，且在一生中都保有说法语瑞士人的那种原始的辛辣。1564 年，他像诸多同僚一样，困扰于理性主义的发展。他在“致蒙彼利埃教会的书简”（出现在其《基督教训诫》第二卷的开头）中对这些人加以猛烈的攻击[44]。他说，有些 127
讨厌的魔鬼不信仰基督，且宣扬肉体死亡之后，并没有永远的生与死。这些人当中，有人自称为“自然神论者”（déistes）。他们想以此说明：他们不是无神论者，因为无神论意味着没有神；他们认同一位神——天地的创造者；却不知基督及其教义。“因为，圣保罗在《以弗所书》中称异教徒为*无神论者*时，保罗不仅指的是那些否认所有神性的人，还指那些不知谁是真正的天主且信仰其他奇怪的神的人。”[45]

没有什么比以下这段文字更清楚、更惊人了。我们的翻译如下：“无神论者”，维雷宣称，是“自然神论者”的终极形式。我们该如何处理这些传授人文哲学的人的抗议呢？他们有一个神，并且据他们所说，有些人宣称“灵魂不朽的某些见解”[46]。这对我们没多大意义。他们的神不是我们的神。他们不属于我们的宗教。诅咒他们，也没有多大必要。如果我们把它们当成最高级形式，效果将会更大：他们是无神论者！——这就是 16 世纪甚至其他世纪的辩论家的逻辑推理方式。我说“辩论家”是因为：我们不能总是推测所有这些怒目相向的证人，诸如维雷、加尔文、埃蒂安纳、卡斯特隆，及其他阵营的癫汉普泰尔勃，是严肃的、审慎的思想史家，能试图公正地评价他们同时代人的情感。他们都是宣传家。我是指熟知本行的布道士。如果想要感动听众，他们知道高喊“抓狼！”是个好主意，特别是这只狼几乎是条“丧家犬”时。“无神论者”一词让我们置身于 16 世纪的环境下。这个词并没有得到严格的界定。人们可以任意发挥它。维雷已经毫不含糊地告诉我们这一点。他

甚至在我们援引的这段文字中说:“可以称那些迷信与崇拜偶像之人为无神论者。”当他把胡格诺派当作无神论者时,龙萨回应了这
128 个说法,安托尼·德·拉罗什一尚迪厄(A. 扎马里尔①)反驳龙萨时,也是如此[47]:

> 无神论者的信仰遵从
> 风俗习惯所认定的规则;
> 他们却坚守对天主的信仰
> 尽管世俗力量逼迫他们反对……

或者,仍然是安托尼·德·拉罗什一尚迪厄致龙萨,并以彼之道,还施彼身时,他宣称:

> 无神论者大声说谎
> 激怒了罗马教皇,看他的笑话!

要给“无神论者”一词,更确切地说,是“无神论”的明确特征作精确的界定,现在仍是不容易的。这种灵感得自博学的培尔,现在仅以他为例——援引他对我们有利,因为当他用雪泥鸿爪(并几乎没有留下任何爪痕)“依照神殿上的博学之士”[48]按不同程度划分“无神论”的等第时,或者当他分析因为太过坚定地认为哲学与文化滋养了无神论,并且是宗教天然的敌人而对信仰造成了伤害时,他并没有变得更怀恶意[49]。——不过“无神论”只是宏大的词,意在引起虔信的听众的震惊。要给这个词下精确的定义或许很幼稚。

* * *

如果我们不这样看问题,又如何去理解 16 世纪的人那不可思议的矛盾呢?首先,怎么解释他们不知廉耻地相互以最高的羞

---

① 安托尼·德·拉罗什一尚迪厄(Antoine de La Roche-Chandieu; Zarnariel 或 Chant-de-Dieu, 1534 - 1591),法国牧师、新教神学家、诗人、论辩家。

辱——“无神论者！”——攻击对方这一滑稽的举动？

拉伯雷是个无神论者，你们这样说？好吧！但是1532年在里昂[50]，法国一位人文主义者，写了一封著名的信给伊拉斯谟。这就是那封著名的“致萨利尼亚克”的信，其真正的收信人今天可能已 129
为大众熟知[51]。除了表达作者对伊拉斯谟的尊敬、崇拜和敬仰以外，这封信还包含了什么？有一段关于于勒—塞札尔·斯卡利吉的奇特文字。这个阴谋家已经向这位伟大的人文主义者发起了猛烈攻击。伊拉斯谟，不知他对手的底细，把这个浮夸的名字当成了假名，认为这封诽谤书的作者是阿兰德罗①。“你错了！”他的通信者说，“我认识这个斯卡利吉。确实存在这样一个人。他在阿让行过医。这个魔鬼，διάβολος ἐκεῖνος［这个恶棍］，名声尤坏。他的身份并非医生——尽管他在医学问题上不乏学识，而是信教者：ἄθεος ὡς οὐκ ἄλλος πώποτ' οὐδεὶς［他是个无人能比的无神论者］。”

这封书信的作者就是拉伯雷！于是，1532年，《庞大固埃》出版的同一年，拉伯雷惊恐地蒙住双脸，控告斯卡利吉是个无神论者！不多时，斯卡利吉也开始反击，并且不忘充分利用他的想象力[52]。“我是个无神论者？没有你那么厉害！”这是运用了西塞罗的修辞格。

我们继续谈多莱。当他在1534年檄文事件之后，目睹“路德主义者”在巴黎被处以火刑时，多莱满足地、倨傲地耸耸肩：这些可怜的白痴②，他们怎能如此看重那些毫无意义的宗教争吵，以至使自己惨遭杀身之祸！但是同一个多莱，如此远离这场纷争，却在一年之后强烈地谴责伊拉斯谟——拉伯雷不久前还曾向他愤怒地传达了他发现斯卡利吉是个无神论者的事情；这位伊拉斯谟，一点都不清楚多莱的声誉，或许也不知道那封奇怪的信，因为是他的助手［孔泰省的］诺泽罗的吉尔贝·古尚在1535年底收到它的[53]，源自

① 阿兰德罗（Girolamo Aleandro，1480－1542），意大利红衣主教。与伊拉斯谟过从甚密。

② “les pauvres idiots”，这里似指不谙神职业务、不太熟悉拉丁文的教士。

一位不知名的年轻人？是的，多莱，这个可疑之人，这个帕多瓦人，这个“无神论者多莱”，1535 年却指责伊拉斯谟怀有无神论思想[54]——他的语气让人很愤怒！“至于他的思想，如果不是源自卢奇安，那是源自哪呢？那些咄咄逼人、最厚颜无耻的人，没有宗教，没有天主，喜欢嘲笑万事万物，不管它们是宗教的还是世俗的。”这
130 种愤怒很异样，不是吗？我写“无神论者多莱”是正确的。我不是随意使用这种修饰语。我只是援引，而不妄加评论加尔文、埃蒂安纳、维雷、卡斯特隆及其他人的控诉。简单地说，还有一个名字。那就是布里昂·德·瓦莱，他先后任圣特市与波尔多的最高行政长官，名字还出现在那个世纪活跃的理性主义者的名单中[55]。他可能只不过是主张思想自由，迷恋圣保罗，并且准备像庞大固埃那样拥护“福音传教士”。

不管怎样，他是拉伯雷的朋友之一，曾在他的传奇故事中两次援引了拉伯雷。是布里昂建议把德·拜兹居尔老爷与德·于莫外纳老爷那件棘手的案件交给渴人国国王［庞大固埃］仲裁的[56]。同样也是他，“这位善良、德高、博学与公正的院长”，在《第四部》第三十七章，在一次大巡行中诊断出：瘸子是向右还是向左畸形，仅取决于他名字的音节是奇数还是偶数。此外，这可能不是参与大巡行最有感化作用的一种方式。这位不受偏见拘束的智者，好像也害怕五雷轰顶，害怕打雷时，他得躲藏在自己的地窖里。他的朋友安托尼奥·德·戈维亚竟敢在某个时刻取笑他：“开始打雷了。德·瓦莱马上以最快的速度逃到地窖尽头。他想，善良的神是不会出现在地窖里的。”有趣的是，戈维亚也是《论流言蜚语》中提到的无神论者之一[57]，是与拉伯雷及德佩里埃一起被加尔文指名道姓的那些人之一，这些人的终极目标就是“消除对天主的所有敬畏”。不管如何，他的二行诗并不那么让人讨厌。布里昂却误解了它。这名不信教者与嫌疑犯立即谴责戈维亚什么呢？当然是谴责他的无神论了。“安托尼奥·戈维亚，一个母体为犹太人的伊斯兰教教徒！他不相信可以在任何地方找到天主，不管是在天堂还是在地窖！”

人们可以看到：在这些自由人的诗文中，天主扮演了奇妙的宪兵角色。无神论者显然也倾向于对他人的无神论感到愤慨。

* * *

好吧，我们可以说：在 16 世纪，无神论者并非总是意味着就是 131
无神论者。它至少意味着不信教者。怎么能把拉伯雷、斯卡利吉、多莱和布里昂·德·瓦莱说成是当时基督徒的典范？

我们先撇开拉伯雷，可能还得撇开多莱。那么斯卡利吉呢？毕竟，帕蒂出版的史料告诉我们：1538 年，他在阿让因为被视为异端而遭到迫害。他聘请路德主义者菲利贝尔·萨拉赞[1]（后来潜逃了）作为他孩子的家庭教师。这一点是泰奥多尔·贝札在《改革派教会史》（第Ⅰ卷，第 15 页）中告诉我们的。斯卡利吉把他的得救归功于波尔多高等法院的三位评判官——拉沙萨涅[2]、阿尔诺·勒费隆[3]以及……布里昂·德·瓦莱。此外，斯卡利吉虔诚的儿子约瑟夫的话也可被引为证词。“我的父亲”，他在《斯卡利吉语录》（1695 年版，第 9 页）中写道，“在第一批宗教人士被烧死时，他曾十分同情这些改革派人士，但最终退缩了”。他接着写道（第 357 页）：“我的父亲，在去世前四年，是个半路德主义者，他成天看到的是越来越多圣职者的谬误。”自然，“他憎恶修士”。关于斯卡利吉就到此为止。那么布里昂·德·瓦莱呢？他是个敌基督徒抑或是无神论者，希望在圣保罗的释义书中占有一席之地？卡斯特隆呢？路德呢？以及其他数十个拥有类似式样与类似信条的人呢？

我们还是稍等片刻来讨论卡斯特隆的问题。他是拉伯雷的指控者之一。1554 年，当阿尔高弗里巴斯逝世后，在夏贝尔的惨剧[米歇尔·塞维特被处以火刑]发生后不久，卡斯特隆站出来反对那些热衷把塞维特当作无神论的人。“这些诽谤”，他在一本直至

---

① 菲利贝尔·萨拉赞（Philibert Sarrazin，？－1575？），16 世纪阿让著名的医生。

② 拉沙萨涅（Isaac de la Chassagne，？－？），16 世纪上半叶波尔多高等法院审判官。

③ 勒费隆（Arnoud le Ferron，1515－1563），出生于波尔多的行政官、历史学家。21 岁任波尔多高等法院审判官。

1614 年才面世的书——这大大地降低了他的历史重要性——中写道："如此巧妙地得到散播：众多基督徒在塞维特身上看到了另一个拉伯雷、另一个多莱和纳夫维尔，塞维特对天主、对基督的信仰并不比上述三者强。"[58] 拉伯雷、多莱与纳夫维尔，我们以前就曾遇到过这个象征性的三人组合？是的，我们遇到过：1543 年在纪尧姆·波斯特那里（省去了多莱）以及 1550 年在加尔文《论流言蜚语》中遇到过。这份名单从一名讲道者传到另一名讲道者，发生了
132 稍许变化。拉伯雷的名字唤起了圣波纳文图拉的名字。纳夫维尔则唤起了多莱，如果不是反过来的话：这是一对师徒。要不是经由多莱，西蒙·德·纳夫维尔和维拉诺瓦奴斯（我们几乎完全忽视了他们）根本就不为人所知。于是他们小心翼翼地不把多莱形容为无神论者。通过这个人（我们正在讨论他所说的话）可以得出：这个完全不知名的师傅被慷慨地赋予了"理性主义者"的信条——这种信条与多莱假定的信条相似[59]。这是论辩家施舍给我们的。我们这些历史学家必须接受它么？

瑟巴斯坦·卡斯特隆于是严肃地认为拉伯雷既不相信天主，更不相信基督："Qui nullum Deum aut Christum . . . habent[他没有天主或基督]"。这充其量不过是一种重构？让我们翻到《为希罗多德而辩》（*Apologie pour Hérodote*）第 14 章，里面有一部分文字强烈地抨击了拉伯雷这个新卢奇安主义者[60]。这只是一个。我们还是重读一下埃蒂安纳的训斥；我们还是仿照他的推理。他在 1566 年那篇迟来的著作中讨论了"中伤与诅咒"问题。他胡乱指责（第 182 页），指责那些嘴不干净的人——这些人发誓说"我否认天主"。他还指责那些文雅之士——他们称教皇为"最神圣的神父"。他不动声色地讲述了某些人所说的可恶的笑话，这些人一看到被绞刑的人就喊 Sursum Corda[心欢喜]①，看到一杯葡萄酒[piot]②就喊

① "心"（corda）与"网"（chorda）近音。

② "酒"（piot）与"虔敬"（pius）近音。

Quia pius est[他是个虔敬的人][61]，看到一杯装满了一年前用曝晒过①的葡萄酿成的酒时就喊 Spiritus vitae erat in rotis[生命的灵在轮回中]②。此后，他们根据常规引出了拉伯雷，同时将他与德佩里埃联系在一起。这两位不信教者，正因和他人既不相信天主也不相信天意，"比恶毒的卢克莱修相信的还多"；宗教所教的那些东西都是虚假的；人们看到的所有关于永生的东西都是"为了愚弄可怜的白痴并且使他们沉醉于这些无益的期待中"；所有关于地狱与最后审判的说法都是用来吓唬小孩的……简而言之，"所有宗教都是在人们头脑中形成的。"这句话也可以用来总结他们那些可怕的教义。

这是绝妙的指控！亨利·埃蒂安纳从他父亲罗贝尔那里继承了仇恨，1553 年他抱怨拉伯雷没有遭受火刑[62]。当他写指控书时(或许是为了展示一点他的热情)，他没有想到有一天自己也会因印刷了一本"骇人听闻"的书[《为希罗多德而辩》]而被叫到宗教裁判所。据让·塞内比耶③说[63]，牧师会的注册簿告诉我们在那个场合："在欧洲，他们称他为日内瓦的庞大固埃与无神论者之巨擘。"16 世纪，人们经常会把某人或他人称为"无神论者"或庞大固埃。就这样认为好了。埃蒂安纳的文本包含了一句由阿贝尔·勒弗朗视为可以毫无可惜地删除的话，不过它可能没有他想象的那么无足轻重。这句话是这样写的：拉伯雷、德佩里埃及其同党的目标就是"通过讥笑与挖苦以渗入到基督教中，他们反对我们先知的无知……向我们的花园扔石头……也就是，攻击我们真正的基督教。"人们理解的真正的基督教就是亨利·埃蒂安纳的基督教。

这句话饶有兴味。它首先背离了埃蒂安纳企图在他的体系中解释频繁攻击《高康大》与《庞大固埃》对天主教徒的"滥用"时所感到的那种尴尬。它也让我们感受到一种有些滑稽的场景。拉伯雷

---

① "rôtis"("rôtir"[曝晒]的动词变位)与"rotis"形近。

② 典出《以西结书》第一章第 20 节：spiritus enim vitae erat in rotis。

③ 让·塞内比耶(Jean Senebier，1742－1809)，日内瓦牧师、植物学家。

起初对宗教改革者怀有好感，贝札（尽管这是在他加入日内瓦教派前）从极力颂扬拉伯雷的才能与哲学开始[64]。——如果拉伯雷对他们的好感突然消失并且开始憎恶他们的话，也正是这个时刻他停止只向教皇的庭院扔石头……

《为希罗多德而辩》第 14 章是如何结束的呢？是谁给这一章加以褒奖的呢？这是一种彻底攻击另一位著名的不信教者的指责。这个不信教者是谁？是瑟巴斯坦·卡斯特隆。是的，瑟巴斯坦·卡斯特隆，这个把《圣经》翻译成法语的倒霉译者！他决定在他的译本中使用日常用语——"乞丐的语言"，埃蒂安纳口无遮拦地说。恶意，纯粹是恶意，以神圣的文本为代价来引人发笑，是一名不信教者的恶意，"为了把那些严肃的与神圣的话语置于戏谑的危险境地，明确地寻找这样的说话方式。"但是卡斯特隆还是自认为很幸
134 运：埃蒂安纳没有远到把他当作无神论者。康拉德·巴迪乌斯①不会适可而止的。当帕尔瓦·卡斯特罗先生（显而易见是[卡斯特隆的]假名）在《病教皇的喜剧》（*Comédie du Pape Malade*）中宣称，

> 如果我不是教皇派的话？

撒旦立即反驳，

> 那么，你是什么呢？哦，是优秀的无神论者！

就这样，帕尔瓦·卡斯特罗先生——这位虔诚的基督徒卡斯特隆——追随拉伯雷、多莱，和纳夫维尔一起进入了无神论者的地狱，不过这也是他蓄意要进入的地方[65]。——至于亨利·埃蒂安纳，他没有花过多的时间反对《诸异端》的作者。他很快就转向了另一名不信教者，他是最不虔诚的，是个"恶人"：这个波斯特，不满

① 康拉德·巴迪乌斯（Conrad Badius，1510－1560），宗教改革派人士。著名出版商若斯·巴代的儿子。

于“向那些人吐露他那可恶的亵神言辞，……而是将它们印刷出来了！”[66]

＊＊＊

所有人都不虔诚，如果我们相信的话——不信教者，最后变成了大大小小的无神论者。我们思考老布鲁盖尔的版画，大鱼吃小鱼——被吞噬后的小鱼在大鱼肚子里按照尺寸排列起来。这可能是律师或辩论家的方式；还有其他的，我们有时太过忽视的东西，即那个时代的人所熟知的推理方式。这是一种证实他们学识的方式。这与以下程序雷同：比如，加拉西①神甫稍后在《美灵的奇妙教理》(*Doctrine curieuse des Beaux Esprits*)中向他的读者揭示路德已达到了“无神论的顶峰”，他的“整个肉体都是由脂肪组成”，并传授人们“灵魂不灭只不过是纯粹幻想”的手法[67]。可能，居伊·帕坦②声称耶稣会士为加拉西感到羞耻。他指责蓬波纳齐与科内尔·阿格里帕是魔鬼化身时，还愤世嫉俗地补充道：他没看过他们文章中任何一行字[68]。——不过，看看严肃的迪佩龙主教③，一个具有份量 135 与学识的人。迪佩龙正像加拉西那样说[69]：“路德否认灵魂不灭，认为灵魂会与肉体一起死亡……从罗马教廷的那些不信教者中，他得出了它相信灵魂不灭……”

皮埃尔·培尔想把这一点整理好。他为这些荒谬之事找到了借口，并且总结出这肯定是路德在死后灵魂状态这个颇具争议的问题上摇摆不定[70]。他们在审判之日到来时还能安睡么？路德在他一封信中好像没有完全抛弃这个想法——几个神甫都这么认为。可要是他们睡着了，其灵魂就见不到天主了。是路德剥夺了他们天主的无形存在？这就够了。路德是灵魂不朽的否定者和藐视者。迪佩龙因此就厚颜无耻地说谎？不是。他论证出来了[71]。按

① 加拉西(François Garasse, 1585 - 1631)，法国论辩家、耶稣会士。

② 居伊·帕坦(Gui Patin, 1601 - 1672)，法国医学家。有遗著《与友人书》出版。

③ 迪佩龙(Jacques Davis du Perron, 1555 - 1618)，法国高级教士、神学家、外交家。1604 年任红衣主教。

照他的意愿，正确地推论出来了。他作了一些演绎推理。他按规定（因此是合理的）连接了一系列的三段论，每个都完美地套接在一起。如此做，他就是穿上那个时代衣服的人。他接受过训练，知道如何论辩。他的同时代人也和他一样知道如何论辩。他们的思想和我们的步伐不一样。从一个简单的概念出发，突然发现自己现在的立场与出发点截然相反，对此，他们一点也不感到惊奇。我想象着运用路德的宗教教义作为最终反对路德的基础，反对他的唯物主义或似乎已被他接受的不信教——因为他看到了从那些对立的前提来推断的逻辑步骤。这样的推理方式对我们来说是多么不可思议的。当我们试图解释当时所有的悲剧时（这些悲剧对我们来说仍然是个谜）[72]，他们妨碍了我们的计划。比如，仅举一例，夏贝尔的悲剧。

1920 年，在《法国新教派史学会纪要》(*Bulletin de la Société d'histoire du Protestantisme français*)第 69 卷中刊出了一些激动人心的文字：纪尧姆·法雷尔作一个注，潦草地写在塞维特的代表作《七部论三位一体之谬误的书》(*De Trinitatis erroribus libri septem*)
136 的扉页上。法雷尔在这个注释中表达了对塞维特事件的总体看法。也就是说，他吐露了一大堆对加尔文这个受害者的辱骂。异端；神性的亵渎者；亵渎圣书的编撰者；与无神论者共谋，并且靠着他们的援助和计谋逃离了里昂（ope et consilio eorum qui athei sunt：假使没有提到不信教者就奇怪了）；撒旦的走狗，如此热忱的奴才（Satanas，tam selecto se videns privatum ministro）。简而言之，这些都是我们在一封法雷尔于 1553 年 12 月 10 日写给布莱热[①]著名的信中发现的讽刺、挖苦：令人惊叹并让人意识不到的悲惨。

如此多的辱骂、暴力和诅咒，且没有一丝的怀疑、遗憾与懊悔……我们还是听听伊波利特·奥贝尔是怎么说的，但没必要去证实他的能力与公正性。“说到塞维特的真正教义，它在我们今天看来几乎是个畏首畏尾的正统教义。他们（加尔文主义神学家）似

① 布莱热（Ambrosius Blaurer，1492－1564），德国宗教改革家。与梅兰希顿过从甚密。

乎没有真正地理解了它。但是在三位一体问题上，塞维特不是试图证实基督的神性，不是总结出一个三种位格的天主吗？这种观点肯定在大胆程度上属于中等！”[73]可能如此。然而法雷尔与加尔文的推理方式和我们不同。他们从塞维特的教义中演绎出数千个结果；他们展开了数千个在我们看起来平淡无奇的、不合条理的命题。同时他很自然地在开始时就辨认出了那个结论，这个从他们一系列的推理总结出来的结论。他们在A中看到了Z，因为他们注意到了从A到Z之间的等第；他们就毫不犹豫地以Z为名谴责A。

这是演绎逻辑的精神以及游戏的残酷延续。那是一些立即得到提炼的和孩子般的terministes［唯名论者］的游戏。这些逻辑与游戏没有受到16世纪初人文主义者和革新者的适度讽刺。阅读那些古代人的著作时，他们欣赏的是不同的思想方法，更直接、更具人性的方法。因为他们不会像不久前那样直接把那些青年才俊弄得疲惫不堪，让他们不停地超越他们病态的创造性，同时把事实 137
包裹在三段论的死蜘蛛网内：而是让那些人正视对方，让意识赤裸裸地直面对方，藐视一切伪装，真心地痛恨一切假冒为善。关于16世纪对话体的复兴，很多有用的东西值得一提。关于被赋予了理性与情感的人类之间的这种自由谈话，柏拉图为我们提供了一种自然的艺术模式。整代人都为此着迷。他们竭力在他们的语言中融合柏拉图那种自然的优雅、精炼的礼仪以及时而突然、时而缓慢又不失灵活的手法。他们追随柏拉图，也追随卢奇安，后者的艺术性更低一些，因此也更易于效仿。我们知道卢奇安的伊拉斯谟式或拉伯雷式的后代。宗教改革者在初期给平信徒作布道时，甚至也大量使用对话体那种自由的方式——那种对《高康大》与《庞大固埃》之父来说至为宝贵的方式。因为旧有的思维模式与推理方式负隅顽抗，拒绝退出历史的舞台。躲藏在他们天然堡垒中，神学各派别，发出三段论的空洞的喧哗，——那些过时的论证方式还继续强加给那些追求学位与文凭的学生。为了回应那些继续利用此种方法在他们的领域追随它们并且以同等的武器与它们作对的人，神学家至少有必要成为这些传统逻辑机制的倡导者，使用它，并且使它为他们所用……这是个悲剧性的命运与斗争。那些思想最自由的人在任何时刻都有可能重新回到原来的轨迹。在任何时候，那些在土巴·赫鲁费①的学校形成的荒谬与可恶的“纸上谈兵者”的方法，都可能与那些遭到数百次谴责和因过度使用与滥用而遭抛弃的方法同时重现。不把这些思想的戏剧性变化考虑进去，就不能真正地理解那个时代的人。——然而，将他们当作证人，这是多大的错误！

我们要对过去的字词存戒备之心。它们通常有两种意义，一种
138 是绝对的，另一种是相对的。第一种意义经常很难界定。当人们说到无神论时，说的是否定神灵的事，但却没有说到很精确的东西。可是，这个词的相对意义却发生了巨大变化。16 世纪，这个词指的是人们可以谴责最为惊异的事。人们可以清楚地看出这是个非常概括的说法。人们还可以不那么明显地看出：推理方式经过一代又一代人，发生了很大的变化。我们要对过去的字词存有戒备之心，更要对过去的议论与非难存有疑心。

原注

1 Cf. *Joannis Calvini*, *Opera quae supersunt omnia*, X, [第 19 书简], col. 29。又见 A. L. HERMINJARD (éd.), *Correspondance des Réformateurs dans les Pays de Langue française*, t. III, [106 - 111](原书简的校订版)。

2 关于这件事，参见 Léopold DELISLE, *Notice sur un registre des Procès-Verbaux de la Faculté de Théologie de Paris pendant les années* 1505 - 1533, p. 37。那些大师第一次于 10 月 27 日在 in facie Facultatis[神学部一员]的誓言下声明了他们的无辜：nunquarn condempnasse neque scire condempnatum librum[他们从不认为这本书〔《罪恶灵魂之镜》〕已经被判决为有罪或值得判决为有罪]。就在神学教长之后，Le Clerc 在书的顶部写下了自己名字。他们在 12 月 3 日与 8 日重提这个问题：*Facultas unanimiter conclusit non condempnasse, reprobasse neque approbasse dictum libellum per se aut deputatos ejusdem*。《庞大固埃》并

---

① 土巴·赫鲁费(Thubal Holofernus)，《高康大》第十四章中的人物。

未作为一本值得怀疑的书提上议程。当然，我也不认为在 1533 年，《庞大固埃》应该得到谴责。见本书后部分[第 3 节]。

3 在 Emile DOUMERGUE 的 *Iconographie calvinienne*（1909）中，作者再次指出描写的是加尔文。除了 1929 年购入并收藏于日内瓦宗教改革历史博物馆的普通肖像画以外，加尔文年壮时期就没有其他的肖像画了。Cf. *B. S. H. P.*，87（1938），p. 379。

4 这与 Gerard Roussel 的布道有很大关联。Cf. Delisle，*op. cit.*，p. 36；Fernand BOURNON（éd.），*Chronique parisienne de Pierre Driart, chambrier de Saint-Victor*（1522－1535），载 *M. S. H. P. F.*，22（1895），p. 163，等等。Le Clerc 被捕于 1534 年 3 月，同时贝达也是在这个时间；*ibid.*，p. 166。——这个不稳当的《森林》（*Sylva* [*Nuptialis*]）呢？是否如 Jacques Pannier 所言，它与 Nevizan 的《森林联姻》（*Sylva Nuptialis*）有关？（*B. S. H. P.*，1931，p. 550，n. 2）[Pierre Driart，1484－1535，1499 年入巴黎圣维克多修道院。Giovanni Nevizzano（？－1540），意大利法学家。著有六卷本的《森林联姻》等。——译者注]

5 Abel LEFRANC，*Étude sur Pantagruel*，LIV。"加尔文把《庞大固埃》与他形容为亵圣的其他一些书相提并论。"同一页接下来这样说："每个人都知道加尔文的最初评价已经是一种非常敌对的态度。"

6 关于这个主题见注解：Thuasne，*R. B.*，XIV，1904，pp. 281－304。他引用了伊拉斯谟的《对话篇》、讲道士的讲道，等等。

7 HERMINJARD，*op. cit.*，t. VI，23 and Jean CALVIN，*Opera quae supersunt omnia*，t. X，col. 367.

8 关于 Marcourt，见 Jacques-Charles BRUNET，*Manuel du libraire et de l'amateur de livres*，III，col. 1123；Jean CALVIN，*Le catéchisme français, publié en* 1537，pp. 46 and 106；特别是 Gabrielle BERTHOUD，*Marcourt et Rabelais*；Berthoud 女史在 1534 年以后的《商人之书》（*Le Livre des Marchans ...*）中删除了对拉伯雷的影射，这应归功于 Viret 的反应。[Pierre Viret，1511－1571，瑞士宗教改革家。曾求学于巴黎大学以及伊拉斯谟就职过的[巴黎]蒙台居学院。是 16 世纪里昂的重要牧师。——译者注]

9 Cf. Gustave COHEN，*R. E. R.*，VI，1908，p. 64；A. DELBOULLE，*Marnix plagiaire de Rabelais*，dans *R. H. L. F.*，1896；Lucien FEBVRE，*Une question mal posée : les origines de la Réforme française ...*，p. 143；Marcel BATAILLON，*Érasme et l'Espagne, recherches sur l'histoire spirituelle du XVIe siècle*：1556 年，瓦朗斯的一位基督教参事会员持《"法语之书"庞大固埃》，并且带着伊拉斯谟的著作。1552—1556 年，Laguna 的《土耳其之旅》的一个场

景布置就是模仿《庞大固埃》的。例如，里面也有一个主人公名叫巴奴日，诸如此类。在法国，一位著名的宗教改革家 J. de l'Espine 在写于 1548 年、出版于 1588 年的《著名论述》(*Excellens Discours*)中经常提起拉伯雷的权威(cf. Louis HOGU, *R. E. R.*, VIII, 1910, p. 377)。[Andrès Laguna(1499 - 1560)，医生、文献学家。早年曾留学于巴黎，并在那里获得医学博士学位。Jean de l'Espine (1506? - 1597)，改革派神学家。——译者注]

10 "Addam secretoria mysteria et scopum ad quem tota isthaec nova professio collimet, palamque fiet non satis habere quicquid usquam terrarum perfidi dogmatis assertum fuit, id mordicus tutari hanc factionem, nisi etiam tam directe quam indirecte (ut aiunt) neget Deum at quede suo Caelo ejicere conetur ... Id arguit nefarius tractatus Villanovani de Tribus Prophetis, Cymbalum Mundi, Pantagruellus et Novae insulae, quorum authores olim erant Cenevangelistarum antesignani." (Postel, *De rationibus Spiritus Sancti lib. II, Gulielmo Postello Barentonio authore*, p. 72.)

11 Prosper MARCHAND, *Dictionnaire historique*, "*Impostoribus*"条目。他的拉丁名字 Villanovanus 很大程度上是指 Servet。Maugis(*Histoire du Parlement*, II,328)不认识他，但形容他是"占星学而非医学的陌生人"。Copley-Christie 认为他是 S. de Neufville。当加尔文写道(*Joannis Calvini Opera quae supersunt omnia*, VII, col. 1152)："人人都知道，Agrippa, Villeneuve, Dolet 以及他们的同类都经常高傲地蔑视福音书"，Villeneuve 指的就是 Servet? 参见后段[同卷]，第 1185 栏："有一个西班牙人名字叫 Michel Servet，伪装为医生、自称 Villeneuve。"这一点还不大确定。加尔文可能思考 Neufville。见本书后部分[本章注 61 以及注 62]。

[这里的法语翻译与原书出入较大，现转引拉丁原文：Agrippam, Villanovanum, Doletum, et similes vulgo notum est tanquam Cyclopas quospiam evangelium semper fastuose sprevisse ... Pro multis unum Serveti exemplum sufficiat。同前引书，第 8 卷，第 44 栏—45 栏；第 48 栏。另，Prosper Marchand(1675? - 1756)，法国胡格诺派书商、文献学家，后逃往荷兰，与 Pierre Bayle 过从甚密，著有《印刷的起源以及早期进步之历史》(1740)以及两卷本《历史辞典》(*Dictionnaire historique ou mémoires critiques et littéraires concernant la vie et les ouvrages de divers personnages, distingués particulièrement dans la République des Lettres*, 1758 - 1759)。另，又可参见本章后注 59。——译者注]

12 Gilbert CHINARD, *L'Exotisme américain dans la littérature française du XVIe s.*, p. 261.[似应指 Lazare SAINEAN, *Problèmes littéraires du XVIe s.*, 第 261 页及以下。——译者注]

13 本书藏于[巴黎]国家图书馆,藏品整理号:Rés. P 15。拉伯雷读过这本书吗? 有一节是关于印第安人的,他们"把更多的价值放在铁斧上,而非黄金块上",这让我们联想到了拉伯雷《第四部》"新序言"中 Couillatris 的故事。

14 "Qua enim Luterani habent ecclesia, eadem habent authoritate ab ecclesia traditum posteritati Evangelium impii verbis crebro Evangelii professionem sibi adscribentes, ut sub eo tamen ira vivant (ut interpretatus est Christomastix in Abbatia Θελημητων ludoque pillae palmariae) ut velint, nec libidini quicquam substrahant. "Postel 这里再次把基督的特来美之苦难置于"路德派"(Luterani)之中。——勒弗朗于 1913 年("Rabelais et Postel,"*R. S. S.*, t. I, p. 259)指出了 Postel 的这个段落。(Cf. Postel, *Alcorani, seu legis Mahometi, et Evangelistarum Concordiae liber* ..., p. 74.)

15 POSTEL, *op. cit.*, p. 5. ——Postel 补充道:"我将责备这种性急,但我只是服务而已,并非为了荣誉:*estimationi non studeo; juvandi anima non gloriae causa acceleravi*"不管怎样,他不是为匆忙的读者服务。

16 关于 Guillaume Postel 那里的 Ratio[理性]之意义,有许多段落可以参照,见 Jan Kvacala, *Postelliana. Urkundliche Beitr. zur Geschichte der Mystik im Reformationszeitalter* (pp. 27,29,34, etc.)。

17 Des Billons 神父深情地说(*Nouveaux Eclaircissements sur G. Postel*, 1773, p. 96),波斯特在他青年时期在贫困的情形下过着悲惨的生活。他的器官在 18 个月痢疾的袭击下——只是通过他生气勃勃的性格以及通过一种对知识强烈的爱,就犹如既有促进又有熄灭的极其严重的患热病——经受住了考验。——关于波斯特的梦想,参见 Kvacala,同前引书,收录的那些段落。它们对那种要活一千年(第 19 页)以及作为基督的使者(第 4 页)等幻想有特别多的关注。

18 Florimond de RAEMOND, *L'Histoire de la Naissance, progrez et décadence de l'hérésie de ce siècle*.[1618 年版,第 228 页。——译者注]

19 关于让·波丹这一点,参见 Lucien FEBVRE, *L'Universalisme de Jean Bodin*, Revue de Synth., VII,1934。

20 "Utor ea voce more germanico. Concionatores enim suos Evangelistas nuncupat novi cultus factio. Ad quem vocem adludens, nunc Cenevangelistas, id est vanos, nunc Caenevangelistas, id est novos, appello. "(POSTEL, *Alcorani*, p. 4)

21 Primum, ut toti orbi terrarum, sed ante omnia Latini Romanive regni alumnis redderem rationem earum rerum quae, hactenus, credendae fuere, postea autem intelligendae sunt, et in Religionis toti generi humano

clarissimae，qualis sola christiana est，unione et consensu sunt habendae. Alterum，ut illis gentibus quae sunt Latinae hujus（ant Japetinae）linguae usu destitutae，arabicae videlicet atque syriacae（ipsius Christi propriae）usu coactae，hoc ipsum rationis beneficium，cum Evangelii per typographiae artem multiplicatu luce，etiam conferatur.（POSTEL，*Cosmographicae disciplinae compendium*，Bâle，Oporin，1561，dedicace）

22 因此我不同意 Renaudet 的观点，当他写道（Henri HAUSER and Augustin RENAUDET，*Les Débuts de l'age moderne. La Renaissance et la Réforme*，p. 547）：Postel 从 1542 年起就在他的《地球的调和》中着手反对其时已经被任命为皇家学院[Collège Royal 就是后来的法兰西学院]教授的阿威罗伊主义者 Vimercati，—— 同时还有 Pomponazzi 和一些意大利的阿威罗伊主义者。

[Francesco Vimercati（1474? - 1570），意大利医生、文献学家、哲学家。曾任弗朗索瓦一世的御医。Augustin Renaudet（1880 - 1958），文学博士、法兰西学院近代史教授，主攻近代早期法国人文主义，是费弗尔的朋友。——译者注]

23 Postel 在第 37 页讨论了这一点[第 10 命题]。对于他来说，新福音主义者主张，那些奇迹都是虚假的奇迹、恶魔的奇迹，然后他们把这些奇迹赞美为魔鬼的能力。——第 27 命题已经在第 70 页及以下得到了讨论。

24 "Prima ea adsertio，nil praeter ea quae in Canonicis Scripturis habentur，esse credendum，statim Evangelium non esse credendum suadet（POSTEL，*Alcorani*，p. 73）."——Postel 列举了如下理由："Nam si nil est tenendum pro articulo fidei praeterquam quod est in Novo Testamento scriptum，nusquam ibi reperias hos esse Evangelium potius quam quidvis aliud ... Est igitur prius quam Evangelio Ecclesiae credendum，alioqui negaretur Deus，quod secreto faciunt etiam verbis qui sunt mysteriorum peritiores ..."

25 "Falsa in sacris esse adversare，Deum negare est. Si enim，vel in iota una，gratia spiritus sancti permisisset aberrate non tantuin Evangelistas，sed legitime coacta Concilia，falsa Christus promisisset ..."（p. 75）

26 POSTEL，*De originibus*，*seu de Hebraicae linguae et gentis antiquitate deque variarum linguarum affinitate Liber*，F° Aii："Nolo hic attingere propensum illum tuum animum in Jovium，Rabelaesum，Bigotium ac tales absolutae eruditionis viros."

27 POSTEL，*Grammatica arabica*，Préface："Usque adeo orbem totum occupavit [Muhamedica religio] ut，si trifariam in que aequalia totam habitabilem divides vix una pars extra hanc possit reperiri. Habet totam

Africam, praeter Nubianam illam regionem quae a Praestano Christiano incolitur. Tota Asia, a nostris litoribus per antipodes usque ad illam partem quae in occidua nostri hemispherii parte est, hac uti. Quos enim primos hominum sua navigatione orbem totum ab occidente per antipodes in ortum lustrando Magellanus ultra Americam reperit in majoribus Moluccarum insulis illi nugas Muhamedis observant ... Jam et in Europam haec pestis grassatur, occupatque totam Graeciam."

28 "Astrologiam et rei medicae praxim illis debemus. Nugentur quicquid velint nescio qui *neoteristae* qui, maledicendi quadam libidine sibi nomen redimere eruditionis volunt, quum tamen ... nullus sit hodie virorum doctorum et in melioris notac praxi excercitatorum, quin postquam egregie a Galeno hausit ipsam theoriam versetur in Arabibus ?"——接下来又说:"Quam multa ... Arabibus solum, non Galerie debemus ? Nolo recitare omnium medicinarum temperamentum : saccharum, rhabarbarum turbit, sene, manna, etc."

29 这些论争大约从1530年起就已经在医学圈内积极地得到了讨论。例如可见 *Novae Academiae Florentinae opuscula adversus Avicennam et medicos neotericos qui, Galeni disciplina neglecta, barbaros colunt* 一书,里昂,Gryphe书店,1534年;[巴黎]国家图书馆,[藏品整理号]Te^{139} 6。又及:*Joannis Mesue ... adversus neotericos multos medicos defensio, G. Puteano Blanglaco medico autore* 一书,里昂,Rose书店,1537年;[巴黎]国家图书馆,[藏品整理号]Te^{151} 46。[Joannes Mesua(780? -855?),阿拉伯医生。对解剖学有独到研究。作品于15世纪末有法语译本刊行。G. Puteanus:法语名Guillaume Dupuis,法国医生、医学教授。生于15世纪后半叶,其余不详。——译者注]

30 POSTEL, *Alcorani*, p. 70 :"Caeterurn, quis non novit inter Germanos, longe ante isthaec tempora, fuisse surninain innocentiam ? Certe ... antequam isthaec concionatorum licentia ita grassaretur ... Erat ante hanc factionem Germanus miles non saepe in alieno rapiendo abstinentior quovis sanctissimo monacho ... O utinam pereant, aut convertentur, qui, quicquid crat in Europa generosi una commisere. Ve, ve Germaniae et ejus vicinis !"Postel作为Johannes Janssen(1829—1891)的先驱者就是一种意味深长的现象。

31 POSTEL, *Alcorani*, p. 112:《新福音主义者》(*aulici Cenevangelistae*)中,有很长一段陈述嘲笑了末日审判:"Ubi est promissio aut adventus ejus ? [承诺在哪里? 它将迫近?]"他们嘲弄了:"ex quo enim patres dormierunt, omnia sic perseverant.ab initio creaturae nil aliud famillarius

hodie audias ab aulicis Evangelistis qui jam virus suum toto in orbe Christiano fere sparsere.”接下来，Postel 攻击了那些人伤风败俗：“qui Evangelium in libertatem convertant，interpretationibusque contorqueant［他们把福音书变成一种自由，扭曲它以符合他们自己的解释］”. ——另外还有一则有趣的、关于末日审判的异论：“Omnia semper sic fuisse，et Christum nil in orbe immutasse practer verba［一切都如往常。基督并没有在世间改变什么，除了言语之外］”(p. 105)。

32 Postel 得到了广泛的阅读。路德经常引用他。我们也可以在加尔文那里看见他。同时还有拉伯雷那里。伟大的潘神之故事由 Postel 在《地球的调和》(*De orbis concordia*)第一部第 7 章中得到了叙述，它似乎可能是拉伯雷的恶魔之故事的出典。

33 POSTEL，*Alcorani . . . et Evangelistarum Concordiae liber . . .*，p. 62，G. de Selve；p. 76，Rob. Ceneau ；p. 76，G. Titelmans ；p. 2，Cl. Dodée ；p. 9，Maillard；p. 10，Ory，etc.

34 COPLEY-CHRISTIE，*Étienne Dolet*，*le Martyr de la Renaissance*，p. 400 sqq. 然而，Copley-Christie 所说 Dolet 的诉讼，说服力有限，同时也是过时的。

35 DU PLESSIS D'ARGENTRÉ，*Collectio judicioruns de novis erroribus*，II，1re partie，135. 这个判决中有：les *Gestes du Roy*（Dolet 所印 Copley-Christie《书目》之 nº 18）；Dolet 的 *Épigrammes*（nº 1）；*Caton chrétien*（nº 3）；l'*Exhortation à la Lecture de la Ste-Ecriture*（nº 49。参见 René Sturel，*Notes sur ÉT. Dolet d'après les inédits*，R. S. S.，I，1913）；*la Fontaine de Vie*（nº 53）；les 52 *dimanches comp. par Fabre Stapul.*（nº 43）；les *Heures de la Cie des Pénitens*（nº 52）；伊拉斯谟的 *Chevalier Chrétien*（nº 48）；*le Sommaire du Vieil et N. Testament*［法语译本］（nº 42）。——1542 年 12 月－1543 年 3 月巴黎大学神学院的著述目录，见 d'Argentré，额外提到了 Dolet 印刷的法语《新约》（nº 36）以及 *Brief discours de la République française désirant la lecture des livres de la Ste Escriture*（nº 61）；参见 Sturel（的前引书）。——拉丁语版的 *Cato Christianus* 也额外地得到了检查（1542 年 9 月 23 日，D'Argentré，*op. cit.*，II，p. 229）。

36 我们还是得注意，不要那么固执，即在 1541 年与 1542 年，询问巴黎大学神学院关于教义意见的 Fontevrault 的修道院院长曾多次派代表前往巴黎。Cf. D'Argentré，*op. cit.*，II，pp. 132－133. 然而，当提到 Fontevrault 的问题以及人们提及拉伯雷时，我们都有必要洗耳恭听。

37 标题如下：Grands Annales ou Croniques/Très véritables/des Gestes merveilleux du grand/Gargantua et Pantagruel/son fils. Roy des Dipso/

des: enchroniquez par/feu Maistre Alcofribas/abstract/teur de quin/te essen/ ce. 1542。巴黎大学神学院只是将它抄录，简化了一点。

38 见前面，本章注释 2。人们可能把 Delisle 运用到《罪恶灵魂之镜》的区分运用到《庞大固埃》上(*op. cit.*, pp. 37 - 38):“可能有一些神学博士实际上已经检查了这本书，然而似乎可以肯定的是，一种官方的有罪判决并没有得到宣告。”巴黎大学神学部于 11 月 3 日这样公开陈述《罪恶灵魂之镜》这件事。

39 见之于他在 1542 年或 1543 年写给加尔文的信。Cf. Jean CALVIN, *Joannis Calvin Opera quae supersunt omnia*, t. XI, col. 490 - 494.

40 这个段落以斜体方式印于全部以罗马体刊行的书中，见 Gabriel du PUY-HERBAUT,《论肃清反书》(*Gabrielis Putherbei Turonici, professione Fontebraldaei, Theotimus sive de Tollendis et expiengendis malis libris, iis praecipue quos vix incolumi fide ac pietate plerique legere queant, libri III*)的第 180 - 183 页。Lefranc 的翻译见 *Revue des Etudes Rabelaisiennes*, IV, 1906, p. 339。

41 除去前述 Abel Lefranc 的文章，我们还可以参见他在 *Revue des Etudes Rabelaisiennes*, IV, 第 347 页中的注释。注释无疑表明 Charles de Sainte-Marthe 参与了攻击拉伯雷。

42 可以确定，为什么又是 Gouvea? Joseph Scaliger 曾这样寻思道:“Goveanus fuit doctus Lusitanus. Calvinus vocat illum atheum, cum non fuerit. Debebat illum melius nosse[戈维亚是一个有学问的葡萄牙人。加尔文称他为无神论者，但实际上并不是这样。戈维亚应该比他更清楚这一点。]”(*Scaligerana ou bons mots ... de J. Scaliger*, p. 175)。关于 Gouvea，同样见本书后面内容(第二章，第 6 节，第 130 页)。

43 《申命记》第十三章第 3 回布道(1555 年 10 月 16 日)并没有在这篇文章基础上添加什么。加尔文在这里说:“有一个人，一个盲目信仰者想在这个国家中创始一种新的宗教”;这样一个人(多么自信!)“应该立刻得到处死:这是天主的命令!”——这里还有一个人，出于愚蠢的朝拜，倾向于反常的真理以及把它翻转为谎言:“这样的人应该死!”但是“有一个乡巴佬在反对《圣经》的基础上讲那些恶俗的笑话，犹如恶魔称《庞大固埃》和诸如此类的流氓行为。”他和其他一些像他这样的人“并不主张要创始一种新的宗教，但他们都是疯狗，出于贬低所有宗教的意图，吐出了他们的污秽，以反对天主的权威。这种人应该得到宽容吗?——就是这样!他们有红衣主教的支持，受红衣主教的恩惠……在嘲弄天主如同他们嘲弄穆罕默德的那些精美书本中，人们可以看见红衣主教老爷的名字已经用纹章装饰了!”这些红衣主教很像他们的《论肃清反书》?(Cf. *Sermons de M. Jean Calvin sur le V. livre de*

Moyse nommés Deutéronome，52. 1[a]）［参见 *Calvini opera*，XXVII，col. 261.——据英译者］

44 文章又见 *Pierre Viret d'après lui-même*，洛桑，1911 年，第 235 页。——Cf. *ibid.*，pp. 236－237，有一些节选于 Viret 的《期间》（*L'Interim, fait par Dialogues*，Lyon，1565），其中论述了一些无神论者伪装成虔诚的天主教徒。

45 稍后 Viret 这样补充道："人们这样称这个名字（无神论者）很正常，不仅因为他们否认一切神性，——如果在这些人中真能找到这种邪恶的人的话——还因为那些人像自然神论者那样嘲弄了一切宗教。"

46 无神论以及否认不死性：只有这两种态度遭到莫尔的乌托邦人的憎恶。然而他们拒绝将自己从无神论者的公共功能中排除出去，同时避免让自己传播他们的谬误。——（*De religionibus Utopiensium*，Froben 书店版，1518，p. 140）

47 转引自 Nathan. WEISS，*Bulletin de la Sociéte de l'Histoire du Protestantisme Français*，74（1925），7—9 月。［文章标题为"最新刊物中的马罗、龙萨"，见第 361 页注 1，以及第 362 页注 1。——译者注］

48 Pierre BAYLE，*Dictionnaire historique et critique*. 5e éd.，V，324[a]，v[o] THALÉS：Hall 的学者都主张著名的三种无神论。第一种主张，天主并不存在；第二种主张，世界不是天主创造的。第三种主张"天主通过一种自然决定论创造了世界，而不受任何自由运动的驱使"。

49 Pierre BAYLE，*Ibid.*，V，p. 287，v[o] TAKIDDIN；et Pierre BAYLE，*Ibid.*，III，p. 358，v[o] HOBBES.

50 Henri Estienne 知道一则更强烈的。参见他的 *Apologie pour Hérodote*，II，p. 373，讽刺家的轶事遭到了 quidam［某个人］的侮辱。"他对你说了什么？他的朋友这样寻思道，强盗？谎言家？杀人者？——讽刺家回答道，比这些糟糕得多！那么是亵神者？弑近亲者？鸡奸者？无神论者——糟得多，糟得多……人们称我为教皇！"——对于 Estienne 来说，在"常规的"侮辱中，无神论者是最可恶的侮辱！

51 原本藏于 Zurich［市立图书馆］的《文库》（*Thesaurus Hottingerianus*），IX，569。Cf. HERMINJAR（éd.），*Correspondance des Réformateurs dans les Pays de Langue française*，III（1870），pp. 413－414；Théodore Ziesing，*Erasme ou Salignac* ? 1887；Authur Heulhard，*Une lettre fameuse, Rabelais à Érasme*，1904；Joseph Forstemann et Otto Günther（éd.），*Briefe an Des. Erasmus*，p. 216；Louis TALANT，*Rabelais et la Réforme*，p. 265 sqq.，卷头有原本的摹写。——又见 Rabelais，Les *Œuvres*，éd. Marty-Laveaux，III，p. 322。

52 至少，拉伯雷所言 bis monachus tandemque atheos［两度成为修道士，并最

终沦为一个无神论者]之意,我们已经在本书第一章第7节[第87页]讨论过。——又参见他与返回之后遭谴责为不信教的Cardan之间的争论,以及他给贝达的信函,载*J. Caesaris Scaligeri Epistolia duo ...*;他在后一封信中形容伊拉斯谟为"obscaenum sceleratorum latrunculorum, qui in veram religionem nostram grassati sunt, caput[污秽者,无赖的以及土匪的头目,攻击我们真正的宗教]"。

53 见本书前面第一章第4节(第56页)。

54 *Stephani Doleti Dialogus De Imitatione Ciceroniana adversus Desid. Erasmum Roterodamum pro Christophoro Longolio*, p. 79. Cf. Henri BUSSON, *Les Sources et le développement du rationalisme dans la littérature française de la Renaissance*, p. 11. [Christophorus Longolius;法语名Christophe Longueil, 1488 - 1522,人文主义者、巴黎高等法院审判官。——译者注]

55 关于Briand,见BUSSON, *op. cit.*, pp. 114 - 116。Busson把Briand看成杰出理性主义者的那些理由,并不能说服我。Ernest Gaullieur(*Histoire du Collège de Guyenne*, 1874, p. 157)把他看成一个受Nérac宫廷之影响的改革派人士;它让我们想起了他奠定了每月第一个安息日要阅读圣保罗书简的讲义,因为他使他的一部分财产得到了让渡;这些讲义由于裁判所的判决(1540年?)而得到了中断。Briand的儿子,一个公开声称的加尔文主义者,与其他546名改革派人士于1569年4月6日一起得到了有罪判决,遭到了鞭笞并斩首。

56 *Pantagruel*, chap. X:"这些人里面,有一个名叫Du Douhet的,他是全部人当中学问最好、最高明、最慎重的一个。"[Du Douhet就是指布里昂·德·瓦莱。——译者注]

57 关于Gouvea的无神论的评判,见本书,第二章第6节。又见Pierre Bayle; François Mugnier, *Antoine Govéan*, 1901; Busson(p. 114)。讽刺诗中关于Briand de Vallée部分,见于Gouvea的诗集第9页。从Pierre Bayle以来的博学者就用Trepido[颤抖]代替了propero[加紧] pede[脚步]。

58 "Ita ut putent homines Servetum aliquem fuisse Rabelasii aut Doleti aut Villanovani similem, qui nullum Deum aut Christum, haberet."这一段值得注意的讨论见于Ferdinand Buisson, *Sébastien Castellion, sa vie et son œuvre*(I, 45)。出典自Castellio的《加尔文诽谤文书反论》(*Contra Libellum Calvini*)。后者写于1554年,但直到1612年还是手稿状态;拉伯雷以及他的同时代人都不知道它。在勒弗朗汇集的这些有价值的段落中,拉伯雷直接言及的有Postel的书(1543年),《论肃清反书》(1549年)以及《论流言蜚语》(1550年)中的文章。我们知道他如何回

应《论肃清反书》以及加尔文。

59 关于 Simon de Neufville 在哈瑙(Hainaut),参见 Henri Busson, *Les Sources et le développement du rationalisme* ..., pp. 75—76 以及各处。关于他与 Dolet 之间的关系,*ibid.*, p. 122 以及 COPLEY-CHRISTIE, *Étienne Dolet, le Martyr de la Renaissance*, p. 25 sqq。

60 "我们的世纪已经知道卢奇安如何借助于著作嘲笑一切宗教,这一点在一个法国人——弗朗索瓦·拉伯雷——身上得到了体现。" Henri ESTIENNE, *Apologie pour Hérodote*, I, p. 189。

61 这是一则老笑话。参见前引 *La Vérité cachée devant cent ans* ...[第 6 页纸]:"Calice et doigt le prestre lèche-en disant *quia pius est*! [祭司舔圣杯以及他的手指——说道'你是多么敬虔的人!']"[quia pius est:出典见《诗篇》第 86 篇第 2 节。只不过这里改变了人称。——译者注]

62 "Atque hujus modi quidem doctores pro Christi Salvatoris pura doctrina, facile libenterque accipient doctrinam scelerati impiique illius hominis, ac plane athei, *Fr. Rablesii*, ejusque libros qui non minus impie quam insulse *Gargantuae ac Pantagruelis* nomine sunt inscripti." Robert ESTIENNE, *In Evangelium secundum Matthaeum, Marcum et Lucam, commentarii ex ecclesiasticis scriptoribus collecti*, 1553, Préface.

63 Jean Senebier, *Histoire Littéraire de Genève* (Genève, 1786, in-8°, t. I, p. 364). ——关于怀疑亨利有正统派新教信仰,见《斯卡利吉语录》(*Scaligerana*)中的一些独特证言(第 145 页):"Semel erat paratus apostatare. Volebat manere Parisiis ... Rogavit regem ut liberet sibi excedere Geneva, et procuraret infringi testamentum patris Roberti, quo dederat sua bona filio H. Stephano, ea lege ut maneret Genevae. Rex non obtinuit, quia Genevenses voluerunt servare leges suas ..."

64 贝札优美的二行诗"Qui sic nugatur tractantem, ut seria vincat-seria quum faciet, dic, rogo, quantus erit?"——出现于 1548 年版的《诗集》(*Poemata* [Paris: Conrad Badius], p. 16)。他后来把它删除了。

65 关于这些:Buisson, *Sébastien Castellion*, II, pp. 254-255。

66 Henri ESTIENNE, *Apologie pour Hérodote*, I, p. 192 et II, p. 187.

67 François GARASSE, *La Doctrine curieuse des beaux esprits de ce temps, ou pretendus tels*, p. 214 et p. 877. ——他在第 251 页中称伊拉斯谟和茨温利为"无神论的两头雄鹰"。

68 GARASSE, *op. cit.*, 1, VIII, section x[p. 1013]. 正如他相称的那样,Garasse 曾谴责无神论(J. Roger CHARBONNEL, *La Pensée italienne au XVIe s. et le courant libertin*, 1917, p. 351, n. 1)。这是一种幼稚的游戏。

69 Jacques Davy Du Perron, *Perroniana et Thuana*, v° *Luther* (1669 年版,

p. 202).

70 参见 Xaiver Marie Le Bachelet,“ÂME”条目,见 VACANT, MANGENOT et AMANN 所编的 *Dictionnaire de Théologie Catholique*, II, col. 657。Noël VALOIS, *Histoire Littéraire de la France*, XXXIV, 1914, 551 sqq。Marc BLOCH, *La Vie d'outre-tombe du roi Salomon*, pp. 353－354.

71 在他之前,Postel,又一个理性主义者向路德陈述了这种悲情(*De rationibus Spiritus Sancti lib. II, Gulielmo Postello Barentonio authore*, I, VI, v° 16):“Nescio quid dicam de ea opinione quam invexere Cenevangelistae aut Lutherani, usque adeo absurda est. Aiunt vero animos beatorum ante diem judicii dormire, nec frui beatitudine”,等等。

72 我们后面还会回到这一点。

73 还有另外一个日内瓦人的权威:Eugène Choisy 在 1926 年这样写道(*Calvin, éducateur des Consciences*, p. 149)。“Servet 既不是不信教者,也不是纯粹的否定者。如果他对三位一体的程式怀有某种敌意,他甚至也不会相信天主圣父。他这样称基督:天主的道成肉身;他赋予童贞女玛丽亚天主之母的品性;他认为耶稣的身体就是天主的实体并且人们可以向基督祈祷,如同祈祷天主那样。”

139 # 结论:证言与思维方式

经过长长的批判性讨论,我们现在能判定那些人的观点就是错误的吗?那些人认为,拉伯雷从1532年起就是基督的敌人,活跃的、负隅顽抗的敌人,是无神论者,或者(为了避免一个富有个人感情色彩、模棱两可的词)是自然神论——由17世纪自由思想家与18世纪哲学家明确提出——的阴险而狂热的宣传家?我们现在还无权肯定也无权否定这种观点。我们只能认为,前人或我们所收集起来的、由神学家或辩论家提供的证词还不允许任何人肯定地说是或不是。

事实上,没有哪条证据出现于1550年之前。我说的是那些有分量的证据。因此,没有一条证据是完全针对写《庞大固埃》的拉伯雷,而不是针对后来出现的形形色色的拉伯雷。加尔文致弗朗索瓦·达尼埃尔的信并没有人们强加给它的那种意义。没有什么可以证明1538年让·维萨日的著作与拉伯雷存在某种关联;恰恰相反,一切似乎都指向多莱。如果选自《为尼哥底母主义者辩白》(1544年)的那段文字是针对拉伯雷,那么它同时也针对其他许多人。不管怎样,它针对一种普遍的态度:表面上假装赞同某种道,暗地里却嘲讽它的态度——说实在的,这种态度使他不能成为令人生畏的敌人,因为这些"可怜的白痴"不能从那些表面上看起来令人尊敬的著作中看到某种邪恶;而其他人,如果他们觉察到怀疑的气息,不是都能进行自我辩护吗?

140 1543年,波斯特称《庞大固埃》是渎神之作。在他的观念中,渎神可以扩展到所有的宗教改革者;在这个阵营中,拉伯雷更像是基督教徒的同伴。最后，大家一致认为，加布里埃尔·德·普－埃尔鲍的《论肃清反书》醉心于私人怨恨。实际上，第一个确定性的文本出自《论流言蜚语》。当某人在1550年阅读一本1533年出版的书，而该书的作者阅历丰富，此后又有许多作品问世时，问题便在于：要清楚他是以1532年还是以1550年的眼光来读这本书？

此外，没有一种证据是出自不带个人感情的人，即能像历史学家那样不偏不倚地描述。波斯特、加尔文、埃蒂安纳和卡斯特隆，不同程度上都是辩论家。他们论断的基础是什么？基于他们个人的印象，并且经常（假使不是一直）带有个人偏见。这种基础足以让信徒信服；可是，它能足以让历史学家信服吗？我们甚至不知道那些宣称《庞大固埃》为无神论宣言的人，是否都读过这本书？费尔德南·比松指出，卡斯特隆是通过道听途说来评说多莱的①。又为什么认定他更熟悉拉伯雷呢？

这些文字的真正价值是什么？当然，如果你从他们的著作中挑选任何单独提到拉伯雷、多莱和德佩里埃的文字，你可以勾勒出一种印象深刻的指控："这些就是同时代人的证词……该案已经得到判决！"这曲解了事实的真相。亨利·埃蒂安纳针对拉伯雷的证词，有分量吗？我们这里暂且不谈。针对卡斯特隆或波斯特的证词呢？后者告诉我们拉伯雷先前是新福音主义者，后来却变成了名副其实的不信教者。就算是吧！但是他又把该故事重述了一遍，不过这次说的却是西蒙·德·纳夫维尔，我们也不清楚纳夫维尔是否曾支持宗教改革——此外，波斯特（像其他众多人一样）也慷慨地把那本神秘《论三个假冒为善者》之作者的资格授予了他。当加尔文指责拉伯雷为无神论者时，我们就当他的话是真的。我想这么认为。因此，拉伯雷也就被证实了是恶棍，试图"消除对天主的所有敬畏"、破坏所有宗教的基础。这就是加尔文所说的、所知的，我们敢对此质疑吗？当然不敢。但是当加尔文总结对塞维 141

① Ferdinand BUISSON，*Sébastien Castellion，sa vie et son œuvre*，*1515－1563*，第1卷，巴黎1892年版，第41页。

特的反驳，明确指责对方只有一个目的，即“从上到下彻底地摧毁宗教，totam religionem evertere［从总体上破坏宗教］”时[1]，我们还应该相信他的话吗？信任他，就必须相信他说的话。当加尔文指责阿格里帕具有人所共知的无神论倾向时（这在 1530 年使很多人都成为了无神论者；那么，《庞大固埃》的独特之处又在哪里呢？），我们于是告诉全世界：阿格里帕是个无神论者。但是当加尔文令人不快地指责卡斯特隆偷盗时呢[2]？在亨利·埃蒂安纳（他也这样重复）之前，他同样把那个卡斯特隆当成小丑，居然敢把宗教当笑话：tu，tu，omnia pietatis principia ridendo，suaviter te oblectas［你开心地嘲笑虔信宗教的每条原则］？可怜的卡斯特隆，面露忧伤的可怜骑士，他是如此的严肃、耿直、忧伤，以至乌登郝维乌斯（［Jean］Utenhovius）的儿子寄宿在他家时，都极力恳求其父亲把他带离“卡斯特隆大师”家，因为这个圣人从不说笑[3]！

诚然，加尔文对卡斯特隆怀有敌意。敌意、憎恨与情绪，这些都可以从这群人中找到。他们教唆一部分人反对另一部分人，他们满口辱骂——或者期待更好的情形，逐出教门。敌意解释不了所有问题。这些争论的深处肯定还有其他原因。

其他的？是什么呢？我们能说那是思维的缺陷吗？还不能这么说。16 世纪的人可能这样描述过在他们之前的“诡辩家”，那是个“风行戴高礼帽的时代”①。这就是我们知道而他们不知道的，正是这些真正滋养了我们现代人，甚至那些有教养的人（包括那些历史学家）。每一种文明都有自己的心性工具（outillage mental［又译为“心态装备”］）；此外，同一种文明在不同的时代，无论在技术还是科学的每一种进步（每种进步都表现出某个技术或科学的特征）中，都有一套不断更新的心性工具，它为某种目的而设计得更发达些，为另一种目的而设计的欠发达些。这种文明和时代的心性工具不可能全部得到传承。这些心性的工具会有所损坏、有所落伍、

① 见《第四部·作者前言》。

有所重大变形;或者相反,会有所改善、丰富,变得更复杂。这些工具对塑造它们的文明具有价值;也对使用它们的那个时代来说,更具有价值;但是它们却不是永远都有用或者对整个人类都有用:甚至仅仅对一个文明内部的有限发展来说,都毫无意义。 142

至于16世纪的人,他们的推理方式和他们对证据的要求,都迥异于我们。他们的推理方式及对证据的要求甚至与他们孙辈、笛卡尔、帕斯卡、惠更斯①以及牛顿的同时代人都不一样。统一处理这些大问题的时刻还没有到。无论如何,我们可以从刚才的研究中得出结论:那个时代的人们似乎不像我们那样,会强烈地感到在他们的论证模式中,需要精确性与客观性。在强烈情感的要求下,我们也许能够把我们从这种需要与关注中解放出来。不过至少我们得向这种解放抱憾,因为这种解放在我们看来是种缺陷。我们已经看到:我们对那个时代的人的猜测,大部分都是从各种矛盾中清理出来的,而这种清理在我们思维的理论体系中已经无立足之地了。这似乎也是我们在前一章中对那些诗词证据作批判性研究的结果。本研究还告诉我们,这个人并非这个人了,因为这个人会变——变得比我们想象的还要多、还要快。它告诉我们(自然而然):在拉伯雷那个时代,大变革最终使逻辑和数学服从于实验的视界还没有到来,甚至从更远的地方看,那个使笛卡尔获益匪浅的数学得到大的飞跃,也还未开始。如果我们想要合理地利用人类的证据,我们怎能不斟酌这些相类似的状况呢?

原注

1 这种谴责使阿尔蒂尼(d'Artigny)修道院长(*Nouveaux mémoires d'histoire*, Paris, 1749-1756, II, 136)大吃一惊。他求助于"改革派"的米歇尔·德·拉罗什,让他前来营救,同时还认为塞维特"绝没有想过要摧毁宗教"。——塞维特是这样的,其他人又如何呢? 1537年5月,大约有100多名祭司在洛桑开了一次宗教会议。它的目的在于检讨反三位一体论。这种论点倒是

① 惠更斯(Christian Huygens, 1629-1695),荷兰数学家、天文学家、物理学家。

由巴黎大学神学院的神学博士、布里松内先前在牟城的一个协助者 Caroli 那里带来的，用以反对 Viret、Farel 以及加尔文。加尔文立刻向卡罗里陈述道："我想知道他是否信仰天主。我叫天主和人类来作证人，跟狗或猪相比，我更相信他。"Henri VUILLEUMIER，*Histoire de l'Eglise réformée du pays de Vaud*，t. I：*Lausanne*，p. 607.［米歇尔·德·拉罗什（Michel de La Roche，? -?），17 世纪末、18 世纪初改革派文学家；因路易十四对改革派信徒的镇压，其后流亡于英国。皮埃尔·卡罗里（Pierre Caroli，1480? - 1550?），神学家。1520 年获神学博士。早年同情改革派。后流亡于洛桑，并在那里做了牧师，严格主张正统派信仰。——译者注］

2 Ferdinand BUISSON，*Sébastien Castellion*，*sa vie et son œuvre*，*1515 - 1563*，（Paris，1892），I，p. 249。有必要再次提醒一下，尽管加尔文很伟大，但是当他遇到对手时，就不是一个客观公正的见证人？对于他来说，一切用来反对对手的就是好的；他自己命题的神性可以赦免他。

3 Ferdinand Buisson，*op. cit.*，II，p. 89. Castellio 在答复 Bèze 时，非常恰当地陈述了那个问题（*ibid.*，II，260）："他对我不合时宜的话加以解释，为什么不对我的书作更精确的解释呢？"

第二部

丑闻与悲情

第一章 拉伯雷的闹剧

我们已经收集了关于拉伯雷的证据，关于他同时代人解释他的观点的证据。这些证据，不管是对他有利还是不利，都是来自对他有所评说的人——人文主义者、争论家、论辩家。我们已经尽可能对这些证据加以考订、筛选。这样，我们就可以指出前人在解释或判定归属问题的工作中所存在的失误。有些失误是如此严重与重要，以至他们所建树的体系实际上差不多已经不复存在了。

现在，我们应该考察一下拉伯雷本人，也就是说考察他的著作《庞大固埃》，并附带考察他的《高康大》。这看起来像是一件轻而易举的事。如果你想了解拉伯雷，就看拉伯雷的著作。实际上，这项工作非常的微妙、有点难以处理。能从一个人的著作中了解作者自己么？难道作者就没有用面具掩饰他的真面孔？难道面具的特征——粗糙、夸张、讽刺——就真的再现了讽刺者的真实面目吗？从其著作中来推断一个人，多大程度上是合理的呢？也许这个问题提得不好，因为，毕竟不是拉伯雷本人，而是这部著作，如果你喜欢的话，也可以说是作品中反映的那个人，与《庞大固埃》1532 年至 1926 年间的读者有重大关系。然而，要定好其间的比例，也是一项非常棘手的工作。

阿贝尔·勒弗朗将在下面的文字中陈述他的证据，这也正是我们反思这些沉重话题的出发点。他说[1]："'在这本书的开头，我们 144
找到了什么呢？是一系列令人瞠目结舌的言论……'谈到《庞大固埃伟大传记》的成功，作者让我们注意到这样一个事实，即这些无可估量的著作的读者相信这些书，'就像相信《圣经》与福音书的道一样'。这样一本书，竟敢亵渎圣书，尽管明显是带以玩笑的口吻，我们也不难估计它的大胆放肆。稍后，在确证《传记》的成功时，再度出现了类似的对比：‘印刷商在两个月的时间内销出的《传记》册数，比《圣经》九年卖的数量还要多’，这句话大家都耳熟能详。在达到一定的巅峰之后，阿尔高弗里巴斯甚至瞄准福音主义者的证词，直接加以攻击。他通过滑稽的论证，声称自己信息的真实性很高，平静地说：‘我谈论它，就好比圣约翰谈论《启示录》：quod vidimus，testamur[凡要证明的都证明出来了]。’在宗教嘲讽领域里，有哪一个人讽刺的尖锐程度可以超过它呢？从一开始，这就是无可置疑的了；这里，卢奇安式的玩笑隐藏了一些神奇的设想。几个世纪以来，都无人敢怀有这种设想。”

我们反复读到这段坚决的、激情四射的文字，以至我们都感到困惑了。我们可以对这些证据视而不见吗？我们带着一丝不安拿起拉伯雷的作品，翻开《庞大固埃》。我们开始哈哈大笑，不再去想所谓的不虔诚的“巅峰”。把这一卷放回书架时，我们就要肯定：这里并没有什么秘密；那些无恶意的粗俗之语、有伤风化的杜撰故事或陈旧的、完全没有风险的教士玩笑中，并不存在那种令人生畏与亵圣的东西。这些玩笑的创作者也肯定不是拉伯雷。因为拉伯雷喜欢随处书写他的灵感，乐于在每一页贴上自己天资的标签。我们是对了，还是错了呢？

一、一些教士的戏谑

为了断定这个问题，我们应该逐个考察同时权衡由阿贝尔·勒弗朗提出的那些令人震惊的议题。著作已经完成——丑闻（le
145 scandale）与此事无关，因为《恶之花》（*Les Fleurs du mal*）、甚至《包法利夫人》（*Madame Bovary*）都曾引起王国的书籍检查官的愤慨，但这并不足以让我们断言这些作者写的是色情作品。在 1910 年的《拉伯雷研究评论》中，让·普拉塔尔认真研究了拉伯雷从《圣经》中援引的段落。中世纪哲学史专家艾蒂安·吉尔松[①]站在让·普拉塔尔那边，敌视任何对拉伯雷玩笑的浪漫主义解释，并补充了

① 艾蒂安·吉尔松（Etienne Gilson，1884－1970），法国哲学家、历史学家。

一系列的证据及论证，后者均出自他对经院主义出色的掌握[2]。我们所能做的只是让读者去参考那些明确的研究。

与拉扎尔·塞诺尔（他在这场论战中持相同立场[3]）一样，普拉塔尔先生肯定地认为拉伯雷的玩笑属于教会的传统，与那些润色快乐讲道这种著述的笑话并无二致。很久以前，这些快乐讲道，经由埃米尔·皮科，引起了我们的注意[4]。我们可以收集到大量粗糙程度不同的、滑稽模仿出来的福音语句。然而不只是一些语句。某个讲道把耶稣最后的晚餐的创立之词[5]，即吃与喝，当作自己的经文。这比巴奴日说的或圣托马斯·阿奎那说的"吃光"更为大胆[6]，比让阿贝尔·勒弗朗感到万分震惊的饮者的"渴"（Sitio）[7]更放肆。我们应该知道，这些是1542年的饮者。普拉塔尔明确地指出，这些诱人犯罪的叫喊并没有出现在《庞大固埃》的第一版。这些叫喊是拉伯雷后来在弗朗索瓦·朱斯特印刷的那版中插入的，也正是在这版中，人们认为他已经删除了一切过于大胆的言论！但真的是如此大胆吗？与弗朗索瓦一世比起来还差一点，后者给红衣主教路易·德·波旁①取了个"渴"（Sitio）的绰号，因为就像克洛德·阿通神甫②所说的那样，"上述之基督经常渴望喝好酒，直至酒足饭饱。"我们是否应该诅咒那些良苦大众，他们唱着无恶意的歌[8]："Ecce bonum vinum, venite potemus［拿着好酒；来吧！让我们畅饮！］"③

吉尔松则指出：任何研究拉伯雷的天资成长过程的人，都有必要把拉伯雷在修道院度过的那几年考虑进去，那时，他是"近代法 146
国散文诗的创造者"。他不大可能"将他人生中的十几年，也是他青年时期的关键几年，花在方济各会上"。吉尔松得出几点结论，有一点我们现在可以看看："因为就算在方济各会，修道士们也不

① 路易·德·波旁（Louis de Bourbon, 1493－1556），1516年任红衣主教。

② 克洛德·阿通（Claude Haton, 1534－1605?），生于普罗旺斯，天主教教士。

③ 典出 Ecce lignum cruces ...: venite adoremus［拿好木的十字架，我们来崇拜］。——据英译者

是成天都在念祈祷文或钻研司各脱哲学，在某些时刻，他们可以随意甚至快乐地闲聊，我们应该扪心自问：中世纪圣方济各会士中的狂热是否可以在一些文字中找到，正是在这些文字中，人们发现了拉伯雷可能没有表明的秘密意图。”事实上，吉尔松不费吹灰之力就重新找到了由方济各会士所写的一些欢快篇章，这些会士并没有被认为是异端。他们经常开拉伯雷的玩笑，率直而又粗俗的玩笑。

谈论这些有什么用吗？像普拉塔尔、吉尔松、塞诺尔以及其他人一样，我对这些习以为常的玩笑与教士们的戏言无动于衷，尽管有人认为它们充满了恶毒与阴险的意图。以我们的标准来判断，这些玩笑确实大胆。不过，我们的标准并非 16 世纪人的标准。所以，当我们谈论《七日谈》的作者——虔诚与神秘的玛格丽特时，我们就得接受她。我们还要接受《高康大》创作之父。

* * *

前面提到拉伯雷说《圣经》是亏本出售的，《高康大传记》则十分畅销，我并不会因为这种言辞而感到愤慨。因为没有证据显示，大师阿尔高弗里巴斯为前者而欢呼，或因后者而为自己庆贺。我感到纳闷的是，他的态度是否与对他注意到的另外一个事实[9]的态度是一样的呢？这个让他感到悲痛不已的事实便是：在巴黎街道上，随便哪个江湖艺人都能比修道院的福音讲道士聚集更多的听众。

147 如果萨莱诺的马苏乔①或阿尔诺·德·维勒莱夫②没有在拉伯雷之前就用过它的话[10]，我可能会对巴黎少妇的“你为什么离弃我”(lamah hazabthani)感到更加不快。在《庞大固埃》第三章，高康大为妻子巴德贝克德的死而哭泣时，开玩笑说，“她现在好了，至少在天堂上，假使不比天堂更好的话。”这种玩笑是农民们在叙述时经常用的一种朴实的嘲弄。高康大的家谱是亵渎神灵的？这部家谱

① 马苏乔(Masuccio, 1410? - 1476?)，意大利诗人、短篇小说家。

② 阿尔诺·德·维勒莱夫(Arnaldus de Villa Nova, 1238 - 1311)，法国炼丹术士、占星家、宫廷医生。

是“由于上天的保佑……而比任何其他家谱都保留得完整。当然上主的除外，不过他的我不想谈，也没法谈，因为魔鬼们（诽谤的人和假冒为善的人）会反对……”[11]它是模仿圣马太福音书的开头部分所写的基督家谱吗？对此，我深信不疑，经过拉伯雷不辞辛劳地明确地告诉我们之后，我就更不怀疑了。他毫不犹豫地在《庞大固埃》第一章告诉我们，他的英雄的家谱使我们想起的谱系，不仅包括了那些通过希腊人、阿拉伯人与少数民族传给我们的，而且还包括了那些通过“《圣经》的作者们，例如我们的圣路加与圣马太”[12]传给我们的。我们可以看出，大师弗朗索瓦几乎没有隐藏什么秘密，并且还明确承认自已有滑稽模仿的意图。这些滑稽模仿是否超越了界限，尽管传统规定的玩笑尺度很宽？这确实是个问题。如果我们以肯定的口吻回答，那么为什么不指责拉伯雷引人犯罪的不敬言行呢？例如当高康大（第二十三章）去“上厕所把自然消化下来的渣屑排泄出来，”他的教师并不想“浪费一刻光阴”，在那种隔离的庇护所下还要把“刚才朗诵过的”重读一遍。然而，刚才大声地、清楚地，以纠音的口吻朗诵的是“《圣经》中的某一章”。这是一种亵渎？或是虔诚的行为？

二、特来美没有修道院？

还有特来美呢！特来美没有修道院。多么寒酸的特来美！除此之外，它还缺少生活中一些其他的必需品，如厨房、散发着香味的烤炉以及深深的、清凉的地下室等。在约翰修士的修道院，没有这些却有点让人震惊。因此，拉伯雷不仅因为没有给特来美配备一个厨房而令唯物主义者愤怒，还因为没有给特来美准备一个教 148
会而令唯心主义者百般懊恼。不过他在每一房间的隔壁都设了私人小礼拜堂——如果不做祷告，它是用来干什么的呢？

我们不要忘了，特来美是反隐修院的。约翰修士明确地表明（《高康大》，第五十二章）：它是自愿地、系统地建立起来的，“敌对其他”宗教修会，注意，是敌对所有现存的修会。在其他的隐修院里，有个院长负责管理。特来美却不是这样：“我连自己都管不了，怎么能管别人？”其他的隐修院都有围墙（“凡是前后有墙的地方，就会产生大量闲话。")特来美却没有。人们可以自由出入。如果一个假正经的女人进入某个修道院,人们会清扫她玷污过的位置。在特来美,如果修道士或修女胆敢进入,人们会清理所有房间。如果有必要的话,我们还是回忆一下这个关键的段落(第五十七章)。

修士整个的生活起居,不是根据法规、章程或条例,而是按照自己的意愿和自由的主张来过生活的。他们高兴什么时候起来,就什么时候起床,其他像吃、喝、工作、睡觉,也都是随他们自己的意愿。没有人来惊扰他们……在他们所有的规则中,并且与他们隐修院联系最为紧密的,就只有这么一条必须遵守,那就是:

随心所欲,各行其是

末了,在其他修道院中都有教堂,一个大大的修道院附属于教堂。人们根据无情的钟声,按固定的时刻去教堂,钟声把人们的生活分割成碎片。在特来美,没有处理公共事物的场所,没有钟,也没有日晷,"世界上最荒谬的莫过于不听从正确的理性和智慧,而只让钟声来管制自己"(第五十二章)。如果起床、吃饭、睡觉——还要加上"做祷告",因为拉伯雷可能有这个意思——都是受他们的欲望与理性一起驱使的话,那么,特来美的修士们如何在某一固定时间去教堂呢?不过,他们只在私人小礼拜堂内祷告,而从不去望弥撒,不是吗?因为有人以激愤的口吻补充道,特来美的修士们从未参与过弥撒……[13]

谁说特来美的修士从不望弥撒?首先,他们可能在教区的教堂
149 参加。像国王在凡尔赛的第一城堡时那样,那里没有礼拜堂,但是可以让人在他们的私人小礼拜堂内望弥撒。末了,在我们持这种激愤的口吻之前,我们还是反思一下吧。不仅拉伯雷不能"说定一切",把讽刺转变为一种教义性的枯燥工作。不仅如此,弥撒又是什么?我们不要假装好像对以下事实一无所知(我们不可能不知道,我们必须知道),即在拉伯雷的时代,弥撒受到"对信仰没有感

觉的人”的嘲讽，不是在贝律尔①及稍后的那个时代，弥撒变得支持天主教。在贝律尔及稍后的那个时代，弥撒是一种典型的宗教行为，是所有天主教信仰的综合——是一种圣事，这是毋庸置疑的，不仅如此，它还是一种祭祀，这种祭祀，是公共信仰中最为基本的部分。17 世纪在弥撒上所做的重大工作，即努力把信仰与神职人员的言行越来越紧密地联系起来，实际上还没有开始。这项巨大的工程是天主教徒从 16 世纪末开始的，他们强迫自己从总体上反思他们的宗教，极力反对归正宗。也许大师阿尔高弗里巴斯的同代人，目睹了大领主们在遗嘱中定了数百次弥撒活动，就有理由（我们今天不再有这样的理由）觉得，教会里长长的礼拜死气沉沉，对弥撒收集者来说却弥足珍贵，尽管收集者在望弥撒时只是点点头。与其他人一样，这就是伊拉斯谟所想的。在此，我们就不罗列那些引文了。我们只需回想一下伊拉斯谟的文书吉尔贝·古尚离开他成为诺泽罗大教堂的议事司铎时伊拉斯谟的轻蔑表情[14]：cantabit missam［他去望弥撒了］。然而，特来美的修士们敬重主日和节日，那时，“她们只戴法国式的帽子，因为这种帽子更为典雅，更能表示出妇女的贞洁。”主日与节日？是什么节日呢？世俗的节日在 1532 年还未出现，所以肯定是宗教节日。我们不要猛烈攻击这些充满不加思索的狂想与精神的故事。它们不是神学家的魔术书。

1912 年，阿贝尔·勒弗朗在为《高康大》所写的“导论”中，解释了为什么特来美没有修会，认为那是因为拉伯雷对改革者“几乎没 150
有隐藏”同情。正是基于这种以及其他迹象，他认为那个时代的拉伯雷是信教者，“力图表明他对宗教改革真心实意的同情。”这种衡量准则可能不是完美的：1532 年，在“宗教改革”胜利的地方，绝没有要求摧毁那些用来做礼拜的大教堂，并用私人礼拜代替公共礼拜。如果特来美的修士们归正了，他们将会去修道院附属的教堂

① 贝律尔（Pierre de Bérulle，1575－1629），法国红衣主教、政治家。17 世纪法国重要的神秘主义者。

（如果有的话）参加宗教仪式，此时，教堂就可能已经转化成“神殿”了。除此以外，1912年，勒弗朗提出了一个看似完全符合现实的意见：“道，即福音书，是特来美的修士们精神生活中基本的要素、核心的因子。”1912—1923年间，那些激起如此明智的语句的文本都消失了吗？特来美没有教会吗？没有。那里也没有“神殿”。我们可以劝慰自己：特来美的修士们无疑可以在附近的城镇中找到一个或几个教会。没有神殿，没有教会，就是无神论？福音书与礼拜堂呢？这些礼拜堂只是为了慎重起见……特来美没有避雷针，这倒是真的。然后，在1532年有9332枚避雷针，难道这不是有点多吗[15]？

三、高康大的降生

其他的呢？我们斟酌，但不能遗漏什么。可能眼前会突然闪现一线光？高康大的奇怪降生[16]，他是通过大静脉从左耳来到世上的吗？这确实是一种奇怪的降生。在描述这种骇人听闻的事情同时，拉伯雷不也刻意吹嘘？“一个正常人，头脑清楚的人，对于别人告诉他的，特别是写下来的，总是相信的……Innocens credit omni verbo［愚蒙人是话都信］①……Charitas omnia credit［仁爱〔爱〕是凡事皆信］②……巴黎大学神学院的神学家说，信仰就是不可见之物的论据……天主是无所不能的，只要他愿意，从今往后女人都可以从耳朵里生孩子。”［《高康大》第六章］

151 阿贝尔·勒弗朗写道：“毋庸置疑，这种发育过程在基督教义中与基督的诞生相符合。”他是这样诞生的吗？基督并不是从大静脉和左耳中生出来的。在圣人的运作下，基督成形于圣母的胎腹中，并且据早期教父如伊利奈乌、奥利金、德尔图良、阿塔纳修斯③、

① 《箴言》第十四章第15节：“愚蒙人是话都信；通达人步步谨慎。”

② 《哥林多前书》第十三章第7节。

③ 阿塔纳修斯（Athanasius，291？-373），早期基督教护教士，神学家。以维护圣子与圣父同性、同体的教义，反对阿里乌派著称。

伊比芳涅乌斯[①]、哲罗姆等说，他最终通过九个月的正常怀胎，通过最正常的生理方式来到这个世上[17]。早期的许多著作都以一种粗糙的笔墨，记载了他是随着一些血与污秽来到这个世上。直到4世纪末，通过圣安布罗西乌斯与圣奥古斯丁，圣母分娩的学说才开始广泛传播开来。基督是通过一扇紧闭的门来到这个世上的，就是说门没有被破，因此形成了圣母玛利亚一直是童贞女这种说法。她是童贞女，嫁给了一个男人。该男子自身的出众纯洁最终得到教会的公布，他与玛利亚结婚的使命就在于保护她的贞洁[18]。她怀孕时是位童贞女。她分娩时也仍保持了童贞。不过，她并不是通过耳朵生育孩子。圣路加显示给我们的是孩子在她腹中的胚胎状态。那些在圣殿中工作的童贞女，也向信众形象地展示了他（基督）[19]。所以，我仍难以认清，高康大从他母亲的大静脉漫步到她的左耳的神奇旅行，如何可以令人想起圣母玛利亚分娩。几个世纪以来，每个国家的教会在绘画艺术上都呈现了表面上纯属正常的圣母分娩，边上围了一群助产士与有经验的妇女[20]。

要是拉伯雷在高康大传记系列中写了一本小书，写了这本由皮埃尔—保罗·普朗指出的《颂扬真正著名的高康大》（*Vray Gargantua notablement omelyé*），那该多好啊[21]！在那本书的开篇，我们读到了通灵巫师梅兰那骇人听闻的故事，“并非受生于人父，因为他的母亲是一位修女。她是在夜晚受狂热神灵的引诱，并与之发生关系而怀上他的。”这个离奇的故事反过来可能会引起机敏人士的一系列奇怪的猜疑？我们是否可以得出结论，即匿名作者带着阴险的意图，存心戏谑基督耶稣的受胎呢？因为“他并非受生于人父”，只是有个神灵，一股灵气侵入童贞女，才使得她受胎的。 152
在此，我们仍然要说：16世纪的玩笑与道德都与我们今天的有所不同。如果要把那些放纵影射玛利亚的童贞的人都烧死，那么刽子手就有太多的事情要做了[22]。1565年，意大利反宗教改革高歌猛进之时，一个被证实犯有罪行的天主教教士在威尼斯出版了一本

---

① 伊比芳涅乌斯（Epiphanius，310？-403），教父、异教研究者。

辛辣讽刺故事类的小书《怯弱的时间》(*Hore di recreazione*)，他就是弗朗西斯科·奎恰迪尼①的外甥卢多维克·奎恰迪尼②、《概况》的作者。这本小书很受欢迎，曾被翻译成多国文字。卢多维克·奎恰迪尼只解释了人们有必要在吃饭之前、之中、之后畅饮，因为天主之母在天主诞生之前、之中、之后都是一位童贞女[23]。是的，这是一种安慰剂。值得注意是，尽管已得到净化与提炼，水流还是继续流淌着，关于宗教话题，甚至是关于那些最敏感的宗教问题——尤其是关于那些最敏感的宗教问题的，善意的、古老的教士玩笑的这股水流还继续存在着。1532 年，这股水流仍然保有它那股野性的势力。

四、“仁爱是凡事皆信”

然而，拉伯雷自己签署了对自己的判决。1542 年，他不是在其著作的朱斯特修订版中，删除了一些对信仰的猥亵戏谑——“不可见之物的论据”吗？拉伯雷反对这样界定信仰(属于圣保罗的)。如果他的反对不是从巴黎大学神学院的神学家那里借来的话，它将更不能忽视[24]。然而，1542 年删改的主要目标似乎在于缓和或消除对巴黎大学神学院的直接攻击。关于这些删改，需要做出说明的地方还很多。我们常常没有完全理解它的企图所在。1542 年，拉伯雷删除了对巴奴日与基督的比较[25]，从而把两者悬置起来，不在他的作品中加以引介。同一年，他却加入了对“渴”的滑稽模仿。普拉塔尔(带着 20 世纪的有色眼镜[26])错误地指出，这是拉伯雷最为蹩脚的放肆行为。我们最好还是称之为最为陈腐的教士的戏谑。——“最后，‘仁爱是凡事皆信’。”信仰是不可见之物的论
153 据……，并且还有令人震惊的警句“天主无所不能”！这些是谦恭地顺从教会的信仰者的言词？难道你没有从中感觉到反讽？我怀

---

① 弗朗西斯科·奎恰迪尼(Francesco Guicciardini，1483 - 1540)，意大利政治家、历史学家。

② 卢多维克·奎恰迪尼(Ludovico Guicciardini，1521 - 1589)，意大利历史学家。

疑那些过于敏感的人。反讽是时间的产物①。“天主无所不能”让我想起了另外一句话，即伊拉斯谟用拉丁语说的：“Deus sic potens est，ut quidquid velit，nutu valeat efficere［天主是如此强有力，以致他能够仅凭点一点头就能得到他想要的东西］。”

这是巴巴提乌斯在一次“拷问信仰”的对话中所说的[27]。伊拉斯谟小心翼翼地告诉我们，是巴巴提乌斯，最起码也是马丁·路德，参加了一场最严肃的讨论，它针对毫无反讽意味的观念。实际上，这一题材出自约翰·科利特在一次题为“青年的责任”讨论会上的讲话：“我完全相信《圣经》与《信经》中的内容。我不会再探索下去了。”路德－巴巴提乌斯表示：我并没有不安地寻思，在混合了一些元素之后，我们个体的躯体怎么可能复原到我们生前的样子。我把它交给至高的神灵：“天主无所不能。”如果他愿意，女人都可以通过耳朵生孩子。

然而，谁说信仰者在1532年谦卑地顺从教会？毋庸置疑，诺埃尔·贝达就是，而且还有最活跃的巴黎大学神学院的大师们。除了他们，还有其他人吗？我们不要投射到在久远的时代中那些传统的天主教徒。在那些论辩性的著作中，他们对立于传统的新教徒。仁爱是凡事皆信。这样做是出于一种潜在的利益，或更确切地说，是出于一种意愿行为。良知（bon sens）在于少接受，多选择。有理由进行选择。“不是一切皆信”与“一切皆不信”之间存在着很大的差别。拉伯雷取笑那些“可怜的白痴”（就像我们说拉伯雷的那个时代一样）的轻信，却没有告诉我们，在他的眼里，轻信的界限在哪里。我们有权利从中得出结论，说其界限与激进的敌基督教和彻底的理性主义之间的界限混淆不清吗？仁爱是凡事皆信，人们这样认为。我们是否还倾向于认为，“中世纪人”，所有的人，始终都如此的仁爱，以至他们完全相信一切？多么可怜的“中世纪人”！几代以来，人们为他们勾勒出的图景是多么的凄凉。对 *154*
他们而言，幸运的是，他们从未存在过。我们是否更倾向于认为，

① 就是说“真理是时间的产物”。

教会公正地命令它的教徒要相信一切,否则,就会收回良知与理性的使用,同时让它们无可救药地相互排斥?拉伯雷不是凡事都信,与他同时代的成千上万的教徒也不是,后者每天都在反对这些“滥用”。这是不是说他们都是宗教与狂热主义的敌人?他们的信仰通常富有热情,但并不一定是盲目的。法雷尔在1528年写道[28]:“我该如何相信我不理解的东西?”他们每个人都编制了自己的“不可见之物”的清单,或长或短,或疏或密,视人及其思想而定。是什么使得我们说,拉伯雷的清单中包含了基督教信仰的全部内容?

五、奥利金的放肆

我得说,让我担忧的是,阿贝尔·勒弗朗受到了一个过于简单的概念的误导,仅从轻信者的视角来看16世纪30年代的基督徒和法国人。例如,他在拉伯雷对巨人乌尔塔利与诺亚方舟的戏谑上大做文章[29]。他试图告诉我们,这是一种不可思议的放肆行为:一种前所未有的无礼行为。然而,事实并非如此。如果喜欢,拉伯雷及其同时代的每一个人,都可以天天公开地阅读那些华丽的对开本书卷。书卷内容就如下面的一段文字,《创世记》的故事就在其中遭到了粗暴的对待:“有常识的人会相信,第一天、第二天、第三天以及黑夜与白天,可以在没有太阳、月亮与星星的情况下存在吗?我们所称的第一天甚至是在天还不存在的情况下产生的吗?谁会愚蠢地相信,天主以耕种者的方式,在东方的某个国度的伊甸园里,开造了一座花园,并在那里种了一棵可见可感的生命树,人
155 们只要用牙齿品尝一下它的果实就可以获得生命?

“……除此之外,我还想说,有些常识的人都可以轻易地注意到很多这样的例子。很多事情都是当作事实记录在册,它实际上并没有发生。”[30]这个理性主义者、放荡的彭达奴是谁?接着,他又开始了大量的玩笑,有关洪水与方舟的玩笑,嘲笑方舟这一小小的空间却可以承载宇宙的万物;有关所多玛与蛾摩拉的,也有关罗得以及其女儿们的,所有这些玩笑都带有一种连伏尔泰都无法超越的放肆、冒昧与无耻。与这些直接的攻击相比,拉伯雷对乌尔塔利

的嘲弄之词显得多么的苍白无力！

很简单，这些攻击言论是奥利金的。在文艺复兴时，奥利金的作品得到频繁的印刷与再版。奥利金的作品，由巴黎大学神学院的神学家雅克·梅兰①译成拉丁文，并在 1512 年由让·珀蒂与若斯·巴代在巴黎印刷出版。这部作品即四大卷对开本的《恩典》(*cum gratia et privilegio regis*)，它的第三卷的开头就是一篇被判为异端的"辩护书"[31]；1532 年，就是《庞大固埃》出版的那一年，该"辩护书"重新出现了，出现在由让·珀蒂、若斯·巴代、孔哈·雷施经销的完整译本中的第三卷卷首；1536 年在里昂，雅克·季翁塔重印了梅兰的翻译，同时还有伊拉斯谟的部分翻译[32]。更别提其他如意大利、法国、瑞士、德国的版本！这里又为什么提及奥利金呢？

我们刚才引述的那段文字已经逐字逐句地译成了拉丁文，并印刷在当时广为流传的书籍中。翻开伊拉斯谟的格言集《阿尔西比亚底斯的实质》(*Sileni Alcibiadis*)②，就很容易发现这些已译成优美的拉丁文的、明显不敬的言论。毋庸置疑，这些言论赞成对灵魂与肉体的经典区分，目的在于证明用讽喻的方法诠释《圣经》是合理的。正如雅克·德尼(J. Denis)在他《论奥利金的哲学》(第 33 页)中所指出的："当面对一些继续被人们尊崇并且被认为是真理 156
之贮藏所的段落时，讽喻的诠释是思想自由的一种形式！"然而，在所有这么做的人中，没有人比《论第一原理》(*Traité des Principes*)的作者[奥利金]更为大胆。他是如此地大胆，以至经常发现自己赞成塞尔苏斯③，并预先证明了 18 世纪哲学家所提出针对《圣经》的那些反对意见是合理的。这就是奥利金。在 1506 年 3 月写就于伦敦，1511 年 10 月面世于巴黎的《论学习的问题》(*De Ratione Studii*)一书中，伊拉斯谟毫不犹豫地写道："ex theologia, secundum

---

① 雅克·梅兰(Jacques Merlin，？－1541)，神学家、雷恩主教、纳伐尔学院教授。

② 这是伊拉斯谟《格言集》中最直接地评估有必要施行教会改革的一段。

③ 塞尔苏斯(Κέλσος)，约生于公元前 10 年的罗马哲学家、百科全书编纂者。著有《真道》一书反对基督教。

divinas litteras, nemo melius Origene[继《圣经》之后，在神学家作品中，没谁的比奥利金的更好读]。"当知道了这些文字后，要我们说拉伯雷大胆放肆，就有点踌躇了。我们甚至要认为拉伯雷还很胆小呢！

* * *

我很清楚，这是一件情感事件。拉伯雷在讲述(之前已有很多人讲过，并不是他虚构出来的)肥胖修士的故事(当修士望弥撒时，他向信徒显出了不寻常的一面)时[33]，我们永远不可能"证明"他的内心深处并未孕育最卑劣的敌宗教思想。就像加尔文巧妙地说的那样，这就像一条狗的企图，摇头摆尾，博得众人的欢笑，以更好地颠覆对天主的一切敬畏。仍然如此？1530 年至 1550 年，时光如白驹过隙。当《高康大》与《庞大固埃》分别于 1532 年与 1535 年面世时，谁会对那些立刻被宗教改革自身判为无趣与可疑的玩笑感到愤怒？拉伯雷并没有在他的书籍插入一些恶意的玩笑，而在 1545 年左右，这类玩笑遭到了宗教改革的领导者的大肆攻击。正是这些人从 1545 年开始看到了恶毒的意图，然而在此之前，人们看到的只是并无恶意的玩笑。

这是观念与道德的自然演化。1540 年 7 月 25 日，马孔主教夏尔·埃马尔·德·德农维勒(1534 年在罗马，拉伯雷结识了其时为国王大使的他)谢世于勒芒，也正是在这里，他拜会了让·杜贝莱。人们体面地埋葬了他。8 月 30 日，人们在教会中，在主教墓穴的周
157 围建造了防护栏[34]。这样做，并不是为了阻止狗去亵渎他的坟墓。因为，那时这样的担忧还未出现，如果有人巧遇一大群猎犬从教堂的中堂窜过，也无人会为此感到愤怒。这样做，不过是出于精心设计，是为了不让他的棺罩遭到破坏。数年之后，如果这些猎犬进入教会的话，就会引起人们的反感；1540 年左右，叙述他们那个时代的温厚道德的人却变得玩世不恭。他们带着其时代的故事叙说着，那时，贵族们及其雀鹰"像肥硕的愚人"进入教会。《愚人船》的译者验证了这一点，

他们的鸟儿带着铃铛
与那些乱叫狗儿一起制造了喧哗

在我们所能援引的那些引文中，最后一次引述能真正地把我们放到时代氛围中去。德佩里埃在《新的消遣》[35]中回顾了特里布莱——国王弗朗索瓦一世的著名弄臣——的一些插科打诨。这就是其中之一。一天晚上，国王弗朗索瓦一世去圣夏贝尔聆听晚祷。高耸的教堂万籁寂静，主教开始“Deus in adjutorium[主呀，请给我援助]”，嘹亮的声音立刻响起，唱诗班也应和起来，仪式就此开始。特里布莱，一个对嘈杂十分敏感的人，对嘹亮的声音打破了这种高贵的寂静感到万分愤怒，于是冲向正在主持仪式的主教，用拳头重重地捶了他几下。想象一下，如果同类的事情发生在今天，在某个教会的安息日，将会是什么情形……我们现在还是看看德佩里埃在文中的描述吧！我们看到弗朗索瓦一世只是一惊，于是把特里布莱召唤过来，“问他为什么打那个善良的人？”弄臣的回答——仍在教会中并且仪式还在进行——并不重要。重要的是人物的态度与氛围。

无论是特里布莱的故事，还是棺罩的轶事，都很寻常。像其他 158
故事一样，它们只是证明了一种我们今天无法理解的态度的存在。因为在 1560 年左右，在如何看待宗教事物与宗教场所的问题上，我们的先辈开始了一场巨大的变革。在庞大固埃的时代，这种古老的自由仍然存在。它与这样一个时代相隔不远，那时，重要的大主教府教务会（贝桑松的）向那些拒绝加入“愚人节”行列的成员征收罚金。需要另外添加文本吗？1497 年，在一封致斯泰因修道士的书简中（《致严肃的神父尼古拉·韦内鲁斯[*Religioso patri Nicolao Wernero*][①]》），伊拉斯谟平静地向我们述说了一则出人意料的故事[36]。雨一直下了三个月。塞纳河泛滥成灾。人们取下圣日内芙的圣龛，决定把它庄严地运往巴黎圣母院，主教领导大学，修道院院

---

① 韦内鲁斯（Nicolaus Wernerus; Claes Warnerszoon，?-?），1497 年时的斯泰因修道院院长。

长带着他的修士，他们赤着脚尾随其后。圣龛由四个赤裸身体的人抬着（quatuor，toto corpore nudi，arcam gestabant）。——事实上，这是一种宗教仪式中的穿戴吗？“Nunc（现在）”，年轻的伊拉斯谟虔诚地总结到，“nunc，nihil est coelo serenius（现在，天空极其明亮）。”

六、拉伯雷与布道士

这些轶事有什么用呢？我们只需翻开并重读那些有地位的证人的布道就可以了，他们在当时是“自由的布道士”，例如门诺[1]、梅拉德，他们粗鲁地、直言不讳地藐视当时的恶习。我们不要忘了，方济各修士如果喜欢，可以在他的修道院里尽情地阅读此类文字。我们不要忘了，在他的整个青年时期，他聆听了那些仿效者的布道，并且可以觉察出那些著名的错误纠正者们的嘲讽声音之回音。我们不要忘了，拉伯雷自己就是修士，一位方济各会的修士，谁知道他自己也可能布过道？如果他布道，他的布道文肯定是口头的、富有韵律的，并始终适合高声朗读的。无疑，他会带着博学与平凡的修士的愉快心情，以自己的风格布道。重读门诺、梅拉德，我们就会发现大量拉伯雷式的玩笑和讥讽就是源自他们。这让我们姗
159 姗来迟的羞愧之心感到震惊，它们不是来自拉伯雷，而是来自他的道袍（职业）。

这关系到嵌入文中的词汇与俗语吗？在那些被老梅雷（A. Méray）称为自由布道士的人那里，有那么多奇妙的、拉伯雷式的用语[37]！“着装像一个采摘苹果的人”[2]，门诺在拉伯雷之前运用了这种表达。“穿得像一个纵火者”，门诺首先熟悉这种表达。在勇敢的舰长利弗朗杜伊出现于《庞大固埃》（第二十四章[3]）与《第四部》（第三十七章）的很久以前，门诺就呵斥了肥胖的利弗朗杜伊（约瑟夫·内弗编，《门诺布道选集》，第 96 页）。巴奴日开了“煮过三次

---

① 门诺（Michel Menot，1440？－1518/1519），法国方济各派修道会的布道士。当时人们用“黄金之舌”来形容他。

② 见《庞大固埃》第九章。

③ 实为第二十九章。

的国王"的玩笑(《庞大固埃》,第三十一章)。门诺嘲笑了煮过三次的修道院院长。"时机未到,白费力"这是门诺的话。"时机成熟,水到渠成"这是《第三部》(第四十一章)中的话。门诺的"Cum venit mors[当死亡逼近],闹剧就结束,游戏就告终",在属于拉伯雷的句子——"拉下帷幕,闹剧就结束"——中得到了回应。同时,为了响应安那其的乐曲,门诺为入地狱的灵魂做了一曲,是以六种哀伤的曲调,即用多、列、咪、发、唆、拉歌唱的。安那其国王后来变成了叫卖绿色调味品的小贩,并在巴奴日的指令下,"用 G 大调,唆、列、多"歌唱(《庞大固埃》,第三十一章)。——甚至连拉伯雷式的计数法(其计数精确得让人难以置信)也来自于梅拉德。因梅拉德知道上主落在地上的血滴的数量,精确地说是 47000 滴。梅拉德了解"人一神"身上布满的伤口数,大约 5475 处。梅拉德知道上主沿着维亚多勒罗沙①走了 1300 步,有 190000 个人爬上了耶稣受难的十字架[38]。这些讽刺的玩笑……

在门诺那里,享有教皇授予的产业用益权的修道院院长们被编排成列:commendatarii et potius comedatarii, quia omnia comedunt[享有教皇授予的产业用益权的修道院院长,或者更确切地说,大食汉,他们吃光了一切。](内弗编,第 344 页)那些戴着主教冠的蠢驴(内弗编,同前引书,第 343 页);那些地狱的道路,铺满了教士的王冠(同前引书,第 354 页);那些得到庞大固埃恩宠的伪君子,caffardi[伪善者],以及那些赦免的承载物,isti latores rogationum[那些审讯的携带者])②。巴奴日嘲讽了赎罪券?他并未像门诺那样说(内弗编,同前引书,第 258 页)。门诺热衷于追踪那些骗人的伪君子[39],或那些狡诈的恶魔。这些恶魔在某个客栈中丢失了他们 160
的圣物,于是便从烘箱中拾起一截柴火取而代之,并宣称:"看吧!

① 维亚多勒罗沙(Voie douloureuse),又称为"受苦之路",是指耶稣基督背负着十字架,从耶路撒冷的毕瑞(Birat)法庭到骷髅地(Skull)山丘的刑场,沿途受难所走的那段路。

② 见《高康大》第十七章。

看吧！这是从焚烧圣劳伦斯的柴堆中捡来的一段柴火。"巴奴日也没有像吉尔·丕平（Gilles Pépin）那样说。丕平痛斥那些以约定的价格出售天堂的人，他们到处叫卖[40]："我有宝贵的东西要出售！——那是什么？——天国！——所值几何？"还是这个丕平谴责了那些暴徒，谴责他们用马或马车拖着圣人们神圣不可侵犯的遗物，用诡计来欺骗那些头脑简单的人。这又是布道士的风格，教会人士的风格。拉伯雷的朋友安托尼·迪塞克斯，圣安东尼会的"行乞大师"之一，曾被拉伯雷描述为"寻求养猪捐"（《高康大》，第十七章）。这个人也不是特别的沉默寡言，他在《规训的推动》（*Esperon de Discipline*，1532 年）一书谴责修道士时，曾写道："这些常常在胸前画十字的伪君子以及公开散播谣言的人，通过选取那些不切题的、不合宜的陌生主题来抢掠（我指的是布道），并向那些愚人设圈套。"他又写道："粗俗的抢劫者老爷，我说的是支柱[①]，教会的高级教士"是"立誓成为有产阶级的术士西蒙大师，圣职的破坏者，主教职衔的交易者与头衔的盗贼"（内弗编，同前引书，第 229 页）的贪得无厌的对手。从口吻与精神实质来看，《庞大固埃》与《高康大》何以有别于那些教士的著作呢？仅仅在于这两本书是由伟大作家撰写的。

* * *

因此，我们倾向于认为，拉伯雷"亵圣的"诸种戏谑是无恶意的。甚至还觉得他的玩笑还多少有些品位，当我们想起在《反对天国的先知》[②]的手册中，敌基督的马丁·路德质问卡尔施塔特的话时："你似乎认为，基督在晚餐时饮酒过量，醉了，并用一些无益的言词把他的门徒弄得头昏脑胀！"此外，不管你与一伙教士随意接触的时间有多少（这些教士在生活中都表现得相当值得尊敬，并与
161 他们的职责相称），不管你在昔日法国某个神甫的餐桌上用膳的机

① "掠夺者"（pilleur）和"支柱"（pillier）同音。

② 关于"在形象和圣礼上反对那些天上的先知"，可参考《路德文集》（第 2 卷），上海三联书店 2005 年。

会有多小，你都可以立刻洞察到：很大程度上，作为修道士与神甫的拉伯雷的性情就是一种职业的性情，即天主教教士的性情。教士们并不把开玩笑当作一种罪恶，并且当他们随意地、无拘无束地谈论宗教问题时，并不知道某些属于宗教改革者或异教徒的谨慎的节制与畏首畏尾的态度。

我们可以很快断言：阿贝尔·勒弗朗用来支持他指控拉伯雷是个秘密的敌基督者的所有材料，并非都因为这种论证而得到了推翻。在那些被他指出具有倾向性的文本中，值得我们仔细去研究的有两处。其一是《庞大固埃》第八章，高康大写给庞大固埃严肃的家书。家书提出了灵魂以及灵魂不灭的问题，一个在 1530 年前后极富争议的问题。另一则为巴奴日对爱比斯德蒙之复活的叙述，它提出了奇迹的问题。下面，我们还是看看拉伯雷如何说的，阿贝尔·勒弗朗又从中推论出了什么吧！

原注

1 Abel LEFRANC, *Étude sur Pantagruel*, 1922, pp. XLI - XLII.

2 Étienne GILSON, *Rabelais franciscain*, 1924.

3 Lazare SAINÉAN, *La Langue de Rabelais*, II, p. 371 et Raymond LÉBEGUE, *La Tragédie religieuse en France. Les débuts (1514 - 1573)*, p. 77, p. 171.

4 Emile Picot, *le Monologue dramatique dans l'ancien théatre français.* (*Romania*, 1886 - 1888)

5 Viollet le Duc (ed.), *Ancien Théatre François*, II, p. 15. [Eugène Emmanuel Viollet le Duc, 1814 - 1879，法国建筑理论家、中世纪专家。原注为 MURARASU, *La Poésie néo-latine et la Renaissance des lettres antiques en France*, II, p. 15。据英译本改，注 7 同改。——译者注]

6 "把仅余的一座房子点火焚毁的时候所说的 Consummatum est[吃光]一样，圣托马斯·阿奎那吃下一整条海鳗之后也是这样说的。"Tiers Livre, chap. II [协会版《拉伯雷著作选集》第 5 卷], p. 41。

7 "神的话来到我的嘴边：Sitio! [我渴了！]"*Gargantua*, chap. V, [协会版《拉伯雷著作选集》第 5 卷], p. 61。参见 PLATTARD, *L'Écriture Sainte et la Littérature Scripturaire*, p. 273，提到了一篇 *Sermon joyeux de bien boire*[《吃得很尽兴的欢乐布道》]的论文，里昂，1540 年。同时

见 Violet le Duc（éd.），*op. cit.*，II，p. 15："神还给了我们口谕——好好喝！——他对我们说出了这个词：我渴了！"圣职者的这种诙谐流行了很长一段时间。当 du Boccage 女史鼓动以清规戒律闻名的 Passionei 红衣主教，让他说一些奉承她的话时，本笃十四世说：Et homo factus est[他是人造出来的]——也没有人就以此为托辞，说他"故基督"。（Cf. Grace GILL－MARK，*Une Femme de lettres au XVIIIe siècle*，1927，p. 101.）["我渴了！"见《约翰福音》第十九章第 28 节或《诗篇》第六十九章第 21 节；Anne-Marie du Boccage，1710－1802，女性诗人，1767 年入巴黎文坛，有悲剧、诗歌、小说以及书信集若干。Domenico Passionei，1682－1761，生于弗欧索姆布隆（Fossombrone）的外交家、学者、书商、红衣主教；Benedictus XIV，原名 Prospero Lambertini，1675－1758，罗马教皇，在位于 1740－1758 年。——译者注]

8 Félix BOURQUELOT（éd.），*Mémoires de Claude Haton*，I，p. 45，et Lazare SAINÉAN，*La Langue de Rabelais*，p. 371.

9 *Gargantua*，ch. XVIII，p. 157.

10 *Pantagruel*，ch. XXIV（LV，II，p. 253）。那个妇人送给庞大固埃一只戒指，上面写着：Lamah hazabthani[希伯来文：你为什么离我而去]。这是钉在十字架上的基督的悲痛叫喊（《马太福音》第二十七章第 46 节）。关于拉伯雷运用这种表达，参见 PLATTARD，*R. E. R.*，VIII，p. 269。Le Duchat 曾指出这种用法借自 Masuccio；又见 Pietro TOLDO，A propos d'une inspiration de Rabelais，*Revued' Histoire Littéraire de la France*，vol. 11，1904，p. 467。[Jacob Le Duchat（1658－1735），法国文献学家、批评家。其《拉伯雷著作选》（3 卷本）为近代拉伯雷的研究奠定了基础。——译者注]

11 *Gargantua*，chap. I（LV，I，p. 22）. 1535 年之前的 Juste 版（就我们所知的初版）以及 1935 年的 Juste 版（第二版）都有 *Dieu*[天主]，后面则由 *le Messias* [救世主]代替了它（Lefranc 编辑版）。拉伯雷还在"caffars[一些伪信者]"那里加了"calumniateurs[一些诽谤者]"。

12 除了《马太福音》第一章中有基督的谱系之外，《圣书》中还有一些地方有。根据这种形式建立起来的表达提供了同样的题材。《创世记》（第五章）叙述了亚当的子孙的产生（生了该南……生了玛勒列……生了雅列……生了以诺……）。《创世记》第十章还叙述了挪亚的子孙的谱系（古实又生宁录，等等）。——关于拉伯雷谱系中的人物，参见 SAINÉAN，*La Langue de Rabelais*，I，p. 478。

13 Abel LEFRANC，*Étude sur Pantagruel*，1912，p. XXVI："很明显，特来美修道院的修士同他们的创始者高康大一样，都没有听过弥撒。"

14 Cf. Lucien FEFRANC，*Un secrétaire d'Érasme：Gilbert Cousin et la*

Réforme en Franche-Comté. ——"没有感觉的人"(mal sentans)倾向于弥撒,这里有一个强烈反对弥撒的样本;我的文字来自于 Pierre VIRET, *La Vérité cachée devant cent ans*(fol. 6r):"Tant ne se joue chat *à* sa rate-Que le prebstre *à* son Dieu de paste. -Souffle plus tost de cinq surglou-qu'ung mareschal ne forge un clou. Du tours qu'ils en font une sourris-Le mangent après comme chatz souris . . . "

15 "内部共有房间九千三百三十二套,每套又分内室、工作室、更衣室、祈祷室[chapelle],并有门通至一宽大客厅。"(*Gargantua*, I, ch. LIII; Rabelais, *Œuvres*, II, 1912, p. 406)

16 *Gargantua*, ch. VI. [原文为 pantagruel,据语境改。——译者注]

17 VACANT, MANGENOT, AMANN (ed.), *Dictionnaire de Théologie Catholique*, v° Jésus-Christ.

18 "圣约瑟夫之使命的最初对象在于通过真正的婚姻结合,以守护将来神之母玛丽亚的童贞。" *Dictionnaire de Théologie Catholique*, v° JOSEPH, col. 1511.

19 《路加福音》第一章第 42 节:βρέφος ὲν τῆ κοιλία[胎之实〔腹中待产的婴儿〕]。

20 Henri CLOUZOT(*R. S. S.*, IX, 1922, p. 219)为在[协会版]《拉伯雷著作选集》(*Œuvres*)中未能注意到这种不虔诚的叙述而表示遗憾。这是 J. -B. Bossuet(1661 年 3 月 3 日)睁开眼展开的一次布道;说教者谈到"他先是通过听觉怀上神子的。"什么? 他忽视了《约翰福音》的开头吗? 教义不是说,她在道的作用下才受胎的吗? 更不用提其他的一些段落了。Gaude Virgo, mater Dei, quae per Butera concepisti ? [哦,圣母童贞女,欢乐吧,汝经耳受孕]——其他一些文献呢? 耶稣的受胎、玛丽亚的妊娠:这是两件明显不同的事情,我们还是不要混淆了。

21 Pierre-Paul PLAN, *Bibliographie rabelaisienne. Les éditions de Rabelais de* 1532 *à* 1711, n° 4, pp. 9 - 14.

22 关于伊拉斯谟放肆的诙谐,参见后文下卷,[第一部]第三章。

23 Ludovico Guicciardini, *Hore di recreazione*, 1594, p. 108.

24 圣保罗说:"信[仰]就是所望之事的实底,是未见之事的确据"(《希伯来书》第十一章第 1 节)。——这绝对是一种古典的说法。它促进了 16 世纪一大批作者谈论信仰。例如参见 Guillaume Postel 之《圣灵的作用共 2 卷》(*De rationibus Spiritus Sancti lib. II*)第 2 卷第 1 章,标题为"*Fides*[信仰]"。文章这样说(f° 26 v°):"Est, inquis, fides sperandarum substantia rerum, argumentum, non apparentium. [信仰,汝言,所望之事的确证,未明之事的确认。]"

25 *Pantagruel*, XVII; 1533 年 Juste 版的段落, p. 61(RABEKAIS, *Œuvres*,

éd. Abel Lefranc，IV，p. 206)——“你呢，最后也是要埋掉的；那么，哪一样更舒服呢，是吊在半空里呢，还是埋在土里呢？啊，真笨！耶稣基督不就是被吊在半空里么？”

26 Plattard，*R. E. R.*，VIII，p. 273.

27 这个主题频繁出现在奥卡姆那里，作为方济各会士的拉伯雷自然没有忽略这一点：天主可以做他想做的事；因此，只要是让天主高兴或者憎恨，偷他邻居家以及奸淫，等等，这些都值得赞赏。——奥卡姆不是加尔文所喜欢的那种“狗”，“希望摧毁宗教”。[奥卡姆(William of Occam，1285？-1349)，英国学者、唯名论者。早年入方济各会，1328年遭教皇革除教籍。——译者注]

28 致Martin Hanoier书简。HERMINJARD，*Correspondance des Réformateurs dans les Pays de Langue française*，II，nº 214.

29 *Pantagruel*，chap. I. Cf. Abel LEFRANC，*Étude sur le Gargantua*，[《拉伯雷著作选集》第3卷] p. XLII.

30 J. DENIS的翻译，*De la philosophie d'Origène*，p. 39。——那些没有读过Origène的人只要读读伊拉斯谟就好了。参见Jean Baptiste PINEAU，*Érasme, sa pensée religieuse*，pp. 111-112 et 113。

31 关于翻译以及由翻译引起的一些事，参见Augustin RENAUDET，*Préréforme et humanisme à Paris pendant les premières guerres d'Italie*，p. 618。

32 ORIGÉNE，*Origenis Adamantii operum tomi duo prieres cum tabulis et indice generali*. Cf. BAUDRIER，*Bibliographie lyonnaise*，VI，171. 以及Lucien FEBVRE，*Origène et Des Periers，ou l'énigme du Cymbalum Mundi*。

33 梅兹商人Philippe de Vigneules在《新故事百篇》(*Cent nouvelles nouvelles*)中有类似的故事(Ch.-H. Livingston，“Rabelais et deux contes de Philippe de Vigneulles”，*Mélanges offerts à M. Abel Lefranc*，1936，p. 22)。另外，还有同样的一些，见Henri Estienne，*Apologie pour Hérodote*，II，242。Estienne也是从伊拉斯谟那里借用的，其中提到了《说教集》(*Ecclesiastes*)第3卷。他述及了莱切(Lecce)的方济各会士Caraccioli的滑稽故事。[Philippe de Vigneules，1471-1527？，法国商人；Roberto Caraccioli，1425-1475，意大利布道士，著有《人的形成》等。——译者注]

34 Arthur HEULARD，*Rabelais，ses voyages en Italie，son exil à Metz*，p. 178，n. 2.

35 Bonaventure Des Périers，*Œuvres Françaises*，II，p. 320. 除了Des Périers，我们还可以在说教集中读到其他一些例子。参见Olivier

Maillard，*Œuvres françaises*，*sermons et poésies*，passim 尤其见 p. 104：Maillard 责难了那些“aspectibus impudicis et procacionibus effrenatis sacra Dei templa et aedes tanquam publica prostibula meretricum, prophanant！［外表上无节制、欲望无穷、放荡不羁，好像神的圣寺院以及神殿都是他们公共的放浪场所］”的人。

36 ÉRASME，*Opus Epistolarum Des. Erasmi denuo recognitum et auctum*，t. I，p. 165.

37 关于这个主题，参见 Joseph NEVE，*Sermons choisis de Michel Menot*，*1508－1510*，1924。

38 Abbé Alexandre SAMOUILLAND，*O. Maillard*，*sa prédication et son temps*，1891，pp. 156－157.

39 “Soli caffardi eas predicaverunt cum infinitis mendaciis，ut populum decipiant；qui saepe surit parvi diaboli quando sunt in taberna，quia non est quaestio nisi de luxuria，de ludo，etc.［只有假冒为善者无数的谎言才能使宽恕得到实施，这些谎言也只是欺骗劳苦大众而已。他们在酒馆里是恶魔，因为对他们来说，这是放荡、自我赎罪的问题，诸如此类。］”（NÉVE，*Sermons choisis de Michel Menot*，p. 259，n. 1）——拉伯雷还没有尖刻到这种程度：“Omnes abusus hodierni sunt in templo. Si quis vult tractare de mercantiis，de luxuria，de pompis，veniat ad ecclesiam.［今天的每一种谬误都存在于寺院中。如果你希望协调这些商业、奢侈、放荡——去教会吧］”（*Ibid.*，p. 260）

40 A. MÉRAY，*Les Libres prêcheurs devanciers de Luther et de Rabelais*，I，pp. 132－133.

163 # 第二章　高康大的家书及灵魂不灭

我们知道，高康大写给庞大固埃的家书是文艺复兴时期的壮丽宣言，文艺复兴也因为有那么多光芒而显得分外醉人。拉伯雷的所有作品中，没有哪篇比家书更著名的了。

家书的开头充满了宏大的哲学与道德显影。整体上考察，高康大的书信确实有些长，但它气势恢宏、文采飞扬。只有天主知道评论家——他们可能被拉伯雷书信的光芒所迷惑——在这些书信中读出了什么且将那些无关的放入了其中。杜萨纳就题为《高康大致庞大固埃的家书》告诉我们[1]："它的第一部分本质上具有宗教与哲学的特征，一方面与基督教信条有关，同时又与因信称义这种新教教义相关；另一方面，它还与蜕变的柏拉图理论相关——柏拉图在其许多作品中都暗示过这种理论。"基督教信条；因信称义；蜕变的柏拉图理论；还有其他的吗？毋须多费苦心，我们还是看看能从这个著名的篇章中找到什么吧。

一、著名篇章的意义

我们还是先翻译下这篇文字。毋庸置疑，它是用法语、优美的
164 法语写成。我们还是把它译成文采不那么飞扬，但更易于我们直接理解的语言吧。顺便说一下，这是一次很好的练习：我们不能一提到翻译不易理解的古老文献，就打退堂鼓。[2]

高康大在送他的爱子庞大固埃去学校时，劝勉他"多学有益"［《庞大固埃》第八章］。为了激起他的学习热情，为了能让他以饱满与持续不懈的精神投入到书本中，就像干柴中的烈火一样，高康

人用自己的一颗宽厚的心中最深的情感，即一个杰出的父亲激励出身良好的儿子应有的爱与感激之情，来感召庞大固埃。既然高康大是芸芸众生中的一员，即作为亚当的儿子，因为他第一个父亲的过错而痛苦地失去了上帝造亚当时赋予人类的不死之权力，所以他必然会死。死亡是对亚当与夏娃之过错的惩罚。[3]这确实是一种严厉的惩罚。庞大固埃应该想方设法缓解其父死亡时的痛苦。因为造物主剥夺了堕落万物的生命，剥夺了万物享受永生的权利，尽管这种永生是相对的，但仍令人神往的，因为造物主大发善心，保证他们的孩子在相貌上与父母相像。因此，当他父亲的灵魂出窍时，庞大固埃并不只满足于让其父幻想自己的肉体（corporelle）与体格（physique）将继续存在；此外，他还努力地理解其父的灵魂反影、“闪烁之光”。这样，高康大对死亡的自然恐惧就会得到缓和，并且用令人快慰的思想慰藉自己，即在地球上，将有另一个他延续自己的生命……

这就是十分公正与仁慈的造物主的意愿。为了缓解死亡惩罚的严酷性，他希望几代人生死轮回，通过几个世纪，使祖辈的生命在孙辈中得到延续。这种轮回在末日审判那一天就会结束。接着，就是一场净化世界的大火，吞噬易于堕落的躯体与罪恶的种子。然后，死亡——罪恶之果及其惩罚就将中止。再接下来，生育——死亡之果及其权宜之计——也将告终。[4]一些因子也不再嬗
变；除了一代接一代与接连不断的堕落，它们没有别的目标。我们 165
有必要回忆一下拉伯雷之后的龙萨，确切地说，是他给拉伯雷写的墓志铭[5]：

如果“自然”可以
在腐尸上使万物受生
如果一代人
生于堕落：
葡萄树将发芽分枝
大师拉伯雷大腹便便

经常畅饮
在生命中的日日夜夜……

这些因素之间的战斗将告终。和平将彻底、完全地统治宇宙。天主圣父将派耶稣为救世主来到这个世界。这些清晰的观念，都在致庞大固埃的家书的第一部分，以一种优美的语言表达出来了。它们来自哪里呢？主导这几页文字的精神又是什么呢？

* * *

一代代的人在堕落中产生，因子也在嬗变，因果在产生巨大的循环：读到《庞大固埃》中的这个神秘的、优美的篇章时，许多读者与评论者所见略同，这令人惊奇吗？拉伯雷，这位点亮命运黑夜的巨人，在这里用优美的语言表达了"科学哲学中的普遍概念"①[6]。

不完全是这样的，我们也毋须为此论证。吉尔松明确地指出：我们没有必要到这个巨大的篇章中，去寻找伟大的医学家、研究者与热情的自然崇拜者的原初想法，他还依靠孤独的冥想及经验构造出了一种高贵的、雄心勃勃的自然哲学。这篇棘手的文章中最具吸引力的段落只不过华丽地诠释了"一种特定的神学或中世纪的观念，即末日审判之后的世界状态"。总体而言，家书的第一部
166 分只不过包含了所有神学家都熟悉的一系列观念。不仅如此，这些观念还为所有信徒，即 16 世纪 30 年代那一代法国人所熟知。

这些在我们看来如此富有科学思考的表述，可以在圣托马斯与圣波纳文图拉的文章中重新找到。艾蒂安·吉尔松曾将它们提出来加以讨论。他也援引了一些医学家，一些伟大的医学家[7]……于我而言，我希望人们允许我引述一些流动商贩……这里有一本流行的小册子，由在十字路口摆摊的书商、沿街叫卖的小贩与游移不定的采购商销售。这是里昂的出版商每年印刷的成百上千的小册子中的一本。我注意到：博德里尔曾指出，这本小册子出版于 1533

① 应该是"一个普遍秩序下的科学哲学的概念"。

年，由奥利维尔·阿尔努印刷。阿尔努是里昂的两大“通俗语言[法语]”书籍出版商之一（另一个为克洛德·努里，《庞大固埃》的出版商）。小册子的复本仍由阿尔努印刷出版，现藏于[巴黎]国家图书馆（藏品整理号：Rés. D 80054），出版的时间是1537年4月。让我们来读读它那又长又明晰的标题：《来世的前兆，包含三篇小的文章。第一篇揭示了死亡如何首次来到人世。第二篇谈论已死的灵魂，以及天堂间的差别。第三篇讲述末日的灾难、身体的复活以及审判的时间等，无人知道审判到底是哪一天》（*La prognostication du Ciècle advenir, contenant troys petits traictez. Le premier détermine comment la mort entra premièrement au monde. La seconde parle des ames des trespassez. Et de la différence des Paradis. Le tiers, de la dernière tribulation. Et de la résurrection des corpz et quel le temps du Jugement, et le jour nul homme ne le sçait*）。[8]这些正是高康大的家书开头部分所关注的。任何想要浏览博德里尔著作的人，浏览这个等待探究的巨大宝藏——这里面蕴藏着取之不尽的散乱的书籍文献——的人，都会在伯努瓦·吉勒博①简陋的小册子中找到一些宝贵的评注，它们与拉伯雷的作品有关吗？[9]

死亡首先如何随着亚当的原罪进入人世，正如《罗马书》（第五章第12节）中那个著名篇章中所说的那样；人是如何“不会死，如果他当初不愿犯下原罪的话”，而是“享有天使般的灵魂不灭与受祝福的永恒”；审判趋于圆满结束时，我们见过的他如何“以人性的形式，让我们看出他的神性”；他将如何把“他的王国献给天主圣父”；末了，是通过何种火灾，通过何种不可思议的、超自然的热量 167
将整个世界烧毁殆尽——这些正是庞大固埃高尚的父亲在他的家书提及的问题。[10]

---

① 伯努瓦·吉勒博（Benoît Gillebaud，？-?），16世纪中叶人士。著有《来世的前兆》。

* * *

拉伯雷的小说中还有另外一个优美的篇章，可供我们通过比较来估量传统基督教神学之要素的数量及重要性，这种基督教在其中受到了频繁的讨论。拉伯雷在《第三部》第八章中再次讨论了灵魂不灭这一主题，他所说的这种灵魂不灭是通过生育来确保的。巴奴日说道："你看，自然一旦生产了植物、树木、灌木、花草和植虫，就不管时代的变迁，个别的死亡，一定使它们永远相传下去，品种不灭，并奇妙地使它们萌芽、结籽，永不绝根。"脆弱与赤裸的人类，并没有植物那么幸运。他不得不靠锻造武器来保护自己。保护自己这项工作从何处开始，可见之于同一章开头的标题《裤裆如何变成了战士的首要武器》。拉伯雷以一种粗糙的医学手法解释道："因为那里正是延续人类萌芽的神圣所在地"。

没有什么比把《庞大固埃》1546 年版中的这个篇章与 1532 年版的相对照更有意义了。如果我们没有完全弄错的话，阿贝尔·勒弗朗关于拉伯雷早期无宗教信仰的论点将得到完全颠覆！确实，两个版本中的基本观念都大同小异。不过在 1546 年，拉伯雷并没有陈述基督教神学的平庸之处。他从亲近理性主义者的作家老普林尼那里移位了一个著名篇章。"移位"(transmigrer)是个恰当的词，因为在《第三部》中，拉伯雷的乐观主义代替了普林尼的悲观主义。[11]在典范的启发下，可以说，他把人类融入自然。他把人类与植物类、植虫类比较；他把人类重置于天主创造的万物的行列
168 中，纳入万物这个普遍范畴；基督消失了，天主隐退，个体的人代替了人类；这不再是造物主大发慈悲，缓解个人苦难的问题。这一次，我们面对的是"科学哲学中的普遍概念"。这些篇章不再受 1532 年的精神主导。1532 年的精神充满了宗教的传统论与正统派信仰，至少从字面上来看是如此。[12]

因此，使高康大家书的开头部分晦涩难懂的那种涵义已经变得没有疑义了。不过是否有人敢断言：为了正确地诠释这个富有争议的篇章的晦涩部分，知道整个篇章表达了一种完全世俗与亵圣

的哲学和科学信念，还是一种确实的基督教教义，是无足轻重的？[13] 事实上，如果阿贝尔·勒弗朗事先知道了那些由吉尔松提出来供讨论的文字，他可能就会犹豫是否在高康大家书中找到了确凿的证据：拉伯雷在1532年不再是基督徒，因为他排斥"基督教信条中的灵魂不灭"。

二 否定永恒的生命

你看，那些对拉伯雷作品作出评论的博学家告诉我们（勒弗朗的《导论》，第XLIV页），你看：拉伯雷并不像《来世的前兆》的作者那么明确，也没有论述"已死灵魂"的命运……"灵魂不灭的观点并没有在这篇长文中显露出来。稍加仔细考察，就会发现文章中对末日审判的影射似乎非同小可。实际上，它既未暗示永恒报答，也未暗示永恒惩罚……只要斟酌一下这些词，人们便会立即确信，拉伯雷没有秉承生命永恒这一基督教信条。拉伯雷唯一确认的灵魂不灭是完全相对的，它源于精子的繁殖"。

拉伯雷是否真的在目前讨论的这篇文章中排斥了灵魂不灭的观念呢？这并不是吉尔松的观点。[14] 他注意到，死后灵魂的继续存在这一观念确实没有用实证式与教义式的术语表达出来，"人们可以因此认为拉伯雷排斥了这些观念。不过要持这样的观点就应该 169
解释：第一，没有复活，末日审判将会怎样；第二，如果灵魂不是不灭的，那么耶稣基督呈现给天父的世界将会怎样；第三，如果人类没有变得不易堕落，后裔的中断又意味着什么，因为拉伯雷提醒我们，除了补偿死亡，没有其他的原因可以解释这一点了。拉伯雷在灵魂不灭一事上三缄其口，最简单的解释就是它隐含在文章的字里行间，至少人们不愿承认他的言词没有任何意义。"有这个论证本身就已经够了。既然提出的问题是如此重要，提出的解决方案是如此富有成果，因而补充证据来支持这一论点也不是徒劳无功的。我们并不是在为一篇文章作辩护；我们只是想将一些晦涩的问题弄得清楚点。哪些论据最令人费解呢？它们分为两类。首先是因为他没有说的话，阿贝尔·勒弗朗指责沉默不语的拉伯雷；其次是因为拉伯雷说的话，他又指责说话的拉伯雷。

拉伯雷沉默不语。拉伯雷无需在 1532 年借高康大之口，说："我相信灵魂不灭。"不过如果在 1535 年，他以自己的声音说出来了，会如何呢？如果在 1535 年，《庞大固埃》出版后的第三年，他整整写了一页专门、明确地论述个人的灵魂不灭，又会如何呢？一些长期流传的版本中可以找到这些文字，例如雅内（Jannet）、玛尔提—拉弗沃、莫兰（Moland），或克卢佐（Clouzot）的[15]。它出自一部《1535 年历书，盘算于高贵的城市里昂，由上述的里昂大医院医生、医学博士弗朗索瓦·拉伯雷大师著》（*Almanach pour l'an* 1535，*calculé sur la noble cité de Lyon*，*par maistre Francoys Rabelais*，*docteur en médecine et médicin du grand hospital dudict Lyon*）。这部历书现已遗失。但安托尼·勒鲁瓦①在他的拉伯雷生平手抄本中为我们保留了一份珍贵的节选。

《庞大固埃》的作者起初就让他的读者回顾灵魂不灭的证据之一，即由亚里士多德在《形而上学》中提到的："人类本性上有求知的欲望。"
170 不过，他们的欲望并不能在短暂的一生中得到满足，因为（拉伯雷引述《传道书》）"万物满有困乏，人不能说尽。眼看，看不饱；耳听，听不足。"②自然"从来不是毫无理由地，也不是根据特定欲求，也不是根据我们有时不可能获得的欲望来造万物。"因此，必然"另一种生命就会来临，其中的这种欲望就会充分地得到满足"。[16]当然，拉伯雷并没有一本正经地陈述："善良的人啊，这个证据是不容置疑的。它消除了所有疑虑，赢得了众人之心。"不过身处其位，谁会这么说呢？是否曾有哲学家相信且声称灵魂不灭的"证据"是十分可靠性的——我说理智上的而非信仰给予的可靠性？此外，要注意以下两件事。

拉伯雷补充道："我说，我看到你热切、专心地想知道我在 1535 年的状况与倾向。如果你想完全满足这种狂热的欲求，你最好希望（如圣保罗在《腓立比书》第一章说的那样：'情愿离世与基督同在'③）你的灵

① 安托尼·勒鲁瓦（Antoine Le Roy，？-？），17 世纪上半叶教会人士，曾获拉伯雷赏识。

② 《传道书》第一章第 8 节。

③ 《腓立比书》第一章第 23 节：Cupio dissolvi et esse cum Christo。

魂能冲破尘世肉体的黑色牢笼，与耶稣基督结合。那时，人类的所有激情、爱义与瑕疵将会中止。因为有了他，就会拥有所有的善、知识与完满，正如大卫王在《诗篇》第十六章中歌唱的那样：‘我醒了的时候，得见你的形象，就心满意足了。’[①]否则，预言它就会让我感到不舒服，正如你简单地把信仰加于其上一样！”这是一篇十分重要的文字。拉伯雷把他谈论灵魂不灭的话与他特别钟爱的理论结合在一起。1532 年至 1535 年间，无论是在他的小说还是在他的历书中，他曾以不同的形式反复提出这一理论。这一理论便是无法预测未来事件，特别是通过占星术预测。拉伯雷对待占星术的态度最坚定、最理性。关于这个问题，弗朗索瓦大师提供的解释既有力又绝对真诚[17]。他在经过认真论述的问题的断言之上，添加了关于灵魂不灭的论争。显然，这是一种对该论争有利的推断。确 171
实，人类的任何言语都可能从谨言或谎言中推论出来，但 1535 年的文章是以拉伯雷自己的名字刊行的；这篇文章用来支持拉伯雷特别钟爱的一篇文章；人们不能仅凭日期就怀疑这篇文章是为了回应稍后那些指责而巧妙地拼凑出来的；这篇文章至少防止我们下这样的结论：拉伯雷在死后灵魂继续存在这个问题上，试图保持所谓的缄默。亨利·埃蒂安纳也早已指出它的后果：依巴奴日之父之见，“我们所读到关于生命永恒的一切文字只是用来欺骗那些可怜的白痴，同时用无谓的希望来滋养他们。”我们还是谨慎一点，先别说拉伯雷的“意见”。说他在其著述中对灵魂不灭这个严肃问题三缄其口，那绝对是不正确的！

* * *

此外，看到拉伯雷在《1535 年的历书》中提及灵魂不灭的心理学证据，是不是有点出人意料呢？——这个证据所假定的疑问是否使我们偏离他的定见呢？——人类被创造出来单单就是为了尘世的生活？难道他自身的构造没有证明一种更高级的用途？难道我们就没有通过观

① 参见和合本《诗篇》第十七篇第 15 节：Tunc satiabor, cum apparuerit gloria tua。

察生活觉察到，就像帕斯卡说的那样，人类是为了无限而造出来的？人类所做、所感与所梦的一切，是不是混合着某种永恒的观念呢？为什么给他翅膀，既然他不会飞向天空，不会到布满星辰的苍穹，

到达布满星辰的天空。

为什么他会有羽翼的“哲学”之躯，它高悬在充满湿气的乌云
172 上，天界的审判官就是在这里注视帆帆点点的大海、伸展开的陆地与亡灵的住所[18]？吉尔贝·迪谢在 1538 年之前，明确地写了一篇献给拉伯雷的诗文（《致拉伯雷的哲学》[*Ad Philosophiam, de Francisco Rabelaeso*]）。正是迪谢唤起了哲学思辨，带动他的信徒横扫苍穹；拉伯雷处于最前列。[19]

圣明的智者，拉伯雷，尊贵的王子
处在研究的前沿……①

事实上，拉伯雷的作品中并不乏与 1535 年的段落相关的文字。1535 年之后，甚至在《第三部》与《第四部》中还可以找到一些段落，它的写作时间可以追溯到（如果我们相信诠释者的一致意见的话）比最初时更远离教会传统解答的时候。我们还是回忆一下《第三部》（第十三章）在论及身体沉睡，灵魂醒着的精彩片段吧。我们阅读这则片段时，怎能不想起莱奥纳德·达芬奇？[20]是他不停地唤起停留在人类身上的欲望，这种重新找到他真正的祖国（ripatriarsi）并且回到原态的欲望？“这是飞蛾扑火；人，有一种无休止的欲望，带着一种快乐的焦虑，永远在期待新的春天、新的夏天，永远期盼新的岁月，并且觉得所愿之事总是姗姗来迟；人并没有意识到他同样也在期待自己的死亡；不过这种欲望是灵魂的精

① 参见尾注 19：“In primis sane Rabelaesum, principem eumdem/Supremum in studiis diva tuis sophia . . .”。

神，是人类心灵的精华，它总是渴望回到由他放置的肉身。”这是莱奥纳德之语。拉伯雷呢？当肉体睡觉，“体内诸器官的消化作用圆满完成工作时，”灵魂觉得自己处于自由状态，因为在肉体“睡醒之前，灵魂无事可做。”灵魂就立刻“今尽情地展现自己，就会快乐地回到老家天国里去游散一番。在那里，灵魂会恢复它原来灵性的本能，观察那无限的和智力的圆球……球的中心面向宇宙各处……球的周围不在一处停留……”①佛罗伦萨艺术家—哲学家与 173
都兰的修士—医生所说的这些话并不一样，它们思维方式也不尽相同。不过，语气没有一致之处吗？从拉伯雷的这些著名片段（而非莱奥纳德的篇章），人们有什么理由只能看出假冒伪善或卑鄙的答丢夫②？对于伟大的意大利人正如对伟大的法国人而言，人的真正目标在于思想。思想是解放者，把我们从粗俗的愉悦和幻象中解放出来，这就从根本上回应了我们本性中的高贵。这种观念在达芬奇那里是如此强烈，在拉伯雷那里也毫不逊色，后者经常描述出研究时的狂喜之情。[21]在卡隆达·勒沙朗转述出来的，确切地说是由阿贝尔·勒弗朗[22]揭示出来的一次奇异的哲学对话中，拉伯雷公开主张如此崇高的、关于“至善”的教义，它与满足对知识、人类的苦难与伟大的热切欲望相一致。然而我们仍然有必要回忆一下《第三部》（第二十一章）中的法兰西老诗人拉米那格罗比斯，如何在弥留之际专注于理想，任何讨厌的卑鄙行为都不能阻止他冥思理想的宁静美：“去吧，孩子，愿天上伟大的神灵保佑你……今天是五月末的一天，也是我的末一天，我费了很大的气力，经过许多周折，才把一大群的鬼怪恶魔从我家里赶出去……，它们把我从宁静的思想中拉出来，而我正在宁静里观望着，并且已经摸到、尝到善良的天主给他的信徒和他挑选的人在另一个世界里所准备的、永生永世也享用不完的福气……”

如果这个篇章并没有明确指出个人灵魂不灭的教义，如果从庞

① 费弗尔这里所引，以及引达·芬奇之语，与原文有异，但大意未改。

② 法国剧作家莫里哀所作同名喜剧中的人物。答丢夫一词已经成了“伪君子”的同义语。

大固埃、拉米那格罗比斯与高康大的口中(正如我们所见),同时我还得加上,如果从1535年医学博士拉伯雷的口中,没有说出一种对死后灵魂的继续存在的明确确定,以及享受天主为他的选民们“在另一个世界里所准备的、永生永世也享用不完的福气……”,那么,实际上肯定是因为拉伯雷的法语不是一般地难以理解。

174
三、16 世纪的心理学:灵魂

因此,拉伯雷在灵魂不灭这个棘手的问题上并非如人们所称的那样三缄其口。无论如何,他说了,甚至说得太多了。文本中充满了那么多故意的缄默,难道没有遗漏几个词,而它们又可以说明问题?让我们来重读一下这段文字:“因为依照他掌管的一切,调度一切旨意,我的灵魂脱离肉身的时候,不再会认为我是完全死去(如你,我的孩子,你在精神上,同时在相貌上都与我相像),而只是从一个地方走到另一个地方[23],因为在你身上以及你的行为上,别人依然可以看到我的形象活在那里。”①完全死去:这条“狗”也如此承认,人会完全死亡。多么直白!

或许这是一种坦白,不过从哪方面说呢?发问之前,我们先自问一个基本问题不会是徒劳无益的。1532年,拉伯雷与他同时代人,尽管学派、意见、教义有所分歧,在人类灵魂上这一问题上有何共识呢?我说的不是死后灵魂的命运,而是首先说它的本质和构成。

* * *

不言而喻,拉伯雷不会教条地将他对灵魂的思考告诉我们。他在许多地方参考了一种众所周知的灵魂概念。有了这个固定的导向标,我们就可以轻易地重新构建出他推理的惯常路径。这个概念没有独创性,也不带神秘性,只不过是当时的医生借助古人——特别是亚里士多德与加伦——构造出来,供大家共同使用的。我们

① 《庞大固埃》第八章。

知道，那个时代的医学实际上是教理性的，而非首先是实验性的；医学是建立哲学的基础上的。毋须走得太远，这个概念是蒙迪迪 175
耶（Montdidier）的让·费内尔①在他所处的世纪甚至随后的整个世纪中宣传、推广的，他是当时医学家的伟大典范，是拉伯雷的同代人。[24]

翻开《第三部》第十三章与第三十一章，我们就可以找到一种清晰的精力理论②。继加伦之后，文艺复兴时期的学者们都一致运用这一理论。自然，费内尔在《生理学》[25]中也应用了该理论。他认为，三类漂浮不定精力，分别联接身体的不同部位：自然精力（esprits naturels），是由肝脏产生的，它在静脉中循环；生命精力（esprits vitaux）或经过心脏的热量升华的自然精力，它在动脉中循环；末了，动物精力（esprits animaux），或通过大脑下面奇妙的神经丛与空气发生接触而转换后的生命精力，它在神经中循环[26]。与这种分类对应（也像 16 世纪的精力分类一样得到普遍认同），灵魂同样也分成三类。灵魂首先是生命的本源，是活着的肉体之功能的本源与起因，正如费内尔（后来还有许多人）所称：所有的肉体、所有的生物都灵魂，它按特定的需要，被分成了几个部分。植物有自然的灵魂（l'âme naturelle）；动物有感觉的灵魂（l'âme sensitive）；人类把这些较低级的灵魂与一种本质上更高级的灵魂相合并，于是就有了专属于他的灵魂，即知性的灵魂（l'âme intellective）[27]。费内尔向我们展现了它们如何在人身上接连出现：胎儿期，出现了自然的灵魂；儿童期，出现了感觉的灵魂，它留住并合并了自然的灵魂；最后，成年期，出现了知性的与理性的灵魂，同样，它也吸收了感觉的灵魂，本身还包含了自然的灵魂。这就是灵魂的整个等级构造，从自然以及最低级的自然功能开始，直到天主以及神圣的沉

---

① 让·费内尔（Jean Fernel，1497－1558），法国天文学家、数学家、医学家。生于亚眠附近，1530 年获医学博士学位。亨利二世的宫廷医生（physician）。

② Les esprits（或译元气），一个旧医学概念，也是经院哲学的一种虚构。拉丁文对应为 spiritus（物质性的风或酒精之类）。似可与道家的“精、气、神”之说相参较。

思。但是每跨越一个阶段，吸收与同化也就开始了[28]。正如动物的灵魂，即感觉的灵魂，它不仅掌控了与植物共有的功能，还掌控了动物生命所特有的功能，同样，更高层次的灵魂，即人类知性的灵魂，它可以同时以自然的、感觉的与知性的模式展示它的能量……

176 死亡时又会发生什么呢？植物之植物的灵魂与动物之感觉的灵魂，与促成生命现象的植物和动物生死相依。“因为它们的组合是从物质性的、会灭亡的事物的功能和属性中抽象出来的”，因此，它们(灵魂)也像事物一样是物质性的、会灭亡的[29]。灵魂在人体上又会如何呢？我们曾把让·费内尔当作导师，我们还是追随他到底吧。他是基督徒的导师，完全属于正统派信仰，他的这种信仰从未受到任何人的挑战。他现在处在十字路口，同时代的所有人都在这个十字路口犹豫不决。也许，在死亡时，人的灵魂自行分割，每一部分都有了自己的归宿：自然的灵魂、感觉的灵魂都消亡了，因为它直接依附肉体，并且存在于肉体内，与被它赋予生命的物质共存，实际上它是肉体不可或缺的一部分。相反，知性的灵魂并不会灭亡，因为它来源于外部。它居守于肉体中，就像船舶中的领航员，或者根据费内尔细致的思维来看，就像在工房中做工的工匠[30]。不过我们很难构想出一半会死、一半不死的灵魂！将灵魂想成是双重的也是不慎重的，它的单一性必定隐含着它的不死，因为一种简单的物质既不能通过溶解，也不能通过湮灭而消亡！最后赋予人一种能动的、知性的不死，一种“非个人的、绝对的、独立于个体但又有个体的参与”的不死，这样做是虚幻的。其余一切，其余那些准许人们说“我”，并且把这个“我”与其他人的“我”区别开来的那些东西，都注定要消亡！因此，灵魂的单一性这个基本原则应该首先得到保护；费内尔尽其所能地这样做了。对他而言，知性真正地吸收了那些较低级的灵魂。人类不再有独特的、自律的灵魂；只是有一些能力，它们是人类真正的、唯一的灵魂——知性的灵魂——与肉体之间的媒介。这些能力不是灵魂，而是灵魂的工具；它们也不是肉体，而是肉体的动因；它们为费内尔主张人类灵魂

的单一性与单纯性提供了支持：人类灵魂在本质上是知性的，根本 177
不需要通过肉体将它提升到直觉和对永恒真理的沉思上，它逃脱了低级灵魂终有一死的命运；它决不死亡[31]。

谁看不出这些半动物、半非物质的能力是一种计谋，是一种伎俩[32]，它们还提前担当了先辈们著名的“塑介体”①的角色？拉伯雷的所有同代人以及拉伯雷自身都处于这种难以应付的两难困境中，不知道如何抽身。只有亚历山大式或阿威罗伊式的亚里士多德评注者经常是个例外；他们坚持己见，相信个人灵魂的完全湮灭；他们还主张虚幻的连续性只是对能动的知性有益，而它们却被置于人体之外、天主身上，因此灵魂不灭只不过是天主的永恒。至于换一种说法，同时主张灵魂的所有构成部分都总体不死，那是不可思议的。“将人的灵魂看成是人在死亡时局部地从肉体中分离出来的……这是那个世纪的神学家与哲学家的普遍观点。”这一判断是我们从培尔的《辞典》[33]中得出来的。这部《辞典》中有神奇的一页，它向我们展示了纳伐尔的玛格丽特在她的某个侍女弥留之际，观察她的灵魂是否会伴随着一些声响或摩擦音而出窍。

如前所述，我们追随了费内尔。我们也可以追随与他同时代的其他任何人，同样也可以在他们那里找到这种观念，这种传承下来的、两个层次、不同生死的灵魂的观念。它无处不在，甚至在剧院的舞台上，在悲剧演员的口中。

> 三种特性深植于我们，供养着我们
> 培育我们的生命，使我们保存活力：
> 精力[Esprit]、灵魂[Âme]、阿力玛[Anime]。如果一者离开
> 生命都将戛然而止……[34]

① “塑介体”(médiateur plastique; plastic medium)，由英国哲学家、新柏拉图主义者克德沃斯(RalDh Cudworth，1617－1688)提出。它的提出推动了无神论思想的展开。

178 夏尔·图坦(Charles Toutain[1510? -1590?])在《阿迦门农的悲剧》(1557 年,第 31 页背面)中如是写道。阿力玛是个生造的词,一个独创思想家、一个(如我们所见)指责拉伯雷的不信教的人,即纪尧姆·波斯特,也运用了该词。实际上,尽管他的教义可能更复杂一些,但它与费内尔的教义并无差别。人们可以在他的《新世界女性的三重奇异胜利》(*Très Merveilleuses Victoires des Femmes du Nouveau Monde*, 1553 年)的开头部分找到关于这一点的概括[35]。除了肉体之外,每个人身上还有两个部分:一种为较高级的,即阿力母斯[Animus]①,法语中称为阿力玛[Anime:生命];另一种为较低级的,即阿力母[Anima],法语中称作阿玛[Âme:灵魂]。除此之外,"我们周围还有阿力玛、灵魂与肉体、精力[Esprit]以及精神[Mente]发展着,一者照亮阿力玛,另一者照亮灵魂。哲学家同时还把能动的知性与潜在的知性包括在内,一者使真理知识铭刻于心,犹如光为眼睛呈现可见之物;另一者把铭刻于心的知识守卫好,犹如空气通过光使物体呈现出来……"这样,灵魂就"依附肉体,并在血液中形成。由天主创造的,并与灵魂联为一体的阿力玛是永恒的,犹如地球的元素与水一样。精神[Mente]或较高级的力[Vertu],或能动的知性,对应于火,与阿力玛联为一体。精力[Esprit],对应于空气,与灵魂联为一体,犹如空气与地球一样。"

有一种体系更为复杂,它带有波斯特的印记。确切地说,犹如在古典的费内尔那里,我们在他那里也找到了一种观念,它认为人的灵魂由异质元素构成(如此地与众不同,以至波斯特毫不犹豫地构造一些新名词来给它们命名);肉体性与非物质性,必死性与永恒性的奇特混合是如此强烈地困扰我们的思维习惯,这难道不令人震惊吗?应该这样说,我们的思维习惯是后笛卡尔式的。培尔曾指出了这一点,他这样说是

① 拉丁语区分了 Animus 与 Anima,将 Animus 看作阳性的,Anima[灵魂]为阴性的,因为精神对灵魂起作用。拉丁人还有一个较为常见的区分:anima vivimus, animo sentimus[凭灵魂我们有生命,凭精神我们有感觉]。这些是中世纪人较为普遍的意见。

对的[36]。在他那个时代，神学家与哲学家都像纳伐尔的王后那样思考；除了笛卡尔主义者，所有人都主张灵魂是一个在者（être），在人死亡时会局部地脱离肉体。不言而喻，拉伯雷并非笛卡尔主义者。与 179
其他人一样，他认为这个小宇宙的"奠基者"的意图就是，人"在肉体中招待灵魂，就像客人暂居在主人家。生命在血液中组成。血液是灵魂的寄居之所。"因此，顺理成章，把灵魂看成是会死亡的：我认为，不管灵魂中的哪部分对应自然的灵魂与感觉的灵魂，它们都不仅统辖着繁衍功能，还掌控着感觉与理性的运用，这些感觉与理性在由感觉提供的数据或唤起这些数据的意象的帮助下运作。

总之，感觉会灭亡的，它包括五种外在感觉与四种内在感觉。忠于圣托马斯遗训的拉伯雷已识别出这几种感觉[37]，即共通感①；想象与理解；推理与决断；记忆与忆念[38]。这并不是一桩小事，因为会灭亡的感觉的灵魂，或灵魂的感觉部分，最终几乎主宰着一切能使人在世上活着、有知觉与活跃的东西……还剩下什么存在？知性的灵魂，或灵魂的知性部分。拉伯雷多次明确地指明了它的永恒。打开《第四部》，翻到那个著名的篇章，就是在这里，庞大固埃指着"由仁慈的上天，仿佛欣喜地欢迎这些善良的灵魂"显示的迹象，在英雄弥留之际说道："我认为一切知性的灵魂都免受阿特洛波斯那一剪刀。它们全都永不死亡，不管是在天使、鬼魂还是人的阶段……"[39]

天使与鬼魂的阶段——因为我们不要忘记了（我们稍后将再次提到）那个时代的人，不单单是拉伯雷，它只是多数中的一个[unus ex multis]，哲学，如龙萨曾反复告诉我们，

认识天使的本质
栖居于空气中的鬼魂
依据力量等级
排座次……

① 共通感（Sensus communis），即一种共同的感觉。亚里士多德用来指涉五种普遍的感觉。托马斯的论述见之于《神学大全》第1集第1题。

鬼魂,创造梦幻;鬼魂,神性的使者,

神性的使者,天主的神性使者
是你给我们迅速带来了神的秘密[40]。

180 四、“完全死去”

留意了这些之后,我们还是回到拉伯雷的那个篇章吧。我们试着澄清它的晦涩之处。文中有两处,或更确切地说,两处表达使得阿贝尔·勒弗朗提出了类似的异议:一处是“移位”或“从一个地方移到另一个地方”;另一处是“完全死去”[41]。

我们还是回忆一下,高康大指出,他的灵魂在他死时“将脱离人类的寄居之所”[42]。为什么会这样呢?显而易见,因为善良的巨人之肉体会死亡,但灵魂不会消亡。人们可以提出异议,说这一点也那么不明显?拉伯雷三缄其口;为什么要让他开口呢?确切地说,在灵魂的命运这个问题上,他想留一些模棱两可的话。他可能写了灵魂脱离了人类尘世的寄居之所,如高康大的肉体;但它脱离肉体并不代表继续存在。乘客在海难中弃船而去,这并不代表他们就获救了;没有什么可以阻止他,随同船只,一起被大海吞没。这是个老生常谈的比较,也因其古老而备显价值。圣托马斯就曾对此嘲弄了一番。不管怎样,比较不是推理;我们还是试着来推理吧。高康大从谈论天主开始。正是天主,万物的最高主宰,确定了他死亡的时刻;正是通过天主的绝对意愿与善意的“悦纳”(plaisir),他的灵魂才脱离他的“寄居之所”。有良知(bon sens)的读者能否想到,如果这个世界上全能的仲裁者直接介入肉体与灵魂的分离(因为它们结合也是他自己的杰作),这样的话,他难道只是为了享受在肉体之外摧毁灵魂带来的悦纳,而他本可以少费力气,直接在肉体中将灵魂与肉体毁灭?这种悦纳将更为出奇,因为这个天主就是末日审判的天主。如果他开始摧毁灵魂的话,他还有什么灵魂可以审判呢?不,我们可以不带侮辱地换种说法:高康

大开始声称，他的灵魂在他死的时候将脱离他在尘世的皮囊，留下 181
一副注定要毁灭的肉身。

高康大又添加了什么呢？只要庞大固埃存在，他就会相信，他在最后的时刻从一个地方移到另一个地方，并不会完全死亡。这是很值得质疑的。因为如果高康大的灵魂并未追随肉体的命运，如果为了继续存在，灵魂从肉体中解放了出来，那么暮年的巨人国王就并不需要有一个儿子，且对他说："我只是从一个地方移到另一个地方"以及"我不会完全死去"。不是庞大固埃的存在，换言之，是（如果他是基督徒的话）他那不死灵魂的存在使得他信心满怀地说："我的死亡并不是完全毁灭。我不会完全死去。我的灵魂不会死。如果我在这里不再作为物质的人而存在，那是为了我能在另一个世界里作为一个精神的人继续存在。"我不认为自己曲解了这两处陈述。相反，我认为我把它们说得更明确了，同时还增强了阿贝尔·勒弗朗向我们述说的话语的力度。他提道："摘录拉伯雷的思想。省略那些令人夸耀的宣告。深入本质吧！那么你将发现我首次指出的模棱两可之处，它是双重的，也是致命的。"

啊，不，我不赞成！以这样的方式来论证，它歪曲了拉伯雷某些语词（我想说的是对 16 世纪语言的某些语词）之准确意义。死亡就是其中之一。矛盾的是，一个用来指代总是一样的实词，在短短的三个世纪中，就明显地改变了它的用途[43]。可是……当我们持唯灵主义的观点时，我们会说人不会完全死去。这是一种说法，一种相当合理的说法，因为存在被界定为"包含在思想中的物质"，我们说物质性东西的存在是因为它们存在于思想中；不过思想本身被看成是一种更真实的东西，因为它使其他一切事物得以存在。透过这个段落，我们今天可以很容易地从"我不会完全死去"这样
一种陈述转到另一种陈述，即"人不会完全死去"。可是拉伯雷及 182
其同代人会怎么看呢？

他们生活在笛卡尔之前，并且深受经院主义与神学的熏陶。可以说，对他们而言，人不是能进行自我反思的。人是两种因子的结

合，它们在起源与本质上都有不同的命运：一种是物质肉身，同时在肉身内还有一种“犹如旅居客人”的复合灵魂，它一半以上是物质的，位于肉身内，并且与之共存。波斯特用经典的陈述(《论圣灵之诉[*De rationibus Spiritus Sancti*]》，1543 年)很好地将它表达出来了：“灵魂，不是人。肉身，不是人。肉身与灵魂结合，并且在结合的时期内，那才是人。”[44] 因此，死就是这种结合的破裂。这不是一种“自然的”现象，而是天主的运作，是一种分离。

换言之，在一个全能造物主选定的时刻，肉身会完全毁灭(anéantissement)。那时，人们并没有两个世纪后的伏尔泰在《微型巨人》(*Micromégas* [1752 年])中提出的那种观念。它标志着近代自然科学中的死亡概念的出现。“把肉身分解为诸元素，并使其本质以另一种形式复活”，他说，那就是“所谓的死亡”[45]。拉伯雷的同代人还不知道依靠由化学原理组成的整体性，于是认为肉身是会毁灭的[46]。肉身的破坏使灵魂得以自由。确切地说，它迫使灵魂中最为精妙的部分也可以说是灵魂的精神本质得以自由，其他部分则同肉身享有一样的命运。所谓的死亡就是组合物即人的分解。这种死只能是“完全的”。

分解水的电流并不会破坏从水中分解出来的氢气，这有什么不同呢？水不会因为被分解为两种成分而“完全死去”。类似地，在16 世纪正统派的观念中，人在灵魂与天主安放灵魂的肉身相分离
183 的那一刻就死去。这并不代表战胜肉身的灵魂不会完全毁灭。从它离开暂时的尘世之所那一刻开始，人就“完全死去”。这是在原罪的赎罪时期天主预定的惩罚。是永恒的死亡，还是新生、永生，后者通过继续存在的灵魂与复活的、不会堕落的肉身所组成的新结合来达到，这完全取决于天主，取决于他的正义与仁慈……这样，通过天主的仁爱宽恕，选民在经历尘世死亡的苦难之后，将再次拥有“不死与受祝福的永恒”的权利。这是天主为人和天使预设的，是罪恶使得那些反叛的天使与整个人类失去了这项权利[47]。因此这个词的精确意义就是，死亡是通往永恒的真正门径并非对所有人而言的，只是对那些遵守教规的人而言的。人会完全死去。

他的死并不是不可挽回的。放弃下界那岌岌可危的、短暂的生命，他知道，如果天主愿意的话，他将得到再生，得到真正的生命、永恒的生命[48]。这是一种美好的祝愿，是对其信仰的回报，正是这种信仰缓解了天主惩罚——死亡的严厉性[49]。

那么，高康大呢？他清楚地知道灵魂的精神部分不会遭受肉体的命运，还知道天主要将它召回。在死亡这个问题上，他没有任何不安。因为他有信仰，他期望能得到正名，并促进永生。尽管如此，令他悲伤的是，他想到要离开这个熟悉的世界、放弃他目前的情义，斩断那些使他与尘世万物联系起来的纽带。这是一个弱点，是非常人性化的弱点。我们不应带着不信教者要求信教者（根据他们的准则）成为超人的强硬态度，匆忙地说：他几乎不可能为基督徒。基督徒是人，一个痛苦的人。他遭受死亡的痛苦，因为天主想要他死。如果他要死亡，这还算一种惩罚吗？对善者而言，希望得到上天回报的愿望缓解了这种惩罚的严厉性；但对他们而言，这仍然是个不小的磨难。因此，高康大感受到痛苦得以减轻并不是因为其知性的灵魂的继续存在，而是因为有了儿子。高康大的儿子是其审美、思想、爱好的继承者，能够延续他在人间的事业。以 184
下是这封家书的大意：“我行将就木。我将不再作为有感情、有行动的人类存在者、个体的人而存活于这个世界上；深受我朋友们了解与爱戴的我的名字就要消失了，并且是完全地、永远地消失了。哦，不。确切地说，它不会死。我不会死。我只是换了一个场所。如果我们想的话，我那感觉的灵魂将会改变物质的形态，我仍是我，高康大。明天，那就如同你，庞大固埃——我的儿子是我……”

不，高康大写下“完全死去”的时候，他并不是不信教者。即使他是不信教，16 世纪、甚至 17 世纪肯定还有某些与他一样是不信教的人。不应该引述一例么？我们该怎么说那些整天想着发表这些大胆言论的不信教者呢？“肉体会改变其性质，将改用另外一种名称。甚至连‘死尸’这个名称也不会长期保留下去；德尔图良说，它将变成一种在任何言语中都找不到其名称的物质：这是真的，一切都将随它一起死亡，甚至包括了被我们用来表达我们不幸遗骸的沮丧之词……”

这是对高康大的“完全死去”的一种精彩回应！……然而，我们大家都已认出这个新的不信教者就是博絮埃[50]。

五、拉伯雷的攻击

因此，我们再次意识到：不应该用 20 世纪人的眼光来阅读 16 世纪的作品，然后发出一声惊叫，声称这是一部令人震惊的作品。只有一件事情会令人震惊，那就是忘记以下细节：1538 年的人的陈述迥异于 1938 年的人的。如果我们要复原四百年前的人的主张，以至我们无须继续研究就可以理解它们所包含的特殊意义，那么我们有许多工作要做，有许多重要的、十分细致的工作要做。1530 年与 1930 年或 1940 年或 1950 年间，随着他们所见证的科
185 技的革命，笛卡尔、莱布尼茨、康德以及 19、20 世纪的那些哲学家在人类的无知之河上架起了一座高桥，在它之下，已经有许多流水淌过。

实际上，我们可以从这个意义上说，当拉伯雷被指控怀有自由思想（或被称赞具有自由思想，其实这是一回事）时，他只不过是神学的受害者（或受益者）。他也清楚这些。例如，他清楚灵魂不灭理论所引出的难题。他清楚各学派是如何提出它的，以及他那个时代的学者们又是如何讨论它的。如果他像我们今天的大多数人，他就会表现得更加自在自如。我是说，如果他对神学的东西一无所知。那么对他来说，灵魂不灭就会是个简单的问题，而并非像他所认为的那样，应分割以及再细分成至少几十个不同的问题，每个问题都被怀疑为有互相矛盾的解决办法。这就意味着，他可能的态度不能简单地归结为两种：相信灵魂不灭抑或不信；他还有其他可能的态度，它的数量也是非常可观的。

我们并不是神学家，也并非 16 世纪的人。即使是 16 世纪的人，他们也不像拉伯雷那样，在修道院中修行多年。拉伯雷既聪明又勤勉，他肯定在监护人的帮助下研习了大量神学功课。后来，他接触到了一些丰富地滋养了基督教的古希腊或古罗马哲学家，他

的研习也因此得到培育、发展与人文化。神学家们是这样一群人，他们热情，景仰先贤，敬重传统，并怀有一种我们闻所未闻的强烈的好奇心。进入肉体的灵魂是来自哪里呢？它何时抵达？如何抵达？它如何、何时又以何种形式离开肉身？它以何种方式与肉体结合？它通过何种介质作用于那些器官？它又是如何接受到器官的行为的？作为古老传统的继承人，每位新的[神学]博士都在热 186
情地丰富、扩充这些问题，并且把这些问题细分为几十个，然后再细分为几百个小问题。

这些人同时又是亚里士多德派。有人会争辩说，他们并非全都是亚里士多德派。即便是真的，他们也是归属于政见相去甚远的不同党派？可能是这样的。不过那些强烈反对亚里士多德的人至少还是接受他的提问方式。陷于基督教教义与亚里士多德派的教义之间，我们至少可以说，他们没有多少可供移动的空间。对教义所知甚少；对传统一无所知，没有一颗对他们斥为天真与无法解决的问题的好奇心；不依赖一切[经院哲学]学派的形而上学——这些都使当代的唯灵论者比他们的先辈更自由地放飞他们的思想、梦想与希望。这样，问题就简化了。我们说灵魂，我们将灵魂看作是生命的非物质原理；我们对这种模糊的表述或其他一些类似的表述甚为满意。对我们来说，灵魂是一种很简单的东西。我们不知道它的各个组成部分。我们认为它会完全死去或不死。我们不会在血液、在大脑或在松果腺中寻找到它的寄居之所。同样，我们会带着漫不经心的简约主义，认为死后一切都不复存在——或者相反，死亡到来时，一切都不死。我们又经常带着情感，认为我们建立了自由的土壤，不受希望与信仰的限制，同时认为正式的推理、对比以及我们的先贤所钟爱的那些演绎逻辑，都只不过是一种困惑与障碍。

这些要求是阿贝尔·勒弗朗向拉伯雷提出的。庞大固埃是否会带着他的知性的灵魂，满足于物尽其善，满足于保全被称作灵魂的形而上学的不灭呢？高康大相信物质以及他的知性灵魂的存在，认为它们不会在肉体分解时毁灭？实际上，他们很容易满足。

187 如果真的没有人拥有也无法拥有那种物质的观念；如果真的只有感觉与意识能把握事物的特质与属性，如果物质是超越属性与特质的，是经验无法感受到的，是我们无法认识的，那么他们会因为有了不死的物质而感到慰藉。它是某种东西，不过我们无法说出它到底是什么。它是某种东西，即使称它为某种东西或无（如真空，低吟在真空中[bombinans in vacuo]），这都无关紧要……这是一颗定心丸……只要它不是他们给我们的。因为他们如何会看不清那些在我们看来是如此显而易见的事物呢？不管怎样，我们为这种受欺骗的幻象担忧什么呢？这种幻象就是，一种非人格的物质将继续存在，同时近乎偶然地与肉身结合在一起，并且它与我们的真实人格毫无瓜葛。然而当他们那样说的时候，他们是否真的就是正统派呢？

这些指控也并非一无是处？这种指控也不是针对拉伯雷，而是针对他所处的整个世纪。在那个世纪，人们以一种少有的激情反复提出了灵魂不灭这个问题，而且没有一次不是借助于亚里士多德——时而是圣托马斯的亚里士多德，时而是阿威罗伊的亚里士多德，时而是阿弗罗狄西亚的亚历山大的亚里士多德。如果说这些诠释者的回答并非总是相同，那么它们的问法就是相同的。天呐，这些问题阻碍了自由的玄想与期望！恐怕那个时代最有胆识的哲学家蓬波纳齐，都不知道他的思想被枯燥乏味的经院主义哲学禁锢到了什么程度，又如何有伤大雅、如何缺乏光彩。拉伯雷肯定不是用经院哲学的语言推理的，不过他处理的这些问题却是源自传统，以传统的方式提出来了，他能完全摆脱这种传统吗？还是考量他吧！拉伯雷似乎显得有点胆怯、不充分与不完整，以至你会赋予他一些莫须有的罪名。拉伯雷是这样的，费内尔呢？费内尔不仅
188 代表他个人；他还代表千千万万个追随他的人。这些有教养、有学识的追随者至少在一个半世纪的历程中，都从他的五卷本《生理学》以及《事物的隐秘原因钩沉》(*De abditis rerunz causis*)中汲取思想与理论[51]……在这些有争议的问题上，费内尔的学说与拉伯雷的并无二致。可是没有人敢把费内尔视为不信教者，因为他的理论

实际上是毁坏性的。

最终的错误在于认为他的理论对他同代人来说并不是毁坏性的。我们还是要记住一点：与我们相比，他们的头脑要精细得多，同时它在哲学讨论中得到了锻炼。费内尔的矛盾之处没有逃过他们的视线，尽管费内尔有时忘记了自己的理论，摒弃了自己的学说，即将灵魂等同于力，以承认（表现得好像他要承认）灵魂与生命之间的重要区别；他试图统一思想与生命的二元论明显不成功，也没有逃过他们的视线；他在较低级的灵魂——它能通过一种巧妙而随意的洗礼转变成知性的灵魂——死后的真实命运这一问题上保持谨慎的缄默，也没有逃过他们的视线。它们都没有躲过费内尔同时代人的视线。他们——就像我们自身一样——相信那些他们想要相信的。这就是重点。培尔在我们前面引述过的那篇文章中，曾以一种嘲讽的态度强调过这一点。他认为，“纳伐尔的王后尽管疑虑重重，不过行事还算谨慎。她在自然理性与好奇心上沉默不语，同时谦逊地屈从于启示之光……”

如果这种可以被正当地归于拉伯雷的学说使我们容易受到攻击，那么我们还是先别匆忙下结论说：“拉伯雷没有也不可能相信借巨人之口所表明的话，或者相信自己的话。它只不过是一种卢奇安主义和反讽，是为天真的人设下的圈套……”我们对此又知道多少呢？我们应该知道那个时代的哲学家在错综复杂的困境中艰难地挣扎，这些困境则大部分起因于希望将教会的教义与亚里士多德主义的教理结合起来。他们要想在这种困境中全身而退，难免会受伤。我们应该以我们的观念（三个世纪后看起来如此陌生 189
的观念）来代替他们的观念，又不费半点努力来重拾他们的观念，责罚他们不知道“我思故我在”？我们是否有权将他们放在基督教之外，反对他们表达得很清晰的意志，借口说他们形而上学的构成是如此脆弱，他们肯定是“故意这样做的”？对于某个特定的人，我们肯定可以这样做，但只能以如下方式论证：“这个人是不信教的。我们虽然没有证据，但我们相信。因此他就不相信灵魂不灭。”如果我没有记错的话，这正是所谓的“预期理由”①。

六、“多数中的一个”

这就把我们引向了最后一则思考。阿贝尔·勒弗朗在他的“导论”中多次盛赞作为自由思想家的拉伯雷的胆识。他曾十几次向我们述说拉伯雷的“所作所为是如此危险与卤莽”；述说他的“普罗米修斯的暗示”；述说他的言词是“难以置信的”。他揭示出，这个“卢奇安与卢克莱修的效仿者”就是一个自由思想家，“在哲学和宗教的对立道路上比其同时代的所有作家都走得远”，早自 1532 年起，就“不再是基督徒”，且在卢奇安式的戏谑下隐藏了“多个世纪都没有人敢有的意图”。

我并不想充当忧郁的检查员。有什么比这种美丽的激情，这种年轻的确信语调更吸引人呢？然而，令我惊讶的不是他的孤独感与非比寻常的胆识，因为他远远地超前于当时最大胆、最富革新的思想家。恰好相反，令我惊讶的是在他们惯用的思维、情感，与从哲学上思考的方式中，拉伯雷作为他同代人的总体代表的忠实程度。

最后，当他撰述《庞大固埃》时，基督教世界接受亚里士多德的《物理学》与《形而上学》之启示已经有三个多世纪了。这些启示在
190 所有参与冥想的人当中，引起一场重要的知性危机也已经三个多世纪了。首次面对完整的世界体系，这些博士们带着不同的感情看待“所谓的自然启示与真的启示之间的鸿沟”[52]。对神圣天意这一教义的否定、对创世这一教义的否定、对灵魂不灭，至少是对个人灵魂不灭这一教义的否定，这些就是亚里士多德派哲学可能对基督教造成的主要创伤。

不过，对于许多被一种独一无二的宏大思想体系所俘获，但又

① 预期理由：逻辑术语。又称为“窃取论点”、“窃取论题”或“丐词”，是证明或反驳中以真实性尚待验证的判断作为依据的一种逻辑错误。犯了这种错误，就不能达到证明或反驳的目的。

无意为此牺牲他们的信仰的人而言，某些概念的模糊性使得他们在信仰与亚里士多德主义之间架起了一座桥梁。我们知道圣托马斯如何把亚里士多德置于其学说的中心，如何利用他来打破阿威罗伊主义者的泛神论，其中泛神论主张，拥有一种均衡的能量，它也可以真正地传达希腊哲学家的思想。事实上，托马斯学派整体上接受了阿威罗伊学派对亚里士多德主义的解释，并把它作为真理的体现[53]。这种解释是这样运用理性，以至世俗的思想独自存在时，就可能直接导向阿威罗伊主义的结论。这些人可能补充说："哲学是一回事，宗教是另一回事；前者决不会占后者的上风。这是希腊大师①的思想。它与教会的教理相抵触吗？不消说，对于所有的基督徒来说，基督的教理必须永远占上风的……"有些人真挚地这么说的；另一些人则居心叵测，但是他们的不良居心无法长期愚弄他的同时代人。1277 年起，巴黎主教会议就给这群狡猾的人定了罪。然而，传统却没有立即随之消失。人们只有打开培尔[的《辞典》]才能相信这点。人们传授并印刷了这些。我们很有必要设想，1532 年，当拉伯雷撰述他的《庞大固埃》时，在诸多的学派中，没有哪个无足轻重的年轻人，没有哪个文学大师或医学见习者没有意识到亚里士多德派理论给信仰带来的困境。这种理论认为天主不知道他自己之外的任何东西，同时认为还有一个与天主共 191
存的宇宙，此外，还认为灵魂会与肉身一起消亡，灵魂只是一种形式而已。那么，这个"真正的拉伯雷"又旨在向他的同时代人揭示什么呢？"真正的拉伯雷"反对传统勾勒出的错误的拉伯雷。掌握拉丁语的研究人员，没有必要通过《庞大固埃》来知道灵魂不死这一教理并未得到哲学家的一致赞同。如果他们希望在这一点上得到启发，他们只需读读蓬波纳齐的《灵魂论》就可以了；此书在 1532 年已不那么新奇了；第一版标明的是 1516 年，并在学界引起了轩然大波[54]。该书面世后，论灵魂及灵魂不死的著作层出不穷！关于这次大争论给意大利及其他国家各学派所带来的震撼，我们可以

① 这里指亚里士多德。

参考亨利·布松的书(第32页及以下)。那些重要的文章曾大量地印刷出版,且一版再版,尤其是阿弗罗狄西亚的亚历山大的《评注》,正是他启发了蓬波纳齐,并极力反对个人灵魂不灭[55]。不过还有阿威罗伊的作品,他还有他的拥护者,而且并没有被亚历山大主义者的成功所压倒。1529年在里昂,西庇阿·德·加巴诺出版了阿拉伯大师的《〈形而上学篇〉评注》。1530年在里昂,米特(Myt)出版了他的《〈灵魂论〉评注》,并且附有帕多瓦的阿威罗伊主义者济马拉的眉批和旁注①。1530年在巴黎,西蒙·德·科兰印刷了莱奥尼科·托梅②的《问答录》(*Dialogi*),该书首次在1524年的威尼斯面世:其中两篇对话涉及灵魂,后一篇站在灵魂不灭的一边下结论,然而它完全是阿威罗伊意义上的[56]。我们还是就此打住吧。我们不要假装好像拉伯雷在1532年以"通俗语言"写成的书中,没有论证就完全否认了知性灵魂的继续存在时,会向那些对阿威罗伊主义或其强有力的对手亚历山大主义的大胆思想并非一无所知的人,揭示了什么新鲜的、胆大妄为的事物。[57]

不懂拉丁文的读者如何呢?这些不清楚教理争议的读者又如何呢?几个世纪以来,人们都在热切地追寻这些争议。高康大写给庞大固埃的家书难道不能够给他们一点启示吗?什么启示?试
192 想,拉伯雷,热切地希望诋毁宗教,并在人们心中摧毁其基督教信仰,面对他的听众、那些全新的听众,这些人从未在大学的椅子上坐过,并且如果他们知道的话,也仅仅是知道亚里士多德的名字……拉伯雷准备向他们播撒这样一种危险的观念,即灵魂不灭无法得到证实,理性无法为此提供证明;这只不过是其中一条不需要调查只需信仰的教理。然而,拉伯雷是向他们叙说这些的始作俑者吗?

* * *

我们还是为自己描绘出这样一幅妙趣横生而又非常逼真的图

① 济马拉(Marcantonio Zimara,?-?),16世纪帕多瓦大学哲学教师。

② 莱奥尼科·托梅(Leonico Tomeo,?-1531),16世纪帕多瓦大学哲学教师。

畀吧！某个美丽的主日，在旺代或普瓦图①的某个乡村教会，在托钵修会的方济各修会，一位神甫、在丰特奈-勒-孔特的修道院的宗教人士，应本堂神甫的要求，登上了讲道坛。他的讲道主题是什么？是基督教讲道的永恒主题：死亡，以及死后的一切，并且以基督徒的眼光来解释它、为它正名。这个修士阐述了邓斯·司各脱（其修会的权威人士）的纯教理[58]：“主内兄弟们，灵魂不灭吗？我们必须相信它，教会责令我们相信它；然而，人类的理性并没有让我们确信这一点……这种脆弱的理性如何向我们证明这点？它通过何种论证可以让我们确信，理性的灵魂是一种靠自身就能够存在的形式，并可以脱离肉体而继续存在？此外，如果你们又被告知：灵魂不灭是必须的，这样恶人才能得到惩戒、善人才能得到回报，谁可以又怎样理性地证明一种最高审判者真的存在？不是的：个人的灵魂不灭也好，神圣的天意也好，没有一种真实的证据足以让我们确信它们。理性可以证明灵魂不灭是可能的，是人们万般渴求的，并且从某方面来说，也是必要的。然而，其余的就交给信仰，让信仰去做就好了。”

所有这些，当方济各修会的会士某一天变成阿尔高弗里巴斯时，都可以被他带着培尔式狡猾的微笑运用到他的《庞大固埃》中。他可以以反讽的方式重编佩罗·达布兰库②向帕特吕③所作的关于 193
灵魂不灭的《论述》[59]：“你相信灵魂不灭，因为你的理性让你这样认为，而我，背叛了我的判断，相信灵魂不灭乃因为我们的宗教要求我们这样做。考虑一下这两种观点，你肯定会认为我的更好。你的只不过是天主教的……并不能因为对天主的完全信任，就让我们的理性相信他想让我们相信的东西……”总之，如果我们假设他有一种劝人改宗的热忱，一股激情来鼓动“可怜的白痴”（顺便说一

① 法国西部卢瓦尔大区沿海省份。

② 佩罗·达布兰库（Nicolas Perrot d’Ablancourt，1606－1664），法国历史学家、翻译家。他的译文追求的是“美”，而在意思上离原作太远，所以人们称他的译作为“belle infidèle”（不忠实的美人）。

③ 帕特吕（Olivier Patru，1604－1681），法国律师、词典编纂者。

下，这可能使他与阿威罗伊主义者完全对立)，那么拉伯雷就没有什么可以革新的；他只有运用那些自由思想者惯用的技巧：快乐地阐述个人灵魂可能会不死这一教义所遇到的重重困难；然后又躲在这个教义的背后寻求保护："你看，善良的人们，崇拜这些神秘吧！运用理性之光，就怀疑它；使用信仰之光，就相信它！"需要的话，还加上一个鬼脸，一个微笑或嘲笑：这个技巧同样也用在了巴黎大学神学院上。

我们在什么地方看过这些？为了集合大众相信以下教义，即灵魂会随肉体一起消亡的，死亡没有打开另一扇门，打开的只是虚无，这个如此放肆的拉伯雷所能做的最多就是写高康大家书的开头部分——它的开头是如此严肃，如此让人感动，且完全属于正统派的理论。他最大胆的举动就是说灵魂在死后离开了人世，但并未补充说它没有消亡，或在文中略微提了一下从一个地方移到另一个地方或"完全死去"，但在整整三百九十年中，没有评论者懂得其中的邪恶。拉伯雷在这方面的意图是如此明确，然而四世纪之后才出现这样一个人，他无疑是非常敏锐的，才最终察觉到了！这个胆大妄为的拉伯雷，他的放肆言词在阿贝尔·勒弗朗的文中多次出现，以致我们都打冷颤？得了吧！胆小鬼中最怯懦的一个，或鼓吹者中最笨拙的一个。"潜在的、朴实的反讽是多么有力啊！"阿
194 贝尔·勒弗朗如此说道。潜在的是脆弱，朴实的是有分寸。至少在这里，只有信众才能看出拉伯雷的反讽[60]。1533 年在巴黎，克莱芒七世①的医生、一个才华横溢的意大利人成为了法国国王的御医，其后被保罗三世召到罗马去讲授亚里士多德的《灵魂论》。这是一个非常棘手的主题。他用十二篇二行诗的形式给我们留下了书面的信仰告白，在博洛尼亚，他曾在教皇克莱芒面前朗读了这些二行诗[61]。我们可以从中发现什么呢？知性[Mens]在天国的光辉高处坐镇，在那里赋予万物生命，并抚育、完善它们；它同时还在那里观看、考察了人们的所作所为；它把灵魂与较低级的知性

① 克莱芒七世(Clément VII，1478－1534)，罗马教皇，在位于 1523－1534 年。

连接到天体上，并教会它们如何掌控这些巨大天体的运行；知性，从肉体中解放出来，回到适合恒在灵魂居住的天国（恒在灵魂［mentibus aeternis］；贝尔米瑟罗没有说灵魂不灭［immortalibus］……）我们还是就此打住。如果拉伯雷是是因为写了高康大家书而成为自由思想的英雄，我又该如何来述说贝尔米瑟罗——教皇克莱芒的、其后又是教皇保罗的御医？他不以为自己是革命的，静静地限制着灵魂不灭或能动知性的永存，就像个优秀的阿威罗伊主义者。

原注

1 Louis Thuasne, *Revue des Bibliothèques*, 15(1905), pp. 99-139. 再版于 Louis Thuasne, *Rabelais et Villon*, 1911。

2 我们已经从 Étienne Gilson 那里获得了一些提示，见 GILSON, *Rabelais franciscain*, dans *Revue d'Histoire Franciscaine*, 1(1924), p. 11 sqq。［文章又收入 *Les Idées et les letters*（Paris, 1955）, pp. 197-241。不过，这种讨论得到了重新改写，并有所拓展。——据英译者］

3 “全能的天主在开始有人类时赋予人类的恩惠、宠爱和权益里面，有一样我认为特别神奇美好；有了它，人类便可能在死亡的情形下得到一种永生的希望……那就是由于我们的合法婚姻所产生的一系列的后代。因为有了后代，我们老祖先因犯罪所失掉的，才能得到补偿，据说，他们没有遵守造物主天主的戒命，所以应该死亡，由于死亡，人类所具有的美丽形象将会化为乌有。”（*Pantagruel*, ch. VIII.）

4 *Pantagruel*, ch. VIII：“由于世代相传，父母所失掉的，会留在孩子身上，孩子身上所丢失的，会留传给后代的子孙；这样一代一代地传下去，一直到末日审判，耶稣基督把他那不再有任何危险和罪恶的和平国家交还给天主圣父的时候为止；那时候将是一切朝代和罪恶的末日，一些元素都将停止它们原来不停止的变迁，那时候，渴望已久的和平将会实现，将会完善，一切的一切都将走到尽头，完成它们的历史使命。”

5 这是初版上的段落，载《小树林诗集》（付梓于 1554 年 12 月 27 日）。关于这首墓志铭的诗，见本书前段，上卷，第一部，第一章，第 97 页。没有必要想起有亚里士多德式的生成与腐化之特征存在。

6 这些术语似乎都是属于现代科学的范畴，如种子的繁殖（propagation séminale）、污染（contamination）、生成（génération）、腐化（corruption）、元素（éléments）、变体（transmutations）、周期（période），等等。

7 GILSON, *op. cit.*, 1924, p. 12 sqq.

8 最后那个描写"et le jour, nul homme ne le sçait[那一天,没有人知道]"不是一种新颖的手法,而是一种惯用法。例如可参见 Guillaume Postel, *Alcorani, seu legis Mahometi, et Evangelistarum Concordiae liber* ..., "*De Judicio imminente*[迫切的审判]"这一节出现了"Alcorani concordia [调和]"之后, p. 116:"De die autem aut hora illa, nemo scit, nisi solus Pater. [没有人知道到底是那一天或那一时刻,只有圣父知道。]"

9 见ARNOULET, *Bibliographie de ses publications*,载 Baudrier, *Bibliographie lyonnaise*, X, 1 - 26, 以及 Claude NOURRY, *Bibliographie de ses publications*,载 Baudrier, *Bibliographie lyonnaise*, XII, 72 - 149。

10 至于这些引述,参见 Benoît Gillebaud《预言》(*Prognostication*)的 ff. 2v° [见下注 12]; 3; 4v°; 54v°; 55, etc。

11 Jean PLATTARD, *L'œuvre de Rabelais. Sources, invention, composition*, 1910, p. 228 and Lazare SAINEAN, *R. S. S.*, III, 1915, p. 201.

12 为了达到这种论证,我们还是回到 Benoît Gillebaud, *La Prognostication du ciècle advenir*[《对将来世纪的预言》], f° 2v°*r*:"Monseigneur Sainct Pol apostre nous enseigne et dit que, par ung homme, c'est assavoir nostre premier père Adam, entra le péché au monde, et par péché, la mort; et ainsi en tous hommes en quoy tous ont péché la mort est entrée. Nostre Seigneur avait créé les anges et hommes immortelz... Les hommes... se ilz se fussent gardés de pécher, jamais ne fussent mors et eussent ensuivy l'immortalité et la benoiste éternité des anges. [我们的上主圣保罗使徒教导我们说,通过一个人,我们可以知道我们的始祖亚当如何把罪带到这个世界,同时经由罪恶、死亡;并且死亡于是达到每一个人那里,不管犯了什么罪。我们的救世主已经创造了天使,也创造了不死的人类……如果人类能保证免受罪恶,那么他们就可以免于一死,同时也可以享受天使的不死性和受祝福的永恒。]"

13 这种基督教教义、一个真正的基督教徒,尤其怀疑那种"没有感觉的人":尼古拉·波旁。在写给他那害怕死亡的朋友 Stella 的信中, Bourbon 这样说道:"Nonne filius Dei moriens mortem nostram destruxit, eademque opera reconciliavit nos Deo et patri suo, ut eum aboleret qui mortis habebat imperium, nempe τὸν διαβόλον; denique ut liberos redderet eos quicumque metu mortis per omnem vitam obnoxii erant servituti. [天主之子在死的时候没有废除我们的死吗?他没有采取同样的方式调和我们与天主以及与天主圣父之间的关系。这样,他就可以消灭支配死亡权的恶魔了。因此让那些一辈子隶从死亡之恐怖的人自由吧。]"(Bourbon, *Nicolai Borbonii Vandoperani Nugae. Eiusdem*

Ferraria. Basileae . . . , f° A3)。

14 Étienne GILSON, *Rabelais franciscain*, dans *Revue d'Histoire Franciscaine*, 1(1924), p. 13.［原文如此，英译本作 p. 270。——译者注］

15 RABELAIS, *Œuvres*, éd. Louis Moland, t. I, p. IXX. —— RABELAIS, *Œuvres*, éd. Charles Marty Laveaux, 1868 - 1903, t. III, p. 257.

16 拉伯雷采纳的那种论证在几年之后的笛卡尔、博絮埃、斯宾诺莎那里得到了采用，并有所拓展。

17 我们稍后会回到这一点上。目前，我们还是满足于注意到 1532 年 *Pantagrueline Prognostication* 的第 1 章与第 5 章；拉伯雷 1533 年《历书》中的某些片断由 Ant. Leroy 保存着；*Pantagruel* 中有不同的段落，尤其见 ch. VIII，高康大家书中的著名忠告："像天文，就要把所有的规律都学会；至于占星术和鲁留斯的炼金提丹，倒可以撇开不管，因为那都是些骗人和虚伪的东西。"［Raimundus Lullus; Ramon Llull, 1232？- 1315，西班牙神学家、哲学家、诗人、神秘主义思想家、炼丹术士。——译者注］

18 那些是 Benoît Gillebaud 的第三天界：第一为肉体的；第二为精神的；第三为"心灵的，只有通过思想才能得到凝视，因此它属于创造万物的天主之子。"GILLEBAUD, *op. cit.*, 14v°.

19 DUCHER, *Gilberti Ducherii Vultonis Aquapersani Epigrainmaton libri duo*, p. 54. Abel Lefranc 的翻译，载 *R. É. R.*, 1903, I, p. 202。

20 参见 J. Roger CHARBONNEL, *La Pensée italienne au XVIe s. et le courant libertin*, 1917, p. 446, n. 1, and p. 447。伊拉斯谟在《手册》中也没有省略论述这种"generis aetherei memor［天那一族类的记忆］"灵魂。这种灵魂伸向上界的事物，同时因为它不死，所以特别眷顾天界的事物。——他还指出了所有这些陈述的共通源泉，那就是柏拉图的《蒂迈欧篇》。

21 特别参见 *Tiers Livre*, ch. XXXI，这个重要段落为："你试看一个人专心用功时的样子……"。

22 参见 CHARONDAS (Loys Le Caron), *Les Dialogues*，第 3 篇对话。这篇对话论述的是"精神的静谧与至高的善"。Charondas 所报告的一组对话，他说，那是发生于他圣—德尼的伯父 Valton 家里，人员主要有 Claude Cottereau，一个称 L'Escorché 先生的人以及拉伯雷。——"如何才能使人得到满足？"拉伯雷这样设问。理性充分的惊讶与愉悦提出了"要知道某些事情的真相，决不会等到发现了就停下来，同时对它达到了充分理解，就心满意足。"他的愉悦是如此强烈，"以致不管有多大的痛苦，都不能摧毁他。"没有肉体上的快乐能与这种精神上的至福相媲美。

23 据说，在 *Pantagruel* 第一版(Claude Nourry, S. d.［1532 年］)就可以

读到 transmigrer[移位]这个词。其他版本都是写着：passer d'un lieu en un autre[从一个地方走到另一个地方]。——可能正是 Thuasne 没有在高康大给庞大固埃的家书中发现 transmigrer 这个词，他才说“柏拉图派关于衍变的诸理论”(见本章开篇)。拉伯雷用 passer d'un lieu en un autre 代替 transmigrer，可能也是不想让别人产生这样的误解。

24 费内尔卒于 1558 年，拉伯雷卒于 1553 年。费内尔很可能生于 1497 年，拉伯雷生于 1494 年。他们获得医学博士学位则分别在 1530 年、1537 年。不过实际上，费内尔直到 1535 年以后才行医，拉伯雷 1532 年就在里昂的大医院做医生了，而没有等拿到博士学位之后。

25 参见 L. FIGARD，*Un médecin philosophe au XVI*[e] *s.*，以及 GILSON，*Études de philosophie médiévale*（*Descartes*，*Harvey et la Scolastique*，§ 1，p. 192 sqq.）。又见 L. SAINEAN，*R. S. S.*，1920，p. 17 sqq。

26 *Tiers Livre*，chap. XIII：“哲学家和医学家都已肯定，他们还说动物精力是随着大脑下面奇妙的神经所提炼和净化的动脉血液而迸发、生产和活动的。”又见 *Tiers Livre*，chap. XXXI：“每一条动脉都……迅速地把足够的精力供给……各部门，敏捷地把从解剖时才能看到的血管从这一部门送至另一部门，最后汇集于动脉神奇的网形组织那里。动脉源出于左心房，经过复杂的变化，把生命精力变成动物精力。”

27 Fernel，*op. cit.*，1. V，chap. II，p. 87：“Tres viventium differentias mente complectimur：naturale，sentiens et intelligens；tres quoque animae species iisdem nominibus insignitas，quae sont naturalis，sentiens et intelligens；quibus haec respondent viventium genera，... stirps，brutum，homo. [我们理解三种生物存在：自然的、感觉的、知性的；当然也有三种用同样名称的灵魂存在，那就是自然的、感觉的、知性的；它们对应三种生物：植物、动物以及人。]”

28 “Dum fœtus utero fingitur .... primum naturalis anima emergit seque prodit；deinde，vitalis facultatis interventu et conciliatione anima sentiens comparet et elucet. Haec vero，quanquant simplex est ut in beluis，comitem tamen retinet vim illam naturalem，quae tum manens anima dici non potest，ne corporis unius ... complures formas ... fateri cogamur. [当胎儿在子宫成形过程中……首先出现并形成的，是自然的灵魂。其次在生命能力的介入与作用下，感觉的灵魂显现了出来。尽管它像动物中的那样简单，然而它作为一种属性还是要维持自然的力。这种维持还不能称为灵魂，除非要我们承认单一的身体有多种形态。]”(Fernel，*op. cit.*，V，XVIII，p. 113.)

29 L. Figard，*Un médecin philosophe au XVI*[e] *s.*，p. 359.

30 手工业者的比喻见于《生理学》第 V 卷，第 18 章，第 114 页：“Ut opifex

idoneis instructus instrumentis, si in tenebricosum aut arctum conclave contrudator nequit quae artis suae sunt efficere, sic anima vitioso corpore (quod est tanquam domicilium) coercita, quae sua sunt munia exequi non potest.［如同手工业者要配备适用的工具，如果把他关进一个又昏暗又狭小的屋子，他就不能施展了它一样，灵魂局限于邪恶的身体（所谓它的处所）也不能执行它的任务。］”如果这种困难变得无法忍受，“tantam illam discrepantiam perhorrescens nec ferre potens, de corpore decedit.［在如此多不一致的恐吓下，同时又变得不能忍受，灵魂于是离身体而去。］”

31 Itaque simplex quum sit［anima］, nec secerni, nec dividi, nec discerpi nec distrahi potest. Nec interiore igitur.［这样，灵魂就是单纯的，它既不能得到分离，也不能得到分割、细分以及切断。因此，它也就不会灭亡。］(Fernel, *op. cit.*, V, XVIII, p. 44)

32 至于人类灵魂的三个部分，Jean Fernel 赋予了它们不同的场所，这一点与亚里士多德的观点是不同的，因为亚里士多德赋予心脏为通往其他的唯一场所（见 Fernel, *op. cit.*, V，第 12、13、14 章的那些讨论）：“Tres quae sunt, non essentia modo sed sedibus quoque et principatu disjectae sunt, neque in eodem possunt solio considere ... Ex propriis operibus, ex medendique ratione, altrix vis et naturalis in jocinore; animalis seu sentiens in cerebro; reliqua vitalis in corde constituenda videbitur.［不是从本质，而是从场所来考虑，它们有三种。它们从一开始就是分开的，不可能处于同一场所……因为它的治愈能力以及固有作用，维持自然的力在肝脏；动物的或感觉的力在大脑；维持生命的力可以看见它在心脏。］”(Fernel, *op. cit.*, V, XIV, p. 107)

33 Pierre BAYLE, *Dictionnaire historique et critique*, 1734, ch. IV, p. 318［右栏］, v° NAVARRE. Bayle 从 Brantôme 的 *Vies des Dames Illustres*［《名妇列传》］一书中截取轶事。我们还是引用其中最主要的一段：“……她［玛格丽特］从不离开床半步，尽管她［侍女］表情十分痛苦，她还是就这样目不转睛地盯着，直至她［侍女］死去。一些与她亲密的贵妇人就问，为什么她会如此钟情于这种死了的生物。她回答道，经常听那些博学多才的人说灵魂离开肉体的那一刻就死了，她就是想知道灵魂离开的时候是否有风或声音，或灵魂离开的时候有响动；不过她什么也没有看到。她又补充说，如果她不是坚持有这种信仰，她就搞不清楚该如何思考灵魂从肉体离开或分离；不过，她坚信她的天主以及教会要她信仰的那些，而毋须作进一步好奇的研究。”

34 他展开说：Nous halletons après cette haleine vivante-que je nomme l'Esprit, sans cesse respirante. -Mais l'Ame (que je pren comme elle est usitée)-en la meilleure part-n'est jamais agitée-de telles passions：car si elle enduroit-aussi bien que l'Anime et l'Esprit，elle mourroit... L'anime nous avons（autre mot n'a la France)-qui fait croître et qui donne avec le mouvement-du ris et du courrous le horsain sentiment.

35 Paris，J. Ruelle，1553. 我们所见的书的再版刊于 18 世纪。引文可见该书第 13、14 页。

36 见 Pierre Bayle，前引书，"Marguerite de NAVARRE"条目："这个王妃可以得到宽恕，尽管她曾想象人的精神作为一种存在，会在人死的那一刻离开它在肉体中的处所：因为这是那个时代神学家与哲学家的普遍观点，今天学者的观点倒不是笛卡尔派的了。"

37 Jean Fernel 只罗列了三种。Cf. Fernel，*op. cit.*，V，chap. VIII，p. 66：Sentiens anima duas cognoscendi facultates obtinet，externam，in sensus quinque tanquam in species distributam，et interiorem. Haec porro species habet，vim discernendi communem vim fictricem et eam quae meminit ac recondatur.［有感觉的灵魂有两种认识机能——外在的，它分成五种意识或属（species)，以及内在的。内在的属拥有一般的辨识能力、想象能力、记忆以及回忆能力。］

38 以下段落来自 *Tiers Livre*，ch. XXXI："你就会看到他脑子里每一条动脉都像弓弦一样紧绷绷的，迅速把足够的精力供给负责良知、想象、理解、推理、决断、记忆、回忆的等等部门……"

39 *Quart Livre*，chap. XXVII. ——天使、恶魔以及英雄的介入——并非像我们想象的那样——是拉伯雷构想出来的，试图用来奉承杜贝莱一家的。人们可以在 Jean Fernel 的 *De abditis rerum causis*，I，chap. XI，p. 57 中发现天使、恶魔与英雄以及他们的故事、他们的源起、他们的性质等完整的理论。严格地说，人们还可以发现，拉伯雷在撰写长生人的岛屿（Île des Macréons）这则故事时，并没有虚构什么。

40 Cf. Henri BUSSON，*Sur la philosophie de Ronsard*，载 *Revue des Cours et Conférences*，31（1929 - 1930)，pp. 32 - 48，172 - 185，以及 Albert-Marie Schmidt，*La poésie scientifique en France au XVIe s.*，与 Pierre de RONSARD，*Hymne des Daemons*［éd. Albert-Marie Schmidt，Paris，1939］。引文［前半段］来自 *L'Hymne de la Philosophie*，以及［后半段］来自《恋爱诗集》（*Amours*)，第 XXXI 首，［*Œuvres complètes*］IV，p. 34。

41 在我们前面引述 Pierre Bayle 所写的关于 Marguerite 的文本中，可以读到："我承认这并不是证明有人相信［死亡之后］灵魂的 cette transmigration［这种移位］会伴随着某种声音或响动，如纳伐尔的王后所想象的那样。"我们还可以读到，拉伯雷在写下 passer d'un lieu en l'autre[从一个地方走到另一个地方]之前，还写下了 transmigrer [移位]。我们可以看见他是如何使用传统的语言。

42 如何准确地翻译“habitation humaine[人类的寄居之所]”呢？《[协会版]拉伯雷著作选集》(*Œuvres*)的那些学者也没有说到这一点。存在两种可能的意思：高康大意思是，他的灵魂会离开地上、这个人类的栖息地，或者灵魂要抛弃天主用来“作寄主”的肉体。我更倾向于第一种解释。在第二种假设中，拉伯雷本应该写“*son* habitation[它的寄居之所]”，而不是“*ceste* habitation [这个寄居之所]”。

43 没有人想过做语词史以及观念的历史是没有用的。如果有人偶然这样想，他就可能把他的研究限定在古代社会：这不是默认和普遍承认，写近代观念史既没有益处也没有利益，更没有题材么？

44 “Nam nec anima per se est homo, nec corpus est homo, sed una ambo homo sunt.” POSTE, *De rationibus Spiritus Sancti* (Paris: P. Gromorsius, 1543), p. 9.

45 VOLTAIRE, *Micromégas, histoire philosophique*, chap. II. ——考虑以下与龙萨这一首诗歌在文本上以及观念上的区别（Le IIe livre des Hymnes, IX[《死的赞歌》]）：

... Ce qui fut se refait; tout coule comme une eau
Et rien dessous le ciel ne se voit de nouveau ;
Mais la forme se change en une autre nouvelle,
Et ce changement-*là* vivre au monde s'appelle,
Et mourir quand la forme en une autre s'en va.
... Mais notre âme immortelle est toujours en un lieu
Au change non sujette, assise auprès de Dieu,
Citoyenne *à* jamais de la ville éthérée
Qu'elle avait si longtemps en ce corps désirée. [P. Laumonier 编，《龙萨全集》第 5 卷，第 248 页。——译者注]

这种灵感完全是异教的；所有神学教育的踪迹都消失了：实际上，在这些优美、流畅的诗文背后，没有什么是严密的、连贯一致的或科学的。

46 拉伯雷（在致庞大固埃的家书中）界定死亡为“人类所具有的美丽形象将会化为乌有。”Jean Fernel(*Physiologie*, V, ch. XVI, III)曾给予生命一种完全属于生物学的定义：“Est animantium viva facultatum actionumque omnium conservatio[生命机能和一切活的行为之维持]”……他同样这样突发奇想地定义死亡：“Mors est vitalis roboris omniumque facultatum exstinctio[死是活力以及所有机能的灭绝].”这些属于纯粹科学概念的表述，逐渐在神学教义中得到打破。应该注意，这种定义只适用于动物，同时费内尔将它归于他所讨论的亚里士多德。

47 参见前面引用过 Gillebaud 的那本小册子。GILLEBAUD，*La Prognostication du ciècle advenir*. *Contenant troys petis traictez*，f° 2v^{o}："Nostre Seigneur avait créé les anges et hommes immortelz... Les hommes... si ils se fussent gardés de pêcher jamais ne fussent mors, et eussent ensuivi l'immortalité et la benoiste éternité des anges.［我们的上主创造了不死的天使与人类……人类……如果他们能拒斥这种决不死的罪恶，那么他们就获得了天使的不死性以及受祝福的永恒。］"

48 Jean Calvin 就是持这些观点的。例如他说道"生命的入口并不会向那些人敞开，如果天主想罚他们，罚他们下地狱的话"（Jean CALVIN，*Institution de la Religion Chrestienne*，Abel Lefranc 总主编，III，chap. 21［末尾］）。

49 在 Érasme 的对话篇 *Inquisitio de Fide*［《拷问信仰》］中，Barbatius-Luther 提到了以下这些概念：地上的死法有两重。"*duplex mors est*：*corporis*，*bonis ac malis omnibus communis-et animi*：*mors autem animi peccatum est*［死法有两重：肉体的死，这一点善人、恶人都一样——以及灵魂的死：然而，灵魂的死是罚］."——末日审判之后呢？"Post ressurrectionem，piis erit aeterna vita tum corporis，tum animi;... contra，impios mors aeterna possidebit，tum corporis，tum animi；nam，et corpus habebunt ad aeternos cruciatus immortale，et animum peccatorum stimulis semper afflictum，absque spe veniae.［在复活之后，虔敬的将会得到肉体以及灵魂上的永生；相反，不虔诚的将得到肉体以及灵魂上的永恒死亡；他们肉体上不死是为了一直折磨他们，同时责罚的痛苦也会一直折磨灵魂，因此永远没有得到宽恕的希望］"
罪人的这种"永恒死亡"是奇妙的。为了赎罪，他们的肉体以及灵魂都是永生的。这样生与死的这些观念在当时就没有了任何生理学范畴的内容。

50 J.-B. BOSSUET，*Sermon sur la Mort*，1er point.

51 关于 Jean Fernel 的这种持续流行，参见 FIGARD，*Un médecin philosophe au XVIe s.*，尤其见 chap. I。

52 Étienne GILSON，*La Doctrine de la Double vérité*，载 *Études de philosophie médiévale*，1921，p. 53。

53 Cf. Pierre MANDONNET，*Siger de Brabant et l'Averroïsme latin du XIIIe s.*，et GILSON，*Études de philosophie médiévale*，pp. 60－63.

54 *De immortalitate animae*. Bologne，per Justinianum Ruberiesein，1516，in-f^{o}. ——同样参见 *Apologia pro suo tractatu de Immortalitate Animae*，Bologne，1518，in-f^{o}. ——*Defensorium*，*sive responsiones ad Aug*。

Niphlum，Bologne，1519，in－8°，等等。——另一方面，参见 Agostino Nifo 的书：*De Immortalitate animae libellus*，Venise，1518，in-f°。［Agostino Nifo，拉丁名 Augustinus Niphus，1473？－1538 或 1545，意大利哲学家、评注家。——译者注］

55 其他版本：他的 *Enarratio de Anima*，*ad mentem Aristotelis*，印于［意大利北部城市］布雷西亚（Brescia），1495，in－4°；于威尼斯，1514，in－f°；于巴塞尔，1535，in－8°；于威尼斯，1538，in－8；它刊于巴黎，1528，in-f°，在 Themistius 的《注解》（*Commentaires*）之后出版。——Alexandre 的《〈形而上学〉注解》，由 Sepulveda 译，同样于 1536 年在巴黎的 Simon de Colines 书店得到刊出，in-f°；于威尼斯，1561 年。——Valla 译的《问题集》（*Problemata*），于 1520 年在巴黎得到出版，in-f°；Th. Gaza 翻译的，于 1524、1534、1539 年在巴黎得到出版，以及于 1551 年在里昂得到刊行，等等。

［Themistius，317－?，逍遥学派的学者、修辞学家；Juan Ginéz de Sepúlveda，1490？－1552，西班牙历史学家，神圣罗马皇帝查理五世的修史官（1536 年），有《查理五世传》等作品。Lorenzo Valla，1407－1457，修辞学家、历史学家，有《证伪君士坦丁的赠礼》、《自由意志论》等作品。Theodorus Gaza，1400？－1478，希腊语文法学家，著有《希腊语文法》等。——译者注］

56 Cf. Henri BUSSON，*Les Sources et le développement du rationalisme dans la littérature française de la Renaissance*，各处。我们还是考虑一下阿威罗伊主义者以及亚历山大主义者的著作吧。不过阿威罗伊主义在正统派著述家那里得到了普及：如 Houppelande（卒于 1492 年），他对此展开讨论是为了要反对它（1489 年起巴黎就有无数个版本）；又如 Crockart（*Acutissimae quaestiones*，多次印刷）。参见 Augustin Renaudet，*Préréforme et humanisme à Paris pendant les premières guerres d'Italie*（*1494－1517*）一书的"索引"。［Guillaume Houppelande，？－1492，神学家，1457 年任巴黎大学神学教授，曾试图证明灵魂不灭。Pieter Crockart，又 Pierre Crockart，1460？－1514?，1505 年执教于巴黎大学。1512 年校订阿奎那的《神学大全》出版。——译者注］

57 "在整个文艺复兴时期，意大利也好，法国也好，不死性这个问题比奇迹的问题得到更多人的关注。在本世纪的法国，我看到 60 多篇专门谈不死性的专著或论文。"（BUSSON，*Les Sources et le développement du rationalisme*，p. 43，n. 3）

58 在宗教改革勃兴的过程中，Duns Scot 是方济各会公认的博士。经 Terni 的圣堂参事会琢磨，亚历山大六世于 1501 年 4 月 7 日承认把他摆在基本宪章的第一位，排在 Saint Bonaventure 之前。参见 Ephrem

LONGPRE，*La philosophie du B. Duns Scot*，dans *Études Franciscaines*，t. XXXV，1923，p. 610。我们就可以理解高康大胜利归来后的那种举动了（[*Gargantua*] chap. XIII，éd. A. Lefranc，t. I，p. 138）；“苏格兰的约翰大师[Duns Scot]就是这个想法！”最后一个词就是无可辨驳的证据。[Johannes Duns Scotus，1266/1277 - 1308，哲学家、神学家。拉伯雷反对 Duns Scot。Alexander VI，1431 - 1503，罗马皇帝，在位于1492—1503 年。圣波纳文图拉（S. Bonaventura 本名 Giovanni di Fidanza，1221 - 1271），意大利托斯卡尼出生的神学家，方济各会修士，年轻时在巴黎大学学习过，1257 年任修道会总会长。——译者注]

59 刊于 Olivier PATRU 的《著作集》(*Œuvres diverses*)，t. II，p. 354 sq. Cf. Pierre BAYLE，*Dictionnaire historique et critique*，v° Perrot d'Ablancourt，IV，605，note L。

60 我只指出一个往往被人忽略的事实。不过我们屡教不改同时还义正严辞地相信，与我们相比，那些对我们“自然而然的”事物从不会给我们的祖先带来多大的麻烦。灵魂不灭在人类及其命运的基督教体系中，是一个基本的片断。这一点在我们看来是如此自明，以致我们自然地相信所有时代的基督徒都持有今天基督徒的这种观念。然而——这一点可能对那些持一种坚定信念，谴责拉伯雷为敌基督的横暴博士来说，是不经意的——我们还是回想一下信仰灵魂不灭“在早期某些教父那里，微弱的几乎不存在”。Étienne Gilson 注意到（GILSON，*L'Esprit de la philosophie médiévale*，t. I，p. 177）同时还补充道：“一种没有灵魂不灭观念的基督教是完全不可想象的：证据在于它曾经这样构想过”。本质在于，灵魂事实上要与肉体一起接受末日审判——之后，人既没有唯一的灵魂也没有了唯一的肉体，而是灵魂与肉体的统一，然后才知道是永恒的至福还是永恒的责罚。死亡的肉体、不灭的灵魂以及肉体的复活重组它的灵魂：这种观念产生了许多疑难问题，人们称之为异端。——有必要回想 16 世纪没有得到忽略的那些古代教父吗？读读 Tertullien[德尔图良]以及他的 Froben 版（1521 年）的《灵魂论》（*De anima*）；读读[殉教士]Justin 的《与特里芬对话》（*Dialogue avec Tryphon*），或 Irénée 以及 Tatien 的《对希腊人的讲话》（*Discours aux Grecs*[*Oratio ad Graecos*]）。它比我们更博学。我们的无知表现出傲慢，这其实是牺牲了真正的知识。关于这个主题的其他研究，参见 Wilhelm Götzmann，*Die Unsterblichkeitsbeweise in der Väterzeit und Scholastik*，Karlsruhe，1927，in-8。[Tatian，120? - 173?，基督教护教士，殉教士 Justin 的弟子，激烈批判异端，其实有人也把他看作异端。Irenaeus，130? - 200?，使徒教会后期的神学家，生于小亚细亚。160 年至里昂任教士。——译者注]

61 关于 Belmisseri 及其理论，参见 Henri BUSSON，*Les Sources et le développement du rationalisme*，p. 155。[Paolo Belmisseri，1480? -?，医生。1533 年入巴黎弗朗索瓦一世王宫，次年入教皇保罗三世教廷。——译者注]

195 # 第三章　爱比斯德蒙的复活与奇迹

我们还是触及奇迹这个重要而又微妙的问题吧。也就是说，《庞大固埃》第三十章："爱比斯德蒙的头颅被砍，怎样被巴奴日巧妙地治好；阴曹地府的消息。"

庞大固埃刚刚在某次战役中打败了"狼人"。想起后者恶魔般的由来，庞大固埃首先向他的喉咙撒了"十八大桶和一'米诺'"盐；然后，庞大固埃将"狼人"硕大的身体做成棒槌，用来攻击那些巨人。这是一场艰难的胜利，但又理所应得：当他身陷困境时，他难道没有向天主起誓说，万一胜利了，"凡是我有政权和权力的地方"，他都叫他们"无条件地、只许、永远"传布圣福音？在那里，一个来自天国的声音在呼喊："Hoc fac，et vinces！［如此做去，尔将胜利！］"

巨人最终完全溃败了，庞大固埃的同伴们在数人。爱比斯德蒙没有应声……大家都开始找他。大家在死人堆中找到了他。他全身僵直、死了，两只胳膊抱着自己的头颅，浑身血淋淋地。巴奴日径直说道："孩子们，别哭。他们的尸首还没有凉；我保证把他救活，叫他和过去同样健壮！"

他洗净死者的伤口，把脖子与头仔细对好；给他缝了两三针，
涂了一点"他叫作有复活能力"的油膏——爱比斯德蒙有气了，接
196 着睁开了眼，再接着是打呵欠，最后又放了一个大响屁表示他已经
恢复生命。巴奴日于是说道："我现在可以保证他好了！"

多么惊人的滑稽模仿，阿贝尔·勒弗朗如是写到。不仅是"如此做去，尔将胜利"，这一奇怪的句子让人们想起"In hoc signo vinces！[有此标志，尔将胜利！]”后者预示了君士坦丁大帝奇迹般的胜利，而且“可以完全确信的是，我们发现自己在这里面对的是对《新约》中两个最重要的圣迹滑稽模仿，即睚鲁的女儿的复活（《马太福音》第十章第18—26节）以及拉撒路的复活（《约翰福音》第十一章第38—44节）。某些地方明显地借自前者，某些则借自后者。”[1]

可以“完全确信”的是，我们并不觉得自身面对如此一种滑稽模仿。涉及历史事实时，我们从来就不可能完全确信。人们这样写道：“确信是先验论最古怪的现象之一。人们只能确信那些无法证实的、依靠信仰而非理性的东西。”我们在探索，惟独带着理性之光。

一、福音书或《亚蒙四子》

我们还是先撇开“如此做去，尔将胜利”。它改编自君士坦丁的“有此标志，尔将胜利”？不言而喻！但是在拉伯雷的时代，谁能克制自己不亵渎这种预言式的词语呢？不久前，《珍本收藏家纪要》就宣称发现了一册可能是1528年的书，它出版于巴黎或安特卫普。该书所盘算的标题为：“在那奇迹般与令人钦佩的一天，圣十字架的美德与力量打败了土耳其人：在那个星期五，圣露西节，超过180000人牺牲在战场上。”标题之上，是一个用木头指代的十字架与“有此标志，尔将胜利”。然而，这本小册子只不过是一份通俗的小报（canard），它奇妙地叙述了一场攻打土耳其的战争。这场战争中，土耳其同时遭到了埃塞俄比亚的国王（约翰修士）、波斯的国王老索非以及匈牙利的国王三者的夹击。

我们应该补充说，在《庞大固埃》中，预言式的词语出现的语境
并不是毫无关联的，事实恰好相反。鼓励庞大固埃的天国声音是 197
在回应高尚的、美丽的祷告。它回应的庄严的誓约，不是发誓要嘲弄宗教的，而是高贵的国王起誓要用福音书来统治他的整个王国。我们要么为庞大固埃的祷告（阿贝尔·勒弗朗认为他的祷告是优美的[第XLVI页]，实际上也确实如此）感到震惊；要么认为，这里

运用的是一组模仿圣迹措辞的词语，它既不让人惊讶也不是“滑稽的模仿”……

仍然是在这个关键点上：《庞大固埃》第三十章为我们提供了一些重要的、决定性的因素，以让我们确信拉伯雷那攻击性的、积极的敌基督立场。这一章是否为我们呈现了一部滑稽的福音书，它是以这样一种精神（或以这样一种形式）改写出来的，以致作者的意图暴露无疑？换言之，拉伯雷在这里是否完全故意地在讽刺由基督所运作的两大复活：拉撒路的复活——与约翰福音有关；睚鲁的女儿的复活——在细节上多少与其他三大福音有关？

我们还是不带任何偏见地阅读福音书的各个篇章[2]。拉伯雷对福音书非常熟悉，对教士来说，这并非不可思议。他准备描述奇迹般的身体复原时，很可能想起了基督的治疗方法；他回应了某种“传统文艺肖像学”的内在压力；他的眼前浮现出了拉撒路的复活、睚鲁的女儿的复活。的确，他的叙述很大程度上归功于他文学记忆半意识的运作。然而有必要把拉伯雷的文本与福音书的文本在某些细节上相牵扯，并且迫使它们相像？一桩徒劳之事！差异之处是显而易见的。

首先，拉撒路以及睚鲁的女儿都是“完全死亡”，死于疾病。爱比斯德蒙并没有达到这种窘境。他“被砍了头颅”。于是，巴奴日在这些重伤处尤其是斩首处作了处理，手术的步骤被医学博士拉伯雷细致地描述出来了。“接着，他用上好的白葡萄酒，洗净死者
198 的脖子，然后把头也洗干净，里边撒了些便粉，这是他随身口袋里必带的东西；后来又在上面涂了一种我也不知道的什么油，把它仔细对好，血管对血管，筋络对筋络，脊骨对脊骨，不要让他成了歪脖子……对好之后，在周围缝了十五六针……然后再在周围抹上一点他叫作有复活能力的油膏。”我们可以看出，1532年，拉伯雷在格吕菲那里出版加伦的《医术》(*ars medicinalis*)：“第九十章，治疗肉体部分在连接上的弱化(*Curatio solutionis continuitatis in parte carnosa*)；第九十一章，论骨骼在连接上的弱化(*De solutione continuitatis in osse*)”，附带还出版其他论著，他这样做并非无的放矢。

爱比斯德蒙的头颅被砍，这明显是一种“连接上的弱化”[3]……就像拉伯雷自己在其他地方以玩笑的口吻所述说的那样。

* * *

是否可以说福音书中就毫无此类的叙述呢？基督用极为简单的方法就使拉撒路、睚鲁的女儿复活了。至于拉撒路，耶稣在向他的天父祷告之后，就大声呼叫：“拉撒路出来！”拉撒路就出来了。至于睚鲁的女儿，耶稣拉着她的手，对她说：“闺女，我吩咐你起来！”那闺女就起来了。拉伯雷的叙述中没有滑稽地模仿这种类型的“召唤”。相反，福音书中也丝毫没有提到令阿贝尔·勒弗朗感到强烈不安的敷圣油或复活油。当基督使聋子复聪、先天性盲人复明时，他是把一种来自他自己身体的、充满了个人感应的物质——他的唾液——涂在他们的受伤部位。这不是一种油。

巴奴日使用的“复活”医学准备不是来源于福音书。塞诺尔说[4]：“这来源于菲埃拉勃拉斯！”撒拉逊的巨人的马鞍上驮着两桶为基督施涂油礼时用过的香油。受伤时，他饮一点香油，伤口就会立即愈合。他与奥利维埃战斗时，赞叹对手的勇气，慷慨地把它献给了对手：

> 奥利维埃，脱下你的护手套 199
> 饮我鞍座上的香油
> 若非五月的香油，你的元气将会被耗尽……[5]

人们可以天马行空，对这种比较进行畅想。就我而言，我并不觉得它比阿贝尔·勒弗朗与福音书的对照更让人信服。我们却应该感谢塞诺尔，是他使我们注意到了中世纪浪漫主义文学，其中也包含了许多奇特的治疗、油膏、神奇的医学实践与死者的复活，拉伯雷对这些都甚为熟悉。例如，玛丽·德·法朗士①的《埃利迪克

① 玛丽·德·法朗士（Marie de France，1160？-1190?），法国文学史上古老的女作家。

的叙事诗》(*Le Lai d'Eliduc*)中,一个年轻的姑娘沉睡不起,如同死了一般,是一朵用来使被杀害的鼬鼠复生的花唤醒了她。《阿米与阿米勒》(*Amis et Amiles*)中,有一种因为神圣的奇迹而出现的复生,被杀害的小孩的血能治愈阿米勒的麻风病。《布莱维的茹尔丹》(*Jourdain de Blaives*)中,一位妇女濒临死亡,是一瓶藏于祭坛后的油膏使她得以活过来[6]。这些例子都是取自于相对较早的文献。我们应该细读的是,那些中世纪小说的散文版改编[7]。市民们竞相购买这些改编版,印刷商,特别是里昂的那些印刷商也对它们一版再版。拉伯雷知道这些书,也熟读过它们[8],可能自己还写过一些。

可以肯定,拉伯雷对其中的一本非常熟悉——就是他的出版商克洛德·努里在该世纪初曾多次印刷的那本。从来源上看,邦德瑞尔(Baudrier)引用的是 1526 年版的那个四开本,以哥特字体记,同时还有 1531 年版的大型四开本,同样以哥特字体记[9]。同一时期,巴黎的各出版社也大量刊行了这本书。该书流行了很长一段时间。孩提时代,我们都读"蓝皮丛书"①版的《亚蒙四子》(*Quatre Fils Aymon*)……如同拉伯雷,我们打开那本书[10],翻到第十一章。令人惊讶!

勒诺击溃了法国人,但是胜利却付出了沉重的代价。他那骁勇善战的兄弟里夏尔被杀;勒诺没有认出他那"严重受伤的"身体,悲叹道:"啊!我该怎么办呀?我失去了我亲爱的兄弟里夏尔——我
200 在这个世界上最好的朋友!——说完这些话之后,他在贝亚尔(Bayard)的背后,晕倒在地。当阿拉尔与吉夏尔看见他们的兄弟勒诺晕倒了,他们开始为里夏尔失声痛哭。"

然而,勒诺还是从晕厥中苏醒过来了。"他、阿拉尔与吉夏尔开始为里夏尔哀悼,里夏尔倒在地上,两手捂着他的肠子。"就像爱

① "蓝皮丛书"(Bibliothèque Bleue)是一系列开始出版于 17 世纪,持续再版于 19 世纪中叶的大众读物(littérature populaire)的总称,因封皮为蓝色而得名。它们大多数根据武功小说改编而来。

比斯德蒙："直挺挺地死在那里，两只胳膊还抱着自己的头颅，浑身血淋淋的。"这种怪诞的、史诗般的夸张也的确与拉伯雷的小说十分协调。现在出场的是巴奴日，我是想说莫吉斯（Maugis）"跨上他的名马布罗卡（Brocart[意为锦缎]）……莫吉斯看见里夏尔伤的如此严重，不禁伤心起来，那伤口惨不忍睹，因为可以直接看到他身体内的肝脏。"他向勒诺问道："答应我，跟我一起到查理曼的帐篷里去，我要杀死他们，为我父亲报仇。"然后，"我向你保证，我会把里夏尔救活，并且五体健壮，没有任何病痛。"这与巴奴日的保证雷同："孩子们，别哭。他的尸首还没有凉；我保证把他救活，叫他和过去同样健壮。"——勒诺答应了。莫吉斯跳下马；魔术般的处理开始了。"于是，他拿了一瓶白葡萄酒，用它小心地洗里夏尔的伤口，并且把周围的血也洗干净。不要费力想他从哪里得到他治疗所需的东西，因为他是迄今为止世上最手巧的魔术师。洗好了之后，他把肠子塞进体内，拿一根针，小心地把伤口缝好，以不让它发痛；然后用他带的油涂在伤口上，当刚才那个伤口涂上油以后，它就痊愈了，好像从未损伤过一样。完成这些所有的程序之后，他拿出一瓶他自制的饮品，给里夏尔喝。当里夏尔喝完之后，他蹬了蹬腿，完全没有痛了，于是对他的兄弟们说：奥吉尔哪里去了？那些人都逃走了吗？"

一切都摆在那里——拉伯雷所保留的，用来描述爱比斯德蒙的
神奇治愈的那些[11]。我们回忆一下：巴奴日捧着被砍的头颅，"放在 201
自己的裤裆上，把它包得暖暖的，不让它受到风吹"，开始也是用"上好的白葡萄酒"洗伤口。因为受讲义启发，他在上面撒了一些"便"粉，叙述者（比他的先驱们更不天真些）准确地告诉我们，"这是他随身口袋里必带的东西。"他又加了一句，说用了"一种我也不知道的什么油"来连接脖子与头，此外他还在伤口的周围"缝了十五六针"。严格地说，以上这些技巧皆源自莫吉斯。

然而还是什么都没完成。到现在为止，巴奴日和莫吉斯只是表现得像个优秀的外科医生。他们还需赋予肉体以生命，因为这具肉体虽然已经修复好、"缝好的"了，但仍旧还是一具肉体。他们将

如何做呢？说了什么隐语？呼叫？把他们那有感应或抹有唾液的手放在死者的身上？莫吉斯给里夏尔喝了一种有魔力的饮品，里夏尔就立刻站起来了。拉伯雷如果想要滑稽地模仿基督圣迹中的一种，就别无选择：巴奴日做了什么？握着死者的手？朝他脸上吹了一口气？大声地呼叫他？用自己的唾液抹他？"大声呼叫说：'拉撒路出来！'那死人就出来了！"①或者："拉着孩子的手，呼叫说：'闺女，起来吧！'她的灵魂便回来，她就立刻起来了。耶稣吩咐给她东西吃。"②我们必须意识到，如果此时拉伯雷存有模仿福音书圣迹的思想，那么他会掩饰得很成功，以致我们根本无法觉察。巴奴日甚至没有给爱比斯德蒙喝一种有魔力的饮品。他满足于一种简单的技巧，即在缝好的脖子上涂了"一点他叫作有复活能力的油膏"。——爱比斯德蒙之后就睁开了眼……

* * *

反复比较阅读了使徒对基督的叙述、莫吉斯奇迹般地治愈了里夏尔以及巴奴日救活了爱比斯德蒙之后，那些最苛求的人心中还
202 存在疑问吗？如果读者参阅了中世纪小说的文本，如果读者进一步首先注意到埃米尔·贝谢提出的一条建议——见于刚才提及的那篇文章的一条注释中[12]，那么他就真的不能相信或主张《庞大固埃》第三十章是有意地、巧妙地模仿基督的个人圣迹……

《亚蒙四子》中的叙述驱散了人们所能提出的所有难题。拉伯雷为什么用 guéri[治愈]来代替 ressuscité[复活]，人们为此涂上了神秘的色彩。"拉伯雷不敢说复活，因为他希望避免人们过多地关注这个表述的隐含意义，同时他觉得他的言词足以让那些新入会者理解。"（勒弗朗，第 xlix 页）拉伯雷这样说治愈："我向你保证，我

---

① 《约翰福音》第十一章第 43—44 节：Voce magna, clamavit : Lazare, veni foras! Et statim prodiit qui fuerat mortuus!

② 《路加福音》第八章第 54—55 节：Tenens manum ejus, clamavit, dicens: Puella, surge! Et reversus est spiritus ejus, et surrexit continuo, et jussit illi dari manducare!

会把里夏尔救活，并且五体健壮。”他说得很自然，朴实无邪，不带一丝的虚伪、做作。如果那些“新入会者”以能理解它为傲，那么他们也因拥有一种简单的智力技能为傲。我无法想象，谁会认为拉伯雷是个糊涂虫，以为自己跳入水中就可以招致大雨[①]？费心费力地用治愈来代替复活，至少是奇怪的，因为在三行文字之后，他又把一种神奇的、能救活爱比斯德蒙的涂油称为有复活能力的……

此外，拉伯雷写《庞大固埃》第三十章时受到了《亚蒙四子》第十一章的启发，这个事实一点也不让人感到惊讶。我并不赞成贝谢过于简化的主张（第 176 页）：“可以这样说，《高康大》与《庞大固埃》从头至尾，特别是头两卷，只是对中世纪骑士小说的一种模仿。”有必要经常怀疑“只是”（ne... que）这个短语，因为它引起了大量的夸张与偏差。《高康大》与《庞大固埃》不是贝谢想要简化成的东西，他的结论下得太匆忙了。在我看来，“模仿”并不完全准确。据说，拉伯雷执笔于 1532 年时，他确实想献给读者一种明显是新型的“巨人的武功诗”，不过，这是一种包含战斗、败北、负 203
伤——并且因此有奇迹般复活的史诗般的武功诗。有必要回忆小说里那些主人公的名字吗？这些名字出现在庞大固埃的谱系中，从菲埃拉勃拉斯到摩尔根特，再到菲拉古斯，更别提小说里的那些英雄人物，那些爱比斯德蒙死后在奇特的地狱中所见的众多人物[13]。

二、16 世纪与奇迹

同样，巴奴日治好爱比斯德蒙确实是个奇迹吧？拉伯雷留给我们的模仿性叙事是个奇迹？如果当时拉伯雷想起了莫吉斯的奇迹，也并不大碍。重要的是拉伯雷的意图。你能向我们保证他的意图是单纯的吗？

我们还是不要轻易作此保证。无人能探知弗朗索瓦·拉伯雷的深层意识。我们可以毫不犹豫地说，拉伯雷在巴奴日的伪装下，

---

① 犹如说“可以揪着自己的头发脱离地球”。

嘲弄了那些头脑简单的人与轻信者，这些人贪婪吞噬谎言，愚蠢地相信人们所讲述的、关于奇迹的细节（“愚蒙人是话都信”，同时信仰是不可见之物的论据）——在 1532 年，拉伯雷不是显赫人物，不是英雄，也不是超人。

首先是奇迹。在那个时代，奇迹到处都是，每天、每小时、每个地方、时时刻刻都发生着奇迹，几乎无人不晓。各种文学作品中都充斥着这类描写。我们可以在武功小说、通俗的小册子、某些出版商数以万计地出版的虔诚丛书，以及一系列关于奇闻异事、上天出现的圣迹、奇迹性的治愈的文学书籍中看到这类描写。这些书只有一小部分存留下来了，却充分满足了我们先辈们热切的轻信欲望与追求奇闻异事的爱好[14]。真是奇迹！然而每个人都在创造奇迹。天主有其奇迹——天主、玛利亚与天主的选民，我是指那些圣人——反天主之人与恶魔也有其奇迹。他们与前者是如此相似，以
204 致当那些专家与过去是恶魔学以及奇闻异事的大师的神学家们被问及这些问题时，他们必须带上眼镜，在发表观点之前多看它们几眼[15]。在这一点上，我是说存在“撒旦奇迹”这一点上，神学家们毫无疑虑。当需要时，撒旦的奇迹就会出来帮他们脱离困境，为他们提供了一种十分简单的解决方案[16]。我敢说，天主的奇迹更为寻常。天主的大奇迹，经过了教会机构的正式批准，也通过了大量泛滥的朝圣人员的认可！只举一例，圣母住在拿撒勒的家，天使奇迹地把它转移到了洛莱特。我们知道这个传说是如何在 15 世纪末、16 世纪初形成的[17]。当时，一个惧怕死亡的法国国王[路易十一世]，在[意大利]卡拉布利亚（Calabria）的深处找到了一位会施魔法的人。据说，在他的脚下，一连串虔信的魔术会引发一系列的奇迹，国王派人将他带到法国，以保国王能长生不老。此外，还有一些小奇迹、日常生活中朴实的奇迹，我们可以在“理性之书”以及当时的年代纪中找到大量的、详细的这类描述。例如，宗教朝拜或对天主起誓之后，雨就降下来了；雾气奇迹般地驱除了霜的冻害作用；在经历了一个季度的雨水之后，太阳重新出现，以确保小麦的成熟；更耸人听闻的还有，成千上万关于令人匪夷所思的治愈、拯

救、被绞死的人难以置信地复活等故事……

那么，还存在什么奇闻异事或奇迹，值得拉伯雷搜肠刮肚去嘲弄的？它并非是独一无二的！我们还是不要再次相信，或者装着好像相信，任何人都能在虔信的掩盖下让16世纪30年代的祖先们轻信任何东西。1528年9月19日，在莫伯（Maubert）广场上遭受绞刑的克里斯托弗·布埃格（Christophe Bueg），在最后时刻请求利库弗朗的圣母（Notre Dame de Recouvrance）的庇护，得到恩赦后，人们把他从绞刑架上放下来，于是布埃格奇迹般地复活了，巴黎的全体市民为此骚动不安。《一位巴黎市民的日记》（*Bourgeois de Paris*）高呼这是个奇迹。然而，圣维克多修道院的修士皮埃尔·德里昂特（他不是自由思想家）在谈及此事时，却用了这个慎 205
重的标题——“奇迹般的处刑，正如人们说的那样”。在接下来的叙述中，他只用了三个简短的词：Quod pie creditur［虔信的］。至于律师维尔索里（Versoris），他简单地主张克里斯托弗并没有完全被绞死……[18]在那个时期，如果一个已死的女性出现在生者面前，且告诉他们她应受罚，那么巴黎大学神学院就要介入。的确如其所言，亡灵的出现是可能的。不过也不必冒这个险，因为如果出错的话，假奇迹可能让人们不再相信真奇迹：ne falsorum miraculorum praetextu, veris miraculis detrahatur［借伪奇迹之托，真奇迹反而遭到诋毁］。

我们的神学大师谨慎地如是说。在敌对的阵营中，人们叫得更响了！别忘了，在他们破坏“人为的创造”的工作中，正是因为这些“人为的创造”，基督教自其早期开始就变得沉重累赘，于是福音主义者们经常站起来反对这类奇迹，因为它们是作为被他们所憎恶的、对奇迹的滥用的一种担保而出现的。福音主义者们有时还以新的奇迹来对抗它们。这些新奇迹还被人们恬不知耻地加以援引。他们有必要加以回应。不久后，他们回应了，并带着一种经常遭受他人非难的热情。

我们已经明确指出，波斯特的《古兰经与福音主义者协同书》（*Alcorani et Evangelistarum Concordia*）中存在某些有用的讨论[19]。

作者列举了（据他看来，是伊斯兰教教徒与福音主义者共通的）二十八条命题，其中一条提到："毋须通过奇迹来确证宗教，即 nullis miraculis opus esse ad confirmationem religionis[宗教的确信可以不经由奇迹]。"波斯特讨论了这一命题。以神甫在近期用真实的谎话欺骗那些头脑简单的人为托辞，福音主义者是否真的会告诉我们，基督教会中的奇迹的作者都是魔鬼？他们特别提到殉道士的坟冢中所记载的奇迹：好像魔鬼有能力使死人复活，能治愈除遭他所害之外的所有人……如果恶魔确实有这种能力，那么它就能等同于天主！——然而，波斯特观察到，许多福音主义者——或者原来是福音主义者——qui primum pridemque imbuti ea opinione sunt [他们很长一段时间曾沉浸于其中]——并不遵循这些教义；他们
206 非常明确地指出奇迹只是一种魔术和幻象。在书中的另一段文字，他又执拗地攻击了奥科兰帕迪乌斯。这个博学的福音主义者难道没有发现福音书是虚假的？因为他并不相信从死人堆中复活的耶稣可以通过紧闭的门扉回到他的使徒中。波斯特有点愤慨了，耸了耸肩，收集了一些相关的"科学"论据，指责奥科兰帕迪乌斯鲁莽冒失。这个过程中，他的讨论清楚地告诉我们，16 世纪自由地——甚至是随意地——对待奇迹的人并不一定是个出自哲学的理性主义者，而是自由的改革派，如果可以这样说的话；同时他的"qui primum pridemque imbuti ea opinione sunt"让我们正好想起了他用来描述拉伯雷与德佩里埃的用词："authores olim erant Cenevangelistarum antesignani . . . "（"这个前卫作家曾是福音主义者……"）

关于这一点，如同其他点，加尔文自己承担起了系统编纂改革派教义的责任。从 1541 年的《原理》入手，在《致国王的书简》(*Épître au Roi*)中，他以其平素的决断力来对付这个难题[20]。他说，这些被我们的对手用来支撑他们的教义并反对我们的教义的奇迹只是儿童的游戏，或是厚颜无耻的谎言。毕竟，没什么大不了的。因为，一种教义要么再现了天主的真理——要是这种情况，只有奇迹可以证实这种教义；要么就是恶魔——要是这种情况，世界上所

有的奇迹也不能使这种教义变普。然而，这样也不会影响到大家耳熟能详的事实，即“撒旦有其奇迹”。这个事实曾遭到波斯特准确的指责，他说这是用来欺骗头脑简单的人的。总的来说，加尔文从一开始就明显地对奇迹问题持怀疑的态度。然而，今天却没有人寻思着要把他归到敌基督这一阵营中。因为他自然在那个唯一真正危险的问题上有所保留。这个问题就是阿贝尔·勒弗朗所说的、由拉伯雷提出并报以亵渎的嘲笑的问题，即天主的奇迹问题。

* * *

现在还是回到我们的起点。1532 年，拉伯雷对莫吉斯的奇迹
有点钦羡，且试图作出比他更大的奇迹。招魂卜卦者使那些剖腹 207
者复活了。拉伯雷不把困难放在心上，让那些已斩首的人重新站了起来。这就是所谓的奇迹。笑吧……你说什么？拉伯雷做了一些更糟糕的事。实际上，他做了那个时代任何人连做梦都没有想过的事情。他公然地嘲笑天主。他愚弄基督。嘲笑的方法很简单。他找到他的巴奴日，将他看做好色之徒、嘲讽家、鸡鸣狗盗之徒、恶人、骗子、醉汉、游手好闲之徒与下流之辈——小说中声名狼藉的人物。拉伯雷正是让这样一个人承担起了模仿的任务。他模仿谁呢？天主之子，使拉撒路以及睚鲁的女儿复活的人类救主。就这样以闹剧的形式，他对造物主干涉所造之物的生命的权力进行了人们可以想象出来的、最为大胆的攻击。因为 16 世纪的法国人——确切地说，是那些在 1532 年四十岁至五十岁的法国人——都在他们的著述中不约而同地讨论了这一权力。

证据呢？能证明拉伯雷有过人的胆量独自面对基督徒的天主，并以一种嘲讽与滑稽的方式回应拉撒路复活的故事吗？这个故事如此激动人心，以致几个世纪以来，所有的基督教都被罩上了信仰与情感的光环！如果没有这种证据(并且根本就没有)，至少应该有个前提假设吧！“直接的”文本没有给我们提供什么。小说的写作背景能为我们解释什么吗？我想说的是：在 1532 年写的爱比斯德蒙的复活时，他是否真如人们所说的那样，是如此的大胆，如此

非比寻常地革新？答案应该是否定的。

三、《庞大固埃》之前就提出的问题

奇迹的问题不是在《庞大固埃》第三十章中提出来的。如同灵魂不死的问题，在很久以前，人们心中就提出了这个问题。关于奇迹问题，古代的作家们做了很多工作，在这些人中，西塞罗的贡献尤为突出。我们最近就意识到[21]，许多杰出的人文主义者（他们中
208 有些人还具有独立思想）热心地坚持阅读西塞罗的著作，而且并不仅仅是为了欣赏他那纯粹与优雅的拉丁文风格。

像《论占卜》（*De Divinatione*）就留给 16 世纪的读者一些有关异常强大的理性主义的讲义。如果对话者之一，即西塞罗的弟弟昆图斯①捍卫这些保守的神性命题，顺便提一下，这些命题的类似物都可以在拉伯雷的书中找到；如果昆图斯相信预言性的梦[22]；如果他像拉伯雷一样主张，那些能让自己与过度和缺乏保持同样距离的人的灵魂能够非常清晰地透视未来；如果他同样赋予垂死者以占卜与预见的才智——拉伯雷也曾在他弥留之际、在朗日颂扬过这一点；那么另外一方面，在西塞罗的论述中，在他对其弟弟的答复中存在的那些原则就不只是局限地应用到异教的迷信上！他肯定 fatum[命运]，将它定义为一系列的原因（Fatum appello ordinem, seriemque causarum, quum causa causae nexal, rem ex se gignat[我称命运为秩序与一系列原因的结果，因为一个接一个的原因使一种事物得以自行产生]，[《论占卜》]第 I 卷，第 LV 节）[23]；他以这种决定论为名，否定占卜——将占卜界定为对偶然事件的预感与预见；他把偶然事件简化成为永远为天主所知的事情。他主张这样一个公理，即一切事物的发生必然都有其自然原因。因此，在事情出现反常之前，就去找它的自然原因：肯定存在一个自然原因；不可能一个都没有；它可能逃脱了研究者的视线，但是研究者应该坚

① 昆图斯（Quintus Tullius Cicero，前 102？—前 43），法官，曾任总督。著名修辞学家、哲学家西塞罗（Marcus Tullius Cicero）之弟。

信它总是存在的[24]。没有奇事，也没有奇迹。最后他总结道：与宗教和平共处，与迷信作斗争。

我们没有必要证明，这样的论述能够把那个世纪的一些人引向最坚定地敌视超自然的理性主义。1520 年左右，由蓬波纳齐所写的那本甚为大胆的书中存在着大量的证据。那本书直到 1556 年才得以出版，标题为：《一本论自然中奇迹的原因，或论咒语的书》（*De naturalium effectuum admirandorum causis, seu De Incantationibus liber*）。毋庸置疑，书的内容早在出版日期之前就已经为世人知晓了[25]。他的奇迹理论完全出自《论占卜》。要么奇 209
迹是魔法；要么它们只存在于见证人的想象中，且只有通过见证人的想象才能存在；要么它们存在一些自然原因，只不过这些原因不为我们所知却又真实存在。因为没有什么东西可以无端存在，没有什么东西可以不通过自然原因自行产生。有其果，必有其因[26]……

鉴于其刊行的日期，我们还是把这本大胆的书先撇在一边吧。《庞大固埃》发行之前的数月，即 1531 或 1532 年 2 月，安特卫普出现了一册薄薄的对开本小书，其中包含了《论神秘哲学》（*De occulta philosophia*），它的作者是奇特的亨利-科内尔·阿格里帕，他的生平与思想仍然是个谜。我们知道，阿格里帕曾于 1524 年初至 1528 年在里昂居住过，那时他是王后生母[萨瓦的路易丝]与国王的御医。拉伯雷于 1531 年到达里昂时，肯定听说过有关这个焦躁不安的、别出心裁的同业者[医生]的评论，阿格里帕的书也不可能没有被那些书商注意到。然而，1532 年初于安特卫普刊行的书，尽管有"三卷本"这样的标题[27]，但只收了论文的第一卷。阿格里帕在第一卷的第 58 章，专门提出了起死回生的问题："论死者的复活，论长眠与禁食"。阿格里帕声称，他承认占卜者有能力使灵魂回到它已离开的肉体[28]。阿格里帕还说，在这种复活中，某些具有魔力的草药与香油膏（这让我们想起了巴奴日）是非常有用的[29]。人们并不认为这些是无稽之谈。当幼鼬被杀死之后，它的父亲难道不能够用它的呼吸和声音来唤回幼鼬的生命？当幼狮死了，它的父亲难道也不能用其呼吸来唤回幼狮的生命？历史上充满了这种例子，如：有些已扔向柴堆的尸体，又复活了；溺水而死的人又重新清醒了；战斗中被杀的战士——像爱比斯德蒙——有时死后数天仍可以复活[30]……这些是奇迹？不是的。万事万物的发生都要通过自然法则的作用。当然，我们还要涉及到似是而非的死亡。灵魂并没有脱离肉体。它仍然隐藏在肉体内，只是因受到强烈的冲击而麻痹了、窒息了。从此，不再有什么生
210 命、感觉与运动；人处于无意识状态[31]。不过，他没有死。

试图合理地去解释这些奇迹，是件引人注目、胆大妄为的事。这也是位神秘主义者的所作所为。如果不知道在整个 16 世纪，神秘主义哲学的趋势就是排除奇迹[32]，那么我们肯定会感到十分惊讶。你先读皮科·德拉·米朗多拉有名的《护教书》（1488 年，它曾在巴黎与罗马引起巨大的反响），就会在其中读到一段他为了维护他的第四命题，即“没有什么科学能比魔术与喀巴拉①更能为我们提供一些能确证存在基督之神性的证据”，而这是针对某些神学家所作的论述。这样，他引出的就不仅仅只有奇迹问题，还有基督的奇迹问题[33]。如果你接下来再读几页讲述康帕内拉如何试图以自然魔术的名义构建出一张因果关系网的文字，而这张网内千丝万缕、相互交叉，以致任何一种超自然的行为都无法悄然而入[34]——那么你就会看到长长的链条的两头，蓬波纳齐与阿格里帕只是其中的两环而已。

拉伯雷——1532 年的拉伯雷、《庞大固埃》第三十章中的拉伯雷——是不是其中的一环呢？拉伯雷希望把他的同代人从一种压抑的宗教枷锁中解放出来，这样是否就在其著作中表达了自由思想家的信念：“不存在奇迹！一切奇迹皆不可能，天主也一样。尤其是天主，自然法则的至高守护者。要么福音书中的叙述是个骗局，要么拉撒路实际上根本就没有死。因为造物主的干涉并不能把他从死人堆中唤醒。凡是规则，就没有例外。不管是生命体还

① Cabale，源于希伯来文 Kabbale，指某些犹太教博士或牧师对圣书作一种秘密的解说。后来人们以此指“犹太教神秘哲学”。

是无机体，万事万物存在的条件都是无条件地统一。"拉伯雷可能在1532年思考过这个问题。其他人则才开始思考这个问题。拉伯雷真是这样想的吗？我们并不知道。可以肯定，即使他有这种想法，他也没有这样写出来。他决不是启蒙运动的使徒，张开充满了真理的手掌，以使真理滑出指尖，去滋润他同时代那些已经意识到要汲取它们的人。我们还知道另外一些。我们知道，拉伯雷没 211
有怀疑《圣经》的真实性、神圣性、实效性，——按皮科·德拉·米朗多拉的说法，《圣经》是基督之奇迹的唯一证据，奇迹又是基督之神性的唯一证据……拉伯雷并没有在《高康大》与《庞大固埃》中花足够的笔墨来凸显人们对《圣经》的研究与虔敬的崇拜。拉伯雷冒着惹祸上身的危险主张《圣经》是宗教唯一真正的基础。他经常援引法语版《圣经》，认为国王最紧迫任务就是向所有人布道，传授《圣经》。然而，在某种程度上，他是否又主张超自然可以化简成自然，正如一切对奇迹的合理解释所要求的那样？他使得许多严肃的事物走向滑稽——他是否暗示过，对理性主义者来说，把超自然简化成自然是必要的？他是否指出了这么做的基础？答案是否定的。

如果答案确实是否定的，那么1532年的拉伯雷就不是新时代的预告者，也不是理性主义信仰——它的目的就是使宗教灰飞烟灭——的超人使者。因为一个人如果给他同时代人叙述木制头颅的残障军人①的故事，或者仅仅是讲述巴奴日模拟基督的奇迹的故事（我是说莫吉斯的故事）[35]，那么他就不会是大思想家，更不是一位伟大的自由思想家与启示宗教可怕的敌人。

* * *

这些是反面的结论。我们能否进一步就拉伯雷对待奇迹的态度得出正面的结论呢？

我们知道，培尔在他的《历史批判辞典》（第5卷，第217页b［右栏］）中借用了斯宾诺莎的话。斯宾诺莎说过，如果他可以确信

---

① 木制头颅的残障军人（l'Invalide *à* la Tête de Bois）据说是居住于荣军院（Hôtel des Invalides）的一个民间传奇人物。有人又说这个人并不存在。

拉撒路的复活，那么他就皈依基督教的普遍信仰了。——这是一种态度，一种见解，为同一派别的思想家所共有。这些人用逻辑术语
212 来思考基督教，并让其信徒处于进退维谷的境地。这种情况下，在试图把拉伯雷说成是反对基督教的敌人的过程中，他们提出，奇迹是基督教教义之真实性的真止依据，而拉伯雷确实否定了奇迹；既然否定了奇迹，那么他就不再是基督徒了。这好极了。不过倘若斯宾诺莎说了我们刚才回顾的那句话，那么 1528 年 9 月 1 日，也有人写下了这个值得反思的句子："non pendet religio Christianorum a miraculis[基督徒的宗教并不受那些奇迹的支配，因为基督教并非基于奇迹]。"这个人就是伊拉斯谟[36]。我想他是位基督徒。有人可能这样反对道："很抱歉！伊拉斯谟不是说所有奇迹；他的论述中不包括可以被称为根本的奇迹，即基督的奇迹。他主张人们应该相信这些奇迹：quae sunt in sacris literis tanto firmius credimus, si non quibuslibet hominum fabulas crediderimus[如果我们不相信人类叙说的寓言故事，那么我们就相信经文中记载的更有说服力]。"不过，这只能证实伊拉斯谟没有路德走得远。我认为，路德不是理性主义者。路德在他年轻的时候，并没有轻率地造访帕多瓦。可是，他在所翻译的《新约》的开头部分的序言中，写下了这样令人难忘的几行："基督教知识的源泉与精髓是《约翰福音》、《保罗书》——尤其是《罗马书》、《彼得前书》。这些应该成为一切基督徒每天的精神食粮。因为这些书中没有太多奇迹。相反，它们巧妙地言说了信仰能拯救一切——这才是福音的真正所在。"这个基督徒，这个热情洋溢又激动的预言家，这个有信仰的人，继续补充："如果一定要抉择的话，我更愿选择基督的布道，而不是他的那些奇迹。因为这些奇迹对我没用！基督的布道却能赋予生命，正如他自己所说的那样。"[37]

这是至关重要的一段。它有效地提醒人们、让人们不要忘记，在 16 世纪否定奇迹的，不仅仅有亨利·布松喜爱的"帕多瓦派"，
213 还有并未企图破坏基督教的改革派。诸如，我们前面提到路德，还有奥科兰帕迪乌斯，后者不相信从死人堆中苏醒的耶稣，可以通过

紧闭的门扉重新回到他的使徒中[38]，这使波斯特大为愤慨。其他人呢？我们还是不要多此一举。不管这是否会招致学识渊博的逻辑学家去谴责他们缺乏逻辑，哀悼他们漠视逻辑规则，坚持信教，因为根据逻辑，他们是不应该有任何信仰的。事实在于：那些自视为基督徒，又同时引导着同时代成千上万的基督徒的人，都在16世纪宣称信仰轻视奇迹的基督教。Qui non pendebat a miraculis［它并非基于奇迹］——伊拉斯谟的这种表述给人留下了深刻的印象。我们在谈论谁？我们在探讨拉伯雷时又一次把镜头指向了伊拉斯谟与路德，指向了那些在拉伯雷时代，忙于为已有一千多年历史的基督教教义推出新的、正确的、与时俱进的修订本的人。这些人倾向于摒弃奇迹——如果有必要的话，甚至还要摒弃基督的奇迹——就像他们想要破坏炼狱，解放那些关在炼狱里的灵魂一样。他们并没有从今天责难他们的观点自相矛盾、不合逻辑的学者们那里求得许可。

如果拉伯雷想通过他的著作来直接攻击奇迹、动摇人们的信仰——因为在他看来，是否拥护基督教就在于相信奇迹与否——那么他就不会写一出滑稽的模仿戏，而写一些其他的。拉伯雷充分了解那个时代的哲学纷争与神学论争，完全可以写一章献给阿格里帕——“特里巴老爷”①——他的《论神秘哲学》的刊行先于《庞大固埃》。拉伯雷并没有这样做。因为在他看来，奇迹这个问题远没有今日的不信教者所认为的那样重要。就这样，今日的不信教者给了那些不合逻辑的信教者一个不请自来的教训。从历史学家的视角看，这显得有些滑稽。

四、阴曹地府中的拉伯雷 214

现在来谈谈另一节中的几句话，这只不过是几句话而已，别无它用：我们只要重复一下《庞大固埃》第三十章中有关离奇的地狱

① “老爷”原文是德文 Herr。阿格里帕在当时被认作为易卜星相的一流人物。见《第三部》第二十五章。

的描写就可以了。出于好玩，在卢奇安一本有名的小册子《墨尼帕斯或通往阴曹地府之路》(*Ménippe ou la Nécyomancie*)的空白处，拉伯雷还为地狱画了一幅素描。

居住在地狱的有教皇。哦，真是不可思议！诸如，包尼法斯八世①、尼古拉三世(他为一种同音异义字游戏而辩护)②、教皇亚历山大以及蓄着“又长又难看的胡子”的教皇朱里乌斯③。我们还是不要在这种大胆的恶作剧之前，把双手伸向天空，开口大骂，以免遭人耻笑[39]：在国王弗朗索瓦[一世]执政的时代，唯独我们会谴责这种恶作剧！——有人又说，不止这些，还有更多呢。比如，这个阴曹地府没有惩罚；没有肉体的拷问；没有地狱之火。就是魔鬼，也很和气，没有一丝邪恶的样子。大概是吧。可是，有人认为拉伯雷在《庞大固埃》第三十章中的滑稽模仿甚为大胆，那是因为他不知道 16 世纪的人所思所想与兴趣爱好。

我们的学者可能是不知道，但拉伯雷清楚这一点。长期以来，人们在这些问题上着墨甚勤[40]。地狱的刑罚？许多完全确信为正统派的神学家，都否认知道这些酷刑明确代表什么——火刑、冰水之刑、蠕虫撕咬之刑。甚至有人认为，那些被罚入地狱的灵魂发觉在地狱与在人世间的感觉是一样的。那里没有极度的炼狱，没有永劫的苦难；他们只是没有天主，以及一切超自然的东西；至于其他，撒旦统治得秩序井然，令人羡慕……

我们必须充分意识到，学者们在这个问题上进行争论是合情合理的。到今天仍是如此。天主在创造人类以前，就为堕落的天使创设了地狱。地狱的存在是基督教信仰的体现。地狱的永存也是
215 如此。另一方面，一切与地狱的布局，请容许我这样大胆地说，与它的方位(在地球内部或其他地方?)，与寄居在地狱的灵魂与魔鬼的生活方式，与那些寄居者是否会外出(是鬼魂担负诱惑的使命而

---

① 包尼法斯八世(Bonifatius VIII，1216? - 1303)，罗马教皇，在位于 1294—1303 年。

② 尼古拉三世(Nicolas III，1216? - 1280)，罗马教皇，在位于 1277—1280 年。“Nicolas pape tiers estoit papetier.”“pape tiers”(教皇三世)与“papetier”(卖纸的)同音，故说尼古拉三世“为这种文字游戏而辩护”。

③ 朱里乌斯[二世](Julius II，1443 - 1513)，罗马教皇，在位于 1503—1513 年。

入尘世，或是被打入地狱的普通鬼魂现身凡间）相关的问题，所有这些细节性的问题、这些会引起孩童们无尽好奇的问题，都还是神学家们自由讨论的话题。他们充分利用了这种自由……我们有必要回想培尔在他《辞典》“帕坦”词条下的反讽（第四卷，第 516 页，注释 D）。培尔兴高采烈地对夏尔·德林库[①]的一段对话——《耶稣-基督下地狱》（1664 年版，第 309 页）进行了长长的解说，论述了地狱的四个不同区域。一个是被罚入地狱的灵魂的等待区，他们在这里等候复活之后的肉体与他们结合；恶魔也同样来这里。接着便是第二个区域——“炼狱”。第三个区域是用来安置未曾行浸礼的孩童的。第四个区域是在救世主的启示之前，义人灵魂集合的场所。因此，这些区域必须广袤无比——因为要集合起来，光是“所有那些在生前未曾行洗礼的孩童，毫无疑问，就占据了人类的三分之二。”这句话是对着某个传教士说的，培尔补充道；对此，传教士回答道：“啊！胎儿并不需要多大的空间……”难道他忘记了到末日审判时，胎儿长大成人了？

这是一种反讽，无信仰者［mécréant］的反讽。拉伯雷呢？他有没有回应他所熟悉的这些讨论？他甚至有没有在这个领域上提出问题？没有。他只是戏谑了一下而已。我不敢说它是无恶意的戏谑，但是与培尔的反讽相比，这种戏谑有多大恶意呢？爱比斯德蒙在阴曹地府看到了什么？除了刚才提到的那些教皇外，他看到的真实人物并不多。如同墨尼帕斯看见优里皮底斯与荷马，爱比斯德蒙也遇到了两个作家——弗朗索瓦·维庸与布尔日的让·勒迈尔[②]。他还遇见了两个宫廷弄臣，凯耶泰（Caillette）与特里布莱。还有呢？普鲁塔克笔下的主人公，他们是异教徒，因此必然走向地狱，从德谟克利特到亚历山大，从罗慕洛到尼禄，从汉尼拔到西庇阿，更不用提 216
恺撒、庞培、图拉真，还有德谟斯提尼以及西塞罗。还有大量小说

① 德林库（Charles Drelincourt，1559－1669），法国新教教士。1618 年曾负责朗格勒新教教会。

② 布尔日的让·勒迈尔（Jean Lemaire de Belges，1473？－1525？），瓦龙诗人、史学家、修辞学家、宫廷作家。用法语写作，终生反对教皇。

的主人公，从亚蒙四子到丹麦人奥格尔、波尔多的于勇、摩尔根特以及美露西娜。这是一场嘉年华。那些与“善良的”异教徒有关的问题就被提出来了。通过伊拉斯谟——圣苏格拉底，为我们祈愿！——同样也通过茨温利提出来了。拉伯雷不关心这些。他只是笑笑，同时毫不客气地把西塞罗与爱比克泰德[①]列入该下地狱的人。

至于“圆桌会议”的那些主人公，拉伯雷没有将他们列为该下地狱的人。该下地狱？我们不要太荒谬了……拉伯雷不会把普鲁塔克中那些他崇敬的希腊人和罗马人列为该下地狱的人。拉伯雷没有把维庸与勒迈尔（特别是勒迈尔，正如阿贝尔·勒弗朗认为的那样，他是有教化作用的法兰西老诗人拉米那格罗比斯的原型）——拉伯雷没有把这个奇异的世界看成堕落的世界。他也没有给我们呈现出哪些灵魂注定要遭受永恒的责罚——这种责罚具体指什么值得商讨，这种做法是错误还是正确的也有待讨论。他在奇异与简短的“死者对话”中呈现出他们的无忧无虑，诉说他们漫步在卢奇安式的极乐世界（Champs Élysées）中。拉伯雷真是胆大妄为。不过康布雷的主教费纳隆[②]早就宽恕了拉伯雷。实际上，倘若真要从造访阴曹地府中得出什么教训的话，那或许不是这则古训“罪有应得”，而可能是改编自《圣经》中的一句话：“凡自高的，必降为卑。”[③]后来，这句话为大革命所用，得到了重新叙述。像卢奇安一样，拉伯雷也意识到了地狱的反讽。在地狱里，“落魄的国王们、总督们不得不通过卖咸鱼来维持悲惨的生活”，马其顿的菲利普就在一个角落里补破鞋。这些并不令人惊讶。因为他熟悉方济各修会的布道士的传统，而且还曾经是其中的一员。我们至多可
217 以说，他们在言谈中流露出一丝常有的平等主义。他们写这些是

---

① 爱比克泰德（Epiktetos，约 55—约 130），罗马最著名的斯多葛学派哲学家。

② 费纳隆（François de Fenelon，1651－1715），法国天主教神秘主义神学家、教育家、大主教。1695 年任康布雷大主教。

③ 《马太福音》第二十三章第 12 节。

为了自娱自乐，同时也是供他人消遣。他沉浸于法国式卢奇安的事业中，从不思考如何规范基督教的地狱，而让一个圣职者在两个世纪后与另外一些人在极乐世界（没必要问这到底是地狱还是天堂）中谈天说地，他们包括薛西斯、莱翁尼达斯、梭伦、亚西比德、苏格拉底以及那个著名的异教徒伯里克利、路易十一世、[红衣主教]让·拉巴吕（La Balue）、红衣主教西斯内罗斯（Ximenès）、教皇西斯笃五世、善王亨利[四世]、黎塞留，甚至还有（波旁王朝真正有些胆大妄为的）陆军统帅①。

确切地说，拉伯雷嘲笑了地狱、恶魔以及那些被罚入地狱的人……确切地说，就像加尔文说的那样，他试图“通过嘲笑与愚弄来推翻教徒对天主的恐惧。”这是可能的。人们可以肯定，我们无意将圣洁的拉伯雷追封为圣徒。阅读《庞大固埃》第三十章绝不会激起或加重人们对地狱的恐惧，因为通过一些伟大和令人不可思议的奇迹，这些人不知道在1530年的法国，是可以对这个古老的流行话题大肆戏谑的。但是如果说拉伯雷试图向他的同时代人传递某种恐惧，且目的在于把他们从害怕中解放出来，那么就断定他是那个时代惟一这么做的人？因此他就胆大妄为？他因此必定就是基督的敌人？

别扯远了，还是翻开伊拉斯谟的《基督教战士手册》（*Enchiridion Militis Christiani*）。福音书（《路加福音》第十六章第24节）中的富人遭烈火的责罚，不信教者遭蠕虫的撕咬——诗人描写的所有肉体上的折磨都被伊拉斯谟精神化、寓言化了[41]。犹如爱比斯德蒙，他以一种独有的方式向读者保证说“魔鬼是很好的伴侣”，入地狱的人所受的折磨本质上只不过是对自己所犯下罪行的一种持久的担忧。这种观点仍可见于1542年里昂出版的一本小册子——《论善人的报偿与恶人的永恒责罚》（*De bonorum praemiis et supplicio malorum aeterno*）中，小册子的作者是多明我修会成员

① 陆军统帅（Charles de Bourbon，1489－1527），法国勇猛的军事领袖。26岁在意大利玛里尼亚战役中任陆军统帅（connétable），获得赫赫战功。后战死于罗马。

安布罗斯·凯瑟林神甫(P. Ambroise Catharain)。让·加尔文在深思熟虑后,也持这一观点。要是没有加尔文的思考,这类观点可能会使信教者不再信教……

218 1532 年,人们可以自称自己并相信自己是基督徒,而且确实也是基督徒,不过又可以像伊拉斯谟那样,认为基督教并非基于奇迹,不管怎样,它不再基于奇迹。甚至可以像路德那样说:奇迹?关奇迹什么事?1532 年,人们还可以像伊拉斯谟那样,认为没有必要为了让人们相信"地狱的恐惧,信仰的始基(timor inferni, initium fidei)",就说阴曹地府有魔鬼、绞刑架、烧红的钳烙刑具以及永恒的劫火[42]。1532 年,人们还想把虔诚的教徒、普通的教徒从幼稚的恐惧与低级的迷信中解放出来。这是可能的。伊拉斯谟就是这样一位基督徒。与他一起的包括其他一些真正的基督徒,例如奥科兰帕迪乌斯、茨温利、路德,甚至还有加尔文,他们都不是帕多瓦派。这些人之后,我们瞥见了拉伯雷。我们在适当的时候还要再讨论这一点。

原注

1 Abel LEFRANC, *Étude sur Pantagruel*, [*Œuvres*, (Paris, 1922),] t. III, p. XLVII.

2 关于拉撒路的复活,参见《约翰福音》第十一章第 34 节。关于睚鲁女儿的复活,参见《路加福音》第八章第 52 节以及《马可福音》第五章第 39 节。《马太福音》第九章没有添加什么内容。

3 顺便提一下,Abel Lefranc 编的《选集》(*Œuvres*, t. III, p. 180, n. 43)所提供的解释并不准确。它不是一则"经院主义哲学的术语",而只是加伦式的医学术语。

4 Lazare SAINEAN, *La Langue de Rabelais*, 1922-1923, t. I, p. 335.

5 *Fierabras*, éd. Auguste Kraeber et Gustave Servois, 1860, p. 34.

6 至于 *Lai d'Eliduc*,见 Karl Warncke 版的 *Die Lais der Marie de France*,第 3 版,1925 年,pp. CLXXV-CLXXVIII。——至于 *Amis et Amiles*,Conrad Hofmann 版,第 165 节。——至于 *Jourdain de Blaives*,Conrad Hofmann 版,第 91 节[见 Conrad Hofmann 编,*Amis et Amiles und Jourdains de Blaives, Zwei altfranzösische Heldengedichte des Kerlingischen Sagenkreises*, Erlangen, 1882]。

7 Émile BESCH，*Les Adaptations en prose des chansons de geste*（*R. S. S.*，III，1915），尤其是 p. 176 以及其他 注释。——还有 Arthur TILLEY，*Les Romans de Chevalerie en prose*（*R. S. S.*，VI，1919），pp. 45－63。[疑有误，后半段注释据英译本改。——译者注]

8 除了 Émile BESCH，*op. cit.*，参见 Jean PLATTARD，*L'Œuvre de Rabelais. Sources，invention，composition*，1909（Th. Paris）。——拉伯雷经常引用《亚蒙四子》（*Quatre Fils*）；参见《高康大》第二十七章："《亚蒙四子》的武功诗里有位隐修士莫吉斯曾英勇无比地……打退萨拉逊人，但是比起这位……修士来，是无论如何也比不上的。"

9 Claude NOURRY，*Bibliographie de ses publications*，dans Baudrier，*Bibliographie lyonnaise*，I，pp. 135－136.

10 我们还没有得到一本努里出版的书。我们的引用来源于 Jean de Vingle（付梓于 1497 年 11 月 4 日），它在里昂出版，现藏于[巴黎]国家图书馆。——Jean de Vingle（卒于 1513 年）曾在他的工作坊中四度印刷《亚蒙四子》一书，并由 Jean Perréal 画一些小插图。Cf. Baudrier，*Bibliographie lyonnaise*，t. XII，194，198，199，203，306. ——他还印刷了 *Fierabras* 与 *Ogierle Danois*。[Jean Perréal；又名 Jean de Paris 或 Jean Peréal 或 Johannes Parisiensus，1450－1530?，法国宫廷画家、建筑学家、雕刻家。16 世纪最重要的肖像画家之一。——译者注]

11 Abel Lefranc 引《路加福音》第八章第 52—53 节。如下："众人都为这女儿哀哭捶胸。耶稣说：不要哭，她不是死了，是睡着了。他们晓得女儿已经死了，就嗤笑耶稣。"我认为，从中世纪小说中引用福音书的片断来揭示庞大固埃在表达上以及意图上走的如此远，看这一段福音就够了。

12 Besch 如此写道："参见《亚蒙四子》中莫吉斯如何奇迹般地复活里夏尔，以及《庞大固埃》第三十章中爱比斯德蒙的复活。拉伯雷几乎是逐字逐句地模仿前者。"（Émile Besch，*Les adaptations en prose des chansons de geste*，载 *R. S. S.*，III，1915，p. 177，n. 1）。在我们以及在勒弗朗写他的导论之前，Besch 就意识到了这篇文章是如此地有来源根据。

13 *Pantagruel*，（Rabelais，*Œuvres*，éd. Abel Lefranc），t. III，ch. i，pp. 24－25；*ibid.*，t. IV，ch. XXX，p. 310.

14 例如可见 Jean BABELON，*La Bibliothèque française de Fernand Colomb*，1913，各处：它特别对哥伦布在他旅行的途中尤其是在里昂所购买的这些小册子进行了描述。[Fernand Colomb 或 Hernando Colomb，1488－1539，意大利著名航海家哥伦布（1451—1506）的儿子。——译者注]

15 拉伯雷在《第三部》第十四章中暗示了这种不同的意见："的确，我记得注释《圣经》的犹太哲学家和马索莱们，指出怎样才能辨认出天使显现的真伪（因为撒旦也常常装作光明的天使），他们说这两者的区别在于：仁慈宽慰的天使在向人显现时，开始时使人害怕，后来给人以安慰，使人快乐、满意；恶毒和诱惑人的天使，开始时使人得意，到后来使人困惑不安，惊慌失措。”RABELAIS，*Œuvres*，éd. Abel Lefranc，t. V，pp. 121 - 122.

16 加尔文充分利用了它。相反，天主教徒后来用它来限制证人的有用性。这种有用性主要体现在新教徒希望引出数目，以及引出他们的殉道士的恒常性。“撒旦有其殉道士”是宗教论辩家的回答。例如可参见 Florimond de RAEMOND，*L'Histoire de la Naissance，progrez et décadence de l'hérésie de ce siècle*，Rouen，1624。

17 参见教会之议事司铎 Ulysse Chevalier 关于 *Santa Casa* 的书。[Ulysse Chevalier，*Notre-Dame de Lorette：étude historique sur l'authenticité de la Santa Casa*，Paris，1906。——译者注]

18 参见 *Le Journal d'un Bourgeois de Paris ...*，（éd. Bourrilly，1910 年）p. 313。——“Pierre Driart 的编年史”，见 Pierre DRIART，*Chronique parisienne，1522 - 1532*，（Bournon，*M. S. H. P.*，XXII，1895），p. 135。——“Versoris 的日记”，VERSORIS，*Livre de raison de Me Nicolas Versoris，avocat au Parlement de Paris，1519 - 1530*，p. 116。Fagniez（*M. S. H. P.*），XII，1885，p. 116.

19 本书，第一部，第二章[第 108 页及以下]。

20 Jean CALVIN，*Institution de la Religion Chrestienne*，1541 年初版，Abel Lefranc 等编，1911，p. XVII，sqq。

21 参见 Henri BUSSON，*Les Sources et le développement du rationalisme dans la littérature française de la Renaissance（1533 - 1601）*，1922，p. 17。关于拉伯雷转引西塞罗，见 PLATTARD，*L'Œuvre de Rabelais. Sources，invention，composition*，p. 187。Plattard 列举了这些重要的事实，确切地说，拉伯雷没有在《庞大固埃》和《高康大》中提及西塞罗；他只是在《第三部》和《第四部》中提及了西塞罗。

22 *De Divinatione*，I，XXIX. 有许多虚假的梦，西塞罗说：“quia，onusti cibo et vino，perturbata et confusa cernimus [当我们酒足饭饱，我们看事物都是混乱不堪的]”。那里还有一段文字是译自柏拉图的《理想国》。参见《第三部》，我们前面引过这段文字。

23 *De Divinatione*，I，LX. 这里有一段完整的重要文字：“Fieri omnia Fato，ratio cogit fateri. Fatum ... appello ... ordinem seriemque causarum，quum causa causae nexa rem ex se gignat ... Quod cum ita sit，nihil est factum quod non futurum fuerit，eodemque modo nihil est futurum cujus non causas ad id ipsum efficientes natura contineat.［理性使我们认为，万物皆命定。命运，我称之为诸原因的秩序与序列，因为一个原因接着一个原因使得一种事物产生。既然如此，万事皆出有因，同样，除非自然包含了一些能使该事物产生的原因，否则它就不会产生。］

24 *De Divinatione*, II, XXVIII：“Quidquid oritur, qualecumque est, causam habeat a natura necesse est; ut etiam si praeter consuetudinem exstiterit, praeter naturam tamen non possit exsistere.［不管它是什么，只要它兴起，那么它就必然可以从自然中找到一个原因：尽管它的出现不同寻常，但它没有自然是不可能存在的。］”——*Ibid.*，还提到：“Nihil fieri sine causa potest; nec quidquam sit quod fieri non potest; nec, si id factum est, quod potuit fieri, portentum debet videri. Nulla igitur portenta sunt.”——II, LXXII，他总结道：“Ut religio propaganda est, quae est juncta cum cognitione naturae sic superstitionis stirpes omnes ejiciendae.［因为宗教应该与自然的知识结合，然后拒斥迷信的各种根基，它才有说服力。］”

25 参见 Henri BUSSON 译，*Les Causes des merveilles de la nature, ou les Enchantements* 一书的导论，p. 26：“书籍出版前的秘密影响”。“然而我没有证据证明 1540 年之前，已经有人读过 *De Incantationibus*［《论咒语》］。”（p. 28）

26 因此我们还是认为这样解释 Pomponazzi 这段棘手的文字是正确的。“Non sunt autem miracula, quia sint totaliter contra naturam . . . sed pro tanto dicuntur miracula quia insulta et rarissima facta, et non secundum naturae cursum, sed in longissimis periodis.［然而，奇迹是不存在的，因为它们完全反对自然……不过，它们又被称为奇迹，因为它们是不寻常、稀有的，它们不遵循自然的惯常规则，而是发生于很长一段时期。］”Léon BLANCHET 是这样用法语翻译的（Blanchet, *Campanella*, 1920, p. 290, n. 4）：“Ce que les hommes appellent de ce nom, ce sont des événements non pas contraires en réalité au destin astral et au cours de la nature, mais qui sortent de l'ordinaire et ne réapparaissent que de loin en loin, après l'achèvement de très longues périodes astronomiques.”

27 参见 Abel Lefranc, *Rabelais et Corneille Agrippa*.（Mélanges offerts *à* M. Picot, II, pp. 477－486）。Lefranc 回忆起 Agrippa 于 1535 年又到了里昂，并在那里受到监禁。Agrippa 后来取道格勒诺布尔，并且死在那里，死在高等法院院长 de Vachon 家里。1535 年，拉伯雷也逃往里昂，后避难于格勒诺布尔，并且是 de Vachon 家的座上宾。——只是 Lefranc 认为，两人的逃走是出于相类似的原因——以及 Agrippa 逃往里昂是由于他的《判决集成》(*De vanitate*)遭到了巴黎大学神学院的谴责。这里的日期标示错误使得这种评论不合情理。因为把《判决集成》谴责为“路德式的”,时间不是 1535 年 3 月 2 日,而是 1530/1531 年 3 月 2 日。参见 Du PLESSIS D'ARGENTRÉ, *Collectio judicioruns de novis erroribus*, II, p. 85: *Die Secunda Martii* 1530[1530 年 3 月 2 日],巴黎大学神学院谴责一本“*impressus de novo Parisiis in vico Sorbonico et prius Coloniae*”的书——也就是说,它已经在刊行前就由 Joannes Petrus 掌握了: *Parisiis, apud Sorbonam, opera et imprensa Joanis Petri, anno* 1531, *mense februario*[1531 年巴黎大学神学院让·彼得之书籍与刊行物]。

28 *Loc. cit.*:“Cum animae hominum omnes perpetuae sint, perfectis quoque animis omnes spiritus obediunt, putant Magi perfectos homines per suae animae vires alias inferiores animas jam quodammodo separatas moribundis corporibus suis posse restituere, rursusque inspirare, non secus atque mustela interempta spiritu et voce parentis revocatur in vitam atque leones inanimem partum inhalando vivificant.”(*Henrici Cor. Agrippae ab Nettesheym a Consiliis et Archivis inditiarii Sacrae Cesareae Majestatis De occulta Philosophia libri tres*, livre I, chap. LVIII.)

29 特别是那些由 ex cinere Phoenicis[凤凰的灰]或 ex serpentum exuviis[大毒蛇的皮]做的(*ibid.*)。

30 “Nam plerosque aqua submersos, alios ignibus injectos et rogo impositos, alios in bello occisos, alios aliter exanimatos, post plures etiam dies revixisse legimus.”(*ibid.*)

31 “Oportet moribundas animas nonnunquam in corporibus suis latere vehementioribus extasibus oppressas et ab omni corporea actione solutas; sic ut vita, sensus, motus, corpus omne deserant, ita tamen quod homo vere nondum mortuus sit, sed jaceat exanimis et tanquam mortuus, etiam per diuturnum tempus.” Agrippa 因此再次叙述某些持续几个月甚至几年时间长的睡眠(sommeil)事件,并且还叙述了某些奇特的禁食事件(*ibid.*)。

32 关于这一点,参见 BLANCHET, *Campanella*; BUSSON 给 Pomponazzi 的 *Les Causes des merveilles de la nature, ou les Enchantements* 一书写的导论, p. 20 sqq. ——关于 Pic de la Mirandole 的《护教书》,参见 Augustin RENAUDET, *Préréforme et humanisme à Paris pendant les premières guerres d'Italie (1494–1517)*, Th. Paris, 1916, pp. 127–129。

33 PIC DE LA MIRANDOLE, *Opera omnia J. Pici*; *item*, *J. Fr. Pici Opera Omnia*, 1572, p. 167:“ Licet nulla sit scientia humanitus inventa quae nos certificare possit de Divinitate Christi, quia certificationem de divinitate ejus ... non habemus，nisi ex modo faciendi miracula quae fecit；quae miracula et esse facta ab eo，et esse taliter facta non nisi ex testimonio scripturae scimus-tamen si quid ad hoc nos possunt adjuvare scientiae humanae，nulla est quae magis nos possit adjuvare quam Magia et Cabala ...”又可参见 *ibid.*，p. 546，*In Astrologiam lib. IV* 之第 IV 卷第 XIV 章：Pic 认为，事件的自然过程使得奇迹不能得到表现。“Est enim ordo rerum a Deo pro naturali cursu institutarum，ita suis finibus inclusus sejunctusque ab his rebus quae，divina virtute et voluntate，fiunt praeter naturam，ut haec omnia si tollantur，nihil sit in rerum natura quod desit，nihil quod supersit.”

34 Blanchet，*Campanella*.

35 Busson写道（H. BUSSON，*Les sources et le développement du rationalisme dans la littérature française de la Renaissance*，p. 44）：“如果法国理性主义在拉伯雷的戏谑上作文章，如果它非常严肃地对待了某些问题，那部分上应归因于《论咒语》（*De Incantationibus*）一类书。”于我而言，我不赞同这类隐含在字里行间的、对拉伯雷的戏谑的轻视；有必要这样说吗？

36 致 Episcopus（John Longlond）的信札。Le Clerc 编，［*Desiderii Erasmi Roterodami opera omnia*，（10 vols.，Leyden，1703－1706）］III，part 1，col. 1100，ép. 974. P. S. Allen 与 H. M. Allen 编，［*Opus epistolarum Des. Erasmi Roterodami*］VII，p. 462［第 2037 书简］，85 行以下。［Episcopus；原名 John Longland，1473－1547，英国 Lincoln 的大主教，在位于 1521—1547 年。——译者注］

37 REUSS 译，《圣经》，t. XVII，“序言”，p. 18。

38 Guillaume POSTEL，*Alcorani，seu legis Mahometi，et Evangelistarum Concordiae liber ...*，1543，p. 15. “adstrictior legibus philosophiae quant Evangelii et rationis［依赖哲学之法而非福音书和理性之法］”的新福音主义者讨论了这段文字。

39 对头戴钢盔的朱里乌斯二世的攻击，甚是仪式化，不谙俗事的 Gilbert Ducher 在一首短诗中给出了答案，见《罗马教皇朱里乌斯二世的戏言》（*De Julio secundo Rom. pontifice jocus*），载 *Gilberti Ducherii Vultonis Aquapersani Epigrainmaton libri duo*，1538，p. 109。为什么这些攻击如此令人感到愤慨，而非《高康大》第三十三章：“可怜的教皇老爷已经吓得要死了！”——尤其是，为什么不提一个真正的问题：支持 1515—1520 年法国教会自主的那个教皇，是 1940 年支持法国天主教的那个吗？

40 VACANT，MANGENOT，AMANN 编，*Dictionnaire de Théologie Catholique*，V，cols. 28－120，v° *Enfer*。［2003 年版，此注为 VACANT，MANGENOT，

AMANN 主编，*Vocabulaire technique et critique de la philosophie*，V° Enfer。——译者注]

41 “... Ut qui injuste dominabatur in vita priori，vita alia in servilem relabatur statum；qui munus sanguine polluerit，talionem subite cogatur [前世若统治不公正，那么来世就应该沦为奴隶；前世若用血玷污了他的职务，那么他必然要以血还血]”，等等(f. 204)。

42 关于 Guillaume Postel 在 *Libellus de Judicio* 中表达的不甚满意之外，它已经在 *Alcorani Concordia* 中得到了完善。参见 p. 90：“Quot autem hac tempestate Cenevangelistae volunt paria esse omnium in fide Jesu Christi e vivis decedentium praemia，seu impii，seu pii fuerint，seu boni，seu mali，et par ubique praemium ob solam fidem reponunt：quid aliud，rogo，quam iniquissimum deum constituant? ”——又可见 *ibid.*：“Si latro，si praedo，si fur，moechus，impius resipiscat extremo vitae suspirio erit par Petro，martyribus piisque omnibus. O blasphemiam inauditam! Si haec vera sunt，at quid leges dedit tam divinas quam humanas Deus?”自然，Postel 全面保留的表达术语都是为了服务于福音主义者(resipiscere extremo vitae suspirio，etc.)。

下卷　信教还是不信教？

第一部

拉伯雷的基督教信仰

第一章 巨人的信纲

证人与证据都已经得到了批判性检查，不过那些根本问题仍悬而未决。1532 年，拉伯雷如何看待与宗教相关的事务呢？要回答这个问题，我们还得回到我们现有的文本，解决以下两个问题。第一，拉伯雷在他的作品中向公众介绍了何种思想？第二，他所依据或谴责的哲学理论又是什么？

这种区分可能会让人惊讶。但对 1530 年的人来说，哲学观念不必（内心感觉必要）刚好与宗教信仰一致。一边是加尔文，另一边是特兰特公会议①的天主教，他们通过各自的方式形成了两种完全协调的体系，最终达成一致。不过在 1530 年，这种一致还没有达成。为了阐明这种态度，我们有必要参考这则有名的二重真理之教理，“正统的神学家试图将非正统的哲学家说成是荒谬的”[1]——这里把某种特定的精神状态考虑进去是合适的。

我们暂且把推测与解释撇在一边。我们还是拿起可能付梓于 1532 年 10 月末的《庞大固埃》；拿起面世于 1533 年 1 月的《庞大固埃的预言》，它在 1535 年经大幅度增补后再版；拿起《1533 年历书》中的某些断简残篇；拿起可能面世于 1534 年 10 月的《高康大》；最后拿起（尽管著作本身刊印时间稍晚于“檄文事件”）我们掌 222
握的《1535 年历书》。我们从这些连贯的文本中挑拣出那些与宗教和哲学相关的论述。然而，这里又有一则重要的异议。这种宗教、

① 特兰特公会议（tridentine）：从 1545—1563 年由教皇保罗二世等为反对宗教改革运动在特兰特召开的第 19 次公会议。会议旨在面对归正宗的挑战，明订官方的神学立场。会议规定了用拉丁文唱弥撒等礼仪。

这种哲学属于谁的呢？属于拉伯雷？抑或庞大固埃？甚至是巴奴日，约翰大师？拉伯雷难道没有将自己的思想投射到他的小说人物中？

确实，我们处理的这些段落源于小说，而且几乎都是出自高朗古杰、高康大或庞大固埃这三个国王之口——正是他们才承担了表达严肃思想的任务。我们也可以添加其他一些段落，它们是拉伯雷以自己的名义写的。如果这些段落与他安排那些国王说的话完全一致，又该如何解释呢？更糟糕的是，异议不得不适用于所有的观点。如果你宣称："确实，这些是虔诚的言语、符合基督徒的论述；但它们要么是庞大固埃的，要么是高康大的，因为他们在小说中扮演的是高贵的父亲的角色"，那么你也必须允许别人反对说："奇迹？看看吧！嘲笑奇迹的不是庞大固埃，而是那个小偷，那个放荡不羁、不信教的巴奴日。巴奴日只代表他自己，只表达巴奴日的思想"。

我们还是严肃点吧，不要过于担心那些人不高兴，他们是读了伊拉斯谟的《对话录》或培尔的《辞典》。我们不能从拉伯雷早期作品的节选中捕捉到他真正的思想吗？也许吧。某个多少为子孙后裔所知的人的思想并不重要，真正重要的是三四个真正强有力、独创的法国作家之一投放到公共领域的思想。我不知道拉伯雷本人的思想。拉伯雷以自己的名义所传达的思想，我多少还是知道一些。几个世纪以来，拉伯雷的读者通过他的著作解读出的思想，同时它们又受到读者自身观念的影响，且因时代不同而不断变化——这才是最根本的，也是最真实的。

223

一、巨人们的天主：造物主与天意

谈到居伊·帕坦，他的书房墙壁上挂着一幅精美的拉伯雷画像，"有人曾出价二十皮斯托尔向他买这幅画"，培尔这样写道[2]："他的信条不是纷繁复杂的。"实际上，这个可笑的医生［居伊·帕坦］"只承认《新约》的内容，同时补充道：Credo in Deum Christum Crucifixum，etc. De minimis non curat praetor！［我信仰天主、基督、圣十字架,等等。上主是不会在意区区小事的!]”我们期望那些优秀的学者从拉伯雷的作品中抽取出来的那些与宗教有关段落,不会构成一种纷繁复杂的信条。真是不可思议!拉伯雷的早期作品中,有些地方整页都是直接或间接地引自福音书与《圣经》。这些世俗的作品中,天主常被提及。有人可能会说,国王们和作者的思想中一直有天主,前者依赖天主,后者则不断地援引天主,这真是令人匪夷所思。

这是什么样的天主呢?毫无疑问,是基督徒的天主,严格正统派三位一体的天主。例如,天父,耶稣某天会把他的王国交还给他的天父[3]——天父“根据它的自由意志与意愿来调度一切”;《1533年历书》因此就界定了他的作用,给予了他“永恒王”的称号[4]。他的儿子、他“亲爱的儿子”[5]是他父亲在尘世的解释者。耶稣基督、救世主耶稣基督、我们的救主耶稣基督、基督、救世主、我们的救主以及活神仙……拉伯雷小说中的主人公或拉伯雷自己时不时地以上述名号来援引基督[6]。如果我们能在16世纪早期的某些神学家(如法雷尔)的早期作品中觉察出他们偏爱天父[7],偏爱比天主之子得到更多热情的赞赏与祈祷的天父,那么相反,巨人们的信仰偏向天主之子,就如伊拉斯谟的信仰一样。造物主、创物主、管理之主、救护主、守护主、善的施与者、守护者、调停者、裁义者、赎罪之主以及救世主——没有哪种表达不是反复地出现于拉伯雷的作品中。224
拉伯雷的作品中没有言及耶稣受难[8],但回顾了基督尘世生活的某些重要情节,例如他的死亡、复活、变容以及升天[9]。同时拉伯雷还回顾了耶稣在末日审判中扮演的角色,以及耶稣如何在主持完这个令人敬畏的仪式之后,把一个没有任何罪恶的和平国家交还给天父[10]。相反,当时诸多教理中——路德宗就是一例——占重要位置的圣灵并没有在拉伯雷的作品里表现出来。《高康大》第四十章中提了一下它:巨人的国王教导他的同伴们,圣灵向天主为基督徒祈祷与求情,天主同意了它的愿祷,赐给他们恩惠。该如何解释这种圣灵的缺失呢?伊拉斯谟在自己编纂的《圣伊莱尔(Hilaire)著作集》的序文中表明了这一点,即在《圣经》中,圣灵不会被称为天主[11]。此外，福音主义者——例如法雷尔——完全依赖《圣经》的滋养，但在宣告圣灵的神性时，也是有些犹豫不决[12]。

我们前面提到了伊拉斯谟。实际上，如果他也像巴巴提乌斯（我们知道，巴巴提乌斯就是路德）在对待"拷问信仰"中那样让巨人们受到拷问，他应该就能使他们赞同巴巴提乌斯对奥卢斯（Aulus）的界定："当你言及'天主'时，你指的是什么呢？"——"我指的是一种没有开端、没有结尾、没有比它更伟大、更贤明、更优秀的永恒精神。它全能的意志创造了万物，包括有形之物，也包括无形之物。它那令人钦佩的智慧控制、统治着整个宇宙。它的慈善孕育、保护着它的创造物。它的恩泽使堕落的人类重新振作起来……"[13]——这就是巨人们的天主、拉伯雷的天主。与伊拉斯谟的天主相比，拉伯雷的天主更接近基督教的天主，拉伯雷脱离传统基督教礼仪与祷告的程度也没有前者那么大。另外，拉伯雷小说中的主人公完全有资格向基督教的天主祈愿——阿尔高弗里巴斯·那西埃耶[拉伯雷]让我们注意到了这一点。受过洗礼的高康
225 大与庞大固埃可以像爱德蒙那样起誓："以基督教徒的信仰说真心话"。也正是在洗礼的时候，庞大固埃获得了他那有丰富含义的名字（《庞大固埃》第二章）。他之前，他的父亲出生时十分干渴，"被抱到圣水缸上，按照天主教的教规进行了洗礼，"（《高康大》第七章）——正在这时，教士们（一种浪漫的比照）抬着他[庞大固埃]苦命的母亲去墓地（《庞大固埃》第三章），颂着连祷文[14]……

* * *

天主的全能、他的无限力量、他那不受约束的全能：这些是拉伯雷在文中以各种方式称颂的。是天主首先创造了这个世界。是他在万物蒙鸿时，置天空、星辰、行星与月亮于上空，以"在夜晚指引人类"。正是他，"通过他神圣的道"形成了主导我们尘世的有形宇宙。这个全能的造物主（《庞大固埃》第八章）创造了尘世的第一个人——亚当；他"依照自己的圣意，高兴叫他们长成什么样子，就长成什么样子，完全像烧陶工制造瓦罐一样"。阿尔高弗里巴斯大

师在《预言》第一章详细地说道，天主是这样的人，“若没有他的保护与统治，万物瞬间将化为乌有，它们本来就是他凭空造出来的”——这是对创造 ex nihilo［虚无］的范畴确证。拉伯雷在《1533 年历书》中用不同的措辞与语气，表达了同样的看法：“不是我们希望、请求的事情就能达到，而是让［我们的上主耶稣基督］高兴，在上天形成之前他就已决定的事情才能达到。”他作为至高上主带来了“一切存在、一切善、一切生命和运动，这些都是在他那里、由他来完善的，正如福音主义的鼓手，我们的圣保罗在《罗马书》第十一章［第 36 节］说的那样。”——天主的意图深不可测。没有人知道“永恒王之枢密院的秘密[15]……最好是什么也别问，只是默默顶礼，正如《托比书》第十二章［第 7 节］说的那样‘最好是隐藏永恒王的 226
秘密。’根据古巴比伦语版的《诗篇》第六十四篇［第 1 节］，预言先知大卫说：‘上主啊，锡安的人都为你沉默’，理由见《诗篇》第十七篇［第 12 节］：‘因为他使他的秘密之处晦暗不明！’”总之，不仅在 1533 年——《预言》出版的那一年，而且在接下来的年月里直至世界末日（因为它会有一个末日，正如它有开端一样：“自然，就造不出永垂不朽的东西，因为由自然生出的，都终将结束，omnia orta cadunt，etc［万物有生必有死，等等］。”）都是这样——因为只要世界存在，“除了造物主之外就不会有其他的统治者”；拉伯雷在第一章中以自己的名义重复道：“因此根据我们无谬误的裁断，今年的主宰者、万物的主宰者，将是全能的天主……”《1533 年历书》再度明确地提到：“全能的天主根据他的圣意来创造并统治万物。”

因此，天主是世界的创造者、维持者。他还是天意。他不冷漠，他不会对他所造之物的祈祷充耳不闻，无动于衷。他是善良的上主，是一切善的施与者[16]，是保护者，“永远不会舍弃那些把希望和信心寄托在他身上的人”（《庞大固埃》第二十八章）。他是救主，正是在这种称谓下，随着小说的推进，拉伯雷的主人公才越来越崇敬全能的天主。描写这一情况的段落非常多，足以按时间顺序以一种有趣的方式排列出来[17]。总之，要强调的正是天主的慈悲。当我们处于危难、迷茫、肉体或精神痛苦时，我们要向他求助、祈愿。

一言以蔽之——他是我们祈愿的对象,因为我们知道,他能满足而且会满足那些相信他的保护的人。

* * *

拉伯雷的小说中,人们会祈愿。他们虔诚地、频繁地、庄重地祈愿。当听到毕克罗寿攻击的第一报时,高朗古杰叫起来:“我的天、我的救主,帮助帮助我吧,启示启示我吧,告诉我该怎么办!”
227 (《高康大》第二十八章;勒弗朗,第二卷,第 273 页)。老好人贾莱并未完成消灭毕克罗寿的使命,回来时看见善良的高朗古杰“光着头跪在他屋里的一个小角落里,弯着腰,祈求天主平息他敌人的狂怒,以免大动干戈。”击败杜克狄庸后,高康大的部下们回到高朗古杰那里,“看见他正在床上祈祷天主保佑他们平安和胜利。”庞大固埃与他的祖父一样热情地、频繁地求助于神圣救主。我们知道庞大固埃在参加与“狼人”的决战前夕,作出的那美丽而丰富的祷告:“哦,我主天主,你一向是我的保护者,我的救主,你看见我现在遇到的灾难。”在上天的护佑下,庞大固埃得胜了;但他知道他的胜利

只有
在崇高的帝王
光荣的朝代上
才能
特别发扬……

天主不是把胜利授予“强、大”,

应该相信,不能违背天意;
昌盛、荣誉、

有坚决信心者才能达到目的……①

庞大固埃的表达像他的“architriclin[总管]”阿尔高弗里巴斯在《预言》里的表达：“如果大王不帮助我们，我们将要为许多事东奔西走。相反，如果他帮我们，没有什么能伤害我们……‘神若帮助我们，谁能抵挡我们呢？’②nemo[没有人]，我信仰，我主；因为他大慈大悲，无所不能。”因为他大慈大悲、无所不能，所以为了支援、保护与保存人类，他不停地介入到人的生命中。“他比我们聪明，比我们自身更清楚什么适合我们。”对他而言，贾莱问毕克罗寿：“你以为你这些越权行为能瞒过永恒的神灵以及天主么？……如果你这样想，那么你就错了，因为任何事情都逃不过他的裁断。”[《高康大》第三十一章]

蓬波纳齐在他的《论咒语》中抨击了祷告。他认为人们不可能 228
触及一种不可改变的神性，因为神性与一切存在一样，都与命运[Fatum]法则紧密相连。拉伯雷的小说中没有类似的高尚情操。不仅仅是在庄严的时刻，而是每天，高康大与包诺克拉特都“祈求造物主天主，向他表示崇拜，坚定对他的信仰，赞美他无限的仁慈……”《第四部》中某一章告诉我们，这是“教会早期教徒”的一种习惯。它可能写于1546年之前，而拉伯雷在那个年代毫不犹豫地重申了一遍：祷告是“教会早期教徒值得赞美的习惯”[18]，值得赞美而且有益，因为巨人的天主愿意满足他的信徒。他愿意，因为他有这个能力。

二、天主的万能。反对星相学者的决定论

拉伯雷在文章中多次陈述道，没有什么法则或法则体系可以阻止或限制天主实施至高无上的自由意志。他还清楚而特别地否定了星辰对人类命运的影响。

① 《庞大固埃》第二十七章。

② 见《罗马书》第八章第31节：Si Deus pro nobis，quis contra nos。

《庞大固埃预言》大声训斥了鲁汶的预言家所犯下的“滔天罪行”。这些预言家用谣言麻痹世人。如果作者热心地主张天主是世界唯一的、独一无二的统治者，那是因为善良的人不知道，“土星、火星、水星或其他行星、天使、圣人、人类以及恶魔等”对世间之事“没有任何效力、效验、威力或影响，除非天主愿意给它们这样的能力；这就犹如阿维森纳[①]所说的，在第一因没有发生作用时，第二因无法发生影响或作用。”他在其他地方(《1533 年历书》中)还说：我们还是不要探测“永恒的历书”，因为“凡人”是不允许知道这些的，“正如《使徒行传》第一章[第 7 节]证言：‘天父赋予自己力量的
229 时刻、日期，你们是不可以知道的。’如果鲁莽行事，就会受到他的惩罚，就像贤者所罗门预知的那样。《箴言》第二十五章[第 27 节]：‘窥探天主者必自毙。’”《1533 年历书》中也讨论了同样的话题，即预测会发生什么？“自亚当被创造以来，就没有哪个人论及或传达了某种我们应该默许和确证的东西。”

然而，这种主张并不意味着无知。拉伯雷小心地提醒读者，他和其他人一样，知道如何“反复考虑天象记录，如何计量月之圆缺，迷上天文爱好者、外层空间探索者，风的守卫者(Anemophylactes)、天空的认识者(Uranopètes)以及求雨者(Ombrophores)的所思所想”——更重要的是，如何“总体上能与恩培多克勒协商”。他并没有拒绝“从古希腊、古阿拉伯、古罗马的艺术作家”那里摘录包含这一主题的论述。他只是摘录而已，“这就是他们所说的”，拉伯雷本人没有添油加醋。他常说，他不期望“通过他的预言，在某种程度上可以推测将来；只有那些长期观察星辰的人，才能决定他要向我们传达什么信息。”最后的分析得出，指导世界的是天主的意志，这是一种完全自由、至高无上、无所束缚的意志。因此，不要试图捕捉“全能天主的不变法令，天主根据他的圣意创造和处理万物”。这是高康大教导庞大固埃的宗教基础，它的原话是：“像天文，就要把所有的规律都学会；至于占卜星相和鲁留斯的炼金提丹，倒可以

① 阿维森纳(Ibn-Sīnā，980 - 1037，拉丁名 Avicenna)，阿拉伯医生、自然科学家。

撇开不管，因为那都是些骗人和虚伪的东西。”援引一份表明拉伯雷不相信的私人文献吧。1536 年 12 月 30 日，拉伯雷从罗马寄给马耶赛主教一本关于“预言”的书，标题为《论欧洲之颠覆》（*De eversione Europae*），并提到，“于我而言，我一点也不相信它。”如果当时真的只是通过星相学和“天界影响”的理论，才逐渐引进对科学与哲学都至关重要的自然决定论，那么这种态度就会带来多方面的后果。显然，天主具有无限、无保留、绝对的“全能”的理念，不 230
仅频繁地出现在拉伯雷小说的主人公那里，而且还出现在其他出版物中，弗朗索瓦·拉伯雷在其中以第一人称说话。

* * *

这种理念在拉伯雷那里表现得如此有力，以致时不时地引起了一些奇特的反思。这是因为透过这个充满活力和孜孜不倦的传道者，我们不习惯看见一个寂静主义者将管制世俗事务完全归于天主的善意。我尤其想起了《庞大固埃》中的一段话，它有些独特。我们在其中发现一种理论，即认为民众的力量不应介入到信仰中。人类应该知道在全能的天主面前让步。他们不应该显示出一股滑稽的热情，试图帮助全能的天主，这样做有点亵渎神灵。为了保护他的子民，保护“他们的妻子儿女、保卫国家和家族”，国王应该投入战斗。但是为了保护信仰而战？从来不是！

信仰是天主“自己的事业”。对于这种事业，当“狼人”气势汹汹地逼近他时，庞大固埃祷告道：我的救主，“除开虔诚的忏悔，你只希望人遵从你的旨意，不需要其他的辅助，禁止我们妄动干戈，妄谈对垒，因为你是全能者，在你的事业[即信仰]上，在为你的事业尽力的时候，你有远远超过我们想象的方法来卫护你自己”。顺便提一下，这很好地抗议了王储和神职人员的迫害热情。它源于一个宽泛的概念，即神圣的力量，这是一种真正绝对的、无限的神圣力量，它带来的自然后果就是对人类自由意志的否定，伊拉斯谟在《论自由意志》的开头就指出了这一点：Pugnat ex diametro Dei Omnipotentia cum nostro Libero Arbitrio[天主的全能正好对立于我

231 们的自由意志]。事实上,以下有一些段落:"我不会像伪信徒那样说,"庞大固埃在小说第二十八章这样说,"汝自助,天主将助汝,恰恰相反:汝自助,天主将折汝首;我告诉你:把你的希望全部寄托在天主身上,天主不会舍弃你的。"这是有力的文字:汝自助,天上将折汝首!毋庸置疑,他们的力量来自一种信仰,这种信仰在高朗古杰思考他的敌人毕克罗寿的处境时,就表现出来了。如果毕克罗寿犯下了滔天罪行,那是因为"永恒的天主抛弃了他,任他独断独行,肆意妄为。没有神圣的恩惠引导他,他就只会坏下去"。

幸运的是,拉伯雷的天主既仁慈又强大。天主并没有灾难性地离弃那些罪人,离弃那些食下亚当当年种下的恶果的人。它的前提条件至少是,罪人要谦卑地祈求天主的宽恕:"我们每一个人都会犯罪,所以才不停地祈求天主宽恕我们的罪过";就这样,通过天主的恩泽和帮助,我们的祈愿得以满足。天主决不会舍弃"那些把希望和信仰寄托在他身上的人"。他不会袖手旁观,放任他们参与魔鬼的事业,参与那种乌尔利赫·贾莱所说的"邪恶的精灵"的事业,因为这些精灵企图"通过坑蒙拐骗",将人类引入歧途。高朗古杰也同样害怕这种"邪恶的精灵"。如果毕克罗寿深深地伤害了他,那只可能是邪恶的精灵搞的鬼。毫无疑问,老国王曾多次在不同的场合,重复了农团[Francs-Taupins]队长唱到的那个经典的区分:"你如果是从天主那里来的,就开口说话,如果从恶魔那里来的,就赶快离开!"

不是的,"对于那些脱离天主和理性的人来说,没有什么是神圣、庄严的。他们只会跟着他们堕落的情感走"。相反,如果他获得天主的保护、得到他的恩惠,同时知道如何从中获益,那么这个人就可以平静地等待审判时刻,并期盼天主——"我们一切行为的公正的赏赐者"——的裁决。他最后会明白,灵魂的天赐之福就是从尘世肉体"这个黑暗牢
232 笼"中解放出来的;"与主耶稣基督同在",灵魂将发现在造物主的心中"到处都是善、知识、完美:*tunc satiabor, cum apparuerit gloria tua*...[若你显荣光,那么我将完满]"

三、道的宗教与圣灵的宗教

面对如此善良的天主，人类首要且几乎是唯一的义务为何呢？就是阅读、冥思并践行福音书。

福音书！在拉伯雷早期的作品中，他曾多次以热情、真诚、庄重的语气，提及、借用、援引、歌颂和赞美福音书。高康大读了“在特来美修院墙基里寻出的”谜诗之后，惊叫道：“不受诱惑，一心向着天主通过他亲爱的儿子为我们指定的目标，不为肉体的爱所分化、所迷惑的人，才是有福的。”因为“尘世生命短暂，唯天主教谕永存”。因此，他每天的首要义务就是“研习《圣经》”；若可能，掌握必要的知识以便“先读希腊文的《新约》和使徒们的行传；然后再读希伯来文的《旧约》”；每天要先“朗诵几页《圣经》”，不是不加理解地喃喃而语，而是将它作为一篇我们要想深刻理解的古代美文来研读。

这不只是对识字人士的恩典。一切基督徒都受这种道（la Parole）的恩惠。对牧师来说，他们的义务就是确保真理得到传播，支持并鼓励优秀的布道士、“福音传道士和教育者”，而非懒散的修道士和无知的祭司，在“布道”中解说《圣经》时运用通俗的语言同时又旁征博引。巨人们感觉到了这种义务的分量。毫无疑问，巨人王们读过这通优美的“劝勉所有男女基督徒的书简”（*Épître exhortative à tous chrestiens et chrestiennes*）[19]，它被勒费弗尔·埃塔普尔置于他翻译的《新约》第二部分之开头；毋庸置疑，他们也认为，孩子们应该不是一次而是经常阅读“他们父[天主]的契约”， 233
“在耶稣基督的篇目中，所有人，不管有无学问、是否博学，都应集结在教堂中聆听和称颂天主那神圣的道”。显然，他们希望在他们的乌托邦王国中，模仿“温厚国王的意志，基督教名副其实的笃信者①……使天主的道在他的王国内完全得到传布，以增添慈善的天

① “笃信者”（très Chrestien）：这是罗马教廷用来形容法国国王的。英国国王则是天主教信仰的卫士（Defenseur de la Foi）。

主与其子耶稣基督的荣光！"

我们知道，庞大固埃以类似的言语主张国王有义务在所有的王国"只许永远"传布圣福音，以"使那些一向专靠歪曲、诽谤和卑鄙的手段来毒化人类的伪善者和虚伪的说教者的欺诈"都在真正的基督教王国内一扫而光。庞大固埃的这种主张在阿尔高弗里巴斯大师那里得到了回应。大师在首先刊行于 1532 年、后再版于 1534 年的《庞大固埃预言》新添四章中的一章，攻击了那些"不信仰天主"但又迫害"天主庄严和神圣的道，以及那些信奉道的教徒"的人。1535 年，"医学博士和里昂大医院医生"弗朗索瓦·拉伯雷以他自己的名义起草了一本《历书》，并说道："我说，如果国王、王储和信奉基督教的国家敬畏天主那神圣的道，并且依据道规范自身以及他们的子民……那么我们将看见天之颜、地之衣、人之行，呈现出五十余年未有的欢喜、高兴、快活与和气。"我们还是回忆一下刻于特来美大门上的题词：

此处不许来，假冒为善的人、伪君子……
到别处去，而不是这里，贩卖你们的诡计！

犹如笃信福音的人不是从现在起才受迫害的，我们还可以读到这些欢迎词：

此处欢迎你们，正确传布福音
尽管有人挑衅怒嗔；
这里有你们的归宿，可以安身……

234 末了：

来吧，让我们在这里把信仰放稳，
用言语，用书文，
揭露圣教的一切敌人！

四、礼拜与祭司

道的宗教不大适合外在形式高度发达的礼拜。同样，拉伯雷的作品不大会提及内在礼拜的问题。为了赞美天主无限的慈善，有必要敬畏、崇拜他，向他祈愿、恳求。有必要“感谢他过去赐予的一切恩惠，并把自己的将来寄托在他神圣的仁慈里”。允许为歌颂天主而唱赞美歌。但是“要侍奉、爱戴并敬畏天主，把你所有的想法和愿望都寄托在他身上，坚持由仁爱形成的信仰，与主同在，这样罪恶就无法将你和天主分开”。信徒的义务就这样得到了严格地限定。

让彼岸世界那些鼓吹朝圣者、圣物的承载者、贩卖抵押者的迷信一边去吧。基督教徒只要天主就够了。天主不需要辅佐者。因为拉伯雷曾经是方济各修会成员，这一点就变得更加重要了。我们知道，方济各修会成员通常是信仰圣母玛利亚。在《庞大固埃》、《高康大》，此外还在《第三部》以及《第四部》中，玛利亚不止一次成了问题。玛利亚的名字在拉伯雷小说的某个主人公那里只出现了一次或两次。那么，是谁在说玛利亚呢？是巴奴日这个初出茅庐之人，这个在暴风雨中害怕得要死而哭泣的人……没有圣母的天主，没有圣人的天主。确实，有必要敬畏“天神与圣人”。然而，说他们有神奇的治愈能力，或有使我们患病的能力；相信圣女玛格丽特能减轻孕妇的痛苦，或[殉道士]圣瑟巴斯坦会降灾难于宇宙；临危之际，要向昂热里的圣约翰、圣特斯的圣厄特罗波与施农的圣迈莫以及“无数快乐的小神灵”立誓，更别提要向“经蒸煮的苹果杀害”①的圣古德格林(Guodegrin)立誓了。所有这些都是假冒为善者 235
的愚蠢的、偏离正道的行为[20]。

“云游客”②，这个象征性的朝圣者，应该结束滑稽的旅行，与他

① 《高康大》第十七章。

② Lasdaller[云游客]，系 las d'aller[哪里都去]，指云游的朝圣者。事迹见《高康大》第三十八、四十五章及以下。成钰亭译本作作“拉打雷”。

的同伴一起荣归故里。他应该树立榜样，带领那些于“524 年”成群结队地往圣提亚科走的“游手好闲之徒”回各自的家去。正如高朗古杰说的那样，照管你们的家人，“各人干各人的行业，教育你们的子女，好好地遵照圣保罗的教训去生活。这样，天主、天神和圣人才会保佑你们，瘟疫和疼痛也不会来侵扰你们。”不要再购买赎罪券，即使是让·勒迈尔大师冒充教皇，在阴曹地府里低价兜售的赎罪券：“恳求赦免吧，坏蛋，恳求赦免吧；我这里的赎罪券物美价廉！”——或者，巴奴日在巴黎的教会中，狡猾地以更低的价格就买到了的赎罪券：他只是花了几个小钱就买到了，“因为对于这类事，有一点我就满足了”。教会的真正教理不是邪恶的。当约翰修士杀死那些刚刚得到赦免的抢劫犯时，他辛辣而又正确地讽刺道：“认罪悔过的人都得到了宽恕；可以笔直地上天堂了！”与约翰修士相反，让·勒迈尔大师清楚，大多数人认为他们只有在购买了赎罪券以后才能得到宽恕，而非忏悔了就可以；同时他还总结道，宽恕“你们那些一文不值的行径”！①

因此，这里就有许多习惯性的仪式。圣水是戏谑的无尽的源泉……在庞大固埃出生的那个大旱之年，为了“保护教堂里的圣水，不让它干掉”，我们做的还不够多吗？干渴的信仰者争相跑到圣水钵里取水，于是“教堂里公布了红衣主教会同教皇合下的命令，就是不管谁，只许蘸一下圣水。”（《庞大固埃》第二章）。当毕克罗寿遣一千六百名骑兵在狄拉万伯爵带领下先去打探时，走之前，
236 他们“一个个都沾好圣水”，并且斜披一条祭领作标志，“以防遇到魔鬼，也可以应付”（《高康大》第四十三章）。最后证明，这种提防与战斗前起誓“避免一切火炮”一样无效。这对我一点用处都没有，约翰修士毫不含糊地说道，“因为我根本不相信。”

最后一个特征：这些段落中，神父被描述成慵懒、无用之人，他们通过鼻子唱弥撒和祷告，呆板地念祈祷文。他们应该让位于“优秀的福音传道士和教育者”，尤其是那些修道士与修女，整个邪恶

---

① 《高康大》第三十章。

的、"靠食罪以生的"阶层都应该隐遁。应该废止基督徒的身份等级制度，并把它作为活祭献给救世主，这样就可以保证那些低等级的兄弟得到救赎，他们为了养家糊口而干着又脏又累的活计：这种时代已经过去了。"话虽如此，高朗古杰说，他们倒是还为我们祈祷呢。——高康大说道，那全是假的。……他们念念有词地唱着大量连他们自己也不理解的圣史圣歌；数着数不完的'在天我等父者'，当中还夹杂着'万福，玛丽亚'，可是心里并不往那里想，也不懂，等等。我把这些叫作讽刺天主，而不是诵经。"戴着假面具把自己伪装起来，欺名盗世，让别人以为他们"只是在默想和修行，用守斋和刻苦来节制自己的情欲"—— 实际上，"Curios simulant, sed Bacchanalia vivunt[他们外表模仿古里奥斯，生活却像酒神巴克斯！]"高康大这样陈述那则真正的教理，"一切真正的信徒，不分黑夜，不分地区，随时都可以祈祷天主，圣神自会为他们转达，让天主保佑他们！"因此，每一个人只需站在造物主（天主）面前，直接忏悔，解释他们的罪过。救赎是个人的事情——这完全是近代的说法。

五、对诚挚的异议

收集资料的工作，只知道收集一切资料，却不加选择的工作，到这里就告一段落。它的结果或许显得引人注目？如果是这样，我们还是不要急于依据表面的文字，轻易下诱人的结论。因为我们不能单从外表重建个人教理。我们还是考察一下拉伯雷通过隐 237
喻提出的诸多问题吧。

首先，这些隐喻定下了何种基调？基督教的调子。尽管我们希望没有对此多加解释，我们还是反复强调了这一点。此外，如果我们对此加以深入调查，那么结论将更有力。我们本可以注意到，拉伯雷通过高康大、庞大固埃及其陪衬者毕克罗寿勾勒出来的理想王国的美好形象，是多么具有基督教的特征。

巨人们不是傲慢地声称自己是基督徒。在每个场合，他们都关注自己的行为是否与基督教教义及其精神一致。这一点表现得很清楚。当他拿起武器保卫他的子民时,高朗古杰叫起来:"说起来,这也是合情理的,因为是他们的劳动维持着我,是他们的血汗养活着我,我、我的孩子和全家。""合情理的",但是我们不要在这种政治"合理[理性]主义"的性质上搞错了。另一些段落提供了指导:遭毕克罗寿进攻时,高朗古杰说道,"侵略别人的国家,基于损害我们近邻来建立他的强国,这样的时代已经过去了。"他本可就此打住;他补充道:"损害我们近邻、信奉基督教的兄弟之邦"。老国王在这里表达的,不是人类应该团结,而是明确的基督教世界应该团结。同样地,他的传信官贾莱向粗野、滋事扰乱的毕克罗寿劝说在基督教王国中建立"神圣联盟"无效时,老国王略带总结地谴责毕克罗寿:"效法古时的海格立斯、亚历山大、汉尼拔、西庇翁、恺撒等人,是违法福音教义的。"这正是拉伯雷在伊拉斯谟和《愚人颂》之后,援引柏拉图的一句话:"在国王讲哲理的国家,或者由哲学家统治的国家,这样的共和国才会幸福。"当拉伯雷的"国王讲哲理",我们应该理解它首先是求助于圣保罗。

诸多异议是指什么?在考察"巨人的教理问答"以及估量其意
238 义和影响之前,我注意到应该重视三点异议。首先是:"你说这些文字都是带有基督教特征?不过,这些都是拉伯雷凭着记忆写下来的,而且是关于自己身为修道士的那些岁月的记忆。这些文字只涉及到宗教问题,并未表明坚持一种积极的信仰。其他的呢?不要太天真了。难道你不觉得,大师拉伯雷的真正目的就在于用一些可靠词句做掩护,说出某些极其大胆的观念吗?"这里就引出了与第一个异议相关的第二个异议,即对诚挚的异议。

六、拉伯雷何处言明他是基督徒

然而,我们现在处于 1532 年 11 月的里昂集市。《庞大固埃》很可能就在这里面世。这是极其顽固的无神论者所著的一部敌基督的作品吗?1532 年 11 月 30 日(同年同月),这个基督的敌人寄给了伊拉斯谟一封"致萨利尼亚克"的著名书信。我们已经知道,拉伯雷在书信中直接谴责了斯卡利吉的无神论。此外,还有更奇特的：拉伯雷在著名书信的顶部，以他精美的笔致写下了：

S. P. a Jesu-Christo Servatore

在这里，我们是否可以说敌基督的拉伯雷千方百计把自己置于基督的保护之下呢？他那著名的书简不应该因为简单的“S. P. D.”①就招人反感。因为在1521年3月4日的书信中，拉伯雷——同一个拉伯雷写给基督徒比代的信中也运用了“Domino Gulielmo Budaeo, S. P. D.［致上主 Gulielmus Budaeus, S. P. D］”[21]。如果有人总是（如此省事地）提出“拉伯雷为慎重起见”，那么我要说：“在一封并不打算公开的书信中，表明自己信仰救世主耶稣基督，对他有何用处呢？又能给他什么保护呢？实际上，这封书信很晚才作为伊拉斯谟的通信而公开的，写信人用的还是笔名。”

诸如此类为了公开发表、流传以及因假冒为善的审慎而受到攻 239
击的文字，例子很多。我们翻开出版于1533年1月《庞大固埃预言》之前言：致宽仁的读者，以 Jésus le Christ［耶稣基督］的名义向你们致意，问候你们平安。除了耶稣的名字，还有高朗古杰在给高康大家书的结尾写道的：愿我们的救主耶稣的平安（La paix de Christ, nostre Redempteur）与你同在。保罗·施塔普弗（第380页）认为，“基督”前面没有定冠词，这种做法暗示了拉伯雷具有改革派的倾向。这种说法站不住脚[22]。——应该注意到，与前者的观点恰好相反，不管是拉丁语还是法语，福音主义者现在还运用“基督的平安与你同在”。1523年，路德给萨瓦的夏尔②写道：“Gratia et pax in Christo Jesu Domino nostro［我们上主耶稣—基督的荣光与平安］”。同年，阿维尼翁的弗朗索瓦·朗贝尔依照路德的样式给萨克森的选帝侯写道：“Gratia et Pax Christi Jesu［耶稣—基督的荣

① S. P. D.，salutem plurimam dicit 的缩写，古罗马的异教徒作家常使用的问候语或信件的称呼语。

② 萨瓦的夏尔（Charles de Savoie），在位于1504—1553年。

光与平安]”。1526 年(12 月 7 日),鲁塞尔给法雷尔写道:“Gratia et pax Christi tecum[耶稣—基督的荣光和平安与你同在]”。同月,图森同样给法雷尔写道:“Gratia et pax domini nostri Jesu-Christi cum omnibus vobis[我们上主耶稣—基督的荣光和平安与你们所有人同在]”。至于高朗古杰提到的“救主”(Rēdempteur),我发现法雷尔在 1532 年 11 月 18 日也提到了它,只不过句子更长:“我们慈悲父的天主之恩惠、平安与慈悲,经由唯一的救世主与救主耶稣!”[23]

所有这些文字都反映了同一种氛围。我们在拉伯雷的另一部历书中找到了许多残存的段落,它们也是如此。与 1535 年历书一样,这部面世于里昂的历书也曾遗失,标题为“盘算这座高贵城市 1533 年的子午线”,“医学博士、天文学学者弗朗索瓦·拉伯雷著”。在拉伯雷作品集的所有版本中,我们都可以找到一个短片断,它也是由安托尼·勒鲁瓦保存下来的。这是一连串用法语写成的、完全属于正统派的宗教文字。只举一例,我们就可以窥见它的性质[24]:“它向我们传达了……应顺从、向他祈愿,正如我们的上主耶稣基督教导我们的那样:不是我们希望、请求的事情就能达成,而是让他[永恒王]高兴、在上天形成之前他就已决定的事情才
240 能达成。只有这样,他那光荣的名字才会随时随地被视为神圣的。”这个大胆的否认者笔下的这些,难道不是向基督的虔诚祈祷?

我听到了一则异议:“这些写出来是为出售、为自保的”。但有谁能告诉我们,是什么原因迫使拉伯雷博士(而非阿尔高弗里巴斯)在 1533 年历书中写满了具有基督教性质的文字呢?出于拉伯雷的个人安全考虑,与其引用《圣经》和“法语版优美的福音书”,还不如无拘无束、完全地插科打诨,这样就算不能起到更好的作用,至少也能起到同样的作用?

末了,有必要提到那个非常著名的手写藏书签上的文字吗?这些文字是拉伯雷写在他的《柏拉图全集》(即 1513 年阿杜思版)的首页上[25]。该书是完整的希腊语版哲学家著作的最早版本,大开对折,分为两部分,现藏于蒙彼利埃。在此书标题的上方,我们可以看到拉伯雷的手迹:“Francisci Rabelesi, medici σπουδαιτάου, καὶ τῶν αὐτοὺ φίλων χριστιανῶν[最优秀的医生弗朗索瓦·拉伯雷与他的基督徒朋友所有]”。阿贝尔·勒弗朗把这些题字追溯到拉伯雷在修道院的那些年月——大约 1520 年,他说,那时拉伯雷在丰特纳与皮埃尔·阿敏①一起遭到迫害。Χριστιανῶν[基督徒]既是信仰自白,又是一种谨慎与自保。我看到了很多针对这种理论的异议——首先是,如果拉伯雷真的希望,通过在《柏拉图全集》的首页坦率地宣称自己信仰基督教来阻止人们调查他,那么毫无疑问,他应该努力让他的敌人理解他,应该用拉丁语而非希腊语来写“et amicorum ejus Christianorum[他的基督徒朋友们]”,因为他的敌人害怕得腮腺炎,所以是不研究魔鬼的语言——希腊语的“Graecum est,non legitur[这是希腊文,读不懂]”②。

此外,如果题字应追溯到他的修士岁月,那么 Medicus[医生]这个词就稍显唐突了。这倒不是因为方济各会士的身份与医科学生的身份不相容。实际上,当他在丰特纳修道院时,他还不是医生弗朗索瓦·拉伯雷。他是方济各会士。我还注意到,有人在一册希腊语版的《新约》中找到这样的词句“*Francisci Rabelaesi* Χινώνος μὲν γένος,τὴν αἵρησιν δὲφραγκισκανοῦ 'Ιατροῦ[施农出生、职业为方济各修会医生——弗朗索瓦·拉伯雷所有]”。这些文字很独 241
特。阿贝尔·勒弗朗清点了拉伯雷所有的手写藏书签,但并没有发现这一条[26]。我们还是小心为上,不去管它吧。如果有人认为拉伯雷早先有一份医生的职业,我还是请他注意让·布歇③写给拉伯雷的《答书简诗》(*Épitre Responsive*)。那时拉伯雷刚从方济各会转到本笃会,并担任[主教]杰弗罗(Geoffroi d'Estissac)的文书。德·马耶赛(Des Maillezais)主教,

---

① 皮埃尔·阿敏(Pierre Amy,? - 1525),拉伯雷在方济各会修道时的好友,曾一起研习希腊文。又参见“第三章 拉伯雷、伊拉斯谟与基督的哲学”。

② 中世纪谚语。当时风气轻希腊重拉丁,以至书籍誊抄者遇希腊文必说此句。

③ 布歇(Jean Bouchet,1476 - 1557),法国普瓦捷出生的律师、诗人。

心地善良的高级教士，
在神学方面，
在教会法规以及人文科学方面学富五车，

依其品位，寻找博学多才之人

精通希腊语、拉丁语和法语，
熟悉历史学或神学。

这些正是拉伯雷所具有的天赋，于是布歇告诉我们：

你就是其中之一；
因为所有学问你都精通。
为此人服务的时刻已到，
抓住机会吧！
你找不到更好的服务对象了。
你将很快过上你该有的生活。[27]

希腊语、拉丁语、法语、历史、神学。信中只字未提拉伯雷的医学。如果在这一时期，拉伯雷已经非常精通医学，那么他就可以忽略其他方面的资历，自称为“拉伯雷，医生”——实际上，布歇的这种沉默难道不是有点让人吃惊？

* * *

还有一个问题。拉伯雷有几个孩子。开始生了两个，我们最近找到的证据可以证明这一点[28]。然后还生第三个，这个我们很久以前就知道了。拉伯雷的朋友、图卢兹的法官——诗人让·德·博伊
242 松内留下了几首关于拉伯雷孩子出生的拉丁诗。遗憾的是，长期以来，这些诗都是手稿，并未标明日期[29]。我们不知道孩子生于何时，只知道生于里昂，还看见了“许多罗马教会的高级教士”围在他

的摇篮旁。孩子两岁就夭折了。仅此而已。拉伯雷给他的孩子取了什么名字呢？泰奥杜勒。这不是一个普通的名字，它经过了精挑细选。这个名字很适合一个自然神论者的孩子，因为自然神论者希望避讳圣人的名字？是的，抑或适合一个福音主义者的孩子，因为他们也同样希望避讳圣人的名字？——然而，让·德·博伊松内在题为《泰奥杜勒之墓》(*Tombeau de Théodule*)的诗中，向小小年纪就抛弃生命的孩子问道："为什么要如此早地离去？"孩子回答道："博伊松内，这不是因为我讨厌生活。我死，是为了逃避永远死亡的危险。博伊松内，与主基督同在是有德之人所渴望过的唯一一种生活"。这只跟诗人博伊松内本人有关吗？是的。只是他用这种方式来说一个非基督徒之子？"我死是为了逃避永远死亡的危险"，这就应该属于唯物主义者之子的独特说法[30]？

不管怎样，我们还是回到拉伯雷本人所说的话吧。在《高康大》和《庞大固埃》中，自由的、敌基督的拉伯雷不止一次，而是几十次，用无可指责的措辞，热情洋溢地提到了福音书和优秀的福音传教士。有必要回顾一下这些文字吗？这些文字是如此著名，但都被说成是故作庄严。以下是庞大固埃的起誓(第二十九章)，这些誓言尽管经多次版本调整，拉伯雷还是一字不变地将它们保留下来了："我都要叫他们传布你的福音，只许传布你的福音，永远传布你的福音，使那些一向专靠歪曲、诽谤和卑鄙的手段来毒化人类的假冒为善者和虚伪的说教者的欺诈，都在我周围一扫而光！"稍后，拉伯雷以自己的名义抱怨了巴黎人的精神状态。在这个大城市的十字路口，街头卖艺者反而比优秀的福音传教士更能吸引人。这里的福音传教士还不同于慵懒的修士，前者旨在向人类传导基督教的所有真理；我们知道，高康大在雨天去听"人家宣教讲经"；多 243
亏了这些，他才深刻地理解了每日早晨小侍从阿纳纽斯特字正腔圆地给他念的《圣经》的蕴意[31]。

我们应该注意，这些话也不无危险。它们把某个人归入了革新派，让他这个不大被疑有"路德教"倾向的人遭受高等法院的惩罚。《庞大固埃》出版于 1532 年。也正是 1532 年 6 月，让·德·卡蒂斯因怀有异端而在图卢兹被处以火刑。老实说，我无法理解阿贝尔·勒弗朗的拉伯雷以及他的矛盾之处。一个如此谨慎的人，居然会有如此轻率之举！作为基督教无法和解的敌人，他居然出于高兴斩断了指向他所嘲笑的福音书的矛头，而使自己四面受敌……除非他具有一种略微矛盾的观念，即阅读法语版的福音书可以解除基督教的毒害。

我很清楚亨利·埃蒂安纳的观点：这个恶汉［拉伯雷］希望通过基督教的陈述来误导福音派信徒，诱惑他们上钩；他们一旦上钩了，便不加怀疑地阅读他的文章，然后便深受其害。这就是马基雅维里式的权谋。不过只要一条证据就能解决我们的问题……另外，忘记圣水，忘记尚贝里的圣裹尸布，这布燃烧得如此干净，没留下一丝痕迹，于是便让人忘记使人患水肿的圣欧忒洛庇，忘记不宽慰产妇的圣玛格丽特，巴黎大学神学院以及那里的那些神学家。——那些动人心弦的福音书段落呢？

如果我在福音书中选取了某些段落，那么我可能就会同意第一则异议。不过我并没有从中选取。我收集到的这些文本，涵盖了拉伯雷三年[①]的文学生活，它们前后表现出了惊人的一致、连贯与统一。不，这与偶然拼凑在一起的记忆无关。如果是那样，拉伯雷就会严格地坚持正统派的观点；他就不会嘲笑朝圣者，也不会对圣母玛利亚避而不谈。相反，这与一种体系，一种宗教有关。我们可以在《庞大固埃》、《高康大》、《历书》和《预言》中找到它的因子，而且这
244 些因子到处都相同。不管此地还是彼处，它们都一致。这使得给伊拉斯谟的信函中的“*S. P. a Jesu-Christo Servatore*”完全可以得到理解，此外还有《庞大固埃的预言》中的“Salut et Paix en Jésus le Christ”，高朗古杰给高康大家书中的“Paix du Christ nostre Rédempteur”，《1535 年历书》中的“Jésus-Christ nostre Seigneur”这样美好的祈愿，以及 1513 的《柏拉图全集》中带有基督教性质的藏书签。

---

① 这里指《高康大》与《庞大固埃》出版前后相隔的三年。

那么，第二则异议呢？

有人这样告诉我们，拉伯雷是理性主义者、自由思想家。显而易见，他试图消除宗教给未受过教育的普通大众（我们不要忘记了，他是用法语写作）造成的危害。几个世纪以来，这种宗教从教会和修道院涌向全世界的人民，渗透进他们的头脑，悄然地进入人们的思考和行为。那么，他谋划出的对策就是在他书中最醒目的地方，堆积一些完全属于基督教的宣言吗？他教导的生活的规则就是要追随福音书，宣讲、传播福音书，并遵行福音书？他编订供大众使用的历书时，发现让读者远离基督教的最好方法，就是在文中大量地援引法语版的福音？——对于一个胆小怕事者来说，这种做法真是太奇怪了。这样做，拉伯雷就是自找麻烦。他把自己置于支持革新和怀疑基督教的行列。我们就承认这一异议，如果他在《庞大固埃的预言》开头引用《诗篇》第五章的“说谎言的，你必灭绝[1]”时，是在说谎；如果他主张“故意撒谎是十恶不赦的罪行，因此还欺骗了可怜的芸芸众生”时，是在说谎；如果他谈到《圣经》时带着崇敬和热情，是在说谎：那么援引时代的险恶和不识好歹的胆怯，我们并不觉得拉伯雷的欺骗技巧是那样炉火纯青[32]。我们会毫不欣赏地这样说——这与我们同时代人的习惯做法相反，他们通常会兴高采烈地指出先前的“理性主义者”都是谎言家、懦夫——我们会轻蔑地这样说：“他是个臭名昭著的骗子。”我们还会加上：“他还是个妄自尊大的傻子。”因为他没有切中要害。

七、如果巨人们是虚张声势，凭什么？ 245

还有第三则异议，也是最为重要的一则。说实在话，我还没有发现有人在别处提出过这一点。不过任何知道 16 世纪初的哲学思想状况的人，都发现自己很想这么说。拉伯雷的主人公难道不是把解药和毒药一并给了我们？“聪明的读者，这是基督教的教义。这是一种甚为精炼的教义，它没有受到任何歪曲。与它一起

① 《诗篇》第五章第 6 节：Tu détruiras tous ceux qui disent mensonges。

的是自由主义者的教义，即批判性的理性主义。这里，我们有基于启示的真理；那里，我们有基于理性的真理。作者并没有介入其中。这里是否有明显的对立，还是你自己来判断吧！"这是一种熟练的技巧。我其实并没有在他的作品中看到此类文字。

另外，这个拉伯雷会不会与某种已知的教义有关联？是否像波斯特说蓬波纳齐那样（这是完全错误的），他是卢克莱修派的哲学家（philosophus Lucreticus）？发现拉伯雷经常被称作卢奇安，却从未被称作卢克莱修，这是毫无意义的。不管怎样，事实在于（除非我们错了）拉伯雷的所有作品中并未提到卢克莱修。让·普拉塔尔在他编辑的出典目录中也没有提到他。卢克莱修以自然决定论为名，否认奇迹，但拉伯雷的决定论似乎比较松散。卢克莱修作为悲观主义者拒斥天意，拉伯雷则是乐观主义者。他基于原子论拒斥创世记，拉伯雷则没有谈到原子论的问题。他最终教导道，宗教——人类的产物——产生于人类的无知与恐惧，且为一群无耻之徒所利用。人们可以在拉伯雷的作品中看见此类描写吗？他们所描写的天主如何像伊壁鸠鲁和卢克莱修的天主呢？根据拉丁诗人的描述，后者的天主对永恒存在的宇宙不感兴趣，况且天主是居住在人类的祷告和受难都无法达到的地方。拉伯雷是卢克莱修的效仿者？如果是这样，宣称庞大固埃的创造者[拉伯雷]充满了柏拉图主义的言论又将变成什么？勒弗朗先生在 1901 年写道："人们不知道高康大与庞大固埃何种程度上受了柏拉图主义的影响。"确
246 切地说，人们不是在文艺复兴时期信奉柏拉图主义或新柏拉图主义的人中，搜索基督的敌人。当他们的教义没有承载过多神秘的想象与幻想时，那么就容易与正统派衔接起来。不管怎样，必须作出选择：卢克莱修还是柏拉图？目前来说，我选柏拉图。

那么，作为帕多瓦派的拉伯雷呢？——因为帕多瓦确实存在。这不再是个简单的问题，正如我们曾指出，要接受这个修饰语还有一些困难。然而，作为基督的宿敌的拉伯雷，有必要把他的敌基督思想建立在一种思想体系之上？除去卢克莱修派的伊壁鸠鲁主义，我认为还有两种思想体系，那就是阿威罗伊主义和亚历山大主

义。我们在展开之前，还是得作一番选择，同时还要撇开柏拉图。在这些帕多瓦派的经院主义者中，柏拉图主义者会扮演何种角色呢？阿威罗伊主义的拉伯雷长什么样呢？阿威罗伊的天主评论亚里士多德，并且对人们相信天主凭空创造了宇宙与天主那有报酬的正义，提出了诸多的质疑，然而拉伯雷也承认与主张人们相信的这些！——阿威罗伊的天主没有创造宇宙，宇宙没有开端也没有结束。阿威罗伊的天主甚至不认识这个宇宙，也没有思考它以及天意。——那么，这个阿威罗伊的天主，可能是高康大的天主、庞大固埃的天主吗？至于亚历山大、至于他的弟子蓬波纳齐，文本证据在哪里？就算没有文本证据，其他根据又在哪里呢？——神秘主义呢？我知道。学者与著名的医生大师弗朗索瓦清楚他所要知道的东西。因此，他非常善于构建天宫图。如果问题在于调解一些财力雄厚的资助人，那么他做到了。他对此深信不疑，就像约翰修士相信祷告能对抗火枪一样①。同时就像亨利-科内尔·阿格里帕在他的《论虚妄》(*De Incertitudine*)中那样，他多次清楚地说：不尊崇天主的神性，把一种只属于他的力量归于星辰，同时还把囚徒的自由权交给星辰，这就是不信教。从那以来，皮科·德拉·米朗多拉就向人们证明了这一点。

然而，拉伯雷的良知无法使他自始至终追随神秘主义的教理。如果不是在神秘主义者的世界中，那么我们可以到哪里找到基督教的敌人，至少是潜在的敌人？我们不需要论证这一点。因为已 247
经有人论证过了，特别是布朗歇在他的《康帕内拉》中提供的论证。

阿格里帕已经注意到了这一点，他说：运命占星术“排斥宗教信仰，消灭奇迹，排斥天意，同时宣传万物都依赖于星辰的力量和效力，并且万物的产生也是由它们的星辰决定的，它们的产生具有不可避免的必然性。”此外，“它支持恶习，因为它认为恶习从天而降，能得到谅解。”[33]

以上是一些概说。我们没有必要逐一展开。1530 年左右，存

---

① 参考《庞大固埃》第四十二章。

在很多问题，而同时代人对其答案很感兴趣。它们不仅仅是学校那些著名的神学博士辩论的话题，也是普通市民听完讲道或茶余饭后的谈资。梅拉德、门诺以及其他一些布道士可以证明这一点。我们知道这些问题是什么。我们通常还必须(正确或错误地)得出结论：如果有一些大胆之徒为这些问题清楚地提供敌基督的答案，那么拉伯雷在他早期的著作中还没这么大胆。创造的问题？他只说过且以正统派的口吻说天主凭空创造了世界，别的什么也没说。天意的问题？答案也同样。奇迹呢？巴奴日笑了，他的笑不无深意，对神的意志与人的意志——自由性或必然性，决定论与自由意志，恶的起源及其存在的理由——之间关系的研究提出了一系列复杂的问题。对于这些问题，奥利维埃·梅拉德曾描述过一件事：他同时代的人逮住了一些神学博士，便如饥似渴地向他们请教这些难题。“犹大，天主知道犹大将背叛他？真是这样的话，犹大就不自由了。那么他要对此负责吗？”在这些有争议的问题上，拉伯雷要么三缄其口，即使他说了，也是以基督徒的口吻说的。

248 不，实际上，人们没有理由反对巨人们的宗教——基督教。拉伯雷的哲学无法和这种宗教调和。这里没有高康大式或庞大固埃式的，更别提巴奴日式的形而上学。这种形而上学断然否认(尽管没有明确言明，但意思已经说得很清楚了)教义问答中的那些命题，这些命题可能少了一些，但还是严格属于正统派的正面命题——就算不属于狭义上的特兰特公会议的正统派，也是属于广义上的基督教正统派。再次运用我们前面曾说过的话：不，从 1532 年到 1535 年间，拉伯雷并没有在他的著作中将毒药与解药并置，将选择权交给读者。

* * *

我们要再次面对这些文字，面对这些从拉伯雷的早期著作中节选出来的有关宗教的段落。如我们所见，这些段落首尾一致。它们确实体现了基督教的性质，但是属于何种基督教呢？它们出自一种传统和保守的精神？这不可能。是否能把它们看作是支持宗教改革的证据？或者，到别处去找找是否更合适？

这是一些棘手的问题，所有这类问题都一样。当处理到宗教教义，特别是在那个如此混乱的时代，没有什么问题比解决源头与影响的问题更难了。即使我们面对的是一种业已经神学家充分阐述的神学，或者是经过一个不想隐藏个人思想的神学博士明白阐释过的完整教义，还是有那么多不确定的因素！例如，就路德的思想源头，我们可以看到许多矛盾的表述。不过涉及到像拉伯雷这样的人，我们面对的是分散在一本通俗的小说中的句子，它们与那些诙谐与粗俗的话语夹杂在一起。我们还是不要垂头丧气，先从理清巨人的宗教与当时的大宗教关系开始，而后者见证了前者诞生。

注释

1 Étienne GILSON，*Études de philosophie médiévale*，1921，p. 68.

2 Pierre BAYLE，*Dictionnaire historique et critique*，IV，518. 在 Patin 那里，拉伯雷的画像与伊拉斯谟的画像相邻：这是一种意味深长的比照。*Correspondance de Gui Patin*，1901，p. 102.［可参照本书上卷 第一部第二章。——译者注］

3 *Pantagruel*，VIII："当耶稣基督把他的天国交给天主圣父。"

4 "但那是'永恒王'之'枢密院'的一些秘密。"（Almanach de 1533，Les *Œuvres* de Rabelais，éd. Marty-Laveaux，III，p. 256）

5 "一心向着天主通过他亲爱的儿子为我们指定的目标……的人，才是有福的。" *Gargantua*，ch. 58.

6 Jesus Christ［耶稣基督］，*Panta.*，8；*Garg.*，39. — Jésus le Christ［救世主基督］，*Panta.*，8：" je rends par Jésus le Christ grâces *à* Dieu［我通过救世主基督向天主奉上感谢］"（Juste 版，1537 年）。从 1533 年到 1542 年，其他版本均作：Je rends grâces *à* Dieu mon conservateur［我向我的守护之天主奉上感谢］。—— Almanach pour 1535：" que vos âmes soient . . . jointes *à* Jésus le Christ［你的灵魂应该与救世主相联结］"。—— Christ notre rédempteur［我们的救主基督］，*Garg.*，29. —— J. C. N. S.［我主耶稣基督］，Almanach pour 1533. —— Le Seigneur［上主］，*Pantag.*，19；27；*Tiers Livre*，30. —— Seigneur Dieu［主神］，*Panta.*，14；19；Almanach pour 1533. —— N. S.［我主］，*Panta.*，8；Gargan.，10；*Quart Livre*，4；19；20；24. —— Le Dieu vivant［活神仙］，*Panta.* 28. 有必要加上 Sabaoth［萨巴奥天主］，*Tiers Livre*，Prologue。

7 Henri HEYER, *Guillaume Farel, Essai sur le développement de ses idées théologiques*, 1872, pp. 45 - 46.

8 人们并没有从他那里得知"一滴圣血就足够使我们获得恩惠和祝福",正如 Olivier Maillard 说的那样。

9 *Gargantua*, ch. 10 (éd. Abel Lefranc, I, p. 105):"不过,福音书里的论证就够使你们满意的了:《马太福音》第十 七章[第 2 节]说吾主耶稣变容的时候, vestimenta ejus facta sunt alba sicut lux[衣裳洁白如光],……救世主复活(《约翰福音》第二十章[第 12 节])和升天(《使徒行传》第一章[第 10 节])的时候,天使就是用这种颜色来表示普天下的喜乐的。"

10 *Pantagruel*, ch. 8. ——关于末日审判,同样参见 *Panta.*, ch. 14:"就是再过三十七个五十年,我们也到不了末日审判,古萨奴斯的推测也不能实现……"[古萨奴斯,即意大利红衣主教尼古拉·德·古萨,他曾于 1452 年预测世界末日会在耶稣降生后德第三十四个"五十年"到来。——参《巨人传》成钰亭译本注]

11 " Pater frequentissime Deus vocatur; Filius, aliquoties; Spiritus sanctus nunquam exerte. "[天主圣父常被称为天主;有时被称为圣子;从不会被称为圣灵。]

12 相反,圣灵在路德的教义中扮演着重要的角色。圣灵作用于行动,同时激励着人心向善。圣灵使人虔诚地向着天主。Robert Will, *La Liberté chrétienne, Etude sur le principe de la piété chez Luther*, 1922, p. 236.

13 "AULUS. Quum Deum dicis, quid sentis? — BABBATIUS. Sentio mentem esse quandam aeternam, quae nec initium habuerit, nec finem sit habitura, qua nihil esse potest nec maius, nec sapientius, nec melius ... quae nutu suo omnipotenti condidit quidquid est rerum visibilium aut invisibilium: quae sapientia mirabili moderatur ac gubernat universa, sau bonitate pascit ac servat omnia, atque hominum genus collapsum gratuito restituit. "[AULUS. 当你说到"天主",你是指什么呢? —— BABBATIUS. 我指的是一种没有开端、没有结尾、没有比它更伟大、更贤明、更优秀的永恒精神。它全能的意志创造了万物,包括有形和无形之物。它那令人钦佩的智慧控制、统治着整个宇宙。它的慈善孕育、保护着它的创造物。他的恩泽使堕落的人类重新振作起来。]

14 跟他的敌人相比,毕克罗寿至少不是基督徒。他说,他将饶"红胡子"一死。他的群臣甚至说:"一定要他请求受洗,皈依我教才行"!(I, XXXIII, éd. Abel Lefranc, II, p. 293)

15 纳伐尔的玛格丽特在《七日谈》第 50 则消息后,再次使用了这种表达:

“但是 Geburon 说，因为我们没有叫到天主的个人参事会，因此就不知道那些第一动因……”

16 *Pantag.*，18：天主……一切美德都是从他那儿来的。——*Tiers Livre*，30：“不是承认他是一切财富唯一的赠与者么？”——*Ibid.*，43：“仁慈的造物主天主、一切恩惠的保有者和施与者”。

17 实际上，我们惊奇地发现，这种表达只在《庞大固埃》第二十九章出现过：“我主天主，你一向是我的保护者、我的救世主”。——在《高康大》中，它没有被提及。——在《第三部》，有两处：“救世主降世以来，什么显圣、预言，都没有了”（第二十四章）以及“救世主天主的保佑”（第四十八章）。——但是在《第四部》，表达扩充为：“天主救世主”（第四章）。——“天主救世主啊，海浪会把我们冲走的！”（第十八章）。——“庞大固埃首先祈求天主救世主的佑助”（第十九章）。——“仁慈的救世主，救救我们吧！”（第二十章）——“庞大固埃回答说这是全能的救世主看见了……”（第二十五章）。——“天主，我们的造物主、救世主、保护者”（第六十五章）。[救世主（servateur）一词尤为伊拉斯谟喜欢。不过巴黎大学神学院教授强烈排斥该词。——译者注]

18 Cf. *Gargantua*，XXIII；*Quart Livre*，I.

19 巴黎，S. de Colines，1523；参见 A. L. HERMINJARD 编，*Correspondance des Réformateurs dans les Pays de Langue française*，I，n° 79，p. 168。

20 关于拉伯雷与那些圣人，参见 H. FOLET，*Rabelais et les Saints préposés aux maladies*（R. É. R.，IV，1906）以及 H. VAGANAY，*Les Saints producteurs de maladies*（R. É. R.，IX，1911）。

21 摹本载 J. LESELLIER，*L'Absolution de Rabelais en Cour de Rome*，dans *H. R.*，III，1936。[英译本作：摹本载 Abel Lefranc，*Les Autographes de Rabelais*，dans *R. É. R.*，3（1905），第 348—349 页之间。——译者注]

22 关于这个主题，参见 Jean Plattard，*Notes Pourle Commentaire*，*XII*，dans *R. E. R.*，X，1912，p. 255。

23 至于这些文字，参见 HERMINJARD，*op. cit.*，I，112；152；478；464 et II，459。

24 它载于 Marty-Laveaux 所编之书第 3 卷（t. III），第 256 页。

25 摹本载 *Bulletin du Bibliophile*，1901，p. 105，以及载 *R. É. R.*，I，1903，p. 28。

26 Cf. J. LESELLIER，*L'absolution de Rabelais en cour de Rome*.

27 Charles MARTY-LAVEAUX 编，*Les Oeuvres*，III，p. 305。——在 Budé 的那些书信中，也没有暗示拉伯雷的医学研究。

28 J. LESELLIER，*Deux enfants naturels de Rabelais légitimés par Paul III*，

H. R.，V，1938，以及关于 Théodule：Arthur HEULARD，*Rabelais*，*ses voyages en Italie*，*son exil à Metz*，p. 107sqq。

29 这些诗的分析(我们可以数到 7 首)见 *Les poésies latines de Jean de Boyssoné*，Henri Jacoubet 编，1931，n°s 30，82，83，84，85，86 et 167。

30 我们还是得注意，至少在某种场合下，拉伯雷自称为 Théodore[泰奥多尔]。在《高康大》第二十三章，包诺克拉特寻求"一位当时的名医，名叫泰奥多尔大师"，以帮高康大找到一种更适合的途径。然而，在里昂的朱斯特版(最早的那个版本)，我们知道那是 1535 年之前，Théodore 那里写的是 Seraphin Calobarsy。那是变换 Phrançois Rabelays 的字母位置而构成的一个词。从这里我们得出：Calobarsy ＝ Rabelais ＝ Théodore。

31 *Gargantua*，chap. XVII；XL；XXIII.

32 拉伯雷有另外一些文本论述了谎言，例如《庞大固埃》的"序言"，或《高康大》第六章，——我们可以认为它们是应景之作。不管怎样，他不止一次以一种现代的口吻论及了谎言。——关于路德的态度，那是另一回事，我们知道 Heinrich Denifle 与 Hartmann Grisar 以及 A. V. Müller 之间的意见，互不统一。

33 Agrippa，*De incertitudine et vanitate scientiarum*，chap. XXXI. 我们所引用的依据是 Louis Turquet de Mayerne 的翻译(初版于 1582 年)。[Louis Turquet de Mayerne，1550－1618，里昂的新教派史家。——译者注]

第二章 拉伯雷、宗教改革与路德 249

我们知道，解决我们刚才提出的那个问题有一种公认的方式。许多批评家一致同意用"改革派"来形容巨人们的神学。

许多批评家——但不是全部。如果说存在一些激进派人士，那么应该也存在一些温和派人物。对于后者来说，拉伯雷并不是严格意义上的改革派。他曾出于同情而追随福音主义者和宗教改革者的早期运动。他有限地参与了他们的活动，当然这个限度多少有些宽泛。细细咀嚼 1912 年《高康大》"导论"中的词语吧。阿贝尔·勒弗朗写道："在这个时期，拉伯雷并不完全遵循新宗教的教理，他试图对它们表现出专注而真诚的同情心。这很好地解释了他所生活的那个时代的精神状态。"至于让·普拉塔尔，他这样写道[1]："就其倾向而言，拉伯雷在这个时期接近于宗教改革者。他在对待巴黎大学神学院、赎罪券和圣人崇拜以及宗教仪式的问题上，与法国早期宗教改革者的见解是一致的。后者的抱负由勒费弗尔·德·埃塔普尔表达出来，其纲要也由他起草。"我们有这两则引语就心满意足了。它们表达的意思几近一致。

但是也有一些激进派人士。对于他们来说，同情、倾向，都是一些含糊不清的词。实际上，拉伯雷在一段时间内确实应该被称为改革派。第二版的《法国新教派[人名录]》(*La France Protestante*)的 R 条目下，应该可以找到他的位置。我们还是听听 250
那个神学家如何说的吧[2]。他以一种混乱的队列来参加论战，观点却很明确，里面没有太多的"可能"(peut-être)和"也许"(sans doute)。他问道，拉伯雷的宗教理念是什么？"就是法国早期宗教改革的理念。我们可以如此概要这些理念：基督徒只能受福音书中的教义的约束；教皇的权力是不当的、滥用的；从社会的观点来看，修道院的生活是反自然的、危险的；圣人崇拜是违反福音书的，同时朝圣只是可憎的、徒劳无益的旅行；对天主的崇拜，包括对他的敬畏和祷告，应该是一种完全内在的、个人的行为；我们应该相信永恒的天主，且只能相信他一人。这些都是出自他的作品。”在这种缺乏严密的列举之后，他总结道：“拉伯雷是个异教徒，他生活在火刑柱的阴影之下。如果他应该被送上火刑台，‘那不是因为他那些欢愉的亵渎[斯塔普尔先前这样写道][1]，因为这在中世纪的传统中是允许的，并且没有触犯天主教教会深层的不道德；而是因为他说了，纯粹的福音书胜于一切人类书籍与评注；或是因为他喜欢引用圣保罗，而圣保罗是宗教改革的伟大使徒、基督之前的新教主义的奠基者。’”

我们还是把“天主教教会深层的不道德”撇在一边吧！它与其敌人——路德教义著名的不道德为姊妹关系。如我们所愿，我们还是让“新教教义的奠基者圣保罗”长眠于论争的陵寝吧。对于圣保罗，斯塔普尔提出要运用两个明确的标准。其中之一是不好的标准。援引圣保罗，参考圣保罗，受圣保罗启发——这并不意味着就是改革派人士，不管这个使徒多么倾向改革派。许多天主教徒从圣保罗的书简中汲取营养，形成了他们的宗教思想，但仍是天主教徒。只要对圣保罗书简加以巧妙的解释，从中推导出两种或更多
251 不同的体系是不难的，且真正的神学家不乏此种解释技巧。事实上，斯塔普尔已经指出了正确的方法。我们还是不带任何偏见地追随他吧。

一、1532—1535 年：改革派意味着什么？

一些标准？然而该如何选择这些标准呢？说到《庞大固埃》，我们是在 1532 年；说到《高康大》，我们是在 1535 年。因此，一个

① Paul Stapfer, *Rabelais, sa personne ...*, Paris: Armand Colin, 1889, p. 329.

在 1532 年是改革派，1535 年仍是改革派的人，是什么样的人呢？一切都取决于他所在的国家。

那个时候，欧洲的一些统治者——集体的统治者，如城市的行政官、地方的议会，或个人的统治者即国王、君主、领主等——都多少与罗马教会断绝了关系，并且在他们统治的领土内，建立了各国的新教教会。毋庸置疑，这些国家中存在一些“改革派人士”：这些子民在信仰方面接受了统治者的决定，实际上与统治者一起脱离了罗马教会。不过，他们的人数还不太多！

可能在我们今天所说的瑞士，这方面的情形是最清楚的。很早以前，也就是从 1529 年起，可以说联盟的行政区就形成了两个团体：苏黎世、伯尔尼、巴塞尔、圣加仑已经用祈祷代替了弥撒。在国家的宗教版图还没有确定下来以前，革新者还有很多事要做，特别是在瑞士的法语区、伯尔尼的属地。天主教徒和新教徒都没有放弃普及各自信仰的努力，必要时还会采取暴力的形式。1531 年 10 月 11 日，茨温利战死在卡佩尔战场上，可是他那血淋淋的尸体①，硬是被天主教徒肢解并烧毁了。

德国[日耳曼]如何呢？因为信奉新教的王储们慎言慎行，所以很长一段时间情况都不确定。帕维亚战争之后、洗劫罗马之后，皇帝是如此强大！仅在 1527 年②斯皮拉的帝国议会上，王储们才获得了暂时的自由，可以在他们的领土内根据自己的理念组织教 252
会，而不用再惧怕与那使一切处于混乱之中的帝国最高法院发生无休止的冲突。——英国呢？正是在 1532 年，也就是《庞大固埃》出版那一年，亨利八世决定开始向英国的神职人员施压。不过没人知道这个时而反罗马天主教，时而反路德教派的君主到底在信仰上持何种主张，以及何时会适可而止。国王至上法到 1534 年

① 茨温利希望将新教义传遍整个联盟，而天主教州拒绝信奉他的教义；由此引发了茨温利和天主教派的战争。1531 年，卡佩尔(Kappel)的战争中，天主教精锐部队粉碎了苏黎世军，茨温利被杀害。

② 学界通说 1526 年。

[11 月]才出台;继《庞大固埃》之后,《高康大》出版了,正是在这个时候,托马斯·莫尔[1535 年 7 月]遭斩首,英国修道院在托马斯·克伦威尔的有力促动下开始解散。

教理受到了这些不确定因素的影响。在有些国家,教理得到官方神学家的严格界定,且开始在民间传播,或者,我还要补充道,得到毫无保留地接受或遭到几乎所有信徒的拒绝,这样的国家还是非常少。在德国萨克森的选帝侯——萨克森当时是直接受路德影响最深的一个地域——只有到了 1528 年,鉴于教会巡视的初期结果,人们才开始努力地统一、规范教规与教理。1529 年 5 月,路德出版了一系列《大教理问答》、《小教理问答》。但是此后数年(特别是 1525 年与 1526 年之后),关于圣餐的争论仍在路德、茨温利、奥科兰姆帕迪乌斯以及其他人之间继续。即使在统治者赞同宗教改革的那些国家,观点也是迥异的!不同教派之间的对抗还是如此激烈!党派林立!至于那些毫不抵抗地顺从统治者意志的人,他们也有意无意地依恋他们原有的宗教理念与仪式!

人人都在等待。等待什么?没有人知道。许多人在内心深处都认为万事都会得到圆满解决。各地的人们都相信教会会议。可能在德国尤其如此。我们可以从以下这些事中看出这点:人们对保罗三世发表基督教国家会议下次会合的声明,特别是从 1534 年 11 月起,表现出了同情。我们还可以从那些政治上相互对立,而后又努力达成和解的君主之中看出这一点,不管这些君主是施马尔
253 卡尔登同盟还是亨利八世,抑或国王弗朗索瓦[一世]的追随者。神学家之间相互论争;短短数月之内,君主忽而追随这个神学家,忽而追随另外一个;普通的信徒完全迷惑了,宣称信仰所有见解,却不赞同任何一种;农村半开化的民众把自己交给了迷信——这些是混乱的状况下存在的一些完全不同的因素。

* * *

法国又是如何呢?国王的意图深不可测。他没有与罗马教会断绝关系,但与信仰路德教派的君主达成了谅解:这是一场永远的

拉锯战。一天，他让护卫队的射手，把贝奎[①]从[最高法院]评判官的魔爪中解救了出来。又一天，他手持蜡烛，参加了1528年6月的赎罪游行。1529年4月17日，他又赐死先前由他救出的贝奎。1530年初，他又设立王国讲授团，同时在1531年4月，邀请茨温利为他的信仰作告解。1533年10月，他去了马赛，见了教皇克莱芒[七世]，同时赐婚给皇太子与美第奇家族的一个女儿[凯瑟琳·德·美第奇]。然而，1533年11月末，他正在考虑与路德派信徒结盟。1534年1月，他与朗格拉弗(Landgrave)在巴尔-勒-迪克(Bar-le-Duc)缔结协议。檄文事件(1534年10月18日)爆发的时候可能正逢《高康大》面世。国王走向了极端之前，檄文事件很有必要。它可能针对路德派，针对文字本身，针对印刷术——有一项勒令宣布要废除印刷术——针对人文主义与古典语言。此外，这是有如此多怪念头的国王的最后一次大变更。

是的，国王的意图飘忽不定。法国人对待教理的态度也不确定。法国没有马丁·路德。无论在哪方面，像勒费弗尔·埃塔普尔这样的老人，都不能起到精力充沛、进取心强、有民众活力的奥古斯丁派修道士[路德]那样的作用。当时那些被称作路德派的人中，有多少人真正拥护路德的教理，并准备订购1529年的教理问答呢？他们的思想存在很多重要的差异，这些差异由以下一些因素造成：他们各自的秉性和经历，他们阅读的书籍，以及他们回应 254
邻国那些争论不休的神学博士如路德、梅兰希顿、布塞尔、茨温利、奥科兰帕迪乌斯的方式。因此与德国或瑞士相比，法国个人教理的种类更多——这些教理不太明确，因为它们没有付诸实践，也没有义务需要适应现实。此外，宣称自己主张教会分裂的教理还很少。教会分裂是可怕的事情——模棱两可是更有吸引力！

教会会议还没有发话。它保持沉默时，谁敢说真正宗教的忠实代表就是巴黎大学神学院的神学博士，而非卢浮宫的布道士呢？

---

① 贝奎(Louis de Berquin，1490？－1529)，出生于帕西的贵族、人文主义者、宗教改革家。

不，在 1530 年至 1535 年间的法国，界定一个人是否为"改革派"绝非易事。

二、信纲与判断基准：《圣经》

作为充分意识到这些困难的历史学家，亨利·奥瑟提出了他的方法。他告诉我们[3]，毫无疑问，有必要避免读者认为，1520 年至 1530 年的法国存在一种唯一的、连贯的思想体系，它与"改革派理念"相连，且被那些所谓的"福音主义者"选为信纲[Credo]。基本的事实是：某些福音主义者所采纳的命题被另外一些人斥为太前卫了。准确地说，显然在这些命题中有一些（为数不多）决定了它们的拥护者迟早会成为真正的改革派。这些命题比那些次要而又明显地反复出现于巴黎大学神学院的作品中的文章更重要，这些文章扮演着赎罪券、朝圣、圣人的作用。

另一方面，在法国宗教改革与外国宗教改革，特别是与德国宗教改革之间关系的问题上，不管人们多么倾向于主张自治，1530 年的问题都不再是那么简单。至少存在连贯的、综合的改革派教理。一群开始形成固定组织的牧师宣称信仰这种教理，并用正式的教
255 理问答来阐述它。这便是路德派的积极教理。在这些资料的帮助下，如果我们与亨利·奥瑟一样，在如此多福音主义者公开表示信仰的文章中寻找并决定哪些能作为无可质疑的基准，那么我们就找到了两种：《圣经》是宗教唯一的源泉；因信称义。我们现在还是回到拉伯雷的文本吧。

* * *

《圣经》是宗教唯一的源泉，教理和行为的唯一规范？在拉伯雷早期的著述中，道的灵验力与仁爱曾反复得到赞美。此外，《圣经》中的句子大量而又频繁地以法语形式得到征引。

毫无疑问，人们并没有清楚地指出，《圣经》中没有明确规定的，基督徒都应该加以摒弃。人们却明确指出，只许、永远、无条件地传布纯粹的福音书，且不带任何附加含义，特别是那些"人为的

捏造与邪恶的虚构”，而后者是那些“假冒为善者”（Papelars［假装虔诚者］，应该理解为罗马教廷的信奉者）认为随着时间的推进有必要补充进神的道与他的教义中的。应该这样理解，《圣经》首先指的是《新约》。拉伯雷的小说，除了经常引用《诗篇》之外，间接提及的主要（几乎全部）就是《新约》。当拉伯雷以自己的名义说话时，或者当他让他的主人公说话时，除了那些特别神圣的段落、那些基督教认为是其直接源泉的福音书与《正典使徒行传》之外，他们几乎不引用任何圣书段落。换言之，拉伯雷只引用基督的道[4]，没有注释的道，甚至没有引用天父的道。实际上，拉伯雷的著作中从未引用天父的道；基督的道、这个神—人的道，从他在人间出现的那一刻起，甚至更早，通过他必要的中介，我们就收到了天主的赠礼，同时我们向天主表达敬意[5]。我们回到先前的引文中去；拉伯雷的主人公像路德一样，实际上赞同奥古斯丁的三位一体概念， 256
知道只有一个天主；这似乎就是拉伯雷的主人公的想法，也完全像是路德的想法。

我们现在应该谨慎地补充道，截取自通俗小说而非《神学大全》的这些不精确的段落，至少留下了没有明确答案的问题（一个基本的问题）。人们说“回到福音书”时，并不意味着万事就解决了。对于赞扬它的人来说，福音书能代表许多不同的东西。它可以是立法者天主向人类揭示的法则，它的每一个字词都应该受到尊敬——或者是伊拉斯谟敬重的“基督教哲学的尊敬君主”之活的道；它可以如同再浸礼教徒嘲笑路德的圣经中心主义那样，是“纸教皇”——或者是赐予天主子民的自由大宪章，旨在作为他们的指南、行动准则以及在人间的道德规范。如果在我们掌握的段落中找不到拉伯雷或高康大给福音书下的定论，我们也不必为此大惊失色。没有什么让我们说，它们提供了一种不正统的《圣经》的概念。另一方面可以肯定，拉伯雷并没有把福音书与古代优秀的文学著作分离开来；如果庞大固埃“每天要用几个钟头来读《圣经》”，那么他像他父亲高康大一样，同样愉快地阅读“普鲁塔克的《道德论》”和“柏拉图优美的《对话篇》”，更别提拉丁文巨擘西塞罗了。

如果有必要去除假冒为善者增加进圣书的东西，那么就不要用他们散布的古代高贵思想与道德训诫加以补充。

二、因信称义

规则二：肯定人们有时所说的“中心教义”，或宗教改革的“基本准则”，那就是“因信称义”。这里有必要对这个术语加以解释说
257 明！要完成这项棘手的任务，我们还要求助于路德，众所周知，他非常关注这一问题。对路德和他的追随者来说，这里涉及的不是有关客观的神学信条问题，而主要是有关个人的、深层的精神状态问题，所以我们还是尽可能用“人类的”语言来表述吧！

在震撼他内心深处的经验得到加强之后，路德说：“上帝是救赎的唯一创造者。只有上帝能完全地、绝对地支持和帮助‘因信称义’的事业，而人类却可能会阻碍这一事业，甚至永远不可能提供任何方式的协助。作为仁慈之父的上帝，他将其恩惠当作一件礼物、一件纯净的礼物送给人类，完全不图回报。人类作为堕落的物种，他们是完全没有资格获得这件礼物的；他们的行为在天父的眼里不可能是善行，因为他们是犯下原罪的亚当的后代。与其空洞地炫耀自以为是的品德，人类应该从心里承认自身的善行毫无价值，并承认自己是没有能力拯救自己的。唯有如此，天恩才能惠及于他；也只有这样，信仰才会苏醒——因为信仰也不是人能通过自己的努力获得的。信仰亦为上帝给的一件纯净的礼物，藉此，人类方能理解天恩、因信称义。带着这样的信仰，人类不会再品尝到蹂躏着很多循规蹈矩之人的苦痛和折磨了。人类不再焦躁地自省自身的救赎，不再一次又一次地做着令人烦扰的负债表，因为上面的不可宽恕之罪总是多于善行。人类的内心从此有着坚实而完全的笃定，相信自己不再惧怕上帝的愤怒，相信自己能从天恩中获得一切。”

我们在此简要地概括了路德的教理[6]。我们知道它在他的宗教体系中所占的中心位置，不如在他的基督教生活概念中所占的位置。它能和拉伯雷的主人公们所宣称信仰的教理相比吗？难点在

于:1535年以前的著作中,拉伯雷并没有提到"因信称义"这一教理。他也没有在任何地方处理一般的善行问题,更没有明确把信 258
仰和善行对立起来。

拉伯雷确实在嘲弄。他嘲笑人们相信某些善行的有效性,即认为这些善行对拯救特别有用,例如朝圣。写了一篇攻击"云游客"以及他的同伴的演说词,这并不意味着就与路德一样,认定即使做了他所称的善事,人类还是根本无法获得救赎;这也并不意味着要用路德的方式来解释圣保罗的 Opera legis[律法的运作]。更值得注意的是:拉伯雷在他早期著作中如此频繁地援引圣保罗,却从未引用路德派信徒、福音主义者和加尔文派教徒轮番借以宣称他们信条的圣保罗的著名文本,他们宣称通过善行来获得救赎是无用的,只能因信称义。

四、由仁爱形成的信仰

此外,《庞大固埃》中有引人注目的一节,陈述了一则教理,可是它似乎迄今为止还没有受到应有的关注。且慢!艾蒂安·吉尔松在他的《方济各派修士拉伯雷》一文中当然没有不加说明就此放过[7]。不过,他的解释还是字面上的。编辑《[协会版,拉伯雷]著作选集》的那些博学人士也没有对这些文字加以注释,给人的感觉就是它们无关紧要。这些文字如下:高康大对他的儿子说,你要侍奉、爱慕并敬畏天主,同时"用由仁爱形成的信仰,和他结合在一起,千万不要让罪恶把你和天主分开"①。——由仁爱形成的信心:这是什么意思呢?

经院学者深谙"fides charitate formata[由仁爱形成的信仰]"。它很出名。我们没有必要追溯它的历史。这里有一点对我们很重要,即把它当成自己的时候,就仁爱与信仰之间关系,高康大采纳了一种完全属正统派的理论。路德在以他自己的方式阐释这一关系时,对此猛烈地抨击过了[8]。不管路德的解释正确与否,不管他误解那些运用了"'形成'这则可憎的术语[maledictum illud
vocabulum formatum]"之人的真正教理与否,如果我们相信他,也 259

① 《庞大固埃》第八章。

就是说，那些提及信仰的主要源泉、形态[forma]，是仁爱，提及信仰由仁爱"形成"，如同身体由灵魂形成一样的人——诸如此类都属于神学家的争论。想要了解他们，只要集中精力读读德尼夫勒那些布满注释与引文的文章就可以了[9]。以前，路德的敌对者在这上面大做文章，用它来证明对手[路德派]的错误或一些谬误。他认为，路德派歪曲了教会的正统教理。

个人而言，我们还是保守地说，fides charitate formata[由仁爱形成的信仰]正好与路德派的主张相反。我们得补充道，它也与加尔文派的主张相反。在信仰与仁爱的关系这个问题上，加尔文的意见与路德类似。我们还是翻开 1541 年的《基督教原理》，翻到第四章"论信仰"。我们可以读到以下一段文字："同理，诡辩派的另外两则谎言就得到了颠覆。其一是他们认为，当虔诚的感情加之于神的认识，信仰就可以形成……"稍后又说："巴黎大学神学院那些教员所教导的——仁爱先于信仰与希望——只不过是一场梦。因为只有信仰才首先生出我们的仁爱。"——末了，第六章"论称义"也值得我们注意："把握另一种狡计也无济于事：我们只有通过由仁爱施加作用的信仰才能称义。我们十分赞同圣保罗，即唯一能因信称义的就是与仁爱结对的信仰。不过，它不是从仁爱那里得到称义的力。甚至，它除了把我们导向与基督的义交流之外，别无他法。"[10]这些话意味深长。

拉伯雷特别小心地写了十几行，合理地结束了高康大庄严的家书。如果他信仰路德派的教理，那么他可能会用他知道毋庸质疑属于正统派的表达么？更何况他还知道这种表达毫无疑问与路德
260 的思想对立，且格格不入。我们可以也应该问这个问题，不过要特别谨慎，要考虑到一些细微之处。我们还是举个例子吧。如果翻开胡安·德·巴尔德斯[①]《对话篇》(*Diálogo*)——它是由马塞尔·巴塔隆幸运地发现并修复的，我们可以发现，文中间接提到了"神学家所说的'形成的信仰'[ala qual los theologolos llaman fe formada]"。巴

① 巴尔德斯(Juan de Valdès, 1500? - 1541)，西班牙人文主义者、伊拉斯谟主义者。

尔德斯在 1529 年离开他的首任老师以接近路德之前，还是伊拉斯谟主义者。上述引文就清楚地证实了，对于他来说，只有形成的信仰[fides formata]、仁爱与善行之源所丰富的信仰，才能称为“信仰”[11]。同样，我们可以把马塞尔·巴塔隆的评论运用到拉伯雷身上。巴塔隆在《对话篇》的导言中写道：“如果他把伊拉斯谟看作为优秀的神学博士、真正的神学家，那么巴尔德斯就不可能是路德派。”[12]

“由仁爱形成的信仰”？这种表达不太像路德的。正如巴尔德斯清楚地证实的，伊拉斯谟派的福音主义者尽管格外赞赏路德，也不厌恶这一表达。我们也不是第一次在分析中得出类似的结论。是我们的分析过细了吗？不管怎样，分析本身没有异乎寻常的地方。宗教改革之前就有一些人被称为宗教改革者。神学家们开始对这些人感兴趣并细心研究时，比如说通过放大镜察看约翰·彼伯(1473 年杀青、1521 年初方出版的《论基督徒的自由》一文，其教理如同论文标题一样，在几点上都预示了路德①)的意见时，为了建立彼伯与路德这两个神学家真正的一致或不一致，他们的关注点何在？至于前者彼伯，他深受奥古斯丁学说的启发，不过在当时的修道会世界，不只是他偏爱这种学说。神学家的分析进而得出，在一系列严格地属于路德派的术语中，有种关于善功的天主教观念顽强地存活下来了。“独有天主的恩惠才能授予人类善功。不过，天主只可能把善功授予欣赏它的灵魂。”[13]此外，当约翰·彼伯区分 fides informis[未形成的信仰]与 fides charitate formata[由仁爱形成的信仰]时②，也就是说“信仰还不是自身，以及信仰不再完全是自身”——显然，他已远离了宗教改革者的观念。到目前为止还没有人把这一标准运用到拉伯雷身上。如果有人运用了，他就可以合情合理地得出结论：Fides 261

① 较之加尔文的《论基督徒的自由》。又，约翰·彼伯(Johann Pupper van Goch, 1400－1475?)，德国改革派的先驱。

② 中世纪将信仰分为 fides informis 和 fides formata，将前者看为一种没有生命或影响的知识，将后者看为与仁爱相同，且必然产生出善功以表达其本身，所以后者乃是加于前者，作为前者的补充和内容，并蒙上帝所悦纳。路德反对这种因爱及其善功称义的教理。这样，他就易于被人误解为主张因 fides informis 称义。

charitate formata[由仁爱形成的信仰]与马丁·路德的思想格格不入。这是一种属于天主教的表达。1530 年至 1536 年间,许多福音主义者和伊拉斯谟的忠实读者以及弟子都熟知这一表达。

五、善行问题

我们还是继续吧。在拯救自己时,人类有何辅助作用这个大问题,即善行的问题,它在拉伯雷的小说中是如何得到处理的呢?没有必要指出它在多大程度上关联到称义、善功以及恩惠的问题。如果直面拉伯雷的文本,它给人留下的印象并不清晰。乍一看,我们会以为,好像有两三种路德派的“主题”,在经过巧妙的处理之后,被用作于天主教教理的背景。这种印象正确吗?

拉伯雷 1535 年以前的作品中,我们会遇到一些对天主的有力呼吁。这个“仲裁者与赏罚者天主”会对人类进行自我完善的努力加以奖赏。逻辑学家或神学家——难道他们不是同一些人吗?——宣称这些言论表达了一种不同于(如果不是憎恶)宗教改革者的概念。把天主当成内在的正义,视天主为最高仲裁,要求那些已经判定罪行的人受到惩罚,并为自己赎罪:这在路德看来,是最大的过错;这对心灵的宁静以及基督徒的总体生活来说,是最危险的过错。因此,当乌尔里希·贾莱提醒毕克罗寿:人类一切行为都不能得到隐藏,都必须接受天主的审判;当他乞灵于“执掌赏罚我们行动的大公无私的天主”[1]、至高的天主反对野蛮的、咎由自取的王——他的言辞中不是明显有传统的音调么?我们有必要避免过度肯定。这种结论所能依据的文本非常有限——它们只是小说中的一些句子而已[14]……

262 另一方面,我们回到先前援引过一段奇妙的话[2]:“汝自助,天主将助汝”,假冒为善者这样说。实际上,“汝自助,恶魔折汝首”才是真理!——奇妙的寂静主义!我们很可能会说,在约翰修士的创

① 《高康大》第三十一章。

② 见本书第 231 页。

造者与发明者[拉伯雷]那里，或者如果你想这么说的话，在暴风雨的描述者以及卷起袖子、露出强壮的臂膀的使徒那里，这是一种奇妙的寂静主义。还有一节描写毕克罗寿的自由意志与恣意妄为的文字，“没有神圣的恩惠引导他，他就只会坏下去。”[①]我们可能会说这是路德派的悲观主义。它让特来美的乐观主义者、特来美的辩护者感到有点意外，因为他们会为激励和推动“自由的以及先天健壮的”[②]人作善事而感动？

有必要说这里存在矛盾吗？作为神学家的拉伯雷会与作为学生[③]的拉伯雷自相矛盾？首先我们还是把讨论置于并非充满了纯粹概念的信仰领域吧。我们还是不要设想，神学家的启蒙思想在当时——我是指中世纪时期那伟大的古典世纪，即12、13、14世纪以及衰退和解体的15、16世纪——浸淫了直观的思考。我这里说的直观思考不仅是普通的信徒的，而且还是说教士的，有时还是神学家的。这是矛盾的吗？我们还是想想路德在这类问题上的思考。他自相矛盾、左右彷徨……路德曾如此直截了当地说，人不会作恶，既然作恶，那就是必然的、自发的、自愿的。也就是说，出于堕落的本性，他绝对会作恶。可是，难道他好像不是有时意识到，人性的深处隐藏着一种道德倾向，“recta ratio, bona voluntas [正确的理性、善的意志]”，或者如他在《罗马书》序言中所说，天主在人类心灵深处发现了一种向善的自发倾向吗？他不是在《大教理问答》中写道，人们生来就被灌输了“十诫”，已经把它铭记于心了？当他把十诫与自然法则等同，他不也就承认了人类理性中存在行善与被拯救这样一种直观的欲求吗？又如，路德辛辣地嘲弄自负与亵圣的人类，主张在救赎这一问题上应与天主通力合作。不过，他有时不就把我们看作天主的合作对象吗？尽管天主可以单独行动，但号召与他合作是我们的荣幸。因此，有神学家说，“关于路德 263

① 《高康大》第二十九章。

② 《高康大》第五十七章。

③ 似指“Limousin 的学生”。参《庞大固埃》第六章。

的宗教精神状态，除了我们通常观察到的那种之外，似乎还有另一种，他似乎承认人会协同天主完成他的意图。”[15]

同一个人那里共存两种对立的倾向，一个拉他往东走，另一个则拉他往西。不过还有呢。通常，这时还会出现时代错置。因为最终，回到拉伯雷，我们要卸下现代的眼镜、现在的眼镜，重读那些文本。我们必须以昔日的眼光来读它们。那么该如何看待强加在拉伯雷文本上的那些意思呢？首先是以下这段著名的文字：“自由的人们，先天健壮、受过良好的教育，来往交谈的又都是些良朋益友，他们生来（par nature）就有一种本能和倾向，推动他们趋善避恶……”①——“生来”？

我们有这样一种生物学的思辨，以至一出现“自然”（nature）就让我们兴奋不已。我们立刻将 nature（自然）大写，毫不犹豫地认定它就是博物学家的“自然”，也是一个神，恰是神学家之天主的对手，与“生命”同为生物学时代的偶像。如果我们这样说自己，那是我们的自由。但是把拉伯雷扯进来，就有点过分了。因为拉伯雷在那个段落中写下我们所援引的“生来”时，他并不是想表达“自发势力”的意思。掌握和控制“自发势力”，如果不是科学的目的，也是科学的结果。他没有在神学家的天主之上设立一个偶像，旨在篡夺属于天主的权力，并赋予人类理想，即我们今天所称的生活意念，一种由欲求与本能的相互作用构成的意念。“我们今天所称的”，请注意是“我们”。拉伯雷呢？拉伯雷不可能这样说，也不可能这样思考，他想都没想过这样做。

在那个时代，拉伯雷是多么像个博物学家，他会充满好奇地阅读普林尼与泰奥弗拉斯特②，收集种子和孢子；摊开龙德莱③[的《鱼

---

① 《高康大》第五十七章。

② 泰奥弗拉斯特（Theophrastus，前 372？-前 288？），古希腊博物学家。有《植物志》等作品。

③ 龙德莱（Guillaume Rondelet，1507-1566），法国医生。蒙彼利埃大学医学教授。见《第三部》第三十一章及以下。

类志》]，看鲸鱼在比斯开湾[1]嬉戏；同时通过频繁的解剖来了解别 264
个世界，即人体——不过他无法像斯宾塞或海克尔[2]那样进行哲学思考。他只是像亚里士多德那样，有过简单的哲学思考。他像亚里士多德一样，认为德行是一种习惯，一种好习惯，与人的状态契合的好习惯。secundum naturam[顺其自然]，就我们的理解，应该是依照其本性，而非依照"自然"(Nature)这个受拘束、不"自由"的女神。我们又说：依照自然的法则，并不是指依照"自然"的诸法则。对于"自然"的诸法则，拉伯雷与他的同时代人一样，都还没有形成清晰的概念。此外，他还坚决不承认，诸法则的先兆受星辰与占星术士"决定论的"思辨"影响"……

拉伯雷像亚里士多德那样进行哲学思考。看他还读过柏拉图，而且是反复阅读。因此，他没有像亚里士多德那样，把"依照自然"仅仅译成"依照理性"，因为人的本性在本质上是理性的——用亚里士多德的话来说，即因为人的外形就是他理性的灵魂。像柏拉图一样，拉伯雷把"依照理性"译作"依照天主"，因为天主是理性的创造者。如果你喜欢，还可以译成"依照天主自己的理性"。天主是正直的天主，正义紧随其后，并带领了一群以他为榜样的人，天主给这些公正之人的奖赏就是让他们过幸福的生活。那些自认为可以指导自己的人则遭到天主的遗弃。开始时，他们可以获得一些成功，或成功的表象。不过很快，正义开始实施报复，摧毁他们——他们自身、他们的梦、他们的同党以及他们的祖国。正义摧毁了毕克罗寿。《法律篇》使拉伯雷对此深信不疑([柏拉图]第四卷，716C－D)。

那么，拉伯雷就是希腊的研究者，而非其他了？不尽如此！就如我们刚才所说，拉伯雷作品中那些得到深刻反响的段落里有一些东西，还有另外一些。比如，基督徒对恩惠的思索。光是恩惠就

---

① Golfe de Gascogne是北大西洋的一个海湾，海岸线由法国西岸的布列塔尼到西班牙西北海岸之间。

② 海克尔(Ernst Haeckel，1834－1919)，德国动物学家、哲学家。

承认了人类的事业与成就，以及他们的见解与自由意志的价值。贯穿在万物之中的“自然”(nature)一词，当运用到人身上时，它的意思在几个世纪以来一直都显得模棱两可。一方面，自然是用来界定人的基本属性的综合体，因此自然就是人类一切先天的、本能的、自发的东西——不管是关于天主（这是堕落的自然与恩惠相对立的问题），还是关于人类（这是自然的状态与文明的状态相区别
265 的问题）。总而言之，在这层意义上，自然就是人身上一切能界定人类特征的东西。另一方面，自然又意味着每个人所特有的品质，它能使一个人与他的同伴相区别，使他成为他自己，成为一个独特的人，而非别人……就我们的分析表明，我们应该警惕这种模棱两可。不过我们又保存了这种模棱两可，任其发展。我们经常混淆这两层意思，从这层意思跳到另一层，并且每天都在说“顺其自然”的治疗法或教育法……16 世纪的人更有理由这样说，因为他们的哲学导师既不是笛卡尔，也不是由《谈谈方法》衍生出那一系列哲学分析的专家。对 16 世纪的人而言，他们的导师通常还是柏拉图和亚里士多德，且这两位导师多少还是受到了经院学者的重塑和改造，带有基督教的色彩。拉伯雷以及他的同时代人批判经院学者的这种重塑，自己却没有成功地从中摆脱出来。我们不应该认为，与我们著作中的 Nature［自然、本性］所具有的含义相比，希腊文作品中的 Physis［自然、本性］或拉丁文作品中的 Natura［自然］没那么多不同的含义，如果你喜欢，也可以说没那么多自相矛盾的含义。16 世纪的人还没有可以让他们察觉到这些矛盾的工具。

矛盾……我们说这个词时，就像个老学究，带着一丝不屑。与其试图把文艺复兴的自然宗教从宗教改革的启示宗教中解放出来而陷入混乱与迷茫，还不如从思考中而获得一些思想上的乐趣，这里说的思考指的是，思考那些描述了一个动荡、革新与多产的时代的特征，而又相互矛盾的倾向。

266

六、微妙的基准——称义

现在我们回到基准中的基准，回到人们通常所说的宗教改革的

绝对准则——“因信称义”上。拉伯雷如何看待这一点呢？他支持什么命题呢？

人们基于一些不太明确的段落说：拉伯雷的文章中有三四句话很远地、非常远地涉及到了所谓“称义”这个复杂的问题。不过，如果与系统的、连贯的神学教理——这里所说的教理不是路德自由吐露的言语，而是经过了勤勉的神学家削减、润色，并剔除了瑕疵与光彩，被称为路德派的——相比较的话，这些句子只能算是一些断断续续的、间歇性的改革派音符。只是1532年前后的这些宗教改革家，在这些问题上全部都信仰路德的教理吗？尽管加尔文确实采纳了路德的教理。

我们还是不考虑勒费弗尔，他在《保罗书简注释》中慎重地协调了信仰与善行。他写道：“因为光有信仰，或光有善行，都不能获得救赎。善行为拯救作好了准备与净化；信仰为我们敞开通往天主之路，只有天主才能称义、赦免。善行让我们变得更好；信仰让我们皈依；称义给我们启示。”[16]法雷尔呢？毫无疑问，他在那著名的《概要与简洁的宣言》中（此书对改革派理念在1530年至1540年间普及有巨大的贡献）主张，人在有勇气站到天主面前之前，必须先找到基督的正义作为庇护。法雷尔很快就略过了在路德看来是非常重要的这一条教理。为了有助于我们理解这一点，亨利·海耶尔用了一种更温和而又更生动的说法（第49页）。他写道：“这一观点虽然没有得到充分展开，但法雷尔对此一点都不陌生。他在《概要与简洁的宣言》中嘱咐我们要完全信赖耶稣以及他的正义。”这种嘱咐是草率的，与路德的宏伟阐述相去甚远。路德光在阐述“称义”这个主题时，就能言善辩、气势恢宏。我们还是转向另 267
一个同样著名的文本，即刊于1534年马丁·勒穆佩厄之《圣经》卷首的《圣书》内容概要[17]。我们禁不住对此作类似的考察。

《圣书》的内容概要中清楚、简洁地阐述了称义这个问题，用词还比较温和。“因为信仰与信赖耶稣-基督——这种信仰是通过是否行善来体现的，它促使人们也行善——我们得到了称义。就是说，耶稣-基督之父让我们怀有正义，成为受他恩惠的子民，而全然不计较我们所犯下的罪，根本不把那些罪当作罪来看待。”这里有毕克罗寿的回答，它可能是回应乌尔里希·贾莱的；不过我们还是略过这些关于善行的句子，尽管信仰可以通过善行来证明。基督徒在生活中把善行与仁爱放在重要的位置，这种做法在当时非常法国化。《圣书》的内容概要充分阐述了这一观点。它解释道："通过我们的善行（天主为我们精心构造好了的），我们证明我们确实是受到了天主恩惠的召唤；因为若不行善，就表示他不信耶稣-基督。”若夏尔·施米特的判断是正确的，那么法雷尔就表现了同一倾向。施米特说："他的神学观点，可以概括成一条基本的原则：人只有通过仁爱的运作才能因信称义。”热拉尔·鲁塞尔所说的“通过仁爱起作用的信仰”与它其实是一码事。鲁塞尔的原文是："只要哪里有通过仁爱起作用的活信仰，哪里就有人遵守戒律”[18]。

毋庸置疑，这不是圣保罗的教理，因为圣保罗主张（《哥林多前书》第十三章第 13 节①）仁爱高于信仰与希望（附带一句，在我们前面已经引述过的一段文字中，加尔文就轻蔑地把这一主张归为巴黎大学神学院的神学博士所有，这有点莫名其妙）。然而这确实像是圣奥古斯丁的教理："没有仁爱，信仰可以存在，但又有何用。”[19]要从这些类似的表达，跳到经院哲学家的表达——跳到高康大所指的 fides charitate formata［由仁爱形成的信仰］，是不是有点困难？
268 尤其是当以下这一点为真时，即它并不像路德主张的那样，意味着仁爱完善了信仰，没有仁爱，信仰就是不完善的，而是意味着仁爱没有改变信仰的任何本质或实质，仁爱使信仰更完善，把信仰统一到它的终极目标中，并赋予信仰应有的价值[20]。

我们要谨防过于严密。我们沿用了亨利·奥瑟所采用的两条基准，不过在运用时，不应该缺乏敏感，过于严格。我们还要注意第一个基准明显高于第二个。福音书是信仰唯一的源泉。不错，这是基本的准则。可是，称义是富有争议的，很长一段时间都是如

① 和合本原文作："如今常存的有信，有望，有爱；这三样，其中最大的是爱”。试对照“nunc autem manet fides spes caritas tria haec major autem his est caritas”。

此。1541年的拉迪斯博纳会议,我们没有看到孔塔里尼红衣主教①向梅兰希顿以及布塞尔提交了(也被后者接受了)一份联合文书吗?这份文书被看成是天主教的,得到了莫罗内②、埃克③、格罗珀④、普弗路⑤的修正。路德的教理正是在这一点上容易有所弱化——被认为是一种变形的天主教教理。判断一个人的观点时,我们要格外小心利用16世纪前半叶基督教徒关于称义的主张。面对路德的纯教理,或是稍后加尔文的纯教理,不仅仅是巨人们的神学充满了明显相悖的观点。我们有必要重复说,在1530年与1535年左右的法国,那些沿着新道路摸索的人的整个神学,有时大胆放肆有时畏畏缩缩,都充满了相悖的观点吗?他们走上这条路时,受到了一些强有力的精神领袖的指引,且身处一个渴望独立的世纪,深受自由氛围的感染。

七、拉伯雷与日耳曼事宜

所幸的是,我们开始慢慢地清楚这段棘手的历史了。这里要感谢维尔·莫尔的著作。它重拾并详述了由纳塔莱·韦斯所提供的一些宝贵线索,同时还把它们转移到了别的领域。这本书让我们认识到,当时人们应该花了(确实花了)巨大的努力来完成这项事业,只不过因为事业的保密性,很长一段时间都鲜为人知[21]。

关于路德的呼吁在日耳曼之外的影响,以及在法语国家的作 269
用——我们没有别的线索,尽管在我们看来这些线索还不够充分。路德的声音振聋发聩,在日耳曼已经震坏了众多高墙壁垒。不管怎样,今天没人会说,法国人没有听见这种声音的回响。宗教改革

---

① 孔塔里尼(Gaspar Contarini, 1483－1542),天主教派红衣主教,1541年曾为协调改革派与天主教作出努力。著有《灵魂不灭论》等。

② 莫罗内(Girolamo Morone, 1450?－1529),意大利外交家。

③ 埃克(Johann M. Eck, 1486－1543),德国神学家、英戈尔施塔特(Ingolstadt)大学副区长。宗教改革的反对者。

④ 格罗珀(Johannes Gropper, 1503－1559),德国神学家。

⑤ 普弗路(Julius von Pflug, 1499?－1564),德国瑙姆堡主教。曾起草"Augsburg Interim"(1548年)。

家的拉丁语著作在[基督教]王国到处流传，海关官员对此束手无策。我们今天知道了一些细节，知道了可疑的书商是通过何种途径小心翼翼地用木桶引进异端文书：在巴黎，为首的是让·沙伯尔，里昂则是让·沃格吕。我们知道"巴塞尔的纹章"[22]的作用，知道弗罗本的活动，知道公众竞相争阅革新著作的那种渴望，知道他们偏爱勒费弗尔·德·埃塔普尔、牟城圈内人的著作，以及在他们背后，像纳伐尔的玛格丽特这样的王后的著作。与此同时，为了反驳他们，仇视路德的那些神学家正在普及反叛的奥古斯丁派修道士的破坏性思想。焚烧那些在德国与莱茵河畔刊行的书籍，那些书籍追查者的愤怒，以及那些书籍获得者的喜悦——所有这些都证明了路德的著作在当时的法国得到了广泛传播。拉伯雷知道这些书吗？这是毋庸置疑的。

我们还是参照《庞大固埃》中著名的第七章吧。那里记录了圣维克多藏书楼的"目录"。在每一条或几乎每一个条目上，我们都可以发现青年拉伯雷热衷于德国戏剧。

首先是罗伊希林事件①。1475 年左右，罗伊希林在奥尔良教书。在这里，喀巴拉主义论争中的主人公，包括真实与虚构的人物，一个个登场：著名神学家奥图奴斯大师(阿杜安·德·格拉埃夫大师②)；异端量刑官雅各布斯·霍赫斯特拉滕大师③，也就是科隆著名的多明我会士、异端审判官；《佚名信札》(*Epistolae obscurorum virorum*)的菲德弗修斯(Lupoldus Federfusius)大师；科隆的全体神学博士，他们的《打倒罗伊希
270 林运动》(*Tarraballationes advenus Reuchlin*)现藏于图书馆；此外，我们还要注意在《高康大》的"作者前言"中，阿尔高弗里巴斯嘲弄的那些人——他们证明奥维德在《变形记》(*Métamorphoses*)中赋予了基督教的圣事一种象征性的预示。为首的是一个真正吃饱了饭没事

① 罗伊希林(Johann Reuchlin，1455－1522)，德国文献学家。罗伊希林事件从 1505 年持续到 1516 年。

② 奥图奴斯(Hardouin de Graës，Graetz；拉丁名 Ortuinus Gratius，？－？)，德国神学家。

③ 霍赫斯特拉滕(Jacobus Hochstraten；Jacob van Hoochstraeten，1460？－1527？)，德国神学家。

干的吕班法师，他热衷于这种对照①。在《佚名信札》（第六卷，第42）中，多勒克普菲鲁斯（Dollekopfius）修士吹嘘知道“unum librum quem scripsit quidam Magister noster Anglicus de Ordine nostro, super librum Metamorphoseon Ovidii, exponens omnes fabulas allegorice et spiritualiter[我们修会的一位英国博士执笔写了一本书……谈论奥维德的《变形记》，并用寓言和圣灵解释每则故事]。”当约诺土斯大师开始他的论证：Omnis clocha clochabilis [凡是可以撞的钟，皆为钟楼上的钟……]，结论就是“Ergo gluc! [原因即在此！]”（《高康大》第十九章）《佚名信札》（第二卷，第69）：“Quicquid ipsi non intelligunt, hoc comburunt: Ergo[凡是他们自己都无法理解的，都将统统烧掉：就这样……]”[23]

“路德事件”又如何呢？让·普拉塔尔在《拉伯雷著作选集》“目录”的注释中恰如其分地指出，科隆论争以及巴黎大学神学家们同人文主义的论战“都在这一节中得到了反映”②。这是事实。不过，他忘了路德的论争也在这一节得到了反映。因为那里有一个罗马圣厅的大师、托马斯主义者、多明我派修士西尔维斯特·马佐利尼③。他在教皇的任命下裁决路德问题，很快（1518年）就针对被告，执笔写了一本言辞激烈又无甚高见的《对话篇》（*Dialogus de Potestate Papae*）。此外，里昂的两家书店（B. Bonyn pour J. et F. Giunta）分别于1524年、1528年刊出了他的《金色玫瑰优于福音》（*Aurea Rosa super Evangelia*）。据说这两家书店还分别于1524年、1533年出版了他的《熙维斯狄那大全》（*Summa Silvestrina*）[24]。拉伯雷也不忘在“目录”中给他那些嗜酒的神学教授加上“我们的大师”（Notre Maître）这样的称呼。

另一个比较重要的人物是加埃塔的雅各布·德·维奥④，此人

① 参《高康大》“作者前言”。

② 《庞大固埃》第七章。

③ 马佐利尼（Silvestro Mazzolini, 1456? - 1527?），意大利论辩家，多明我会修士。

④ 德·维奥（Thomas Jacopo de Vio Cardinal de Gaëta, 1469 - 1534），意大利那不勒斯王国神学家。有主张教皇至上性的《教皇权威论》等作品。

系圣西斯笃的红衣主教，也是多明我会修士和托马斯主义者。1518 年 10 月，他试图把路德重新纳入教会的怀抱。法国巴黎与里昂的一些书店争相出版他的著作。他的《卡耶坦著作大全》（*Summa Caietana*）在经过 J. 达尼埃尔校订之后，于 1530 年 6 月在里昂出版（J. Crespin pour J. Giunta）；1533 年、1539 年于里昂再版（Baudrier, VI, 138）。1532 年 1 至 2 月，他的《大卫诗篇》（*Psalmi Davidici*）由巴黎若斯·巴代书店刊出。《福音书注解》（*Evangelia cum Commentariis*）、《保罗书简集》（*Epistolae Pauli*）都
271 刊于同年 5 月[25]。这些书如洪水般涌出。如果圣维克多藏书楼里，藏有一些用来支撑他那站不住脚的思想的拐杖——《卡耶坦红衣主教的双拐》（*Hénilles de Gaïetan*），我们也不必为此感到惊讶。

末了，先前我们提到的霍赫斯特拉滕，也介入了路德事件，同时他还于 1526 年在科隆出版了《与路德派的争论》（*Disputationes contra lutheranos*）。除了霍赫斯特拉滕之外，还有一个起初就反对路德的主要人物。这次又是多明我会士，前方济各会士拉伯雷，也许应该为列出这么漂亮的布道修道士的名单而感到由衷高兴呢。这就涉及到来自施瓦本行政区埃克（Eck-der-Günz）的汉斯·梅耶尔，就我们所知，他的拉丁名叫埃克留斯。他是英戈尔施塔特的神学家、奥格斯堡的布道士，又是借款应付利息与否这桩诉讼案件中富格尔①的律师，最后还是 1519 年莱比锡论战中的英雄。与他的同行相比，他在圣维克多藏书楼出现的次数也不少。拉伯雷为他作了一篇关于如何扫烟囱的象征性文章，即《扫烟囱法》（*Manieres ramonandi fornellos*）。不久前，也就是 1531 年，巴黎的吉尔·德·古尔蒙书店出版了他的《路德派 404 条谬误的目录》（*Errorum lutheranorum CDIV Catalogus*）。此书现藏于国家图书馆（藏品整理号：Rés. D 80059），单是书名就是一种纲要性

① Augsbourg，德国城名，以金银首饰而出名。富格尔家族是查理五世时德国富可敌国的财阀。

的陈述。

德·普里利奥(Prierias)、卡耶坦、埃克。他们是路德剧中的三个主角。我们可以看到,他们三人都回应了路德的呼吁。至于拉伯雷提到的那些巴黎神学家,他们都公开宣称反对路德,并在他们的著作中采取了敌路德的立场。从大腹便便的诺埃尔·贝达——此人不愧是《肥美的肚肠》(*De optimitate triparum*)的著者,到《庞大固埃》的仇敌尼古拉·迪谢纳(Nicolas Du Chesne),再到喜欢写长篇大论的勤恳作者,即加尔都西会修士皮埃尔·古斯蒂利,别名斯苏脱里,都属此类人物。古斯蒂利 1525 年所写的《论〈圣经〉翻译》(*De tralatione Bibliae*)就是《武加大译本》的辩护书,它系统地谴责了那些(以伊拉斯谟和勒费弗尔为首的)罪犯,谴责他们诱使普罗大众把《圣经》降低到了很低的水准。1526 年初,古斯蒂利的《反对新诽谤论者》(*In Novos Anticomaritas*)不仅责难了那些反对圣母崇拜者,还攻击了那些诽谤圣人的人。他稍后(1531 年)的《辩白》(*Apologia adversus damnatam Lutheri haeresim de votis monasticis*),似乎就是拉伯雷在圣维克多藏书楼的书架上清查到的"辩白"的原型:《反对叫他骗子手的人,而真正的骗子却受不到教会的处分》(*adversus quemdam qui vocaverat eum fripponnatorem — et quod fripponnatores non sunt damnati ab Ecclesia*)。路德就受到 272
这种"教会的处分"(damnatus ab Ecclesia),因为他义正辞严地谴责了《赎罪券的功德》(*Profiterolle des Indulgences*)、罗马教会的那伙税收吏以及那些"真正的骗子"(fripponnatores non damnati),同时还谴责了《教廷的监印官、录事、书记、编纂官、检察官、收发官等人的鬼把戏》(*Petarrades des Bullistes, Copistes, Scripteurs, Abbreviateurs, Référendaires et Dataires*)(有一天拉伯雷会亲自对付这帮人的):这些中饱私囊以及从赎罪券中谋取利益的大师们,都在圣维克多藏书楼布达林主教的《挤牛奶(出卖赎罪券)的九个九日攻经,教皇特许有效三年,逾期无效》(*De emulgentiarum profectibus Enneades novem, cum privilegio papali. Ainsi Rabelais prend parti*)中得到了描写。因此,拉伯雷确实采取了某种立场,不过他并没有为了要看清基督教而戴上《往罗马朝圣者的眼镜》(*Lunettes des Romipetes*),也没有被马弗里奥的《对坚持教皇的骡子须按时饮食的人的抗辩》所说服。通过这些带着辛辣讽刺的标题,我们可以看出,拉伯雷显然属于革新者(protestataire)的阵营[26]。我们还是要稍为谨慎一点。饶有兴味的是没有人注意到拉伯雷从未提到,也未曾讥笑路德在法国最为积极的反对者——若斯·克利科托夫①。克利科托夫系勒费弗尔·德·埃塔普尔的弟子,后来转而猛烈地攻击革新者。反过来,以下两个标题很能说明问题。一个是《炼狱志》(*De Purgatorii cosmographia*)。在雅博勒奴斯这本引人注意的书的一旁,庞大固埃发现了一本不含宽恕(用单数形式[复数形式就是"赎罪券"])的《宜取消迷信》(*De Cagotis tollendis*)。更糟糕的是,他还发现了一本由热尔松②所著,内容与教会分离有关的《教会罢免教皇特权论》(*De auferibilitate Papae ab Ecclesia*)。不过高康大的儿子并不为这种精确而犯难——如果庞大固埃采用的是这种表述的绝对意义,那么其纲要是什么呢?

实际上,在这个"目录"中,人们的注意力被不断地引向日耳曼事宜:我们还是不要忘了最后那句话,"有的还在图宾根这座出名的城市里印刷"。有必要为此而大为震惊吗?看了维尔·莫尔那本优秀的著作(《德国宗教改革与法国文学》)之后,确实没有必要为此而震惊了。这不是因为莫尔献给拉伯雷的那一部分(第十四章,第 306 页及以下),它虽然写得匆忙但也不乏睿智;也不是因为他在前方济各会士与前奥古斯丁派修士之间进行了对比,而是因
273 为他明确指示了 16 世纪前半叶,法、德两国神学家与人文主义者结合的重要性。莫尔继而巧妙地说(第 318 页):路德的著作出乎意料地得到广泛传播,而拉伯雷与那些深受路德著作影响的人过

① 克利科托夫(Judocus Clichtove; Josse Clichtove, 1472 - 1543),佛兰德出生的神学家。后与改革派决裂。

② 让·热尔松(Jean Charlier de Gerson, 1363? - 1429),法国神学家、神秘主义者。1395 年任巴黎大学教区总长。他认为,人在祷告中,灵魂与上帝合为一体。

从甚密[27]。“尽管人们没有权利无中生有，没读过的书，也硬说他读过，但是不指出他作品中存在回响就是方法论上的错误，况且这种回响不仅是当时教理的回响，而且还是重要宗教改革家[路德]的回响。”

回响？对于我这样的历史学家而言，每次重读《庞大固埃》与《高康大》，都不止会在一处语句上感到震惊不已而驻足，并且会突然感觉到有一阵来自远方的气息飘过拉伯雷的著作。这就促使我转向遥远的维滕堡——前修道士路德的老家。

八、拉伯雷作品中路德的气息

这种奇妙的寂静主义，不像拉伯雷的气质，可是在他早期作品中有时又充斥着寂静主义，好像受到了某种强大势力的影响？不错，当时很多人都宣称信仰寂静主义。还是路德多次给了它最有力的解释！

以下是庞大固埃与狼人对决时的祈祷（[协会版]《庞大固埃》第二十九章，第296页），有关信仰的这一段文字同样引起了莫尔的关注（第315页）。信仰作为一项特殊的事业，是天主“个人的事业”。为了捍卫这种信仰，天主需要在人间有辅助者或君王，而且他会表现出一种既滑稽又亵圣的热情，把他那无力的帮助献给万能的主？如此坚信的想法，确实有些令人震惊的地方，而且无论如何这种理念都非同小可。拉伯雷的这种理念从哪里得来呢？我只知道庞大固埃在这一点上，明显让我们想起了青年路德。

宗教改革家[路德]在他的早期著作中反复而竭力地主张：世
俗权力没有资格干涉信仰[28]。它通过保证教会活动的自由开展而 274
间接地服务于教会；就算这样吧。迫使人信仰？路德明确地说：“人们乐意看到福音书为人所知并推动信仰。每个人都有回应或不回应这种呼吁的自由……也没有必要试图强行人们执行圣事。随那些不希望受洗礼的人去吧。他们有权利不参加圣餐，同样有权利不想忏悔。”他还在1523年一篇关于世俗权力的著名论文中说：“他们希望把信仰强加于人？多么愚蠢！信还是不信，每个人只对他自己的良心负责。既然他的决定于国家无害，那么国家就不必替它担忧，国家只要管好自己的事情就可以了。”然而，是否应该防止人们陷入异端呢？——不应该，路德这样果敢地回答道。是天主的道，而非剑（武力）让人们改宗。如果道不能实现什么，武力就更加不能了。人们说异端，也就是说精神力量——剑无法把它刺死、火无法把它烧死、血也无法把它溺死。让天主的道启迪人心，那么所有的异端、谬误都将从人心底消除。关于这一点，巨人王又宣称：“对于你的事业，除开虔诚的忏悔，你只希望人遵从你的‘旨意’，不需要其他的辅助者……”[29]——不过还是有区别的。至于道，拉伯雷为了捍卫信仰，补充道：“你有上千万、上万万的天使队伍，即使最小的天使也可以杀绝人寰，随意把天地都翻过来，好像从前在西拿基立的军队里显现过的一样。”人们可能会认为这里略带讽刺，如果没有以下这句明显很严肃的话。这句话包含了庞大固埃的誓言，即“叫他们传布你的福音，只许传布你的福音，永远传布你的福音。”①

以下是高康大写给庞大固埃长长的家书（[协会版]《庞大固埃》第八章，第 100 页），里面包含了对体面生活的召唤，还交织了友情与友人间的往来。高康大告解道：“我这些往来，依靠上天的
275 恩惠与保佑，虽不能说毫无过错（因为我们每一个人都会犯罪，所以才不停地请求天主宽恕我们的罪过），但至少我认为是无可指责的。”我们在哪里读过类似的文字？是在路德《关于十诫的劝解》（*Sermon sur les Deux Commandements*），它的拉丁本出版于 1518 年（《全集》，1883 年，第 1 卷，第 394—521 页）。路德说，真正的基督徒知道并承认自己是可怜的罪人。他们把自身所拥有的善归于自身的品德，而非天主的恩惠。然而……如果他们的罪孽得到了消除，那就是因为天主的恩惠，而绝非因为他们自身的品德……

此外，拉伯雷还用几页文字精彩地述及了战争与和平问题。居斯塔夫·朗松曾指出了处理社会道德这个大问题的“法国方式”。

---

① 《庞大固埃》第二十九章。

当然，这也是一个个人道德问题。路德在青年时期也专注于把基督徒的道德准则延伸到政治领域。这在马基雅维里主义获得这么多信众以及政治与道德分离的时代，真是一件微妙的事情。我们知道路德曾严厉地批评教廷，尤其因为教廷赞成一种有害的思想，即认为对誓约与名誉的遵守不能通行于政治领域。我们还知道他对罗马教廷大使的那些行为愤怒不已。大使们总是贪污、洗钱，解除君主间的誓约，破坏盟国之间的关系。“天主教导我们，对我们的敌人宣了誓，我们就要遵守我们的誓约、守护好信仰！——只有遵守这样一种戒律，你才能解放我们！”在《关于善行的劝解》(*Sermon sur les Bonnes Œuvres*)、《论世俗的权力》(*Traité sur le Pouvoir temporel*)，特别是在1526年一篇考察“军队的事业能否与基督教信仰相容”的小册子中，路德以类似于高朗古杰的方法，解决了最高统治者的军事权利与义务的问题。一切为了荣光和征服而展开的战争，都是一种罪孽。唯一合法的战争，就是防卫的战争。“发动战争者就有过错；他当然应该因为拔出第一剑而被打败并受到惩罚……Deus dissipat gentes qui bella volunt[神已经赶散好战的列邦](《诗篇》第六十八章第31节①)。”

还有别的呢。高康大说(第四十章)：“一切真正的信徒，不分行业，不分地区，随时都可以祈祷天主，圣神自会为他们转达，让天主保佑他们……”这是《罗马书》中圣保罗的话，《[协会版，拉伯雷]著作选集》这样正确地告诉我们。毫无疑问，法国福音主义者熟悉的圣保罗的话，还可以加以补充。勒费弗尔·德·埃塔普尔在印于1524年2月《诗篇》上的《如何祈愿天主的书简》(*Épistre comment on doibt prier Dieu*)[30]中提到圣保罗时，就明确地说：“耶稣基督通过圣保罗之口说话，我们都不知道该如何祈祷。不过圣灵会默默地为我们祈祷。”正是出自勒费弗尔的这句引语，让我们更好地估量拉伯雷这段文字的价值，并注意到其侧重点。重读作者让巨人王说出的那个含义丰富的优美句子，难道没有让我们想起 276

① 和合本《诗篇》第六十八章第30节。

1521 年以来就存在的一种强劲声音？这种声音宣称要废止俗世内的平信徒与俗世之外的选基督徒之间的有害区分，后者在某个特殊的场所、特殊的时间、按特殊的形式和仪式向天主祈祷。

“通过圣灵”，路德派神学家罗贝尔·维尔[31]在分析青年路德关于基督徒在圣职方面的教理时写道：“通过圣灵，也就是说通过对基督的认识唤醒他的本能，基督徒就可以自由地接近天主。他将天主看作一个会接纳他的天父。他祈祷。对路德来说，祈祷是基督教自由的表现之一……”这样遵从天主（adhérer［遵从］，拉伯雷的词），得到称义的信徒就可以共享主的生有权、王权和圣职。他使自己成为天主，为“那些敬畏他并留心祈祷的人实现愿望”。以上文字难道不是在评论拉伯雷的文本，而且还评论得非常准确？

不管怎样，与同时代讽刺修道院风俗的诗文相比，这段文字与众不同，也重要得多。在这一段以及此前的一段文字中，修士的社
277 会作用被化为乌有，因为他们既不像农民那样耕种，士兵那样保卫国家，医生那样治病救人，也不像优秀的福音派布道士那样布道、说教。

高朗古杰说，“话虽如此，他们倒是还为我们祈祷呢。”[32]高康大说道：“那全是假的……”——这里提出的不再是誓愿的问题，而是另外一个基本的问题，即殉道。这一问题得到了德行的可逆性这条教理的支持。这条教理又为反宗教改革时代的许多民众所接受。然而，拉伯雷的正义感由此受到了冲击，他以个人主义的名义排斥这条教理。这种个人主义完全属于近代的，带有路德派的口吻。这正如获胜的国王向被释放的囚徒所做的演说：“照管你们的家里人，各人干各人的行业，教育你们的子女，好好地遵照圣保罗的教训去生活。这样天主、天神和圣人才会保佑你们。”

九、拉伯雷领略过福音书，但通过谁？

因此，我们希望问题的复杂性已昭然若揭，不管是支持者、反对者，还是那些革新观点的问题。这不只是无恶意的玩笑者嘲笑修道士、赎罪券、祭司的侍女；而且还是嘲笑福音书为宗教的唯一

源泉这样一种主张；嘲笑人类制度、教皇以及教会会议关于教理的决定，甚至是教父的证言，反正就是轻蔑地摒弃所有的包袱。基督废止了法则，用福音书代表与文字相对的圣灵；基督几乎等同于天主：天主就是我们的救主(Saulveur)，高康大这样明确地说道。中介力量，如圣母和圣人，都低一个档次……修道院制度受到了谴责，倒不是因为它的弊病，而是它不属于天主教的原则。祭司制度
因为同样的原则受到攻击；有些人谎称具有管理和分配天主恩惠 278
的权利，他们的统治也受到了威胁与颠覆。这些都是宗教体系中的重要组成部分。按照特兰特公会议的勒令，我们显然不能说这种体系属于“天主教的”。实际上，它们的上空都飘荡着路德的气息。

拉伯雷领略过福音书，加尔文这样说。在1532年和1534年，拉伯雷明显意识到自己领略过福音书。他带着一种无法质疑的真诚，站到了精神生活均来自福音书的这群人一边。他在《庞大固埃》和《高康大》以及那些保存下来的小文章中，为这些人的事业尽心尽责。他极尽所能为这一事业解释、辩护。他对革新者的某些主要议题——不是全部，而是大部分——极力加以解释、说明。他这样做时毫无错觉吗？这正是问题所在。因为打心底说，人们有时可能会误解一个人的真实本性，同时宣称某人是福音主义者。实际上，他是庞大固埃主义之父，是它的创造者和最完美的信奉者……

拉伯雷可能曾说过，也可能曾认为他自己是个福音主义者。在1530至1535年这些混乱的年代，他还可能站到了革新者一边。在经历了多变的20年后，革新者又把加尔文的日内瓦当作他们的精神家园。如果拉伯雷曾从里到外透彻分析过自己，那么他可能就能察觉出自己区别于真正的改革派的一切东西。是因为他粗俗的言论吗？如果你想这样认为的话，也可以这么说。不过在宗教改革的论争文学中，这种粗俗的言论并不会让许多小册子作者感到惊讶，因为他们写作的语言相对自由。更可能是因为他的基本道德哲学。他作品中很大一部分都在谈论道德完善的理想，他那些

爱争辩的人[raisonneurs]也从未停止称颂这一理想。特别是因为，就像他无法理解人为何要忏悔一样，他强烈地拒绝为罪所困，因为罪责玷污了一切，并使人类彻底地走向堕落。巨人们确实可能主张造物主万能。但这些巨大的身躯、明智而审慎的头脑在上主可怕的威严面前，从未经历过魂飞魄散的恐惧。这种恐惧还使得路
279 德这样的人“像獾一样逃往岩石缝中”。天主具有无限的力量，因此他的正义往往比恶魔勃然大怒时还更令人可怕……

这里就出现了问题。福音书是信仰的唯一源泉。人类的制度是无效的。我们先前列举的那些有力的、详细的宗教改革计划的条款——能在 1530 年左右，宗教改革派以外人士的作品中找到吗？拉伯雷领略过福音书。又是谁引导他一度成为福音书的使者呢？他只是通过宗教改革与宗教改革者的活动和影响，才领略到福音书吗？

原注

1 *R. E. R.*，VIII，1910，pp. 300 - 301.

2 Louis TALANT，*Rabelais et la Réforme*.

3 Henri HAUSER，*Études sur la Réforme française*.

4 在经常得到援引的圣保罗那里也看不出什么例外。天主通过圣保罗之口说出自己。“耶稣基督的话是通过圣保罗说出来的”，Lefèvre d'Étaples 在他的《诗篇》中写道。

5 甚至在这之前。因此，路德可能说：“基督是以色列的天主。”——还是那个路德(与 16 世纪的其他基督徒一道)可能在《大卫诗篇》中找到基督徒的所有根本体验的表述。——路德又说：“我们只有通过基督才能赞美天主。因为，正如我们从他的中介得到一切，我们只有通过他的中介才能向天主表达敬意”(Luther，*Werke*，I，p. 6，pp. 19 - 24)。——这种状态在末日审判之后就会结束。那么天主将自己[*ipse per se*]统治，而不再通过人来管理他的教会；被授予直观至福的信徒将能够与天主面对面。(Luther，*Werke*，II，p. 457，27 sq.)。这一点把我们带回到先前研究过的拉伯雷的一段文字。至于路德的这些文字，参见 Henri STROHL，*L'épanouissement de la pensée religieuse de Luther de 1515 à 1520*，p. 62 sqq。

6 详情请参见 Lucien Febvre，*Un destin*，*Martin Luther*，1928；H.

Strohl, *op. cit.*, 1924; Robert Will, *La Liberté chrétienne*, *Étude sur le principe de la piété chez Luther*。

7 Étienne GILSON, *Rabelais franciscain*, dans *Les Idées et les letters*, 1955, pp. 214-215. 借助于圣托马斯，Gilson 揭示了"这一段话如何尊重于既存的神学";他没有指出(也没有要指出)这一段话对拉伯雷的改革派倾向这种"征候"有所关注。

8 Cf. R. WILL, *op. cit.*, p. 91; p. 251; p. 257.

9 H. DENIFLÉ-PAQUIER, *Luther et le luthéranisme*, t. III, 2ᵉ éd., pp. 308-419.

10 Jean CALVIN, *Institution de la Religion Chrestienne*, 1911, pp. 208 et 212; 360.

11 Juan de VALDÈS, *Diálogo de Doctrina Cristiana*, 1925, fº LXXX rº. Juan de Valdès 的原文为:"mas os digo que porque esta fe de que yo hablo: ala qual los Theologolos Ilaman fe formada, es como un bivo fuego en los coraçôes de los fieles, con el qual de cada dia mas se apuran y allegan a dios ...[不过,我要告诉你们,我所说的这种信仰,也就是神学家称为"形成的信仰"的那种信仰,就好比一团鲜活的火焰,燃烧在信众心中。有了这股火焰,信众每天都得到自我净化,同时使他们更接近天主……]"

12 *Ibid.*, Introduction, pp. 124-125. 伊拉斯谟的这种表述源于 Juan de Valdès 自己;cf. *Diálogo*, fº XVII vº. Marcel Bataillon 补充说:"历史地说,要成为路德派,不只是要在恩惠问题上与路德共同持这样或那样的观点。恩惠这种确切的表述如果不是在圣保罗那里,就是在圣奥古斯丁那里可以找到。以一种强烈否定方式界定他,就如同规定他思想的积极内容一样,这才叫一直追随路德。伊拉斯谟是这方面的重要试金石。"

13 关于 PUPPER,见 *Bibliotheca Reformatoria Neerlandica*, t. VI: *Geschriften, van Joann. Pupper van Goch*, La Haye, Nijhoff, 1909; Otto CLEMEN, *Johann Pupper von Goch*, 1896; R. WILL, *La Liberté chrétienne*, *Etude sur le principe de la piété chez Luther*, p. 8。

14 绝对不要拿那些论争家的文本作为那些神学家的陈述! *La Vérité cachée devant cent ans*[《藏匿了百年的真理》]完全是一部革新的著作(Genève, J. Michel, 1544)。书中,"真理"作为一种义务委派给信徒,"作那些救难的事业——用平安、友爱、和谐的状态!"

15 WILL, *op. cit.*, pp. 230-233, et 244, n. 1.

16 译文转引自 Augustin RENAUDET, *Préréforme et humanisme à Paris ...*, 1916, p. 628。Lefèvre d'Étaples,《注解〈罗马书〉第三章第 28 节》(Commentaire de Lefèvre, *Rom.*, III: 28), fº 75 rº, et 29, fº 76 rº。

17 *La Saincte Bible en Françoys translatée selon la pure et entière traduction*

de S. Hiérome（Anvers，Martin Lempereur，1534）.

18 Charles SCHMIDT，*Études sur Farel*，1834，p. 43；Charles SCHMIDT，*Gérard Roussel*，1841，p. 138.

19 Saint Augustin，*De Trinitate*，livre XV，ch. XVIII，n. 33：Sine caritate quippe fides potest quidem esse；sed non et prodesse.

20 DENIFLÉ-PAQUIER，*op. cit.*，1910 – 1916，III，p. 322.

21 Will Grayburn MOORE，*La Réforme allemande et la littérature française. Recherches sur la Notoriété de Luther en France*；Nath. WEISS，*Notes sur les traités de Luther traduits en français et imprimés en France*（*B. S. H. P.*，1887）.

22 Jean PLATTARD. *A l'Ecu de Bâle*，R. S. S.，XIII，1926. ["巴塞尔的纹章"是里昂 Michel Parmentier 书店的标语。——译者注]

23 *Epistolae obscurorum virorum*[《佚名信札》]，Aloys Böhmer 编。

24 BAUDRIER，*Bibliographie lyonnaise*，t. VI，114，129，152，etc.

25 BAUDRIER，*Bibliographie lyonnaise*，t. VI，p. 138；J. Badius et Philippe RENOUARD，*Bibliographie des impressions et des oeuvres de Josse Badius Ascensius，imprimeur et humaniste，1462 –1535*，t. III，pp. 355 – 356.

26 关于这些标题，参见[协会版]《拉伯雷著作选集》(*Œuvres*)，t. III，*Pantagruel*[第七章]，pp. 76 – 97，同时那些注释并没有充分说明"亲路德的"特征。

27 也不要忘记了他与频繁涉入日耳曼事宜的杜贝莱家族之间的关系。他在政策方面服务于杜贝莱家族，另外他还在 Metz 作过短暂停留，诸如此类。

28 至于以下几点，见 H. STROHL，*op. cit.*，pp. 325，et 412。

29 MOORE，*op. cit.*，写道(p. 315)："在相互重合的诸要素中，是不可能看不见带有宗教改革明显特征的那些表达；它们如此多、如此明确，以致人们认为它们有一种更为特定的起源，确切意义上说，路德派的起源。"——当然，这里不存在字意挪用的问题。

30 又收入 Alfred Laune，*Traductions françaises de l'Ancien Testament de Lefèvre*，1895，p. 3。

31 R. WILL，*op. cit.*，p. 136.

32 并不喜欢拉伯雷的 Voltaire 似乎在 *Homme aux Quarante Écus*[《有四十金币的人》]中对此作了某种思考。"他们(那些修道士)比我更有益于这个国家吗？……他们耕种土地吗？他们保卫国家吗？——不，他们为你祈祷天主。——那么好吧，我也为他们祈祷天主！我们这样就扯平了！"

第三章　拉伯雷、伊拉斯谟与基督的哲学 281

1520年左右，拉伯雷还是丰特纳-勒-孔泰小兄弟会①的修士。他潜心研习希腊文，试图用希腊文作书简。那时，他有个名叫皮埃尔·阿敏的同伴，也就是后来把他介绍给纪尧姆·比代的那个同伴。阿敏"躲过那些小人的陷害"[《第三部》第十章]，可是因为被怀疑追随宗教改革，因此结束了他在修道院的生涯。当时，那些关注宗教问题与寻找革新(人人都认为革新是不可避免的)方法的人的行为，摇摆在两极之间，往复于路德与伊拉斯谟之间。

这是一个重要的事实，但是人们经常对此视而不见。实际上，这个事实可以解释当时的许多作品与事件。不过一般来说，19世纪后半叶的人们不大关注伊拉斯谟。那时，人们不理解他，因为对他缺乏了解或存在一些误解。他长期受到冷遇的原因又何在？可能还在于人们对成功的顶礼膜拜，即人们倾向于站在胜利者的一边。这就是那个时代的历史编纂的特征。人们在那个时代，往往以精神力量为代价，赞美物质力量。

一、今日的伊拉斯谟像

历史地看，伊拉斯谟是作为失败者的形象出现的；路德与罗耀拉则是成功者。这是事实。在经过路德热情宣讲、加尔文严密组 282
织的改革派宗教与可以被称为特兰特公会议形式的天主教之间，

① Frères Mineur，原系教会中四种品级低微的修士，包括管看门的、管朗诵的、管驱鬼的、管辅祭的，后来 Frères Mineur 成了方济各会修士的称号。

伊拉斯谟的人文主义宗教、他的“基督的哲学”突然黯然失色，全然不管它在不久或很远的将来能否有所助益。更确切地说，教会分离、罗马对路德的判刑、沃尔姆斯[的帝国议会][①]之决定性场景都为伊拉斯谟的宏伟蓝图敲响了丧钟。在两个相互对峙的宗教派别的战争中，他无意于保持中立，同时创设一个智者学派——汲取古代的精华与福音的精髓，并奇迹般地调和传统的天主教与革新的新教以及少量的批评理性主义。他希望一部分精英人士能受他的思想启发，支持他的工作，不仅要阻止致命的教会分离（这在他开始刊行他的宗教大作时还不成问题，这时离路德的出现尚须时日）——而且还要阻止两种精神之间的痛苦分离。在他看来，这两种精神能相互补充、相互渗透，最终将具有无限发展和变化的可能性融入到充满活力的“基督哲学”的统一体。这两种精神，其一是自由和批判的研究精神，它源于文艺复兴时期；其二就是充满敬意地、信赖地遵循教义的精神，正是这种精神促成了传统力量的形成和教会的统一。

他直到教会分离时，直到他试图调解的努力受到决定性的阻碍时，仍然相信并到处宣讲，说教会可以进行精神的改革。这种改革能使所有宗派的基督徒都感觉亲如弟兄，不再相互排斥与诅咒，同时还拒斥某些无用的细微差异、多余的晦涩以及一种自命不凡的神学之专断、危险的演绎、解释与构建。这种改革还能使心地善良的人们，团结在少数的信条周围。这些信条包含在《使徒信经》当中，且还将完全按照福音书来加以解释。此外，还有必要理解这些信条的作用与确切价值。这并不涉及到为它们寻找晦涩的解释，
283 同时通过解释渐渐地重构出一种必然会遭到破坏的神学——尽管在这一点上，伊拉斯谟的理念显得有些虚幻，因为一种微妙的精神

① 1521 年 1—5 月，神圣罗马帝国皇帝查理五世在德意志境内沃尔姆斯（Worms）召开会议，审判马丁·路德。4 月 17 日路德出席议会为自己的信仰辩护。因路德拒绝放弃其主张，查理五世于 5 月发布《沃尔姆斯敕令》，宣判路德为宗教异端，不受帝国法律保护，禁止出版他的著作等。

并不为某个阶层所独占，而是为大多数人所共有。圣灵源于天父或天父之子，圣灵源于天父和天父之子，这两者区别何在？重要的是让圣灵赐予人类一些礼物——爱、欢喜、善良、忍耐、信仰、谦逊——并让人们在心里维持一种自发的道德生活的生命源泉。

这是一个美妙的梦想，类似于伊拉斯谟的朋友托马斯·莫尔于1516年在一本著名的小书中勾勒出的宗教。莫尔勾勒的是一种乌托邦的宗教，这种宗教是自由的、朴素的、宽容的。伊拉斯谟兴奋地构建了第二个梦想。他的这个梦想可能还更为美妙，只是更不易实现。该梦想就是，在人类理解之宏大努力下，看见伊拉斯谟要求信徒一致赞同与遵循的那些信条逐渐解体，不管它们有多少，它们的基础有多真实。正如伊拉斯谟拒斥从字面意义上解释《旧约》；正如他敢说，这是他那个时代的人最为大胆的表现之一，敢说《新约》——不管《新约》是多么的具有历史性——也包含了一种充满活力的精神，它超越了其字面意义与可朽的肉体，他也能够构想这样一种可能性，即真正的高手可能某一天会用他们的解释来代替祈使语气的《信经》之条款，而且他们的解释将更深刻、更个人化、更人性、更真实。

二、这个伊拉斯谟与我们的拉伯雷

整个精英阶层多年来都从这个才华横溢、满腹经纶、温文尔雅的人那里汲取资源，这就不足为奇了。以下是他一些广为传颂的作品：《手册》、《愚人颂》、《格言集》、《对话集》；还有他那著名的《新 284
约》，并附有一连串的争论与注解；还有那些惠泽整个欧洲学人的书简，人们争相展示、传抄并到处传播它们。1500至1530年间，他的这些作品就是人们精神与思想生活的源泉。居住在基督教王国的千千万万人，都畅饮此泉之水。

不过，1517年之前以及路德出现之前，伊拉斯谟的思想便在某些出色的著作中得到了表明与展开，它因此也为拉伯雷知晓、欣赏；如果我们不明就里，是可以这样认为的。难道没有什么能说明在开创者[伊拉斯谟]与成功的大师[拉伯雷]之间，存在一种共通感与潜在的情感？想想他们两人生涯中惊人的相似之处吧。他是斯泰因修道院的奥古斯丁派修道士时，伊拉斯谟于 1492 年 4 月被委任为神甫。他是丰特纳-勒-孔泰修道院的方济各会士时，拉伯雷被委任为神甫。在斯泰因，伊拉斯谟与几位友人，特别是最亲密的塞维特·罗杰①，在晚上偷偷地阅读罗马作家、诗人、哲学家以及学者的作品；他心中渐渐地萌发了一种情感，即内在地反抗周围的人缺乏知识与粗俗，同时还萌发了以下两种情感：其一，他的使命首先在于文学——“velut occulta naturae vi rapiebar ad bonas litteras [自然界好像有一种隐秘的力量驱使我靠近文学]”，他后来写道；其二是愈发强烈地渴望自由——“vellem eam mihi vitae libertatem fata sinerent natura quant contulit[我希望命运给我的自由能与自然界赋予我的自由一样]”：这一叹息很能说明问题。他在这时就称他周围的那些人为蛮人，并在 1520 年的《反蛮族论》(*Antibarbari*)中对他们展开了尖锐的批评[1]。这是在斯泰因的伊拉斯谟。至于在丰特纳的拉伯雷，他与他的同伴皮埃尔·阿敏，以及该地区的一些博学人士，法官蒂拉瑰奥②和司法管辖区的副长官布夏尔③，也偷偷地、如饥似渴地阅读两个古代文明[古希腊与古罗马]的作品。他甚至还学过希腊文，因为从伊拉斯谟离开斯泰因后，时代发生了变化。高康大的时代已经过去，接下来是庞大固埃的时代。

285 简言之，蒂拉瑰奥可能为拉伯雷写一篇颂文：“他超越了他的时代，超越了他作为方济各会士的职业，人们还可以说，超越了他作为修道士的身份。”[2]这篇颂文每一个词都适合于斯泰因的奥古斯丁派修道士。反过来，拉伯雷在修道院可能已经意识到他自身的情感，如果他曾阅读了伊拉斯谟在 1516 年写给教皇公署、重述他早年经历的请愿书的话[3]。犹如后来《对话集》的作者，丰特纳

① 罗杰(Servatius Rogerus，？-?)，1486 年左右与伊拉斯谟过从甚密。

② 蒂拉瑰奥(André Tiraqueau，1480？-1558)，法学家。拉伯雷的朋友和庇护者。1541 年，巴黎高等法院的法官。

③ 布夏尔(Amaury Bouchard，？-?)，骑士。

的观察者除了具有一股坚定的学习热情，难道没有强烈地憎恶浪费时间的礼仪以及憎恶那群只知道饮酒作乐的修道士？有了这种开端，伊拉斯谟离开修道院时，就既无骚动又无令人震惊之处，他的离开"permissu atque adeo jussu episcopi ordinarii[经由许可，甚至得到正规教区主教的指令]"。与此同时，拉伯雷感到了本能的呼唤，要推动那些"自由与先天健壮"的人去满足他们的本性，他离开普伊-圣-马丁(Puy-Saint-Martin)修道院时既没有骚动也没有丑闻；同时他还得到了主教的许可，进入了马耶赛①的本笃派圣皮埃尔大修道院——在这里，修道士是作为圣堂的议事司铎来看待的。

他们有着相似的人生际遇。这两个人还有更本质的类似点。两人都早已感觉到，基督教与古代的智慧之间，开启了一条神秘的通道。两人都倾向于将自己的神学建立在宗教作品与世俗作品之上。两人都抵制他们早年接受的教育，抵制那些愚昧的识字本，"Papiam, Hugutionem, Ebrardum, Catholicon, Joannem Garlandum, Isidorum"②——这串名单由伊拉斯谟列出(Allen编，第I卷，[第115页]，第26行，第88—89行)，它列于拉伯雷的名单之前(《高康大》第十四章)，瓦拉的名单之后(*Elegantiae linguae latinae*, II[《拉丁语的优雅》第II卷])。最后，对于他们两人来说，人文主义不是文坛的游戏，也不是某种形式上的完善，而是一道驱散黑暗的亮光。因此，他们两人中的晚辈会对长辈产生共通感也不足为奇。我们可以从他们的著作中找到一些蛛丝马迹吗？

---

① 马耶赛(Maillezais)，属旺代省。

② Papias，11世纪中叶的学者，著有《词汇》(*Vocabularium*)。

Huguitius (? - 1210)，法学家。著有语源辞典《衍生的书》(*Liber Derivationum*)。

Eberhardus，12世纪左右的语言学家。著有《拉丁语法》(*Graecismus*)。

《拉丁文的宗教辞典》(*Catholicon*)由Johannes Balbus在1286年左右写成。

Joannes Garlandus (1180? - 1252?)，巴黎大学教师。Isidorus (570/4? - 636)，塞维利亚的主教。著有20卷《语源书》(*Etymologiarum libri XX*)。

286 三、诸多借用

首先(那是很久以前),我们盘点《对话集》中那 100 多幕精美的喜剧。那是一部反讽的、辩证的(辩证意味着两个人的思考)、审慎又不失心计的的杰作。它假装天真无邪,实际包藏着预保好的大胆与放肆。不言而喻,拉伯雷读过《对话集》,而且还厚颜无耻地对它大加利用。伊拉斯谟谴责蒙台居学院是思想的牢笼,是藏污纳垢、苦不堪言的巢穴。拉伯雷因个人的强烈反感,请求国王制裁蒙台居学院[1],不过拉伯雷并没有伊拉斯谟那种个人经历,也没有他那种合情合理的怨恨。关于修道士的行为习惯,伊拉斯谟指出了一些问题,拉伯雷扩展了它们。对话篇《葬礼》(*Funus*)以及《方济各》(*Franciscani*)中出现了一群猛扑向垂死者的捕食性黑鸟。这群鸟与法兰西老诗人拉米那格罗比斯在临死前驱赶的那一群是一样的。诗人之所以驱赶它们,是因为他渴望在最后时刻寻求一点宁静。伊拉斯谟在《鱼宴》(*Ichthyphagia*)中讲述了一则修女的故事:修女卧病在床,但仍要克制呻吟,因为戒律至上。拉伯雷(《第三部》第十九章)熟悉那个认真谨慎的修女,甚至还知道那个修女的名字——一个拉伯雷风格的名字。前奥古斯丁派修道士歌唱那些方济各会士登门造访过的人家:福气孕育在这里(*Exequiae seraphicae*[《撒拉弗的葬礼》])。丰特纳的前方济各会士说的更夸张(《高康大》第四十五章):"修道院钟楼的影子也会叫人生孩子……"——伊拉斯谟在《对话集》中嘲弄了那些严令禁止修道士学习的修道院长(*Abbatis et eruditae*[《修道院长与女学者》]):nollem meos monachos frequentes esse in libris [我不想让我的修道士经常读书]。约翰修士认识那个修道院长,而且院长还曾对他说:见到这样一个有学问的修士真是一桩奇事(《高康大》第三十九章)。他不让他的修士学习,"怕得耳下腺炎"……伊拉斯谟在这里

① 见《高康大》第三十七章。拉伯雷、在那里求学的伊拉斯谟谴责该学院,让·加尔文和耶稣会的圣依纳爵·罗耀拉却赞扬该学院的教学方式。

带有一种对强迫他人意志的做法的愤怒，且这种愤怒含有个人色彩；拉伯雷回应了这一点。对话篇《海难》(*Naufragium*)呈现了遭遇海难的乘客与水手的情景：一些人向圣母玛丽亚与圣人祈愿，另一些则不祈愿。拉伯雷记录下来了，在他写《第四部》风暴时，还回忆了某些情节。圣人？伊拉斯谟的描述中，圣人充满了报复之心，百般折磨那些忘了敬拜他们的信徒。我们知道拉伯雷如何看待这 287
些迷信。朝圣呢？伊拉斯谟嘲笑那些抛妻弃子、舍家弃业去朝圣的人，说这是一种愚蠢的行为。高朗古杰叫这些愚蠢的人回家，回到他们的妻子儿女身边，叫他们各人干各人的行业(《高康大》第四十五章)。我想，这就足以证明法国的卢奇安不是没有读过《对话集》。应该说，他还从中获益匪浅。

法国的卢奇安——但在拉伯雷之前，伊拉斯谟也是卢奇安派，是世界而非荷兰的卢奇安。如果拉伯雷觉得像卢奇安那样写作是轻而易举的，难道不是因为伊拉斯谟为他提供了某种必要的方法？——至少是为他铺平了道路。我们可以在伊拉斯谟于1523年汇编而成的出版物《卢奇安著作目录》中[4]，看见由他所译的这位希腊作家[卢奇安]的作品目录：二十四篇对话、十七篇其他作品。伊拉斯谟对卢奇安情有独钟，经常回溯到卢奇安。1506年12月以来，他就在巴黎若斯·巴代书店刊行了卢奇安的一系列译作，如《论友谊》(*Toxaris*)、《蒂孟》(*Timon*)、著名的《雄鸡》(*Coq*)、小册子《有权者雇佣的人》(*Sur ceux qui sont aux gages des grands*)以及《伪预言者》(*Pseudo-Mantis*)。托马斯·莫尔与他携手，也参与了这项伟大的普及活动；莫尔翻译了《论刺杀暴君》(*Tyrannicide*)。伊拉斯谟对卢奇安抱有浓厚的兴趣。他向任何他所接触的人讲述卢奇安。初版的卢奇安希腊语著作全集，附有拉丁文翻译和注释——通常再版于16世纪以及以及17世纪初期——于1563年在巴塞尔出版商亨利·彼得里那里出版，而且是由诺泽瓦[Nozeroy](位于弗朗什-孔泰)的人文主义者、伊拉斯谟晚年(1530年至1533年)助手的吉尔贝·古尚整理出版的[5]。

诚如所言，伊拉斯谟不仅一丝不苟地遵循卢奇安的写作方式，还受他写作的指导精神启发，同时把贺拉斯的赞辞运用到这位希腊作家的身上：Omne tulit punctum, qui miscuit utile dulci[把有益与赞美混合起来的人才有胜利的一天][①]。然而，我们寻找伊拉斯谟与拉伯雷的思想联系时，难道没有必要到《对话集》以及他们喜欢的卢奇安之外去寻找？如果伊拉斯谟呈现给他那群勤勉博学的 288 同时代人的宗教，真的与路德宗迥异，而且还更适合人文主义者的特殊需求与自然倾向，难道不应该去其他地方探求拉伯雷的思想源泉，探求一种更深刻、更内在的源泉吗？首先，我们可以求助16世纪广为传颂的书籍之一——《手册》；还可以求助《愚人颂》；求助《格言集》——这是一个古代智慧的宝库，它由一个具有浓厚的人文主义精神的近代作者所复原并重新使它绽放异彩。

四、伊拉斯谟的胆识、拉伯雷的胆识

倘若有人对《高康大》和《庞大固埃》略有所知，同时又不辞辛劳地进入伊拉斯谟的思想世界，他就会发现伊拉斯谟的思想就裹藏在那些包含了古代精髓与充满活力内容的小册子中，他还会为这个明显的事实感到吃惊。宽泛地说，巨人们的教理恰恰就是《手册》、《愚人颂》以及《格言集》中伊拉斯谟的教理。

彼此都很少有什么信条。神学上的细微差异也不存在。基督是宗教生活的中心——基督和福音书得到虔诚地解释。基督与人类之间，不存在无用的中介：圣母与圣人，各司其职，只扮演附属的、间接的角色。不存在悲观主义；原罪的污点可以巧妙地得到减弱；相信人性本善，并具有固有的品德；最后，道德责任被放在了首位。圣事的数量减少了，威严程度减轻了，价值减弱了；礼仪与仪式被他们自己认为是无用的，比正直的良心次要；最后，修道院的生活，不管从理论上还是从效用上看，都毫无宽容可言。这是伊拉斯谟在《手册》、《愚人颂》以及《格言集》中所描述的宗教基础。我们同时可以看见，这也是巨人的、拉伯雷的宗教基础。《庞大固埃》

① 贺拉斯：《诗艺》(*Ars poetica*)，第343行。

和《高康大》中每一句有关宗教的用语，都可以用大量源自伊拉斯谟的章句加以注释。我愿意更大胆地说——甚至还包括每一条有 289
关哲学的用语也是如此……

我们先前解释过《高康大》（第五十七章）中一个著名的段落，它与特来美修士的生活规则有关："他们的会规，就只有这么一条：随心所欲，各行其是。因为自由的人们，由于先天健壮，受过良好教育，来往交谈的又都是些良朋益友，他们生来就有一种本能与倾向，推动他们趋善避恶，他们把这种本性叫做品德。"我们有必要直面这个段落，把它当作拉伯雷作品中的文字，暂且不管它的出处问题，尽管我们还是知道它的出处。我们翻开刊行于 1527 年 9 月[8 月？]的《驳[奴隶意志论]》(*Hyperaspistes*)第二卷，书中就直接攻击了路德。勒诺德对这本书评论道[6]："伊拉斯谟的宗教与有关天主的恩惠的观念（他宽大地把恩惠赋予所有灵魂），以及他对路德所谓一个凶猛与易怒的天主的理念的本能性反感，都从未找到有一种更合人情味的表达。"他还补充道："伊拉斯谟的理性主义从未比它更直接地攻击路德的非理性主义。"我们可以在书中（拉伯雷肯定仔细研究过这本书）读到另一段文字："Fateor in quibusdam ingeniis bene natis ac bene educatis minimum esse pravitatis. Maxima proclivitatis pars est non ex natura, sed ex corrupta institutione, ex improbo convictu, ex assuetudine peccandi, malitiaque voluntatis[我认为，在那些天生健壮与受过良好教育的人中就很少有恶习。这种恶的倾向的最大成分不是来自于人的本性，而是来自于错误的教育、不良的伙伴、惯常的恶习以及邪恶的意志。]"[7]其实，没有必要翻译这段拉丁文字。拉伯雷早就提供了优美的法语翻译。我们只是要注意，伊拉斯谟用拉丁语写的这段文字，证实了我们刚刚提到的拉伯雷的解释。

此外，这不是一段孤立的文字。当我们阅读面世于 1529 年（这时伊拉斯谟刚搬到弗莱堡）的《论学生经常以及自由地得到教育》(*De pueris statim ac liberaliter instituendis*)，我们会发现他主张人性本善。当然，基督教的教理、Christiana philosophia["基督教哲学"]告诉我们，亚当之过的结果就是从那时起，人心向恶。这是事

290 实。我们还是不要谴责与孩子们并不相应的本性：praeter meritum accusare naturam[责难本性而非德行]。小孩子的本性是向善，而非向恶的。伊拉斯谟明确地说："猎犬生来就会狩猎，鸟会飞，马能跑、牛会耕地；因此人生来就爱智慧[philosophiam]与行善[honnestas actiones]。"人的本性可以定义为"本性还是向善的"。至于这一点，一位批评家在援引了这段文字后大呼[8]："没什么比基督教的教理更为矛盾了！"他还引用加尔文的话，说："我们的本性具有如此多种类的恶，以致本性自身无活动之所。"①至于路德，他参照德尼夫勒以同样方式解释许多段落。不过加尔文与路德的教理毕竟不是"基督教的教理"，难道不是吗？确实，它们只是加尔文的教理、路德的教理，仅此而已。如果我们考察其他一些人，例如圣托马斯，又会怎样呢？他认为在衍生于原罪的失宠本性中，存在着一种向真、向善的自然倾向。圣托马斯——可能不存在这样一个圣托马斯吗？至于拉伯雷，他只是个可怜的、圣方济各的小修士，不能与神学博士比肩。令人惊讶的是，一则援引频率最高、最具拉伯雷思考方式的陈述，却明显地来源于伊拉斯谟。"自然主义者"没有满足基督教的迫切需求，这一点经常为非基督徒所指责，而伊拉斯谟最终也该为此负责。他们如是说。

还有呢。拉伯雷的大胆言行都可以在伊拉斯谟笔下找到源头，只是前者的形式更突出、语气不那么友善、粗俗，但更为尖锐。我们现在可以举一些例子。记得戏谑乌尔塔里以及有关诺亚方舟的情节吗[《庞大固埃》第一章]？我们看到，与奥利金随便对待《创世记》中的"童年"叙述相比，这些戏谑就略显苍白。倘若这个热情高涨的异端教父恶俗地嘲弄了"圣经寓言"，那是为了证明，我们有必要寻找"圣经寓言"深刻的精神意义。伊拉斯谟曾读过奥利金的作品。路德继贝达之后曾对他大加非难。伊拉斯谟在方济各会士维特里耶②的催促下阅读了奥利金的作品，也是在他的影响下完成

① 加尔文：《基督教原理》第 2 部，第 1 章第 8 节。

② 维特里耶(Jean Vitrier，1456？－1516？)，伊拉斯谟的朋友。

《手册》的部分初稿。他把塞尔苏斯的对立者[奥利金]那些有点令人震惊的戏谑为己所用。不过他对寻找精神意义不大热心，同时十分明显的是，正如有人指出的那样，伊拉斯谟“依靠奥利金，只是想超越他”。我们翻开《手册》[9]或重读格言集《阿尔西比亚底斯的实质》，就可以看到：亚当是由神像雕刻家一样用粘土造成的；天主向亚当吹了口气，于是他就有了灵魂；夏娃是由亚当身上取出的肋骨变成的；伊甸园；一条蛇所说的话可以为人类所理解；一棵神奇的、普通的果树；天主在他的园子里乘凉；天使持剑站岗。——这是何等的神话啊！伊拉斯谟感叹道。人们不也是这么说永不疲倦的老荷马的那些天真的寓言吗？相比之下，可怜的乌尔塔里就显得非常无辜！如果拉伯雷通过他那无礼的代言人巴奴日表达了类似的评价，法国的批评家们会说什么呢？伊拉斯谟并不是在嘲笑那群虚构出来、坐在诺亚方舟上的可怜的小巨人。他只是毫不客气地嘲笑了《创世记》，机智地模仿李维称《创世记》为“totam orbis conditi historiam [所创造世界的总体史]”。跟他相比，拉伯雷是什么呢？是个胆小的、谨慎的正统派基督教徒[10]。 291

至于那个施农人的其他大胆言论如何呢？比如，高康大神秘的出生故事，据说他是从左耳来到世上的；总的来说，他还对“圣母”不够尊重。我们还是读读伊拉斯谟吧。我们首先要指出，如果拉伯雷刻意不提圣母玛丽亚，也不公开和直接地批评人们对她的习惯性崇拜，那么胆子更大的伊拉斯谟并没有对此三缄其口。圣母玛丽亚的名誉称号？谁承认这种称号属于她？她是“天主之母”吗？不是的。她只是耶稣之母。剔除数代信徒争先恐后地赋予她的一切光环之后；去除了福音书中并未提到的，而仅仅是人们赋予她的称号、荣耀以及功德之后，她还剩下什么呢？伊拉斯谟得出结 292
论说，她只是位谦卑的女性，品位高雅、德高望重，但她并没有要求讲道士在布道之前，在没有向圣灵或基督祈愿之前先要向她祈愿，也没有要求信徒敬拜她的图像，在光天化日之下点蜡烛向她起誓，比卢奇安和拉伯雷向丘比特的起誓还要出色三分[11]。那些粗俗的戏谑又如何呢？对话篇《海难》描写了风暴来临时，水手们惊慌失措，于是他们向玛丽亚祈愿，吟诵“*Salve Regina*［圣母悼歌］”[12]。《第四部》［第二十一章］描写了庞大固埃船上的水手们都不那么虔诚，让巴奴日一人去祈求圣母至上的仁爱。《对话篇》中的一个问话者冷笑道：“圣母跟海有什么关系？——我想，圣母从没有出过海呢。”另一个则回答道：“先前，维纳斯是水手的守护神，因为她被认为生于海上。她已经不再保护水手了。于是，人们就用圣母玛丽亚取代这个非童贞女母亲。”[13]毫无疑问，这是一则非常大胆的戏谑。我们无需对此大加渲染，就可以认为，伊拉斯谟晚年作“弥撒”来歌颂洛莱特的圣母(Virgo Lauretana)，以弥补他青年时代之大不敬，这是正确的。

还有一则记录令人非常震惊。这一次圣母玛丽亚的骑士圣伯尔纳①受到了盘问。为了奖赏圣伯尔纳对她的热情，她本想某一天把曾经哺育过幼年基督的乳房赐给他。圣伯尔纳是酿蜜博士？伊拉斯谟嘲弄道。还不如说是制乳博士呢！此外，还有一个细节很能说明问题……伊拉斯谟应位高权重的官员、教务会的主教代理菲里·卡龙德莱特②——伊拉斯谟的庇护者、朋友、巴勒莫主教让·卡龙德莱特③的兄弟——之邀，从巴塞尔抵达贝桑松。在一次弗朗什-孔泰令人讨厌的宴会结束时，伊拉斯谟因为被灌了大量的酒，脆弱的胃难受不已，客人们终于准备散席时，有人唱起了感恩歌。好一曲感恩歌！它比那顿美食还更丰富。从“天父诵”(*Pater*)、“恳求主赐怜悯”(*Kyrie*)一直到“亡者诵”(*De Profundis*)
293 等等，都列数了一遍又一遍。最后，演唱者气喘吁吁，停了下来。伊拉斯谟以为他唱完了，于是戴起帽子，准备离开。突然，演唱者再一次吸气，以最大的声音高唱道：“主佑！”(*Et beata Viscera*！)。“我们要的就是这个！”人文主义者伊拉斯谟站在一群听得入迷而

---

① 圣伯尔纳(Saint Bernard de Clairvaux，1090－1153)，1112 年加入了西妥教团(Cistercian order)，1115 年成为修道院长。

② 菲里·卡龙德莱特(Ferri Carondelet，1473？－1528)，人文主义者，贝桑松的副主教。

③ 让·卡龙德莱特(Jean Carondelet，1469－1545)，政治家、法学家。

表情呆滞的教士面前，绝望地悲叹道……接着便有人蹙眉，有人谴责，有人抗议，整个场面活像一出教会闹剧[14]……实际上，如果拉伯雷在描写高康大的奇特诞生时怀有其他的隐秘动机，那么他就没有创新之举。在这种有争议的大胆放肆方面，他有一个先驱者。这个异端就是鹿特丹的伊拉斯谟。

事实都摆在这里。拉伯雷熄灭了地狱之火？这不是一桩难事，因为伊拉斯谟在他之前已经将火熄灭了。他这样做甚至都不用托词来掩饰。他十分清楚地说，恶魔之火只是福音书的修辞表达。追随基督的道路，就能进入一种至福[felicitas]。至于至福的性质，他没有告诉我们，因为他的天国缺乏想象力。相反，偏离基督的道路，来世就会受到惩罚；要是有人怀疑这一点，他就不是基督徒，也不是人；但这种惩罚的性质是什么样呢？可能完全是精神上的。让蠕虫撕咬不虔诚者，目的是为了让他们悔恨，但是他们不是等到死后才开始悔恨的。折磨《圣经》中富人的火焰以及诗人所描写的(de quibus multa scripsere poetae[许多诗人向我们叙述的]那些有创意的拷问：我们已经被告知，诗人描写地狱是惯常之事)；通过这些生动的文字(我们应该避免从字面上解释它们)，我们只能理解那些喜欢作恶灵魂的永恒焦虑。毋庸置疑，这是一些大胆的言论。因为它们引起了一些人的热议[15]；巴黎大学神学院注意到了这些言论，伊拉斯谟也于1526年声明他没有质疑地狱之火、de igne gehennae[地狱的业火]。他并没有质疑它；他只是使用了隐喻而已。

有必要继续讨论下去吗？实际上，继续下去一点意思都没有。因为如果伊拉斯谟(在许多方面他都更明显)的这些大胆言论对应了人们在拉伯雷的著作中所发现的那些胆大妄为之举，那么对于伊拉斯谟来说，这些还是过于谨慎，不够大胆。他真正的大胆之举属于另一种类型，与其类似之举无法在拉伯雷的作品中找到。因 294
此我们可以直接提及这些言行，我们毕竟试图将拉伯雷的宗教与他那个时代之中的其他宗教联系起来。有一些例子可以让我们来评定伊拉斯谟之徒于1520年左右所运用的“基督徒的自由”。这是一种极端的自由，它是如此极端，以致巴黎大学神学院以及其他地方的贝达派都准备称它为异端；它是如此极端，以致我们今日一些敏锐的学者，过于渴望展示自己比事实更清楚，于是完全不顾时代错置，写了一些相当有说服力的书，他们在书中说伊拉斯谟已"不再是基督徒"，而拉伯雷与他如出一辙。没有必要说我们不能追随他们，因为除拉伯雷之外，这整部书就是针对我们所认为的对思想史与宗教史的歪曲。

五、谁更大胆？

一个人经过洗礼就成了基督教徒。洗礼是第二次诞生——这种圣事能消灭原罪、使创造物从罪恶之死走向恩宠之生。洗礼将他从地狱中解救出来，让他成为天主的子民，给他通往天国的权利。等一等，伊拉斯谟说："你受洗礼了，难道就认为自己是基督徒！"[16]是正确的意图而非仪式让一个人成为基督徒。如果你没有正确的意图，尽管你受过洗礼，你也还不是基督徒。若你拥有它，即使你是异教徒，你也是基督徒。这一点上，我们还是不要以一种夸张的口吻问：仪式怎么啦？圣事呢？教义呢？最基础的教理告诉我们，为了成为好的基督徒，光受洗是不够的。洗礼此外，还必须信仰基督教的教理，履行它要求的义务。我们还是不要问，也不要讨论这个问题。因为在奥古斯丁·勒诺德写的那一章以及马塞尔·巴塔隆的论证之后[17]，讨论和质问都是徒劳之举。我们光注意勒诺德所称的"伊拉斯谟的现代主义"的这种大胆就好了。他采用
295 的这种类比是我之前设置的。我们还是看看前述拉伯雷的一些段落，看看他的大胆，他真正的胆大妄为到底体现在哪里？

基督徒的食粮及其信仰的基础，是圣餐礼。经由它，且通过各式的面包与酒，基督徒才能得到基督的肉、血、灵以及神性。但伊拉斯谟呢？我们在这里还是要防止陷入错误的感伤癖。我们还是不要叫嚷：信徒没有足够的词语来称赞圣礼带来的好处，来描绘他对圣体的饥渴，来证实他绝对相信天主、他的天主确实寄居在圣餐中。我们可能会因为同样的理由犯同样的错误，同样会时代错置，

就像我们先前说特来美时一样，我们那时说“弥撒的圣体”——这是我们说的，确实不是特来美的修士们说的。圣餐礼有一段历史。我们不要忘了，从公元1000年到16世纪初，十分虔诚的人士、三等级[①]的成员、修女、甚至还有神秘主义者习惯每年至多举行三、四次的圣餐礼。塔基・文图里神父[②]在《意大利耶稣会史》(*Storia della Compagnia di Gesu in Italia*)一书中明确地证实了这一点[18]。在我们所拥有的有关信仰史方面的书籍中，这是一本为数不多、还有些价值的书。只是到了特兰特公会议之后——我们还是不要说的那么抽象，我们只要考虑与法国相关的，那就是在《信仰生活入门》(*Introduction à la vie dévote*)[③]之后——习惯性的圣餐礼才确立；圣餐礼的神秘性才开始根深蒂固；最终，基督徒的完美才犹如安托尼・阿尔诺[④]定义的那样：每天都可能接近天主之子……

考虑了这些，那么伊拉斯谟是如何描写使我们当代某些人大为震惊的圣餐礼呢？我们当代的这些人不习惯行圣餐礼，而且从未觉得有人已经充分说明了它的效用。有些事确实令人震惊。对于伊拉斯谟来说，圣餐礼能勾起他对古代的某些回忆。在古代人那里，面包是友爱的象征。当人们想要形成一种神圣的关系时，他们就一起切碎面包。基督与他的弟子就是这么做的……伊拉斯谟甚至还说了很多。他说，基督把面包分给弟子，让弟子之间永恒的友爱得到圣化，这种做法起源于上述古人的做法：unde et Christus, 296
princeps noster, distributo pane, perpetuam inter suos consecrabat amicitiam[我们的领袖基督分配面包时，是将永恒的友爱给他的子民]……友爱？我们知道伊拉斯谟在别处给基督教下的那个完美

① 即神甫(Oratores)、战士(bellatores)、劳动者(laborares)。

② 塔基・文图里(Tacchi Venturi, 1861－1956)，耶稣会神父、历史学家。

③ 沙尔之圣方济各(St. François de Sales, 1567－1622)，日内瓦的主教、法学博士。强烈反对加尔文教。曾致力于使新教皈依到天主教。曾自创默祷方法。

④ 阿尔诺(Antoine Arnauld, 1612－1694)，法国神学家、逻辑学家、哲学家，俗称“大阿尔诺”(Le Grand Arnauld)。宣传天主教詹森派的神学主张。著有《波罗亚尔逻辑》(*Logique de Port-Royal*，与Pierre Nicole合作)。

定义：nihil aliud quam vera perfectaque amicitia[这只是一种真正完美的友爱][19]。这个定义肯定既不显单调，又不显贫乏。当然，我们今天的人，可能会借用当代的信仰用语大呼："那时对伊拉斯谟来说，寄居在圣餐中的天主的巨大神秘性到底意味着什么？这个天主还用他的血肉和物质滋养着信徒的渴望之心。圣餐礼到底有何效用？

哦！伊拉斯谟立刻回答道，圣餐礼的效用？"一切都取决于领圣餐者的态度"。基督自己不也这样说吗？基督说：如果物质上的领受圣餐与精神上的领受没有结合在一起，那么食肉饮血是多么可鄙啊！圣餐礼呢？对于那些态度不端正的人来说，这是危险的。确实，我们在这里有必要提到茨温利。他曾聆听老师的教诲，记下了后者的语录，进而巩固了后者的观点。还有必要提到这些圣餐象征论者。他们同意伊拉斯谟的观点，并把它们付诸实践。至于洗礼，它不能以某种方式自动地消除罪孽；罪孽，它只是一种简单的向恶，人类可以征服它；那些不曾接受洗礼，但一心向善的人也可以得救；最后，圣餐礼纯粹是一种象征。以上这些就是他们的教义。这整套教义是他们利用伊拉斯谟的观点，使它们体系化，进而发展形成的。然而还有一些人也在听，这些人觉得没有绝对的必要在内心保持一份明确定义的信仰，而且他们精神自由，相比基督教义而言，更多地受益于古代的文献，并且更渴望在思想解放的道路上走得更远。他们听了以后，得出结论：圣餐礼的巨大效用，没有多少神秘性，只是用来纪念[基督之死]的。

另外，基督教是基督的宗教。基督是什么？他以何种形式出
297 现？我们知道信徒带着何等的热情，竭力模仿他的救世主，让他浮现在人们的眼前，并再现出他的尘世生活与戏剧性的死亡；我们知道信徒带着何等的悲痛，思考十字架，冥想他的救世主，因为救世主为他受难、为他而死，同时信徒还亲吻救世主的伤口，而伤口上还流着天主的再生之血。伊拉斯谟呢？为了解释十字架的神秘性，人们有时可以说，他没有求助于滋养了他青年时代所在的那个修道院中的基督徒的小册子，而是求助了一个让我们有点始料未

及的权威——苏格拉底。他的解释也是始料未及的。蔑视外在事物，通过热爱灵的和不可见的事物，让灵魂战胜肉体——这就是十字架的训诫[20]。这是一种完全抽象的、道德上的训诫。至于模仿一般的基督徒，每天反复阅读耶稣受难的故事，匍匐于基督的十字架前，并用成千上万十字架装扮自己的身体，还在家里敬拜那被信以为真的圣十字架的残片，或者连续几个小时都在回忆和沉思基督所受的折磨，目的为了激起一种完全世俗的怜悯之情——不是的，基督不是十字架上那个让人悲痛的人，不是那个悲惨的受害者。教会中有他成千上万幅画像或雕像，它们深刻影响了匍匐于前的信徒。基督既不是人，也不是位格。伊拉斯谟在《旧约》中把叙事的字面意义与灵的意义做了区分，有时我们也可以说他将这种区分延伸到了《新约》。伊拉斯谟认为救世主的受难与死亡经过选民的解释，充实了许多；然而庸俗之人只能触及它的具体意思，而不能把握它的深奥意义。基督是一种训诫、一种道义上的教理，只是基督自己所宣扬的四枢德——仁爱、素朴、忍耐、纯粹：Christum ... nihil aliud quam caritatem, simplicitatem, patientiam, puritatem, breviter quicquid ille docuit[基督……只是仁爱、素朴、忍耐、纯粹，他简洁地提到][21]。

我们十分清楚，我们不是要对这种无比丰富且随着时间变化而变化的思想作任何字面上和概括性的解释，且既不去寻找它的对应物，又不对它进行矫正。我们清楚地知道，真正的、无懈可击的 298
正统派文本也很多，完全可以排成一列与之相抗衡。我们清楚地知道，任何脱离语境的句子都容易流露出欺骗性的光彩，任何一种脱离上下文的表达都有不同的翻译。"Res tanta nihil est [Eucharistia] imo perniciosa, nisi adsit Spiritus"，这句话该如何翻译才不至于歪曲原意呢？译成"颇有价值的圣餐礼，如果圣灵不给予它应有的效用，那么它也只不过是一种危险"？这样翻译的话，圣餐礼这个概念就荡然无存了。如果我们将之译成："这种贵重的圣餐礼能产生我们所期待的有益效用。如果准备工作没做好的话，也不会产生不良的后果"？这样翻译的话，字里行间流露的就是值得尊重的正统派教义，因为教会教导道，圣餐礼只会赐福给那些以正确的态度接受它的人。在这些棘手的问题上,伊拉斯谟所运用的表达,都可以有两种精神实质完全不同的解释。就是说,人们在伊拉斯谟那里、从他那个时代中找到的是他们自己:正统派找到了他们的正统派教义,改革派找到了他们的宗教改革,怀疑主义者找到了他们的反讽。这并不排除伊拉斯谟思想的存在,正如不排除有一种拉伯雷思想的存在。存在一种基督教思想吗?路德否定了这一点,贝达也否定了。但是我们知道怎么看待那些因盲信或幻想而被革出教门的人?伊拉斯谟竭尽全力肯定基督教思想的存在。持肯定态度的不仅仅有伊拉斯谟的弟子茨温利、圣餐象征论者、播撒在基督教王国成百上千的基督的信众,而且还有成千上万的西班牙人(仅列举他们)。在所有关于信仰的书籍中,这些西班牙人读得最多的莫过于《手册》和《模仿》。他们试图从这两本书中提炼出一种完全属于精神上的基督教的精髓。这种基督教即保罗的基督教,它还"努力以一种信赖与自由的全新心态面对天主"。

六、拉伯雷追随伊拉斯谟到何种程度

人们在伊拉斯谟身上找到的是他们自己……拉伯雷找到了什
299 么?他没有告诉我们。他所做的就是,有一天用感人肺腑的话宣称他的整个思想都源于伊拉斯谟,伊拉斯谟是他真正的精神之父。这段话出现在那封著名的、所谓的"致萨利尼亚克"的书信中,他的证言我们先前已援引过……这是掩人耳目的幌子,一种文体练习,因此赋予它任何的重要性都是幼稚的?要这么说也很容易。我们应该注意,拉伯雷撰写这份极其优美的、向伊拉斯谟致谢的证言时,已不再处于怀有一腔热忱的孩提时代,不管人们如何鉴定他的生平大事。我们还应该注意,他提笔写作时,伊拉斯谟年事已高,且四处遭到夹击,早已不再是辉煌的英雄,基督的拥护者与路德唯一可能的后继者。丢勒听到宗教改革者[路德]在 1521 年去世的误报时,就在《日记》中写下了一段众所周知的文字,且用悲壮的顿呼法提到了伊拉斯谟。不过,"致萨利尼亚克"的书信中明显只有普通的内容。人们不可能从中引申出一些莫须有的东西。

我们已经说过，如果把拉伯雷的文本与伊拉斯谟的文本加以比较，人们就会为拉伯雷的胆小怕事而倍感惊讶。就算与伊拉斯谟最保守的文字相比，拉伯雷的大胆程度也离前者有数步之遥。拉伯雷没有在任何地方表示，他看到了狡猾之徒运用大胆的解释与暗讽，有时又运用伊拉斯谟那烦人的遁词，以在人们微妙的精神中播撒一系列令人不安的怀疑种子。

当然，所有这些都基于一种假设，即拉伯雷是基督的敌人，是"勇敢的自由思想家"，并试图狠狠地攻击基督教。实际上，不管是自由思想家与否，拉伯雷真的已经意识到伊拉斯谟的表达在经过巧妙的重组之后，可以引申得很远，可以动摇启示，使福音的故事更合情合理、更人性化，且用一种人类互助互爱的基督教代替救赎的基督教？于我而言，我并不相信拉伯雷或与他同时代的任何一个人可以像20世纪的人那样看清一系列的结论，这些结论是我们经过长达四个世纪的在哲学、文献学和历史学领域的工作，才从一些已经被引申到极限且向某个特定方向引申的句子中推断出来。不管怎样，拉伯雷的文本没有论及此类文字。拉伯雷文本中出自《对话集》作者的大部分借用，正如我们所见，都与对话的理念、巧 300
妙的应答、滑稽的言语以及肤浅的风俗批判相关。关于那些一旦开始就无休无止的影射，人们也不清楚它们能走得多远，然而，这些影射的迹象并没有得到一点表现。如果人们不认可（我们也不认可）阿贝尔·勒弗朗对《高康大》中的"完全死去"与爱比斯德蒙的荒诞复活的解释，那么影射的迹象就全无了……

还有呢。如果对伊拉斯谟的许多宗教大作一瞥，我们就会认为，较之"基督的哲学"的勇猛革新，拉伯雷的大胆显得有点苍白无力。同样，我们可以更好地鉴赏、更严肃地对待巨人们及其历史编纂者［拉伯雷］的宗教宣言。自相矛盾吗？不过这里有一种拉伯雷式的语气，它不属于宗教改革的……这是一种伊拉斯谟式的口吻？

确实，拉伯雷以及他的主人公与伊拉斯谟有一个共同点，那就是关注道德，而这恰恰是他们与路德的区别所在。至于拉伯雷关注道德，我们没有必要去论证。至于伊拉斯谟，显而易见，他的主要兴趣在于向人们指出正确与健康的生活准则。他还乐意用神学、这些神学[22]，向他唯一真正关心的祭坛——伦理的祭坛——献祭。很久以前，睿智的梅兰希顿就已经注意到这一点；皮诺小心翼翼地维护他的证言："我们向神学寻求什么？寻求两种东西"，路德的朋友回答道。"面对死亡以及最后审判时的一些安慰。这是路德给我们的答案。道德与礼仪的教育——这是伊拉斯谟的事。"接着是迎面一击："难道异教徒[古典的哲学家]没有为我们提供这些？基督与哲学家的相互关系如何？"结论便是：伊拉斯谟的追随者鼓吹仁爱，而非信仰。但是如果仁爱不是源于信仰，那只是法利赛人的教义，而非仁爱。

这很好，即使梅兰希顿不是一位客观的思想史家，也是为他支
301 持的教会而战的论争家。不管怎样，就算拉伯雷的伦理道德观自然而然地与伊拉斯谟的一致，我们也不应该把巨人们的教理仅仅化简为这种伦理道德观。因为我们还难以清点巨人们的基督教教理。令人奇怪的是，《高康大》与《庞大固埃》中表露出了对神的全能的特别关注与敬意，这一点在伊拉斯谟那里找不到，至少找不到同样形式的话语。同样毫无疑问的是，拉伯雷的国王们的美好祈愿与大量的基督教说教，在伊拉斯谟那里也找不到；他从未写过这类文字。

热情洋溢、欢喜的移情——这些都不是伊拉斯谟使用的词汇[23]。来自鹿特丹的这位人士的天球中心在别的地方，在精神中；它的圆周很小，半径很短。我们不要期望能在伊拉斯谟身上找到柔情似水之处，他具有丰富与强烈的感情……伊拉斯谟对耶稣受难一本正经地加以反讽，甚至使现代的不信教者都大为震惊。他以自己的方式嘲笑圣灵偶尔的天启和对神秘主义者的启示。他的这种方式完全不同于拉伯雷的，不同于"最后的乐章"中像"祈祷圣灵……"[《高康大》第四十章]这样的语气。《对话集》的作者、那个纯粹的思想家，无法做到温柔，也无法不写一些睿智之语。他还是那个人——在斯泰因修道院中，专注于研究经润饰的精妙用语与泰

伦斯①的主人公那稍微有些脆弱的情感。拉伯雷在丰特纳读过柏拉图。

七、巨人们的宗教、伊拉斯谟的宗教

这是一些细微的差别——我们没有必要将它们转换成诸多强烈的差异。事实上，巨人的信仰比伊拉斯谟的信仰，我不说更虔诚，也确实是更丰富、更充实、更热情，有时还更富有感情。我们还是回想一下，有两三次人们可以在拉伯雷的文字中，发现类似路德那预言式的、令人难忘的巨大回响。在这里，路德内心十分确定，直截了当指出了拉伯雷的信仰与伊拉思谟的信仰之间无法弥合的鸿沟[24]。此外，在许多重要问题上，不管是政治问题还是宗教问题， 302
较之伊拉斯谟的思想，拉伯雷的思想似乎与路德的思想更合拍。拉伯雷不是世界主义者。他只是一个法国人，一个爱国者，忠于法国国王。我们知道他憎恨帕维亚战争的那些逃兵。历史的角度讲，他是个“民族主义者”。他的和平主义主张，带着一种伊拉斯谟所未曾有的力度，认为防御攻击本来就有必要。《对话集》的作者与《庞大固埃》的作者之间，明显存在着气质与性格的差异。指出这些差异很有必要，但没有必要夸大它们的重要性。

总体上说，巨人们的宗教确实更接近伊拉斯谟的宗教（从字面上来解释，并且不夸大其任何特性），而非宗教改革的宗教。如我们所见，这表现在它们关注伦理道德；表现在其深刻的人文主义；表现在它们的乐观主义，排斥所有的禁欲主义与违背自然的行为。如果要详细一点，我们可以回忆一下拉伯雷对那些神学家、修道士、僧尼、恶习与仪式的嘲笑、批判和攻击。这些是伊拉斯谟作品中的，它们也确实来自于伊拉斯谟，尽管当时的“福音主义者”与改革派的著作与思想中也同样存在这些。巨人们的教理问答呢？其基本信条得到了伊拉斯谟的认可，而且其认可时的热情毫不弱于福音主义者和改革派人士。应该说，伊拉斯谟在他们之前就认可

---

① 泰伦斯（Térence，约前 190—159），古罗马诗人、剧作家。

了这些信条。可以采用两条标准来判断教义完全属于"改革派"与否：第一，福音书是宗教唯一的源泉，这一条适用于路德、伊拉斯谟与拉伯雷三个人；第二，因信称义，这一条是路德的个人贡献，还从他手里传到了加尔文，不过这一条既不适用于伊拉斯谟也不适用于拉伯雷……

这并不是一件简单的事情，不是仅仅满足于一两个干脆利落的词汇就可以的，也不是简单地宣称——因为我们对此一无所知——拉伯雷的宗教理念只源于伊拉斯谟一人，而别无他人。我们还是简单地认为，对于一个靠伊拉斯谟提供精神食粮的人来说，如果他要编辑巨人的教理问答中的信条，他既不需要远方的路德，也不需
303 要近处的勒费弗尔、鲁塞尔或者法雷尔。没有什么能阻挡所有（或几乎所有）源于伊拉斯谟的信条。没有什么迫使我们认为这些信条都是源于伊拉斯谟。我们处于可能或盖然的领域——而非确定性的领域。我们不是要削弱宗教改革在拉伯雷 1530 年至 1535 年间的宗教观发展过程中的作用。相反，拉伯雷早期著作有关宗教的段落中，存在着一种严肃与庄重的、经过深思熟虑与令人感动的确信，它唤起了人们对法国圣经诠释者、勒费弗尔的弟子与鲁塞尔（如果不是法雷尔）的听众的回忆。我们甚至相信（人们至今还没有注意到这一点），这些段落中明显存在着一些对路德的回忆。拉伯雷曾拜读过福音书，这是确定的事实。不过因为我们不知道拉伯雷具体的阅读内容与社交关系，我们还是不要只相信法国或德国的"改革派"。我们还是回忆回忆那封"致萨利尼亚克"的书信，并把伊拉斯谟考虑进去，至少应与路德或法国的"路德派"一样。

八、拉伯雷是彻底的伊拉斯谟派？

此外，我看到这里有另一个好处。若要从《第三部》和《第四部》中挑选一些关于"宗教的"段落，我们不需要大量的卡片。修士岁月不受羁绊的那个人的作品中，日课经的题材甚为贫乏。《新约》和《诗篇》的引用很少，纯哲学的杂谈倒很多。1546 年、1548 年以及 1552 年的拉伯雷已不再是 1532 年与 1534 年的拉伯雷。不

管怎样，他已经远离了宗教改革。

另外，我们还是回忆一下《第四部》中巴奴日与丹德诺的对话吧。他可能模仿了加尔文法文版教理中重复性的然、然[Voire, Voire][25]，同时不管怎样，他肯定还以粗俗的语辞言及了日内瓦的宗教改革者[加尔文]，那时他正在写作菲齐斯[自然之神]与它的敌人安提菲齐斯[反自然之神]的神话，而后者是位多子女的母亲， 304
她的孩子都是一些“马塔哥特、卡哥特、巴波拉尔、比斯多亚的疯子、日内瓦的骗子、加尔文的狂人、癫汉普泰尔勃、布利弗、卡发尔、沙特米特、卡尼巴以及其他的丑妖魔和违反自然的怪物。”[《第四部》第三十二章]所以在那里，他处在安都耶[意思为猪肉香肠]与卡勒普乐纳[意思为封斋前的三天]之间，并带着一种明智的漠不关心？早在1542年修订《庞大固埃》以再版时，他在《作者前言》的“欺瞒者”与“引诱者”之间就概要性地提到了“前定论者”；这种对加尔文派的前定论教理的委婉提法在日内瓦肯定受到了关注。总之，这是拉伯雷与改革派之间的公开决裂。在当事双方（加尔文和拉伯雷）明确宣告决裂之前，就有第三方为他们宣告了。

我们再翻开《第四部》，假冒为善者在这里得到了粗略的处理。继《第三部》巨大沉默之后，《第四部》有些地方论及了基督教。它的分量不多，却是极其重要。旧版的《前言》中，有一句向天主的起誓：“在没有赞美你的圣名之前，愿我们什么也做不了。”在重版时另写的《作者前言》中，拉伯雷一改常态，有一处提及了福音书：“这是至高至善天主的圣意，我恭敬它，顺从它，尊重福音里神圣的言语，《路加福音》第四章[第23节]对一个疏忽自己健康的医生就有这样尖刻的讽刺和一针见血的嘲弄：‘医生，你医治自己吧。’”巨人的国王们恢复了一些基督教徒的参事习惯以及对祈祷之效用所抱的部分信仰。庞大固埃说：“我希望天主能听见我们抱着坚定信仰的祈求，并实现我们的愿望。”高康大则说：“愿天主的平安与你同在。”没有再多的文字了。但是这种慎重的处理使得一些章节如“主舰”的这一节（《第四部》第一章）更令人感到意外。

庞大固埃出船准备进行一次大航海。在出航之前，他召集航队的船员到他的旗舰——“主舰”上。首先，他作了“一次简短而恳切的谈话，全部都是用《圣经》上有关航海的典故作为资料”。完了之
305 后，“又以洪亮的声音向天主作祷告，塔拉萨港的全体市民都听得清清楚楚，他们是赶到码头上来看他们上船的。”祈祷之后，“又和谐地唱了大卫王的《诗篇》，开始的一句是：‘以色列人出了埃及。’[《诗篇》第 114 篇]诗篇唱后，他们马上在甲板上搭起长台，迅速地摆上食品。塔拉萨人也跟着唱了上面的诗篇……大家一齐为他们干杯……”

阿贝尔·勒弗朗写道：“信徒在改革派教堂中的集会在此得到精准的描述……拉伯雷（对宗教改革）的宗教同情因此正如前三部一样，《第四部》中（第 46 页）也有明确的陈述。这完全与近来的评论家的断言相反。”[①]前三部？于我而言，我更愿意说“前两部”，因为对宗教改革同情的证据在《第三部》中完全消失了。还有呢。我很清楚这些“近来的评论家”的顾虑。到 1548 年，人们用过去时来述说拉伯雷对宗教改革的同情就很久了。波斯特（只援引他）在 1543 年就用过去时来述说。日内瓦的市民只是把庞大固埃之父[拉伯雷]视作对手。突然，他需要描绘一次出船时，却不容置疑地描述了一群福音主义者在福音主义者的港口中出船？这不是有点自相矛盾吗？

我们可以在这里看到一种更简单的东西，那就是执迷不悟的老福音主义者对加尔文赋予宗教改革的新方向加以抗议，它表达了一种无声但又强烈的憎恶，憎恶不宽容、革除教籍、火刑与毫无人性的严厉教义，因为这种教义既不会减轻人类所背负的原罪，也不会缓和灵魂归宿预定论所具有的神秘的不公平性。拉伯雷可能否定加尔文；肯定生活在 1530 年的人的美好理想。“主舰”这一节言明了一种对年轻的梦想毫未衰减的忠诚，言明了对人道的基督教执著的爱。这种基督教让人类自由地站在仁慈的天主面前，不借

① Abel Lefranc, *Les Navigations de Pantagruel*, pp. 46 - 47.

助于任何仪式或介质，天主就能让默默的信仰发出快乐的歌声。306
这是可能的。我能更好地理解这种忠诚——在《第三部》表现出的明智的大胆与缄默之后——如果我把这种忠诚与主要在伊拉斯谟的努力下而形成的精神理想联系起来，而不是把它与宗教改革之前的一种模糊的改革派教理联系起来！

一个老福音主义者的抗议？就算是吧。这种福音主义源出何处？出于牟城的那一群人？到1548年为止，福音主义很久以来都只是一种记忆，甚至还不是一个名称。至于布里松内、勒费弗尔以及鲁塞尔的追随者，他们当中有些人已经回归到一种愈发强硬的天主教。这种天主教，强硬归强硬，但还是能允许他们平静地结束生命，尽管这要以表面上、形式上的让步为代价。另一些人则遵循日内瓦的教会，把他们的庞大固埃主义（假使它曾存在的话）抛诸脑后。不过长期以来，还是保留了一些伊拉斯谟主义者，他们受益于《手册》、《愚人颂》、《格言集》和《对话集》当中的宽大与自由思想。

伊拉斯谟自1521年起预见到的时刻来了，当时，他预见到由于教会分裂的错误，信徒背负的重压将得到成倍的增加，且神学家推测性的看法将变成信仰的真理，要求人们忍着死亡之痛来宣誓信仰。现在，对于那些不遵循这些相互对立的信条（这些信条竞相争夺人心）的人来说，传布福音书是危险的，而且是一种不必要的危险。宗教战争一触即发。伊拉斯谟派三缄其口，正如伊拉斯谟一样。但是他们内心深处，仍然忠于他们年青时信奉的明智又宽大的伊拉斯谟主义。他们带着一股更高的热情依旧阅读“基督的哲学家”，尽管伊拉斯谟的思想很简单，却毫无教条，而且还是通过一个人用细腻的语言表达出来的，他害怕大段陈述、崇拜反讽、尊重礼仪，最重要的是，还抱有一种内敛而大胆的机会主义。伊拉斯谟的这种理念特别适合宗教主导的时代。在这个时代里，宗教教派相互对立但又同样正式，这些教派只允许人们在它们自身的教义框架内表达思想。

原注

1 关于 Servais Roger，参见 ALLEN 编，*Opus Epistolarum D. Erasmi denuo recognitum et auctum*，I，p. 77。1488年左右，伊拉斯谟这样对他写道："vellem[我希望吧]，等等。"关于修道院时代的 Érasme，参见 J. B. PINEAU，*Érasme, sa pensée religieuse*，chap. II，p. 24sqq。

2 Jean PLATTARD，*L'Adolescence de Rabslais en Poitou*，1923，pp. 23 - 24："vir supra aetatem, praeterque ejus sodalicii morem, ne nimiam religionem dicam, utriusque linguae omni fariaeque doctrinae peritissimus."

3 这可能是写给 Lambert Grunnius 的信。关于这一点，参见 Allen 编，*op. cit.*，II，p. 292，Allen 的注释。

4 写给 Jean de Botzheim 的信。参见 ALLEN 编，*op. cit.*，I，pp. 38 - 39。[Johann Botzheim，1480? - 1535，法学博士、圣职者。伊拉斯谟的亲密友人。——译者注]

5 Cf. A. PIDOUX，*Bibliographie des œuvres de G. Cousin*，B. M.，1911，n° 58.

6 Augustin RENAUDET，*Études Érasmiennes*（*1521 - 1529*），p. 281.

7 ÉRASME，*D. Erasmi Roterodami Opera Omnia*，J. Clericus 编，X，col. 1454 E。

8 J. B. PINEAU，*Érasme, sa pensée religieuse*，p. 11，n. 48.

9 第五教则（[伊拉斯谟：《手册》，] p. 62）：字面意义与圣灵意义的区分适用于《创世记》中的故事。*Alloqui, si sine allegoria legeris, Adae simulacrum de argilla uda formatum, elque inspiratam animam ; Evam de costa subductam, etc ... non video quod ita multo magis operae precium sis acturus quam si cantaveris luteum simulacrum Promethei, ignem dolo subductum ...*

10 Renan 在 *Fragments intimes*[《我的片断》] 中写道（pp. 32—33）："要成为天主教徒，就有必要认识到，《创世记》第一章所写的那些故事代表了一种真实。然而，我一生中不止读过20次，觉得它们只不过是一个神话。""要成为天主教徒"：不过这个短语在1530年与1840年含义各不相同。

11 ÉRASME，*D. Erasmi Roterodami Opera Omnia*，J. Clericus 编，IX，col. 942. Cf. PINEAU，*op. cit.*，p. 254。

12 选择 *Salve* 是慎重的。我们知道它可能引起何种争论。参见 SUTOR，*Apologeticum in nocos anticomaritas praeclaris beatissimae ...*，chap. III，f° VII v°，同时它的完整展开见第 VI—XI 章。同样参见 Jérôme d'HANGEST，*Adversus Antimarianos Propugnacula*，1526：chap. I，

Novorum Antimarianorum articuli。拉伯雷那里没有提到这个争论，同时没有提到 *Salve Regina*（也没有提到存在批评的 *Ave Maris Stella* 和 *Stabat Mater*）。［Jérôme d'Hangest，？ - 1538，1514 年获神学博士。——译者注］

13 “*Suffecta est huic matri non virgini virgo mater.*”

14 ALLEN 编，*op. cit.*，t. VI，ép. 1679，p. 288。为了开脱自己，伊拉斯谟于 1526 年 3 月 13 日向 Noël Béda 叙述了这则故事。——《圣母的小弥撒》（*Petit Office dela Vierge*）就提到："Beata viscera quae meruerunt portare filium Dei［能孕育天主之子的子宫是有福的］"——关于伊拉斯谟在贝桑松滞留的情况，参见 Armand Boussey，*Érasme à Besançon*。

15 关于这些文献，参见 PINEAU，*op. cit.*，pp. 130 - 131。

16 《手册》（*Enchiridion*）上说："*Baptizatus es ：ne protinus te christianum putes.*" Cf. PINEAU，*op. cit.*，p. 123。

17 RENAUDET，*op. cit.*，这一章标题为"Le Modernisme érasmien"［第 4 章］。Marcel BATAILLON，*Érasme et l'Espagne*，*recherches sur l'histoire spirituelle du XVI*[e] *siècl*e，整章都是涉及到《手册》［第 1 卷　第 4 章］，尤其见 p. 221。

18 同样参见 Henri BRÉMOND，*Histoire littéraire du Sentiment religieux en France depuis la fin des guerres de religion jusqu'à nos jours*，t. IV，关于这个主题的一则"Excursus［附记］"。

19 ALLEN 编，I，ép. 187，［p. 417］。—— PINEAU，*op. cit.*，p. 115。——伴随着伊拉斯谟的简洁定义，Nicolas Bourbon 也有他的定义。BOURBON，*Nicolai Borbonii Vandoperani Lingonensis Nugarum libri octo*，1538，p. 345：Deo servire ex animo et liberaliter-Et credere Christum meruisse acterni ut Patris-Gens electa simus et haeredes Filii；— Crucem suam ferre et parere regibus，— Prodesse cunctis et nocere nemini-Hoc Christianismo quid Christianius?

20 PINEAU，*op. cit.*，p. 116。——关于把握耶稣的位格之困难性，就如伊拉斯谟明确陈述的那样，参见 RENAUDET，*op. cit.*，p. 162。

21 PINEAU，*op. cit.*，p. 115. ——参见伊拉斯谟的另一段话："Christus a nobis，praeter puram simplicemque vitam，nihil exigit［对我们来说，基督只求一种纯粹的、素朴的生活，之外别无其他。］"（ALLEN 编，*Opus Epistolarum D. Erasmi denuo ...*，III，ép. 858）

22 参见他写给 Conrad Pellican 的言论（1526 年 8 月）。他抱怨了改革派的神学家，同时还表示了对天主教徒难以宽容："Est mihi cum conjuratis theologis omnibus bellum internecinum［在我和神学家的同盟之间，存在着两败俱伤的战争。］"（ALLEN 编，*Opus Epistolarum ...*，VI，ép.

1737，p. 38）。［Conrad Pellican；拉丁名 Conradus Pellicanus，1478－1556，德国神学家、人文主义者。——译者注］

23 参见 PINEAU，*op. cit.*，p. 23，n. 37：伊拉斯谟从未以一个真正基督徒的形式在他笔下呈现这些宗教表达。

24 Cf. Lucien FEBVRE，*Un destin*，*Martin Luther*，t. II，chap. III，p. 128 sqq.

25 正如 Arthur HEULHARD 所想的那样，见他的 *Rabelais*，*ses voyages en Italie*，*son exil à Metz*，p. 252。

第二部

16 世纪不信教的界限

第一章　宗教在生活中的位置

我们在选择了一条新的道路之后，千万不要走错了方向。例如，我们不要一开始就问与基督教——我们举出的各种形式的基督教——的决裂容易与否。用“容易与否”来界定这个问题本身就是失策。因为每一个时期，都存在着一些不畏艰难的英雄与头脑发热的人，而他们在 16 世纪可能引火烧身，遭受火刑。不过，这种刑罚并没有使他们畏缩不前；诸多毫无畏惧地面对折磨的殉教者证实了这一点。诸如宗教改革的殉教者、反宗教改革的殉教者、再浸礼派和反三位一体主义的殉教者、各宗派之教理的殉教者，甚至还有我们称之为无神论的殉教者。我们不要问这种断裂容易与否，而应该问条件成熟与否，能否使断裂成为可能。要这么做，我们还是先来评定一下，基督教实际上仍在人类生活中占据什么位置。

这绝非易事。在 16 世纪，我们并不拥有与《法国宗教情感的文学史》杰出的第九卷——标题被亨利·布雷蒙命名为“旧制度下的基督教生活”，即 17 世纪的基督教生活——相类似的作品。同时我们也没有关于 16 世纪宗教史与宗教活动的概论性著作。这是一 308
张白纸。应该补充的是，我们对那个时代的人与物知之甚少，相关资料也非常缺乏。我们能做的只是提供一份概括性的描述，可能是提出一些可供研究的主题，不管怎样，还是可以勾勒出两三幅总体图景。

今天，基督教是众多宗教中的一种信纲，而且在我们西欧人眼里，也仅仅是在我们眼里，是最重要的信纲。我们通常把基督教界定为一些确定的教理与信仰的全部，这些教理和信仰与长期交错在一起的诸礼仪及修行相联系。这么做，我们并非完全正确。因为不管我们希望与否，西欧社会还是沉浸在浓厚的基督教氛围中。昔日的16世纪更是如此。在被我们称为欧洲与当时被称作基督教王国的地方，基督教就是人们呼吸的空气。这就是一个人度过他的一生的环境。他要在其中度过的，不单单包括思想生活，而且还包括他在一系列活动中的私人生活、在职场的公共生活、各个领域的职业生活。不知为什么，这一切就自动地、无可避免地发生了，且与希望成为信徒、天主教徒、接受或实践他的宗教的明显意愿无关。

今天，我们可以选择。我们可以选择是否要成为基督徒。在16世纪，别无选择。一个人实际上是基督徒，却可以在思想上远离基督。这是一出狂想剧，没有活生生的现实基础。人们甚至不可能逃避参加宗教仪式。不管人们希望与否，也不管人们能否清楚地理解，人们发现自己从出生开始就浸淫在基督教之中，甚至在弥留之际还未能解脱。因为死亡必定是基督教的，社会意义上的基督教的。没有人能逃脱死亡这种仪式，即使人们在弥留之际反抗它，在最后一刻嘲笑它、藐视它。摇篮到坟场存在着一连串的仪
309 式、传统、习俗与祭祀，所有这些都是基督教的或者是基督教化的。它们束缚人们的意志，让即使主张自由的人也成为俘虏。而且，它们首先束缚他的私生活。

一、私生活

一个孩子出生后活下来了。人们便一刻也不耽搁，把他抱到教会。钟鸣响的时候，人们给它洗礼。神甫庄严地给教会的钟洗礼，涂上圣油，点上熏香与没药，这样它们就不会在俗世的场合鸣响了。生下来的孩子病了，那么迫不得已，动作就会更快些，人们不会等：神甫不在，亲戚或家族的友人就会念那些圣礼的用语，就这样，又一个基督徒自动出现了。之所以说自动，是因为问题从来没有以其他的形式提出来。甚至赋予新生儿名字、他“洗礼”的名字，也是基督教的。在天主教徒之中，新生儿名字大抵是一个圣人或

圣女的名字，目的在于保证这个新生儿在天上有守护者。之后，在改革派人士当中，他的名字则取自《旧约》中的希伯来人名。当然，在16世纪我们的国家[法国]，每个人在他的名字前都有“别名”(我们今天称之为姓)。但是很多场合首先出现的还是教名。如果翻阅一下著名的目录学家先辈——老格斯纳①留下来的当时的著述者目录，你就会发现他不是按作者姓氏的字母顺序，而是按其教名的字母顺序来排列的：所有的那些雅各布斯[Jacobus]，接着是那些约翰[Johannes]、保罗[Paulus]、彼得[Petrus]，等等。此外，教会还不甘于仅仅提供名字让父母选择；一旦名字确定了，教会去登记注册；神甫或临时神甫在他的“天主教徒的”本子上，记上一个新的小教区居民诞生了，同时还记上新生儿教父与教母的名字。

孩子出生了，却在见天日时就死了，或者他在接受圣洗礼之前就死了。他是否就注定了要入炼狱，承受最严厉惩罚——天主的永恒排斥？他们的双亲说：不。带着最后一丝希望，他们也把孩子抱 310
到教会，把他放在祭坛上，这是某种神圣的“供休息的圣所”[1]。在那里，通过有灵验的能人，如圣克洛德或圣热尔韦(saint Gervais)，圣克里斯蒂娜或圣乌尔苏斯(saint Ours)的辅助，或者更多地通过圣母玛丽亚的辅助，因为这种时刻，人们通常祈祷的都是圣母的帮助，当然天主不会让孩子起死回生——没有人敢这样奢望。但天主可能大发善心，创造一个奇迹，给孩子瞬间的气息，让人们可以在这一瞬间给孩子涂圣油，以免受炼狱的折磨。母亲与亲戚守候在那里，不安地、热切地期望孩子的两眼或四肢能动一动，或者幼小的尸体上能冒出几滴汗珠，因为他们认为这些是充分的生命征兆，这样就能对孩子施礼。就这样，尽管教会当局慎重警戒。所有人都相信这样的做法吗？当然不是。但是发生这种情况，有多少人能抵挡得住获得奇迹的诱惑，而且这种奇迹还能战胜任何可能的多种反抗？

---

① 格斯纳(Conrad Gessner，1516－1565)，苏黎世医生。作品有《动物志》等。

* * *

一个人死了。不管他是否曾在他的遗嘱中安排葬礼的各个细节(很少有人会回避这项义务),人们都会以“正确的方式”把他埋入基督教家族的坟墓——它们大部分设在雅各宾派、方济各派或加尔默罗派的某些修道院教会中。埋葬时不区分社会地位,不管死者是达官贵族抑或是普通的艺人。是否有人能拒绝这种基督教式的葬礼呢? 这是不可能的,同时也是不可思议的。

病人感到自己危在旦夕,他就得向神甫通报。如果因为他并不清楚自己的状态而首先忽略了这种虔诚的义务,他的亲戚就要介入。亲戚不在,那就由医生出场。对医生而言,这项义务变得越来越严厉;在路易十四时代,如果医生在第二、第三次诊病时,忘记提醒患者应该把自己的良心摆正,那么这就是一项严重的过错。重犯的话,医生的行医资格就会遭到取消[2]。我们不要忘了,法国大
311 革命以前,法兰西学院(Académie française)的终身干事都要在他们同事的危在旦夕时,承担类似的义务[3]。于是神甫来了。他有时带来一些神圣的遗物,供病人触摸。不管什么时候,神甫总会严肃地给病人做一场圣事圣礼,此时,信徒围着病人跪倒在地,同时唱诗班的男孩在敲铃。一群人围在信徒的家门口。亲戚、朋友、邻居,有时还有路人与陌生人,爬上楼梯,挤到卧室,而这卧室很快就会成为死者的灵堂[4]——听从基督教徒一起召唤,听从整个教会圣餐的神秘召唤。伊拉斯谟曾在他的《为死而预备》(*De Preparatione ad mortem*)中谈到了这一点。

这出戏已经落下了帷幕。送葬的队伍进入教会,神圣的钟声再次响起。人们歌唱神圣的仪式,对故人唱“Requiem[安魂]”的弥撒曲,一首,或多首。因为死者通常规定:在埋入他所在修道院的教会之坟墓前,他的遗体首先要抬到教区的教会,并伴有一个豪华的送葬队伍,队伍中有多明我会修士、方济各会士与加尔默罗会修士。在教区的教会,助祭与副助祭列席,人们唱“安魂”的弥撒曲。在修道院的教会,人们再唱一首弥撒曲,或多首:一首圣灵的、一首

圣母的、一首“安魂”的。次日以及接下来的几天，又唱另一些弥撒曲，有高音的，也有低音的；夜晚，还有九节诗篇与九节日课经的警祷课。当然，从某种角度上说，这些是按照惯例、习俗和传统来做的。没有人想过要回避其中的任何一项义务。这些义务是人们生活中的一部分，无法分割。

我曾指出在某些地方，特别是在弗朗什-孔泰[5]，经常有人因负债被革出教门，于是这些人便拒绝被埋入基督教的坟墓。这种拒绝激怒了那些信徒，后者则把惩罚之重及由此引发的奇耻大辱与债务数目之小进行对照。然而，这种做法非常流行。我们只要翻开《一位巴黎市民的日记》就可以意识到这一点[6]。此外，死刑犯、 312
那些因罪大恶极而被处以极刑的人以及那些自杀者的死骸，有时被放在囚车上拖回市中心，在遭到百般凌辱之后，被弃于路旁[7]。有些抗议声也因此而起。它们让我们知道了基督教埋葬之习俗的强大力量！拒绝死囚犯的圣体圣事，这种严厉的政策似乎有点不人道。17 世纪中叶，让·希夫勒①从反对这种习俗的立场讨论了该问题[8]。他更为人道，比 16 世纪那些铁石心肠的人更为人道。

* * *

在出生与死亡这两极之间，在正常生命轨道中，人们所做的一切都烙上了宗教的印记。

一个人用膳。宗教以诸多的规定、仪式与禁忌包围了他的食物。他坐在餐桌前，不管以何种形式，不管是善良的天主教信徒的“感谢上主的荣恩”，还是胡格诺派信徒的“永恒的天父”，一家之长首先要说一些感恩的话，同时每个人在胸前比划基督教的十字。之后，父亲手执一块大面包，但在切开之前，还要用刀在面包皮上划十字架的标记。人们离开餐桌时，要有孩子说“感恩”，每个人还要在胸前画完十字之后方可离开。

那么，食物本身呢？人们部分是按教会的指令来安排食物。根

① 让·希夫勒(Jean-Jacques Chifflet，1588－1660)，贝桑松出生的医生、考古学家。曾任菲利普四世的御医。

据教会的规定，人们决定吃点心还是吃正餐，吃肥肉还是吃瘦肉，是沾黄油还是不蘸，是加蛋还是不蘸。甚至连餐具有时都有一些禁忌。菲利克斯·普拉特告诉我们，在蒙彼利埃，封斋节开始时，人们打碎那些用来煮肉的锅盆，并且买新的来煮鱼和封斋节的食物[9]。另外，世俗法律还强化了教会法有关这些方面的规定。封斋节吃熏肉或在星期五煮阉鸡，都等同于犯罪。冒犯者会被世俗法律的法官判以最严厉的惩罚，如鞭刑、棒刑、在弥撒时手持重蜡烛
313 受公开侮辱、没收资产、流放，有时甚至是死刑。我们不要认为这些惩罚是例外的。在混乱的时代，诸如此类的规定和责罚是十分正常与频繁的[10]。每一宗司法案例都证明了这一点。

人们结婚。对天主教徒来说，婚礼是一桩被赐予圣恩的圣事。这种圣事中约定俗成的是：圣职者就是夫妻双方，不过神甫则补充教会的祝福仪式，即教会对婚姻的祝福。祝福仪式在另一种礼仪即订婚仪式之前举行。这种仪式如此重要，以致在特兰特公会议的禁令颁布前，所谓的"当事者口头"上的婚约，就构成了真正的、有效的婚姻。只要新郎与新娘在神甫面前相互许诺就够了，并不需要得到父母的同意[11]。16 世纪，对于由婚姻引起的法律问题，教会可能不再拥有唯一的审判权。不过它还继续积极地介入其中，而且不管怎样，在教会的登记簿，"天主教"的登记簿上，人们还是可以轻易地找到结婚以及生与死的相关记录。

有人病了，或是害怕生病。诚然，医生可以慰藉患者，然而真正的治愈却直接来自天主，或者间接地来自生活在天堂的圣人。要是发生了传染病，尤其是瘟疫，人们会怎么做呢？立刻，就有人向[罗马]圣瑟巴斯坦(Sebastianus [250? - 288])朝拜、祈愿——天主难道没有让他的伤口愈合，而他的伤口正是因罗马射手之箭而引发的？于是，对他来说，这就是让他把那些人从瘟疫之箭中解救出来的充分理由。立刻，就有人向圣阿德里安(Hadrianus [? - 710])、[比利时]根特省的圣马凯尔(Macarius [? - 1012])、圣克里斯托弗(Christophe)朝拜、祈愿——是的，还向熟悉瘟疫的圣路易[路易九世]朝拜、祈愿，由于此人正是因瘟疫而死，或者向蒙彼利

埃的圣罗格(Roch［1395？-1327］)朝拜、祈愿[12]。要是个人发病，又会如何呢？立刻，就有个人的朝圣与祈愿。这些朝圣与祈愿要么朝向某些声誉卓著的的圣地——孔波斯泰尔的圣雅各或海边的圣米歇尔、洛来特的圣母院或罗马的圣皮埃尔——要么朝向当地的朝圣地，而这些地方激起的宗教热情也毫不逊色；对那些头脑简单 314
的人来说，当地的圣地有一个优势，即它们主攻一种或另一种治疗方法。这种治疗最终没有成功，人们就必须开始思考他的遗嘱了。于是便派人去请公证人过来。有必要的话，可以用神甫来代替公证人。最后，人们便口述他最后的意愿。

* * *

在基督教王国，没有哪份遗嘱不是以祈愿和十字架的标识开始的。"因神圣的、不可分割的三位一体——圣父、圣子与圣灵——之名，阿门！首先，我的灵魂，现在以及当它要离开我的肉体时，我把灵魂让出，把它交还给天主——灵魂至上的造物主以及守护者；交还给光荣的圣母玛丽亚，他的母亲；交还给我的上主、我那光荣的守护圣人圣马丁(Martinus［316/7-397］)，同时交还给天国的所有圣人……"：这就是弗朗什-孔泰省遗嘱的标准格式。"依照自然的秩序，万物都应该以死亡来结束……出于他的自由意愿，为了向造物主与他的母亲——光荣的圣母玛丽亚，以及天国中的圣男与圣女表示敬意，前述的克洛德留下遗嘱，处理了自己的财产、权利以及活动——这些都是天主借给和送给他的……首先，作为善良的天主教徒和基督教徒，要在胸前比划十字，说'In nomine Patris et Filii et Spiritus Sancti，Amen［因圣父、圣子与圣灵之名，阿门］'，这样他才已经，且确确实实已经把他的灵魂交还给了造物主和天国的所有圣人"：这便是萨瓦省遗嘱的格式，它并不逊于弗朗什-孔泰省的[13]。我们还是不要把法国各省的标准格式都罗列一遍：这种罗列未免过于单调，并且这种基督教的修辞也未免过于贫乏。但是没有人可以摆脱这种仪式。甚至都没有人想过要摆脱。

之后，立遗嘱的人便按基督教的要求安排了自己的后事，接着是安排葬礼上的各种仪式：包括弥撒，追思会，同时为了向天主表示敬意，按规定还要列一份长长的礼品单、虔诚的捐赠单与慈善捐赠单。有时还包括请罪的言词。1527 年在巴黎，一个造币局长杀害了他的内兄。他上了断头台。高等法院还从他的遗产中扣了四
315 百古斤，以为受害者做弥撒[14]。贝桑松教区裁判所的《遗嘱集成》中，司空见惯的是，每四段中就至少有两段体现了基督教的规则与规定。

无需强调这一点。每一项活动、每一天，都似乎浸淫在宗教中。居家者的想法与旅行者的想法一样，甚至对异域的好奇也一样，都浸淫了宗教。阿特金森①将 16 世纪法国文艺复兴之地理文献进行了编目与整理，并指出 1480—1609 年，相对于 40 篇《新大陆探险记》，仍然有 35 篇《耶路撒冷朝圣记》出版发行了。这个比例向我们揭示了一个秘密，那就是所有这些人持久的愿望，即他们希望走在耶路撒冷的大街上，眺望圣墓教会，或者至少是通过读几篇圣地旅行记，就能让自己陶醉在如梦般的想象中[15]。

简而言之，一切似乎都仍然依赖于教会，甚至包括时间。那时，不是依据怀表计时，因为怀表非常稀少；甚至也不是依靠市政的大钟计时，尽管这些大钟将时间规则地分成多部分；而是依据教会的钟声，从早到晚，钟声适时响起，告知人们去做一系列的祈祷与祭祀，当钟不再鸣响时，忧郁的歌声穿透寂静的大街，打断人们的睡梦。这是一种宗教的叫喊，意在提醒人们信仰基督教："醒来吧，醒来吧，那些熟睡的基督徒——为死者祈祷吧，天主就会饶恕他们！"这就是 16 世纪中叶贝桑松夜晚警示人的差役。甚至连日历都是用带有基督教色彩的语言。裁判所不是在 11 月 13 日重新开始工作，而是在上主圣马丁节的次日。工匠们不是在 10 月 9 日开始短暂的工作，而是在圣雷米之日开始工作。还有农事历呢？如果圣马提亚之日[5 月 14 日]冰还没有融化，那么就要敲碎它；圣莫里斯之日[1 月 15 日]天气晴朗就预示着大风暴；倘若圣梅达之日[6 月

① 阿特金森（Geoffroy Atkinson，1892－1960），英国作家。

8 日]下雨，那么雨水将持续四十天。365 天之中至少有 100 天以上是以圣人的名字来命名的，而非用抽象的某月某日来指称……

二、职业生活 318

“为了让造物主与他最神圣的母亲——最光荣的圣母玛丽亚，以及我最尊敬的守护者——上主圣艾蒂安纳和天国的所有圣人高兴，并向他们表示敬意，我就技巧方面收集、带来了一些专业大师的精华……此外，实践过程中，我还发明并实践了一些。”1516 年《罗纳河畔的里昂出生的埃蒂安纳·德·拉罗什[①]，别名维尔弗朗什新作的算术书》(*L'arisméthique nouvellement composée par maistre Estienne de la Roche, dict Villefranche, natif de Lyon sur le Rhône*)的开头就这样写道。这是一本供商人使用的经典算术书。这种格式，尽管多少有点简化了，但还是可以在当时所有出纳账本的卷头以及大多数关于科学的书中找到。要是一点都找不到，那就是没有了。

至于大学的生活，我们清楚地知道，16 世纪各大学的仪式还未得到世俗化，它们的主要构成主体或要素——系科、同乡会、学院，等等——通常都呈现出半世俗、半基督教的状态。关于这一点，我们不仅可以在当时的在校师生(甚至在那个世纪早期的师生，如菲利克斯·普拉特或鲁卡斯·盖泽弗罗[②])的证言中看出，还可以从来自各大学的官方文书中看出。这些大学由一些保有圣职者部分风貌的教外人士与一些部分上已经世俗化的教内人士组成。于是，我们可以毫无疑问地得出，16 世纪的大学完全是基督教机构。人们还可以这样认为，法兰西学院(Collège Royal)只不过是基督教的学会，因为在 1775 年化学讲义的通告仍然是这样开头的：“借助于天主，让·达尔西(Jean d'Arcet)……下面宣布化学讲座开

---

① 埃蒂安纳·德·拉罗什(Estienne de la Roche, 1470－1530)，法国数学家。

② 鲁卡斯·盖泽弗罗(Lukas Geizkofler von Reifenegg, 1550－1620)，出生于奥格斯堡的法学家。著有《回忆录》等。

始……”另一方面说，实际情况是（这一点对我们来说至关重要）大学作为一种机构，继续沐浴在基督教的氛围中，没有人可以随心所欲，没有人可以驱散这种氛围或使它消散。

317 学士学位、博士学位，对于我们来说只是考试而已；对 16 世纪的人来说，却是一种庄严的仪式。在普拉特的蒙彼利埃大学，正如在盖泽弗罗的多洛兹（Doloise）大学一样[16]，学位授予仪式在教会中举行，现场伴有壮丽的管风琴声，在弥撒与感恩之间，学位申请者——即使他是路德派——在祭坛前展开他的答辩。教育与教会：它们之间的联系是如此紧密，以致 1521 年弗朗索瓦一世寻思在纳斯勒公馆（Hôtel de Nesle）设立一个教授希腊语的学院时，他提供了一个已经配备四个议事司铎和四个神甫的礼拜堂。在这种场所中教授希腊文化确实少见。

一个大学“同乡会”的生活是怎样呢？它被授予了一个守护圣人，并与大学之守护圣人有所不同，后者的图像直接出现在大学的印章上。在 16 世纪，“同乡会”的生活规则地遭到中断，因为一年中有一系列宗教节日与祭祀，此时的教员、学士以及审查员必须在同乡会的教会中集合。同乡会的柜子中藏满了宗教方面的物品、圣器以及典礼用的装饰品；教会里还可以找到带有同乡会之徽章的地下埋藏所，这个地方是用来埋葬那些在学业中途不幸客死他乡的人[17]。我们没有必要指出，参加祭祀、宗教仪式以及瞻礼并不带有个人感情。教会的聚会之后，酒馆中有一场聚会：fieri festum in ecclesia et in taberna[教会和酒馆里有节日]，这是巴黎的所有英—德同乡会的节目安排。是的，不过首先是在“教会”；当这种教规成为普遍的、强制的奉行，当他们被包围在普遍的敬意与一致的赞同的时候，谁又会费心去赞誉这些礼仪呢？

* * *

这一部分放在这里非常合适。我们还是把目光转向别处，首先转向同行业人的行会①。

---

① La confrérie，亦指宗教意义上的兄弟会、善会。

所有人都与行会联结起来。创设行会是为了团结同行业的成员，以共同的虔诚敬奉天主以及行会的守护圣人；同时也有实用的 318
目的，那就是为了给生者与死者唱弥撒，或者给那些贫困的同行业者以及穷人分配施舍物和慈善品。我们没有必要回想起以上这些事实。当然，这些行会的宗教活动有时是出于世俗的目的。我们可以回想这个例子：1358 年，一则行政令提到一群织布工如何带着最大的虔诚望弥撒，因为他们希望以此为借口延迟开工。发生这种事情的可能性在行会成为主事者之后很快就终止了。接着，同行业人的行会形成了，他们的活动规则也产生了。起初，行会的框架也还是由教会提供。没有哪个同行业人的行会没有礼拜堂，而礼拜堂内的照明费用则出自行会的共有资金。也没有哪个同行业人在全体成员去行会食堂吃饭之前不望弥撒。甚至各种选举都是弥撒完成之后，在礼拜堂中举行的。圣职者从不反对这种做法。18 世纪中叶——正如亨利·奥瑟在他那篇论《17 世纪与 18 世纪第戎的手工业行会》中指出的那样——修士，如查尔特勒派修士、本笃派修士、方济各会修士，仍想热心地保护那些同行业人[18]。这种热心可能包含了某种利益关系，但是不管怎样，热心还是存在的……然而还有呢。

劳作还是在基督教的架构中进行。如果在礼拜天禁止劳作，那是因为害怕遭到严厉的惩罚，而不是出于世俗的健康考虑。同样加上如果在节日禁止劳作，而这些节日指的不仅仅是那些所谓大的节日，如圣诞节、复活节、耶稣升天瞻礼节[复活节后第 40 天]、圣灵降临节[复活节后第 7 周的星期天]、圣母升天日[8 月 15 日]、万圣节[11 月 1 日]——此外，例如在巴黎，1 月有圣女热内维芙节[1 月 3 日]与三王来朝节[1 月 6 日]；2 月有圣母玛丽亚取洁瞻礼[2 月 2 日]；3 月有圣母领报瞻礼[3 月 25 日]；5 月有圣小雅各与圣菲利普节[5 月 1 日]，以及圣十字架发明节[5 月 3 日]；6 月有洗礼者圣约翰的诞生节[6 月 24 日]；7 月有圣女玛德莱纳节[7 月 22 日]、圣大雅各节与圣克里斯托弗节[7 月 25 日]。——我们还是不要继续列举下去，但当然我们还得加上行会的守护圣人之节日与

教区的守护圣人之节日。同时我们还应该补充，同样由于宗教的
319 原因，每个星期六的劳作时间才会缩短，节假日的前夕或瞻礼的前一日才会缩短。这些架构总是在那里。同样，那里的氛围也还是基督教的[19]。

三、公共生活

公共生活如何呢？我们有必要想起整个国家在本质上、精神上以及构造上仍然如何浸淫在基督教中吗？我们有必要想起16世纪的所有操纵者在开始思考政治问题时，他们都自然倾向于创立一种新的神权政治吗？甚至那些（也许尤其是那些）极力想摆脱他们的环境的束缚，同时又似乎表现出坚决的革新精神的人也是如此。在日内瓦的加尔文派基督教王国中[20]，每个人都必须向至上的权威——天主与耶稣-基督鞠躬。每一次选举之前，他们都会请来道的使者[神甫]向天主祈祷，为总议事会讲道，以让那些市民与城邦居民时刻记住天主的恩赐，并督促他们在至高的权威面前保持谦虚。任何想要成为[日内瓦]市居民的人都要发誓"根据圣福音书的改革"来生活；每个生活在日内瓦的人都必须在每个礼拜日参加公共的礼拜，同时参与一年四次的圣餐。在那些天主教国家，尽管形式各异，俗世的与唯灵的信徒还是要一起参与各种宗教活动。

法兰西由一个涂上了圣油的国王领导，这种油由一只鸽子从克洛维[一世]洗礼的地方神奇般带来[21]。他不是一个"纯粹世俗的"国王；通过他的触摸，他能反复施展这种奇迹般的治愈，而治愈者的信仰证实了这一点。当然，国王也不会使他的政策时刻都服务于教会，但是与他所有同时代人一样，他还是把教会视为真正的公共机构。他甚至规定当教会表现不尽人意时，受教规约束的教士与世俗的圣职者也必须尊重戒律。此外，他还规定正统的教义应该得到尊重。谁要违反这种教义，就应该遭到起诉。他把亵渎神
320 明当作一种罪来压制，而亵渎圣物是所有罪恶中最大的罪。世俗的裁判所与教会之间，审判员与神甫之间，存在着持久的一致与不断的支持。圣职者没有必要向裁判所寻求帮助，因为无数的圣职

评定官都通常参与其中；这种援助是自然的、理所当然的。某个人干了一桩事关重要的坏事，它又涉及到了圣母圣教会，那么世俗的法庭规定，在进行别的惩罚之前，他要被领到某个教会，且在那里双膝跪下，手持重蜡烛，于弥撒期间向天主、光荣的圣母玛丽亚、天堂的圣男圣女、教会以及裁判所大声地请求宽恕。甚至向罗马圣厅或洛莱特的圣母院或孔波斯泰尔的圣雅各或巴里的圣尼古拉的朝圣，都通常作为世俗裁判所多种常规责罚中的一种[22]……

* * *

因此，教会参与到一切事务中，或者更确切地说，它发现自己参与了一切事务。如果瘟疫极度猖獗呢？那么就进行宗教游行、圣瑟巴斯坦的弥撒与圣罗格的弥撒。这笔费用由城邦负责，市民当然也必须捐献一些。如果因干旱或雨水过量而造成地里的收成受到损害呢？还是宗教游行，同时取下圣像，并在圣人遗骸盒前祈祷。如果一些昆虫、老鼠、田鼠肆虐于乡间里舍呢？那么主教就会发布告诫书与它们作斗争。至于那些畜生，就应被逐出教会。他们在教会的怒斥下，低下人类的头颅，因过去的过错而得到责罚，被强制去赎罪，以避免再次发生同样的过错。因为教会经常变成司法的辅助物，包括教会本身的司法与国王的司法。如果问题在于要找出谁侵吞了一笔动产、谁的债务得以偿还或者谁的权利被第三方霸占后又失而复得，人们就从教会审判的文书中寻求帮助。这些文书在主日说教时得到公开，或者在各教会的门上得到张贴。在逐出教会的威胁下，人们（可能）获得了想要的资料。

不管怎样，表达集体情感也以教会为中心。节日、仪式、弥撒 321
或宗教游行，甚至一些娱乐活动都是在教会展开。剧院，其起源本身就带有宗教色彩，实际上在多数场合还是带有宗教色彩。拉伯雷的书中充满了大众的、粗犷的鬼戏和神秘剧，目的是寓教于乐。纳伐尔的玛格丽特为自己作了一册精美的《〈使徒行传〉的神秘剧》手稿的复本，而该剧曾在她那美丽城镇布尔日庄严上演。她自己所写的剧本都带有宗教性质。甚至连假面舞剧也持续在那些圣所中举行。不久前，贝桑松主教座的圣堂参事会，二话没说，就向那些拒绝在愚人节时“骑行”的参事会员征课税[23]。再者，教会还是情报的中心。正是在教会，人们知道了教区内发生的一些事，如洗礼、订婚、结婚以及死亡。无论伟大还是渺小的人，他们圣化或纪念那些最庄重的行为、那些他们生命中或他们身边人的生命中最贵重的记忆，都是发生在教会。同样还是在教会、在教区的教会，人们知道了一些应该知道的公共事件，如取得了和平或宣告开战、国王战胜了或战败了；又如，国王生了王子，国王病了，国王驾崩了，诸如此类。每次都伴有宗教游行、祈祷、钟楼的钟声、“Te Deum［感恩赞］”、葬礼的仪式、弥撒以及各种仪式。城邦中确实如此，可能在乡村中尤甚。

教区教会的钟楼是整个教区和钟声的一个有效象征。尽管我们法国人今天谈论“钟楼的精神”，却没有理解这种表达的深刻涵义，因为这种表达现在已经被废弃了。它意味着什么？意味着一系列强烈的情感与一连串不再存在的事实，如教会作为剧院以及祝祭的中心；教会的房屋由石头砌成，是村中唯一坚固、唯一精美的建筑物，或许村中还有一些地方小领主的坚固堡垒。这是一幢由工匠建造的建筑，由邻乡的石匠们亲手用一块块的石头垒成的、
322 趋于流行的建筑，这种流行即使不算是前天的也是昨天的。遇上国泰民安的年代，钟楼就意味着灯火、圣像、绘画、声乐、香火与金箔。这种典礼在乡村组织还算过得去，在乡镇组织更好，在都市中组织则近乎完美。有时在节日里，钟楼就意味着一锅以布道为主料的炖肉，笑话则为调料，香料则是针对现世的当权者的讽刺。

在战乱年代，教会又是避难处与庇护所。因为教会的建筑物有厚厚的墙，有时还有锥状的钟楼，可以保护居民的生命与财产，甚至外人来野蛮抢夺时，还可以保护居民的家禽家畜。教会是集会的场所，用于选举，用于各种形式的集合，在某些时候还用作学校。教会的钟是教区信徒共有的财产。开始劳作或休息，祈祷或商议，洗礼或埋葬，以及开始一切在人们的一生中能留在印记的事情，如他们的喜乐、祝祭或畏惧，都要敲响钟声。出现了雷电，敲钟人就

猛力敲钟，以对抗那些不受约束的自然力。出现了火险，钟声就变成了不吉利的警钟，呼吁教区居民齐来救援。如果出现了盗贼或扰乱和平的事，作为教区全体的象征，钟也要受到责罚。这些做法一直持续到 18 世纪。人们可以看到，1737 年波旁的总督下令卸下钟楼的那些钟，并命令行刑人鞭打它们。这是因为异教徒背叛了他们的义务，鸣响了反对王党派卫兵的钟声，而后者牵涉到了一桩食盐走私案……

这些都表明教会处于人类生活的中心，包括情感生活、职业生活与美学生活。如果人们能用这个“大词”的话，教会还处在超越了他们，同时又把他们联系在一起的万事万物的中心，是激烈情感、较小利益，以及希望与梦想的中心。这些再次证明宗教潜在地、完全地支配了人类。因为人们还没有思考过这一点，甚至连提出是否能够、是否应该采取另一种方式来做的机会都没有，事情就这样发生了。事情就是如此。它 323
属于人类的所有记忆。它是如此根深蒂固、如此不可或缺，以致没人会对自己说：“我们的生活、我们的全部生活都受宗教、基督教的支配！与那些仍然受宗教掌控、支配以及塑造的事物相比，那部分已经世俗化的生活是多么微不足道！”这种宗教、这种基督教就像仁慈的圣母的外衣，而后者经常出现在当时的教会的描述中。所有的有产者都躲在她的外衣下。没有人想逃脱吗？不可能的。躲藏于她外衣下，人们甚至不觉得他们是囚犯。对于那些想反抗的，人们首先觉得他们不可思议。

四、先驱者的问题

我们还是假定存在一个与众不同的人吧。他是为数不多的人中的一个，表现出能超前他们的同时代人一个世纪，同时表述了一些在五十年、六十年甚至上百年之后才得到人们认同的真理。要从宗教这种普遍的、多方面的支配中解放出来，他找到的支柱是什么呢？他又是从哪里找到这些支柱呢？在哲学中？在当时的科学中？这是必须在其他问题之前提的第一个问题。因为在研习这个问题之后，我们的结论会使我们得出判断：拉伯雷的同时代人（或拉伯雷本人,如果我们把他看作一个具有超常智力的人)既不能在哲学也不能在16世纪的科学中找到充分的支柱来解放自己,那么我们就必须接受另外两个结论。

结论之一在于,历史的角度来说,这个人说何种反宗教的话都不重要。因为仅仅基于个人冲动与情绪所说的那些否定,是毫无社会影响力,毫无模范价值,对那些受众也毫无约束力。不管否定
324 的对象是什么,要否定、要有效地否定,并不是心血来潮、突发奇想或是妄想引人注目,就简简单单地说"我否定"就行了。要否定就要沉着冷静地说:"因为这样或那样的理由,而且这些理由对每个人以及任何智力构造正常的人都适用,我不可能、真的不可能接受这样或那样的体系。"因为这样或那样的理由……要质疑的对象是一个像基督教这么宽泛、强大的体系时,而这个体系几个世纪以来又主导了基督教王国(这么说,毫不缺乏历史根据)的所有道德生活、情感生活、审美生活、政治以及社会生活,这些理由就不应该也不可能是一些支离破碎或奇特的理由。这些理由必须形成一系列真正一致的理由,并且基于一系列一致的科学验证,彼此之间相依相存,互为佐证。如果这一系列理由无法形成,如果这一系列一致的科学验证无法找到,这种否定也就无关紧要,也毫无意义了。它不值得我们讨论,因为这正如酒鬼在酒馆里被告知地球以一种不可感知的速度在他下面、随他一起运动时发出的讥笑一样……

1532年,拉伯雷是个基督教的否定者?要支撑他的论点,如果拉伯雷不能找到这一系列的推理并恰当地加以验证(随便提一下,不管这些验证可能有多种解释与否),那么拉伯雷在1532年就是一个完全凭个人的自由意志而论事的否定者,进而他的思想也就失去了历史的和人类的意义、价值与重要性。因此,关于拉伯雷,历史学家也就无事可做了,避而不谈他。

结论之二呢?现在还不太明朗。在这样一个时代,就连最聪明、最博学、最大胆的人都无法在哲学或科学中找到依据来对抗统治世界的宗教。我们面对这样一个时代,谈论理性主义与自由思想就是谈论虚无。更确切地说,以那些浮夸的词语与漂亮的词汇

为幌子，这实际上犯下了最严重的、最滑稽的时代错置；在观念领 325
域内，这就好比给第欧根尼一把伞，给战神一把机关枪。你想说的话，这就好比把奥芬巴赫[①]与他的《美丽的海伦》放入哲学的和宗教的观念史，而在这一领域，他可能什么都没有做。

原注

1　P. SAINT-YVES, *En marge de la Légende dorée*, chap. V, p. 167 sqq.

2　参见 Dur. DE MALLANE, *Dictionnaire de Droit Canonique*, IV, pp. 489 - 492, v° «Malade»。

3　实际上，终身秘书是 Charles Duclos 时，他忘记了警告自己……见 1772 年 4 月 5 日 de Brosses 院长写给 Loppin de Géméaux 的信函，*Une lettre de Mlle de Lubert à M. de Géméaux*, 1929, Yvonne Bézard 编, p. 338, n. 1。

4　关于 17 世纪为死亡作准备的技术，参见 BRÉMOND, *Histoire littéraire du Sentiment religieux en France depuis la fin des guerres de religion jusqu'à nos jours*, t. IX, chap. V, *L'Art de bien mourir*。关于 15 世纪的 Ars moriendi[往生术]以及它在 16 世纪的普及情况，同时还有墓志铭，请参见 É. MÂLE, *L'Art religieux de la fin du Moyen Âge en France*, p. 381 sqq. et 391。

5　Lucien FEBVRE, *L'application du Concile de Trente et l'excommunication pour dettes en Franche-Comté, passim.*

6　le *Journal d'un Bourgeois de Paris*, V. - L. Bourrilly 编, 1910, p. 374。

7　此外，弃教人士的尸体并没有在地下腐烂——因为这种地方可能由恶灵夺取了死者的尸体。反过来说，反腐烂也确实通常作为圣性的标志。参见 P. SAINT-YVES, *En marge de la Légende dorée*。

8　CHIFLET, *Joannis Chifletii J. C. Vesontini Consilium de Sacramento Eucharistiae ultimo supplicio afficiendis non denegando.*

9　Félix et Thomas Platter, *Félix et Thomas Platter à Montpellier*, p. 38.

10　有必要回忆一下 Marot 以及他的灾难：Par la morbieu, voilà Clément — prenez-le, il a mangé le lard (*Ballade contre celle qui fut s'amye*, 1525) [Georges Guiffrey 编, *Les Oeuvres de Cl. Marot de Cahors en Quercy*, V, p. 80]。关于这些司法案例，尤其参见 Lucien FEBVRE, *Notes et*

---

① 雅克·奥芬巴赫(Jacques Offenbach, 1819 - 1880)，德籍法国作曲家、大提琴家。

Documents sur la Réforme et l'Inquisition en Franche-Comté, Extraits des archives du Parlement de Dole, 1912, *passim*(特别是 pp. 208,232,240,275,等等)。

11 关于非法结婚这个著名的问题,拉伯雷也有他的说法。参见 Jean PLATTARD, *L'Invective de Gargantua contre les mariages contractés «sans le sceu et adveu» des parents*, *R. S. S.*, XIV, 1927, pp. 381 - 388。

12 Références, dans Lucien FEBVRE, *Une question mal posée*: *les origines de la Réforme ...*, 29 sqq. 参见 É. MÂLE, *L'Art religieux de la fin du Moyen Âge en France*, p. 185 sqq。关于后-特伦特公会议的持续:MÂLE, *L'Art religieux après le Concile de Trente*, p. 375 sqq。

13 参见 Ulysse ROBERT, *Testaments de l'Officialité de Besançon. 1265 - 1500*, II, 208;以及 G. PÉROUSE, *Étude sur les Usages et le droit privé en Savoie au milieu du XVIe s.*, p. 200。[2003 版舍此注释前半段。——译者注]

14 *Journal d'un Bourgeois de Paris*, p. 307(1527 年 8 月 14 日)。

15 Geoffroy ATKINSON, *Les Nouveaux Horizons de la Renaissance française*, p. 11. 当时虔诚的标杆"十字架之道",就是对这种愿望的回应。参见 Lucien FEBVRE, *Une question mal posée ...*, pp. 30 - 31。

16 参见 L. GEIZKOFLER, *Mémoires* (*1550 - 1620*), Éd. Fick 译, Genève, 1892, p. 182 sqq。在布尔日,试验最先发生在 Saint-Étienne 大教堂;"不过,教会经常遭到喧嚣声的侵扰,于是规定只有博士以及学士才能进入教会"。(René GANDILHON, *La Nation germanique de l'Université de Bourges*, 1936, p. 8.)至于 Geizkofler 的改革倾向,Platter 也注意到了。[原文作 Plattard,据文意改为 Platter。——译者注]

17 René GANDILHON, *op. cit.*, p. 8, et Madeleine TOULOUSE, *La Nation anglaise-allemande de l'Université de Paris*, 1939, p. 137.

18 Ul. ROBERT, *Testaments de l'officialité de Besançon*, *1265 - 1500*, Coll. Doc. Inéd., 1907, p. 23 sqq. ——同样参见 É. MARTIN SAINT-LÉON, *Histoire des Corporations de métiers*, p. 231: Religion et profession[宗教与信仰告白]。又见 Georges ESPINAS, *Métiers et confréries*, *A. H. E. S.*, X, 1938, p. 437 sqq。[此处似应参考 H. HAUSER, *Les compagnonnages d'Arts et Métiers à Dijon*, XVIIe-XVIIIe s. p. 23 sqq,而非 Ul. ROBERT 所著之书第 23 页及以下。——译者注]

19 关于劳动时间,参见 Henri HAUSER, *Les compagnonnages d'Arts et Métiers à Dijon*, *XVIIe-XVIIIe s.* (R. bourg., Univ. de Dijon, XVII, 1940), p. 136. —— MARTIN SAINT-LÉON, *op. cit.*, p. 261,其中提到,在 16 世纪,除了星期天之外,还有 60 天休息日。

20 E. Choisy, *Calvin éducateur des Consciences*, Neuilly, 1926, p. 60 sqq.

21 Marc Bloch, *Les Rois Thaumaturges*, Strasbourg (*P. F. L.*), 1924.

22 Ét. Vancauwenberg, *Les pèlerinages expiatoires et judiciaires dans le droit communal de la Belgique au Moyen Âge*, Louvain, 1922.

23 “31 X 1437”这个章节要求，圣幼童之日(Jour des Innocents[愚人节])未骑行的教徒需加以说明。(Archives D., du Doubs, Series G, § 179)——1444 年 1 月 8 日，逃避这种义务的教徒以及祭司要缴纳 10 苏与 5 苏的罚金(*ibid.*, § 180)。

327 第二章　无宗教信仰的支柱：哲学？

16 世纪哲学的声望不如我们这个时代。最优秀的作家都坚持说发现了它的混乱与缺陷，例如布雷尔①就在他的近著《哲学史》中阐述[1]：“我们可以看到，许多先前受到压抑的学说与思想在中世纪又开始崭露头角了。这种混合物可以称之为自然主义，因为一般地说，它既不使宇宙也不使人类的行为遵从超验的法则，而只是探求它们内在的法则。”带着一种轻蔑的口吻，这个哲学史家（这种轻蔑是否为史学家的反应呢？）对他所诊断出的“混乱的自然主义”作出了搅乱人心的价值判断。毕竟，不作大量的判断，连历史学家都很难理解。布雷尔还告诉我们，这种混合物包含“最有生命力与成效的思想，同时还包含了大量极其可怕的东西”。以上就是。

实际上，在提出难题与（如果可能的话）观察文艺复兴时期人们的哲学之前，我们可能最好还是提醒自己：科学的历史与理性的历史是由一些碎片组成，而这些碎片却具有对比鲜明的色调和图
328 案，同时由一些各不相同、彼此还对立与矛盾的理论和看法组成。考虑到时代、场所、社会结构与能解释它们的诞生和内容的思想文化等环境因素，这些理论与看法又都有其真实的一面。因此，我们从这个域度就可以为这些对立与对照辩护，可以理解为什么随着时代环境的变化，这些理论与看法中的每一种都要让位于另一种。我们只有从这个域度，才能估量应对事件的压力以及环境的影响时，人类不懈地做出的那些努力。这才是历史学家真正要做的工作。

---

① 埃米尔·布雷尔（Émile Bréhier，1876－1952），哲学史家、巴黎大学哲学教授。

第一节　心 性 工 具

那么，我们开始还是提一些有关环境、条件以及可能性的问题吧。为了深入本质，我们还是先陈述一个看似简单却与16世纪有关的问题，没有人费心把这些事实汇集起来。这个问题便是：要清楚人的思想、法国人的思想具有何种明晰性、洞察力，最终又具有何种效用（当然，就我们看来）。法国人从事哲学思考时，他们的语言中还没有出现供他们使用的惯用词汇，而当我们一开始进入哲学时，这些惯用词汇就会自动地出现在我们的笔下。缺乏这些词语不仅会带来不便，而且还意味着实际思想的缺陷或不足。

一、阙如的词语

没有“绝对的[absolu]”，也没有“相对的[relatif]”；没有“抽象的[abstrait]”，也没有“具体的[concret]”；没有“混乱的[confus]”，也没有“复杂的[complexe]”；没有斯宾诺莎喜欢用的拉丁文——“充分的[adéquat]”；没有夏佩兰[1]在1660年左右才运用的“潜在的[virtuel]”；没有“不可能解决的[insoluble]”、“故意的[intentionnel]”、“内在的[intrinsèque]”、“固有的[inhérent]”、“神秘的[occulte]”、“原始的[primitif]”、“感觉的[sensitif]”——所有这些词都是18世纪的词；没有在1698年左右为博絮埃时代生色的“超验的[transcendantal]”。参照各种辞典以及布律诺[2]的说法，我所随意选取的这些词，没有一个为
16世纪的人所使用；为了强调这种理念，我们还是说，那是所有词汇 329
中最丰富的词汇，属于拉伯雷的词汇吧。

这些还只是形容词、某些形容词。名词又如何呢？又可以点出多少阙如的名词呢？没有“因果律[causalité]”，也没有“规则性

① 夏佩兰（Jean Chapelain，1595－1674），法国诗人、古典主义理论家。

② 布律诺（Ferdinand Brunot，1860－1938），巴黎大学语言学教授。著有《法语史》（共十一卷）。

[régularité]”；没有“概念[concept]”，也没有“基准[critère]”；没有“条件[condition]”；在《波罗亚尔逻辑》之前，没有彼此相关联的“分析[analyse]”与“综合[synthèse]”；没有“演绎[déduction]”(它只是表示“叙事[narration]”)，没有“归纳[induction]”——它直到 19 世纪才出现；甚至没有“直觉[intuition]”——这个词到笛卡尔与莱布尼茨那里才形成；没有“协调[coordination]”或“分类[classification]”，“这个异类的词直到最近才产生”，费罗[①]的《辞典》在 1787 年仍然这样记载。以上这些词正是我们研究哲学不可或缺的，它们并未出现在拉伯雷同时代人的词汇中。甚至没有哪个词可以用来表示“体系[système]”(这个词只是从 17 世纪中叶后，人们想当然地这么称呼的)。自然，也没有什么词来分类整理或列举(这样就可以立即有效地利用起来)“诸体系”，这对那个时代的人来说意义重大，特别是对那些号称理性主义者的人。首先就是“理性主义[Rationalisme]”，它迟至 19 世纪才被基督教化；“自然神论[Déisme]”在博絮埃之前还未得到使用，而博絮埃是最早的使用者之一；“有神论[Théisme]”是 18 世纪晚期从英国人那里借用过来的；“泛神论[Panthéisme]”在摄政时代的托兰德[②]那里才开始出现；“唯物主义[Matérialisme]”要等到伏尔泰(1734 年)、拉梅特里[③]与《百科全书》之后才争取到引证的权利；“自然主义[Naturalisme]”只出现在 1752 年《特雷武的辞典》[④]以及之前的拉梅特里(1748 年)那里；“宿命论[Fatalisme]”也是见于拉梅特里，尽管狄德罗的小说在 1796 年开始使用“宿命论者[fataliste]”；“决定论

① 让-弗朗索瓦·费罗(Jean-François Féraud，1725－1807)，马赛的文献学家。著有《法语批评辞典》(共三卷)，1787 年—1788 年出版。

② 约翰·托兰德(John Toland，1670－1722)，英国改革派理论家。贝克莱主教称他为“自由思想家第一人”。著有《泛神论要义》(1720 年)等。

③ 拉梅特里(Julien Offroy de La Mettrie，1709－1751)，法国医生、哲学家。

④ 《特雷武的辞典》(*Dictionnaire de Trévoux*)，耶稣会的出版物。1704 年出版 3 卷本，1771 年出版了 8 卷本。出于神学、政治等原因，《辞典》对百科全书派采取敌视态度。

[Déterminisme]"也是一个迟来的词，见于康德哲学；"乐观主义[Optimisme]"(《特雷武的辞典》，1752 年)；其反义词"悲观主义[Pessimisme]"："悲观主义者[pessimistes]"直到 1835 年才见于《法兰西学院辞典》，"悲观主义"的出现则更晚；"怀疑论[Scepticisme]"是随 330
狄德罗而出现，以代替老的"怀疑主义[Pyrrhonisme]"，后者是巴尔扎克①的杰作，并为帕斯卡所钟爱；"信仰论[Fidéisme]"直到 1838 年才在神学家们的争论中冒出来。还有其他一些词，如"唯心论[Idéalisme]"(《特雷武辞典》)、"斯多葛主义[Stoïcisme]"(拉布吕耶尔)、"寂静主义[Quiétisme]"(尼科尔②、博絮埃)、"清教主义[Puritanisme]"(博絮埃)，等等。作出判断之前，我们要时刻谨记：不管怎样，这些词都不能为 1520 年、1530 年、1540 年、1550 年的法国人所用，如果他们想思考，那么就得为了其他法国人将他们的思想转换成法语[2]。

作为非顺从主义者("顺从主义者[conformiste]"是博絮埃的词汇)，他们甚至没有合适的名字来标示自己，使他们团结起来。"自由思想家[libertin]"出现于那个世纪末，同时"自由思想[libertinisme]"也只是出现在拉努③与沙朗④那里。"Esprit fort[自由思想家]"直到 18 世纪才因爱尔维修⑤的大量使用而开始出现，同时"Libre penseur[自由思想家]"只是在伏尔泰以及《宽容论》(*Traité sur la Tolérance*，1763 年)出版之后才出现。"宽容[tolérance]"(当然还是要感谢伏尔泰)还是直到 18 世纪中叶"宽容论[tolérantisme]"出

① 巴尔扎克(Jean-Louis Guez de Balzac，1597－1654)，生于昂古莱姆的文学家、批评家。

② 皮埃尔·尼科尔(Pierre Nicole，1625－1695)，作家、论争家、法国最为杰出的詹森主义者之一。与大阿尔诺合著有《波罗亚尔逻辑》(1662 年)。

③ 弗朗索瓦·德·拉努(François de La Noue，1531－1591)，法国宗教战争中胡格诺派的名将，又称"铁腕"(Bras-de-Fer)。1558 年成为加尔文主义者。

④ 皮埃尔·沙朗(Pierre Charron，1541－1603)，法国天主教神学家。因提出怀疑论，并使伦理学从神学中分离出来，成为一门独立的哲学学科而闻名。早年专攻法学，作过律师，后转至神学。与蒙田过从甚密。

⑤ 爱尔维修(Claude-Adrien Helvétius，1715－1771)，法国哲学家。

现之后才取得认可。“不宽容[intolérance]”先于“宽容[tolérance]”出现在孟德斯鸠与达冉松[①]那里。记住，“无宗教信仰的[irréligieux]”是波罗亚尔风格的一部分，“论争主义者[controversiste]”则是帕斯卡的用法；“正统教义[orthodoxie]”首先出现在诺德[②]那里，“异端教义[hétérodoxie]”则在菲雷蒂埃[③]那里。

有必要补充到——不消说——路易十三时代的自由思想家的先辈们(那是理所当然的)，在他们 16 世纪的语言中没有用来表示天文台[observatoire]、望远镜[télescope]、放大镜[loupe]、透镜[lentille]、显微镜[microscope]、气压计[baromètre]、温度计[thermomètre]、发动机[moteur]的词吗？当然没有必要。因为在历史的任何一个时刻，理念就是对事物的一种有理有据的说明——因此这种理论对他们来说又与真理相混淆——它又与改变和预测事物发展过程的技术手段相一致。这些技术手段从科学中获得。因此，我们有理由坚持认为，《庞大固埃》时代的科学词汇还仍未完全定型，无论我们面对是化学，其时的化学还混在炼金术中；还是
331 直到 19 世纪才开始走上轨道的生物科学；还是仍沉浸在占星术中的天文学，17 世纪之前或者更经常在 18 世纪之前，法语中还没有一些词用来指代“引力[attraction]”(被西拉诺[④]使用过)、“轨道[orbite]”、“椭圆[ellipse]”、“抛物线[parabole]”、“公转[révolution]”、“自转[rotation]”、“星座[constellation]”、“星云[nébuleuse]”，等等。同时法语中的数学词汇——我说的是最简单、最常见的词汇——仍然非常粗糙、贫乏与模糊，以至在 1654 年 7 月的某日，帕斯卡在写一封书信时，迟迟不能用法语来表述问题，却用拉丁语表达出来了。于是帕斯卡用了如此多的文字，说：“法

① 达冉松(René-Louis de Voyer d'Argenson，1694－1757)，法国外交家、思想家。

② 加布里埃尔·诺德(Gabriel Naudé，1600－1653)，法国医学家、图书馆学家。

③ 安托尼·菲雷蒂埃(Antoine Furetière，1619－1688)，巴黎文学家、辞典编纂学家。

④ 西拉诺·德·贝尔热拉克(Savinien Cyrano de Bergerac，1619－1655)，法国讽刺作家、戏剧家。

语一点价值也没有"①。

以下是一项严肃的论断。他们用法语对诸科学进行推理——或只是他们推理时所能使用的词汇，并不是专门用来推理、说明与论证。这些词不是学术用语，而是一种属于所有人的语言、日常使用的普通语言。如果你愿意，可以说这是一些有褶裥的词语。它们的意义自由地扩展、缩减、改变与衍化了。学术用语却渐渐失去了这种自由，它们就像路标那样具有稳定性。有人例如夏尔·尼科尔②曾经就因为这种不可变更的束缚与枷锁，指责它们创造了一批崇拜者与奴隶。也许是这样。但是没有它们，人们的思想如何被赋予一种真正哲学的活力、稳定性与明晰性？

二、句法与透视法

词汇就是如此。那句法呢？[3]

的确，在古法语、12 世纪那具体的、印象式的、素朴的法语中，动词占主导地位，它在句中荣居第二位，凝视着句子的其他成分，感觉它们就像卫星一样围绕着它，这种古法语远非 16 世纪初的法语。16 世纪的法语无比自由、句法毫无秩序可言（我们对此厌恶至极），还常把简单时态与复合时态混合在一起[4]：

La dame le veut retenir,
Par le mantel l'avoit saisi,
Que les ataches en rompit . . . ③

这种句子留给我们的印象就是跳跃性很强且不连贯。这使我 332
们想起了那些初学摄影的人，他们总是带着相机在他们要拍摄的场景面前不停地在跳来跳去、改变他们的位置，这留给人们印象就

① 帕斯卡：《致外省人信札》，"1654 年 7 月 29 日"。

② 夏尔·尼科尔（Charles Nicolle，1866－1936），法国细菌学家。

③ 大意：这个妇女想要留住他，一把便抓住了他的披风，不料披风的系绳却断了。按现代语法，这里是现在时态与过去时态之间的混用。

像是放映员决定使用一种单一时态（在中世纪，人们经常这么决定）来叙事一样，让人感觉不太舒服，因为这些事件并非总在同一层面上展开。

简而言之，没有透视法（perspective），因此要解释古代作家那让人费解的意图就存在着许多困难。他们用几个不精确的词就描述了一个对象、人物以及一种场景。如果读者觉得需要，剩下的就交给读者自己去做好了，包括分类、按秩序排列且明晰一些模糊的词。

然而，可能 15 世纪末就已经取得了一些大的进展。通过类比可以看出形态得以增长；两格（主格—宾格）的体系已经被废止，于是更严密的语序就被引用到句子中，使得主格确实区别于宾格；动词谓语则逐渐把统摄权让给了主语。总之，转换成语法行为，就有一些明显征兆表明思想的组织越发进步了，这种组织立即反映在句法的转变上，且受到了它们的影响。透视法也一样——“che dolce cosa[多么甜蜜]！”——逐渐变成了必要，后来就变成了艺术家的本能。因为他们的整体世界观（我们的世界观）总是不知不觉地在发生变化，因此使用更规则、更一致的时态能逐渐使作家将顺序引入到他们的思想中，把透视法——深度，如果你要想用的话——引入到他们的叙述中。

不言而喻，15 世纪末、16 世纪初，一切都尚未完善。费尔德南·布律诺喜欢引用科曼[①]叙述蒙特里战争开始时一句著名的话。年代记作者[科曼]镇定地写道，“大炮端着一盘肉上楼时，击中了小号手”[②]（《战记》第一卷，第九章。约瑟夫·卡尔梅特[Joseph Calmette]等编，第一卷，第 61 页）。人们还可以从科曼那里找出其

---

① 菲利普·德·科曼（Philippe de Commynes，1447？－1511），外交家、史书编纂者。撰写的《回忆录》生动地记述了路易十一世、亨利八世以及路易十二世时期法国的方方面面。

② “Cette artillerie tua une trompette en apportant un plat de viande sur le degré.”按现代文法，副动词“en apportant”表示的动作，只能由句子的主语大炮来完成。实际上应改为现在分词，去掉“en”[译为“小号手端着一盘肉上楼时，大炮击中了他。”]。

他一些类似的句子。例如，接下来几页中有这样一句："天气的阴暗导致了他们的妄想"①（[第十一章]卡尔梅特等编，第一卷，第73页）。或者这个令人印象深刻的观察："某天早晨，国王[路易十一 333
世]渡河到前线去检阅我们的军队；许多骑兵在河边上。"②（同上书[第十二章]，第75页）。我们还是不要把16世纪的一切都想象成是明晰的、有序的：

吻你吧，让娜

我都半老徐娘了③

上述那句来自龙萨（《颂歌集》，第四部，第31节）。这里也有一些源于皮埃尔·德·布朗托姆④："当我向罗什福科伯爵[弗朗索瓦四世]谈及此事时，我就已经解决了，向国王请辞，只是为了不让别人把自己说成是个背信弃义者，通过我的朋友，我能找到一个比他的王国更好隐居的地方"⑤。这个句子并非证明他具有将思想按秩序排列起来的能力。

时态是否一致呢？时态仍不规则，有时是非常不规则。"他们曾说，他们将不去"⑥：这一点也不令人震惊。这样出自让·多通⑦的句子就像赌博："在上述的国王之副长官送给他的一封上述的信函中，言及最让布伦亚市民恼怒的事情，说如果有必要率军去攻打

① "Et cette imagination leur donnait l'obscurité du temps."

② "Le roy vint un matin par eau jusques vis-*à*-vis de nostre ost, largement chevaux sur le bord de la rivière."

③ "Jeanne, en te baisant, tu me dis//Que j'ai le chef *à* demi gris."

④ 布朗托姆（Pierre de Brantôme, 1540－1614），法国编年史家、军人。其著作主要讲述战斗故事和骑士传统。

⑤ "Je m'étois proposé aussi, comme quand j'en discourus au comte de la Rochefoucaut, seulement de demander congé au Roy, pour n'estre dit transfuge, par un de mes amis, pour me retirer ailleurs où je trouverois mieux qu'en son royaume."

⑥ "Ils dirent qu'ils n'iront point."

⑦ 让·多通（Jean d'Auton，又作 d'Authon, 1466－1527），法国历史学家。

他们的话，他就会消灭他们，他们理应遭受严厉的处罚。”①（《路易十二世年代记》第四卷，第 85 页）。这使我们想起了一个玩望远镜的小孩，有时从大的这头看看，有时又从小的这头看看，还不停地变焦。类似地，词序通常也并非严格地固定下来。谓语动词还经常出现在主语前面，如德佩里埃这样写道：“惹怒了他，他的那些子女”②，同时拉伯雷写道：“一面狼吞虎咽，一面等修道院长。”③同样，宾语经常出现在动词之前。还是选德佩里埃的句子：“弥撒着上了光晕与玫瑰。”④以下句子是勒内·斯蒂雷[5]在普鲁塔克的翻译者［雅克·阿米欧］⑤的流畅散文中找到的，它就很好地证明了 16 世纪的法语——甚至在那些最优秀的语言运用者手里——仍然倾向于把一切东西都放在同一层面上，包括要旨与次要枝节。以下就是一个完全没有从属关系的句子：

334 “罗马人打败了安条克之后，他们开始渐渐地侵食希腊人，并定居在希腊，这样他们的帝国就已经在各个方面包围了阿卡亚人，甚至连那些城邦的统治者都站到了他们这一边，向他们卑躬屈膝，以便讨得他们的欢心。既往罗马帝国的势力，在幸运女神的帮助下，正在追寻他们的伟大事业，以期建立全世界的君主国，同时正在日益接近目标，天主希望万物所导向的目标。”⑥

---

① “Lesd. lettres que lui envoyoit led. lieutenant du Roy, desquelles choses fut très animé contre les Boullongnoys, disant qu'il les destruira, s'il faut qu'en armes aille sur le lieu, et que, à bon droit, avoit deservy cruelle pugnition.”

② “provoqué l'ont ses fils et ses filles”。按现代用法，主语与宾语换了位置。

③ “là bauffrant attendit les moines l'abbé”，出处见《第三部》第十五章。正确的引文是：“là, bauffrant, attendent les moines l'abbé”。按现代语法，主语与宾语换了位置。

④ “Un mesme teint avoient l'aube et les roses”。按现代用法，主语与宾语换了位置。

⑤ 雅克·阿米欧（Jacques Amyot, 1513－1593），法国主教、古典学家。

⑥ “Quand les Romains eurent défait Antiochus, ils commencèrent de plus en plus à gagner et ancrer sur les Grecs, de sorte que leur empire environnait déjà les Achéens de tous côtés, même les gouverneurs des villes se rangeoient et s'inclinoient fort sous eux pour s'insinuer en leur bienveillance et déjà tendait la puissance de l'Empire romain le grand cours, avec la faveur de fortune, à la monarchie du monde universel et approchait bien fort le but où les dieux vouloient tout faire tourner.”时态错乱。

这是一段冗长的、繁琐的语言，通常缺乏韵律与风格；这种语言属于那些说话不多，而一旦有机会，说起来就毫无休止，且淹没在解释与小故事、细节与环境中的农民语言。因为他们不善于理顺思考的线索；因为他们有的是时间，非常多的时间，世界上所有的时间，最后（我们稍后还会回到这个方面）因为语言中涉及到的一切都至关重要，都承载着结果与神秘的魔法[6]，因此，他们无法再现古代著作简洁的文风也不足为奇。恰恰相反，他们还对古代的原作加以扩充。阿米欧在原文中看到δύναπιν[力]时，每次都将之翻译成“他的势力与他的军队”——同样，οἶκον[家]变成了“他的房子与他的地产”，诸如此类。简而言之，这项最终将走向路易十三世时代文风的工作才刚刚开始，据居斯塔夫·朗松说，这是一种根基结实、慢慢展开的句子，它们旨在“竭力把自己安排得错落有致，并首先寻思着揭示句子各成分之间的关联。词语被塞入一个用关系代词、连词以及现在分词构成的逻辑框架中”。这让我们想起了“镶嵌在王宫宫殿的砖墙上的石雕”[7]。

这些是对思想的严密束缚，是沉重的枷锁。没有人能逃脱。关于拉伯雷，爱德蒙·于盖曾带着一丝天真，提了以下问题[8]：“这个伟大的作家，在处理句法上没有像处理词汇那样自由，这到底是为什么？”哎，那是因为他无法这样做，而非像于盖所说的那样，是因为“人们通常不在句法中寻求原创性”（说了等于白说）；这是因为句法并不依赖于个 335
人，即使他是天才。从某种方式上，句法就是一种社会制度。它属于并反映了时代、群体，而非某个特定的作家。总的来说，每个时代、每个群体都有其特定的句法。我这里所说的是一种与他们的思想发展水平以及科学知识程度相对应的句法。

有作用就有反作用。语言的状况阻碍了思想理念的自由发挥，然而不管怎样，思想的推进力也使语言的框架得到分裂、粉碎，同时也得到扩大。如果16世纪的人手头拥有一套更适合哲学、宗教思考需要的语言，那么在缺乏更好的、更发达的科学的情况下，他们又如何处理呢？有些优秀的审判员近年来指责哥白尼，指责他希望使他的体系过于精密，这反而破坏了他的体系。另一些资历较浅的人则强调“不精确的效用”,补充道:“开普勒再细致一点就不能发现他的法则。”[9]不言而喻,每个时代的思索条件都不同。在有些时代,人们有必要知道如何冒险、创造与先发制人,并随后进行观察(或者重新观察)。语言与思想,这个问题就犹如给裁缝一件耐用的衣服,要求他时常把衣服改装得适合顾客的体型,因为顾客的体型永久在变化。有时衣服太大了,有时顾客又觉得太紧了。然而,它们有必要适应对方,也确实适应了对方。它们经常相互适应,但也有滞后性。如果不是像大坝,语言通常也至少像个护栏一样起着阻碍作用;有一天,大量被拦住的水就会突然冲破障碍物,在思想史中漫延开来。

三、拉丁语的异议

这一点上,没有人应该说:“你在玩文字游戏!16 世纪的人不
336 是有拉丁语吗?他们要研究哲学时,难道不会用西塞罗的语言吗?这个西塞罗不仅在写作上是他们的导师,在思想上亦复如此。”

毋庸质疑,那个时代所有思考哲学的人——所有,或几乎所有,补充这个“几乎”只是出于谨慎,或是出于对贝尔纳·帕利西①的敬畏——都会双语。如果不会,他们就会觉得丢脸。众多人中的一个即龙萨,就不让他们忘记这一点:

> 法国人读我的诗句
> 希腊人罗马人应如是,
> 他们从手中的书里
> 只是读出一种重负……

既然他们说拉丁语,难道他们不能因此用拉丁语思考?然而,尽管他们竭力想复活拉丁语思想,竭尽全力地使这种思想能在他们当中流传,不过它仍然还是一种死的思想。不管拉丁语思想在

---

① 贝尔纳·帕利西(Bernard Palissy, 1510? -1590),法国胡格诺派陶艺家、作家。

何种程度上强迫人们承认它的价值，它也就只能抑制他们的飞跃。它把人们束缚在古代的、过时的，如果你喜欢的话，也可以说是落伍的、不合潮流的思考方式和情感方式上。因为他们的文明，如我们所见，已经全部渗透、浸淫在基督教的教义、理念与情感中。他们全身心地向这些理念与情感靠近，而这些理念与情感部分上与他们自己的相对立，或者，如果你喜欢的话，可以说与他们应有和能够有的理念与情感对立。

现在，我们还是试着把 16 世纪法语中所没有对应表达的那些概念翻译成拉丁文吧。"绝对的[absolu]"？拉丁文的 absolutus 是指"完成的[achevé]"、"完结的[accompli]"，仅此而已，它没有哲学的用法。"抽象的[Abstrait]"呢？拉丁文的 abstractus 指的是"分离出的[isolé]"或者"分心的[distrait]"。西塞罗可能找到了好的"表达方式"：Quod cogitatione tantum percipitur[只是通过思想来把握的]；就是如此，同时又不是如此。此外，说话和写作就如在市场上一样：数百枚铜币，不如取出一张百元法郎……这同样也适用于"相对的[relatif]"。它的意思是"pertinens ad[相关的]"吗？它有另一层意思呢。后期拉丁语"relativus[关系词]"只有一种语法上的意义。我们更别提"超验论的[transcendental]"("超验的[transcendant]"很少有哲学上那种"优越的[supérieur]"、"卓越的[excellent]"、"崇高的[sublime]"意思)。至 337
于以"主义[isme]"结尾的那一串体系的名称呢？

我觉得，借助对等词，运用释义法，并用一些我们表达得清楚而客观的词来翻译，就可能找到适当的"表达方式"。我们还是要注意，要用这样的方式来翻译一种观念，我们首先要已经拥有这种观念，在这方面，拥有的迹象就是词；那就是说，如果一个人的日常用语中没有这个词，就无法在他的拉丁语中找到对应的方式来解释它；最后，确切地说，如果我们能够试图用一个长句来释义"决定论[déterminisme]"(优秀的亨利·戈尔泽[①]就试图在他的《法-拉辞

① 亨利·戈尔泽(Henri Gœlzer，1853－1929)，法国的拉丁语专家。著有《拉-法辞典》(1893 年)、《法-拉辞典》(1906 年)以及《希拉比较语法》等。

典》中这样做："doctrina qua rerum universitas ex causis aliis ex aliis nexis necessario constat[这种教义认为，世间万物都依赖于彼此必然相互联系的原因]"），那是因为像我们这样 19 世纪或 20 世纪的法国人都接受过哲学教育，同时老师还向我们传达了这个概念所要表达的意思。16 世纪的人可能就很难把这个概念解释清楚，以便对此给予恰当的翻译，因为他们没有上过我们的哲学或数学课；同时他们单独努力也不可能产生"决定论"这个普通的概念。这个寻常的、几近通俗的概念是我们自 16 岁开始就已经毫不费力地获得了的，从此便没有脱离过。要获得这样一些概念，光靠一个人的努力还不能完成。

人们总是喜欢谈论新获得的东西，如罗盘、大炮、印刷术，而对于这些，16 世纪的拉丁语使用者只有细心地付出了巨大的努力，并以歪曲真正的语言为代价才找到它们的拉丁名字。这里面存在着一些夸张与错觉。实际上，学院或系科中没有人，我是指没有哪位大师在这种场合会反对用"俗语方言"中最通俗的词语来给拉丁文穿上外衣。他们造了这样的句子："Placuit nationi remediare et obviare abusibus commissis vel committendis per nuntios nationis[同乡会乐意纠正和回避那些它们的使节曾经或正在犯下的恶习]"和"vult specialiter quod fiat una distincta tabula omnium dioceseon[特别希望所有的主教辖区都能单独制一份名单]"。以上几句是教授说的拉丁语。"capis me pro alio[你把我看成了其他人]"；"parvus garsonus bavat super sese[那个小男孩垂涎欲滴]"；"ego bibi unum magnum vitrum totum plenum de vino[我喝了一满大杯酒]"，等
338 等[10]。以上三句是学生的拉丁语，科尔蒂[Maturino Corderio]这样证实道，参见他 1530 年的《堕落讲道的改良》(*De corrupti sermonis emendatione*)。我们只要注意，这些学生的用法倾向于去除拉丁语作为国际语言的特征。一个图宾根的学生同样会对"bavat super sese[他垂涎欲滴]"或"faciam te quinaudum[我要让你蒙羞]"表示惊叹，正如庞大固埃听到里摩日人乱说法语一样[《庞大固埃》，第六章]。不过，那并非真正难题之所在。难题始于当有必要

在神秘理念的园地里，

作一次巡演时，就像《哀悼集》的作者[若阿基姆·杜贝莱]在某节中说的那样。

学生的隐语中，贝雷帽就是 birettus 或 birrus。军事谋略家的隐语中，射石炮就是 bombarda。纳伐尔学院那些附庸风雅的人的隐语中，配有鞋带的鞋就是 solutares ad laqueos，同时毡帽就是 capellae de fultro。那些适当的物品都在那里，实实在在地摆在那里，等待人们来给他们命这样或那样的名。但理念呢？概念呢？它们也在供那些哲人使用吗？这是一种恶性循环：如果在哲学意识的滥觞之时确实或至少是潜在地存在这些概念，那么拉丁语这种用来表达已死去上千年文明的思想进程的语言，能否有助于那些处于新生边缘的理念诞生呢？

确实，拉丁语被神学家和经院哲学家用来表达一些罗马人与希腊人从未想过的理念——尽管这些理念一出炉，它们就力图回归到古代的巢穴，且竭尽全力地躲在亚里士多德的羽翼下。新的要求、一些有关纯粹性与精确性的要求产生了。一种严格的“不规范用词”的观念加之于依旧严格的“句法错误”观念上。文献学家开始了咬文嚼字的校阅工作。我们可以对此表示遗憾，但这样做有点天真。那些人清楚他们自己所做的事。我说的那些人是指像洛仑佐·瓦拉、伊拉斯谟，以及纪尧姆·比代这样的人。毕竟，在迫使
他们的同代人(这些人没有更好的要求，十之八九会成为他们计划 339
的狂热支持者)回归到纯粹与精确的古典拉丁语上，他们自己也一扫以往的模棱两可。他们把古典哲学掷回古代与过去，为新的建构扫清了障碍。他们有意无意地便利了活生生、充满生机的语言的出现。他们为“近代”哲学开启了大门。

四、个案：无限

16 世纪那些人碰到了许多难题，诸种难题中，我们仅举一例，

但是这个例子分量很重。人们知道马勒伯朗士在他《探求真理》(第三卷,第二章,第六节)中所作的断言:“证明天主存在最好、最明显、最坚固的、首要的证据,就是假定的事物最少的证据,即我们所拥有的关于无限的观念。”

无限:人们确实能用拉丁语说“infinitas[界限]”或“infinitio[无限]”。西塞罗就在 *De finibus bonorum et malorum*[《论至善和至恶》](第一卷,第六节)中说:“infinitio ipsa quam ἀπειρίαν vocant[无限即希腊人所谓无界的(ἀπειρίαν)]”①。人们可以这样说,但还是要靠近一点、看清楚一点[11]。

一极是希腊人。埃利亚学派以降,他们多少就主张空间上的有限与有界,实际上就是人们可以想到有关存在的唯一形式的完美和完结,因为思想与知识通常决定了一切。接下来是罗马人。他们具有与希腊人相似的感情,即认为宇宙在时间上是有界的、有限的,因为一连串的原因在毫无缘由的情况下被第一项打破了。他们甚至反感无限以及无界的存在。因为这种无限与无界是不确定的,因此也带上了不完美的烙印。实际上,完美属于有限的领域;古代的天主是完美的,而他本身就是有限的、有界的[即会死的]。总之,两千年以来,无限就标志着缺陷、不完美与潜在性。

另一极是经院哲学家与他们无限天主的理念。这种理念是另一种理念的产物,即存在一个无界限的宇宙或围绕宇宙的无限真
340 空。早期的希腊思想家们可能对这种观念并不陌生,但直到基督教纪年之前一段时间人们才开始公认这一观念。它有助于引入一种观念,即存在的无限性,形而上学派与神学家从一世纪初开始就不停地思考、讨论它。这里,存在的无限性不仅体现在数量上,而且体现在能力上。它的内部包含了大量超出我们想象的活力与能力,这首先体现在同样无限的大变量、力、知性与意志上。谈到这一点,经院哲学家开始描述一种论证,即被康德称为存在论的论证。这种论证使用于 17 世纪给形而上学思想带来了一种如此奇

① 西塞罗:《论至善和至恶》,石敏敏译,中国社会科学出版社 2005 年,第 13 页。

特的飞跃——对怀疑主义者而言，他们却试图利用这种无限观念的模糊性去推翻理性。

因此，如果16世纪的人继续谨慎地追随12世纪、13世纪、14世纪的人；如果他们继续像先人那样，用与（在形态与精神上）古典拉丁语渐行渐远的经院拉丁语来表达自己的思想；如果他们没有向确实属于他们父辈、祖父辈的思维方式与写作方式宣战；如果他们不希望与先辈的推理方式以及被他们认为不规范的语言相脱离（他们实际上脱离与否又是另外一个问题）；如果他们没有着手超越基督教的教义、神学与经院哲学，并努力回到源头、回到古典思想的真正源头，而首先回到的是西塞罗，他不仅是作为哲学家受到后人的尊重与追随，而且还作为作家得到后人的研究与模仿：那么可能就没有什么问题，或问题就不会很多。事实上，他们在期望另外一些东西。他们梦想一种总体革命。他们以一种奇特的力量，有力地向过去宣战。通过一种他们自己未意识到的非逻辑性，他们主张应注入一股新风，直接越过最近的过去、中世纪基督教的这段过去，直接、完全地重新进入遥远的过去、古代异教的过去。

要解决这些疑难问题，出路实际上只有一条。有一个人就没有
在这一点上搞错。笛卡尔说：“我用本国的语言法文写这本书，没 341
有用师长的语言拉丁文写，那是因为我觉得那些单凭自己纯粹的天然理性来判断的人一定善于评判我的看法，胜过只信古书的人。”[①]《谈谈方法》就是以这个解释结尾的。确实，人们无法更好地将传统思想那致命性的贫瘠与“纯粹的天然理性”之革命性的肥沃相对照，前者隐藏在拉丁语的细网中，后者却使用了一种适应其需要的工具。这种工具的发明是必要的。只是在1600年前后，哲学界出现了两个举足轻重的用法语表达的人，杜维尔[②]与皮埃尔·沙

① 笛卡尔：《谈谈方法》，王太庆译，商务印书馆2000年，第59页。

② 纪尧姆·杜维尔（Guillaume du Vair，1556－1621），政治家、思想家。当时王党派的代表人物之一。1584年任巴黎高等法院法官。

朗，这绝非偶然。继他们之后出现了一个真正的哲学家——勒内·笛卡尔。笛卡尔以降，法国就没有哲学家用拉丁语写作了……

神学界已经意识到了这种大变化。福音主义者与之后16世纪的改革派人士坚决要求每个信徒都有权阅读用他们自己的“通俗法语”，而非只是用通俗的拉丁文写成的宗教方面的圣书、《圣经》的基本篇章，这种坚决有时让我们觉得有些不可思议。其实，它在深处揭示了一种不安。这些人朦胧地觉察到，在[《圣经》的]道与接受道的世人之间存在着的一道额外的障碍，这道障碍可能由语言的屏障隔开；这种语言不仅已经死了，而且几个世纪以来还表露与传达了强烈敌对任何[《圣经》的]道所宣扬的事物；这种思想属于那些受到基督教迫害的人，他们在基督教初露头角时，就试图一劳永逸地把它扼杀在萌芽中。

第二节　两种思想

述及以上这些之后，我们现在可以抱着更加理解的态度回到
342 16世纪的哲学家那里。我们可以撇开那些中伤的评论——它们还可能有点过于粗略——先提几个具体的问题。

具体而非宏观的问题。我们不要问“文艺复兴时期哲学的”意义何在。一言以蔽之，这是个宏大的、宽泛的问题。我们最好还是问，如果存在的话，由（如布雷尔所说）那些“繁盛的、丰富的”哲学所引伸出的共通意义何在？我们可以看到，在15世纪末与16世纪初的西欧，这些哲学开始粉墨登场、绽放异彩。即使这样界定，甚至还提前去除了有关“体系”的那些幻想，这个问题似乎还是有点大了，且还毫无意义可言。既然问题提出来了，我们还是不应该在进行任何严格的考察之前，就对它置之不理。此后，我们还会遇到另一个问题，它也同样的令人生畏。实际层面上说，提出这个问题很简单，要解决起来却尤为棘手。这一次，问题在于逻辑与理性的复杂性，而非心理与情感的复杂性。更确切地说，这是一个与诚

实有关的大问题。

虽然这种和解是实践而非理论上的，但是这些哲学如何与基督教达成和解呢？我们还打算从它们身上找出哲学的共同倾向与总体方向，而它们试图与之和解的基督教，也就是我们所说的不断支配生活与那个基督教时代的人的基督教。如果这些哲学在本质上不是基督教的，那么宣扬并信奉这些哲学的人又如何调和自己的思想呢？因为作为哲学家，他们有自己的哲学思考，同时作为教会的信徒，又必须服从教会。必须武断地说他们只是借助虚伪而达到和解了吗？说他们撒谎了，说他们表面上对基督教的顺从只是一种懦弱、过于审慎与矫揉造作的表现吗？

一、希腊思想与基督教信仰：它们存在冲突？

要把"文艺复兴时期的"诸种哲学合成一种哲学是很困难。人们可以料想到这一点。早在 1920 年，哲学史家莱昂·布朗歇（L.
Blanchet）就在他的《康帕内拉》（第 126 页）中这样问道：怎么可能用一 343
句话来总括"过渡时期的思想，因为它仍在寻找前行的道路，而且还没有成功地把自己的思想变得井井有条、协调一致，就像有组织、均衡的年代那样。"可惜，布朗歇英年早逝，这对该领域无疑是个巨大的损失。

不过，人们还是试着这样做了，而且还不止一次。特别是在意大利，人们通常自然地将目光转向文艺复兴时期的诸种现象。因此，在 1868 年一篇论蓬波纳齐的文章与 1872 年一篇论泰莱西奥[①]的文章中——这两篇文章均载于两卷论意大利文艺复兴时期的自然观念的《历史研究》（*Studi Storici*），弗朗西斯科·菲奥伦迪诺（Francesco Fiorentino）相信他自己能超越中世纪，全方位地注意到"一种试图在另一个世界中寻找万物的不懈努力，诸如超越个体的种与属，超越形与物之结合的形与物，超越万物的天主，超越灵魂的知性，以及超越生命的真正美德"[12]。总之，菲奥伦迪诺将中世纪界定为一种超验的体制，相

① 泰莱西奥（Bernardino de Telesio，1508－1588），意大利哲学家、自然科学家。对康帕内拉、布鲁诺、培根以及笛卡尔等人的方法有很大影响。

反,文艺复兴则是“(上帝)无所不在”这种观念的复辟或确立。他在一幅宏伟的画卷中,向我们展示了一连串可以被称作中世纪的思想家——从他们的先祖普罗克鲁斯一直到奥卡姆——都致力于废除自然对精神的益处。此后,14 世纪初,文艺复兴的思想家出现了,他们的努力方向与前者恰好相反,他们肯定精神处于自然的中心。

这些巨大的机械般的团体,真假难辨,无一不在处理一些庞大的、分析得不够充分的概念,诸如中世纪、文艺复兴,更别提超验以及它的姊妹敌人——“(上帝)无所不在”。一般来说,他们至少提出了问题,而且提出的问题还发人深省,会引发他人的回应或讨论,这是他们的价值所在。这种事情同样在意大利发生过,乔万尼·秦梯利①写了一篇“特莱西奥新论”与“总论引发经院主义和哲学之间关系的诸问题”。老实说,这两篇文章提出的理念冲突,不是发生在那些理性实体,
344 例如“(上帝)的无所不在”与“超验”之间,而是发生在希腊哲学与基督教的总体概念之间[13]。

* * *

这是历史学家的观点,如此看来,我们还是不要无动于衷。事实在于“文艺复兴时期的人”(为了表述方便,我们还是用这种陈腐的说法),把古人,特别是古希腊人看作他们的哲学导师,也不管这些古人涉足哲学的深浅程度。希腊文化的原始体系通过罗马人的释义而为我们所知。也就是说,卢克莱修沿用并修正了伊壁鸠鲁的物理学与心理学;西塞罗在他那华丽的对话篇中,传达了一种用优美的语言修饰的学院折衷主义——“verba tantum affero, quibus abundo[我带给你的只是这些丰富的词汇]”(《与友人书》第八卷,第 63 通);最后,塞涅卡普及了斯多葛派伦理学,因为他能用人道的方式调和这一派理论的严酷性。然而,有些人还是可以直接通过古希腊的著述来领略他们的思想,这就是那些渴望能开阔视野、追溯源头,并能阅读真正的柏拉图和亚里士多德原著的人。希腊

---

① 乔万尼·秦梯利(Giovanni Gentile, 1875 - 1944),意大利新黑格尔派哲学家。与克罗齐(Benedetto Croce)过从甚密。

文化的存在并不是这些人的偶然发现。要说希腊思想渗入了经院体系为时已久，无疑是多余的。吉尔松从文艺复兴中看出不是希腊思想对基督教教义进行报复，而是人们试图借助伊拉斯谟——他的《手册》以及《劝世文》(*Paraclesis*)来净化基督教思想，因为此时的基督教受到希腊众多哲学思想的侵袭，如柏拉图主义、毕达哥拉斯主义、学院派以及斯多葛主义[14]。确切地说，伊拉斯谟的言语见证了那些人文主义者的广泛兴趣，这些兴趣也满足了他们那无畏的欲望，有些兴趣无论如何都超越了他们的直接目标。因为16世纪法国的这些粗人——他们的粗犷体现在他们那股对工作的顽强意志、那种惊人的自我禁欲与战胜一切困难、贫穷以及匮乏的热忱 345
中——不是在《伦理论》或《九章集》、《工具论》或《蒂迈欧篇》中寻找亚里士多德或柏拉图，普鲁塔克或爱比克泰德。他们在这些既明晰又难解，既晦涩又光芒四射的作品中找寻他们自己——他们自己以及他们在这个世界上生存、信仰以及活动的理由，当然这个世界是他们自己构建的，也是为他们自己构建的，就活生生的摆在他们眼前。是的，他们试图吸收希腊文化，但是吸收的目的在于超越。我们还是不要因为以下理由而责难他们，比如他们吸收了恩培多克勒的思想，并把它据为己有；还吸收了他的四大元素(水、气、土、火)理论，在没有考虑爱与憎这两大元素的基础上，他们又补充了一个与从根本上对立的概念，即四大品质的概念——干与湿，冷与暖；几个世纪以来，后者的出现都标志着"质胜过量"。我们还是不要责难他们，因为近两千年以来，人们都是这样从物理学、宇宙学或炼金术中援引理论。在此后的两个多世纪里，它仍继续左右着化学与医学，直到拉瓦锡时代为止。我们还是不要在这一点上责难他们。不过我们应该看到，正是在希腊人那里，哥白尼才找到他的假设的雏形以及思考的出发点，尽管他的假设也不乏新意。他旨在超越希腊人，是的；但首先还是让希腊人把他送到宇宙的顶峰。

* * *

不过，"文艺复兴时期的人"的这种亲希腊文化引起了大问题。

确切地说，就是艾蒂安·吉尔松在谈到伊拉斯谟时提出的那个问题，即当伊拉斯谟看见自己周围围着如此多的希腊人，而基督徒却很少时的那种痛苦心情[15]，以及看到那些不虔诚的基督教将亚里士多德与基督加以比较时的那种愤慨，同时还有看到希腊精神对基督教智慧加以腐蚀时的那种愤恨——圣保罗说它们导致了这个世界智慧的愚蠢化。秦梯利也曾试图在前述的那些著作中提出这个问题，同时努力加以解决。

他写道[16]，希腊哲学是“一种能理解自我之外事物的思想(il pensiero che si vede fuori di se)，因此要么把自己视为可以直接理解
346 的自然，要么就视为理念。但这种理念对希腊人来说不是思想活动的产物，而是与思想相连的事物，并且它们还被认为是永恒的真理，一切现实与知识的永恒原因，同时能与事物的变迁相匹敌。在一种和另一种假设中，理念是一种实在，就是它自身所是，用思想去解释它时，它能独立于思想及其关系。”

这是个富有悲剧色彩的概念，秦梯利评论道，“是人类灵魂就其自身在这个世上的存在状况所构想出的概念中最凄惨的一个”。因为灵魂的存在依赖于真理，或者(如果你想这么认为的话)依赖于一对灵魂所思、所肯定的真正存在的信仰。不过，希腊人的概念中，真理、真正的真理、实际存在的真理并不在人类的灵魂中。真理存在于人类之外，而人就如柏拉图学派的爱情(Eros)神话中所说的那样，受到一股巨大的欲望的驱动，试图去捕捉真理，把握它的真实本质。然而真理早已逃之夭夭。对现实来说，真理仍是陌生的，好像无法达到它那永恒的完美。

因此，科学，其条件在亚里士多德的《逻辑学》中得到充分分析的科学，并不是我们今天的科学，不是人类获得的知识，也不是由一种活跃的、进取的知性塑造成的掌握与认知工具。这种科学并非在历史中不断重构而成，而是直接从各种原则中抽象出来的，这些原则包含了所有的概念，概念之间又相互联系，共同构成了可知的知识。这是一种不会演化的科学，不会成长也不会萎缩，同时又把历史排除在外。因为它自始至终都一样，都是绝对完美无缺的。

确切地说，基督教否定这样一些概念。把天主降生到人类，同时又把人类降生到尘世中，基督教恢复了人类所有的价值。基督教把天主置于创造物之内，这样就让创造物也能分享神性。天主甚至把自己变成人，经历人类的一切苦难，直至最终的苦难——死亡。爱不再像柏拉图神话中描写的那样，是对那些只可意会不可言传的情感的贪婪冥想；爱是人类的劳作，不断地在塑造自身。爱 347
不再是对某个既存世界的疯狂祝福，而是劳动者对某个由人类缔造并不断重塑的世界的祝福。这些人拥有的知性与知识不多，他们多的是爱与意志。这些人是他们真理的创造者。这种真理混合了善、诚实与率真；它远非不属于我们，相反，只要我们带着一颗纯洁的心与善意去探寻它，它就会属于我们。这里存在着巨大的转变。人们不再是旁观者，而是参与者。他们在基督教的内部找到了自己，重新发现了自己。

于是，这样就存在对立了吗？存在两种教理或者（如果你想这么说的话）两种概念相互对立、不一致。必须在这两者之中取舍吗？不需要，因为这里不存在两种哲学，有的只是一种哲学；另一方只是一种信仰，一种真理的启示，它本身不一定需要立刻融入思辨的思想体系。因此，这两者可以达成妥协。妥协确实也达成了。基督教思想没有摆脱亚里士多德逻辑学与超验逻辑学的影响；相反，在整个中世纪，它仍与古希腊的概念有着千丝万缕的联系。

基督教的第一条见解在于天主、天主之子造人。不过，基督教还是偏向于依靠天父。好像是出于意愿，基督教让自己一而再、再而三地陷入亚里士多德的形而上学之网，后者主张现实的原则处在现实之外。基督教徒劳无益地试图填补运动之原因（不是运动）与运动之间那永远无法填补的深渊，况且这种运动还无法在自身内部找到充分根据；它还试图填补生成原理与自然之间的深渊，然而，前者却无法生成，后者也无法在自身内部找到繁殖或腐败的根据；简言之，就是灵魂与肉体之间的深渊。在灵魂内部，就是知性灵魂与自然灵魂之间的深渊，前者是现实的理解力，而后者却是潜在的知性，它本身并不能理解任何事物。

这里存在内容与形式的分离，内容是万物的潜能，形式是万物
348 实现的结果；生命与对生命的渴望之间也存在着分离。亚里士多德主义者或柏拉图主义者、唯名论者或唯实论者、阿威罗伊主义者与托马斯主义者等也有无法解决的苦恼。他们在整个中世纪都试图构想实在，由于受到他们论述或重述问题的方式的误导，他们偏离了正道，没有成功，也不可能成功。确实，对他们所有人来说，这是一种坦塔罗斯式的精神折磨①。因此，尽管他们百般努力，在调和神秘主义倾向与知性主义哲学倾向这一事上，中世纪一直都没有成功。神秘主义认为神与真理直接存在于人类的灵魂中，同时又否认科学与发展成熟、已形成体系的知识；知性主义哲学则预先假设精神之外存在实在，并全身心地致力于找寻它的构造，这一构造实际上形式丰富、实质空虚，不可能成为真理的。

二、希腊哲学、基督教信仰：一些交流

因此，我们很容易这样说：文艺复兴的任务，如果不说是简单的话，也是明确的。它旨在解体经院主义逻辑学、心理学与物理学，不仅要恢复真理原先在人类灵魂深处的地位，还要恢复德性与完美的地位。真理是时间之产物，人们终于认识到了它是什么；德性与完美却被人们占为己有，根据自己的需要对它进行裁剪。它旨在宣布与声明自然与人性这两者的绝对价值。确实如此！我们甚至还有权补充道：文艺复兴勇敢地承担了这一任务。勇敢地，是的，但是非常明晰吗？是以我们现代的精神进行的吗？这是另一回事。

影响人类的事情没什么是简单的，因此，我们还是要谨防把事情过于简单化。我们还是不要说或相信，文艺复兴确立了或能够确立一种与基督教对峙且能与之抗衡的体系，这种体系经过了精

① 坦塔罗斯：希腊神话中主神宙斯之子，起初甚得众神宠爱。后来被打入地狱，永远受着痛苦的折磨。其名喻指受折磨的人；“坦塔罗斯的苦恼”则喻指能够看到目标却永远达不到目标。

心构思，是对付基督教的有力武器。这样说是在歪曲历史。

不仅因为（回到我们讨论这个问题时所用的术语上）它相信当时的人不费吹灰之力，通过一些不可思议的奇迹，就可以斩断那些 349
把他们的思想、情感以及意志与基督教捆绑在一起的锁链；而且还因为一个更严肃的问题，它以一种异乎寻常的方式来理解基督教以及基督教与哲学之间的关系。另外，如果你愿意，我们还是不要说这种哲学就是希腊哲学，我们还是说一种源于希腊的哲学吧。它拒绝理解将这两则相互对峙的术语联系在一起的事物，即这两者之间的不断互换与借用。它看不清那些集大成者，如马尔西勒·菲奇（Marsile Ficin）或皮科·德拉·米朗多拉，且这两人都得到了希腊的、亚里士多德或柏拉图的启示，它看不清他们都被基督教渗透了，尽管他们似乎经常怀疑教会的神学博士与正统派教义的严厉卫道士，但他们那具有希腊风格的文字，却因为带有了福音书的气息而更显生机。最重要的是，它无视"不合逻辑"——确切地说，逻辑与这些问题无关——在中世纪思想渐渐衰落与近代思想开始萌发的这段历史中所起的奇特作用，即柏拉图主义的再生所起的重要作用，拉伯雷便是这一思潮的积极参与者和拥护者。

* * *

因为如果这是真的——这是布雷尔的系统陈述，与秦梯利的思想庶近无几——如果这是真的，即"尽管存在着如此多的分歧和差异，但在整个中世纪，还是存在一种唯一的图像，或者，如果你想这么说，是存在一种唯一的构架，能够被宇宙中可能存在的每一种图像所囊括"（布雷尔称这种图式为神学中心主义，并且描述道："作为本源的天主到作为终极与完结的天主，中间通过了有限的存在"，他说[17]，这种表达可以适应"最正统的《大全》与最不正统的神秘主义，因为在本源与终极之间，自然秩序与人类行为的秩序出于 350
需要各自占据了自己的位置"）。诚如可以在文艺复兴时期的许多哲学家那里得到证实那样，回归柏拉图主义只不过是在他们之中复活与加强一种观念，即"哲学的伟大课题在于：根据作为本源的天主与作为终极的天主来组织物质世界与精神世界中的万事万物。”

这个时候，他们的思想得到了一些欢快的、充满活力的新元素的滋养。这个时候，为了继续奥卡姆主义者的研究(14 世纪以来，奥卡姆主义者就果断地在自身以及为自身而研究自然界的诸事实)，一批新信息蜂拥而至。这些信息是新探索与新发现的产物，已瞬间扩展了《世界之镜》(*Miroirs du Monde*)中的那些传统概念以及中世纪人的总体世界观[Weltanschauung]。这个时候，带着一丝又惊又喜的心情，哥伦布与麦哲伦的同代人(多亏了罗盘针以及其他一些技术的改善，人们才能在波涛汹涌的海上冒险)开始估量这些前所未有的收获所带来的结果，或者发现他们当中已经有人对这些成果作出了估量。这个时候，他们的技术，首先是他们的火器(枪炮)，确保了在与以弓箭与棍棒为武器的人作战时，具有一种轻易便能获得的、毫无疑问与持久的优势，他们通过列出一长串的资产清单，开始开发他们所征服的领土，这些资产不仅包括了大量的动植物(围绕着整个地球，这些动植物被搬来搬去)，而且包括对各种现实与形式的直接掌控。受这种情形的促进，昔日由那些墨守成规的人毫无疑义地闭上眼睛代代相传的构架被粉碎了，直至解体与消逝，这是无可弥补的。最后，也正是这个时候，新兴的哲学精神开始自行运用到文本诠释中，文本同时重拾了自己那平实的内容，其精神也开始充满了所谓的“历史感”(这个说法仍有待推敲)。

351 这是一种矛盾，或者更简单地说，是一种妥协，因为当时还没有人能看出矛盾。那时，所谓的“自然资料”与“人文资料”开始结合起来，后者构成了古代优秀的作品集；那时，人们开始把科技不仅看成谋生的手段，而且为了让科技屈服于人类弱小的力量，人们还把科技看成改写事实、截获自然现象并解释它们的工具；那时，人们终于可以开始——确实已经开始——有效地组织调查大自然，同时这种调查允许采用与布雷尔所说的神学中心主义不相符合的体系。就在那时，一些最热心的、有能力展开这项调查的人，比如说那时的拉伯雷(这里仅举他为例),仍然还是围绕古代的图式来组织他的思考,就像我们之前说的那样。这种图式就是,万事万物、各种灵魂都被精心地安排在作为本源的天主与作为终极的天主之间。

为什么会是这种奇特的心态呢?为什么会是这种"不合逻辑"呢?人们可能列举出诸多理由。这些理由之中,诸如可见:当时,哲学只是一些意见,是一些自相矛盾、摇摆不定、混沌的意见。说它们摇摆不定,那是因为它们仍缺乏一种稳定而坚固的基础,缺乏那种能保护它们的坚实基础——科学。

注释

1 Émile BRÉHIER, *Histoire de la Philosophie*, chap. vi, *La Renaissance*, p. 739.

2 至少以一种系统的方式以及带着他们的哲学意味。人们可能揭示一些先驱者的著作中存在一两个案例。不过这些仍然是孤立的个案,不具普遍性。

3 至于 Ferdinand Brunot 以下各卷,它都在卷末的参考书目中得到了征引:《法语的历史》(*Histoire de la Langue Française*)之第二卷《16 世纪》,第三卷《古典法语的形成 第 1 部分(第 2 篇 用语)》(*La Formation de la Langue classique*, 1re Partie, 1. II, Le Lexique),第四卷《古典法语 第 1 部分(第 4 篇 词汇)》(*La langue classique*, 1re Partie, 1. IV, Le Vocabulaire),以及第六卷《18 世纪 第 1 部分 思想潮流以及科技词汇》第 1 分册以及第 2 分册(*Le XVIIIe Siècle*, *Le mouvement des idées et les vocabulaires techniques*)。又见 E. HUGUET, *Étude sur la syntaxe de Rabelais* 以及 Lazare SAINÉAN, *La Langue de Rabelais*。

4 至于这一点,参见 F. BRUNOT, *La Pensée et la langue*。又见 DARMESTETER et HATZFELD, *Le Seizième Siècle en France*。[法文初版及英译本都把这条注释放在第一节最后。——译者注]

5 René STUREL, *Jacques Amyot, traducteur des Vies de Plutarque*, p. 201.

6 见后第三章,第三节。——同样,参见《法国大百科全书》(*E. F.*)第 16 卷,J. Richard-Bloch (16 - 50 - 8)的考查:*Langage d'utilité, langage poétique*。

7 Gustave LANSON, *L'Art de la prose*, p. 56.

8 E. HUGUET, *Étude sur la syntaxe de Rabelais*, Introduction.

9 C. I. S., 8e semaine: *Le Ciel dans l'Histoire et dans les Sciences*（1940）, p. 85,（Alexandre Koyré 的表述）。

10 这一点请参见 Louis MASSEBIEAU, *Les Colloques Scolaires du XVIe s. et leurs auteurs*, *1480 - 1570*, 1878, pp. 27, et 210。

11 C. I. S., *Le Ciel dans l'Histoire ...*, Albert Rivaud 的口头表述, p. 260. ——以及 Charles Serrus 的表述。

12 BRÉHIER, *Histoire de la philosophie. L'antiquité et le Moyen Âge*, p. 741. [依语境，此处似应查 F. Fiorentino 的著作。——译者注]

13 Francesco FIORENTINO, *Pietro Pomponazzi*, *Studi storici su la scuola bolognesa e padovana del. secolo XVI*, 1868, p. 143.

14 Étienne GILSON, *Héloïse et Abélard*, *Étude sur le Moyen Âge et l'Humanisme*, p. 185 sqq.

15 GILSON, *Ibid.*, p. 188.

16 Giovanni GENTILE, *Bernardino Telesio*, 1911, p. 12. L. Blanchet 译。

17 É. BRÉHIER, *op. cit.*, pp. 741, et 743.

第三章　无宗教信仰的支柱:科学? 353

我们时而嘲笑……那个时代的科学。我们公开嘲笑这只独角兽的角、那个老妇人的药方、所有人的迷信、无知与轻信。我们时而又会万分敬重,我们颂扬那些英雄般的举动,同时发现我们与文艺复兴的古老神话相连。当然,我们有权利这样摇摆不定。

一、文艺复兴的古老神话

有个古老的神话尽管遭到众多批评,却仍活在人们心中。它以古代与古代人的学问、古代希腊人丰富的考察为出发点,后来创造了欧几里德的几何学、阿基米德的力学,希波克拉底与加伦的医学、托勒密的天文学与地理学,亚里士多德的物理学与博物学——所有这些知识都可以从希腊人传到罗马人。之后,黑夜降临——这是中世纪暗无天日的夜。古代的宝藏即便没有遗失,也被遗忘了。中世纪这几百年里,除了三段论推理与枯燥的演绎之外,并没有建树一项有繁衍力的教理,没有一项重要的科技发明。

直到15世纪末的某一天,革命开始酝酿。人们开始意识到自己思想的贫乏,于是搜寻那些丢失的宝藏,一件一件地找回那些散落在阁楼上的宝物。为了利用它们,他们竭尽全力地学习真正的 354
拉丁文、古典希腊文,甚至还学希伯来文,后者对科学知识无益,但对《圣经》诠释却不可或缺。他们接下来便是陶醉:吞下所有这些突然触手可及的古代精神食粮,人文主义者开始着手把这些著作复归原位。他们借助刚出现的印刷术,借助最近刚获得的新地理图志,后者使他们精神的与物质的视野骤然大开。哥白尼承接毕达哥拉斯。开普勒承接哥白尼。伽利略又承接开普勒。安德烈·维萨尔则丰富了希波克拉底派的实验成果……

这些表面上看起来合乎逻辑、简单并连贯一致,我们却不再相信这些[1]。我们也不再满足于知道“中世纪的人们”远不是对古代文化一无所知。在我们眼里,可能还知晓一些 1280 年左右的手稿或一篇昔日古典文本的残片,重要的不是来自多明我会或昔日本笃会的约翰修士或马丁修士;重要的是约翰修士或马丁修士阅读那些残片的方式,能真正读懂它们的方式。他们像我们那样读吗?显然不是。他们的基督教不会只满足于缓解其信徒对一些形而上学问题的焦虑。它激活并激励当时宏大的神学大全——诸如《世界之镜》、《世界的容颜》(*Visages du Monde*)等等。它还完全代替了人,进入人们生活的方方面面,不管是公众生活还是私人生活,不管是宗教生活还是世俗生活。它为人们武装关于自然、科学、历史、道德和生命的一贯见解。正是通过这些见解,他们可以阅读、解释并挪用这些古代文本,却不会为如何把它们放回其原位而烦恼。偶尔,这些古代文本甚至还不可思议地使得理解这样或那样的残片以及这样或那样的断简残篇成为可能。

另一方面,那场人文主义革命呢?文艺复兴时期的人文主义对
355 科学观念及其复兴到底起着什么样的作用,发挥什么样的影响呢?许多行家——这里仅以桑代克为例[2]——相信能把这种作用归为零,或几乎为零。他们坚持这样的论点(尚合情理),是因为人文主义与科学各自发展,并没有什么直接的相互作用。一方面,人文主义受那些著作与作家滋养,完全受那些著作与作家滋养。人文主义者读老普林尼就像读小普林尼一样,恭敬地援引这个那个,怀着同样的敬仰之情援引叔父的学识与侄子的优雅文笔,并且在创造接近英国人巴塞洛缪①与阿尔贝希特·冯·萨克森②(两人因各自

---

① 巴塞洛缪(Bartholomaeus Anglicus, 1190? –1250?),方济各会士、百科全书编纂人。

② 阿尔贝希特·冯·萨克森(Albrecht von Sachsen, 1316–1390),德国哲学家、物理学家、数学家。

的书由最好的印刷机多次再版印刷而相互嫉妒）经院哲学传统时，还创造了一个古典传统，首先是亚里士多德传统——这个传统不会得到更新，也没有更新什么。另一方面是那些现实，那些发现、发明与技术，以及它们所带来的资质与反思——稍加利用就会变成真正学者的资质与反思。

那么，书本上的知识与实践的知识之间就很少有或几乎没有联系。比如，制图法。在地图册中，它比照由罗马地图所提供的详细而又精确的海图（这些是航海方面的杰作），以及基于协调网络制作而成的学术的托勒密地图。这个例子里就有一些可以鼓励当时人们的东西么？答案是没有，或者说几乎没有。当我们在一本献给15世纪的威尼斯海军的书中意外发现[3]，里面提到了16世纪初尝试把理论与实践结合起来时，人们将会为此发出惊讶与赞叹。更不可思议的是，书中提到这次尝试居然成功了。1525年和1526年，威尼斯共和国元老院在商议一种适合摧毁海盗船的船只时，马托·布雷萨，一个受人尊敬的巨匠，完全是靠实践培养出来的，献上了一种圆形船舰。不过，维克多·福斯图斯（Victor Faustus），圣马克城希腊语雄辩术的公开朗读者——维克多·福斯图斯这个人文主义者，是靠希腊数学和亚里士多德的力学培养出来的——竟敢在实践领域冒险，向元老院提交了他那五排桨大船的学院设计图。356
奇迹出现了，讨论的结果是，五排桨大船居然战胜工艺巨匠的船舰，获得了赞赏。人们可以想象，这件事对人文主义者的巨大激情来说意味着什么，这些人便欢喜地颂扬这位新阿基米德。

直到维特罗乌开始指点那些砖瓦匠大师设计的日子——他突然变成了"建筑家"，这几乎是个特例。1539年，罗贝尔·埃蒂安纳①把"建筑家"词条引入了他的《辞典》，也就等于认可了它的发展[4]。此外，福斯图斯的五排桨大船能不能长期受到威尼斯海军的

① 埃蒂安纳（Robert Estienne，1503－1559），法国出版商、印刷商。1531年完成《拉丁语辞典》。弗朗索瓦一世任命他为希伯来文、拉丁文和希腊文著作的王室印刷商。其子为亨利·埃蒂安纳（Henri Estienne）。

青睐，这并不大重要。重要的是，它开创了一个传统。后来当问题再次提及，威尼斯共和国元老院不是求助于工艺巨匠，而是求助于一位博学的数学教授。这个教授名叫伽利略·伽利雷。

* * *

这是另一个时代。等待它慢慢到来的那段时间，一切都未发生变化。那些大胆的发现者与勇敢的航海家很久以前就几度穿越赤道区（1472 年—1473 年）。可是，1490 年逝世但 1483 年与 1490 年仍在执教的博学医生卡拉拉的阿尔贝蒂[①]，在他的《世界的构造》（*De Constitutione Mundi*）中说道，这个赤道区有一块不毛之地，人类无法居住，并且从一个完全被水覆盖的南半球开始。这与直至 1512 年才逝世的学者阿基利尼[②]所关注的问题一样。他回过头来严肃地讨论了赤道地带到底有没有人居住。在借助古代与中世纪的引文——亚里士多德、阿维森纳与彼埃特罗·达巴诺[③]的引文，而没有借助葡萄牙探险者的情况下，他沉着地解决了这个问题。接着出现了雅克·西尼奥的《世界的描述》（*Description du Monde*），1539 年由阿兰·洛特兰（Alain Lotrian）刊行。该书先后于 1540 年、1545 年与 1547 年在巴黎再版，于 1572 年与 1599 年在里昂再版。该书并未提到美洲。同在 1539 年，出现了由 J. 博埃穆[④]翻译的《世界三部分之诸故事集成》（*Recueil de diverses histoires*
357 *des trois parties du monde*）。就像该书标题所说的那样，三部分。这本几度再版的集成也未提到美洲。直到 1548 年孔塔里尼的遗作《几何学》（*De elementis*）出现，赤道区的问题才依照经验得以解决……

---

① 卡拉拉的阿尔贝蒂（Giovanni-Michele-Alberti Carrara，? - 1490），意大利医生、历史学家、文学家。

② 阿基利尼（Alessandro Achillini，1463 - 1512），意大利哲学家、解剖学家。支持奥卡姆学说。

③ 彼埃特罗·达巴诺（Pietro d'Abano，1250 - 1315），意大利哲学家、天文学家、帕多瓦大学医学教授。

④ 博埃穆（J. Boemus，1485 - 1535），人文主义者。

书斋里的地理学家与天文学家远远落后于田野地理学家与天文学家。相类似，就像迪昂指出的那样，在我们称为“物理学”（这个词定义的不恰当）的领域，人文主义者诸如让·比里当[①]、阿尔贝希特·冯·萨克森等实际上走在巴黎那些基于动力学丰硕原则上的经院哲学家之后。这些人文主义者继续信奉亚里士多德。他们坚守亚里士多德的物理学。——例如，法国人中就有勒费弗尔·德·埃塔普尔及其同道中人。如果需要理论支撑它，他们就转向尼古拉·德·库斯的形而上学。稍后，梅兰希顿的那些弟子也有同样需求的话，他们会引用《圣经》并延长这个困惑的时代。

如此说来，事实也摆在那里。关于中世纪这个黑夜，我们今天几乎不再谈论，我们说得越来越少了（这样已很长一段时间了）。我们也不再说文艺复兴，后者摆出胜利的弓箭手的架势，像要永远驱散黑夜一样。这是因为善良的情感已占上风，我们不能再真正地相信以前被告知的那些空白期的存在：人类好奇心的空白期，观察精神，以及，如果你更喜欢的话，发明精神的空白期。这是因为我们最终告诉自己，有这样一个时代，生活其中的建筑师构思并建造了我们克卢尼、维孜莱、圣瑟兰等地的罗马基督样式的大教堂，巴黎、沙特尔、亚眠、兰斯、布尔日等地的哥特式大教堂以及库西-勒沙托-欧弗利克城堡、皮埃尔丰城堡、加亚尔城堡的大领主的强大防御攻势，还解决了所有几何学、力学、输送、起重以及建设所需材料的装卸问题，同时积累了这项工作所要求与鼓励的成功经验以及观察到的失败经验，所有这些都是宝贵的财富。因此，不加区
分地总体否认这样一个时代，否认其观察精神与创新精神，这只会 358
贻笑大方。我们进一步考量会发现：那些发明、重新发明或改造和引进以下这些——马胸套、马蹄铁、马蹬、按钮、风车房、水磨、刨子、纺车、指南针、火药、纸、印刷术等[5]——到我们西方文明的人，是十分有发明精神的，同时为人类作出了巨大贡献。

---

① 比里当（Jean Buridan，拉丁名 Joannes Buridanus，1300？-1358/1366？），法国哲学家。

二、印刷术及其影响:道听途说

因此,听说"文艺复兴时期,观察精神得到重生"时,我们可以回答:不是,它不需要重生、重现。它从未消失过。它仅仅可能以新的形态出现了。它还肯定按合理性装备了自己。那是因为想要构建这些巨大的集合体、理论和体系,首先需要材料,而且是大量的材料。中世纪却并不具备这些材料。

古代编纂者的巨大努力对他们来说,就像消逝了一般。在这里或在那里,一份手稿保留了些许碎片——这份手稿只有一小部分人知道。或许在一百古里之外,现存另一份手稿。那得经过危险、靠不住的旅程,才能把它们都汇集起来,且加以比较与对照。

接着,印刷术诞生了。与此同时,散落在各地的古代知识之断简残篇也开始一点点地出现。这时,印刷术开始介入。它连接、收集并传播这些碎片。早在 1449 年,威尼斯的阿尔德·马奴斯书店就出版了昔日天文学者基本的文集《古代天文学者》(*Astronomici Veteres*)拉丁文、希腊文版。1495 年至 1498 年间,同在阿尔德·马奴斯书店出版了亚里士多德五卷对开本的希腊文本;第三卷包括了《动物志》(*De historia animalium*),第四卷包括了提奥夫拉斯图斯的《植物志》(*Historia plantarum*)以及[亚里士多德的]《问题集》(*Problemata*)与《论力学》(*Mechanica*)。1475 年托勒密无插图版的《宇宙志》(*Cosmographie*)付梓,接着 1478 年在罗马,附有令人赞叹的铜版画的《宇宙志》也面世了。相继地,在巴塞尔,埃耳瓦鸠斯于 1533 年发行了欧几里德的《几何原本》(*Éléments*)之初版,
359 1544 年则发行了阿基米德著作的初版。1525 年,加伦希腊文版的书由阿尔德·马奴斯书店以五卷小对开本的形式出版了;1526 年,希波克拉底用希腊文写成的书也由阿尔德·马奴斯出版了。阿维森纳走在他们之前(1473 年、1476 年、1481 年),普林尼则已于 1469 年(此后还在 1470 年、1473 年、1476 年、1479 年,等等)在威尼斯的让·德·斯皮尔书店印刷了书,从而成为了先驱。于是,人们便触手可及古代的几何学、力学、天文学、地理学、物理学、博物

志和医学了。人们为研究作好了武器装备与工具。人们的工作建立在坚实的基础上。从此，人们便可以解释、补足并注释这些古代大师们所传授的东西。确切地说，人们不如此崇拜他们的话，便可能早已这样做了。

修复、补足与改写的工作开始了。带着狂热而又平静的矛盾心情，苏黎世的格斯纳(Konrad von Gesner)开始清点统计他所发现的任意一本著作中提及的动物。这是一项莫大的工程，徒劳无益且有些天真烂漫，因为他把真实存在的动物与神话中存在的动物并置。他用这些东西填满了四大卷对开本，同时于 16 世纪中叶(1551 年)在苏黎世出版了该书。另外，也有其他人倾注同样的热情清点统计植物的；1530 年以后就在斯特拉斯堡出版了插图版植物志——奥托·布隆费尔斯①令人赞叹的集子《草木图》(*Herbarum Icones ad naturae imitationem effigiatae*)第一卷。

接下来 1542 年，巴塞尔刊出了莱奥纳尔·菲施②的《植物志》(*Historia Stirpium*)。不久，又出现了隆底比里斯、博学的龙德莱的《鱼类志》(*Poissons*)，当然，最初(1554 年)以拉丁文出版，接着(1558 年)便附上精美的木版图用法文出版了。几乎与此同时(1555 年)，缅因-勒芒的皮埃尔·贝隆③也刊行了他的《鱼类志》与《鸟类志》(*Oiseaux*)，"并附有对它们的描述以及取自自然的逼真图像"。所有这些都是活生生的自然。乔治·阿格里科拉④则为此加入了无生命的自然——矿物。1546 年，他的《论地下诸物之由来》(*Causis Subterraneorum*)在巴塞尔面世。1555 年，同样也在巴塞尔，刊行了华丽的对开本《论金属类物体》(*De Re Metallica*)。学者们可以无日无夜地工作了。他们现在知道他们的工作不是徒劳无益的；印刷术会使他们的工作在全世界开花结果。果敢地把自己

① 布隆费尔斯(Otto Brunfels，1464? - 1534)，德国植物学家、医生。

② 菲施(Léonard Fuchs，1501 - 1566)，巴伐利亚医生、植物学家。

③ 贝隆(Pierre Belon，1517? - 1564)，法国博物学家。

④ 阿格里科拉(Georges Agricola，1494 - 1555)，德国医生、矿物学家。

360 归入那些伟大目录制作者当中的拉伯雷——在罗马，他渴望清点统计古希腊、罗马文化的所有遗迹、遗物——则可能在他的《高康大》与《庞大固埃》中颂扬科学与人类无穷无尽的知识。

这就是《高康大》与《庞大固埃》中的拉伯雷。1564 年，他刊行了《庞大固埃·第五部》。我们可能不清楚这在多大程度上是或不是勾勒拉伯雷的重构。《第五部》第三十一章中，我们发现了这个惊人的“道听途说”的寓言。“道听途说”：那个弯腰曲背、形象恶劣的小老头，又瞎又瘫，耳朵却大开着，且拥有七条舌头，一齐在他壁炉般的嘴脸上挥动。通过他的耳朵，他从书刊报纸上获得一些不一致与粗糙的信息，并通过他那些舌头，把它们传递给那些目瞪口呆的听众，而后者从不检讨、批评与确证这些信息。“全是‘道听途说’来的”，这是此段文字的叠句，我们可以说这是一个莫里哀式的叠句，如果不是拉伯雷式的话。讽刺与不自然的表现？不，这是讽刺的与公正的。因为那个时代的人，如果他们编纂的话——如果他们首先编纂，如果他们几乎只编纂这些的话——那是因为要征服宇宙的奥秘，把自然从它隐秘之所找出来，他们一无所有：没有武器、没有工具，也没有一个总体计划。他们有的只是一种强大的意志，单单是一种意志，仅此而已。

三、工具与科学用语的阙如

物质形态的工具呢？那些在我们今天看来是最普遍、最简单，尤其是最熟悉的使用工具，他们也还未知晓。如果要观察，当时也没什么比他们的双眼更有效力的了——如果需要的话，至多可以使用简陋的眼镜。当时的光学器械的状况以及玻璃制造工艺的状况肯定还不能产生其他工具。没有玻璃或水晶玻璃制成的透镜，用来放大远处像星星一样的物体或像昆虫与种子一样的小东西。直
361 到迈进 17 世纪的门槛，人们才在荷兰发明了天文望远镜，伽利略才可以观测星体，发现月球上的山体，增添星体的总数，说星数共有 36 个而不是 7 个，并且观察土星的光环或木星的卫星。同样也

是直到17世纪，同样在荷兰，代尔夫特的勒文胡克[①]才用放大镜和原始的显微镜，进行第一个关于细胞内部构造的研究，并向惊讶不已的博物学家揭示滴虫类世界的惊人繁殖力。——可是，观察已经进行了，那么如何来测量呢？当时并没有清晰以及定义明确的术语分类法，也没有大家欣然接受且得到采用、能保证精确度的测定器。有的只是城与城、村与村不同的、不统一的测量体系，不管是长度、重量还是容积方面。至于测量温度，那更是不可能了，因为温度计还未出现。它还要等很长一段时间才出现。

犹如测量没有工具，科学也没有用语[6]。或许，要说在那个时代最后的光芒熄灭之前，希腊的天才创立了代数学，那是正确的。不过这是一种用来计算的代数，只企图能保证方便地进行自动计算。对我们来说，代数只是一个解决问题的次要的机械手段，也是一个用符号来计算的次要方式。如果要把代数定义成：数学可以完全凭自己思考关系，除了关系本身的符号，无需任何的帮助；算术学转变成了逻辑，它比辩论家的逻辑还更精密、更丰富与更深刻，那么在拉伯雷时代，这种代数还未出现。直到16世纪末，随着弗朗索瓦·维埃特[②]《解析法绪论》(*Isagoge*)的出现，代数才诞生。普瓦图人维埃特，出生在丰特纳-勒-孔泰，而另一个弗朗索瓦[拉伯雷]则在这个地方的修会中呆了很久。维埃特有一项技艺，那就是能把一些实用的规则与能为那些数学游戏爱好者所用的秘诀汇集在一起，这不是一种真正的科学(这是意大利人阿尔塔利[Artaglia]，362
卡尔达诺、菲拉里[③]、邦贝理[④]的工作)，而是一种与科学紧密相连的用语——科学上的任何一种进步都会带来用语上的进步——反之亦然。

或许，任何一个人翻开帕奇欧里[⑤] 1494年11月在威尼斯出版

① 勒文胡克(Antoine van Leeuwenhoek，1632－1723)，代尔夫特出生的科学家。
② 维埃特(François Viète，1540－1603)，法国数学家、法学家。
③ 菲拉里(Luigi Ferrari，1522－1566)，意大利数学家。
④ 邦贝理(Ra. Bombelli，1526－1572)，意大利数学家。1572年出版《代数学》。
⑤ 帕奇欧里(Luca Pacciolo，1446/7－1517)，威尼斯数学家，方济各会修士。

的《算术、集合、比例、均衡之大全》[通称《算术集成》]——印刷术普及了这第一本数学考论——都会发现，书中出现了一些代数概念："代数学"（Algebra）、"炼金术"（Almucabala）、"大术"（Arte Maggiore），然而这些概念是被当作算术学与几何学所需的计算样式而给出的。不过这种代数真奇怪，居然还不知道使用数学符号（+，-），而是以字母代之；人们简便地使用的 x，y；如此实用的符号 x，x^2，x^3，x^4，却代之以这样表达，诸如 cosa 表示未知数，censo 表示未知数的平方[7]。维埃特的贡献在于：他引进了用字母同时来代表已知数和未知数，用一个便利符号来代表几次乘方。在此期间，帕奇欧里教人们如何用一种初步的工具解二次方程或某些多次方程，但是他仍不知道解三次方程的一般方法。后者将是一批伟大意大利学者的集体结晶，这些人包括塔尔塔利亚①和卡尔达诺。

当时没有代数用语。甚至也没有一种简便、规则的以及近代的算术用语。我们称为阿拉伯数字的用法因为它来自印度，格巴尔数字②的用法因为是它从西班牙或蛮族地区传到西欧，所以都不具普遍性，尽管意大利商人自 13、14 世纪就熟悉这些数字了。如果说这些简便的符号在教士的日历、天文学家和医学家的年历中得到快速普及，而它在日常生活中却遇到了罗马数字的顽强抵抗——或更确切地说，是稍作改变后的小写罗马数字，被称为会
363 计符号[记账数字]。它们按类分组，且以点隔开：十[以上标一个 X]、二十以上标两个 X，百以上标一个 C，千以上则标一个 M——这些都是为了便于算术的计算，根本就不管这个算术是多么的简单。

那时也没有笔算——那些在我们看来如此方便、简单的计算，对 16 世纪的人来说却难于上青天，只有数学精英才能加以解决。在暗自发笑之前，我们还是回想一下，1645 年，也就是《庞大固埃》

① 塔尔塔利亚（Niccolo Tartaglia，1500? -1557），意大利数学家。

② 格巴尔（Gobar）数字：阿拉伯数字的过渡形态。

面世的一个多世纪之后,帕斯卡把他的计算器献给塞吉埃①大臣时,仍然强调笔算极其困难。出现无数错误时(他可能会说这些错误是因为阿拉伯人想出来的九去法的验算法而造成的[8]),笔算不仅迫使我们时刻"扣除或借入一定的数",此外它还苛求不幸的计算者要"注意力高度集中,把精力在很短一段时间内消耗掉"。实际上,在拉伯雷时代,计算大部分或几乎全部要借助于拉芒什海峡彼岸的英国财政大臣②称之为算盘[échiquiers]的物品——以及号筹(jeton)。这些号筹甚至到旧制度衰落时都一直多少在敏捷地使用着[9]。

不管怎样,这些人的心算难道比笔算还好?我经常会想起会计院议长秘书的那则精彩故事。一伙强盗勒令他开门时说道:"如果你不开门,我们这里有 50 人,你将吃我们每个人 100 棒。"被问人立刻战战兢兢地反诘道:"什么? 5000 棒!"讲这则故事的塔勒芒③对此惊叹不已:"我非常佩服这个人的头脑,在我看来,会计院议长的秘书才能如此敏捷地计算出这个数!"这个万分困难的计算便是:100×50。

此外,笔算的技巧与方法远没有统一。加减法还是从左到右运算的。我们今天的运算法直到 1600 年左右才开始部分得到使用。 364
帕奇欧里这位伟大的权威人士,让他的读者从他给出的三种减法运算与八种乘法运算(且每种方法都有各自的名称)中选择。他们的难处似乎在于要设法找到可以让初学者使用的机械方法——诸如 17 世纪初,著名的纳皮埃④算筹(baguette)。可是,在四则运算中,除法的声誉最差,其匹敌的运算法相互争夺学生——而我们今

① 塞吉埃(Pierre Séguier, 1588－1672),路易十三世与路易十四世时期的大臣。又参帕斯卡:《思想录》,何兆武译,商务印书馆 1997 年,第 490 页。

② 英语为 Chancellor of the Exchequer。

③ 塔勒芒(Gédéon Tallemant des Réaux, 1619－1692),法国作家、诗人。

④ 纳皮埃(John Napier, 1550－1617),英国数学家。开创了对数概念。据说,"纳皮尔算筹"发明于 1612 年,它由一些长条状的木棍组成,木棍的表面雕刻着类似于乘法表的数字。

天运用的这种算法并不是当时最流行的。实际情况远非如此。

没有固定的运算法，也没有足够的符号。1489 年，“＋”、“－”符号可能在埃格尔的约翰·维德曼①的商业算术可以见到，但是在此它们作为简写而非运算符号出现的。巴黎的尼古拉·舒克②为里昂的商人效力。1484 年，舒克在他的《数学三部》(*Triparty*)中，仍用符号 p 代指“加”(plus)，m 代指“减”(minus)[10]。实际上，据我们所知，维埃特是第一位从 1591 年起就一直使用这些符号的作者，且逐渐地推广了这些符号的运用。等号(“＝”)于 1557 年由罗伯特·雷科德③在一篇论文(长期保存在一份手稿里)中引入，也是直到 17 世纪才开始普遍运用。1631 年奥特雷德④开始使用的乘号(“×”)，也没有立刻风行起来。莱布尼茨仍指出要用符号(“(”)代指乘号。除号(“÷”)也始于 1631 年。有必要补充的是，对数于 1614 年才由纳皮埃发明——拉伯雷的同时代人对此一点轻微的迹象都没有？

这一点上，我们不要暗自发笑，而是要问：是不是真的需要这些符号[11]才能正确地推理？这或许不是神的规定，规定十字架代表“加”，圣安德烈的十字架代表“乘”。人们也可以采用与上述相反的规定。但是没有一套类似的符号系统，要有效地做算术和几何是不可能的。对于没有这样的一套符号，但又仍然生活在数学还是处于初始阶段的人，则不会以同样的方式形成自己的理性。后者甚至不在乎、不能或不关心通过自己去解方程或解决多少有些
365 复杂的问题，他生活在总体上屈服于严格的数学推理模式、精确的计算模式以及正确与优雅的论证方式的社会中。

“数学好像渗透到我们现代生活的方方面面。人们的日常行为与构造都烙上了它的印记——甚至在艺术创作的喜悦与道德生活

① 维德曼(Johann Widmann, 1460? - 1498?)，德国数学家。著有《商用算术书》等。

② 舒克(Nicolas Chuquet, 1445 - 1488)，法国数学家、医生。

③ 雷科德(Robert Recorde, 1500? - 1558)，英国数学家。

④ 奥特雷德(William Oughtred, 1574 - 1660)，英国圣职者。

中，我们都无法逃脱它的影响。”16 世纪的人不可能赞同保罗·蒙特（Paul Montel）这个观点。对此，我们并不感到惊讶。可能正是这些（合理地）使 16 世纪的人变得完全不信教。

四、流动的时间与静止的时间

让我们把以上这些思考运用到时间的测量上吧。人们还通常满足于农民的测量方式——通过太阳来判断白天，通过鸡鸣来判断夜晚，更确切地说是夜晚的结束（天亮）。令人奇怪的是 1564 年，在洛桑的宗教改革家维雷多产的笔下还能读到对公鸡的赞美之辞[12]，说那些士卒出兵打仗时经常带上公鸡：“它们在夜间可以起到时钟的作用。”

当时几乎没有真正的时钟，大部分的时钟都是公用的。此外，很少城镇能炫耀拥有一面真正的时钟。那些时钟要么没有响铃，要么（让人万分惊奇）就是最老的响铃，还是 1370 年查理五世①命令人安置在王宫的塔上的——它的名字至今仍留在我们的罗尔修河畔（quai de l'Horloge）。这些时钟是一些坚固的、简陋的机器，一天 24 小时要上很多次发条。傅华萨及其“爱恋的时钟”告诉我们：14 世纪末起，城市的档案就没有详细记载那些“管理时钟”的人，没有记载所说的“时钟”的铁丝、木头、绳子、钟锤、齿轮以及机械油的损耗情况，只是说：

> 钟表不能自动 366
> 若非有人制动，
> 钟表匠及时认真
> 管理、修复，令其各司其职，
> 它们依规则走动……[13]

无需说明这些时钟不会按小时响铃。时针每过一小时，固定在

① 查理五世（Chalers V，1337－1380），法国国王，在位于 1368—1380 年。

主动轮上的钩子松开杠杆，这根杠杆使钟锤动起来，响起来就像铃声。那个警觉的报警员于是就用锤子，根据需要敲几下钟塔上的钟。但是要区分小时内的刻度就不可能了。此外，在很多场合，夜间报警员只知道通过沙漏或水漏而得知的粗略时辰，并且靠沙漏或水漏来控制时针的旋转。他们从钟塔上喊出计时器提供的时辰，报警员则在街上重复一次报时。至于个人，在庞大固埃时代有多少人拥有"计时的时钟"呢？除那些国王与王子以外，数量是极小的。如果有一面名义上的"时钟"，有一枚水漏而不是沙漏计时器的话，人们就会引以为傲，自视高人一等。约瑟夫·斯卡利吉曾在他《斯卡利吉语录》第二卷中对时钟百般赞美：horologia sunt valde recentia et praeclarum inventum［时钟是最近的一项杰出发明］[14]。

总而言之，这是小农社会的惯例。要是时钟不响（他们认为时钟调制得很好），农民就不知道确切的时间，要不然他们就把时辰与动植物、某些鸟类的归巢与歌声联系起来。"日出左右"或"日落左右"，是诺曼底的贵族吉尔·德·古贝维勒①在其《日记》中最常用的计时[15]。有时，他还颇为奇怪地提到一种由他称作雷鸟（vitecoq）的习性，这种鸟可能是丘鹬的一种。"雷鸟归巢时"，他记述道，"我回到家里"（1554 年 11 月 28 日）；然而，他又记载到：1557（旧历）—1558 年（新历）1 月 5 日晚祷之后，教区中单身汉与
367 已成家的人开始玩"铁圈"，一直玩到"雷鸟归巢时"[16]。然而，古贝维勒还是有一面钟的，这真是稀有之物。1563 年 1 月②，他把钟送到迪哥维勒（Digoville）的军械制造商处"修理"。他兴高采烈地记着时辰，——然而还是经常在时间之前小心翼翼地加上一个词"大概"：他们"大概在破晓前一个小时"回来了，或"我们回来大概喝了半个小时酒"③。——这种力求精确的做法异乎寻常。

---

① 古贝维勒（Gilles de Gouberville，16 世纪中叶），诺曼底领主。

② 原文如此。实为 1561 年（旧历）1 月 7 日记事。参照《日记》第 3 卷，第 747 页。

③ 1561 年（旧历）3 月 24 日记事。《日记》第 3 卷，第 762 页。

到处都是想象、不鲜明与不正确。这样做的人甚至不清楚他们自己确切的年龄。数不清当时多少历史人物留给我们选择的出生日期就有三四种，有时有些说法的时间相差几年。伊拉斯谟生于何时？他自己也不清楚，只知出生于圣西蒙和圣犹大的祝日（10月28日）之前夜。——勒费弗尔·德·埃塔普尔生于何年？我们试图从模糊的暗示中推断出来。拉伯雷生于何年？他自己不知道。路德呢？我们对此犹豫不决。月份——一年中的月份也组织得很乱，因为春风在3月21日至3月11日间一点点往后移——月份，我们大家都熟知。整个家庭、父母记得孩子是收干草、收麦子、收葡萄的时节来到人世；当时下着雪，或是“麦子开始生根发芽……麦秆开始长高时”：这些质朴的细节描写都出现于让·加尔文的记载中[16]。于是家庭的传统便确立了；弗朗索瓦生于11月27日，让娜则生于1月12日。她被放入洗礼盆时，可想而知有多冷！有时甚至还可以知道时辰，但是至少大部分都像古贝维勒老爷一样，用了“大概”这个词。母亲不会忘记时辰；倒是生辰年（millésime）这个抽象的概念，不在人们的普遍考虑范围之内。要有正规的出生证明，我们就得求助于世界上的伟人——医生之子或博学士之子，他们会给人们占卜，因此便十分详细地记载了人们的生辰八字。他们不仅知道（更确切地说，是占星家为了自己的目的而帮他们明确指出）他们出生的年、月、日、时、分，还知道他们受孕的具体时间？这一点是布朗托姆提醒了我们。布朗托姆通过其母亲与祖母成了纳伐尔的玛格丽特之亲近者[18]。王妃出生“在水瓶座的第10度下，土星与金星被分成四部分时，时间正好是1492年4月10日晚上10点，此前受孕则在昂古莱姆城堡，1491年7月11日午夜前的10时17分。”这样就非常精确了！卡尔达诺自己倒更不清楚他来到人世的时间。他给出了年、月、日、时，然而误差大约在一刻之内[19]。 368

除了极少数像上述的例子，普罗大众都不在乎时间精确与否。“我不能保证在我的人生中，出现每个境况的时间都是精确的”，托马斯·普拉特①在他的《回忆录》中写道,“这并无大碍”。这并不妨碍他讲述他外祖父的精彩故事:外祖父活到了 126 岁,100 多岁了还娶了 30 岁的女子,并与她生育有一子。不过很自然,没有人清楚他的孩子的出生日期[20]。对瓦莱州的山里人来说,这样的精确有什么用?当时的人们还没有受到我们所熟悉时间的严厉规律之约束。这样的时间有:日常的时间、宗教的时间、学校的时间、军队的时间、工厂的时间、铁道的时间,如此多的时间最终使每人都得携带一块手表。想想 1867 年巴黎世博会时,法国拥有的表在总数上还不到 400 万,全世界也不到 2500 万。这个数目很小,但在当时已经算很多了,因为要克服那么多抵抗与本能的反抗。“我对于时间,从不拘束自己,因为时间是为人设立的,人不是为时间设立的。”特来美的修道院长、约翰修士这样严肃地主张道(《高康大》第四十一章)。但是百年之后,法朗西翁描述他到访里斯学院时,曾抱怨道:“我被迫根据铃响,在某个时刻作礼拜、用餐和上课,所有东西都打上了铃声的记号。”②

实际上,16 世纪,在经验时间与测量时间的长期大对阵中,占上风的还是前者。“[《高康大》]第二十三章:庞大固埃怎样在包诺克拉特的教导下受教育,不浪费一刻光阴。”——不浪费一刻光阴——新的时间之可怕的理念!人们把一根大蜡烛分成 24 部分
369 点,并且时不时就有人告诉他“蜡烛已经燃到哪了”,要不是这样,善王查理五世该会更幸福……

年代记留下了抽象的规则。我们能炫耀,说自己已经完全严格地遵守这个规则吗?我们回忆过去,把我们的记忆与历表相对照,会发现两者之间是多么不一致!事实在于,我们根据自己的性情重构过去——经常混淆年份,有时把许多时间上相隔甚远的事件扯

---

① 托马斯·普拉特(Thomas Platter, 1500? - 1582),瑞士人文主义者。曾任巴塞尔大学教授,让·加尔文的出版者,Felix Platter 之父,曾作为医生御用于法国宫廷。

② Charles Sorel, *Histoire comique de Francion*, I, 172。——据英译者。

在一起，只满足于总体上一致。如果我们这样的现代人——没有一只根据天文时间仔细设置过的手表就不知如何活的现代人——都如此的话，那么16世纪的人将会如何呢？有多少人拥有已成为真正的时间尺度与标准的天文历法呢？甚至转移到了宗教领域？我们能真正相信那时的农民为了测量、细分时间，存在另一种测量和标记的特定手段，某些对一个群体的生活很重要、能够激起情感活动高扬的手段吗？

想想甚至在今日，时间这个概念都容易变得模糊，我们还有众多严格的标记来测量它呢。小孩很短"时间"就能确定的东西，病人却容易弄错。上溯十二代，我们发现自己也处于流动时间中。就那些未受过教育的人来说，"以前"与"以后"不是两个严格对立的概念。死亡不会妨碍死人继续生活与复活。空间亦然。在拉伯雷时代，人们很难接受这样的想法：一个人可以同时专有两个场所——一个空间内的两个地点仍组织得很乱，每一种东西在这里不再独占一个无需迟疑就能瞬间定位出的地方。

基于以上几点，我们因此就对当时的人缺乏历史感而觉得不可思议？仅举一例，他们从未在他们的任何著述中提过世界的年龄问题？从创世记到基督诞生有4004年，这个绝对数字从未成为他 370
们引起争论的话题[21]。最终，看到那时的画家描绘耶利哥城的围攻者穿着玛里尼亚的士兵的服装，或让髑髅地①的群众穿上破旧的紧身短上衣时，他们也毫不困惑？退一大步说，人文主义背后的那个伟大运动——开始逐渐重新占领那个战壕，他们从这个战壕最先征服了叫做"进步"的东西——还未开始。它还在我们眼前继续，每天都取得新的成功。对当时的许多人来说，历史的与神话的还是混淆不清。在他们不怎么严格地称为"从前"或"以往"或"很久以前"的不精确之过去中，谁知道还有多少人能轻易地接受：得到神话化（如果我这么说）的历史人物与神话人物以一种变幻无常的混乱方式同时存在，这使我们感到愤慨，他们却对此漠然？这些都走

---

① 见《路加福音》第二十三章第33节和《马太福音》第二十七章第33节。

得太远了;它涉及到整个人生与一个时代的那些整体行为……

我们还需要最后一个标记么?如果这种时间不是严格测定的,人们也不注意保留、计算并精确地考察,那么人们如何会把它当作一个精确的东西来加以保存、管理与爱惜呢?实际上,在他们的工作中,承接 15 世纪的 16 世纪难道不是世纪中大量时间浪费者之一?这一时期,教堂、城堡与宫殿——建筑师挥霍时间,投入大量的日、月、年的时间资本,花在复杂的装饰、缨带饰以及宝石上;这一时期,浮华的建筑物,勃艮第式的雕花栏墙,开衩与撕碎的服装——甚至烹饪也以一种熟练与极慢的时间进行——就像许多人们不计算的大金库中藏匿了许多束不会生产利益的时间[22]。这与我们今天不加修饰、平滑的建筑相去甚远,我们现代的建筑都是平
371 面的,没有线脚,也没有雕刻,三个礼拜便拔地而起,冲向云霄:三个月便拔地而起的摩天大厦所冲向的云霄与圣雅各塔的冲向是一样。人们历经数载,看到圣雅各塔一层又一层地建起,精雕细琢,带有花岗装饰与拱顶,雕刻一天比一天复杂。

这需要很多时间。我们现在还缺乏一些研究工作,也缺乏一些工具去完成那幅 16 世纪的思想状况图景。我们自以为还能触及这个世纪的思想状况,但它却在思维习惯和社会结构上与我们相去甚远!我们今后是否拥有足够的信息毫不轻率地说:如果这是那时的人们所持有的生活状况,那么他们的思想就真的不具有说服力,——他们的科学就真的不具约束力?

五、假说与事实:世界体系

当时的哲学就是一些意见,它的价值与它的信徒或评论家眼里的发言者持同样的价值。不对事实进行检验,不求助于现实,就不能让人在 A 与 B 两种对立观点中做合理的选择——对逻辑学家的批判性检查来说,这两种观点是一样的。当时的科学呢?一些意见也相类似。

让我们仅举一例,却是重要的一例。关于星辰的一般运动,这个问题到至今争论已有千年之久——拉伯雷的同时代人发现自己

正面对各种不同的理论。简而言之，这里就不介入其他无数细节，他能把自己看作托勒密宇宙论的拥护者或不妥协的阿威罗伊主义者之一。他可以在包含了几何学的精巧构造、周转圆与复杂的太阳偏心轨道——旨在说明太阳与各种星体运动——的《天文学大成》(*Almageste*)和比特鲁吉①——阿威罗伊同时代人，与阿威罗伊一样反对托勒密的难题——的诸理论中加以选择：对他来说，就像对亚里士多德一样，九颗同心球，九层球面，恰如其分地一层嵌入另一层，以地球为中心而运转。它们的运动是统一的，因为这是希 372
腊人的形而上学假设出来的。有观察则揭示了某些星体离地球时近时远——这一事实对那些阿拉伯人的追随者来说却无关紧要。

在阿拉伯的现实主义与希腊的想象之间，存在何种选择，该如何选择呢？我们不要天真地说：选择那些真实的。16 世纪绝大多数人都会这样回答：真实的，或更谦虚地说，类似真实的东西在此无关紧要。面对天文学家的问题，迪昂已于 1908 年在一篇著名的论文中完美地确证了这是个数学问题[23]。这是个“拯救现象”的问题。很久以前，辛普利休斯②在注释亚里士多德四卷本《论天》(*De Cœlo*)时写道：整个问题正是柏拉图问数学家的那个问题，即“什么是圆周运动，是统一的、完全规则的运动，可以确切地看作为假设的，以使我们能‘拯救表象’的运动？”它们是否反映现实，这是另一个问题。当然，如果有人能明确提出几个令人满意的假设，同样能满足“拯救表象”的条件——不言而喻，这些假设中只有一个是“真实的”，也就是说能回答事物的深刻本质。但是这种符合论对天文学家来说有什么关系呢？这只关系到那个物理学家。他独自一人确证了在那些被明确提出的假设中，哪个是κατὰ φύσιν[本质的]，另一些只是偶然地拯救了现象……

我们要避免对这样的态度过于惊讶。毕竟天文几何学家信奉

---

① 比特鲁吉(Al-Bitruji，1150？－1204？)，生于摩洛哥、活动于塞维利亚的天文学家。

② 辛普利休斯(Simplicius，500 年前后)，哲学家。曾注释亚里士多德的《范畴篇》与爱比克泰德的《提要》等。

我们刚说过的假设在数学中扮演的角色与价值这样的观念时，他们就与近代科学处于同一条起跑线上。他们已模糊地意识到了伯特兰·罗素的警句之合理性。罗素说数学是“唯一一门我们不知所言，不知何者是真实的学问”。当然，16 世纪的学者还不能像阿
373 达玛在《法国大百科全书》(*Encyclopédie français*)中给“数学”所做的优美“绪论”那样展开这个命题[24]。他们的态度却是合乎情理。此外，这不是他们的错，当现实这个问题提出来——那时的物理学家发现自己不能在正当理由上，也就是说按我们的评价标准，在观察与试验的基础上对这些假设作出选择。

实际上，拉伯雷的那些同时代人若涉及到类似的问题，有东西能使他们在困境中继续存在。托勒密可能以其周转圆与太阳的偏心轨道完美地拯救了现象；其精妙的与复杂的理论能够计算，因此也可以预测。阿拉伯人也自夸有同样的卓越性。但是因为他们没有将他们的演绎推进到建立能进行计算和预测的图表与星历表的程度，所以我们能质疑他们断定的有效性。于是争论必须在物理学家中解决。拉伯雷的同时代人强烈地需要现实主义，那是因为他们心中坚定信奉亚里士多德的物理学——这些人选择了阿拉伯人，帕多瓦的阿威罗伊主义者便是一例。其他人仍深陷困境，苦苦挣扎在对托勒密建构的称赞以及物理学对这些建构的抵抗中。然而抵抗力度也没有大到最终能让他们不变成《天文学大成》之宇宙论的拥护者。

六、哥白尼的观点

关于那本书，我们可以就此打住。因为那个将要通过他的天才革新所有这些理论的人，在 16 世纪中叶以前并未对理念的总体运动产生任何影响。但是从他的科学“探险”中总结出的经验教训却不容忽视。

哥白尼是第一个论证了运动的地球围绕着静止的太阳运转；他也因此驳斥了地球的权威，确定了“真理的胜利”。或许是吧，让我
374 们来听听他如何说。这本书的卷首语便是一封献给教皇保罗三世

的信。作者（托伦人①）以下面一句话开始：在阿威罗伊主义者与托勒密主义者之间，该如何选择？他选择不考虑这两者，而是提出一种新的假说。这种假说在物理学家眼中或许是“不可能的”，但在几何学家眼里，只要提出一种假说，能依靠它成功地拯救天体现象并进行严密的计算，那就没有什么假说是不可能的了。

哥白尼审慎地认为，这种假说是从古代人那里借来的；事实上，古代人的假说借自不同的毕达哥拉斯主义者，但是这在他们眼里是多么胆大，从那些大胆之辈起，就没有人重拾起这种假说：运动的地球围绕静止的太阳。“这种观点似乎很荒唐”，哥白尼对教皇说，“但我知道我的先辈们被赋予了想象的自由，可以为了拯救天体现象，想象出各种各样假定的圆。因此，我想我至少可以很容易被赋予尝试的权利——如果给予地球某种运动的话，人们的尝试可能找到天体轨道革命话题的一些证据，但是这些证据没有比我们先辈们的研究更坚定。”实际上，这种假设恰巧证实了所有这些表象，“拯救了所有这些现象”。这个争论已得到裁定：人们可以采用这种假说。

上述是哥白尼以天文几何学家说的话。可是，他又 in petto［秘密地］在他的宣言中加了一些东西。也就是说，他的假设，1515 年前就已在他脑海中第一次形成的假说，它的雏型首次在一份叫作《小论文》（*Commentariolus*）的手稿（1523 年—1532 年得以改写，在《天体运行论》出版的前夕，即 1540 年—1541 年间，得到了最后一次修改）中得以表达。这种假说是他 36 年学术研究、思考、计算与观察的成果，是“真实的”，因为它对现象的解释比先前的假设更好——此外，它还以简单而占优势。哥白尼因此把自己列入了现实主义者的行列。就像阿贝尔·雷伊注意到的那样，哥白尼曾在意大利学医九年，而非学数学。因此，他的精神状态与医生一样，而 375
医生从 14 世纪以来就为一种实验精神所激励，这种精神虽是初级的却已经很活跃了[25]。此外，哥白尼仅限于让人从其总体倾向中窥

① 即指哥白尼，因他出生于波兰北部城市托伦（Thorn）。

见一斑的东西，其弟子雷蒂库斯[①]却自 1540 年起，大势宣传。他解释道：他的恩师不想满足于给这些现象作出更好的解释。实际上，他构建了一种新的物理学，一种如果亚里士多德尚在世也会赞同的新的物理学。[10]

哥白尼这么思考，雷蒂库斯这么演说。两者都只是一种信仰行为。因为还还缺乏论证。不仅仅缺乏论证，还缺乏证明它的方法。这就是为什么《天体运行论》一刊行，很多人赞赏它，仍继续声称没有什么能迫使他们真正相信地球的运动与太阳的静止。如果哥白尼的假说只不过是拯救表象的一种好手段、一种无与伦比的方式，那么在他们眼中，哥白尼的天才也没有那么伟大。这也是允许神学家——首先是梅兰希顿——提醒年轻人要慎重的原因。“搞科学的人有敏锐的思想，”1549 年，梅兰希顿在“物理学讲义”——《物理学理入门》(*Initia doctrinae physicae*)——中写道，“喜欢讨论很多问题，他们在这些问题上发挥自己的创意；年轻人却要清楚，这些学者没有想要明确这些事情的意图。”

此外，这样的慎重并不妨碍梅兰希顿褒奖哥白尼关于月球轨道的理论。也不妨碍天文学家赖因霍尔德[②]于 1551 年，用他计算出的天文图表、《普鲁士星表》增补这个新体系，且这种图表为推广这些新理论立下了汗马功劳。然而对这些人、对那时许多其他人来说，拯救现象是一回事，掌握真正的真理是另一回事。那么再一次问：要不然他们如何进行别的推理？

他们无法超越其时代。他们无法填补天空物体的物理学与地上事物的物理学之间的空缺，前者是自从亚里士多德开始，就由不同于四种元素、无法繁殖或腐烂的单纯物质组成的一些星辰与球
376 体，后者则不能永存，要受腐烂与生成之间的相互作用支配。诚

① 雷蒂库斯(Rheticus/Rhaeticus；原名 George Joachim，1514－1576)，德国数学家、天文学家。信奉哥白尼的学说。

② 赖因霍尔德(Erasmus Reinhold，1511－1553)，德国天文学家、数学家。修订增补了哥白尼的原始星历表，即 *Tabulae Prutenicae*(1551 年)。曾把一年精确到 365 天 5 时 55 分 58 秒。

然，在某些先驱当中，两种物理学间的区别已趋于消融。絮桑(Cusan)与达芬奇已经果敢地把地球比作行星。这是一种意见，纯朴而简单的意见。为了真正的进步，需要一些确实性的实验证据。有必要通过观测来建立行星与地球构造之间清晰的、无可厚非的类比。望远镜还没有问世呢！天体运动的力学解释有必要变得更为复杂，因为哥白尼的圆形轨道变成了椭圆形，柏拉图的单一运动这样的传统观念被新观念——运动的速度与各行星离太阳的距离成反比——替代了。以上这些都是开普勒的工作。伽利略有必要发现太阳的斑点去反驳逍遥学派的天体永恒的教条，用自己的双眼看到月球上的山，填补把地上世界与天空世界隔离开来的深渊。总而言之，有必要把两种长期分开的物理学合二为一[27]。

当这一天到来……我们还是无须想象，对所有人——我说的是所有搞科学与哲学的人来说，一切都变得清楚明了。康帕内拉花了一段时间才赞同这个新体系。伽利略改变他的意见时，他在1632年8月5日被引导去宣布承认伽利略的发现是一个新时代的起点——他的 principio di secolo novo[新世纪之始]时[28]，康帕内拉并未立刻就放弃他自己1604年与1611年的理论。这种理论认为，作为爱情中心的太阳，为了烧毁作为仇恨中心的地球，以一种它认为无法确定的速度冲向仇恨的中心。这让我们不禁捧腹大笑。康帕内拉没有笑，他周边的人也没有人笑。他没有要求科学应为科学——而是要求科学必须证实他关于人类命运的观点，证实他对世界末日的预测，证实他所有的启示录与千禧王国之梦。

七、世界体系：确信还是恐惧？ 377

我们不能低估这些事实的价值。16世纪的人在天文学与宇宙形态学问题上是否已经"心中有数"，这个问题不仅仅关系到某种特定科学的进步。谁能正确地测定一个坚固的与信赖的世界体系之基石的份量，同时这种体系建立在——我认为是建立在——一些不变的基础上，目的是为了社会的健康与正常运作，为了对社会本身的确信与社会的均衡、社会的活力？

拉普拉斯①的体系给了整整三代人一种确实很惊人的确信、保证和精神上的安心。与一个多世纪以来超常稳定的通行体制一起，它构成了保证与稳定精神环境中的因子、原始因素。不过这是一种虚假的保证与稳定，欧洲人一直沉睡在这种甜蜜中，直到恐怖地惊醒。我们说"拉普拉斯体系"，但是拉伯雷的同时代人甚至连哥白尼体系都还不熟悉。这不仅是因为我们知道《天体运行论》的刊行日期，这个日期保证了能给其热切的读者带来的新东西开始得到流传："Motus stellarum，tam fixarum quant erraticarum，cum ex veteribus tum etiam ex recentibus observationibus institutos，et novis insuper ac admirabilibus hypothesibus ornatos"，——还因为拉伯雷的同时代人能获得这本集一个人一生之大成的天才之作时，他们却表现出一些耐人寻味的谨慎。直至二十三年后的 1566 年，人们才需要它的第二版；17 世纪初，它先后于 1617 年与 1640 年在荷兰出了两版。

不久前，普拉塔尔还天真地对这种平淡的影响力表示出某种惊讶。他或许认为，物理学在过去三四十年里，在我们眼前发生的这样一场激进、深刻的变革，居然现在仍未发生任何作用——更确切
378 地说，仍未对我们同时代人的思想体系发生有意识的影响。布雷蒙神甫或许已告诉普拉塔尔：需要时间——一个世纪——让皮埃尔·贝律尔的奥拉托利派修道会，例如以天文学为榜样，在宗教信仰领域引发一场迟来的"哥白尼式的革命"，这个问题在《法国宗教情感的文学史》中得到了巧妙的处理[29]。

16 世纪 30 年代，我们的约诺土斯大师②在其神学的酒瓶前安

---

① 拉普拉斯(Pierre Simon de Laplace，1749 - 1827)，法国的天文学家、物理学家、数学家。康德发表《自然通史与天体理论》(1755)，提出了天体演化的学说("星云假说")之后，解决了太阳系起源的问题，不过它在当时并未得到人们的广泛注意。这个学说于 1796 年由拉普拉斯重新提出，才开始产生广泛影响。康德的假说与拉普拉斯的在本质上无异，故后人称此假说为"康德—拉普拉斯假说"。

② 参见《高康大》第十七章以下至第二十章。

心地坐着,仍坚信太阳围绕他运转,坚信夜空是布满星星的穹隆,星星则为世界划分了界限。就如伏尔泰一样,他更能设想出“自然是有限的而非无限的”①。谁能责备他呢? 一个好命题是好的。当一个人第一次获得许可去遴选一个命题,同时论证它反对另外一个不大可能证实的命题时,这通常是令人愉快的。这种事情没有走远,也走不远。要想如此,就得出现实验方法,这不仅需要这种方法的论说,还需要它的适用。这一刻还未到来。批判精神的时代还没有到来。轻信的时代仍在继续进行,恐惧的时代也仍在继续。

恐惧——无知的产物——经常盘踞在强者的心头。“大概晚上11点,一切是那么的清澈与宁静,最高的守城塔上的天空显得如此的火红,这引起了人们的恐慌。”——选自耶稣会神甫弗洛伊斯②、罗明坚③、卡布拉尔④及其他人编著的《日本通信》(*Avis du Japon*),这本书不是1520年或1530年,而是1587年的。——唉! 耶稣会的神甫……不,是所有人,是整个民族、所有文献。《勃艮第的弗朗什—孔泰市的近郊圣阿穆尔城的上空出现了形态各异的奇景》,里昂,伯努瓦·里加德(Benoist Rigaud)书店刊,1575年,8开本,共14页。——《最近在勃艮第的弗朗什—孔泰市的圣阿穆尔城附近,奥贝潘城堡上空看见的可怕的流星与奇景的简要描述》,高贵的科内尔·德·蒙特弗德,别名德·布洛克南的弟子、里昂之夏朗德出 379
身的伊姆贝·德·比伊老爷执笔,里昂,伯努瓦·里加德书店刊,1577年,四开本,共15页。——《论1577年11月12日的彗星预示所出现的景观,这些景观今天在里昂及其他地方仍能看见》,里昂,弗朗索瓦·迪迪耶书店刊,共8页纸。——《述论彗星的异象与

① 《高康大》第二十章。

② 弗洛伊斯(Luis Frois, 1532? -1597),葡萄牙天主教传教士。1563年抵日本传教。

③ 罗明坚(Michele Ruggieri, 1543-1607),意大利耶稣会士。

④ 卡布拉尔(Francisco Cabral, 1529-1609),葡萄牙传教士。曾于1570年抵达日本传教。

先兆》等①。——我们可以继续下去;四五年中,仅在法国这一隅之地就刊行了二三十本这样稀奇的小册子:先兆,怪异的现象与征象,对有毛或胡子的星星的描述,论述"天空中出现了可怕的大火"或"勃艮第的弗朗什-孔泰的沙泰勒-夏龙上空出现了两支军队的奇观"(1590 年)。这些都是著名占星家与星相爱好者的作品,他们以学者为名,在大领主的庭院里好吃好喝。这些领主则虔信他们的学识,并同他们一样为那些恐惧所震撼。这就引发了一个业已消逝的世界,引发了它的恐惧与轻信——这种轻信建立在对权威、对道听途说所具有不可动摇的威信的天真崇拜之上[30]。可是,为什么会出现这些稀奇的著述呢?

"我记得很清楚,而且我一想到英勇博学的德·朗日公爵死前的五六天里所看到的骇人奇事,还是浑身颤抖,心不由己地抖个不停。"拉伯雷在《第四部》第二十七章这样写道。在这些"不合乎自然秩序"之征象的惊吓面前,纪尧姆·杜贝莱的医生[拉伯雷]为我们展现了这个奄奄一息之人的悲痛"家庭",他所有的亲朋好友与佣人都默然相视。这些都屈服于恐惧——对在一个如此显赫、高贵与英勇的灵魂"死亡"前几天"天空中出现的彗星"的巨大恐惧……

这是拉伯雷。以下是龙萨在恶梦之前,在《诸神赞歌》(*Hymne des Daimons*)(第 130 行[第 135 行])中写道:

恐惧击我脆弱心,
毛骨悚然又汗灵,
汗水从头滴到脚。
卧在床,只能屏呼吸,

① *Visions merveilleuses de diverses forme et figure, apparues sur la ville de Saint-Amour en la Franche-Comté de Bourgongne*; *Sommaire description de l'effroyable météore et vision merveilleuse naguères veüe en l'air au-dessus du chasteau de l'Aubépin, proche de la ville de Saint-Amour en la Franche-Comté de Bourgongne*; *Discours sur ce que menace de voir advenir la Comète apparue le 12 de ce présent mois de novembre 1577, laquelle se voit encore aujourd'huy à Lyon et autres lieux*; *Sommaire discours sur la vision et présage du Comète*.

更害怕被窝内反侧……

这些只不过是一些恐怖的情景。裹尸布中的死人、河中的溺死鬼、狗熊把我们撕成粉碎，狮子把我们生吞，土匪把我们杀死。这是一段不合逻辑但会引起人们惊慌的恐怖叙事诗。 380

他们的自传呢？是一系列的恐惧。看看托马斯·普拉特——这个家族的始祖——的《回忆录》。对神灵的惧怕，神灵的英勇行为则由老妇人不停地叙述；惧怕萦绕左右的黑夜；惧怕在一束光中飞舞的灰尘——那是恐慌的惧怕：它会不会是用牙齿咬掉小孩脑袋的怪物之一？恐惧无处不在、无时不有。甚至阅读一本《历书》也会是恐惧之源。16世纪的“传道总会”已经警觉到了这点；再看看蒙田[的《随笔》](第Ⅰ卷，第xi章)：讲的是有关萨吕斯侯爵[弗朗西斯科]的事，这个人对他那些历书中的预言感到如此害怕，以致改变了自己的党见，抛弃了法兰西国王转而投靠了神圣罗马帝国皇帝[查理五世]。但后者并不是清廉的：他难道没有给钱，给一大笔钱，让关于法兰西国王毁灭的预言变得愈发凄惨？于是蒙田睿智地总结道：“我发现，那些研究和注释预言的人，企图用预言到的发生的事，证实预言的权威。其实，他们的预言不可避免地会有真有假。”——这便是智者蒙田。

八、16世纪的疑惑

仔细检查马尔盖涅版《昂布鲁瓦兹·巴雷著作集》时，人们经过耐心统计，发现当时最自律的巴雷①，利用了现存的文献2274次，援引了301名不同的权威，其中最主要的是加伦，被引了543次，其次是希波克拉底，被引了426次。巴雷写道：“尽管知识很重要，但灵魂是否栖息于经验中？”不过也正是他不合逻辑地论说了“猫的毒”②[31]。

---

① 巴雷(Ambroise Paré，1510？-1590)，法国外科医生。“现代外科医生之父”。

② 见法文版《巴雷著作集》第3卷，第43章，第333—334页。

这些可怜的人在两个相互矛盾的问题间挣扎，降低到开始祈求在我们看来是常识范畴的恩赐。于是让·德·莱里①讲述了一个
381 他看到正在工作中的水手[32]："尽管他既不知道 A 也不知道 B"，但是他"以他的海图、星盘与雅各布的棒[一种人体观测仪]，经过长期的体验，在航海技艺方面获益匪浅，能够在每个转弯处让我们船上每个经常专长谈理论的学者缄默不语。"关于这一点，让·德·莱里非常恭敬地否认自己在指责"在学校里与从书本上获取和学习到的学问"。他只是谦虚地、素朴地主张："不会特意去坚持某个人的观点"，没有人能"逼我相信一种与我个人体验相左的道理"。

这是 1578 年。拉伯雷死了很多年。当时（两年内）一个普通的工匠[贝尔纳·帕利西]，没有从书本上学到很多经验，"被免职了，因为书本是用拉丁语写成的"，却在以《水与泉的性质之惊异论考》(*Discours admirable de la Nature des eaux et fontaines*, 1580)为首的各种论文中，在两个永远的敌人——"理论"与"实践"[33]——之间建立了对话。他同时还起来反抗"在书斋中由一种想象的理论而写成的学问"或反抗"那些由毫无实践的人根据想像写出的书"，并同"'理论'孕育了'实践'"这个危险的教理作斗争。

他甚至还胆敢驳斥卡尔达诺这样的医生，"一位著名的医生，曾受教导于托勒特(Tolette)，写了好几本拉丁文的书"；然而他需要自我辩护，封住那些将会这么说的人的嘴："没有阅读哲学家的拉丁著作的情况下，一个人怎么可能知道一些东西且大谈自然的效益？"

贝尔纳·帕利西从[《水与泉的性质之惊异论考》]"告读者"开始，便展现出惊人的自负与无畏的态度。这是合法的，尽管这个家伙很快就达到了他的界限，即良知(bon sens)不需要帮助或援助，它存在于自身之中。论题："没有充足的水，岩石就不会变坚硬。通常来说，最坚硬的岩石往往出现在最冷、雨水最多的地方。"论据：好的大理石产于比利牛斯山脉，因为这个地区河水川流不息，

① 莱里(Jean de Léry, 1534? - 1613)，胡格诺派航海家、作家。

阴冷、多雨。同样也可在迪南特盆地发现，“这个地区寒冷、多雨”，马斯河也在此流过；最后一则论据：众所周知，在弗莱堡“几乎成年积雪的山中”可以找到美丽的水晶。这也是为什么当地妇女的头 382
发都是红棕色的原因。

确定与不确定……现在我们不要继续思考——要完成对当时的精神环境的描述必须这么说——也不要设想他们的不确定，当他们清楚地意识到这些不确定时（诚然，也并不是总是如此），就已经严重影响了或者深深促动了16世纪的人。[卢梭的]萨瓦牧师富有表现力地抱怨了怀疑会折磨人。“如果对我们应当知道的事物表示怀疑，对人的心灵是有强烈的戕害的。它不能长久地忍受这种戕害，它在不知不觉中要做出这样或那样的决定，它宁可受到欺骗，而不愿意对什么都不相信。”[1]在这方面，我们从某种程度上都是这个牧师的子孙。16世纪的人不属于他的血脉。我是指，他们喜欢怀疑。但并不是他们所有人都喜欢怀疑，远非如此。

独断的、重量级的人物。这些大部分是我们的神学博士。长期形成于一种逻辑中，这种逻辑一方面建立在同一原则与矛盾原则上，另一方面又建立在排他原则上，他们受自己的思维方式引导，在所有争论中自发地采取鲜明的立场。制造二难推理：要么这个，要么那个……我们知道，或者我们不知道。不应该这么说：我们所说的对或错；真理与谬误的问题看起来更复杂——关于这个问题，哥白尼为我们提供了证据——我们稍后将回到这个话题。简言之，辩论中没有中立的措辞；两个矛盾的命题中，必定有一个是正确的，另一个则不一定是错误的。熟悉了这类剑术——此外，习惯了变换角色，习惯了交替同一种自由以及同一种确信，一个说“我肯定”，另一个则回答“我否认”——这些粗俗的论敌无需经常公开承认，最终发现自己更喜欢（尤其更喜欢）路德这样激烈与粗野的对手，他们把路德当成他们的一员，他可能已经变成了不信教者，但同时仍是他们中的一员——敏锐、摇摆不定并稍有差别的伊拉斯

① 卢梭：《爱弥儿》，商务印书馆1996年，第379页。

383 谟。伊拉斯谟是一条无法捕捉、滑溜溜的鳗鱼，是他们合乎道德的愤怒的主要攻击目标。1528年在反驳伊拉斯谟的《拥护修道会派》(*Apologie pour les Ordres monastiques*)中，卡瓦哈尔①这样写道[34]："路德公然发泄他的愤怒。伊拉斯谟则藏在暗处。一个像狮子那样猛烈、无所畏惧。另一个却像狡猾的毒蛇，经常隐藏起来，以把毒液射得更准。"卡瓦哈尔没有补充道(但他想到了)"他是躲藏在带有诅咒风格，尤其是卢奇安式风格的《对话篇》的庇护下。"

这里有两种方法的纠葛：一种是推理的老教条方法；另一种是辩证法的，这种方法讲究对话与讨论的艺术，这种轻松的、活生生的以及优雅的展开体现在柏拉图的《对话篇》中。有时他的《对话篇》被分解成为相互冲突的应答，有时又被延伸为长长的、相互对立的独白；这种对话以另一种形式得到重生，在萨摩萨特[卢奇安]讽刺的、风趣的散文下得到重生。也正是在这里，伊拉斯谟发觉了它，同时先于拉伯雷得到它的启发。拉伯雷在他的小说中成功实现了对如此完美、原创与生动的希腊式对话篇的改编——这本小说也成为了当时最法国化的两、三本书之一。神学家们遇见一头不大却肥硕的水牛在圣堂参事会学校学习三段论时，并没有为这一点而担惊受怕。倒是持火红枪、穿平信徒那轻薄而鲜红紧身上衣的投掷手令神学家们大为震惊。因为穿成这样，他们要逃跑就抓不住了。他们只要一晃、一大笑，优雅地弯一下腰，带有讽刺意味地微笑一下，就成功地从神学家那里逃走了。这一点令神学家大为恐惧、震怒。

384 有些人喜欢修会的、古典的剑术：两个人各持武器，站在舞台的两端，面目相向。有些人则更喜欢三四个，或者更多人全副武装起来战斗、格杀。有些人平静、传统，有些人生性不喜静。后者对形式的美很敏感。另一些人则无视文章的音乐性以及长文的和声，攻击那些反对《对谈集》(*Tusculanes*)中西塞罗的言语。卡瓦哈

① 卡瓦哈尔(Luis de Carvajal，1500？-？)，教皇保罗三世时期的神学家。伊拉斯谟的反对者。

尔就是用这些言语来反对伊拉斯谟派的："Saepe est, etiam sub pallio sordido, Sapientia［英明，甚至通常存在于破烂的外套中］[①]"[35]，只不过带有一种忧伤的安慰。有些人关上门，安静地待在家里，主张享受这种没人打扰的安静。有些人性嗜冒险，尤其喜欢打开他们的窗户，迎接一切由太阳光线带来的新事物，它们能感觉到，有震撼力。这种由太阳光线带来的首先是永远的静寂，然后才是地上的盘旋气流。——如果人们仔细观察，称为怀疑的前者，卢梭的牧师不是描述为痛苦，而是一种真正爱好最矛盾的意见，只要这些意见得到很好的呈现，同时为自身作辩护。学院的怀疑不是有赖于真理，而是有赖于可信性，最终在遵行习惯与传统中毫无困难地得到解决，假使在结局上为了行动有必要作出决定，同时为了生活有必要作出选择的话。

况且，怀疑就是学习。学习是多大的一种乐趣！因此，怀疑是多么愉悦！昂布鲁瓦兹·迪多在《阿尔德·马奴斯》（*Alde Manuce*）中有一封马克·穆祖卢斯[②]写给他的内兄格勒格罗普洛（J. Gregoropoulo）的信。穆祖卢斯在信中向他描绘了甜蜜的生活如何接近庇护他的大贵族，那个虔诚的、有人情味的、不可能作恶的贵族。穆祖卢斯每天在贵族身旁朗读一次，之后便自由了，可以回到他的卧室。他记载道，"在那里，我尽情地阅读各种书籍，包括赞成的、否定的。我离开这些书籍，只是为了放纵自己于另外一些，甚至更多的书籍。"[③]因此，他毫无疑问可以应付那些对他的精神状态表现出惊讶的人，应付那些为了不再怀疑而学的足够多的人？如何断言？为什么断言？哎呀，有些人就是这样强烈地断言，挥舞着拳头以作最后的论据？不是的，我们还是不要这样褊狭。我们还是好奇心强一点为好。我们还是汲取各个人的观点。这些

① 参见 Cicero, *Tusculan Disputations*, Vol. 3, XXIII。

② 穆祖卢斯（Marcus Musurus, 1470? - 1517），希腊学者。曾编辑柏拉图的著作。

③ Ambroise Firmin Didot, *Alde Manuce et l'hellenisme à Venice* (Paris, 1875), pp. 34 - 35.

能给予我们好奇心的愉悦当中，我们还是避免像狂想家那样严格地选择。

九、16 世纪的真实性

385 不过，那些人如何能承受科学秩序上的不确定性呢？在我们缺乏的这些理念当中，我们决不能在它们当中再一次找到它。

这种观念就是：真理是所有人的共有财产。如果有人拥有一小份，不管多小，他应该立刻尽其所能，毫无保留、毫无思虑地拿出来与大家交流。他不这样做，他对整个集体来说就是有罪的。我们的这种理念，不管怎样，当然我们现代学者的理念，是完全公正无私地贡献，不吝惜他们自己的贡献。话说回来，16 世纪的人并非持有这种理念，或者说还没有形成这种理念。就我的认识来说，有必要回溯到帕利西，也就是说回溯到 1580 年，以在这个主题上找到一种明确的陈述，尤其是意味深长的陈述。在永恒的对话中，“理论”的对立者“实践”说道[36]：“我的心得就是，对于瘟疫或其他有害的病，好的治疗法就是不要隐藏。不要隐藏那些农耕的秘诀。不要隐藏那些航海的危险与暗礁。不要隐藏天主的道。不要隐藏那些对所有共和国都有用的学问。至于陶艺以及其他一些技术，又是另外一回事。”贝尔纳·帕利西说明了理由：玻璃不再是一种秘密。结果就是人们到处制造玻璃，同时玻璃工艺贵族，尽管他们是贵族，“还是过着比巴黎的脚夫更贫苦的生活”。那些瓷釉的钮扣呢？起初是一打 3 法郎。那些发明者并没有保守这件秘事。因此今天许多人都在制造钮扣，以致人们羞于穿它。利摩日的瓷釉呢？同样的情形！花 3 苏就可以买到一打完全用铜加工的、用于装饰帽子的徽章……

经济的考虑。这种经济的考虑使得职业及其“秘诀”成为了特定人群的特殊领域。帕利西至少曾主张，有义务不要隐藏“那些对所有共和国都有用的学问”。这是一种新的考虑。我曾说过，这种考虑就显示出他是改革派信徒，如果在阿特金森引用的、1545 年一封《印度书简》中，人们发现圣方济各·沙勿略没有出于一时的愤

怒远距离地战胜巴黎大学神学院，同时谴责那些研读的人只是为 386
了知道的更多一点，而非“用他们的学问去惠泽那些需要它的人”。这就接近于同一种思想[37]——但它由毫无权威的人表达出来了。一些学者？另一种老生常谈。这看起来就没人有那种使徒的气质。他们都像德佩里埃《世界的钟声》第四篇对话中的那只狗帕伐古斯：他们拒绝说话。在给教皇保罗三世的《序言》中，哥白尼声称自己长时间沉思于一个问题：他是刊出这本书，抑或追随毕达哥拉斯学派的范式，通过他朋友的口述而不足以传达哲学的那些秘密。阿美里戈·韦斯普奇①航海记法语版发行四十年后，在描写地球的那些书中，宇宙学家仍然追随同一种习惯做法，默然地忽略这两个美洲。我们倾向于认为，新大陆给全欧洲带来了没有先例的、知性与哲学的革命。实际上，正如我们同样不正确地认为，伽利略的同时代人应该为新天空的宏大存在而感动。这就需要帕斯卡与他的“无限的默然”以及他的“我看见宇宙的这些恐惧空间就使我沉默”，②这是一种大恐惧的新的科学形态……实际上，莫里哀没有嘲笑反哥白尼学派的人，如果（孟德斯鸠告诉我们的）“莫里哀让狄亚富瓦鲁③开口，目的是为了让医生相信血液的循环：滑稽用于适当的时刻会有大的效力”为真的话。这种效力在16世纪还不能得到实施。那些征服者的同时代人、哥白尼的同时代人，然后是开普勒的同时代人，接着是伽利略的同时代人，都三缄其口，无视美洲、两大美洲的存在，至少在他们书中是这样。所有这些人无视运动的地球……

那么，考虑真理是有益的，但对这些人来说，总有一种确实的、例外的真理吗？我们前面已经简要地指出，在经院哲学的较量中，
对手通常准备好了变换立场、角色以及命题。这是一种游戏规则。 387

---

① 韦斯普奇（Amerigo Vespucci，1454－1512），意大利商人、探险家、制图师。新大陆的早期发现者之一。

② “这些无限空间的永恒沉默使我恐惧”。见帕斯卡：《思想录》，何兆武译，商务印书馆1997年，第101页。

③ 狄亚富瓦鲁（Diafoirus），莫里哀《没病找病》中的主人公。

形式——论证的构成、机敏的应答以及言语的调子——比质料更重要。这是比武大会，而非真枪实剑。受这种训练的人自然是那种职业习癖的牺牲者。我们有时在律师那里看见这一点。他们在三段论以及熟悉论证的庇护下，相当自然地调和真与假，同样貌似有理的、同样貌似可信的真与假。只要工作做的好就可以……

他们推理与他们深奥的思想完全一致并非必要，他们这样感觉到。皮埃尔·鲁斯洛所写的圣伯尔纳以及维克多修会就切合这一点[38]。他这样写道："在思辨仍完全属于经院哲学的时代，确定的概念不容易与深远的直观合拍。说教或教化的著作之信仰自白包含了一种晦暗不清的哲学。这种哲学与他们本来教化的著作之明确教理不合拍。"

这种事态在延续。真理？最好是有人曾成功地揭露了这种真理。这是他至爱的小宝物。他把它捧在胸前，关起门，小心翼翼地爱抚它，生怕它失去。用别样方法行动的既不是笛卡尔，也不是马勒伯朗士、斯宾诺莎。16世纪的人才更有理由这样做。他们知道真理的价值，知道揭露真理是如此困难。他们品尝过一些成功的胜利，品尝过知性之孤独的、激烈的、稀缺的喜悦。这是一种困难重重的知性，没有实践的引导也没有指导者的引导。他们还知道这些喜悦以及成功属于精英，属于对精英的酬报。这些精英成员取乐的途径是对同行以及对手耍花招，同时隐藏竞争对手重要的成果[39]。这是一些成熟孩子的花招。古文献学家以及图书馆员在整个19世纪仍就这个问题乐此不疲。16世纪呢？哥白尼到最后才发表他的体系。一个世纪之后，惠更斯仍然秘密地遵循他那理解土星之环的方式好多年。他自满于支持这样一行恰好印刷在报告之下的表达。不过，他掌握了这种喀巴拉式表达的钥匙：

388 A. C. N. C. A. E. I.

应该这样解读：Annulo Cingitur Nusquam Cohaerente Ad Eclipticam Inclinato（这是围绕完全不连接的、倾斜于黄道的环）……这是一种

审慎？妒忌者的满足感？对于那些变化很小的事物来说，18 世纪以及改变信仰的热情是必要的。16 世纪呢？我们还是重读昂布鲁瓦兹·巴雷《独角兽论考》(*Discours de la Licorne*)中查理九世的御医沙普兰的故事。与巴雷相比，沙普兰不相信独角兽的角有治疗的能力。为了解释这一点同时通过真实的侍奉来表明他的权威，他回答道："他一生绝不会成为那些妒忌莫深的中伤者的目标。"不过他又补充道，他死后，"人们可以从他的书中发现一点残篇……"

真理。在科学的领域，当两种意见只成为一种意见，人们可以通过事实来确证一方，通过事实来否认或不能达到确证另一方，那一天真理才可能存在。那一天在 16 世纪还没有到来。甚至到 18 世纪初都还未出现。"我不赞同那些意见，除了欧几里德的书"，孟德斯鸠在《信札》(第 2 版，第 11 页)中写道。这里我们同时可以看到，诚如所言，这种有力的知性为那些见解的统治而且仅仅是一些见解的统治设定了界限——不过这种界定是数学的，而非实验的。克洛德·贝尔纳这样写道："我不赞同那些意见，除了那些得到事实确证的。"这是一种正确的表达。不过，口耳相传之后，这种表达最终将变形。得到事实确证的，最终才表现为真实的。变化过程中，概念与术语都发生了微妙的变化。我们允许这种变化。因为那些学问已经为他们的证明手段作好了准备。因为有这样一种科学存在。

十、手工业者的心态[①]

在最后的分析中，该如何解释这种心态，解释这种不仅属于一小部分人而且属于那个时代大部分学者的心态呢？我认为，本质上说，科学的做法是经由个人性格来解释。在最盛的时期，我称之为小规模的科学的手工业者[40]。这也是他所能这样称呼的。学者 389

① Mentalité artisanale。Mentalité 一词并没有出现在 Émile Littré 的《辞典》中。1880 年之后，它才得到广泛使用。马塞尔·普鲁斯特说："我很喜欢 Mentalité。这是人们钟爱的新词语之一。"那时，这个词的定义还是相对模糊。

在他最初构想的观念以及所立的计划下从事工作。学者坐在他书斋中，紧闭门扉，就像小店里的补鞋匠那样，腰别自制工具，无须帮助，无须切磋，无须协助者。他专心的事是什么呢？像切利尼为国王弗朗索瓦[一世]雕琢某些珍贵的盐瓶那样[①]雕琢真理，以手工业者的精髓，展现他的手法以及尽其可能夸示他的技术与才能。集体作业的时代还没有产生。协作以及为共同体作最优秀的作品而共同作业的时代还没有到来。这种共同作业不仅为优秀的同伴而作，还需要优秀的同伴。这种共同作业不允许掩饰，不允许有意图的谬见、欺诈、弄虚作假。这种集体作业还要有一种德行来保证真实性，那就是德行在科学领域内是可钦佩的且有其必要，如同在法的契约和约定领域或者司法上的证据与证言领域那样。为了便于进展，为了让学者对真理的关心超越对其他的关心、甚至最个人化的关心，其他一些东西就成为了必要。神修的教育普及于大众，犹如一种恩惠。科学力量这种新概念：我们 16 世纪的祖先那里，仍然陌生的这种理念即知识就是力量。这种力量不仅仅作用于自身，作用于他的行动、气质、情欲（苏格拉底说，认识你自己。不过拉伯雷的同时代人没有摒弃这种忠告），还作用于事物——一些他知道能掌控的事物。科学浸淫到技术之中，这是后来才意识到的。拉伯雷远远地忽视了这种浸淫。这种浸淫只有通过工匠人[homo faber]与理性人[homo sapiens]的调和，才能最终赋予科学一种社会德行。

我们在 1941 年毫不费力地就说出科学这个单数名词。或者如果有必要作一点努力，我们在谈到拉伯雷的时代，就应避免使用这
390 个名词，因为说它就犯了时代错置。我们还是要避免把近代科学这个概念投射到我们祖先的知识中去。复原是不可能的。两千年来，有限的、传统的古代学问在受保护的哲学——概念的哲学——之花坛中得到培育。大革命在 16 世纪还没有开始。大革命多次

① 可参见《致命的百合花：切利尼自传》（平野译，河北教育出版社 2001 年）第十三章及以下。

发生且作用于知识的多个部门，实际上那是19世纪以后的事。

仍然不存在那种 Francesco primo regnante［弗朗西斯科一世统治］。只不过一些学者喜欢私下里享受他们自己的真理。这足够让阿贝尔·勒弗朗的"折赞同者拉伯雷"成为一种梦呓。勒弗朗说，拉伯雷是 écraser l'infâme［砸烂不名誉］①这场巨大阴谋的创始者与指导者。

原注

1 见 *E. F.*，t. XV 上的两篇文章：Joseph BÉDIER，*Le Moyen Age*（16－10－3—16－10－9）以及 Lucien FEBVRE，*La Renaissance*（16－10－13—16－12－1）。

2 Lynn THORNDIKE，*Science and Thought in the XVth Century*.

3 Frederic Chapin LANE，*Venetian Ships and Shipbuilders of the Renaissance*. 又参见 Lucien FEBVRE 的评论，dans *A. H. E. S.*，VII，1935，p. 80。

4 这个词先前在 Jean Lemaire de Belges（1510）以及 Geoffroy Tory（1529）那里得到了阐述。拉伯雷在《庞大固埃》中开始使用它。弗朗索瓦一世在1541年接受了 Serlio 的这个标题。又见 Lucien FEBVRE，*A. H. S.*，1941，p. 51：亚眠的史料。
［Geoffroy Tory，1480？－1533，法国布尔日的版画家、翻译家、出版商。拉伯雷用"architectez"一词见《庞大固埃》第七章；Sebastiano Serlio，1475－1554？，意大利建筑理论家，1540年曾参与枫丹白露宫廷的设计。——译者注］

5 Cf. Marc BLOCH，*Les Inventions médiévales*（*A. H. É. S.*，1935），pp. 634－643。总的说来，整个11月专号"Les Techniques，l'histoire et la vie"都与科技有关。

6 关于接下来"科学的"议题，参见 Moritz CANTOR，*Vorlesungen über Geschichte der Mathematik*［《数学史讲义》］，t. II：*Von 1200－1668*（特别是，关于 échiquiers［算盘］的第53章；关于 Paciola 的第57章；关于 Chuquet 与 Lefèvre 的第58章；关于 Viète 的第68章）。又见 W. W. ROUSE BALL，*Histoire des mathématiques*，Freund 译，第 I 卷，第 XI 和 XII 章，以及 Augustin COURNOT，*Considérations sur la marche des idées et*

---

① 伏尔泰语。又译为"踩死败类"。这里不名誉指的是宗教狂热者、自由思想家，不过又有一说他是在嘲笑天主教会、宗教迷信。见伏氏著《哲学通信》，高达观等译，上海人民出版社1961年，第324页。

des événements dans les temps modernes，第 1 卷第 3 章与第 2 卷第 1 章。

7 他缩写为 co(cosa)、ce(censo) 以及 cu (cubo)。Regiomontanus(1436 - 1476)称未知的 res 以及它的平方幂为 census。解答 per artenm rei et census 的问题，就是用二次方程式来解答。[Regiomontanus 即 Johann Muller，1436 - 1476，德国天文学家、数学家。——译者注]

8 Roger DOUCET，*L'État des finances de 1523*，p.12："按常规来说，计算会有差错。完全算正确倒是例外。差错往往相当大，有时超过 100000 *livres*[古斤]。"

9 关于这些用法，除了 CANTOR，还可参见 Albert DUPONT，*Formes des Comptes et façons de compter dans l'ancien temps*。数学，甚至基础代数学的整体发展与簿记的进步密不可分。关于这一点，参见 Raymond DE ROOVER，*Aux origines d'une technique intellectuelle：la formation et l'expansion de la comptabilité à partie double*（A. H. É. S.，IX，1937，171 et 270）。

10 关于 Chuquet，参见 DUPONT，*op. cit.*，II，318，以及 Aristide Marre，["Notice sur Nicolas Chuquet et son *Triparty en la science des nombres*"] *Bulletino di Bibliografia e di Storia delle Scienze Matematiche e Fisiche*，*Pubblicato da B. Boncompagni*，XIII，585(附《数学三部》的文本)。[Dupont 处，英译本作 CANTOR，具体何指，待考。——译者注]

11 Abel REY 关于这个主题的看法，见 *La Maturité de la pensée scientifique en Grèce*，p. 371。不应该忽略 Cournot 的重要性。Augustin COURNOT，*op. cit.*，livre I，chap. III，p. 35："然而，如果希腊人曾熟知我们的算术概念，毋庸置疑，他们的研究，即使纯粹是玄想的研究，都将朝另一个方向发展。"

12 Pierre VIRET，*Instruction chrestinne*，vol. II：*Exposition de la foy Chrestienne*，Genève，Rivery，1564，in-f°，Dialogue IX，p. 179.

13 Cf. Alfred FRANKLIN，*La Vie privée d'autrefois*，IV：*La Mesure du temps*，*passim.*

14 "钟表是近代的产物，是一种杰出的发明。"他继续说："滴漏，hydrologium[水文钟]，我也有一只……那些滴漏不那么耐用，但时间走的更准，因为沙有时会堆积或者变得潮湿……精致的搪瓷比沙子更好……"Scaliger，*Electa Scaligerana. h. e. Julii Caesaris Scaligeri sententiae*，v° Horloge.

15 Cf. Gilles DE GOUBERVILLE，*Le Journal du Sire de Goubervelle*，Robillard de Beaurepaire 编，Caen，Delesques，1892。"大约日出前一小时"，第 28 页，1553 年 8 月；"我们到达时，太阳快要下山了……"，第 34 页，1553 年 9 月，等等。

16 GOUBERVILLE，*op. cit*，pp. 139 et 398. 1562 年[新历]1 月 4 日，Gouberville 向某个朋友介绍了"一对雷鸟"(第 3 卷，第 857 页)。关于

钟，参见 Fr. GRIN，*Journal de Fr. Grin*（*1554 - 1570*），p. p. de Ruble，*M. S. H. P.*，XXI，1894。[François Grin，1536？—1611，巴黎的圣维克多修道院修士。——译者注]

17 CALVIN，*Joannis Calvini Opera quae supersunt omnia*，Baum 等编，t XXVII，col. 371. ——奇怪的退步：在科学精密、子午线的测定以及发明和米的严格界定这样一个世纪里，人们可以看见一种"量的"历法以及通过 Fabre d'Églantine 的恩惠（grâce），看见几个月都在变绿、在开花：花月（Floréal）、草月（Prairial）、收获月（Messidor）。十年中的那十天被赋予了农耕的名称：葡萄、藏红花、栗、马或秋水仙，不一而足。[费弗尔的原文为"量的"（quantitatif），英译者疑为"质的"（qualitatif）；Philippe Fabre d'Églantine，1750 - 1794，法国剧作家、政治家，与诗人 Chénier 一起确定了法国革命历的月份名称。——译者注]

18 Pierre de BRANTÔME，*Œuvres complètes*，éd. Lalanne，1864 - 1882，*Vie des Dames Illustres*.

19 J. CARDAN，*Ma vie*，Jean Dayre 译，1935，p. 4。小时以下的区分没有得到很好的组织。制度一直在变：4 点（points），10 分（minutes），15 部分（parties），40 拍（mouvements），60 奥斯登达（ostenta），22560 原子（atomes），Raban Maur 说。——4 点，40 拍，480 昂司（ances），5460 分，Littré 援引一本 16 世纪的书这样写道（参见"*Minute*"条目）。——4 点，10 分，40 冲（momenta），22560 原子，Jean Michel Albert（卒于 1450 年）说。参见 Lynn THORNIDKE，*Science and Thought in the XV*[th] *Century*，II，p. 221。关于分钟，参见 Pierre DUHEM，*Le système du monde. Histoire des doctrines cosmologiques de Platon à Copernic*，IV，p. 52 sq。

[Raban Maur，拉丁语名 Rhabanus Maurus，776 - 856，加洛林王朝时期的修辞学家、修道院长，是英格兰约克郡阿尔昆（Alcuin of York）的弟子；Maximilien Paul Émile Littré，1801 - 1881，法国文献学家、辞书编纂家、哲学家。服膺孔德的实证主义哲学。编有《法语辞典》（1863—1872；四卷）、《医学辞典》（与法国生物学家、政治家 Charles Robin [1821 - 1885]合编）等。费弗尔这里言及 Littré 的书，当指《法语辞典》。——译者注]

20 Thomas PLATTER，*Lebensbeschreibung*，éd. Alfred Hartmann（Klosterberg et Basel，1944），p. 24.

21 Geoffroy ATKINSON，*Les Nouveaux Horizons de la Renaissance française*，pp. 270，et 416 - 417.

22 受路易十一世（1476 年）的命令、囚禁于里昂 Pierre Scize 城堡的 Nemours 公爵的监禁室，除了花销在铁制品上的时间，这个监禁室需要 139 个工作日才能造好，不过还得借助于大师以及手工业者，Deniau 这样告诉我们（A. Kleinclausz, *Histoire de Lyon*, p. 348）。——关于这些，见 Adolf Loos 的 *Ornement et crime*（Marcel Ray 译），载 *Cahiers d'Aujourd'hui*, t. I, 1912 - 1913, p. 247 sqq.在当时是矛盾的，现在就自明了吗？

［Jacques d'Armagnac Duc de Nemours, 1433? - 1477，法国贵族。Nemours 公爵的第一代，父母都是法国王族的后裔，1462 年由路易十一世授予公爵领地。后因与其他贵族一起计划谋反，才遭国王逮捕。——译者注］

23 Pierre DUHEM, SOZEIN TA PHAINOMENA. *Essai sur la notion de théorie physique de Platon à Galilée*.［这一系列文字原载 *Annales de Philosophie Chrétienne*，之后才于 1908 年成书出版。SOZEIN TA PHAINOMENA（拯救现象），翻译成法语为 Sauver les apparences。该书英译本由 Edmund Doland and Chaninah Maschler 翻译，芝加哥大学 1969 年版。——译者注］

24 *E, F.*, t. I, 1 - 52 - 2—1 - 58 - 7.［后半部分页码据英译者。——译者注］

25 Abel REY, *La Maturité de la pensée scientifique en Grèce*, E. H., 1939, p. 453."所有伟大的先驱者以及文艺复兴初期的那些学者都是医生"，等等。

26 Georg Joachim RHAETICUS, *Ad clariss. v. D. Jo. Sehonerum de libris revolutionum Nic. Copernici narratio prima*（Danzig, 1540）.

27 Cournot 在 Duhem 之前就已经诚挚地、巧妙地谈到过这一点（Augustin COURNOT, *Considérations sur la marche des idées et des événements dans les temps modernes*, I, 110）。"……从另一方面说，人们可以说 Copernic 与 Tycho 很完美了，但他们没有革新什么。因为对他们来说，正如对他们的先驱者一样，天文学的对象只是天空运动的几何学理论，只是几何学假设的展开，或者用一种几何学的假设代替另一种假说。不用考虑天空的力学以及产生天空运动的多种力的理论，当然科学的推论除外。因此也就不能提供真理的决定性证据或错误假设的决定性证据。"该文写于 1868 年，初版于 1872 年。

28 L. BLANCHET, *Campanella*, p. 241，标题为"Campanella 对待新天文学的态度"。

29 Henri BRÉMOND, *Histoire littéraire du Sentiment religieux en France* . . . , t. III, p. 25 sqq.

30 我们还是不要相信 17 世纪没有这些恐惧。"对［天体之］蚀的畏惧曾如此广泛地困扰了人们的精神"，［高等法院］Bénigne Bouhier 院长在 1676 年写道，"以至很少有人能摆脱这种畏惧。有些人害怕死亡——

另一些人则跪倒在忏悔室里。"（Augustin JACQUET，*La vie littéraire en Bourgogne*，p. 42）。Bayle 的《彗星杂考》（*Les Lettres sur la Comète*，1680）就是专门为打消这些恐惧而写的。不过，它们在 16 世纪并不完全普遍。关于这一点，Dolet 在 1539 年的《占星家》（*Genethliacum*）那里有一段很好的描述：His notis securus ages，nec territus ullo - portento，credes generare cuncta sagacis - naturae vi praestante，imperioque stupendo［如果你知道这一点，你就不用担心、也不用害怕任何凶兆。你要相信，万物都是在贤明自然的卓越之力、压倒性的权力下产生的。］［皮埃尔·培尔的《彗星杂考》初版于 1682 年。1680 年 12 月出现了一颗以其引力而著称的彗星，培尔为此著文，讨论与奇迹、上帝的本质以及迷信等有关的重要问题。——译者注］

31 M. A. CHAUSSADE，*La Méthode scientifique d'Ambroise Paré*，R. S. H.，t. XXXIV，p. 37.

32 G. ATKINSON，*Les Nouveaux Horizons de la Renaissance française*，pp. 38 - 39.

33 B. PALISSY，*Les Œuvres*，Niort，Éd. Fillon，1888，t. II，*Avertissement*，第 6 页以及第 7 页；*Discours admirable des pierres*，160 - 161（关于 Cardan）以及第 186 页（顽石的理论）。

34 ［Luis de Carvajal，*Apologie pour les Ordres monastiques*，］pages 34 et 35.

35 M. BATAILLON，*Érasme et l'Espagne*，*recherches sur l'histoire spirituelle du XVIe siècle*，p. 345。这一页中有个例子就是对自我满足的三段论法之论证，*op. cit.*，p. 347。

36 B. PALISSY，*Les Œuvres*，t. II：*Discours admirables de l'Art de terre* ...，pp. 202 - 203.

37 ATKINSON，*op. cit.*，pp. 45 - 46.

38 Pierre ROUSSELOT，*Pour l'histoire de l'Amour au Moyen Âge*，Munster，1908，pp. 4 - 5.

39 Félix Platter 在蒙彼利埃时，曾于深夜潜入他［先前寄宿的］主人——一位药剂师——的卧室，偷走了几卷关于 *remedia*［治疗法］的书（F. et Th. Platter，*Félix et Thomas Platter à Montpellier*，p. 82）。

40 Lucien FEBVRE，*De 1892 à 1933. Examen de conscience d'une histoire et d'un historien*，R. S.，VII，1934，pp. 93 - 106.［该文收入 Lucien Febvre，*Combats pour l'histoire*，1992，pp. 3 - 17。——译者注］

391 # 第四章 无宗教信仰的支柱:神秘主义?

概览了16世纪的科学、科学理论及其实践的状况之后,我们就可以知道且真正地理解那个时代的人所怀有的凄惨与不完整命运。自然,我这里所说的那个时代的人,是指那些受过最好的教育且理解力最强的人——因此他们也可以避免某些易犯的、又非常危险的评价错误。

一、先驱者们的世纪

库尔诺早就在他的《对近代诸理念以及事件之进展的考察》(第一卷,第二部,第132页)中注意到了一点,即我们很容易赞赏帕多瓦的阿威罗伊学派的近代性,例如,我们会重新聚焦到他们提出的"积极的普遍知性"概念,认为知性能在人类整体与集体人类中持存、永存。它的火焰永远不灭,甚至每个人在其个体的、会消亡的存在过程中,都会体验到它那一瞬的光芒。正是这道火焰使每团在燃烧中展现辉煌个人的火焰越发明亮。我们难道不能在其中找到伟大的现代观念与人类集体生活的预兆?是的,如果我们想,是可以找到。不过,事实的关键在于要我们去观察,去观察自阿威罗伊派之后,是否有科学支柱来帮助阐述他们的概念,而其结果是我们既无法在当时所谓的生物学(当时甚至连生物学这个词
392 也不可能得到运用)中,也无法在社会科学中找到支柱,因为社会构造与人类的诸阶段还不为人所知[1],因此那些被关在逍遥学派的空疏本体论之中的阿威罗伊主义者,最后就只能钻牛角尖,讨论一些无关痛痒的问题?

当时的政治哲学家,首先是那些思想自由、最好奇、最有才智

的人，那些意大利学派者（蓬波纳齐是其一，还有在他之前的马基雅维里与之后的卡尔达诺或康帕内拉），他们对于人类历史还没有形成一幅总揽全局的图像，也没有形成一幅关于进步运行方向的总体图景。对他们来说，什么是历史呢？是一系列的循环，因偶然而生，至少也是因为天界某种神秘的力量而生，且这种力量还掌管了帝国与宗教的形成，并能使一些旷世奇才横空出世，同时赋予他们支配普罗大众的权力[2]。之后，他们创设的公共机构也按照一般法则兴衰存亡，于是，任何的政治秩序、公民道德与宗教信仰都消失了，陷入混乱与堕落的深渊——直到某一天，在某种善意的力量的作用下，新信仰与新秩序再生了。这是一种简单的理论，却有长久的生命力——终究还是要回到［詹巴蒂斯塔］维柯？可是，这不是一种历史理论。如果少了历史或者不被引导着去按自己的道路前行，那么政治理论也将不存在。要解释这一法则，无疑，人文主义历史学派的解释最引人注目。

一切都是如此。16 世纪的那些人因拥有许多理念而兴奋不已，整个 16 世纪都一直如此。不过，他们不知如何清楚地传达这些容易混淆的理念，也找不到一些可以用来明确表达这些理念的词语；他们不知如何扩充与延展这些简单的理念，并将之和谐地组合起来。有时，他们突然射出了一束光芒。一丝火花穿透黑夜，然后又消失在黑暗中，夜色则似乎比以前更暗了。

16 世纪是先驱者们的世纪，也就是，这些人没有后裔，也无所作为。 393
直到莱奥纳尔与帕利西的时代，天体之谜也似乎没有给人们呈现出一位科学家，能对天体的内在构造提出问题。受天体之谜的促动，莱奥纳尔与帕利西复活了两千年来都无人注意的的希腊理念。它们预示了日后将成为地质学与古生物学的那些。为时尚早呢！直到 200 年之后，这些理念才真正复活并具有生产价值。塞维特、萨皮①始终徘徊在血液循环

① 萨皮（Pietro Fra Paolo Sarpi，1552－1626），意大利神学家、科学家、历史学家。被称为反宗教改革时期的“重要人物”，教廷的死敌，是“可怕的修士”。于 1580 年左右发现血液循环。

那个大谜团周围，这个谜团也曾激起医生拉伯雷的好奇心。没有必要回忆《第三部》中那精妙的湿壁画，也没有必要回忆巴奴日如何惊讶地盛赞血液的交换［《第三部》第四章］。为时尚早呢！哈尔维与《论心脏运动》（*De motu cordis*）的时代快要到来了，不过还在后面，即 1628 年。在分类乔丹诺·布鲁诺的诸多观念时，有一种观念深深地震撼了我们——不过这一点也是我们的，这就是世界的无限性观念，确切地说，是具有无数个世界。为时尚早呢！必须等到伽利略及其望远镜，等到小赫歇尔（Herschel）及其反射望远镜。到那时，也只有到那时，丰特内勒才可以写他的《诸世界的复杂性》（*Pluralité des mondes*）。

莱奥纳尔、塞维特、帕利西与布鲁诺以及其他一些人，都是富有预感的先驱者，他们却没有获得公众的支持与随从。他们只是证明，当时存在这样一股力量、活力，一股突然爆发的能量。所谓的"当时"也就是指，那些强有力的人物盲目地搜寻那些他们无法找到，也无力找到的东西的时候。因为这些东西只有在科学之光的指引下才能找到，于是在搜寻的过程中，他们经常四处碰壁。在这种渐增的不安中，他们不再满足于他们的父辈与祖辈所满足的那些。他们从精神的牢笼中挣脱出来。他们在缺乏"明确的"科学（因为它未产生）的情况下，为了生存，便心满意足地沉浸在自创的神秘主义科学的浑水中。

二、气味、味道、声音

这潭浑水并没有吸引我们，反倒让我们渐生厌恶。不是为了别的，只是因为从笛卡尔提出了它的条件之后，我们已经习惯了清晰。有人试图让我们进入一个我们不知道应用何种工具——首先为分析、综
394 合——的世界时，我们就会感到困惑不安与惘然若失。那是因为对我们来说，这些工具不仅是熟悉的，还是自然而然的。16 世纪的人却不是这样。"思想是混乱的，那么就应该呈现思想的模糊性"——这是历史学家的第一要务。说以上这句话的亨利·贝尔是对的。拉伯雷的同时代人在表面上与我们非常接近，在心性工具上却与我们相去甚远。他们的心性工具结构迥异于我们的。

我曾在别处指出：我们是温室中的植物，他们则生长在户外[3]。他们更接近土地与乡村生活。即便在城市，他们也可以见到乡村，看到乡下的动植物，闻到它们的气味，听到它们发出的声响。他们是大自然的主人，既可以用眼睛看自然，又可以通过各种感觉器官来感受、听闻、触摸与呼吸自然，

闻、触、眼、耳、鼻，
没有这些，我们的身体就是大理石像。

他们还拒绝在这些相互联结与保护的器官中作出取舍，

哪项起着更为重要的作用，
发挥更大的作用，更值得赞颂……[4]

不过他们的这些"感觉"意识（这是我们习惯的叫法），诸如"闻"、"触"以及"听"（尽管杜贝莱及其对"耳聋的赞歌"），比我们的更发达（或者没有我们这样衰退），且得到了更好的运用。同时他们的思想还处在一种更为混浊、更未纯化的环境中。

来读读龙萨的一首颂歌的开头几句[5]：

我因狂怒而心烦意乱，
因恐惧而怒发冲冠，
我心中充满了热情，
我胸中充斥了惊愕，
经由喉管，我的嗓子，
发不出任何声响。

或者读读《颂卡利俄珀》中的几句，它们也不乏表现力， 395

你的美唇令我陶醉，

它发出的柔美嗓音，
令人如饮甘露，
它曾在帕纳索斯神山尽情地畅饮，
珀加索斯①的清泉。[6]

你肯定不会说这里有视觉性的诗意吧。再来看看以下这些招魂诗吧。它们是以浪漫派的石版画风在油墨的背景上映现出的苍白幻影吗？不是的，它们更可能是一些声响、一些嘶嘶之声[7]：

亡灵在夜空中飞来飞去，
其喙劈啪作响，
我惊恐万分，心中发出嘶嘶之声……

以下是布尔日的勒迈尔所描述的地狱，不过这种描述也是从"绿色恋人书简"那里借来的。这是地狱，到处都充斥着"令人毛骨悚然的尖叫声"，

恐怖的野兽发出的嚎叫声，
锤子敲打铁链发出的叮当声，
高山夷为平地发出的爆裂声，
疾风骤雨发出的呼啸声，[8]

再来看看龙萨对吻的召唤：

吻，紧闭的双唇的产物。

诗人这里并不是纯粹想说嘴的形状、双唇的色彩以及皓齿。相

① 珀加索斯(Pegase；Pegasus)，古希腊神话中缪斯女神的坐骑。据说，被其足蹄踩过的地方有泉水涌出，诗人饮之可获灵感。

反，他想说的是其声音与芳香：

在我的嘴里，我经常听见， 396
不变的狂风的飒飒声……
我的灵魂会呼吸且自由地飞扬，
为了你而停留在我的双唇上，
嘴里含有稀有的香料，
你的气息使草原变得美丽，
使花朵尽情绽放，
你的气味也就香飘万里[9]

所有这类诗都像上述的这首，充满了音响，载满了芳香，不管是说"大海深处的嗡音"[10]，还是森林发出的沙沙之声，

圣加斯蒂尼，我内心痛楚的守护神，
你的森林发出回音，重复着我无尽的悲叹，
时而大声呼喊，时而低声呜咽，
记载了我那沉重的悲歌……

或者说到在乡间闲适漫步时，也只是提及气味与音响①：

我喜欢乡村花园的芳香，
野花点缀了花园，
我喜欢哗哗作响的溪流，
它轻快地流淌着……

我听到了一些反对意见，他们觉得龙萨的诗文及其写作时间

① 1947年以前的版本没有这一句及以下这首诗。原诗见 RONSARD，*Œuvres complètes*，éd. Paul Laumonier，t. VII，p. 113。

(1560 年与 1570 年)不可靠。龙萨,是个真正伟大的诗人,具有他个人的气质与特征。那么,其他人呢?——我们还是不要追溯得太远。我们再来读读玛尔提-拉弗沃[《拉伯雷著作选集》]第三卷的《答书简诗》(*Epistre responsive*)就好了。这些诗是普瓦的布歇在该世纪(16 世纪)早期写给“希腊文学与拉丁文学的杰出人物——弗朗索瓦·拉伯雷大师”的。诗文的标题告诉我们,它要“描述一个漂亮的住所”。因此,我们就期盼着能看到线条、色彩、图案与景色,看到那些赏心悦目的东西。我们看不到这些。我们得到的是声响、萧萧声与噪音——统统都是悦耳的东西。所有的河川精灵、森林精灵轮番登场。她们拥有美丽的形态,就像让·古戎[①]的女神死而复生?诗中对她们的外表、形态以及身体只字未提。人们听到的只是她们的声音:

那伊阿得斯[②]在某地安家,
就安在那美丽的“加拿”河川上,

那伊阿得斯与她的姊妹们“在碧绿的、润泽的草地”嬉戏;又在另一处“玩耍”,

397 另一些女神的声音悠扬婉转,
德律阿德[③],栖息在深山老林,
……还能听见俄瑞阿得[④]的声音,
聆听她的训诫,如饮甘泉,
还有美丽的纳培尔[⑤],
哼着轻快的小调向前奔跑,

---

① 古戎(Jean Goujon,1510－1566?),生于诺曼底的雕刻家、建筑家,法国文艺复兴雕塑的代表人物。

② Nayades(Naiads),水泽女神。

③ Driades(Dryads),森林之神。

④ Oréades(Oreads),山之神。

⑤ Nappées(Napaeae),溪谷之神。

她们在流动的“诗之泉”边歌唱，
穿过长满乔木的翠绿庭院……

夜幕降临。诗人如何在“在绿荫下继续前行”，并抛开滚滚红尘呢？通过观察这些欢娱的女神？不！是通过听：

若要忘记你的悲伤，抛却你的烦恼，
只需听那些女神优美的歌声，
歌声洒满了森林、幽谷与草原。

其他的呢？

享受成熟的瓜果与美酒，
人生一大乐事，
我们普瓦捷人这么认为……

这里没有关于“看”的词。这些便是听觉的魅力……所有的都是如此。马罗描述絮皮东(Cupidon)神殿的景致时，花园不是栽满了五颜六色的鲜花。这个花园不是用来观赏的，而是用来“悦鼻”的。在那里，人们可以闻到花草的芳香

美丽的雏菊、百合与石竹，
鸡冠花、玫瑰花开，香飘万里；
迷迭香、毛莨争相斗艳，
薰衣草芬芳四射，
庭院里其他花朵，
也花香四处。

相对来说，最具“视觉效果的”，都如是轻描淡写！杜贝莱在描述“逼真的喷泉”时，这样写道：

自然与艺术似乎都不辞辛劳，
试图把悦目的东西拼叠起来。

他忽然又补充道：

恬静的音乐不绝于耳，诱人入眠，
那是比塞壬①的歌调更愉悦的和弦。

398 饶有兴味的是，他在罗马流放时，曾热情地再现过法兰西，不过他所再现的法兰西决不是一种物质形态，也不是一种躯体、面容与形象。它通常还是一种声音，只是一种声音，甜美的声音，

法兰西，法兰西啊，请回答我的悲叹……

因此，他确实向他的"母亲"哭诉过，那时，罗马之冬

让我毛骨悚然。

然而，他不乏敏感的感官，也并非无法察觉到这种真正的伟大，如果他写下了：

我的绘画与你的并置，
犹如雅内②靠近米开朗基罗。

没有关系！在我们的记忆中，杜贝莱从来就没有留下图画，通

① Sirene(Sirens)，古希腊传说中半人半鸟的女海妖，惯以美妙的歌声引诱水手，使他们的船只或触礁或驶入危险水域。

② 雅内(Janet)似指 François Clouet(1510? －1572?)，法国文艺复兴时期的画家。英译本注为画家 Jean Clouet(卒于 1541 年)。

常只留下了声音。不管是他注意到“守门狗的凄惨嚎叫”，还是听见“两只天鹅在水镜上的悲叹”，吸引他的是它们的声音而非它们优美的线条。

我们在讨论诗人的性格；但不仅是诗人如此[11]。无独有偶，我们还注意到，帕拉塞尔苏斯①坚持认为医学首先是感官上的观察问题，他也求助于一套由听觉与嗅觉产生的形象，这不禁让我们惊讶。他希望医学“在我们耳朵边发出的回响，不能比莱茵河的瀑布落地声或大海的咆哮声差。”他还想用鼻孔来“辨识研究对象的气味”[12]②。当时人经常借助耳朵来研究许多事物；是别人来解读他们，而不是他们自己来解读自己；这些伟人身边围着一群健谈者，后者通过耳朵把口头知识传达给他们。我们有必要这样来提醒自己吗？

我们还是回到抽象的领域吧。近来在一些著名的文章中，阿贝尔·雷伊很好地指出了希腊数学如何“完全通过几何学”得以确立。他说，希腊人的可塑的直觉③——他们的建筑奇观与构造奇迹都应归功于此——促使他们把自己最珍视的东西，如“完美的理解力、智力、思想的清晰性与独特性、连贯的论证力”，归到了几何学与形态的范畴，不是像我们所倾向的那样，将它们归于无意象的思考与纯逻辑的范畴。“对希腊人来说”，形态“自身就很清楚明显， 399
因为形态能通过感官上与精神上的视觉被看见。任何结构都能被人们彻底地掌握”[13]。

这是专攻16世纪数学的史家，首先是凯托尔然后是鲁斯·巴尔④所坚持的事实。16世纪的人不是先看，而是先听、先嗅，闻空气、捕捉声响。只是到了后来，随着17世纪的逼近，16世纪的人才

① 帕拉塞尔苏斯(Philippus Aureolus Paracelsus, 1493－1541/1543)，瑞士医生、哲学家、炼金术士。

② 1942年版这一段到此为止。

③ 1942年版为 intention plastique［可塑的意志］，1947年版以后则改为 intuition plastique［可塑的直觉］。

④ 巴尔(Rouse Ball, 1850－1925)，英国数学家、律师。

开始严肃、积极地钻研几何学，且与开普勒（1571—1630 年）以及里昂的德萨居伊①（1593—1662 年）一道专注于研究形态的世界[14]。那时，视觉还没有在科学世界、感观世界与美学世界中释放自己的力量。

三、音乐

音乐难道不是一样吗？音乐也没有超越具体的、既定的、直接的层面，只是喜欢再现战斗的嘈杂之音，大炮发出的隆隆声、云雀的歌声或巴黎人民的叫喊。我们不要继续假装好像音乐是给我们奖赏的，是我们最新的战利品与发明。浪漫主义者知道详情，且与之针锋相对。1837 年 5 月，维克多·雨果在题为《光影集》（*Les Rayons et les Ombres*）的第三十五首诗“音乐源于 16 世纪”（*Que la musique date du XVI*^{e} *siècle*）中写道：

> 强大的帕勒斯特里那②，德高望重的大师与天才，
> 音乐之父，我向您致以崇高的敬意。
> 您就如一条给予人类饮水的大河，
> 自此一切音乐都从您的双手涌出！

米什莱在他的《文艺复兴》（第 2 卷第 5 章）一书中回应了这一点。
400 米什莱写道：“实际上，人类的新母亲来到了人世：‘音乐’这个伟大的魔女与安慰剂诞生了。”[15] 事实上，与我们一样（可能比我们尤甚），音乐也是 16 世纪的人们生活中的一部分。他们不仅对音乐感兴趣，身边经常还围着优秀的歌手与音乐家，而且他们还受到声音的诅咒，在声音、管弦乐器与木管乐器的攻击前，会毫无抵抗地把自己纯真的灵魂交给它们。这里有一系列证据。王妃凯瑟琳的女官——美丽的利默勒，在弥留之际还召集她喜欢的音乐家（那个时代，这样做的不只她一人）：“‘于连，拿起你的六弦提琴，不停地

① 德萨居伊（G. Desargues，1593－1662），里昂的几何学家，射影几何学创建者之一。

② 帕勒斯特里那（Pierluigi Palestrina，1529－1594），意大利作曲家。人称“音乐之王”。

给我弹《瑞士败北》(*Deffaitte des Suisses*)，直至你看到我死了，因为我感觉这一刻很快就要来临了。当你弹到"一切都完了"这一节，来那么四五遍，尽可能弹出它的哀伤，越哀伤越好。'……弹了这一曲，她有点声嘶力竭。当乐到这'一切都完了'时，她吟诵了两遍，转到床的另一边去了……断了气。"这就是布朗托姆在他的《第五讲》(*Cinquième Discours*)中所叙述的有关她临终时的一段文字，他还粗略地称这是"一种欢欣的、愉悦的死亡"。关于布朗托姆，我们就点到为止。此外，诺埃尔·迪法伊的《欧塔佩尔》(*Contes et discours d'Eutrapel*［1585年］)中也存有一些证言，这刚好巩固了布氏的证言。迪法伊在第十九章("欧塔佩尔的音乐")中叙述了宫廷中发生的一件事[16]，即"当他们在伟大的弗朗索瓦［一世］之前，唱起那首雅内坎为庆祝国王战胜瑞士而作的军歌时，没有不看自己的剑是否仍在鞘里，且踮起脚尖，以使自己显得更高大威猛。"实际上，我们可以在勒鲁·德·林奇的《历史歌谣集成》(*Recueil de Chants historiques*)中，读到这一著名"玛里尼亚之役"的全文或部分段落。后者是由克莱芒·雅内坎(Clément Janequin)所作的一部伟大的音乐壁画，于1527年初在阿泰尼昂书店出版，且得到了传播、普及。不借助于任何音乐伴奏，这首作品本身就有一种奔放的韵律，这种韵律是一种不为我所知的黑人狂热的舞蹈的韵律，它会激起他们的斗志：

> Soufflez, jouez, soufflez toujours,
> Tournez, virez, faictes vos tours,
> Phifrez, soufflez, frappez tabours . . .
> Tournez, tournez, brayez, tournez, 401
> Gros courtault et faucons,
> Pour resjouir les compagnies,
> Pour resjouir les compagnons . . .
> Donnez des horions, pati patac,
> Tricque, tricque, tricque, tricque,
> Trac, tricque, tricque, tricque,

Chipe, chope, torche, lorgne,
Chope, chope, serre, serre, serre . . .

Nobles, sautez dans les arçons
Armés, bouclés, frisques et mignons,
La lance au poing, hardis et prontz . . . [①]

此后,人们不应该对 16 世纪的人用音乐来治疗疾病表示惊讶了。《第五部》(第二十章)中,第五元素女王"用音乐来治疗疾病"。这样做的目的真的是为了超越国王("在你们的国度,国王用手一摸就可以治疗疾病,像瘰疬、癫痫、四日两头痢疾等等。我们的王后治疗疾病连摸也不用摸,只消根据疾病奏一支适当的歌曲就行了。")。这里潜藏着一些政治意味[②]。不过,波塔[③]的《自然魔术》(*Magia naturalis*,那不勒斯,1588 年)第二十卷第七章"论竖琴及其多种属性"(*De lyra et multis quibusdam ejus proprietatibu*)就没有暗含政治意图。他对乐器太讲究了,他会记下不同的乐器由哪些不同的木料制成,这些木料又有哪些特性。——这是给病人、医生用的,身体健康的人对此也表示理解和赞同。艾蒂安·多莱就曾在 1536 年的《评注》中说道:"我的生命本身就应归功于音乐。我在文学上的成就,也应归功于音乐……没有音乐的力量,我肯定

---

① 歌词:吹响号角,挥动刀棍,让号角声持续,/调转方向,抢风行船,调转你们的方向,/吹起短笛,吹响号角,擂起战鼓……/调转方向,调转方向,为船涂上沥青,调转方向,/强壮的战马和鹰隼,/是为了鼓舞战友,/是为了鼓舞战友……/痛击敌人吧,噼噼啪啪,/用棍棒,用棍棒,用棍棒,用棍棒,/一刻不停地打,用棍棒,用棍棒,/窃,偷,殴打,觊觎,/窃,偷,监视,监视,监视……/贵族们,跳上马鞍吧,/武装起来,扣上皮带,整装待发,意气风发,/手握长枪,勇往直前,迅速敏捷……

见 Antoine Le Roux de Lincy (ed.), *Recueil de chants historiques français*, II, 65–67。又,The King's Singers 曾演绎过这首歌。

② 可参看马克·布洛赫的《会魔术的国王们》(*Les rois thaumaturges*, 1924),英译本作《国王的触摸》(*The Royal Touch*)。

③ 詹巴蒂斯塔·德拉·波塔(Giambattista della Porta, 1535? –1615),意大利自然哲学家、剧作家。

无法坚持这样一项持续的、庞大的、无休止的工作，即编纂《评注》……”[17]龙萨①在1572年巴黎出版的《古代作家与近代作家的歌谣集》(*Mellange de Chansons, tant de vieux autheurs que des modernes*)的序言中回应了这一观点。龙萨写道：“阁下，如果一个人听到了乐器甜美的和音或悦耳的自然之声而无动于衷，不为之动容，不忘记自我，陶醉于其中——那么这就预示着他的灵魂是扭曲的、邪恶的、堕落的，那么就有必要对他多加防范，就像防范生来 402
便是不祥之人一样。”音乐超越了个人。也正因为它是全世界各族人民共同的爱好，人们都能感受到音乐的快乐，于是它便成了联系他们的强劲的纽带。在法国及其之外：关于这一点，马塞尔·巴塔隆在他的研究《达弥奥·德·戈伊斯②的国际性》中就曾做了一些透彻的、客观的评论[18]。谁知道有多少人迎着这条老路加入到了革新运动的行列。而革新运动将不仅在新教派的土地上，还在仍为天主教的土地上，随着一种比单声圣歌更激动人心的音乐达到了巅峰。

四、不发达的视觉

强调这些，我们无所畏惧。关于不同时代所特有思想的感官支柱，我们可以作出一系列有趣的研究。若我们熟悉16世纪的这些作家，就会发现一件让人震惊的事情，即他们不知道如何素描、如何把握一些类似的特征，或为读者呈现有血有肉的人物。这少有例外，不过拉伯雷就是其中之一，但他是拉伯雷，是史无前例之人。《第四部》(第十三章)中，当他给我们描述了“一个肥头大耳、面色红红的老执达吏”，“他那双又大又笨的长统靴，瘦弱的老母马，腰里拴着一个塞满状纸的布袋，同时左手大拇指上还戴了一个又粗又大的银戒指”——我们当然不能责难他缺乏视觉意识。可是，除了那个独一无二的拉伯雷之外，还有其他人这样做吗？有人描写

① 龙萨(Pierre de Ronsard, 1524－1585)，法国诗人。七星诗社(Pléiade)的领袖。
② 戈伊斯(Damião de Góis, 1501－1573?)，葡萄牙历史学家、人文主义者。

过拉伯雷吗？有没有人想过把他呈现给我们？有人毁谤他，却没有人描绘他！

我们必须煞费苦心才能看到，人们对饭桌前的拉伯雷所进行的惟妙惟肖描绘，就像是莱奥·戈兹朗[1]描写餐桌前的巴尔扎克一样。终究，谁知道呢？我们可能会看到一些令人惊讶的描绘：一个消化不良、招人讨厌的拉伯雷，甚至连酒的好坏都区分不了，许多有名或无名的美食家也曾遇到这种尴尬的事情，这真是大不幸。我们必须煞费苦心才能看到一幅纳伐尔的玛格丽特的素描。"大师"对她的描绘只有寥寥数语，不过我们必须通过这寥寥数语看清
403 她，且让我们自己说，"我们觉得这就是她！"——什么？我们能说能做什么？[《回忆录》的作者]圣西蒙要到后来才出现呢！玛格丽特呢？人们只知道说她是国王弗朗索瓦[一世]的姐姐，除此之外，没有其他的描述。没有人亲眼目睹那些高贵的妇人与名流政要的面目，我们还日夜盼望看见他们。她也无力再现他们，无力再现那些王子或国王，以及她的皇弟、母后与两位驸马，也无力再现使得《七日谈》中的 72 个故事得以普及的数百个虚构人物（有数百个人物，但是却没有一个人物具有清晰的轮廓）。我们还要补充说，她也无力再现出风景，甚至无法再现被激流冲垮的比利牛斯山谷[2]。总的来说，在那个急于写作的时代，讲故事又喜欢拖泥带水的时代，留下来的惟妙惟肖的素描屈指可数。布朗托姆是怎样描述的呢？不过是一些陈词滥调：慷慨的王妃，美丽、完美的女性，典雅的、勇猛的士绅——此外别无其他了。人们曾引述过对某位令人吃惊的老人泰奥多尔·德·贝札的描写：老人用他那瘦弱的手吃力地扯被子，以裹紧他那冰冷的身子——这是弗洛里蒙·德·雷蒙(Florimond de Raemond)不乏才能的勾勒。根据培尔[《历史批评辞典》]在"奥基"(Ochin)这一条目中的描述，这个弗洛里蒙就是"当那些天主教作家提及宗教改革家时所说的总军需官"——我们

① 莱奥·戈兹朗(Léon Gozlan, 1806－1866)，马赛出生的小说家、戏曲家。

② 玛格丽特《七日谈》中的故事。

几乎注意到了这一切[19]。

如同他们敏锐的听觉与嗅觉一样，那个时代的人无疑也有敏锐的视觉。确切地说，他们还没有将视觉从其他感觉中独立出来。他们还没有特别地将视觉所提供的信息与他们需要认识的东西扯到一起，同时觉得两者之间必有关联。如果“从质到量的过渡，本质上与视觉的主导地位的上升相关——我们称之为感知上的视觉化”是确实的，那么这就是个重要的问题。阿贝尔·雷伊注意到了这一点。稍后他还补充道[20]：“视觉以及在视觉内的图像形成了那种最好的科学感觉。”

总而言之，我敢说，16 世纪还没有“景观”公馆（hôtel *Bellevue*），也没有“美景”公馆（hôtel *Beau Site*）。它们要到浪漫主义时代才会登场。不消说，文艺复兴时期的人还是继续投宿于“玫瑰”公馆、“野蛮人”公馆或“黄金狮”公馆。那些丢盔弃甲的逃兵，则投身于公馆业……

五、对不可能的事情的感觉 404

他们就这样带着大包小包投宿，而且这些行李包还经常不是当时流行的款式。万物都相关联。美好的知性感觉、视觉，都还没有获得优先权，凌驾于其他感觉之上。不过知性（intellectuel）以及智力（intelligence）这两个词，就算不对它们进行定义，至少也有必要鉴定出它们的年代。然而，作为列维-布留尔那些优秀著作的读者，我们就不需要对此进行最后的确证了。

没错，列维-布留尔的那些书[21]。确切地说，没有哪个花了如此长的时间来研究 16 世纪人的思考方式和情感方式的人，不对能唤起“原始思维”的所有东西感到震惊。列维-布留尔这个哲学家饶有兴味地为我们重构了这种“原始思维”。他们的世界是流动的。在那个世界中，一切都未曾得到严格界定，存在物失去了自己的边界，一眨眼便换了形状、外观、大小，甚至像我们说的“领域（règne）”也会变换，可是这样也不会招致强烈的反对。此外，还有一些故事提及了石头会呼吸、苏醒过来后还会走动，还有一些树也苏醒了，这些故事都不会让奥维德的读者备感惊讶[22]：

> 听吧，樵夫，且歇下你手中的活，
> 你所伐倒的，那都不是树木啊……①

这是一些古老而又年轻的传说：例如，有关茗荷儿（Anatife）这种甲壳动物亚门的传说，传说这种动物生出了一只鸟，一只黑雁；有关鞭子草（Vallisnérie）的传说[23]，传说这种水生植物具有独特的授粉方式，还曾用来装饰过迈锡尼之壶。鞭子草的传说仍然活跃于 16 世纪中叶，它还解释了一些人们频繁讲述的故事，例如落叶掉进山谷的溪流中，然后变成了鸟；末了，还有像人那样行事的动物，以及可以随意变成动物的人。狼人就是典型的例子。狼人可以同时出现在两个不同的场所，可是谁也不会对此感到惊讶：他在
405 这个场所是人，在另一场所是动物[24]。这之后，我们还怎能对他们这种随意的态度感到震惊呢？他们已经习惯了在不精确中摸爬滚打，适应了那些被界定的晦暗不明、模棱两可的情形，甚至在那些我们看来需要比其他领域有更严密规定的领域中也是如此，这种做法在我们看来是荒谬的，令人恼怒。例如，想想法国的疆界，到处都是飞地；这个国家没有严格上的疆界，边界上总是围着一群村落，这些村落又被分成两三部分，都搞不清它们到底属于哪国。面对如此多的不确定性，拉伯雷的那些同时代人一点都不觉得难受，可是，这在我们看来却是无法忍受的，一种不可忍受的逻辑错误。

有人会说，上述那些人很可怜，他们真的相信坐在家里阴冷的壁炉旁或躺在草褥上就可以参加巫妖狂欢日。我就是故意选这些人的。可怜的人？那么他们的审判者呢？他们不是可怜的人，也不是目不识丁。与那些巫术师相比，他们更难相信那些狼人的故

---

① 龙萨的诗。译文参见《法国近代名家诗选》，范希衡译，外国文学出版社 1981 年，第 3 页。译文有改动。

事？不是的，事实不是这样。审判者受了言语的欺骗，也认同这些故事。唯一的区别在于，他们面对巫术，有时可能会表露出知性的愤怒。自然，巫术师不会这样。他可能被吓坏了，不过他也不会为他所做过的、说过的、告白过的或者解释过的任何东西表示出惊讶。有必要提起《七贤士对话录》的作者，即当时思想最开明的、最聪明的思想家让·波丹，同时也是《巫术师的魔凭狂》(*Démonomanie des Sorciers*)的作者吗？他还全心全意地相信巫术师所做出的“业绩”。

我们没有权利谴责这些著名的、受尊重的行政官，谴责他们与同时代的那些人如博格[①]、雷米[②]、德·朗克勒[③]相比，表现得特别迷信、愚蠢或智力低下。在他们各自的司法管辖区，如弗朗什-孔泰、洛林以及拉布尔[属于巴斯克]、博格、雷米、德·朗克勒等既是年代记的执笔者，又是巫术师的裁判官、歼灭者。他们对待事件的方式与我们不同[25]。那些让他们感到震惊的相似性，在我们看来却无关紧要、无甚意义。那些被我们忽略为偶然的、表面的、随意的类似点，在他们看来却缘起于一系列充满神秘的关联。他们不会 406
克制自己接受它们，反而饶有兴味地对此加以考察。神学家们早就习惯认为巫术师总是毫不费力、轻而易举地走向“癫狂”(folie)。费尔德南·洛特[④]在《古代世界的终结》(*Fin du monde antique*)那本优秀的著作中称之为“恐怖的癫狂”(尽管这并不是我觉得它优秀的原因)，为此，他还举了其他一些书中“同样有趣，同样悲哀”的例子加以说明，正如他所说的那样，暂时忘记了自己是位历史学家[26]。癫狂是个毫无意义的词。他们的思考方式不是我们的，仅此

① 博格(Henry Boguet，1550？-1619)，弗朗什-孔泰出生的法学家。曾任汝拉区圣克洛德的大法官。著有《论魔术师》(1602年)等。

② 雷米(Nicolas Remi，1554-1600)，洛林出生的法学家。著有《恶魔崇拜》等。

③ 朗克勒(Pierre de Lancre，1553-1631)，生于波尔多的恶魔学家、波尔多高等法院法官。

④ 洛特(Ferdinand Lot，1866-1952)，巴黎大学教授，主攻中世纪史与晚期罗马帝国。

而已。在那个世纪末，有才智与知识的优秀分子继续像莫里哀的狄亚富瓦鲁那样，基于那些在我们看来不可能的比较以进行推理论证。例如，《法语的起源》的作者福谢①就是这样的。他声称“暖气候带是最早有人居住的地域”[27]。美索不达米亚平原以及巴勒斯坦就是他的证据。这一论证貌似合理，“因为人的心与肝的形成（根据大多数医生的看法）要早于手与足，因此地球的中心地带也是最早有人居住的地域。”

事实上，没人知道在那时什么是不可能的，人们根本就没有“不可能”（l'impossible）这个概念。

如果有人告诉我们，一个遭斩首的人提着他自己的头，满大街地走，我们会耸耸肩，并不会对此事加以深究——因为我们觉得这是无稽之谈。然而，1541 年的人却不会说它不可能[28]。他们还不知道如何质疑事情的可能性。对于他们来说，世间并不存在一种法则观念，而这种专制、绝对、强制性的法则限制了自然无限的力量，限制了它那无限的创造力与生产力。确切地说，直到这一法则观念开始在世界各地见效时，直到“不可能”概念开始有所意义时，直到对所有人来说，non posse［不可能］会产生 non esse［不存在］时，对事实的批判才开始。

可惜在 16 世纪，那一天还没有到来。先知的梦、幻影、远距离
407 的行动与交流——这些都是事实。人们如何能质疑事实？我曾见过幽灵或亡灵。在我居住的那间闹鬼的房子里，我曾听过链锁的声音，听到过尖叫与抽泣的声音。我有一晚狩猎回来，就看见海尔耿②尖叫着划过天空[29]。这些都是事实，一些毋庸置疑的事实。我见过、听过，还为此不寒而栗。我的朋友如何能怀疑呢？我的证据是可靠的。我从不编造故事。我真的非常相信自己的经验……

在 16 世纪，还没有人说出了西拉诺所说的这两句深刻的、人性的话：“不要相信人所说的一切——因为人什么话都说得出来。我

① 福谢（Claude Fauchet，1530－1602），法国作家、历史学家。

② Hellequin，又译夜鬼，中世纪传说中夜间闹事的鬼魂头目。

们只要相信他是人就好了。”[30]多真切的文字！不过这是1641年说的。

我们谈到了经验[expérience]。这个词在法语中含有“实验”的意思，为什么它没有历史？对我们来说，实验[expérience]是一项技术。实验室的工作人员对此特别熟悉。这是一种经过长时间的深思熟虑、预先计算好的介入，它企图介入纯粹事实的领域。经验是选择的结果——作出这种选择，目的要么在于验证一条业已形成的假设，要么在于构建一种新的假设。对16世纪的人来说，经验就是如实地感受、观察并记录现象，这是个自发的事件，完全不受任何介入或意愿的影响。

六、自然与超自然

16世纪的人不但没有与不可能相关联的可能观念，而且也没有与超自然相对立的自然概念。更确切地说，在他们看来，自然与超自然之间的交流是正常的、不间断的。他们对宇宙保持了一种神秘的、原始的视域。这种视域不像我们那样，会探索从主观体验中所获得的事件的原因，期望能将每一个事件都置于现象的网络中，且通过先发生的事件来解释说明这一事件，使它成为既定条件的必然结果以及易预见之结果的必要原因。他们声称要在一个本 408
身就逃避经验的世界中，寻找简单又有力的原因。而那个世界还充满了各种不可见的力，各种支配力、精灵以及影响力。这些力充斥着我们，包围我们，还主宰了我们的命运。

电闪雷鸣不是“自然现象”，而是神故意要突如其来地介入尘世[31]。天空出现彗星也不是“一种自然现象”。这是一种征兆、告示——死亡的前兆。1600年，鲁昂的奥斯蒙书店就刊出了塔耶皮耶①的一本书，书名为《论精灵的出现，游离的灵魂、亡灵，有时出现在伟大人物的死亡之前的一些怪事或预示一个国家政局变化的奇事》(*Traité de l'apparition des Esprits, à sçavoir des ames séparées, fantosmes,*

① 塔耶皮耶(Noël Taillepied, 1540－1589)，法国作家、历史学家，方济各会修士。

prodiges et accidens merveilleux qui précèdent quelquefois la mort de grands personnages ou signifient changement de la chose publique)。这种看法从拉伯雷论朗日公爵的死那一章[《第四部》第二十七章]一直延续到了 17 世纪。我们稍后将谈到这一点。天蚀、陨石的坠落、青色的夕阳——这些都是天界势力介入的征兆。

在生活之纲中，自然与超自然永久地纠缠在一起，却无人对此表示惊讶或不安。这就像那个时代的宇宙学，在这个宇宙中，缺乏条理与有理有据并置，真实与幻想相连，动物寓言集中那些可笑的动物后代突然出现在"真正的"动物之间。这边，卡托布莱帕斯①带着一种麻木的表情在吃自己的脚趾；那边，一个真正的猿猴顽皮地在搔痒。

万物都是如此。当他们认为把受害者的尸体置于凶手面前，尸体就会立刻流血时，我们觉得他们只是说说而已，不是认真的。16 世纪晚期，菲利克斯·普拉特就在蒙彼利埃目睹过此。尽管是一名医学博士，普拉特却没有嘲笑此事[32]。如果我们相信若贝·迪瓦尔，布列塔尼的主要司法管辖区一直到 17 世纪，尸体伤口仍会在凶手面前开裂且直流鲜血，其他一些地方则在法国大革命之后仍是如此[33]。我们不理解为什么尽管凶手当场被捕，仍需要向法官告
409 白、供认罪行。供认罪行就摧毁(至少是抵制)了那些罪行的有害影响。通过销毁秘密，自白信仰就使邪恶的行为归于无。——我们自问，拉伯雷突然对那些猥亵之徒表示如此愤慨时，他到底在针对谁，针对何种精神上的缺陷呢？那些猥亵之徒把传送疾病这种恶毒的想法转嫁到圣人头上，同时还说只有向圣人祈祷之后，才能得到治愈。对我们来说，疾病只是一种身体上的不适。对他们来说，这仍然是一种诅咒。犹如简单的治愈行为不是"自然的"行为，只有根据形式执行了[草药]采集的仪式后才能生效[34]。当时，每一种医疗处方都是一种奇妙的混合物，是魔法般的实践与经验馈赠之

① Catoblepas，是非洲一种细长头大的动物，常把头垂在地上，会吃自己的脚趾。普林尼《自然史》第八卷第 77 节有记载。

间的混合。有必要喝一些煎的药，涂一些药膏——同时，特别还需要行一些仪式，口中念念有词，只有在那以后，药效才会发作。“他有能力治好这种病，那是因为他也有能力使人得这种病。”这不是《高康大》的某个注释者在页面的空白处所写的评论，而是列维-布留尔在解释原始人的感情时所作的陈述[35]。这句话让我们再次进入了一个我们误认为遥远的世界。

事实上，有教养的我们今天习惯漫步在被理智化的自然中。这个自然的各种表现都基于一个由必然法则与固定形态组成的框架，这些法则和形态同时又对应不同的概念。然而，他们（16世纪的人）却在一个独特的世界中怡然自得。那个世界中，诸现象没有确切的位置，事件与存在没有严格的时间顺序，已经终结的事物仍能继续存在，死亡并不会阻止一种存在继续存有或成为其他存在，只要它们能显示出某种相似性。——某种程度上说，不只是无教养的人、愚人、无知的人，他们所有人都一样，都没有我们那种本能的确信，确信自然界随时随地都存在法则。他们的学者还没有意识到其任务和固有使命就是去发现这些法则，去埋头研究一系列貌 410
似不相关的事实，并对这些事实加以分类、排序、分层，如果不这么做，他们在精神上就无法得到满足。在我们的语言中，如果无法把某件事与法则联系起来，我们就将之称作是神秘的。对他们来说，神秘根本就不存在。一种意志，一种善良存在或邪恶存在的意志，善意的意志或恶意的意志，借助于一种他们无法解释的事物展现了自己。我们还是不要忘了这是一种进步。求助于超自然是人类企图支配混乱事实、赋予它秩序所迈出的第一步，也是重要的一步。

七、一个住满了魔鬼的宇宙

那么，他们的宇宙、他们那围绕地球、井井有条的小宇宙，如何与我们那无法理解的、令人眩晕的宇宙相似？未知世界无限繁殖的这种观念是我们所熟悉的，可对此他们却没有任何概念。他们的天界仍在人类想象力的范围内，且住着一群怪人：

"神"建造了世界这座大房子，
他让鱼在海底深处游来游去，
地上有人，空中有魔鬼，天上住天使，
以免宇宙有空场所，
世界满是各种各样的生物……

这是龙萨的《诸神赞歌》。在字里行间，龙萨似乎从维克多·雨果那里借用了一些韵律[36]。这是诗人的幻想吗？还不一定。他难道不是改编了皮科·德拉·米朗多拉的《人类的尊严》(*De Hominis Dignitate*)里的一段论述："天父这个至高的建筑师，已经根据他那神秘智慧的法则，建造了我们现在看到的这个大世界、这
411 个神殿。他把圣灵安排在天界之上，把永恒的灵魂安排在天界，在底下这个藏污纳垢的世界则安排了各种各类的动物……"[37]？但16世纪有谁不熟悉天使与魔鬼呢？谁内心里没有一个奇特的、变幻不定的宇宙，且还有奇特的种族出没于其中？

龙萨是诗人。皮科则是梦想家。还有费内尔呢！他是[医生]这个行会的著名代表。他使得近年来一位思想史家[阿贝尔·雷伊]说，"文艺复兴时期所有的先驱者、早期的学者都是医生"[38]。费内尔是模范中的杰出代表，是希波克拉底几代子孙中的典范与领路人。我们还是翻开他那庞大的"大全"、《综合医疗术》(*Universa Medicina*)中的论著《事物的隐秘原因钩沉》(*De abditis rerum causis*)[39]吧。它向我们揭示了隐秘的原因[causae abditae]……在费内尔那里，有大量的精灵游荡在这个世界。在解释所有事情时，那些游荡的精灵是如此的有益、方便！这些精灵起初是好的，是依据造物主的形象造成的。有一天，他们中有一个叫路西弗①的，被骄傲冲昏了头，说出亵渎的话："In caelum conscendant, super astra Dei exaltabo solium meum, et sedebo in monte Testamenti ... [我应该升天，我的王座应该比天主的星辰还高，我应该坐在契约山

① 也就是撒旦，他堕落之前被称为路西弗(Lucifer)，拥有美好的形象。

上……]”他与他的同伴入了地狱。从那以后，那群堕落的天使就与那群光辉的、忠实的天使对峙，分九列排在天主的王座周围……这是基督教的神话。不过作为文艺复兴的优秀哲学家，费内尔告诉我们：它出典自异教徒。“de Daemonibus quicquid sum dicturus, e Platonicorum fontibus exhauriam[我所说与鬼魂有关的那些，全出自柏拉图主义者们]”——天使、魔鬼，他还加上了“半人半神的英雄”——柏拉图在《法律篇》第四卷中向我们描述了这些“英雄”。它们都是天主与人之间的中介。因为天主并不会亲自与他的创造物交流：“Deus quidem homini non miscetur, sed per id medium, commercium omne atque colloquium inter Deos hominesque conficitur, et vigilantibus nobis atque dormientibus[确实，天主不会与人直接交流。天主与人之间的一切交涉与对话都是通过他的中介得到完成的，不管是我们醒着还是熟睡的时候。]”

所以当读到《第四部》中那奇妙的第二十七章时，我们就不要再感到惊讶了。这章中，“英勇博学的德·朗日公爵的”医生论述了“英雄灵魂的归天”，同时回想起“已故公爵死前的惊人奇事”——当“仁慈的上天”，仿佛欢喜地迎接这些“尊贵、高尚、英勇 412
的”灵魂时——似乎“用彗星与闪耀的流星来制造喜悦的篝火”——更别提“奇迹、征兆、怪物以及其他不合乎自然规律的征象”。我们首先还是不要认为拉伯雷只是随便说说、开玩笑而已。很明显，他用了最严肃的口吻，他还把证人隆重地请到了证人席：“德·阿西耶公爵、舍芒公爵、独眼马伊、圣爱尔、维尔内夫·勒·古雅尔、萨维里亚诺的医生加布里埃尔大师、拉伯雷”①等等，还有一些其他朋友：“假使我说一句瞎话，让天主马上叫我死掉。”[《第四部》第二十八章]

① 这一段的引文，全出自《第四部》第二十七章。德·阿西耶公爵（seigneur d'Assier, François de Gourdon de Genouillac, 1516? -1544），炮兵司令官、元帅，1544 年战死；舍芒公爵（François Errault, seigneur de Chemans, 1500? -1544），1532 年巴黎高等法院法官；其余不详。

我们称这是奇妙的一章。但是那个时代的人该怎么说呢？"那一群尊贵的天使"：龙萨并不是唯一看见它们默然地守护在天主旁边的人。这些天使没有肉体，没有七情六欲，它们是天界真正的主人。他们"与天主一样，是不死的"，

因为它们是一些圣灵，如此纯洁、神圣、完美[40]。

至于那群骚乱的魔鬼，它们则散布在月亮之下，栖息在

充满了风、雨、雷电的空中，
在那浓密、厚重的空气中[41]，

诗人并不是唯一看见它们携着轻盈的身体，透过云层的人。它们的身体不是由泥土，而是由空气做成的，有点重量，但非常轻。有些重量以后，就算它们飞得再高，身体也不会放弃他们那"由天主的意志所指定的"住所……

这些魔鬼是一群独特的创造物。它们既有神又有人的特征：能像神那样不死，又能像人那样"充满七情六欲"。

它们渴望、它们恐惧，
它们渴望理解，它们有爱有恨，
只有它们的身体属于自己[42]。

它们有些善良，有些邪恶：

善良的魔鬼从天界飞到人间，
413 传达神的意志，
然后又向神转达我们的所作所为与祈愿，
它们把我们的灵魂从肉体的束缚中解脱出来。

它们还给我们送来了梦，带来了预言与巫术，

> 用鸟来预测明天。

相反，邪恶的魔鬼给人间带来了

> 瘟疫、热病、憔悴、风雨、雷电。
> 它们让空气中充满了恐怖的声音……

它们还干了其他一些事。空中出现的所有悲剧性的征兆——两个太阳、黑月亮、血雨，总之空中出现的所有恐怖现象——都被认为是它们的杰作。同样，它们还经常出没在闹鬼的房子中。它们是梦魔、怨灵、亡灵、护家神、淫梦魔、袭游客的妖精与女鬼，常常出没在我们的屋前屋后。它们是挪威的小鬼、小妖精、地精。它们还是引起波涛汹涌或风暴的水泽女神和海神。它们特别胆怯，很容易被吓跑，因为它们害怕灯光，甚至是火把的微光。它们全部都特别害怕用来铸造刀剑的铁。它们力图躲开这些，

> 害怕刀剑会切断它们的联结。

事实上，术士的典型形象就是佩戴一把亮锃锃的剑。龙萨告诉我们，有一天晚上，他摸黑"越过勒·卢瓦尔"，去与他的情人幽会，看见恶魔的猎队穿过空中，自己差点命丧黄泉，如果自己没有想到，

> 拔出我的剑，
> 把周遭的空气碎成千万段……

我们还是不要把这些诗文与大量的类似文本放到一起，虽然这 414
些类似的文本能够支持、确证与补充这些诗文的说法。我们还是

问问这个立即进入我们头脑的问题吧:

这是对现实的一种科学认识吗?这首先是在客观地研究"自然中的"生物与非生物吗?它还包括了对它们的构造、功能以及行为所具有的无数秘密的研究?然而这如何让拉伯雷——以及龙萨——的同时代人感到满足呢?当时的人通过栖息在空中的魔鬼来传达知识。这些魔鬼起到了信使的作用:

> 神的传令、天主的神圣传令,
> 快速地带来了天主的秘旨。

——魔鬼是中介,负责教导人间的创造物

> 自然的历程
> 或天上的音乐[43],

这些魔鬼的存在只是为了服务人类,并给予人类改造自然中的各种存在与现象的力量,使人类能确定地把握宇宙。这一点上,更多亏了它们不可思议的介入,而非机械手段的作用。

他们都是这样认为的。这里的他们是指由文艺复兴所恢复的那些古代恶魔学的大师们——从马尔西勒·菲奇(卒于 1499 年)到约翰·特里特海姆①(卒于 1516 年),到科内尔·阿格里帕(卒于 1536 年),再到帕拉塞尔苏斯(卒于 1541 年)以及龙萨(卒于 1585 年)。处于一个住满了精灵、魔鬼以及半神半人的生物的宇宙中,大师们都沉浸于同样的日常幻影,认为精灵、魔鬼等是因果关系的要因与工具,(在那个还没有发明机器的时代)它们还操纵了自然力量,使某些现象得以发生,然后又把这些现象彼此连接起来。生物与物体显现在许多经常变换的形态之下。形态通常一直在变,

① 特里特海姆(Johannes Trithemius, 1462 - 1516),德国神学家、修道院院长。与阿格里帕过从甚密。

因为

物质才是常驻的，形式则变幻莫测①

形态一直在变——现实还是同一种，这种现实既是单一的又是多面 415
的，既是物质的又是精神的，它将继续存在、继续循环。这是一种深刻的认识。文艺复兴时期人们推崇的观念，斯多葛派的世界灵魂观，使得这种认识获得了一种公认且权威的哲学形态。

八、神秘主义与宗教

近年来，人们较多地讨论"神秘主义科学"的作用、价值与声望。在占星术士、医学家以及哲学之石的探寻者的努力下，"神秘主义科学"在人文科学的边缘得到了发展。与大学培养出的那些博士的经典知识相比，这些讨论揭示出这些人的杂乱努力、混乱思想与夹杂着梦想的大胆思辨，反而给近代科学的某些领域提供了更多帮助，为近代科学的诞生与形成作出了更大的贡献。我们现在面临另一个完全不同的问题。我们想知道，我们试图描述的那种精神状态，有没有使16世纪的人倾向于摆脱宗教的监视，绝裂于那种启示的、有组织的宗教——他们生来就属于这种宗教，或是环境或是选择的结果。

我们本能地认为，答案是肯定的。作为20世纪的人，我们每天都可以获得不少奇迹，它们都是科学家用事实证明、用实验检验过的。相比之下，神秘主义者所宣称或预示的那些假设的或虚幻的奇迹就显得苍白无力。不管怎样，我们认为，他们的奇迹过于简单。我们没有必要由局外人告知我们，我们的科学并没有解决所有的问题，也没有告诉我们一切，我们的科学随时都可能会被大量
的新知识与理念颠覆和改变。奇迹只是一种普通的日用品。不 416

① 参见《法国近代名家诗选》，范希衡译，外国文学出版社1981年，第3页。译文有改动。

过，事情出现了独特的转换，奇迹不再是魔术师、炼金术士与占星术士的专利。掌握这种专利的变成了得到官方认可的合格科学家，后者又把奇迹传递给大众。与昔日的幻影（奇迹）相比，今天的幻影出自实验室，更变幻无常，并受人尊崇与褒奖，经过一番包装，它们看起来就如永世不变的真理一样真实。在此之外，能制造奇迹的就只有傻子与江湖骗子，但是严肃之人却不相信他们。因此，自然而然，在我们看来，16 世纪的“边缘思索者”——喀巴拉主义者、炼金术士、各个派别的神秘主义者——肯定在科学或宗教的正统派的对面，建造了一些小礼拜堂，令教会与大学毛骨悚然。种种迹象表明，我们应该把他们视为 17 世纪所谓“自由思想家”之军的排头兵。

这也是一种幻象。不言而喻，如果我们今天把以下两者放在一起，一边是一堆杂乱无章的泛神论教理，它们出自各个时代，出自喀巴拉学、神秘的书籍以及其他一些晦涩的典籍，另一边则是非常稳定的基督教教义，能满足那些通过训练和环境熏陶而具有理性与逻辑精神的人的需要，那么这两者的不和谐便昭然若揭，同时还不可能得到调和。是前者还是后者？必须加以选择。我们必须加以选择。可是他们没有选择。其原因通常还是那些根本的理由。

上述矛盾没有冲击、困扰他们，也没有要他们进行无情的生死抉择。我们可以说他们在忙于调和这个矛盾吗？有人已经这样说过了。有人曾指出，他们调和了柏拉图与亚里士多德，调和了希腊哲学与福音书。这里还是不要使用调和这个词。因为就我们的理解，“调和”通常仍然属于一种合乎逻辑的活动。实际上，他们并没有调和。索拉就曾恰如其分地指出，他们制造了一个“欲求的集合体”[44]。这些欲求属于这样一些人，他们像神秘主义者那样（但以另一种方式），反对支持逻辑的教条式神学，因为其定义日益严密，而且阻止了那些执拗的反对者在追求神话时恣意游移。同时这些人追求的神话又是晦涩的、撩人的、引人注目的，而且还缓和了一种
417 尚存的原始性。因此，他们热切地、贪婪地用神秘主义来满足那些他们不知道如何控制的欲求，以及满足那些他们只知道用食欲来

控制的欲求。他们只顾吃,而不计算卡路里。他们像营养不良的人那样吃,因为身后没有多少储备。他们顺着喀巴拉、[赫尔墨斯]特利斯墨吉斯忒斯、普罗克鲁斯[①]的边缘,犹如顺着伪狄奥尼修斯、雷蒙·鲁尔[②]以及莱茵河畔的神秘主义者的边缘,追求自己的梦想。前后两者都带了食粮,这些食粮是给那些渴望感觉与相信,而非渴望推理、批评以及判断的人。他们所有人都是这样。开始是皮科·德拉·米朗多拉。无疑,他有时搅乱了正统教义。他在人文主义者的圈子里宣传一种最为精彩的思想,这种思想就算不是敌基督教的,也是与它格格不入的。之后,他又虔诚地要求在他死后,穿上萨沃纳罗拉[③]披过的僧服入土。当他用几大卷文字来阐明他的思考时,如果有人问他是不是基督徒,他肯定会感到很惊讶。毫无疑问,还有(我们只举一例)我们虔诚的勒费弗尔——雅各布·法贝·斯塔普勒西斯(Jacobus Faber Stapulensis),此人系《圣保罗书简》的主编者、福音书的注解者,而且在很大程度上还是法国宗教改革的先驱者。怀着对《保罗书简》同样的热忱,勒费弗尔赞美、翻译、编纂与普及了特利斯墨吉斯忒斯的著作,而且还为此写了一篇优美的"序言"。

后来,毫无疑问…… 自由思想家转而求助于那些神秘主义大师,试图在后者混乱的教义中,为他们自身的怀疑主义找到托辞。他们反感于古典主义思想的有序与枯燥,想在黑暗的神秘主义那里寻得帮助,在浑水中搜寻丰富的养分。这是一种自然的反抗,反抗一种过于文明的宗教,反抗逻辑一致的基督教。那一刻在16世纪还没有到来,其深刻的原因我们业已提到。他们尽其所能地培育自己的梦想。他们在他者中寻找自我,而不考虑逻辑上是否协

① 普罗克鲁斯(Proclus, 410-485),希腊数学家、哲学家。新柏拉图派学说的信奉者。

② 鲁尔(Ramon Llull, 1235? -1315),西班牙神学家、哲学家、科学家、神秘主义者。

③ 萨沃纳罗拉(Girolamo Savonarola, 1452-1498),意大利宗教与政治改革家、多明我会士。

调或矛盾。正是在那个时代，马丁·路德发现了《日耳曼神学》(*Théologie germanique*)，并且觉得书中每一页、每一行都是在写马
418 丁·路德自己。于是，他狂热地编辑该书，将之出版，还使它在全德国得到普及。在这篇神秘的论著中，他没有看见哪些不是写路德的，也没有看见哪些是反对路德的。这仍然是因为“视觉不发达”。他只满足于“感觉”——就像他所处的那个世纪的人一样。

原注

1 Augustin COURNOT, *Considérations sur la marche des idées et des événements dans les temps modernes*, t. I, *passim*.

2 关于马基雅维里，参见 Augustin RENAUDET, *Machiavel* (1942)，第 1 部，ch. v, p. 153 sqq。

3 Cf. Lucien FEBVRE, *Les Principaux aspects d'une civilisation: quatre leçons sur la première Renaissance française*, dans *Revue des Cours et Conférences*, 26, 2e série (1924 - 1925), 193 - 210, 326 - 340, 398 - 417, 577 - 593. ——我在那里所写的，与 René MILLET 在《拉伯雷》(*Rabelais*，收录 coll. “Grands Ecrivains de la France”[“法兰西伟大的作家”丛书])第 85 页中公正的主张并不矛盾。他谴责 16 世纪的诗歌中有一种“伪理想的”影响。他还指出，那些血气方刚的人“像雇佣兵那样战斗，穿着华美的衣物，同时通过身体和眼睛生活，与通过心灵生活一样——一旦他们想写，就没有了视觉、意识和触觉。”[Lucien FEBVRE 的文章又收录在 *Pour une histoire à part entière*, 1962 年，第 529—603 页。——译者注]

4 Joachim DU BELLAY, *Divers Jeux Rustiques*, dans Henri Chamard (éd.), *Œuvres Poétiques*, t. V, p. 187: *Hymne de la Surdité, A Pierre de Ronsard Vandomois*.

5 *Odes*, I, 2; RONSARD, *Œuvres completes*, éd. Paul Laumonier, I, 65.

6 “*Ode à Calliope*”, *Id.*, II, 2; *ibid.*, I, 175.

7 *Id.* III, 8; *ibid.*, II, 18.

8 *Les deux Epistres de l'amant vert*，载《杰作》(*Illustrations*)第 1 卷的末尾。Cf. A. DARMESTETER et A. HATZFELD, *Le Seizième Siècle en France*(第 2 部), 1934, p. 173.

9 *Le baiser de Cassandre*, Odes, III, XVI [*Œuvres complètes*; éd. P. Laumonier], t. II, 43. ——后文：*Aux mouches à miel, pour cueillir les fleurs sur la bouche de Cassandre* (Ode XX, 55): Autour de sa bouche alenée - De mes baisers tant bien donnés... ——又参见（这些选择都是偶然的）第四卷（Ode XIV，127）：Nymphe aux beaux yeux，qui souffles de ta bouche - Une Arabie à qui près s'en approche - Cent mille baisers donne-moi - Donne les moi，ça，que je les dévore。——或第二卷（*Odes*，VII，ed. Laumonier，I，197）：Cassandre ne donne pas - Des baisers，mais... - Du nectar，du sucre doux，- De la cannelle et du baume——等等。

10 RONSARD，*Bocage*，VIII［*Œuvres completes*，P. Laumonier］，t. II，181.（Cf. *Odes*，IV，XV，载 t. II，133：Et par lès palais humides — Hucha les sœurs Néréides - Qui ronfloient au bruit des flots）。——关于 Sainte Gastine，参见 *Les Amours*，t. IV，128。

11 那些世俗者或圣职者。这里有必要参照《旧约》的召唤：*Escoutez，cieulx，et toy，terre，preste l'aureille*［天哪，求你侧耳，地啊，愿你也听言语］——或《诗篇》中的规劝：*Aux paroles que je veux dire，plaise-toi l'oreille prester* ——又或：*Mon Dieu preste moi l'aureille - par la bonté non-pareille* ...［神啊，求你向我侧耳，听我的言语。］有必要想起那些追随路德的改革派人士通过耳朵听到而说出来的道；因此，路德可能在他的《希伯来书释义》(*Commentaire sur l'Épître aux Hébreux*)中写下了著名的"*Solae aures sunt organa Christiani*［耳朵才是基督教徒的器官］"。这与他《饭后余谈》(*Tischreden*)中的主张"*Oculi sunt donum praestantissimum omnibus animantibus datum*［眼睛是给予所有人的最好礼物］"并不矛盾——因为这里说话的是诗人。［见《申命记》第三十二章第1节，译文略有改动；《诗篇》第十七篇第6节。——译者注］

12 L. BLANCHET，*Campanella*，p. 194 et n. 2.

13 Abel REY，*La Maturité de la pensée scientifique en Grèce*，p. 389. 又见 Abel REY，*La Jeunesse de la Science grecque*，p. 27，特别是 A. REY，*La Science Orientale avant les Grecs*，pp. 454 sqq.，有一些重要的考察涉及到了视觉在思想衍化过程中的作用。"从质的到量的这种移动，本质上与视觉的知觉(visual perception)上所主导的进步相连。"

14 W. W. ROUSE BALL，*Histoire des mathématiques*，p. 263. —— *Une correspondance littéraire au XVIe s.*，ch. LXXI，p. 608 sqq.［本书 2003 版舍后半部分注释。英译本作 Moritz Cantor，*Vorlesungen uber Geschichte der Mathematik*〔《数学史讲义》〕，vol. II：*Von 1200 - 1668*，(Leipzig，1900)，p. 608ff (ch. 71)。——译者注］

15 Jules MICHELET，*Histoire de France*，16 vols.（Paris，1898），VIII，p. 85. Michelet 还想起了 Palestrina——不过他把 Palestrina 与他的导师 Goudimel 联系起来。因为 Goudimel 则曾把 Marot 的《诗篇》谱成了曲子。Michelet 甚至还把整个音乐的发展追溯到路德："路德开了先

河——从此全地球人都会歌唱，所有人，自然也包括改革派人士与天主教徒。路德之后是 Goudimel ... Palestrina 的导师……这是一首真实的、自由的、纯朴的歌，一首发自内心深处的歌……"——自然，我个人并不接受浪漫主义的观点。我们今天知道，单旋律圣歌的自由复调——也就是说"音乐"——(至少)应该追溯到 Adam de la Halle。[Claude Goudimel，1510? -1572，弗朗什-孔泰(一说阿维尼翁)出生的作曲家、出版商。——译者注]

16 Pierre de [Bourdeille, Seigneur de] BRANTÔME，*Les Dames Galantes*，éd. Henri Bouchot，II，p. 86. 另，[*Œuvres Completes*，éd. Ludovic Lalanne，11 vols. (Paris，1864 - 1882)]，IX，pp. 461 - 462。又，Noël Du Fail，*Œuvres facétieuses*，éd. J. Assézat，II，p. 124。

17 COPLEY-CHRISTIE，*Étienne Dolet*，*le Martyr de la Renaissance*，p. 282.

18 M. BATAILLON，*Le Cosmopolitisme de D. de Góis*，p. 35 et sqq. ——又，RONSARD，*Œuvres complètes*，VII，p. 337。

19 另一种生动的素描见之于 Postel 的主祭。见本书，第二章第二节，第 116 页。

20 关于视觉以及精神的衍化，参见 Abel REY，*La Science Orientale avant les Grecs*，p. 454 sqq; p. 457; *La Jeunesse de la Science grecque*，p. 27。——又见 *Encyclopédie Française*，t. I，1. 10 - 11。

21 应该提到，我们说到这些书时，不是采取一种立场，从而引起一次关于 antélogique antilogique [反逻辑学的前逻辑学]、或至少关于 alogique [非逻辑学]命题的大论战。关于哲学家的这些事，可参见 Abel Rey，*De la Pensée primitive à la pensée actuelle*，载 *E. F.*，t. I，*L'Outillage mental*，1934，1. 10 - 17 sqq。

22 这个观点看，关于奥维德《变形记》在 16 世纪的流行，包括了一大批研究。

23 Fr. HOUSSAY，*La légende du Lepas anatifera*，*la Vallisneria spiralis et le Poulpe*，Comptes Rendus hebdomadaires des séances de l'académie de sciences，132(1901)，pp. 263 - 265；*Les théories de la Genèse à Mycènes et le sens zoologique de certains symboles du culte d'Aphrodite*，(Revue Archéologique，1895)，pp. 1 - 27；*Nouvelles recherches sur la faune et la flore des vases peints de l'époque mycénienne* (Revue Archéologique，1897)，pp. 81 - 105. 关于活的、会移动的、能饮、会洗澡等等的石头，参见 P. Saint-Yves 的考察，特别是他刊于 *Revue du Folklore français et de folklore colonial*(1934，V，pp. 213 - 216)上的文章。

24 Lucien LÉVY-BRUHL，*L'âme primitive*，p. 192 sqq. 从这种观点来看巫术的研究，没有一册文献值得注意。关于妄狼狂，在这些书中，可参看

Jean de NYNAULD，*De la lycanthropie，transformation et extase de sorciers*，Paris，Millot，1615（B. N. Rés.，45. 251）以及 Beauvois de CHAUVINCOURT，*Discours de la Lycantropie ou de la transmutation des hommes en loups*。

25 当时的法律还没有在人与动物之间达成一定的界限。按照司法程序，猪吃了一个人或吃了一个小孩，与罪人一样，都应得到绞刑。

26 Ferdinand LOT，*La fin du monde antique et le début du Moyen Âge*.［洛特：《古代世界的终结》，王春侠等译，上海三联书店 2008 年，第 408 页。中译本此处作“同样有趣，同样优美”。原文作 triste，英文译作 melancholy，此处应译为“悲哀”而非“优美”。——译者注］

27 Claude Fauchet，*Origines de la langue française*，［*Les Œuvres* ...（Paris：David Le Clerc，1610），第 2 部，］f° 534 r°.

28 关于“céphalophorie［头足类动物］”以及头足类圣人，参见 P. SAINT-YVES，*En marge de la Légende dorée*，p. 219 sqq。

29 Gouberville 的《日记》中多处提到了夜鬼出没。参见 Gouberville，*Le Journal du Sire de Gouberville*，Caen，1892，p. 210（1553 年 4 月 14 日），等等。又见 Ronsard，后文第七节，第 413 页。

30 Cyrano de Bergerac，*Œuvres comiques*，*galantes et litteraires*，éd. P. L. Jacob，1858，pp. 53－54.

31 1554 年［新历］1 月，一个胡格诺派的人在蒙彼利埃得到处决。Platter 说道：“一种异常的现象发生了。处决得到直接执行后，就电闪雷鸣。这是我亲耳听到的，其他一些人也跟我一样听到了。”（F. et Th. PLATTER，*Félix et Thomas Platter à Montpellier*，p. 67）

32 F. et Th. PLATTER，*op. cit.*，pp. 146－147，1556 年 12 月。

33 E. JOBBÉ DUVAL，*Les idées primitives dans la Bretagne contemporaine*，载《法制史新评论》1909 年，1911 年，1913 年，1914 年。

34 16 世纪（以及之后），灵魂状态的残存都在 Armand DELATTE，*Herbarius. Recherches sur le cérémonial usité chez les anciens pour la cueillette des simples et des plantes magiques* 一文中得到了描写。——关于药用植物（圣约翰的祭日前夜采摘的草）的采摘仪式，参见 SAINT-YVES，*op. cit.*，p. 246 sqq。——关于圣人引发疾病，参见 Hugues VAGANAY，*Les saints producteurs de maladies*。

35 Lucien LÉVY-BRUHL，*Le Surnaturel chez les Primitifs*，p. 172.

36 RONSARD，*Hymne des Daemons*，vers 57 sqq. 同前引书的《评论》（*Commentaire*），p. 14。

37 RONSARD，*Œuvres completes*，［éd. P. Laumonier，］t. 1，p. 314。参见 Albert-Marie Schmidt（éd.），*Hymne des Daemons*，p. 15。［前半段似参

考 *Opera omnia J. Pici*；*item*，*J. Fr. Pici Opera Omnia*. Basileae，Henric Petri，1572，t. 1，p. 314。后半段无误。——译者注]

38 Abel REY，*La Maturité de la pensée scientifique en Grèce*，p. 453；关于医生的贡献，所有的展开都应归于实验科学的构律。

39 Jean FERNEL，*Universa Medicina*，livre I，chap. xi，p. 57. *De abditis* 初版于 1548 年。

40 RONSARD，*Hymne des Daemons*，vers 66.

41 *Id.*，v. 74－75.

42 *Id.*，v. 159－161. 关于接下来的那些引文，参见 v. 209－212；224－225；344；349；369－370。

43 RONSARD，*Ode à la Reine*，dans *Œuvres completes*，éd. P. Laumonier，t. I，p. 69.

44 Denis SAURAT，*Littérature et occultisme*，p. 11.

结束语　一个需要信教的世纪 419

如今，我们可以回到本书试图提出的那个问题：不信教问题，文艺复兴时期的人不信教的程度和可能性问题。

信教还是不信教？有人抱着一种幼稚的、简单的想法，认为这个问题毫无神秘之处；也有人持反历史的观点，认为我们可以像自身设问那样，对16世纪的人提一些问题——这些错觉与时代错置是本书要直接反对的。不过，我们还是先撇开前面“信教”这个词。第二个词[不信教]呢？

* * *

关于不信教，你能说它很简单吗？——对于一个人而言，特别对于那些非顺从主义者而言，无视风俗、习惯、所属社会集团的规则似乎极为简单。——但是，当这些风俗、习惯与规则仍然十分强势，而试图摆脱传统束缚的“自由思想家”又非常少，且其自身的知识、同时代人的知识中，都没有足以形成有效怀疑的材料，还找不到能证实并在现实中具有充分说服力的怀疑证据时，你还能说不信教这一问题简单吗？

不过，我们还是不要停留于抽象层面。“不信教”这种表述还 420
不充分。我们目前关注的不是某种抽象的不信教，那些人不相信任何神的存在，而不论该神被赋予了何种属性，也不论该神被如何形容为造物主（Créateur）、救世主[Conservateur]（拉伯雷也许会用“Servateur”[救主][1]）或天意（Providentiel），其自身所定道德准则

① 参见《第三部》第三十章及“巨人的信纲”注17。

既正义又善良的守护者，等等。我们主要关注以下这些人的态度。这些人生来就是基督徒，完全参与到了基督教中，可是他们能解开自己的思想枷锁，挣脱共同纽带的束缚。这里的共同纽带是指，几乎同时代的每个人都坚定不移、无条件地宣称信仰的宗教的纽带。

挣开共同的纽带却需要理由，而且是一些恰当的理由。恰当的理由是指，无论谁都满意、都乐于接受的理由。如果人们可以毫无理由地这样做，仅仅因为自由精神的驱使，或是为了享受嘲讽和炫耀带来的快乐，那么这样就使革新者显得轻率，使他们的首创精神立即丧失了意义。要那么做，必须有理由。这些理由的先后次序又如何呢？作为 20 世纪的人，我们可能会说，首先是历史的理由与科学的理由，排在第三位的才是形而上学的理由。

* * *

因为某种历史原因不信教，这对拉伯雷以及他的同时代人来说是否可能？在那个时代，有没有人对待福音书的文本，就像对待某个作家的文本——或者将许多作家的文本并置，以便鉴定它们的真假与写作年代，并且找出它们的相互关系？没有人这样想过！就算某些特别敏锐的人持这种想法，它也还是处于一种不可验证的、模糊的、毫无效力的状态[1]。它怎么可以处于另一种状态呢？

当时，福音书还是被看成一个整体，神的启示还没有遭到质
421 疑，检验年代、出处以及由来等问题的工作还没有开始，人们还没有用处理世俗历史的方式处理基督教的早期历史，同样在世界各地，任何人都还不可能破坏基督教，至少基于史料记载可以这么说。那个时代的人所能获得的就只有神话史实说(évhémérisme)。神话史实说是狂热的西塞罗派从西塞罗那里援引过来的，它使诸神变成了神化的人[2]。我们没有必要怀疑，法国自由思想家 1550 年左右会从信仰异教的神转向信仰基督教的天主，不把这种特别简单、经济的教理应用于丘比特(与维纳斯和其他一些神——神话史实说不是特别支持女性主义)，那是因为这种教理无须任何实证。我们也没有必要怀疑那些大胆的人会将这些教理——至少在

秘密的集会以及小型的、人数特别少的会议中——应用于耶稣。加尔文在《论流言蜚语》[拉丁语版 1548 年，法语版 1549 年]中明确告诉我们，正如他在出版年份早于前者的《安托尼·菲梅书简》[1542 年与 1543 年]中所说的一样。不过，这是在那个世纪的中叶。这种说法传播得很远吗？它能传播得很远吗？

有人会说，福音书没有超过勒南的《耶稣的一生》(*Jésus*)。这是一种似是而非的类比。因为在《耶稣的一生》背后，勒南对福音书作了多年历史学与文献学方面的研究。然而，1550 年"无基督教徒"(Achristes)的观念背后只有一些毫无争议的论战，一些与耶稣道德有关的空洞评议。同时人们认为，这些评议源于福音书，其历史与文献价值没有得到任何批判性怀疑。或者，"无基督教徒"的观念背后只有其他一些同样空洞的、关于福音史家风格的评议，其风格是迎合神圣的柏拉图的。这种观念背后，除了被加尔文与那些论辩家说成是傲慢、自大与自负之徒的主张之外，别无其他。甚至在拉伯雷时代，不存在那种被哥伦布、科尔特斯、卡布拉尔以及麦哲伦的同时代人所利用的观点，即主张基督教并没有遍及全世界，它的影响力、恩惠，尤其是救赎、永恒的救赎，还没有波及那些 *422*
航海家们突然展示在旧世界面前的一群人和民族……

"不存在"——我们禁不住这样说：在 16 世纪所发现的这块新大陆，不知道基督以及不为基督所知的这块未知大陆上，人们心中怎么可能没有生发一些敌基督的重大的、难以逾越的异议？就 16 世纪的人而言，地理大发现在他们内心激起的只不过是一股试图改变他人宗教信仰的传统热情。葡萄牙人、西班牙人、意大利人以及法国人几十年来相互竞争，不以作为商人游历世界而自豪，而以扩大了基督教的疆域为骄傲。他们航海、征战、历经千辛万苦，首要目的在于扩大基督教的疆域。诸如，他们使刚果国王皈依基督教；让阿比西尼亚的大王派使臣前往罗马，且协商重新恢复耶稣基督的副祭司[罗马教皇]与他的基督教民的关系；最终让天主(Divin Maître)的教义波及印度洋沿岸国家，印度、东印度诸岛，此外还波及中国，接着便是日本……

这就是他们的所思所想，而不是我们的。当然，并非所有人都持这种想法，有些人很早就心怀疑念。奎恰迪尼就是首当其冲的人物[3]。其他一些人，甚至是那些非常知性、非常有教养的人呢？他们首先察觉到一股不断高涨的传播基督教、改变他人信仰的热情。正是这种热情当初促动了圣依纳爵·德·罗耀拉以及他早期的同伴，且驱使圣方济各·沙勿略前往印度。这是一群行动家，而非批评家。他们就像我们先前谈到的纪尧姆·波斯特，完全沉迷于伟大的梦想，即统一基督教世界，把当时那些敌基督的民族同化到一个新的基督教民族中。他们担忧拉普人、埃塞俄比亚人、西印度人，因为后者从他们的宗教史中援引论据反对基督教。至于其
423 他人，他们的关注点也迥异于我们的。正如哥白尼的体系很长一段时间都没有发挥哲学影响力一样，新大陆的发现，即“世界第四部分”的发现，几十年来只引起了小小的惊叹。这是事实，一个很能说明当时精神状态的事实[4]。

* * *

至于基于科学而不信教，我们首先要注意，它不可能如此直接地针对基督教（实际上，它产生时也不是直接针对基督教的）。它针对一切宗教的教义，首先针对的就是一条教义，即主张宇宙、宇宙中的一切，都依赖于造物主、立法者天主的意志。

有了这个强大的法则观念，基于科学而不信教者开始竭力逐步减弱神的力量。他们首先想确立的是，如果人们可能严格地承认一种最初动因[primum movens]、一种最初的神的动因之原初介入，那么一旦机制得以启动，不管怎样，就没有神的介入，没有他的奇迹，甚至连天意的立足之地也没有了。之后，基于科学而不信教者攻击主张需要造物主与立法者天主的最初活动的宗教，使只遵循自律的、固有的法则的自然观念与神对峙。严格地说，16 世纪人的观念中既没有法则的观念，也没有自然的观念。这并非因为 16 世纪未感觉到必然规则的精准、不存在对世界的合理秩序的好奇心，而是这种好奇心更加关注善，后来又关注美。

那么，还剩下什么呢？出于绝望而不信教。它体现在濒临死亡的可怜人的叫喊声中，体现在可怜的维庸那极度痛苦的叫喊中，

身在家乡犹如客居远方，
靠近火盆，热腾腾，仍料峭，
赤裸似蚕，着装像帝王，
笑出眼泪，期待无望……①

或者不信教只是为了反抗非正义的胜利。“如果存在天主，并且他 424
是善的，那么他怎么可能让恶横行天下？”——这个问题真的偏离中心了么？不管怎样，这个问题是各种宗教，首先是基督教，都试图解答而且得到准确解答的问题。

作为史学家，我们应该清楚地认识到，不信教会随着时代的变化而发生变化，有时还变化得非常快，就像概念的变化一样。有些人用这些概念作为否定的依据，他们的邻人则用其他一些概念支持正在遭受攻击的体系。我们知道它变化得非常快。1940 年的学者对待自然法则的态度，就不可能像克洛德·贝尔纳那样了，或者无须追溯得很远，就与 1900 年的权威学者相比，也不可能是一样的。

因此，认为 16 世纪的不信教——权当这是个事实——能与我们的不信教相提并论，这种想法是荒谬的、幼稚的、时代错置的。如果把拉伯雷看成是 20 世纪“自由思想家”的领军人物（此外，假设这些自由思想家属于一个整体，在思想、科学经验以及独特的论点上差异不大）——这是不明智的。本书已经揭示了这一点，要不然它就一文不值。

* * *

拉伯雷在他那个时代具有自由精神。他有健全的知性、强大的良知，同时还不受他周围的偏见束缚。对于这一点，我深信不疑，

① 见维庸：《歌行：布卢瓦赛诗会之歌》（*Ballade du concours de Blois*）。

也希望它是如此。不过我要说:“在他那个时代”——这就充分意味着,他的自由精神与我们的是不一样的,且其区别不在于程度上,而在于性质上。这两者之间除了某种精神倾向、气质和行为方式之外,别无其他的共同点。那么,他的思想呢?我们还是不要把
425 他说成是领军人物,把他的思想说成是我们思想的源头。知道钻木取火的原始人是极其聪明的。如果这种取火方法是他自己想出来的,那么他就是原始人中的天才。就算如此,我们也不能说这个原始人就是发明电炉的人之一。

由此观之,我们可以毫不犹豫地回答开篇提出的那两个问题。像拉伯雷这样的人,假设他被赋予了某种神奇的先驱者的知性,他会像我们所告知的那样投身到狂热的宗教战争吗?——不会的,像他这样的人不可能严肃认真地这么做。他毫无立足之地。他的否定充其量是一些意见——一些自相矛盾的“思考方式和情感方式”[①],不能获得外部——不管在当时的科学还是哲学领域——真正或实在的支持。另一方面,在《庞大固埃》时代,那种前后一致的理性主义还不存在,且一种组织有序的理性体系是危险的,因为它建立在有效的哲学思辨与科学发现的基础上。不过,这种体系也还不可能存在于那个时代。

对于那个时代的人来说,他们的抱负、最大的抱负,就是继续成为希腊人和罗马人的附庸。在此过程中,他们有时收集到一些新事实、一些古人都不知道的新事实。只要对这些事实加以深刻反思,就知道不应该把它们原封不动地搬进他们的思想体系。然而经由一种有意的悖论,他们对这种矛盾的存在却视而不见。他们仍然忠实于古代的教理,尽管这些教理对他们来说只是一种或一些意见,尽管它们本身就不一致。有一些染上了唯物主义色彩,另一些则染上了唯灵主义色彩;后者引向自然神教论,前者则引向真正的无神论;某些教理是乐观的,另一些则是悲观的。拉伯雷像

① façons de penser et de sentir,是马克·布洛赫《封建社会》中的一个小标题。见《封建社会》(上卷),张绪山译,商务印书馆 2004 年,第 140 页。

他同时代人，听凭自己倾听这些矛盾的声音。这是一些美丽的声音，是一些动人的、轻快的、有说服力的、令人陶醉的声音。他可以选择吗？他可能同时成为一种教理的拥护者和另一种教理的强劲反对者吗？为什么？又是如何做到的呢？

当意见只是基于一些印象、偏见或含糊的类比时，所有意见的 426
价值都一样。面对这些意见，拉伯雷和他的同时代人没有试金石，没有那种可以检验意见真假优劣的试金石，即没有那种强有力的科学方法。我们把它称作实验的方法与批评的方法。他们犹豫不决，举棋不定，最终选择了一个阵营并坚守到底，同时强烈地反对另一个阵营。另外一边，在灵活的祭坛上，道听途说胜利了……

不言而喻，在文艺复兴时期，面对古代哲学那些矛盾的、激烈的观点，血气方刚、好奇心强烈的人会感到窒息与茫然自失。该从哪里开始？首先得听谁的？亚里士多德还是柏拉图？伊壁鸠鲁还是马库斯·奥里利乌斯？卢克莱修还是塞涅卡？进退维谷啊！还是保留意见，一笑了之，用“可能”搪塞过去吧。其他的呢？把字面意义与精神内涵放在一起，就像伊拉斯谟编纂《新约》那样；利用寓言加以解释，同时又稍加改变寓言的词序。

在我们看来，所有这些都不明晰、不确定，经常被我们谴责为虚假的。哦，不是的！我们还是要公平一点看待那个时代的人。公平的意思就是要理解他们。他们想要并试图重新统一心态，这是所有人的梦想，同时还想协调他们日益增长的自然知识与他们的神灵观念。但在那个时代、那个阶段的科学与哲学中，他们怎么可能协调？对于那些不顾矛盾而尝试这样做的人，我们只能抱以同情。至于那些打退堂鼓的人，他们极力反对伊拉斯谟的方法，并（至少某种程度上他们有能力这样做）突然中止了上述的工作。他们就是所谓的改革派。

* * *

最后一点。将16世纪美化为怀疑主义的世纪、自由思想的世 427
纪、理性主义的世纪是最大的错误与错觉。我们根据这个世纪最优秀的代表们的意志可以知道，恰好相反，这是一个受到神灵感召的世纪。它从万事万物中首先寻求的是神的形象。

审美呢？在充满了柏拉图主义的文艺复兴时期，有多少隐秘的情感啊！本博[①]对乔万尼·弗朗西斯科·皮科·德拉·米朗多拉写道："我想，正如在天主那里存在某种神圣形态的正义、节制以及其他德性，也存在着某种神圣形态的最佳风格（recte scribendi specient quamdam divinam）。色诺芬、德谟斯提尼[②]，特别是柏拉图，还有西塞罗等人写作时，只要思考，他们就能看见这种绝对完美的模式。基于他们脑海里所构想出的意象，他们加入了自己的才能与风格。我认为我们应该像他们那样：努力地、极尽所能地接近这种美的意象。"努力地——一边期待我们的努力能换来与这种神圣形态的神秘交流。没有一种来自神灵的特殊帮助——non sine divino numine［在没有得到神灵许可的情况下，他们将看见某些神圣的东西］——在鲍特林[③]看来，彼特拉克就"既不可能向野蛮人开战，也不会召回被放逐的诸缪斯，或恢复对雄辩术的崇拜。"

哲学呢？同一回事。他们确实进行过推论。有时还超越了理性。我们可以说，甚至走向了非理性。他们身上带有一种激化了的经院主义的印记。这种经院主义锻炼了他们的论辩技巧，而且也很难再摆脱它的束缚。然而，他们是否满足于此呢？

就他们的亚里士多德而言，他们经过多重努力找到了一种巧妙手段，它不仅可以调和亚里士多德与柏拉图，还可以调和亚里士多德与普罗提诺[④]。就他们的形而上学而言，他们使它充满了神秘，而后者又巩固了这些纯理念的物理形态，并赋予了它们一些生命的热情。这样就导致他们之中的某些人，要么倾向世俗的唯心论，

---

① 彼特罗·本博（Pietro Bembo，1470－1547），意大利枢机主教、古典学者。

② 德谟斯提尼（Demosthenes，前384－前322），古希腊政治家、演说家。

③ 凡·鲍特林（佛兰芒语：Jan van Pauteren，法语：Jean Despautère，拉丁语：Joannes Despauterius，1460？－1520），佛兰芒的语法学家。

④ 普罗提诺（Πλωτῖνος，205－270），罗马帝制时期的哲学家，新柏拉图主义代表人物。

要么倾向错误的轻信。这里，前者认为异教的魔法有些反常，后者则盲目地屈从神秘主义的迷宫。萦绕在他们大部分人头脑和欲望 428
中的，不是有关感觉的琐碎和嘈杂的领域，也不是理性的纯净领域，而是第三个领域，即神居于其中且能让创造物感受到神的存在。第三领域内，一个以完全纯洁的精神去探索的人，能偶尔看见一束不那么清冷、不那么无常的光线——这里，它还是一束更强烈的光线的反射。

这就产生了他们无可厚非的高贵，也产生了他们的弱点。因为他们的道德生活仍然停留在物质层面，他们精神方面的努力使他们得到提高，甚至如心醉神迷的伊壁鸠鲁派那样达到了冥想的领域。总的来说，这些人是一些例外。他们大部分人的神秘主义本质上还没有偏离正确的、健全的轨道。几乎所有的都如此，如果我们考察能真正代表 16 世纪初期的人物的话。这个代表人物就是伊拉斯谟，一个有时在讽刺上带有某种伏尔泰风格的伊拉斯谟。总之……

总之，大部分近代世界的创造者都有深刻的宗教性。这种说法适用于像笛卡尔这样的人，同样也适用于一个世纪之前的拉伯雷，以及像拉伯雷那样知道如何巧妙地表达其“深刻信仰”的人。我希望我在文中业已表明了这一点。

原注

1 对伊拉斯谟的评论，请参见 Augustin RENAUDET, *Études Érasmiennes*（*1521 – 1529*）, p. 136 sqq。

2 关于 16 世纪的神话史实说，请参见 Henri BUSSON, *Les sources et le développement du rationalisme dans la littérature française de la Renaissance*（1533 – 1601），同时尤其参见拙作 *Origène et Des Périers, ou l'énigme du Cymbalum Mundi*，特别是第 129 页及以下。

3 “Per queste navigazioni si è manifestato essersi nella cognizione della terra ingannati in molte cose gli antichi, e ha dato qualche anzietà agli interpreti della Scrittura Sacra. [在对地球的认知上，这些航海已经揭示了古代人在许多方面上是受到了蒙蔽。他们对《圣经》的解释者有些顾虑。]” Francesco GUICCIARDINI, *La Storia d'Italia*, IV, pp. 107 – 111.

4 Geoffroy ATKINSON, *Les Nouveaux Horizons de la Renaissance française*.

参考书目

告读者

以下参考书目的小节条目并非就某个主题构成一份详尽的书单,有些主题的界限难以确定。我们只选取了一些实际使用过的书籍,且确切地说,选取了我们在本书中引用过的一些书籍。书籍,当然,这里还包括文章。有时候,四页文字比某些四卷的文献汇编更有用。因此,不要责备我们轻率地漏掉了很多。是的,某些遗漏是有意而为之的。我们刻意不列举出那些对我们实际上无甚裨益的著作。

我们尽量将文献记载的事项缩减至最少。除却一些古文书和外国书籍,我们只标明所引书籍的出版地、出版年份及版式。有时出版地为巴黎,以及版式为八开本的,我们同样决定省却。

相反,古文书得到了更为完整的记录。一些稀见书籍,有时是特稀见书籍,其版本通常相近,同时不应该加以混淆。甚至有可能的话,我们还会指出我们所利用到的刊本以及我们曾从地方图书馆或巴黎图书馆借出的藏品的整理号。如果我们错过了一两本著作,那么实际情况是我们难以核实,可能在其他时期核查起来就很简单。(1941 年)

参考书目纲要

I. 工具书与总论性的著作

A. 图书集成与索引;印刷地与书商

B. 辞典、百科全书、人名索引

C. 可资借鉴、引用的资料与丛书

D. 方法论的著作与注解

II. 拉伯雷其人其作

A. 拉伯雷的著述：参考书目、版本

B. 综合研究：人物及作品

C. 个别研究：传记及片断

D. 个别研究：作品及其他

III. 拉伯雷的先驱者、同时代人、对立者

A. 作家与人文主义者（按字母顺序）

B. 哲学家与学者（同上）

IV. 拉伯雷的时代

A. 观念与思想生活的问题

1. 16世纪的语言与语言学问题
2. 中世纪、文艺复兴、人文主义
3. 文学史
4. 制度与思想环境
5. 艺术与肖像学

B. 科学与哲学

1. 16世纪的科学
2. 文艺复兴时期的哲学及其先驱者

C. 宗教问题

1. 信仰、传统、遗存
2. 宗教生活与信仰生活
3. 宗教改革与宗教改革者
   a)《圣经》文本
   b) 宗教改革、前-宗教改革、反宗教改革（Antiréforme）
   c) 宗教改革者、前-宗教改革者、宗教改革的反对者（Antiréformateurs）

D. 其他问题

缩略号一览表

Acad ……………………………………………………… Académie(学院)

Bib. ………………………… Bibliothèque(图书馆、藏书、简报、丛书)

Bull. ………………………………………………… Bulletin(简报)

Coll ……………………………………… Collection(丛书、论文集)

C. r. ……………………………………… Compte rendu(述评、书评)

Doc. ………………………………………………… Documents(史料集)

Ed. ………………… Édition, éditeur, édité(出版社、出版者、刊行)

F. L. ……………………………………… Faculté des Lettres(文学院)

M. ……………………………………… Mémoires(回忆录、论文、报告)

Ms. ……………………………………………… Manuscrit(草稿、手稿)

Soc. ………………………………………………… Société(协会、学会)

Un. …………………………………………………… Université(大学)

Th. Paris …………… Thèse de doctorat ès lettres, Paris(巴黎大学文学博士论文)

Z. ……………………………………………… Zeitschrift(月报、年报)

B. N. …………… Bibliothèque Nationale, Paris(巴黎国家图书馆)

B. N. U. S. …… Bibliothèque Nationale et Universitaire, Strasbourg(斯特拉斯堡国立大学图书馆)

C. I. S. ………… Centre International de Synthèse(国际综合中心)

A. H. É. S. Annales d'histoire économique et sociale, t. I－X, 1929－1938 ………(《经济社会史年鉴》第1卷—第10卷,1929—1938年)

A. H. S. …………………… Annales d'histoire sociale (depuis 1939)(《社会史学年鉴》[1939年起])

B. B. …………………… Bulletin du Bibliophile(《珍本收藏家简报》)

B. É. C. ……………………………………………………………………… Bibliothèque de l'École des Chartes(《古文献学校简报》)

B. H. É. ………………… Bibliothèque de l'École des Hautes-Études(《高等研究院简报》)

B. M. ……………… Le Bibliophile moderne《现代珍本收藏家会报》

B. S. H. P. ……… Bulletin de la Société d'histoire du Protestantisme (《新教历史协会简报》)
E. F. …………………… Encyclopédie Française(《法国大百科全书》)
E. H. ……………………………………………………………………
…… Collection l'Évolution de l'Humanité("人类的演化"丛书)
H. R. ……… Humanisme et Renaissance(《人文主义与文艺复兴》)
M. S. H. P. ……………………………………………………………
Mémoires de la Soc. d'Histoire de Paris(《巴黎历史协会论文集》)
N. R. H. D. … Nouvelle Revue (puis Revue) de l'Histoire du Droit (《新法制史评论》,后改为《法制史评论》)
P. F. L. S. Publications de la Faculté des Lettres de Strasbourg ……
…………………………………… (斯特拉斯堡大学文学院出版物)
R. B. ………………………… Revue des Bibliothèques(《图书馆评论》)
R. C. C. …… Revue des Cours et Conférences(《讲义与演讲评论》)
R. É. R. Revue des Études Rabelaisiennes (1903 - 1912) (《拉伯雷研究评论》[1903—1912年])
R. H. ……………………………… Revue Historique(《历史评论》)
R. H. F. ……… Revue d'Histoire franciscaine(《方济各修会评论》)
R. H. L. F. ………………… Revue d'Histoire littéraire de la France (《法国文学史评论》)
R. H. P. R. Revue d'Histoire et de Philosophie religieuse (Fac. de Théol. prot., Strasbourg) …………… (《宗教哲学与历史评论》[斯特拉斯堡大学新教神学院])
R. L. C. ………… Revue de Littérature Comparée《比较文学评论》)
R. S. ……………………………………………………………………
Revue de Synthèse (depuis 1931) (《综合评论》[1931年起])
R. S. H. ……………… Revue de Synthèse Historique, 1900 - 1930 (《历史综合评论》)
R. S. S. ……………………… Revue du Seizième Siècle, 1913 - 1932 (《16世纪研究评论》[1913 - 1932年])
S. H. F. ……………… Société de l'Histoire de France(法国史协会)
S. T. F. M. ……………………… Société des textes français modernes

（近代法国文学协会）

I. 工具书与总论性的著作①

A. 图书集成与索引；印刷地与书商

BAUDRIER（Julien），*Bibliographie lyonnaise. Recherches sur les imprimeurs, libraires, relieurs et fondeurs de lettres de Lyon au XVI*^{e} *s.*，1re série, Lyon, Brun, 1895；12e série, Lyon, Brossier, 12 vols.，1921.

BRUNET（Jacques-Charles），*Manuel du Libraire et de l'amateur de livres*，5e édition，6 vols.，1860－1865. Supplément，2 vols.，1878－1880.

CAILLET（Albert-Louis），*Manuel bibliographique des Sciences psychiques ou occultes*，3 vols，1913.

CLOUZOT（Etienne）et MARTIN（Henri），Tables générales de la *Revue des Etudes Rabelaisiennes*，t. I à X（*1903－1912*），1924.

COYECQUE（Ernest），*Recueil d'actes notariés relatifs à l'histoire de Paris au XVI*^{e} *siècles*，I，*1498－1545*，2 vols.，1905，1924，in－4°.

GIRAUD（Jeanne），*Manuel de Bibliographie littéraire pour les XVI*^{e}，*XVII*^{e} *et XVIII*^{e} *s. français*（*1921－1935*）. 1939，in－8°（P. F. L.，Lille）.［Paris，1958］

LANSON（Gustave），*Manuel bibliographique de la littérature française moderne*，nouvelle édition，1921.

MAITTAIRE（M.），*Annales tipographici ab anno MD ad annum MDXXXVI continuati*. Hagae Comitum, apud Fratres Vaillant et Nic. Prevost，1722，in－4°.

PICHON（Baron J.）et VICAIRE（G.），*Documents pour servir à l'histoire des libraires de Paris*，*1486－1600*，1895.

RENOUARD（Ph.），*Imprimeurs parisiens*，*libraires*，*fondeurs de caractères*

① 个别地方据英译本给出了详细的页码。“［］”内文字系译者所加。——中译者注。

et correcteurs d'imprimerie depuis l'introduction de l'imprimerie à Paris (1470) jusqu'à la fin du XVIe s., 1896, in-12°.

RENOUARD (Ph.), *Documents sur les Imprimeurs, Libraires, etc. ayant exercé à Paris de 1450 à 1600*, 1901.

RENOUARD (Ph.), *Les marques typographiques parisiennes des XVe et XVIe s.*, 1926.

REPERTOIRE *des ouvrages pédagogiques du XVIe s.*, 1885.

REUSCH (F. H.), éditeur de: *Die Indices librorum prohibitorum* des sechszehnten Jahrhunderts., Bibliothek des Stuttgarter literarisches Vereins, Bd. 176, Tübingen, 1886.

SHORT TITLE CATALOGUE *of Books printed in France and of French books printed in other countries from 1470 to 1600 now in the British Museum*, Londres, 1924.

SILVESTRE (Louis Catherine), *Marques typographiques ou recueils des monogrammes, chiffres, enseignes ... des libraires et imprimeurs ... depuis l'introduction de l'imprim.*, (*1470 - fin XVIe s.*), 1867, 2 vols.

ARNOULET (Olivier), *Bibliographie de ses publications*, dans Baudrier, *op. cit.*, série 10, 1913.

BADIUS (Jos.), RENOUARD (Ph.), *Bibliographie des impressions et des œuvres de J. Badius Ascensius, 1462-1535*, 1908, 3 vols.

COLOMB (Fernando), BABELON, *La Bibliothèque de Fernand Colomb*, 1913.

COLINES (Simon de), *Bibliographie des éditions de Simon de Colines, 1520-1546*, par Renouard (Ph.), 1894.

ESTIENNE (les), *Annales de l'imprimerie des Estienne*, par Renouard (A. A.), 2e édition, 1843.

GRYPHE (Sébastien), *Bibliographie de ses publications*, dans Baudrier, *op. cit.*, 8e série, 1910, pp. 11-286.

NOURRY (Claude, dit Le Prince), *Bibliographie de ses publications*, dans Baudrier, *op. cit.*, 12e série, 1921, pp. 72-149.

B. 辞典、百科全书、人名索引

BAUDRILLARD, AIGRAIN, RICHARD et ROUZIES, [ed] *Dictionnaire d'histoire et de géographie ecclésiastiques*, 27 vols., 1912 - [2007]. (en cours de publication).

BAYLE (Pierre), *Dictionnaire historique et critique*, 5e édition, revue, corrrigée et augmentée de remarques critiques. A Amsterdam, par la Compagnie des Libraires, 5 vols., 1734. in-f°.

EUBEL (Conrad), *Hierarchia Catholica medii et recentioris aevi*, 2e édition, 3 vols., in-f°, Münster, 1913 - 1923.

FLEURY-VINDRY, *Les Parlementaires français au XVIe s.*, 1909 sq.

GAMS (P. B.), [ed.] *Series episcoporum Ecclesiae catholicae*, Ratisbonne, 1873, in-4° (Rééd., Leipzig, 1932) [Graz, 1957].

HAAG (Eug.), [ed.] *La France Protestante*, 1846 - 1858, 10 vols., 2e éd., par Bordier, inachvée, 1877 - 1888, 6 vols. (de A à G.)

HURTER (Hugo), *Nomenclator literarius theologiae catholicae, theologos exhibens aetate, natione, discipiinis distinctos*, Ed. tertia, Oeniponte (Innsbruck), 1903 sqq., t. I, 1903 (*ad. 1109*); t. II, 1906 (*1109 - 1563*); t. III, 1907 (*1564 - 1663*).

MARCHAND (Prosper), *Dictionnaire historique*, La Haye, Pierre Hondt, 1758, t. I et II, in-f°.

PICOT (Émile), *Les Français italianisants au XVIe s.*, 2 vols., 1906 - 1907.

REALENCYKMOPÄDIE *für protestantische Theologie und Kirche*, par J. J. Herzog, 3e éd., revue par Albert Hauck, Leipzig, 1896 - 1913, 24 vols.

SOCIETE FRANÇAISE DE PHILOSOPHIE, *Vocabulaire technique et critique de la philosophie*, par Lalande, éd. Vacant, Mangenot, et Amann, 4e éd., 15 vols., 1908 - 1950.

VACANT, MANGENOT, AMANN, *Dictionnaire de Théologie Catholique*, in-4°, 1903 sqq. (en cours).

C. 可资借鉴、引用的资料与丛书

FRANÇOIS Ier, *Catalogue des Actes de Français Ier*, 1887 - 1908, 10 in - 4°.

Le Journal d'un Bourgeois de Paris sous le règene de Français Ier (*1515 - 1536*), éd. V.-L. Bourrilly, 1910.

DRIART (Pierre). *Chronique parisienne*, *1522 - 1535*. par Fernand Bournon, M. S. H. P., XXII, 1895.

GEIZKOFLER (Lucas), *Mémoires* (*1550 - 1620*), trad. par Edouard Fick. Genève, J. G. Fick, 1892.

GOUBERVILLE (Gilles de), *Le Journal du Sire de Gouberville*, éd. Robillard de Beaurepaire, Caen, Delesques, 1892, in - 4°.

TOLLEMER (l'abbé), *Journal manuscrit d'un Sire de Gouberville*, Rennes, Oberthur, 1850.

GRIN (français), *Journal de Français Grin*, *religieux de Saint-Victor*, *1554 - 1570*, par de Ruble, in *M. S. H. P.*, XXI, 1894.

HATON (Claude), *Mémoires*, éd. F. Bourquelot, 1857, 2 vols., in - 4°.

LERY (Jean de), *Histoire d'un voyage faict en la terre du Brésil dite Amérique* [La Rochelle], pour Ant. Chuppin, 1578, pet. in - 8°.

LE ROUX DE LINCY (Antoine), éd., *Recueil de chants historiques français depuis le XIIe au XVIIIe s.*, 1841, 2 vols., in - 12.

PLATTER (Félix et Thomas), *Félix et Thomas Platter à Montpellier*, Goulet, 1892.

PLATTER (Thomas), *Memoires*, trad. par Fick, Genève, 1866.

VERSORIS (Nicolas), *Livre de raison de Me Nicolas Versoris*, *avocat au Parlement de Paris* (*1519 - 1530*), par G. Fagniez, (in *M. S. H. P.*). XII, 1885, pp. 99 - 222.

D. 方法论的著作与注解

BERR (Henri), *En marge de l'histoire universelle*, 1934 (Coll. É. H.).

FEBVRE (Lucien), *Combats pour l'histoire*, 1992[1953].

FEBVRE（L.），De 1892 à 1933. Examen de conscience d'une histoire et d'un historien，*R. S.*，VII，1934，pp. 93－106. In *Combats pour l'histoire*，pp. 3－17.

FEBVRE（L.），*Quelques philosophies opportunistes de l'histoire*，Revue de Métaphysique et de Morale，43(1936)，pp. 573－602.

FEBVRE（L.），*Les recherches collectives et l'avenir de l'Histoire*，R. S.，XI，1936，pp. 7－14. In *Combats pour l'histoire*，pp. 55－60.

FEBVRE（L.），*Psychologie et histoire*. E. F.，VIII，*La Vie Mentale*，1938，fasc. 8－12. In *Combats pour l'histoire*，pp. 207－220.

FEBVRE（L.），*La sensibilité dans l'Histoire*. A. H. S.，3(1941)，pp. 5－20. In *Combats pour l'histoire*，pp. 221－238.

II. 拉伯雷其人其作

A. 拉伯雷的著述：参考书目、版本

PLAN（Pierre-Paul），*Bibliographie rabelaisienne. Les éditions de Rabelais de 1532 à 1711*，1904，in－4°.

BOULENGER（J.），Étude critique sur les rédactions du Pantagruel，*R. S. S.*，VI，(1919)，pp. 201－275. An tête du t. III，des Œuvres，ed. by Abel Lefranc.

RABELAIS，*Les Œuvres*. éd. Charles Marty-Laveaux，1868－1903，6 vols.

RABELAIS，*Œuvres*，p.p. Louis Moland. N[lle] éd.，précéd. d'une notice biographique par Henri Clouzot，2 vols.，in－16.

RABELAIS，*Œuvres complètes*，par Jean Plattard（*S. T. F. M.*），1929. 5 vols.

RABELAIS，*Œuvres*，éd. critique par Abel Lefranc，Jacques Boulenger，Henri Clouzot，Dorveaux，Jean Plattard et Sainéan. I et II，*Gargantua*，1912－1913；III et IV，*Pantagruel*，1922；V，*le Tiers Livre*，1931，5 in－4°.，parus.

B. 综合研究:人物及作品

Bibliotheque Nationale, *Rabelais*, *Exposition organisée à l'occasion du 4e Centenaire de* Pantagruel, 1933.

Boulenger (Jacques), *Rabelais à travers les âges*, 1925.

Febvre (Lucien), *L'Homme*, *la légende et l'œuvre*. A propos d'une biographie de Rabelais, R. S., I. 1931, pp. 113 - 133. [In *Combats pour l'histoire*, pp. 247 - 262].

Gebhart (Émile), *Rabelais*, *la Renaissance et la Réforme*, 1877.

Heulard (Arthur), *Rabelais*, *ses voyages en Italie*, *son exil à Metz*, 1891, in - 4°.

Millet (René), *Rabelais*, (Coll. Grands Écrivains de la France, 1892).

Stapfer (Paul), *Rabelais*, *sa personne*, *son génie*, *son œuvre*, 1889, in - 16°.

Thuasne (Louis), *Etudes sur Rabelais*, 1904.

Plattard (Jean), *L'Œuvre de Rabelais. Sources*, *invention*, *composition*, 1909 (Th. Paris).

Plattard (J.), *La Vie de Français Rabelais*, Paris-Bruxelles, Van Oest, 1928, in - 4°.

Lote (Georges), *La Vie et l'œuvre de Français Rabelais* (Bibl. Univ. Aix-Marseille), Aix-en-Provence, 1938.

C. 个别研究:传记及片断

Clouzot (Henri), *Chronologie de la Vie de Rabelais*. dans Lefranc, *Œuvres*, I, pp. cxxviii - cxliii.

Grimaud (Henri), *Généalogie de la famille Rabelais*, R. E. R., IV, 1906, pp. 228 - 234.

Lefranc (Abel), *Les autographes de Rabelais*, R. E. R., III, 1905, pp. 339 - 350.

Lefranc (A.), *Le visage de Fr. Rabelais*, R. S. S., XIII, 1926, pp. 308 - 310.

Lesellier (J.), *L'Absolution de Rabelais en cour de Rome*, H. R.,

III, 1936, pp. 237 – 270.

LESELLIER (J.), *Deux enfants naturels de Rabelais légitimés par Paul III*, H. R., V, 1938, pp. 549 – 570.

PLATTARD (Jean), *L'Adolescence de Rabelais en Poitou*, 1923.

BOURRILLY (V.-L.), *Rabelais à Lyon en août 1537*, R. É. R., IV, 1906, pp. 103 – 134.

DE SANTI (L.), *Le cours de Rabelais à la Faculté de Montpellier 1537 – 1538*, R. É. R., III, 1905, pp. 309 – 310.

PICOT (Émile), *Rabelais à Lyon en août 1540*, R. É. R., IV, 1906, pp. 45 – 48.

DE SANTI (L.), *Rabelais à Toulouse*, R. S. S., VIII, 1921, pp. 42 – 62.

ZELLER (Gaston), *Le séjour de Rabelais à Metz*, R. S. S., XIV, 1927, pp. 141 – 149.

LEFRANC (Abel), *Rabelais et le Pouvoir Royal*, R. S. S., XVII, 1930, pp. 191 – 202.

D. 个别研究:作品及其他

BERTHOUD (Gabrielle), *Marcourt et Rabelais*, Musée Neuchatelois, 1929.

MARCOURT (Ant.), *Le Livre des Marchans, fort utile à toutes gens, nouvellement composé par le sire Pantapole, bien expert en tel affaire, prochain voysin du Seigneur Pantagruel*.

— F° 23V°: Imprimé à Corinthe le XXIIe d'aoust l'an mil cinq cens XXXIII. [Neuchâtel, P. de Vingle], pet. in – 8° goth.

BUSSON (Henri), *Rabelais et le Miracle*, R. C. C., I, 1930, pp. 385 – 400.

CLOUZOT (Henri). Note pour le commentaire: «*L'enfant sortit par l'aureille senestre*». R. S. S., IX, 1922, pp. 219 – 220.

DUBREME (Claude) *L'accouchement de Gargamelle par l'oreille sénestre*. Chronique médicale, 1933, pp. 74 et 157.

FOLET (Dr H.), *Rabelais et les Saints préposés aux maladies*, R. É. R., IV, 1906, pp. 199 – 216.

FUSIL (C.-A.), *Rabelais et Lucrèce*, R. S. S., XII, 1925, pp. 157 –

161.

Gilson (Étienne). *Notes médiévales au Tiers Livre de Pantagruel*, R. H. F., II, 1925, pp. 72 - 88.

Gilson (É.). *Rabelais franciscain*, R. H. F., I, 1924, pp. [illegible].

Lefranc (Abel), *Étude sur le Gargantua*, en tête de *Œuvres*. I, 1912.

Lefranc (A.), *Étude sur le Tiers Livre*, en tête de *Œuvres*, V, 1931.

Lefranc (A.). *Étude sur Pantagruel*, en tête de *Œuvres*, III, 1922.

Livingston (Charles H.), Rabelais et deux contes de Philippe de Vigneulles, dans *Mél. offerts a M. Abel Lefranc*, p. 22ff.

Marcourt (Antoine), *Le livre des Marchans*, fort utile à toutes gens, nouvellement composé par le sire Pantapole, bien expert en tel affaire, prochain voysin du Seigneur Pantagruel. -F° 23 v°. : *Imprimé à Corinthe le XXIIe d'aoust l'an mil cinq cens XXXIII*. [Neuchatel, P. de Vingle], pet. in - 8° goth.

Plattard (Jean), *L'invective de Gargantua contre les mariages contractés* « sans le sceu et adveu» *des parents*. R. S. S., XIV, 1927, pp. 381 - 388.

Plattard (J.), *Les publications secrètes de Rabelais*, R. É. R., II, 1904, pp. 67 - 77.

Plattard (J.), *Rabelais et Mellin de Saint Gelais*. R. É. R., IX, 1911, pp. 90 - 108.

Plattard (J.), Rabelais réputé poète par qq. écrivains de son temps, R. É. R., X, 1912, pp. 291 - 304.

Plattard (J.). *L'Écriture Sainte et la Littérature Scripturaire*, R. É. R., VIII, 1910, pp. 257 - 330.

Talant (L.), *Rabelais et la Réforme*, Th. Fac. Théol., Paris. Cahors, 1902.

Thuasne (Louis), *La lettre de Gargantua à Pantagruel*, R. B., 1905, pp. 99 - 139.

TOLDO (Pietro), *A Propos d'une inspiration de Rabelais*, R. H. L. F., 11(1904), pp. 467-468.

III. 拉伯雷的先驱者、同时代人、对立者

A. 作家与人文主义者

AMIS ET AMILES.

— Hofmann (Conrad), ed. *Amis et Amiles und Jourdains de Blaives, Zwei altfranzösische Heldengedichte des Kerlingischen Sagenkreises*. Ed. Erlangen, 1882.

ARLIER (Antoine).

— Puech, D[r], *Un ami d'Ét. Dolet*, R. du Midi, 1892.

— Gerig (J. L.), *Antoine Arlier, and the Renaissance at Nimes*, New-York, 1919.

BEZE (Théodore de).

— *Poemata*. Lutetiæ, Conrad Badius, 1548, p. in-8°.

BOUCHET (Jean).

— Hamon (Auguste), *Un grand rhétoriqueur poitevin: Jean Bouchet (1476-1557)*, 1901, Th. Paris.

— Haskovec (P.), *Rabelais et Jean Bouchet*, R. É. R., VI, 1907, pp. 56-60.

— Plattard (Jean), *Une œuvre inédite du Grand rhétoriqueur J. Bouchet*, R. S. S., IX, 1922, pp. 80-82.

BOURBON (Nicolas).

— *Nicolai Borbonii Vandoperani Nugae*. Parisiis, apud Michaelem Vascosanum, MDXXXIII, in-8°. B. N., YC, 13221.

— *Nicolai Borbonii Vandoperani Nugae. Eiusdem Ferraria*. Basileae, per And. Cratandrum, mense Septembri, anno MDXXXIII, Bib. Besançon, 223.017.

— *Nicolai Borbonii Vandoperani Opusculum Puerile ad Pueros de Moribus, sive Paidagogeion*. Lugduni, apud Seb. Gryphium, 1536, pet. in-4°, Bib. Besançon, 265.118.

— *Nicolai Borbonii Vandoperani Lingonensis Nugarum libri octo.* Apud Seb. Gryphium Lugduni 1538. Bib. Toulouse, 19. 601; Biblioth. Besançon, 223. 018.

— Carré (C.), *De vita et scriptis N. Borbonii Vandoperani*, 1888, 8°(Th. Paris).

— De Santi (L.), *Rabelais et Nic. Bourbon*, R. S. S., IX, 1922, pp. 171 - 175.

Boyssone (Jean de).

— *Les Trois Centuries de Maistre Jehan de Boyssoné, d*[r] *régent, à Tholoze*, p. p. Henri Jacoubet. Bib. Mérid., Fac. L. Toulouse, 2e s[ie], XX, 1923.

— *Les poésies latines de Jean de Boyssoné* (Ms. de Toulouse, 835) résumées et annotées par Henri Jacoubet, Toulouse, Privat, 1931.

— *Lettres inédites Jean de Boyssoné et de ses amis*, p. p. Joseph Buche. Revue Langues Romanes, 1895 - 1896 - 1897.

— *La correspondance Jean de Boyssoné* (Ms. de Toulouse, 834) résumée, classée et annotée par H. Jacoubet, Toulouse, Privat, 1931.

— Bousquet (Fernand), *Trois lettres inéd. de Jean de Boyssoné et de Melanchton.* in *Bull. Soc. des Sc., Arts et Belles Lettres du Tarn*, n°s 1 - 12, Albi, 1921 - 1923, pp. 77 - 78.

— Mugnier (Français), *La vie et les poésies de Jean de Boyssoné*, 1897.

— Jacoubet (Henri), *Jean de Boyssoné et son temps*, Toulouse-Paris, 1930.

— Jacoubet (H.), *Quelques conjectures à propos de Boyssoné*, R. S. S., XI, 1924, pp. 302 - 319.

— Jacoubet (H.), *Les dix années d'amitié de Dolet et de Boyssoné* (Toulouse 1532, Lyon 1542). R. S. S., XII, 1925, pp. 290 - 321.

— Jacoubet (H.), *Alciat et Boyssoné, d'après leur correspondance*, R. S. S., XIII, 1926, pp. 231 - 242.

Brantome (Pierre de Bourdeille).

— *Œuvres complètes*, éd. Ludovic Lalanne, 1864 – 1882, 12 vols., (S. H. F.).

— *Les Dames Galantes*, éd. Henri Bouchot, 2 vols., s. D.

BOUCHOT (Henri), *Les femmes de Brantôme*, 1890, in – 4°.

BRITANNUS [Robert Breton].

— *Roberti Britanni Epistulae*. — *Roberti Britanni Carmina*. Tolosae, 1536, in – 4°.

— *Roberti Britanni Atrebatensis Epistol. libri II*. Parisiis, G. Bossozeius, MDXL. (Bib. Lyon, n° 317.817).

— *Roberti Britanni de optimo statu reipublicae liber. Huic adjuncta Gul. Langei Bellaii deploratio*. Parisiis, ex officina Christiani Wecheli, MDXLIII. In – 8°.

BRIXIUS [Germain de Brie].

— *Germani Brixii Altissiodorensis gratuiatoriae IV Ejusdem epistulae IV*, Paris, 1531 (Bib. Mazar., 11.399).

BUDE (Guillaume).

— *Répertoire analytique et chronologique de la correspondance de Guill. Budé*, par Louis Delaruelle, 1907. Th. Paris.

— Delaruelle (Louis), *Guillaume Budé*, *les origines*, *les débuts*, *les idées maîtresses*, 1907, Biblioth. de H. É., fasc. 162 et Th. Paris.

CHAMPIER (Symphorien).

—Allut (P.), *Étude biographique et bibliographique sur Symphorien Champier*, Lyon, 1859.

CHAPPUYS (Claude).

— Roche (Louis P.), *Claude Chappuys*, *poète de la cour de Français Ier*, 1929.

CHARONDAS (Loys Le Caron).

— *Les Dialogues*, À Paris, chez Jean Longis, 1556, in – 8°.

— Pinvert (Lucien), *Un entretien philosophique de Rabelais*, *rapporté par Charondas (1556)*, R. É. R., I, 1903, pp. 193 – 201.

CHESNEAU (Nicolas).

— *Nic. Querculi Epig-ammatum libri II*. — *Ejusdem Hendecasyllaborum liber unus*. Parisiis, T. Richard, 1553, in-4°. (B.N., Yc. 1658).

Cousin (Gilbert).

— *Gilberti Cognati Nozereni Opera multifarii argumenti*. — Basileae, Henri Pierre, 1562, in-f°(Bibl. Besançon).

— Febvre (Lucien), *Un secrétaire d'érasme: Gilbert Cousin et la Réforme en Franche-Comté*, B. S. H. P., VI, 1907

Des Masures (Louis).

— *Œuvres poétiques de Louis des Masures*, Lyon, J. de Tournes et G. Gazeau, 1557, in-4°(B. N. Res, Ye 366).

— *Vingt pseaumes de David traduits selon la vérité hébraïque et mis en rime françoise par Louis des Masures, tournisien*, Lyon, J. de Tournes et G. Gazeau, 1557, in-4°(B. N. Rés. m. Ye. 368).

— *Ludocici Masurii Carmina*, Lugduni, apud J. Tornaesium et G. Gazeium, 1557, in-4°(B. N. Rés. m. Yc, 807).

Des Periers (Bonaventure).

— *Œuvres Françaises*, éd. Louis Lacour, 1856, 2vols., in-12.

— *Le Cymbalum Mundi*, Réimpr. en fac simile de l'éd. de Paris, Jean Morin, 1537. Introd. par Pierre-Paul Plan. Soc. de Anciens Livres, 1914, in-16.

— Chenevière (Adolphe), *Bonaventure des Periers, sa vie, ses poésies*, 1886. (Th. Paris).

— Becker (Philip-August), *Bonaventure Des Periers, als Dichter und Erzähler* (Akad, d. Wissensch. in Wien, Phil. hist. Kl., Sitzungsb., 200. Bd.), Vienne et Leipzig, 1924.

— Walser (Ernst), *Der Sinn des Cymbalum Mundi*: Eine Spottschrift gegen Calvin. *Zwingliana*, IV, 1922, pp. 65-82.

— Febvre (Lucien), *Une histoire obscure: la publication du Cymbalum Mundi*, R. S. S., XVII, 1930, pp. 1-41.

— Febvre (L.), *Origène et Des Periers, ou l'énigme du Cymbalum Mundi*, 1942.

Dolet (Étienne).

— *Stephani Doleti orationes duae in Tholosam. Ejusdem Epistolarum libri II. Ejusdem Carminum libri II. Ad eundem Epistolarum arnicorum liber*. S. 1. n. d., [Lyon, Gryphe, 1534], in-8°(B. N, Inv. Z 1942).

— *Stephani Doleti Dialogus De Imitatione Ciceroniana adversus Desid. Erasmum Roterodamum pro Christophoro Longolio*. Lugduni ap. Seb. Gryphium, MDXXXV, in-4°.

— *Commentariorum Linguae Latinae Tomus primus*. Lugduni, apud Seb. Gryphium, 1536. in-f°. — *Tomus Secundus*, ibid., 1538 (Éc. Norm. Sup[re].).

— *Stephani Doleti Galli Aurelii Carminum libri quatuor*. Lugduni. [Gryphe], anno 1538, in-4°.

— *Stephani Doleti Galli Aurelii liber. De Imitatione Ciceroniana adversus Floridum Sabinum. Confutatio maledictorum, et varia Epigrammata*. Lugduni, ex officina Autoris, 1540, in-4°.

— *Procès d'Estienne Dolet*, Paris, Techener, 1836, in-8°.

— Maittaire (Michael), *Dolet*, in *Annales Typographici*, La Haye, 1719-1725, t. III. partie I, pp. 9-113.

— Bayle (Pierre) et Des Maizeaux (Pierre). Article *Dolet*, in *Dict. Histor.*, II, cols. 647-649 et II, cols. 984-987.

— [Née de la Rochelle (Jean Français)], *Vie d'Étienne Dolet*, Paris, Gogué et Née de la Rochelle, 1779.

— Boulmier (Joseph), *Étienne Dolet. Sa vie, ses œuvres, son martyre*, 1857, in-12.

— Christie-Copley (Richard), *Étienne Dolet, le Martyr de la Renaissance*. Trad. Stryenski, 1886.

— Douen (O.), *Étienne Dolet, ses opinions religieuses*, B. S., H. P., XXX, 1881, pp. 385-408.

— Sturel (René), *Notes sur Étienne Dolet d'après les inédits*, R. S. S., I, 1913, pp. 55-98.

— Chassaigne (Marc), *Étienne Dolet, Portrait et documents inédits*, 1930, in-8°.

— Febvre (L.), *Dolet propagateur de l'Évangile* (in *Humanisme et Renaissance*, t. VI, 1945), pp. 98 - 170.

Du Bellay (Guillaume).

— Bourrilly (V.-L.), *Guillaume du Bellay, Seigneur de Langey*, 1904.

— Bourrilly (V.-L.), *Rabelais et la mort de Guill. Du Bellay*, R. É. R., II, 1904, pp. 51 - 54.

Du Bellay (Jean).

— *Jo. Bellaii Cardinalis ... poemata aliquot*, 1546 (V. à Macrin, S.).

— Bourrilly (V.-L.), *Le Cardinal Jean du Bellay en Italie* (juin 1535 - mars 1536), R. É. R., V, 1907, pp. 233 - 285.

Du Bellay (Joachim).

— *Œuvres Poétiques*, éd. Henri Chamard (S. T. F. M.), 1906 - 1919, 7 vols. in - 12.

— *Joachimi Bellali Poematum libri IV*, Paris, Fred. Morel, 1558, in - 4°.

— *Deffence et illustration de la langue française*, éd. Henri Chamard, 1904.

Ducher (Gilbert).

— *Gilberti Ducherii Vultonis Aquapersani Epigrainmaton libri duo.* Apud Seb. Gryphium, Lugduni, 1538. Pet. in - 8°. (B. Besançon, 223 009).

DU FAIL (Noël).

— *Œuvres facétieuses*, éd. Assézat, 2 vols., 1874, in - 12.

— Philipot (Emmanuel), *La vie et l'œuvre littéraire de Noël du Fail*, 1914. (Th. Paris).

Du Saix (Antoine).

— Texte (Joseph), *De Antonio Saxano* (Th. Paris, 1895).

— Plattard (Jean), *Frère Antoine de Saix. Commandeur jambonnier de Bourg-en-Bresse*, R. É. R., IX, 1911, pp. 221 - 248.

Érasme (Didier).

— *Des. Erasmi Roterodami Opera Omnia*, éd. J. Clericus, Leyde,

1703 - 1706, 10 vols., in-f°.

— *Opus Epistolarum Des. Erasmi denuo recognitum et auctum.* Oxford, t. I, 1906; t. VIII. 1934. (en cours de publication).

— Förstemann et Günther, *Briefe an Des. Erasmus* (Beihefte z. Zentralblatt f. Bibliothekswesen, XXVII), Leipzig, 1904, in - 8°.

— Érasme, *Colloquia Familiaria*, Leipzig, O. Holtze, 1872, in - 16.

— Smith (Preserved), *A Key to the Colloquies of Erasmus. Harvard theolog. Studies.* Cambridge Mass., Harvard University Press, 1927, in - 8°.

— Ziesing (Théodore), *Erasme ou Salignac?* 1887.

— Heulhard (Arthur), *Une lettre fameuse, Rabelais à Érasme*, 1904, in - 4°.

— Boussey (Armand), *Érasme à Besançon*, B. Acad. de Sc., Belle-Lettre et Arts, Besançon, 1896.

— Delaruelle (Louis), *Ce que Rabelais doit à Érasme et à Budé*, R. H. L., 1904, pp. 220 - 262.

— Smith (W. F.), *Rabelais et Érasme*, R. É. R., VI, 1908, pp. 375 - 378.

— Mestwerdt (Paul), *Die Anfänge des Erasmus. Humanismus und Devotio Moderna* (Studien zur Kultur und Gesch. der Reformation, hgg. vom Verein f. Reformations-geschichte, Leipzig, 1917).

— Pineau (Jean Baptiste), *Érasme, sa pensée religieuse*, 1924, in - 8° (Th. Paris).

— Ferrère (F.), *Érasme et le cicéronianisme au XVIe s.* [Spécialement Scaliger], in *R. de l'Agenais*, 1924.

— Renaudet (A.), *Érasme, sa pensés religieuse et son action d'après sa correspondance (1518 - 1521)*, 1926.

— Bataillon (Marcel), *Érasme et la Cour de Portugal*, in *Arquivo de historia* (Coimbra, Univ.). II, 1927.

— Bataillon (M.), *Les Portugais contre Érasme à l'assemblée théologique de Valladolid, 1527*. in *In Memoriam de Carolina Michaelis de Vasconcellos*, Coimbra, 1928, in-4°.

— Febvre (Lucien), *Crises et Figures religieuses: Du Modernisme à Érasme*, R. S. I., 1931, pp. 357-376.

— Mann (Margaret), *Érasme et les débuts de la Réforme française*, 1934.

— Bataillon (M.), *Érasme et l'Espagne, recherches sur l'histoire spirituelle du XVIe siècle*, 1937.

— Febvre (L.), *Une Conquête de l'Histoire: l'Espagne d'érasme*, A. H. S., I, 1939. Cf. également: *L'Érasmisme en Espagne*, R. S. H., XLIV, 1927, pp. 28-42.

— Renaudet (A.), *Études Érasmiennes (1521-1529)*, 1939.

— Febvre (L.), *Aug. Renaudet et ses Etudes érasmiennes*, A. H. S., I, 1939, pp. 407-410.

ESTIENNE (Henri).

— *Apologie pour Hérodote*, éd. Ristelhüber, 1879, 2 vols.

— Clément (L.), *Henri Étienne et Son œuvre française*, 1898 (Th. Paris).

— Lefranc (A.), *Rabelais et les Estienne. Le Procès du Cymbalum de Bonaventure Des Periers*, R. S. S., XV, 1928, pp. 356-366.

ESTIENNE (Robert).

— *In Evangelium secundum Matthaeum, Marcum et Lucam, commentarii ex ecclesiasticis scriptoribus collecti*. Genevae, Oliva Roberti Stephani, 1553.

GOES (Damien de).

— Bataillon (M.), *Le Cosmopolitisme de Dam. de Góis*.

GOUVEA (André de) [=Andrés de Gouveia].

— Bataillon (Marcel), *Sur André de Gouvea, Principal du Collège de Guyenne*. Univ. de Coimbra, *O Instituto*, 78, 1929.

GOUVEA (Antoine de) [=Antonio de Gouveia].

— *Antonii Goveani Lusitani Epigrammaton libri duo*. Lugduni, ap. Seb. Gryphium, 1539, in-4°.

— *Antonii Goveani Epigrammata. Ejusdem epistolae quatuor.* Apud Seb. Gryphium, Lugduni, 1540, in-8°. (Bib. Bes. 223,032).

— *Antonii Goveani pro Aristotele responsio adversus Petri Rami calumnias.* Parisiis apud S. Colinoeum, 1543, in-8° (Bib. Besançon).

— *Antonii Goveani Opera juridica, philologica, philosophica*, Jacobus van Vaassen (éd.), Rotterdam, 1766, in-f°.

Gouvea (Diogo de) [=Diogo de Gouveia].

— Bataillon (Marcel), *Un document portugais sur les origines de la Compagnie de Jésus*, 1930.

Heroet (Ant.).

— *Œuvres poétiques*, éd. crit. par Ferdinand Gohin (S. T. F. M.), 1909, in-12.

— Larbaud (Valéry), *Notes sur Antoine Héroët et Jean de Lingendes*, 1927. Repris dans: Larbaud, ... Ce vice impuni, la lecture ... *Domaine Française*, 1941.

La Borderie (Bertrand de).

— Livingston (C. H.), *Un disciple de Marot*, Bertrand de la Borderie, R. S. S., XVI, 1929, p. 219 et sqq.

Machiavel (Niccolò).

— Renaudet (A.), *Machiavel, étude historique des doctrines politiques*, 1942.

Macrin [Jean Salmon].

— *Salmonii Macrini Juliodunensis Lyricorum Libri dew. Epithalamiorum liber unus.* Parisiis ex officina Gerardi Morrhii Campensis, MDXXXI, in-8° (Mazarine 44. 870).

— *Salmonii Macrini Juliodunensis, Cubicularii regii, Odarum libri VI.* Seb. Gryphius excud. Lugduni, a° 1537, 8° (B. N., Yc. 8327).

— *Salmonii Macrini Juliodunen. Cubicularii Regii, hymnorum libri sex ad Jo. Bellaium S. R. E. Cardinalem ampliss.* Parisiis, ex officina Roberti Stephani MDXXXVII. In-8° (B. N. U. S., Cd

102. 902; p. 238: Excudebat R. S., anno MDXXXVII, VII Idus febr.).

— *Salmonii Macrini Juliodunensis Odarum libri tres ad P. Castellanum Pontificem Matisconensem. In Bellaii [illegible] ... Poemata aliquot ... ad eundern Matisconum Pontificem*. Parisiis, Ex officina Rob. Stephani, MDXLVI, pet. in-8° (Bib. Besançon, 223. 024).

— *Salmonii Macrini Juliodunensis Cubicularii regii Epigrammatum libri duo*. Pictavii, ex officina Marnefiorum fratrum, MDXLVIII, in-8° (Bib. Besançon, 223. 025).

— *Salmonii Macrini Juliodunensis Cubicularii regii Epitome vitae Domini Nostri Jesu Christi ad Margaritam Valesiam. Parisiis, ex typographia Matthaei Davidis, via Amygdalium*, 1549, pet. in-8° (Besançon, 223. 025).

Marguerite de Navarre.

— *Les Marguerites de la Marguerite des Princesses*, éd. F. Frank, 1873. 4 vols., in-12.

— *Les dernières poésies de Marg. de Navarre*, par Abel Lefranc, 1896, in-8°.

— *L'Heptaméron*, éd. Leroux de Lincy, 1853, 3 vols.

— Jourda (Pierre), *Répertoire analytique et chronologique de la correspondance de Marguerite d'Angoulême duchesse d'Alençon, reine de Navarre*, 1930. (Th. Paris).

— Jourda (P.), *Tableau chronologique des publications de Marguerite de Navarre*, R. S. S., 1925.

— Lefranc (Abel), *Marguerite de Navarre et le Platonisme de le Renaissance*, B. É. C., 1897 et 1898.

— Lefranc (A.), *Les idées religieuses de Marguerite de Navarre d'après son œuvre poétique*. B. S. H. P. F., t. XLVI, 1897-1898.

— Becker (Ph. A.), *Marguerite Duchesse d'Alençon et Guillaume Briçonnet, évêque de Meaux (1521-1524)*, B. S. H. P. F., 49 (1900), pp. 393-477, 661-667.

— Jourda (P.), *Marguerite d'Angoulême*. (Th. Paris), 1930,

2 vol.
— Jourda (P.), *Le Mécénat de Marguerite de Navarre*, R. S. S., XVIII, 1931, pp. 253 - 271.
— Febvre (L.), *Autour de l'Heptaméron: Amour sacré, amour profane*. Paris, Gallimard, 1944, in - 16°.

MAROT (Clément).
— *Les Œuvres de Clément Marot*, éd. Georges Guiffrey. T. II et III, 1876; T. I, 1927; T. IV et V, par Jean Plattard, 1929, in - 4°.
— *Marot*, *Œuvres complètes*, éd. Jannet, 4 vols., 1873.
— Villey (Pierre), *Tableau chronologique des publications de Marot*. R. S. S., 1920 - 1921 - 1922.
— Becker (Philip-August), *Clement Marots Psalmen-Üebersetzung*. (Sächs. Ak. d. Wissensch. Leipzig, Berichte), 72, 1921.
— Becker (Ph. A.), *Clement Marot, sein Leben u. sene Dichtung*. München. Kellerer, 1926, in - 8°. (Sächs. Forschungsinstitut, Leipzig, Romanische Abteilung, I).
— Pannier (Jacques), *Une première édition* (?) *des psaumes de Marot*, imprimée par Ét. Dolet, in *B. S. H. P. F.*, 1929.
— Plattard (Jean), *Marot, sa carrière poétique, son œuvre*. (Bib. de la R. C. C.), 1938.

MORE (Thomas).
— *L'Utopie ou le traité de la meilleure forme du Gouvernement*. Texte latin, éd. par Marie Delcourt, 1936, in - 12.
— *L'Île d'Utopie ou la meilleure des Républiques*, 1516. Trad. P. Grunebaum-Ballin, 1935, in - 12.
— Brémond (Henri), *Thomas More*, 1904.
— Dermenghem (Émile), *Thomas Morus et les Utopistes de la Renaissance*, 1927, in - 12°.

OMPHALIUS (Jacobus Omphal).
— *De elocutionis imitatione as apparatu liber unus, auctore Jar. Omphalio jurecons. Ad Cardinalem Bellaium Episco. Parisiensem*. Parisiis, apud Simonem Colinœum, 1587, (Strasb.,

B. N. , 114. 308) .

— *Epistolae aliquot familiares*. À la suite de: *De eloculionis imitatione ac apparatu liber unus*, Cologne, Théod. Baumianus, 1560, in 8°. (Strasb. B. N. , 114. 309) .

Pasquier (Étienne).

— *Les Œuvres contenant ses Recherches de la France*, etc. , Amsterdam, aux dépens de la Cie des Libraires, 1723, 2 vols. , in-f°.

Pellicier (Guillaume).

— Zeller (J.), *La Diplomatie française d'après la correspondance de Guill. Pellicier, ambassadeur à Venise*, 1881.

Puy-Herbaut (Gabriel du).

— *Gabrielis Putherbei Turonici, professione Fontebraldaei, Theotimus sive de Tollendis et expiengendis malis libris, iis praecipue quos vix incolumi fide ac pietate plerique legere queant, libri III*. Parisiis apud Joannem Roigny, 1549, pet. in-8°.

Ronsard (Pierre de).

— *Œuvres complètes*, nouv. éd. p. sur les textes les plus anciens p. P. Blanchemain. (Bib. Elzevir.) 1857-1866, 8 vols. , in-12.

— *Œuvres complètes*; éd. critique p. Paul Laumonier (S. T. F. M.), 1914-1937, in-12, 10 vols. parus.

— *Hymne des Daimons*. éd. critique et commentaire par A. -M. Schmidt. , 1938.

— Laumonier (Paul), *L'épitaphe de Rabelais par Ronsard*. (R. É. R.), I, 1903, pp. 205-216.

— Vaganay (H.), *La mort de Rabelais et Ronsard*. (R. É. R.), I, 1903, pp. 143-150 et 204.

— Schweinitz (Margaret de). *Les épitaphes de Ronsard, étude historique et littéraire*. (Th. U. Paris), 1925.

— Busson (Henri), *Sur la philosophie de Ronsard*. (R. C. C.), 1929-1930.

Rousselet (Claude).

— *Claudii Rosseletti jurisconsulti Patritiique Lugdunensis Epigrammata*. Lugduni apud Seb. Gryphum, 1537.

ROSSET (Pierre).

— *Petri Rosseti Poetae Laureati Christus, nunc primum in lucem editus*. Parisiis apud Sim. Colinæum, 1534. (B. N., Yc. 12.220).

— *P. Rosseti, Poetae Laureati, Paulus denuo in lucem aeditus, et emaculatius explicatus a F H.. Sussannaeo*, Parisiis, ap. Nicol. Buffet.

— *Petri Rosseti poetae laureati Christus. Secunda œditio*. Parisiis, ap. Simonem Colinaeum, 1543, in-8°.

SAINTE-MARTHE (Charles de).

— *La poésie françoise de Charles de Saincte Marthe, natif de Fontevrault en Poictou, divisée en trois livres ... Plus un livre de ses amys*. Imprimé à Lyon chez le Prince, MDXL, in-8°.

— Lefranc (Abel). *Picrochole et Gaucher de Sainte-Marthe*. R. É. R., III, 1905, pp. 241-252.

— Lefranc (A.), *Rabelais, les Sainte Marthe et l'enragé Putherbe*. R. É. R., IV, 1906, pp. 335-348.

— *Pièces relatives au procès de Gaucher de Ste-Marthe avec les marchands fréquentant la rivière de Loire*, R. É. R., IX, 1911.

— Ruutz-Rees (Caroline), *Charles de Sainte-Marthe*, trad. fr., s. d. [1918].

SCALIGER (J. C.).

— *Julii Caesaris Scaligeri oratio pro M. Tullio Cicerone contra Des. Erasmum Rot*, s. 1. Venundantur a Vidoveo, 1531, in-8°. (B. N. Rés. 2445).

— *Julii Caesaris Scaligeri novorum epigrammatum liber unicus. Ejusdem Hymni duo. Ejusdem Diva Ludovica Sabaudia*, Parisiis apud Michaelem Vascosanum. MDXXXIII. (B. N. Yc. 1.751).

— *Julii Caesaris Scaligeri adversus Des. Erasmi Rot, dialogum Ciceronianum oratio secunda*. Lutetiae, P. Vidouaeus, 1537, in-8°. (B. N., X. 17.729).

— *Julii Caesaris Scaligeri in luctu filii oratio*. Apud Seb. Gryphium, Lugduni, 1538. (B. N. , Yc, 7. 852) .

— *Hippocratis liber de Somniis cum Julii Caesaris Scaligeri Commentariis*, Lugduni, apud Seb. Gryphium, 1538.

— *Julii Caesaris Scaligeri Heroes*. Lugduni, apud Seb. Gryphium, 1539. (B. N. , Yc. 1. 124).

— *Julii Caesaris Scaligeri Liber De Comicis dimensionibus*. Apud Seb. Gryphium, Lugduni, 1539, in-8°. (B. N. , Yc. 4. 616).

— *Julii Caesaris Scaligeri De Causis Linguae latinae Libri tredecim*. Lugduni, apud S. Gryphium, 1540 (B. N. , X. 2. 031).

— *Julii Caesaris Scaligeri Poematia*. Lugduni apud G. et M. Beringos fratres, MDXLVI, in-8°(Besançon, 222. 937).

— *Julii Caesaris Scaligeri Exotericarum exercitationum lib. XV de subtilitate ad Hier. Cardanum*. Lutetiae, Fred. Morellus, 1554, in-4°, (B. N. , R. 8. 514).

— *Julii Caesaris Scaligeri, viri Clarissimi, poemata in duas partes divisa*. S. 1. , 1574. 2 pièces en 1 vol. in-8°. (B. N. , Yc. 7. 858-60).

— *Julii Caesaris Scaligeri Epistolae et orationes, nunquam ante hac excusae*. Ex officina Plantiniana, apud Christophorum Raphelangium, 1600. (B. N. , Z 13. 960).

— *Julii Caesaris Scaligeri adversus Desid. Erasmum orationei duae eloquentiae romanae vindices*. Tolosae, typ. R. Colomerii, 1620 4 p[ies] en 1. (B. N. , Z 3. 415-16).

— *Electa Scaligerana. h. e. Julii Caesaris Scaligeri sententiae. Hanovriae*, 1624, in-8°. (B. N. , Z 17. 745).

— *J. Caesaris Scaligeri Epistolia duo ... nunc primum edita cura Joach. Morsi*. Schelhorn, Amoenitates, 1726, t. I, p. 269. — Epistolae nonnullae. ex Bibliotheca Zach. Conr. ab Uffenbach; ibid. , t. VI, p. 508 et t. VIII, p. 554.

— *Scaligerana ou bons mots ... de J. Scaliger*. A Cologne, chez * * *, MDCXCV.

— Magen (M.). *Documents sur J. C. Scaliger*, Agen, 1873.

— De Santi (L.), *Rabelais et J. C. Scaliger*. R. É. R., III, 1905, pp. 12-44 et IV, 1906, pp. 28-44.
— De Santi (L.), *Le diplôme de Jules César Scaliger*. (Mémoires de l'Acad. Sc., Inscript. et Belles lettres de Toulouse), 1921, pp. 93-113.
SCEVE (Maurice).
— *Œuvres poétiques complètes*, p. p. B. Guégan, 1927, in-8°.
— *Délie, object de plus haulte vertu*. Éd. crit. p. E. Parturier. (S. T. F. M.), 1916.
— Baur (A.), *Maurice Scève et la Renaissance lyonnaise*, 1906.
— Larbaud (Valéry), *Notes sur Maurice Scève*, 1925. — Reprises dans *Domaine français*, 1941.
— Parturier (E.), *Maurice Scève et le Petit Œuvre d'amour de 1537*, R. S. S., XVII, 1930, pp. 298-311.
SUSSANEE (Hubert).
— *Dictionarium Ciceronianum authore Huberto Sussannaeo Suessionensi. Epigrammatum eiusdem libellus*. Parisiis, apud Simonem Colinaeum, 1536, in-8°. (B. N. X. 20063[1]).
— *Huberti Sussannei, Legum et Medicinae doctoris, Ludorum libri nunc recens conditi atque aediti*. Parisiis, ap. S. Colinaeum, 1538. (B. N., Yc 8. 677; Besançon, 223. 014); in-8°.
— *Quantitates Alexandri Galli, vulgo de Villa Dei, correctione adhibita ab Huberto Sussannaeo locupletatae. — Additus est Elegiarum eiusdem liber*. Paris, S. de Coline, 1542. (B. N., Yc 4. 602).
Tartras.
— P. Courteault. *Le premier principal du Collège de Guienne*. Mél. offerts à M. Abel Lefranc, pp. 234-235.
TIRAQUEAU (André).
— Bréjon (Jacques), *Un jurisconsulte de la Renaissance, André Tiraqueau (1488-1558)*, 1937.
— Barat (J.), *L'influence de Tiraqueau sur Rabelais*. R. É. R.,

III, 1905, pp. 138-155, 253-270.
— Polain (M.-L.), *Appendice bibliographique à l'influence de Tiraqueau sur Rabelais*. R. É. R., III, 1905, pp. 271-275.
— Plattard (Jean), *Tiraqueau et Rabelais*. R. É. R., IV, 1906, pp. 384-389.

VILLON (Français).
— *Œuvres*, éd. Louis Thuasne, 1923.
— Thuasne (Louis), *Rabelais et Villon*, 1911.

VISAGIER (Jean, Vulteius).
— *Joannis Vulteii Remensis Epigrammatum libri II*. Lugduni, apud S. Gryphium, 1536, 8°. (Bibl. Mazarine, 21.217).
— *Joannis Vulteii Remensis Epigrammatum libri III. Ejusdem Xenia*. Lugduni, apud Michaelem Parmenterum, MDXXXVII.
— *Jo. Vulteii Rhemensis hendecasyllaborum libri IV*. Parisiis, ap. Simonem Colinaeum, 1538, 8°. (Besançon, 223.3013; B. N., Inv. Yc, 8.753).
— *Joan. Vulteii Rhemi Inscriptionum libri duo. Xeniorum libellus*. Apud Sim. Colinaeum, 1538, 8°. (Bib. Besançon, 223.016).
— Bourrilly (V.-L.), Documents inédits. J. Voulté et le Cardinal du Dellay, R. R., II, 1902, pp. 192-195.

B. 哲学家与学者

AGRIPPA (Henri Corn.).
— *Splendidae nobilitatis viri et armatae militiae equitis aurati ac Utriusque Juris Doctoris Sacrae Caesareae Majestatis a Consiliis et archivis Inditiarii Henrici Cornelii Agrippae ab Nettesheym* de Incertitudine et Vanitate Scientiarum et Artium atque excellentia Verbi Dei Declamatio. — In fine: Joan-Grapheus excudebat, a° a Christo nato MDXXX, mense Septemb. Antverpiae. 4° (B. N. U., Strasbourg, B 101.295).
— *Henrici Cor. Agrippae ab Nettesheym a Consiliis et Archivis inditiarii Sacrae Cesareae Majestatis De occulta Philosophia libri*

tres. — In fine: *Joan. Grapheus excudebat Antverpiae anno MDXXXI*, *mense februario*, in - 4°. (B. N. U. Strasbourg, B 101. 295.).

H. Corn. Agrippae ... Opera in duos tomos digesta. Cum figuris. Lugduni, per Beringos fratres, [1531], in - 8°. (B. N U. S., B 111. 772).

— *Henrici Cornelii Agrippae ab Nettesheym a consiliis et archivis inditiarii Sacrae Cesareae majestatis. De occulta philosophia libri tres*. — F° CCCLXII: Anno MDXXXIII, Mense Julio. [Coloniae] in - f°, (B. N. U. S., B 10. 405).

— Chapuys (Eustache), *Correspondance avec Henri Cornelius Agrippa de Nettesheim*, par L. Charvet, Lyon et Genève, Georg. 1875, gd in - 8°.

— Agrippa (H. C.), *La philosophie occulte ou la magie de C. Agrippa*. (Trad. franç.), 1910, 2 vols.

— Prost (Auguste), *Les Sciences et les Arts occultes au XVI*[e] *s. Corneille Agrippa*, *sa vie et ses œuvres*. 1881 - 1882, 2 vols.

— Saint-Genois (Jules de), *Recherches sur ... Corneille de Schipper*. Gand, 1856.

— Daguet (Alexandre), *Agrippa chez les Suisses*, 1856.

— Orsier (Joseph), *Henri Cornelis Agrippa*, *sa vie et son œuvre d'après sa Correspondance*, 1911.

— Lefranc (Abel), *Rabelais et Corneille Agrippa*. Mél. offerts à Picot, II, pp. 477 - 486.

— Maillet-Guy (Luc), *H. C. Agrippa*, *sa famille*, *ses relations avec S. Antoine en Viennois*. Bulletin de la Soc. Arch. et Statistique Drôme, Valence, 60(1926), pp. 120 - 144.

Belon (Pierre).

— Delaunay (D[r]), *L'aventureuse existence de Pierre Belon du Mans*. R. S. S., IX - XII, 1922 - 1925, pp. 251 - 268. [Paris, 1926].

— *Les idées religieuses de Pierre Belon*. Bulletin Commission Historique et Arch. Mayenne, 38(1922), pp. 97 - 117.

BERAULT (Nic.).

— Delaruelle (L.), *Nicole Bérault*, R. B., XII, 1902, pp. 420 - 445.

— Id., *Nicole Bérault*, *Le Musée Belge*, 1909, Louvain et Paris (complète et rectifie le précédent article).

— *Notes complémentaires sur deux humanistes* (Bérault et Lascaris) R. S. S., XV, 1928, pp. 311 - 323.

BODIN (Jean).

— *Colloque de Jean Bodin des Secrets cachez des choses sublimes entre sept sçavans qui sont de differens sentimens*. Trad. française partielle du *Colloquium Heptaplomeres* par Roger Chauviré. Th. Paris, 1914.

— Diecmannus (L. J.), *De naturalismo cam aliorum, tum maxime Jo. Bodini Schediasma inaugurale*. Lipsiae, 1684, in - 12 (cf. Pierre Bayle, *Nouvelles de la République des Lettres*, 1684; *Œuvres diverses*, éd. de la Haye, 1737, in - f°, t. I, f. 65).

— Chauviré (Roger), *Jean Bodin auteur de la République*, 1914.

— Von Bezold (Fr.), *Le Colloquium Heptaplomeres de Jean Bodin et l'athéisme au XVIe siècle*, in Histor. Zeitschrift., juillet 1914.

— Ponthieux (A.), *Quelques documents inédits sur Jean Bodin*. R. S. S., XV, 1928, pp. 56 - 99.

— Hauser (Henri), *Un précurseur: Jean Bodin, Angevin* (1529 ou 1536 - 1596). A. H. É. S., III, 1931, pp. 379 - 387.

— Chauviré (Roger), *La pensée religieuse de Jean Bodin* (La Province d'Anjou, IV, 1929), pp. 433 - 451.

— Mesnard (Pierre), *La pensée religieuse de Bodin*. R. S. S., XVI, 1929, pp. 77 - 121.

— Febvre (Lucien), *L'universalisme de Jean Bodin*. R. S., VII, 1934, pp. 165 - 168.

BOUELLES (Charles de).

— *Liber de Sapiente*. Ed. Raymond Klibansky, à là suite de: Cassirer, *Individuum und Kosmos*, pp. 299 - 412.

CAMPANELLA (Tommaso).

— Blanchet (Léon), *Campanella*, 2 vols., 1920.

CARDAN (J.).

— *Hieronymi Cardani Mediolanensis rnedici De Subtilitate libri XXI.* Basileae, Ex officina Petrina, 1560, 8°. B. N. R. 11121; B. N. Rés., R 2. 775 (exempl. de Ronsard).

— Cardan (J.), *Ma vie*. Trad. Dayre, 1935, in-8°.

COPERNIC (N.).

— *De Revolutionibus Orbium Coelestium libri VI*, Nuremberg, Job. Petreius, 1543, p. in-f°.

— [RHAETICUS (G. J.)], *Ad clariss. v. D. Jo. Sehonerum de libris revolutionum Nic. Copernici narratio prima*. Gedani (Danzig), 1540, in-4°.

— Nicolas Copernic, *Des Révolutions des Orbes Célestes*, Trad. Alexandre Koyré, 1934.

— Prowe (Leopold), *Nicolaus Coppernicus*, Berlin, 1884, 2 vols.

— Plattard (Jean), *Le système de Copernic dans la littérature française du XVIe s*. R. S. S., I, 1913, pp. 220-237.

CUSA (Nic.).

— *Liber de Mente*, p. p. Joachim Ritter, à la suite de: Cassirer, *Individuum und Kosmos*, pp. 204-297.

— *De docta Ignorantia*. Ed. P. Rotta (coil. Classici della filosofia moderna), Bari, 1912.

— *De la docte Ignorance*, trad. L. Moulinier, Introd. d'Abel Rey, 1930.

— *De concordantia catholica libri III*. Faksimiledruck, Bonn, Ludwig Röhrscheid, 1928, gd in-8°

— Vansteenberghe (E.), *Le Cardinal Nicolas de Cues*, 1920.

— Rotta, Paolo, *Il cardinale Nicolo di Cusa*. La Vita ed il Pensiero. Milano [1928], in-8° (Publ. della Univ. cattol. del Sacro Cuore. Sc. filos., vol. XII) [1928].

FERNEL (Jean).

— *Universa Medicina*, Andreas Wechel, 1567, in-f°.

— Figard (L.), *Un médecin philosophe au XVIe s.* Étude sur la psychologie de Jean Fernel, 1903.

FICIN (Marsile).

— Pusino (Ivan), *Ficinos u. Picö's religio.-philosoph. Anschauungen.* Zeitschrift für Kirchengesch., XLIV, 1925, pp. 504-543.

— Festugière (Jean), *La philosophie de l'amour de Marsile Ficin.* Revista da Univ. de Coimbra, VII, 1923. — 2e ed., [Etudes de Philosophie Médie.] Paris, 31(1941), pp. 1-168.

PALISSY (Bernard).

— *Les Œuvres.* Éd. Benjamin Fillon, Niort, 1888, 2 vols.

PARE (Ambroise).

— *Œuvres*, p. p. J. F. Malgaigne, 3 vols., 1840-1841.

— Chaussade, *Ambr. Paré*, Bulletin Comm. Historique et arch. de la Mayenne, 43(1927) et 44(1928).

— Chaussade (M. A.), *La méthode scientifique d'Ambroise Paré*, R. S. H., t. XXXIV, 1927, pp. 35-50.

PARACELSE (Philoppus Aureolus).

— Koyré (Alexandre), *Paracelse*, R. H. P. R., 13(1933), pp. 46-75, 145-163.

PIC DE LA MIRANDOLE (Giovanni).

— *Opera omnia J. Pici; item, J. Fr. Pici Opera Omnia.* Basileae, Henric Petri, 1572, 2 in-f°.

— Dorez (Léon) et Thuasne (Louis), *Pic de la Mirandole en France*, 1888 (Bib. litt. Renaissance).

— Liebert (Arthur), *Giovanni Pico de la Mirandola*, Jena, 1905.

— Semprini (Giovanni), *Pico della Mirandola.* Todi, 1921.

— Pusino (Ivan), *Der Einfluss Picos auf Erasmus.* Z. f. Xirchengesch., XLVI, 1927, pp. 75-96.

Pomponazzi (Pietro).

— *Pomponatii Opera.* Bâle, Henric Petri, 1567, f°.

— *De immortalitate animae*. Ed. Giovanni Gentile, Messine, 1925.

— *Les causes des merveilles de la nature, ou les Enchantements*. 1re trad. fr. avec introd. et notes par Henri Busson. [1930]

— Busson (Henri), *Pomponazzi*. R. L. C., 9 (1929), pp. 308 - 347.

— Fiorentino (Francesco), *Pietro Pomponazzi, Studi storici su la scuola bolognesa e padovana del . secolo XVI*, Firenze [Florence], 1868.

Postel (Guillaume).

— *De originibus, seu de Hebraicae linguae et gentis antiquitate deque variarum linguarum affinitate Liber*. Parisiis, apud Dionysium Lescuier. Excudebat P. Vidoveus, vigesima septima Martii, anno a partu Virgineo 1538, ad calculum romanum. (B. N., 4° X 530 [2]).

— *Grammatica arabica*. Veneunt Parisiis apud . . . P. Gromorsum; s. d. [1538] in - 4°(B. N. U. Strasbourg, C 106. 967).

— *De rationibus Spiritus Sancti lib. II, Gulielmo Postello Barentonio authore*. Parisiis, excudebat ipsi authori P. Gromorsus, 1543, in - 8°. (Besançon, 201. 454).

— *Quatuor librorum de Orbis terrae Concordia Primus, Gulielmo Postello Barentonio Math, prof. regio authore*. Excudebat ipsi authori Petrus Gromorsus. S. d. [1543], in - 8°. (Besançon, 201. 454).

— *De Orbis terrae Concordia libri quatuor . . . , Gulielmo Postello Barentonio, Mathematum in academia Lutetiana professore regro, authore*. S. l. n. d. [Bâle, Oporin, 1544], in-f° (Besançon, 50. 604).

— *Eversio falsorum Aristotelis dogmatum, authore D. Justino Martyre . . . Gulielmo Postello in tenebrarum Babylonicarum dispulsionem interprete*. Parisiis, apud Seb. Nivellium, 1552.

— *Liber de Causis seu de Principiis et originibus naturae utriusque . . .*

Contra Atheos et huius larvae Babylonicae alumnos qui suae favent impietati ex magnorum authorum perversione ... Authore G. Postello. Parisiis, apud Seb. Nivellium, MDLII.

— *Cosmographicae disciplinae compendium, in suum finem, hoc est ad Divinae Providentiae certissimam demonstrationem, conductum.* Bâle, Oporin, 1561 (Strasbourg, B. N. U., D 100. 293).

— *Alcorani, seu legis Mahometi, et Evangelistarum Concordiae liber, in quo de calamitatibus orbi Christiano imminentibus tractatur. Addities est libellus de universalis conversionis judicio.* Parisiis. Excudebat P. Gromorsius, 1543, in-8°, (Besançon, 201. 453).

— Des Billons (Français), *Nouveaux Eclaircissements sur Guillaume Postel*, Liège, 1773, pet. in-8°.

— Weill (Georges), *De vita et indole G. Postelli*, 1892 (Th. Paris).

— Kvacala (J.), *Postelliana. Zur Gesch. der Mystik im Reformationszeitalter.* Jurjen (Dorpat), Tartu, 1915, gr in-8°.

—Kvacala (Jan), *Wilhelm Postell. Seine Geistesart u. seine Reformgedanken* (Archiv. f. Reformationegeseh. de Friedenburg, 1911-1912, 1914, 1918, Leipzig).

— Ravaisse (Paul), *Un ex-libris de Guillaume Postel.* Mélanges offerts à M. Émile Picot, t. I, pp. 315-333.

RAMUS (Petrus).

— Waddington (Charles Tzaunt), *Ramus (Pierre de La Ramée) et ses écrits*, Paris, 1856.

TELESIO (Bernardino).

— Fiorentino (Francesco), *Bernardino Telesio, ossia studi storici su l'idea della natura nel resorgimento italiano.* Firenze, 2 in-8, 1872-1874. [Cf. Adolphe Franck, *Journal des Savants*, 1873, pp. 548-560 et 687-701.]

— Gentile (Giov.), *Bernardino Telesio*; Bari, 1911.

VINCI (Léonard de).
— Duhem (P.), *Léonard de Vinci, ceux qu'il a lus, ceux qui l'ont lu*, 1906.
— Séailles (G.), *Léonard de Vinci*, 1912, 4e éd.

IV. 拉伯雷的时代

A. 观念与思想生活的问题

1. 16 世纪的语言与语言学问题

BRUNOT (Ferdinand), *Histoire de la Langue française des origines à nos jours*, 13 vols., 1966－1979. T. II, *Le XVIe s.*, 2e éd., revue, 1922, in－8°. — T. III, *La Formation de la Langue classique*, 1re partie (l. II, Le Lexique), 2e éd. revue, 1930. — T. IV, *La langue classique*, 1re partie (1. IV, Le Vocabulaire), 2e éd., revue, 1925. — T. VI, *Le XVIIIe s.*, 1re pie *Le mouvement des idées et les vocabulaires techniques*, Fasc. I et II, 1930.

BRUNET (Ferdinand), *La pensée et la langue*, 2e éd., 1926.

DARMESTETER (Arsène) et HATZFELD (Adolphe), *Le Seizième Siècle en France* (2e partie, Tableau de la langue française au XVIe s.), 1878[第 16 版,1934 年].

ESTIENNE (Robert), *Dictionnaire français-latin*, 1539－1940, in-f°.

HUGUET (Edmond), *Dictionnaire de la Langue française du XVIe s.*, 1925, in－4°.

HUGUET (E.), *Étude sur la syntaxe de Rabelais*, 1894 (Th. Paris).

HUGUET (E.), *Le langage figuré au XVIe siècle*, 1933.

MASSEBIEAU (Louis), *Les Colloques Scolaires du XVIe s. et leurs auteurs*, *1480－1570*. 1878 (Th. Paris).

NEVE (Joseph), *Proverbes et néologismes dans les Sermons de Michel Menot*, R. S. S., VII, 1920, pp. 98－122.

Sainean (Lazare), *La Langue de Rabelais*, 2 vols., 1922-1923.

Sturel (René). *Jacques Amyot, traducteur des Vies Paral. de Plutarque*, 1908.

Wartburg (W. von), *Évolution et Structure de la langue française*, 1934.

2. 中世纪、文艺复兴、人文主义

Atkinson (Geoffroy), *Les Nouveaux Horizons de la Renaissance française*, 1935.

Bloch (Marc), *La Société Féodale*. I. *La Formation des Liens de dépendance* (É. H., 1939).

— *La Société féodale*. II, *Les classes et le gouvernement des hommes* (É. H., 1940).

Burckhardt (J.), *La civilisation en Italie au temps de la Renaissance*, trad. Schmitt, 1885, 2 vols.

Febvre (Lucien), *Une civilisation, la première Renaissance française*. Revue des Cours et Conférences, 26, 1924-1925, [dans L. Febvre, *Pour une histoire à part entière*, 1962, pp. 529-603].

Febvre (L.), *La Renaissance*, E. F., XVI, Arts et Littératures, 1935, fasc. 16.

Gilson (Étienne), *Héloïse et Abélard, Étude sur le Moyen Âge et l'Humanisme*, 1938.

Huizinga (J.), *Le déclin du Moyen Âge*, 1932.

Lot (Ferdinand), *La fin du monde antique et le début du Moyen Âge*, É. H., XXXI, 1927.

Michelet (Jules), *Histoire de France*. 16 vols., VII: *La Renaissance*, 1898.

Nordstrœm (J.), *Moyen Âge et Renaissance*, trad. T. Hammar, 1933.

Strowski (Fortunat), *La philosophie de l'homme dans la littérature française*, R. C. C., 1924-1925 et 1925-1926.

Renaudet (Augustin), *Préréforme et humanisme à Paris pendant les premières guerres d'Italie (1494-1517)*, 1916 (Th. Paris).

3. 文学史

BESCH (Émile), *Les adaptations en prose des chansons de geste*, R. S. S., III, 1915, pp. 155 – 181.

TILLEY (Arthur), *Les Romans de Chevalerie en prose*, R. S. S., VI, 1919, pp. 45 – 63.

ILVONEN (Eero), *Parodie des thèmes pieux dans la littérature française du Moyen Âge*, 1914.

LEBEGUE (Raymond), *La Tragédie religieuse en France. Les débuts (1514 – 1573)*, 1929 (Th. Paris).

VIOLLET-LE-DUC, *Ancien Théâtre français*, 1854 – 1857, 10 vols., in – 16°.

GILSON (Étienne), *Les Idées et les Lettres*, 1932.

LEFRANC (Abel), *Les Grands Écrivains français de la Renaissance*, 1914.

VILLEY (Pierre), *Les Grands écrivains du XVI*[e] *s.* — I, *Marot et Rabelais*, 1923.

SAINEAN (Lazare), *Problèmes littéraires du XVI*[e] *s.* Le 5e livre. *Le moyen de parvenir. Les joyeux devis*, 1927.

CHINARD (Gilbert), *L'Exotisme américain dans la littérature française du XVI*[e] *s.*, d'après Rabelais, Ronsard, Montaigne, etc., 1911.

VIANEY (Joseph). *Les grands poètes de la nature en France.* — I. Ronsard, La Fontaine, R. C. C., 1925 – 1926, I, pp. 3 – 19.

— *La Nature dans la poésie française au XVI*[e] *s.* Mélanges ... Paul Laumonier, 1935, pp. 171 – 188.

DELARUELLE (Louis), *L'étude du grec à Paris de 1514 à 1530*, R. S. S., IX, 1922, pp. 132 – 148.

MELANGES offerts à M. Abel Lefranc, 1936.

MELANGES offerts à M. Émile Picot, 2 vols., 1913.

MELANGES d'histoire offerts à Henri Pirenne, 2 vols., Brussels, 1926.

MURARASU (D.), *La Poésie néo-latine et la Renaissance des lettres antiques en France (1500 – 1549)*, 1928.

4. 制度与思想环境

BULÆUS (Du Boulay), *Historia Universitatis Parisiensis*, Paris, Noël et de Bresche, 1665–1673, 6 vols., in-f°.

COLLÈGE DE FRANCE 1530–1930. *Livre jubilaire*, composé à l'occasion de son quatrième centenaire, 1932.

COLLIGNON (Albert), *Le Mécenat du Cardinal Jean de Lorraine* (1498–1550) (Ann. de l'Est, 24e année, 1910, fasc. 2), pp. 7–175.

DAWSON (J.-Charles), *Toulouse in the Renaissance*, New York, Columbia University, 1923.

DE SANTI (L.), *La Réaction universitaire à Toulouse: Blaise d'Auriol*, M. Acad. Sc. Toulouse, 1906.

GANDILHON (René), *La Nation germanique de l'Université de Bourges*, Bourges, 1936.

TOULOUSE (Mad.). *La Nation anglaise-allemande de l'Université de Paris*, 1939.

GAULLIEUR (Ernest), *Histoire du Collège de Guyenne*, 1874.

IRSAY (St. d'), *Histoire des Universités françaises et étrangères*, t. I, *Moyen âge et Renaissance*, 1933.

LEFRANC (Abel), *Histoire du Collège de France*, 1893.

LEFRANC (A.), *Les Commencements du Collège de France*. 1529–1544, (Mélanges d'histoire offerts à Henri Pirenne), I, 1926., pp. 291–306.

PLATTARD (Jean). *A l'Ecu de Bale*, R. S. S., XIII, 1926, pp. 282–285.

QUICHERAT (Jules), *Histoire de Sainte-Barbe*, 1860–1864, 3 vols.

5. 艺术与肖像学

DAVID (Henri), *De Sluter à Sambin. Essai critique sur la Sculpture et le Décor monumental, en Bourgogne au XVe et au XVIe s.* I, La fin du Moyen Âge; II, La Renaissance, 1933 (Th. Paris).

FAURE (Élie), *Histoire de l'Art: l'Art renaissant*, 1924.

FEBVRE (L.), *Histoire de l'Art. Histoire de la Civilisation*, R. S., IX, 1935, pp. 7–17. [dans Febvre, *Combats pour l'histoire*, pp. 295－301.]

MALE (Émile), *L'art religieux de la fin du Moyen Âge en France*, 1925, in－4°.

MALE (É.), *L'art religieux après le Concile de Trente*, 1932, in－4°.

LA MUSIQUE FRANÇAISE, *du Moyen Âge à la Révolution* (Bibl. Nat.), catalogue rédigé par A. Gastoué, V. Leroquais, A. Pizzo, H. Expert, H. Prunières et p. p. Emile Dacier, 1934.

B. 科学与哲学

1. 16 世纪的科学

CANTOR (Moritz), *Vorlesungen über Geschichte der Mathematik*, 3e éd. Leipzig, 1899－1908, 4 vols.

C. I. S., 8e semaine: *Le Ciel dans l'Histoire et dans les Sciences*, 1940.

DE ROOVER (Raymond), *Aux origines d'une technique intellectuelle: la formation et l'expansion de la comptabilité à partie double*, A. H. É. S., IX, 1937, pp. 171－193 et 270－298.

DUHEM (Pierre), SOZEIN TA PHAINOMENA. *Essai sur la notion de théorie physique de Platon à Galilée*, 1908 (Extr. des Ann. de Philo. Chrét.).

— *Le système du monde. Histoire des doctrines cosmologiques de Platon à Copernic*, 1913－1959, 10 vols.

— *Les origines de la statique*, 1905.

DUPONT (Albert), *Contribution à l'Histoire de la Comptabilité: Luca Paciolo* (Public. Soc. Comptabilité de France, 1925).

— *Formes des Comptes et façons de compter dans l'ancien temps* (Public. Soc. Comptabilité de France, 1928).

ENCYCLOPEDIE FRANÇAISE, t. I, *L'Outillage Mental*: 1re pie, Évolution de la Pensée (Abel Rey); 2e pie, Le Langage (Antoine Meillet); 3e pie, La Mathématique (Paul Montel).

ROUSE BALL (W. W.), *Histoire des mathématiques*, trad. Freund, 1906, 2 vols.

THORNIDKE (Lynn), *Science and Thought in the XVth Century*, New-

York, Columbia University Press, 1929.

2. 文艺复兴时期的哲学及其先驱者

BOUCHE-LECLERCQ (Auguste), *L'Astrologie grecque*, 1899[Brussels, 1963].

BREHIER (Émile), *Histoire de la Philosophie*; I, *L'antiquité et le Moyen Âge*, 1928.

— *La Philosophie du Moyen Âge*, É. H., XLVII, 1937.

BRUNSCHVICG (Léon), *Les Progrès de la conscience dans la philosophie occidentale*, 1927, 2 vols.

BUSSON (Henri), *Les Sources et le développement du rationalisme dans la littérature française de la Renaissance (1533-1601)*, 1922.

CASSIRER (Ernst), *Individuum und Kosmos in der Philosophie der Renaissance*, Leipzig-Berlin, 1927, 4°.

CHARBONNEL (J. Roger), *La Pensée italienne au XVIe s. et le courant libertin*, 1917.

COURNOT (A.), *Considérations sur la marche des idées et des événements dans les temps modernes*, Éd. Fran. Mentré, 1934, 2 vols.

DESJARDINS (A.), *Les sentiments moraux au XVIe s.*, 1886.

FEBVRE (Lucien), *L'histoire de la philosophie et l'histoire des historiens*, R.S., III, 1932, pp. 97-103.

FUSIL (C. A.), *La Renaissance de Lucrèce au XVIe s. en France*, R. S. S., XV, 1928, pp. 134-150.

GILSON (Étienne), *Études de philosophie médiévale* (P. F. L. S.), 1921.

— *La philosophie au Moyen Âge*, 1922, 2 vols., in-12.

— *L'Esprit de la philosophie médiévale*, 2 vols., 1932.

JUNDT (Auguste), *Histoire du Panthéisme populaire au Moyen Âge et au XVIe s.*, 1875.

LASSERRE (Pierre), *La jeunesse d'Ernest Renan*. T. II: *Le Drame de la Métaphysique chrétienne*. — T. III: *L'initiation philosophique d'Ernest Renan*, 1925 et 1932.

LEFRANC (Abel), *Le Platonisme et la littérature en France à l'époque de la Renaissance* (1500 - 1550). Revue d'Hist. litté., 1896, pp. 1 - 44. Repris dans: *Les Grands Écrivains Français de la Renaissance*, pp. 63 - 137.

MANDONNET (R. P.), *Siger de Brabant et l'Averroïsme latin du XIII*[e] *s.*, Fribourg, 1900.

MESNARD (Pierre), *Du Vair et le Néostoïcisme* (R. d'Hist. de la Philosophie, avril-juin 1928), pp. 142 - 166.

ORIGENE. *Operum Origenis Adamantii tomi duo priores*. — *Tertius et quartus tomi, quorum tertius complectitur Apologiam*. 4 vols., Paris, Jo. Parvus et Jod. Badius Ascensius, 1512, in - f°.

— *Origenis Adamantii operum tomi duo prieres cum tabulis et indice generali*. 4 vols., Lyon, Jacques Giunta. 1536, 4 in - f°.

DENIS (Jacques), *De la philosophie d'Origène*, 1884.

RENAN (Ernest), *Averroès et l'Averroïsme*. Paris, 1852 ou 1866[第 8 版,1925 年].

REY (Abel), *De la Pensée primitive à la pensée actuelle*. Encyclopédie Française, t. I, *L'outillage mental*, 1934.

— *La Science Orientale avant les Grecs*. E. H., 1930.

— *La Jeunesse de la Science grecque*; ibid., 1939.

— *La Maturité de la pensée scientifique en Grèce*, ibid., 1939.

ROUGIER (Louis), *La mentalité scolastique*, R. philosoph. de la France, 97(1924), pp. 208 - 232.

ROUGIER (L.), *La Scolastique et le Thomisme*, 1925, 8°.

SAURAT (Denis), *Littérature et occultisme*, 1929.

SCHMIDT (Albert-Marie), *La poésie scientifique en France au XVI*[e] *s.*, 1939. (Cf. Lucien FEBVRE, *Cosmologie, Occultisme et Poésie*, A. H. S., I, 1939), pp. 278 - 279.

ZANTA (Léontine), *La Renaissance du Stoïcisme au XVI*[e] *siècle* (Bibl. litté. de la Renaissance, N. S., t. IV), 1914.

C. 宗教问题

1. 信仰、传统、遗存

Beauvois de Chauvincourt, *Discours de la Lycantropie ou de la transmutation des hommes en loups*, Paris, J. Rube, 1599, in 12 (B. N. Rés 27. 963).

Bloch (Marc), *Les Rois Thaumaturges*, Strasbourg (P. F. L.), 1924.

— *La vie d'outre-tombe die roi Salomon*, Revue Belge de Philolgie et d'Histoire, IV. 1925, pp. 349 - 377.

Chevalier (Ulysse), *Notre-Dame de Lorette; étude historique sur l'authenticité de la Santa Casa*, 1906.

Delatte (Armand), *Herbarius*. Recherches sur le cérémonial usité chez les anciens pour la cueillette des simples et des plantes magiques, Bulletin Acad. Royale Belg. Lettres, XXII, 1936, pp. 227 - 348.

Gillebaud (Benoît), *La prognostication du ciècle advenir. Contenant troys petis traictez*. On les vend à Lyon, cheulx Olivier Arnoullet. — F° h v°: achevé de imprimer le XVI de apvril mil CCCCC et XXXIII. 8° goth.

Hansen (Joseph), *Zauberwahn, Inquisition u. Hexenprozess im Mittelalter*, 1900; reprint, Aalen, 1964.

Hansen (Jos.), *Quellen sur Geschichte des Hexenwahns und der Hexenverfolgung im Mittelalter*, Bonn, 1901; reprint, Hildesheim, 1963.

Houssay (Fréd.), *La légende du Lepas anatifera, la Vallisneria spiralis et le Poulpe* (C. R. Acad. Sc., 132[1901]), pp. 263 - 265.

— *Les théories de la Genèse à Mycènes et le sens zoologique de certains symboles du culte d'Aphrodite* (R. Archéol., 26[1895]), pp. 1 - 27.

— *Nouvelles recherches sur la faune et la flore des vases peints de l'époque mycénienne* (R. Archéol., 30[1897]), pp. 81 - 105.

Jobbe Duval (E.), *Les idées primitives dans la Bretagne contemporaine* (N. R. H. D., 1910 et 1911).

LEVY-BRUHL (Lucien), *L'âme primitive*, 1927.

— *La Mentalité Primitive*, 1935.

— *Le Surnaturel chez les Primitifs*, 1937.

NISARD (Charles), *Histoire des Livres populaires ou de la littérature de colportage*, 2e éd., 1864, in-12; reprint, Paris, 1968.

NYNAULD (J. de), *De la lycanthropie, transformation et extase de sorciers*, Paris, Millet, 1615, 8°(B. N. Rés., 45. 251).

SAINT-YVES (P.), *En marge de la Légende dorée*, 1931.

—, *L'Astrologie populaire, étudiée spécialement dans les doctrines et les traditions relatives à l'influence de la Lune*, 1937.

TAILLEPIED (F. Noël), *Traité de l'apparition des Esprits*, à sçavoir des âmes séparées, Fantosmes, prodiges et accidens merveilleux, qui précèdent quelquefois la mort des grands personnages ou signifient changement de la chose politique, Rouen, Osmont, 1600, in-12 (B. N., Rés 2. 695).

VAGANAY (Hugues), *Les saints producteurs de maladies* (R. É. R., IX, 1911), pp. 331-332.

VALOIS (Noël), *Jacques Duèse, pape sous le nom de Jean XXII*, Histoire Littéraire de la France, 34(1914), pp. 391-630.

VANCAUWENBERG (Étienne), *Les pèlerinages expiatoires et judiciaires dans le droit communal de la Belgique au Moyen Âge*, Louvain, 1922.

WAGNER (Robert L.), *Sorcier et Magicien, contribution à l'étude du vocabulaire de la Magie*, 1939 (Th. Paris).

2. 宗教生活与信仰生活

BREMOND (Henri), *Histoire littéraire du Sentiment religieux en France depuis la fin des guerres de religion jusqu'à nos jours*, 1920-1936, 11 vols. dont un d'Index (cf. notamment T. IX, *La Vie Chrétienne sous l'ancien régime*, 1932)[新版,1967—1968 年].

CHIFLET (Jean), *Joannis Chifletii J. C. Vesontini Consilium de Sacramento Eucharistiae ultimo supplicio afficiendis non denegando*. Bruxellae, Typis Mommartianis, 1644, in-12.

MAILLARD (Olivier), *Œuvres françaises, sermons et poésies*, p. p. Arthur de La Borderie, 1877, 4°(Bibliophiles Bretons).

SAMOUILLAND (abbé), *O. Maillard, sa prédication et son temps*, 1891.

NEVE (Joseph), *Sermons choisis de Michel Menot, 1508 - 1510*, 1924.

GILSON (Étienne), *Michel Menot et le technique du sermon médiéval*. R. H. F., II, 1925, pp. 301 - 350.

MERAY (Ant.), *Les Libres prêcheurs devanciers de Luther et de Rabelais*, 1860.

POURRAT (Pierre), *La Spiritualité chrétienne*, 4 vols., 5e éd., 1930 (t. II, *le Moyen Âge*; t. III, *les Temps modernes, de la Renaissance au Jansénisme*).

WATRIGANT (Henri), *La méditation fondamentale avant S. Ignace*, Enghien, 1907.

3. 宗教改革与宗教改革家

a) ——《圣经》文本：

La Saincte Bible en Françoys translatée selon la pure et entière traduction de S. Hiérome. En Anvers par Martin Lempereur, an MD et XXXIIII, in-f°(B. N. U. S., E 123).

La Bible qui est toute la Saincte Escripture. [F° 106, r°: Achevé d'imprimer en la ville et comté de Neuchâtel par P. de Vingle, dict Pirot Picard, l'an Mil DXXXV, le IIIIe jour de jung.] in-f°(B. N. U. S., E 124, exempt. d'Éd. Reuss).

La Bible. Trad. nouvelle avec Introd. et Commentaires par Éd. Reuss. 1874 - 1879, 18 vols. dont 1 de tables (1881) (N. T., t. XI - XVII).

b) ——宗教改革、前-宗教改革、反宗教改革：

CLERVAL (Jules A.), *Registre des Procès-Verbaux de la Faculté de Théologie de Paris*, t. I, *1505 - 1523*, 1917.

DELISLE (Léopold), *Notice sur un registre des Procès-Verbaux de la Faculté de Théologie de Paris pendant les années 1505 - 1533*

(Notices et Extr. des Manuscrits de la Bibli. Nat., t. XXXVI), 1899, pp. 315-408.

Du Plessis d'Argentre (Charles), *Collectio judicioruns de novis erroribus*, Paris, 1724-1736, 8 vols., in-f°.

Febvre (Lucien), *Une question mal posée: les origines de la Réforme française et le problème général des causes de la Réforme*. R. H., CLXI, 1929, pp. 1-73. [In Peter Burke (ed), *A New Kind of History*, pp. 44-107.]

— *Notes et Documents sur la Réforme et l'Inquisition en Franche-Comté, extraits des archives du Parlement de Dôle*. 1912 (Th. Paris).

— *Philippe II et la Franche-Comté, Étude d'histoire politique, religieuse et sociale*. 1912 (Th. Paris).

— *L'application du Concile de Trente et l'excommunication pour dettes en Franche-Comté* (R. H., CIII et CIV, 1910). [In Peter Burke (ed.), *A New Kind of History*, pp. 160-184.]

— *Un bilan: la France et Strasbourg au XVIe s.* (La Vie en Alsace, 1925, n° 12 et 1926, n° 2).

Feret (Pierre), *La Faculté de théologie de Paris et ses docteurs les plus célèbres*. L'Époque moderne, 1900-1910, 7 vols.

Gaullieur (Ernest), *Histoire de la Réformation à Bordeaux et dans le Parlement de Guienne*, Bordeaux, 1884.

Hauser (Henri), *Études sur la Réforme française*, Paris, 1909.

Hauser et Renaudet, *Les débuts de l'âge moderne. La Renaissance et la Réforme*, 1929. (Coll. Peuples et civilisations, t. VIII, 1956).

Herminjard (A. L.), *Correspondance des Réformateurs dans les Pays de Langue française*, 9 vols., Genève, 1871-1897; reprint, Nieuwkoop, 1965-1966.

Hyma (Albert), *The Christian Renaissance. A history of the Devotio Moderna*, s.1., 1924.

Imbart de la Tour (Pierre), *Les origines de la Réforme*. I. *La*

France moderne, 1905; II. *L'Eglise catholique*, *la Crise et la Renaissance*, 1909; III. *L'Évangélisme*, 1914; IV. *Calvin et l'Institution Chrétienne*, 1935.

PATRY (Henry), *Les débuts de la Réforme protestante en Guyenne*, *1523 – 1559*, *Arrêts du Parlement*. Bordeaux, Féret, 1912. 4°.

PIAGET (Arthur). *Les Actes de la Dispute de Lausanne* (*1536*). Mém. Univ. Neuchatel, 1928.

RAEMOND (Florimond de), *L'Histoire de la Naissance*, *progrez et décadence de l'hérésie de ce siècle*, [Paris, 1610] Rouen, 1618, in-4°.

VUILLEUMIER (Henri), *Histoire de l'Eglise réformée du pays de Vaud*. t. I, Lausanne, 1928. in-4°.

c) ——宗教改革者、前-宗教改革者、反宗教改革者[Antiréformateurs]:

BEDA OU BEDIER (Noël).

— CARON (Pierre), *Noël Béda* (*Ec. des Chartes*, Pos. Th.), 1898, pp. 27 – 34.

— HYRVOIX (Albert), *Noël Bédier*, d'après des documents inédits (1533 – 1534), Revue des Questions Historiques, 1902, pp. 578 – 591.

— BARNAUD (Jean), *Lefèvre d'Étaples et Bédier*, *B. S. H. P. F.*, LXXXV, 1936, pp. 251 – 279.

CALVIN (Jean).

— *Joannis Calvini Opera quae supersunt omnia*, éd. Baum, Cunitz, Reuss et Erichson. *Corpus Reformat.*, 59 vols., in – 4°, Brunschwick, 1863 – 1900.

— *Institution de la Religion Chrestienne*, texte original de 1541 réimp. sous la direction d'Abel Lefranc par Henri Chatelain et Jacques Pannier, B. H. É., 1911.

— *Des Scandales*, Genève, J. Crespin, 1550.

— *Le catéchisme français*, *publié en 1537*, réimprimé pour la première fois ... avec deux notices par Albert Rilliet et Th. Dufour, Genève-Paris, 1878, in-16.

— *Sermons de M. Jean Calvin sur le V. livre de Moyse nommés*

Deutéronome. À Genève, de l'imprimerie de Thomas Courteau, 1567, in-f°.

— DOUMERGUE (Emile), *Jean Calvin, les Hommes et les Choses de son temps*. t. I – V, Lausanne, Bridel, 1899 – 1917, in – 4°; t. VI, Neuilly, La Cause, 1926, in – 4°.

— DOUMERGUE (E.), *Iconographie calvinienne*, Lausanne, 1909, in – 4°.

— JARRY (L.), *Une correspondance littéraire au XVIe s.*, Pierre Daniel et les érudits de son temps d'après les doc. inéd. de Berne (*M. S. Arch. Orléan.*, XV, 1876), pp. 343 – 430.

— CHOISY (Eug.), *Calvin éducateur des Consciences*, Neuilly, 1926, in – 16.

CASTELLION (Sébastien).

— BUISSON (Ferdinand), *Sébastien Castellion, sa vie et son œuvre, 1515 – 1563*, 2 vols., 1892.

DU PERRON (Jacques Davy),

— *Perroniana et Thuana*, 2e éd., Cologne, 1669.

Hutten (Urlich von)

— *Epistolae obscurorum virorum*, éd. Aloys Böhmer, 2 vols., Heidelberg, 1924.

FAREL (Guillaume).

— *Sommaire et c'est une briefve declaration* ..., Fac.-Simile de l'éd. Originale, 1525, p. p. Arthur Piaget, 1935, pet. in – 8°.

— HEYER (Henri), *Guillaume Farel, Essai sur le développement de ses idées théologiques*, Genève, 1872.

— *Guillaume Farel, 1489 – 1565*, Biographie nouvelle ..., par un groupe d'historiens, professeurs et pasteurs. Neuchâtel et Paris, Deladhaux et Niestlé, 1930, in – 4°.

GARASSE (S. J. , Le Père).

— *Le Rabelais réformé par les ministres, et notamment par le P. Du Moulin*, Bruxelles, Chr. Gérard, 1620.

— *Les Recherches des Recherches et autres œuvres de Me Estienne Pasquier*, Paris, Séb. Chappelet, 1622.

— *La doctrine curieuse des beaux esprits de ce temps, ou prétendus tels*, Paris, Séb. Chappelet, 1624, in-4°.

LEFEVRE D'ÉTAPLES (Jacques).

Commentarii initiatorii in IV Evangelia, Meldis, impensis S. Colinaei, anno Salutis humanae MDXXII, Mense Junio.

Epistole divi Pauli apostoli: cum commentariis ... Jacobi Fabri Stapulensis. Paris: in edibus Francisci Regnault: et Joannis de la Porte, [1517].

— *Les Choses contenues en ce present livre. Une epistre exhortatoire. La S. Evangile selon S. Matthieu ... La S. Evangile selon S. Jehan ...* Paris: Simon de Colines, 1523.

— Laune, Alfred. *La Traduction de l'Ancien testament de Lefèvre d'Etaples*. Le Cateau, 1895.

LUTHER (Martin).

— *Martin Luther, Werke*, Kritische Gesamtausgabe, Weirnar, 1883–1974, 60 vols. , in-4°.

— DENIFLE-PAQUIER, *Luther et le luthéranisme*, 1910–1916, 4 vols.

— STROHL (Henri), *L'évolution religieuse de Luther jusqu'en 1515*, Strasbourg, 1922.

— STROHL (H.), *L'épanouissement de la pensée religieuse de Luther de 1515 à 1520*, Strasbourg, 1924.

— WILL (Robert), *La liberté chrétienne, Etude sur le principe de la piété chez Luther*, Strasbourg, 1922.

— FEBVRE (Lucien), *Un destin, Martin Luther*, 1928. — 4e éd. , revue. Paris, Presses Universitaires, 1968, in-8°. [*Martin Luther, a Destiny*. Trans. Roberts Tapley. New York, 1929.]

— MOORE (Will Grayburn), *La Réforme allemande et la littérature française. Recherches sur la Notoriété de Luther en France*, P. F. L. S., Fasc. 52, Strasbourg, 1930. Cf. Lucien Febvre, Revue Critique d'Histoire et de Litt., XCVII, 1930, pp. 315–318.

— WEISS (Nathan.), *Notes sur les traités de Luther traduits en français et imprimés en France* (B. S. H. P. F., XXXVI, 1887), pp. 664–670.

PUPPER (Johann, van Goch).

— *Bibliotheca Reformatoria Neerlandica*, t. VI: *Geschriften van Joann Pupper van Goch en Corn*. Ed. par F. Pijper. La Haye, Nijhoff, 1909.

— CLEMEN (Otto), *Johann Pupper von Goch*, Leipzig, 1896.

ROUSSEL (Gérard).

— Schmidt (Charles), *Gérard Roussel*, Strasbourg, 1841.

SUTOR (P. Cousturier).

Apologeticum in nocos anticomaritas praeclaris beatissimae Virginis Mariae laudibus detrahentes, Venundatur Parisiis in officina Joan. Parvi, 1526.

VALDES (Juan de).

— *Dialogo de Doctrina Cristiana*, reprod. en fac-similé avec une introduction par Marcel Bataillon. Coimbra, Imprensa da Universidade, 1925.

VIRET (Pierre).

— *Pierre Viret d'après lui-même, Pages extraites des œuvres du Réformateur*. Lausanne, Bridel, 1911.

— BARNAUD (Jean), *Viret, sa vie et son œuvre*, Saint-Amans, 1911.

— *La Vérité cachée devant cent ans, faicte et composée à six personnages*, nouvellement corrigée et augmentée avec les autoritez de la Saincte Escripture. Genève, J. Michel, 1544 (Bibl. Soc.

Hist. Protest).

D. 其他问题

BAYLE (Pierre), *Œuvres diverses*, 4 vols., La Hague, 1737.

BLOCH (Marc), *Les inventions médiévales*, (*A. H. É. S.*, VII, 1935), pp. 634 - 643.

COORNAERT (Émile), *Les corporations en France avant 1789*, 1940.

CYRANO DE BERGERAC (Savinien de), *Œuvres comiques*, *galantes et litt.*, Ed. P. L. Jacob, 1858.

DOUCET (Roger), *L'Etat des finances de 1523*, 1923.

ESMEIN (A.), *Le mariage en droit canonique*, éd. par R. Génestal et Jean Dauviller, 1891.

ESPINAS (Georges), *Métiers et confréries*, *A. H. É. S.*, X, 1938, pp. 432 - 438.

FAUCHET (Claude), *Les Œuvres* . . . , Paris, David Le Clerc, 1610.

FRANKLIN (Alfred), *La Vie privée d'autrefois*: *la Mesure du temps*, 1888, in-12.

GOZLAN (L.), *Balzac intime*, Nouvelle édition.

HALEVY (Ludovic), *Trois diners avec Gambetta*; *récit public par M. Daniel Halévy*, Revue des Deux Mondes, 52(1929), pp. 67 - 91.

HAUSER. (Henri), *Les compagnonnages d'Arts et Métiers à Dijon aux XVIIe-XVIIIe s.* (Revue Bourg., Univ. de Dijon, XVII, 1927.)

KLEINCLAUSZ (Arthur), *Histoire de Lyon*, 3 vols., Lyon, 1939 - 1952.

LANE (Frederic Chapin), *Venetian Ships and Shipbuilders of the Renaissance*. Baltimore, John Hopkins Press, 1934 (cf. L. Febvre, *A. H. É. S.*, 1935, pp. 80 - 83).

MARTIN SAINT-LEON (Étienne), *Histoire des Corporations de métiers*, 3e éd., 1922.

MONTESQUIEU (Charles de Secondat), *Cahiers* (1716 - 1755), Ed. par Bernard Grasset, 1941.

PATIN (Gui), *Correspondance de Gui Patin*, 1901.

PATRU (Olivier), *Les Œuvres diverses*, 3e éd., 2 vols., 1732.

PEROUSE (G.), *Étude sur les Usages et le droit privé en Savoie au milieu du XVIe s.*, Chambéry, 1913.

ROBERT (Ulysse), *Testaments de l'officialité de Besançon, 1365–1500*, Coll. Doc. Inéd., 2 vols., in-4°, 1907.

SOREL (Charles), *Histoire comique de Francion*, Ed. par Émile Roy, 4 vols., 1924–1931.

VAISSIERE (Pierre de), *Gentilshommes campagnards de l'ancienne France*, 1903.

索 引

本索引页码均指法文版页码，请按中文版边页码检索

【注记】正如人们说迪法伊[Du Fail]而不是迪·法伊[Fail(du)]，德佩里埃而不是德·佩里埃一样，人们希望通过迪法伊和德佩里埃来搜索这些名字，因此所有的名字都类似这样，如杜贝莱、德比隆，等等。我们觉得没有必要把所有提及拉伯雷名字的地方都编入索引。对拉伯雷而言，正如对加尔文、基督、基督教、多莱、伊拉斯谟以及勒弗朗一样，我们努力地为读者提供一些分析性的指示，同时避免读者在对他们的认知上过度浪费残酷的时间。

【译者注】中译本在尊重原著并参照英译本条目下，对原有索引作了必要的增补、缩减。又，因中译本采用章末注而原文为书末注，为了便于排版，所以删去了一些出现于注释中的人名以及页码索引。例如“Alexandrisme，177，191，221，246；note n° 244”条目，中译本删去“note n° 244”。另，索引内的人名系法文拼写，读者可自行参照脚注中的拼法，如 Jean Trithème，脚注作 Johannes Trithemius。

上海三联人文经典书库

已出书目

1.《世界文化史》(上、下) [美]林恩·桑戴克 著 陈廷璠 译
2.《希腊帝国主义》 [美]威廉·弗格森 著 晏绍祥 译
3.《古代埃及宗教》 [美]亨利·富兰克弗特 著 郭子林 李凤伟 译
4.《进步的观念》 [英]约翰·伯瑞 著 范祥涛 译
5.《文明的冲突:战争与欧洲国家体制的形成》 [美]维克多·李·伯克 著 王晋新 译
6.《君士坦丁大帝时代》 [瑞士]雅各布·布克哈特 著 宋立宏 熊莹 卢彦名 译
7.《语言与心智》 [俄]科列索夫 著 杨明天 译
8.《修昔底德:神化与历史之间》 [英]弗朗西斯·康福德 著 孙艳萍 译
9.《舍勒的心灵》 [美]曼弗雷德·弗林斯 著 张志平 张任之 译
10.《诺斯替宗教:异乡神的信息与基督教的开端》 [美]汉斯·约纳斯 著 张新樟 译
11.《来临中的上帝:基督教的终末论》 [德]于尔根·莫尔特曼 著 曾念粤 译
12.《基督教神学原理》 [英]约翰·麦奎利 著 何光沪 译
13.《亚洲问题及其对国际政治的影响》 [美]阿尔弗雷德·马汉 著 范祥涛 译
14.《王权与神祇:作为自然与社会结合体的古代近东宗教研究》

（上、下）［美］亨利·富兰克弗特 著 郭子林 李岩 李凤伟 译

15.《大学的兴起》［美］查尔斯·哈斯金斯 著 梅义征 译

16.《阅读纸草，书写历史》［美］罗杰·巴格诺尔 著 宋立宏 郑阳 译

17.《秘史》［东罗马］普罗柯比 著 吴舒屏 吕丽蓉 译

18.《论神性》［古罗马］西塞罗 著 石敏敏 译

19.《护教篇》［古罗马］德尔图良 著 涂世华 译

20.《宇宙与创造主：创造神学引论》［英］大卫·弗格森 著 刘光耀 译

21.《世界主义与民族国家》［德］弗里德里希·梅尼克 著 孟钟捷 译

22.《古代世界的终结》［法］菲迪南·罗特 著 王春侠 曹明玉 译

23.《近代欧洲的生活与劳作（从15—18世纪）》［法］G.勒纳尔 G.乌勒西 著 杨军 译

24.《十二世纪文艺复兴》［美］查尔斯·哈斯金斯 著 张澜 刘疆 译

25.《五十年伤痕：美国的冷战历史观与世界》（上、下）［美］德瑞克·李波厄特 著 郭学堂 潘忠岐 孙小林 译

26.《欧洲文明的曙光》［英］戈登·柴尔德 著 陈淳 陈洪波 译

27.《考古学导论》［英］戈登·柴尔德 著 安志敏 安家瑗 译

28.《历史发生了什么》［英］戈登·柴尔德 著 李宁利 译

29.《人类创造了自身》［英］戈登·柴尔德 著 安家瑗 余敬东 译

30.《历史的重建：考古材料的阐释》［英］戈登·柴尔德 著 方辉 方堃杨 译

31.《中国与大战：寻求新的国家认同与国际化》［美］徐国琦 著 马建标 译

32.《罗马帝国主义》［美］腾尼·弗兰克 著 宫秀华 译

33.《追寻人类的过去》 [美]路易斯·宾福德 著 陈胜前 译
34.《古代哲学史》 [德]文德尔班 著 詹文杰 译
35.《自由精神哲学》 [俄]尼古拉·别尔嘉耶夫 著 石衡潭 译
36.《波斯帝国史》 [美]A. T. 奥姆斯特德 著 李铁匠等 译
37.《战争的技艺》 [意]尼科洛·马基雅维里 著 崔树义 译 冯克利 校
38.《民族主义:走向现代的五条道路》 [美]里亚·格林菲尔德 著 王春华等 译 刘北成 校
39.《性格与文化:论东方与西方》 [美]欧文·白璧德 著 孙宜学 译
40.《骑士制度》 [英]埃德加·普雷斯蒂奇 编 林中泽 等译
41.《光荣属于希腊》 [英]J. C. 斯托巴特 著 史国荣 译
42.《伟大属于罗马》 [英]J. C. 斯托巴特 著 王三义 译
43.《图像学研究》 [美]欧文·潘诺夫斯基 著 戚印平 范景中 译
44.《霍布斯与共和主义自由》 [英]昆廷·斯金纳 著 管可秾 译
45.《爱之道与爱之力:道德转变的类型、因素与技术》 [美]皮蒂里姆·A. 索罗金 著 陈雪飞 译
46.《法国革命的思想起源》 [法]达尼埃尔·莫尔内 著 黄艳红 译
47.《穆罕默德和查理曼》 [比]亨利·皮朗 著 王晋新 译
48.《16 世纪的不信教问题:拉伯雷的宗教》 [法]吕西安·费弗尔 著 赖国栋 译

图书在版编目(CIP)数据

16世纪的不信教问题·拉伯雷的宗教/(法)费弗尔著；赖国栋译. 一上海：上海三联书店，2011. 12
(上海三联人文经典书库)
ISBN 978-7-5426-3665-2

Ⅰ. ①1… Ⅱ. ①费…②赖… Ⅲ. ①拉伯雷(1494～1553)文学研究 Ⅳ. ①I565.007

中国版本图书馆CIP数据核字(2011)第208575号

16世纪的不信教问题：拉伯雷的宗教

著　　者 / [法]吕西安·费弗尔
译　　者 / 赖国栋

责任编辑 / 黄　韬
装帧设计 / 鲁继德
监　　制 / 任中伟
责任校对 / 张大伟

出版发行 / 上海三联书店
(201100)中国上海市都市路4855号2号楼10楼
邮购电话 / 021-24175963
印　　刷 / 上海展强印刷有限公司

版　　次 / 2011年12月第1版
印　　次 / 2011年12月第1次印刷
开　　本 / 640×960　1/16
字　　数 / 480千字
印　　张 / 36
书　　号 / ISBN 978-7-5426-3665-2/K·162
定　　价 / 68.00元